如东县工会志

（1949.12 — 2014.12）

《如东县工会志》编纂委员会 编

方志出版社

图书在版编目（CIP）数据

如东县工会志/如东县总工会编.——北京：方志出版社，2017.9
ISBN 978-7-5144-2569-7

I. ①如… II. ①如…III. ①工会工作-概况-如东县 IV. ①D412.853.4

中国版本图书馆CIP数据核字（2017）第242752号

如东县工会志

编　　者：如东县总工会
责任编辑：范静
出 版 人：冀祥德
出 版 者：方志出版社
地址　北京市朝阳区潘家园东里9号（国家方志馆4层）
邮编　100021
网址　http://www.fzph.org
发　　行：方志出版社发行中心
电话（010）67110500
经　　销：各地新华书店
印　　刷：如东县彩印一厂
开　　本：889×1194　　1/16
印　　张：48
字　　数：893千字
版　　次：2017年9月第1版　　2017年9月第1次印刷
印　　数：0001~1500册
ISBN 978-7-5144-2569-7　　定价：268.00元

如东县工会志编纂委员会（重修）

2014年1月—2017年9月

主　　任：陶卫忠　陈　斌

副 主 任：汤九海　葛亚华

委　　员：（以姓氏笔划为序）

尹德利　邓　华　吉海燕　汤九海　许新林　李卫亮

吴征才　何志勇　冷明洁　张芙蓉　张海燕　陈　斌

於　宏　袁　忠　徐国林　陶卫忠　曹达琴　葛亚华

主　　修：陶卫忠

协　　修：汤九海　葛亚华

《如东县工会志》编辑人员

主　　编：王鹤声　冷强华

副 主 编：符　平　冯万富

总　　纂：王鹤声

装帧设计：王鹤声

摄　　影：李卫亮　李建淮

篆　　刻：孙德庚

审　　核：於小卫　顾久芬　虞建宣

《如东县工会志》编纂委员会（1999年版）

（1991年11月—1994年12月）

主　　任：吴义华

副 主 任：刘红秀

顾　　问：唐连生　陈景植

委　　员：（按姓氏笔划为序）

丁觉非　王学高　刘红秀　吴义华

冷强华　陈建忠　陈嘉山　金世德

耿文亮　黄世雄　曹连芳

主　　修：吴义华

协　　修：刘红秀

主　　编：黄世雄

副 主 编：余　耀

编　　辑：余　耀　缪建中

总　　纂：余　耀

采集资料：张晓风　任乃朋　陆身山　刘德冠

校　　对：翟　光　李　娟

序

如东县总工会在20世纪80年代末、90年代初，编纂出版过一部记述如东工人阶级、工人运动、工会组织和工会工作的《如东县工会志》，距今已有25年。25年后的今天，《如东县工会志》（重修版）编纂出版，这是全县工人阶级、工会组织和工会工作者的一件可喜可贺的事。

如东地处黄海之滨，素享鱼盐之利。由是，民国期间盐民、灶民、渔民为生计的抗争就成为如东工人斗争的先声。而皋东第一个中央支部——下漫灶党支部的成立以及如皋总工会（如东时为皋东）的建立则标志着工人运动进入一个崭新阶段。从硝烟弥漫、烽火连天的斗争岁月到中华人民共和国诞生后团结一致、蹈厉奋发的和平年代，作为中国共产党领导的工人阶级的群众组织，如东县总工会始终当好联系职工群众的桥梁和纽带，始终谨守国家政权的重要社会支柱，始终坚持作为会员和职工利益的代表，站在时代的前列，为充分发挥工人阶级主力军作用做出了积极贡献。

中央十一届三中全会以来，全县各级工会组织紧紧围绕经济建设这个中心，在维护全国人民总体利益的同时，更好地代表和维护职工群众的切身利益，把推动社会生产力同代表维护职工群众的自身利益很好的统一起来，在改革开放的阳光雨露沐浴下，高举建设有中国特色社会主义伟大旗帜，按照“组织起来，切实维权”的方针，坚持走中国特色社会主义工会发展道路，在科学发展、共建和谐、全面建设小康社会的伟大实践中，致力于组织网络化、服务体系常态化、维权体系主体化、帮扶体系长效化、保障体系规范化的建设，全面创新工会工作，实现干在实处、走在前列的目标。

毛泽东曾经指出：“工人阶级是我们革命和建设的领导力量；工会是劳工的团结体、是维护工人利益的堡垒；工会工作是围绕生产建设这一中心并为其服务。”党中央全心全意依靠工人阶级的指导方针，我们要认真贯彻、全面落实。必须对工人阶级的产生、发展，现状及其历史地位、历史使命有充分的了解和认识，以增强全心全意依靠工人阶级的自觉性。广大职工更应认清本阶级的性质、地位、历史使命和优良传统，以增强主人翁的意识，树立主人翁的形象。

《如东县工会志》(重修版)记载着如东县总工会诞生以来的60多年中如东县各级工会组织的发展状况,记载着如东工会组织在各级党组织领导下,团结、教育、组织、带领广大职工在新民主主义革命、社会主义革命和建设以及改革开放过程中光辉历史,记载着如东工会组织履行维护、建设、参与、教育职能的历史和现状,记载着各个历史阶段涌现出来的如东工人运动的领导、先辈、英雄模范人物,是对广大职工群众、工会干部进行爱国主义、集体主义和世界观、人生观、价值观教育的好教材。同时为研究如东工会的历史,指导当前工作,提供了丰富翔实的资料,为研究、解决所面临的新课题,提供了有益的借鉴。

《如东县工会志》(重修版)出版发行,给我们提供了一笔宝贵精神财富。深入研究如东县这部光辉的工运史,是工会工作者的责任。客观概述如东工会有史以来的光辉历程,记录如东工人经过艰苦奋斗所取得的辉煌成就和县总工会不断寻求、探索工会的发展道路,记录这个发展过程中所积淀的宝贵经验教训,对继续推进工运事业的不断发展,加快现代化建设,具有重要的现实意义和深远的历史影响。

陶卫忠

2017年8月18日

凡 例

一、本志以马克思列宁主义、毛泽东思想、邓小平理论、“三个代表”重要思想和科学发展观为指导，贯彻落实习近平总书记系列重要讲话精神和治国理政新理念、新思想、新战略，坚持辩证唯物主义和历史唯物主义的立场、观点和方法，全面、客观地记述如东县工人运动和工会工作的历史和现状。

二、本志体裁由述、记、志、传、图、表、录组成。结构按事物归属，横分门类，设章、节、目3个层次，部分设有子目，表随文出。

三、本志编纂原则是求实存真，叙而不议，寓观点于记述之中，纵述历史和现状，反映时代特点和工会特色。

四、本志上限1949年中共如东县委筹建县总工会之时起，下限断于2014年12月31日。卷首图片、大事记、人物延伸至2015年12月31日。为求史料完整性、系统性，“大事记”上溯到清末民初，因盐民是如东工人的起源，盐工的产生上溯到古扶海洲出现盐业的西汉初年，以明历史渊源。

五、本志记述工人运动，除在“大事记”中散记外，选择有代表性的事件，列入“中共领导下的工人运动”章节，记述中华人民共和国建立前工人活动概况和1949年前工人运动始末。中华人民共和国建立后工会组织和广大职工参加的历次社会、政治运动，不设专门章节记述，散记于“大事记”和各有关章节之中。

六、本志收录人物，按下列标准、原则和方法安排：

（一）在“大事记”“编后记”、新中国建立前工会组织、工人团体、工人运动以及各有关志文中，按以事系人原则，随文记述。人物生卒年，一律用公元纪年。

（二）“如东县工会筹备处”“如东县工会联合会”“如东县总工会”第一次出现时以全称标明，嗣后，一律以“县总”称谓（其他各章节“总工会”简称为“总”）。在“工会组织”篇中，收录历届历任常务委员、正副主席（主任、副主任）、经费审查委员会正副主任、中共党组成员、党支部正副书记，各部门、各直属单位、各产业（局、公司）工会、各区、乡（镇、场）、园区工会（工会联合会）历届、历任正副主席。

(三) 在“人物”中设“传略”“简介”“名录”。如东县总工会(筹备处、工会联合会)历届、历任正副主席(正副主任),全国劳动模范、先进生产(工作)者记简介(顺序按授奖名次排列)。国家部级、省级劳动模范、先进生产(工作)者和中华全国总工会、江苏省总工会以及南通市总工会颁发的“五一”劳动奖章、奖状获得者记入名录。其中包括全总、省总、市总表彰的优秀工会工作者、工会积极分子及先进个人。国家、省、部级,市、县级党委、政府表彰的先进生产(工作)者本志均未收录(县总机关被表彰的除外)。

七、本志采用记述体、语体文。“大事记”以编年体为主,辅之以记事本末体。文字书写使用国家公开公布的简化字。记述计算使用国家统一的计量单位。

八、本志用公元纪年,辛亥革命前加括号,注明相应年号,表示年代用汉字数码,年月日及数字使用阿拉伯字数码。文中所述“解放前”“解放后”,以1949年1月28日如东全境解放为界。

九、如东地区原属如皋县东乡,1945年9月设如东县。设县前,本志史料涉及的范围,一般仍以如皋东乡区域为度。1954年11月,白蒲、丁埝、雪岸3区划归如皋县。

十、本志资料来源,在《参考书目》中列出及编后记中交代,入志一般不注明出处。

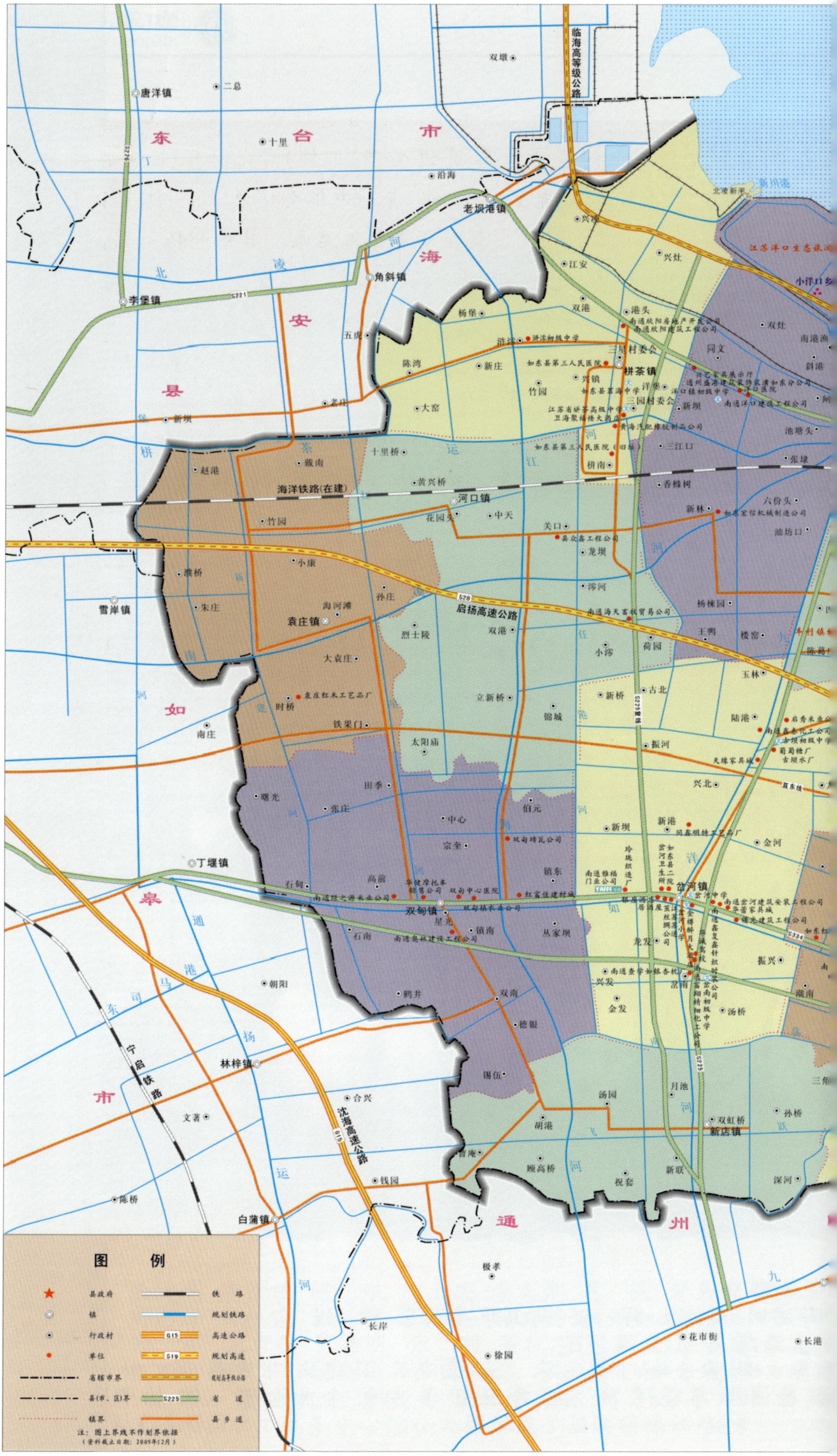

东台市
海安县
如皋市
通州
唐洋镇
二总
十里
沿海
双墩
临海高等级公路
老坝港镇
角斜镇
李堡镇
北凌河
五虎
老庄
新坝
杨堡
双港
江安
兴港
兴灶
港头
栟茶镇
陈湾
新庄
大窑
竹园
兴镇
三星村委会
三园村委会
洋堡
新坝
三江口
栟南
江苏洋口生态旅游
小洋口乡
双灶
同文
南港渔
斜港
池塘头
张垛
十里桥
黄兴桥
赵港
戴南
海洋铁路(在建)
河口镇
花园头
中天
竹园
关口
龙坝
小康
濮桥
朱庄
海河滩
孙庄
袁庄镇
雪岸镇
启扬高速公路
双港
烈士陵
荡河
小湾
荷园
香樟树
新林
六份头
油坊口
杨楝园
王鸭
楼窑
玉林
大袁庄
袁庄红木工艺品厂
时桥
铁果门
立新桥
新桥
古北
锦城
陆港
南庄
太阳庙
振河
天缘家具城
兴北
田季
嘎光
张庄
中心
伯元
宗奎
双甸坪瓦公司
新坝
新港
金河
丁堰镇
石甸
高前
双甸镇
双甸中心医院
红富佳建材城
镇东
星光
镇南
石南
从家坝
岔河镇
龙发
兴发
金发
宕南
汤桥
振兴
湖南
朝阳
鹤井
双南
德银
锡伍
林梓镇
合兴
文著
宁启铁路
沈海高速公路
汤园
月池
胡港
双虹桥
新店镇
孙桥
曹庵
顾高桥
祝套
新联
深河
陈桥
钱园
白蒲镇
极孝
长岸
徐园
花市街
长港
图例
县政府
镇
行政村
单位
省辖市界
县(市、区)界
镇界
铁路
规划铁路
高速公路
规划高速
规划高等级公路
省道
县乡道
注：图上界线不作划界依据
(资料截止日期：2009年12月)

县工会志
XIAN GONG HUI ZHI

左起：第一排 尤建鸿 张文山 陈嘉山
第二排 陆亚芳 尹德利 邓 华
第三排 梁红娟 俞凯银 徐明芬
后三排 陈 峰 陈海建 庞世坤
陈 岭 刘建平 徐 建
2012年6月21日，如东县总工会）

2012年6月,掘港镇珠江路8号县总工会综合楼 （李卫亮摄）

2012年6月，如东县工人文化宫 （李卫亮摄）

2012年6月，如东县职工体检中心 （李卫亮摄）

1949年11月-1951年11月，县工会筹备处：马塘镇仁和桥东首
（县总办提供）

1954年-1962年县总工会原址：县委院内
（县总办提供）

1978年冬-1998年2月,掘港镇江海中路72号：
县政府5号楼3楼西侧　　（县总办提供）

江苏省如东县总工会全体机关人员合影（1999年2月24日）

左起：（前排）金世德　张文山　蔡瑞平　刘红秀　顾锦红　徐向英
（后排）冷强华　王汉祥　陈嘉山　王鹤声　华子裕　单晓祥
吉仲如　　黄　陈

1998年2月－2000年12月，县总借用掘港镇青园北路45号原县自来水公司北楼（县总办提供）

2000年12月－2007年11月，县总购买掘港镇江海东路如东县土畜产品公司大楼（县总办提供）

2007年11月–2008年8月,县总租赁掘港镇芳泉路8号昆仑市场大楼3楼
（县总办提供）

2008年8月–2012年6月,县总租赁掘港镇华庭路2号商品楼 （县总办提供）

1991年12月,县委书记徐守盛（右二）、县政府副县长杨兴章（右一）等领导欢送省劳模代表赴宁 （县技协提供）

1989年4月23日，全总、省、市总有关领导到如东考察职工学校 （县总办提供）

2004年4月2日,省总副主席戈雪芬（右），省总研究室副主任、《江苏工运》总编郭莉莉（左）到如东调研　（县总办提供）

2003年，省总党组书记、副主席李晓布（右二）由县总蔡瑞平陪同慰问困难职工　（达人提供）

2012年3月16日,省总副主席张鸿生（左三）由市总副主席李仕春（左二）陪同考察如东县职工服务中心基建工地（李卫亮摄）

2012年5月29日,省总党组书记、常务副主席刘广忠（左三）考察如东职工服务中心（李卫亮摄）

2012年5月29日，省人大常委会副主任、省总主席张艳考察县职工服务中心（李卫亮摄）

1995年省总经济技术部部长孙锦林（右三）、市总副主席秦炳龙（右二）、经济技术与劳动保护部部长陶国柱（右四）检查如东班组建设工作 （县技协提供）

2007年7月3日，省人大常委会副主任、省总主席张艳（左三）由市人大常委会副主任、市总主席张毓余（左二）陪同在南通楠桥纹织有限公司车间调研　　（县总办提供）

2007年7月4日张艳（左四）、张毓余（左六）、朱淑娟（右一）等省、市总工会领导在兴建中的洋口港调研

（达人提供）

2009年8月20日，省总宣教部副部长张建华（右一），市总副主席钱祥圣（左一）到如东调研

（乐成提供）

2003年1月29日，市总陈心万(右二）、县委副书记陆建生（左一）、县总主席蔡瑞平（左二）慰问困难职工 （达人提供）

2000年5月23日，省总常委、省教育工会主席何晓劲（右二）、市教育工会主席邱耘（右一）考察县教育工会，县教育局副局长陈杰、县教育工会主席顾一平陪同考察。 （县教育工会提供）

2008年1月30日，市人大常委会副主任、市总主席张毓余（右二）由县委副书记耿荣泉（左一）陪同慰问特困职工　　（李建淮摄）

2008年12月3日，市人大常委会副主任、市总主席陆玉明（左二）、在县纪委书记陈跃生（右二）、县总主席陈斌（右一）陪同下考察洋口港（李建淮摄）

2005年6月15日，市总副主席钱祥圣在“文化江海行”开幕式上讲话

（县技协提供）

2012年2月23日,省总宣教部副部长张姿(右三）、市总副主席杨哗鹃,（右二）在南通大东有限公司调研企业文化建设。（李卫亮摄）

2012年5月29-30日,江苏省工会领导干部学习会在如东召开，县总领导向与会者介绍县职工服务中心（李卫亮摄）

2012年6月20日，县委书记詹立风（右三）、副县长姜晓静（右一）考察县职工服务中心（李卫亮摄）

2012年9月23日，市政协党组副书记、副主席，市总主席陆玉明（左二）考察县职工服务中心 （李卫亮摄）

2014年8月29日，市总主席葛玉琴（左一）为“最美一线职工”翟利仁颁奖 （李卫亮摄）

2014年8月29日，市总副主席瞿刚为"最美一线职工"缪洁茹颁奖（李卫亮摄）

2014年8月29日，市文化宫主任崔景华为"最美一线职工"李言颁奖（李卫亮摄）

1988年9月26日，县总主席唐连生、副主席陈嘉山、教育工会主席陈景植参加乡镇工会主席会议（县总办提供）

1984年8月，在无锡召开的全省工会工作会议上,县总副主席李先余作介绍（县总办提供）

1985年8月20日县总主席吴义华（左一）、副主席王学高参加镇工会主席会议
（县总办提供）

1989年4月26日，县总主席吴义华（右一）、副主席刘红秀（中）、陈嘉山听取工会工作汇报
（县总办提供）

1990年3月，在全县职工技协会议上，副县长、县职工技协委员会主任丁慰祖(右一)作工作报告　　（县技协提供）

1980年3月12日，县总副主席徐刚在县机械工业推广先进技术比赛交流会上发言　　（县总办提供）

1995年7月，省总宣教部部长韦永祥到如东检查文化宫、职校工作
（县总办提供）

1993年5月27日，市总组织部部长董智芳（右一）、县总组织部部长金世德参加县总十二届代表大会
（县总办提供）

1984年2月21日县总领导吴义华、刘红秀、耿文亮参加文艺晚会

（县总办提供）

1995年7月3日,县总副主席华子裕、县总宣教部部长王汉祥（右一）参加省总在南通召开的全省文化宫工作会议（县总办提供）

1999年县总党总支组织党员参观南通市重点建设工程 （县技协提供）

2003年8月，县总主席蔡瑞平（中）、副主席王新华（右二）和生产保护部部长冷强华（左一）在县铁链厂检查职工劳动保护工作 县技协提供

1996年8月16日，县总副主席刘红秀（左二）、生活女工部部长顾锦红（左一）在上海建筑工地调研　（县总办提供）

1998年,县总副主席王鹤声（中）、岔河镇工会主席张玉湖（左一）走访调查特困职工张玉梅　（县总办提供）

2000年12月24日县总离退休老同志合影
左起（前排）：曹连芳 刘福观 唐连生 陈锦荣 陈 英
（后排）：耿文亮 陈 平 李先余 陈景植 夏 俊 金世德
（掘港镇江海东路工会综合楼东门）

2002年2月4日，蔡瑞平慰问特困职工
（县总办提供）

二零零二年二月三日，县总工会副主席刘红秀、张文山慰问特困职工

2006年8月，在全国数控技能大赛南通选拔赛中,教师组数控车、数控铣、加工中心三大工种第一名均为如东选手获得　　　　县技协提供

2003年4月26日　县总迁址江海东路3周年。　　县总办提供

2007年7月5日，省人大常委会副主任、省总主席张艳向全省工会工作模范县如东县总颁发奖金10万元（县总办提供）

2008年8月12日，县总副主席王新华（左一）、马塘镇工会主席许新林（中）走访特困职工（县总办提供）

2009年县职工技能比赛开幕，市总副主席钱祥圣、经济技术与劳动保护部部长成飞、县领导陈跃生、姜晓静参加 （县技协提供）

2000年4月，县总商讨“全省工会工作十强县” 争创工作。（县总办提供）

2001年1月14日,县总、强生集团举办捐助特困职工仪式 （县总办提供）

2001年1月，凯盛家纺如东店向县总捐赠困难职工慰问品
（县总办提供）

2010年4月30日，县委宣传部、县总举行庆祝“五一”国际劳动节暨劳模事迹报告会（县总办提供）

2000年8月30日，县总召开劳动模范医疗优惠待遇协调会议（县技协提供）

2001年5月30日 “江苏省工会工作十强县”授牌仪式　　（李建淮摄）

2007年7月5日“江苏省工会工作模范县”授牌大会　　（李建淮摄）

1990年5月24日，全省工会职工教育工作会议在如东召开,县总黄明（左一）上台领奖 （李建淮摄）

2005年4月25日，县委召开全县工会工作会议 （李建淮摄）

1988年12月15日,出席省教育工会工作会议南通代表团留影
（县教育工会提供）

2001年3月27日，省总争创“江苏省工会工作十强县”检查组对如东考核验收。
（县技协提供）

2008年7月9日，县总主席陈斌（右一）慰问一线工人 （李卫亮摄）

2013年9月10日，市总副主席瞿刚、县总副主席葛亚华在南通市第十届运动会职工羽毛球比赛颁奖仪式上。 （县总办提供）

2011年6月30日，省总副主席胡同军（右二）在市总副主席钱祥圣（右四）、县总副主席尹德利（右五）等陪同下考察县职工服务中心建设工地　　　　（李卫亮摄）

2008年7月20日县总副主席邓华(右一）在丰利镇慰问特困职工　　　　（丰利镇工会提供）

2013年2月特困职工赠旗
（丰利镇工会提供）

1991年12月，江苏凯亨生化公司石瑞祥(后排左三)等一批先进人物获省劳模称号（县总办提供）

2014年3月28日，县总主席陶卫忠（正中）征求县总离退休老干部建议和意见（县总办提供）

1994年9月,如东县职工学校教师节全体教师留念 （县职校提供）

1989年8月，如东县职工学校教师任国庆（中排左起十三人），参加在中共中央党校举

1980年12月25日，如东县科局干部“工业企业管理”班合影，县总唐连生（前排左四）、李先余（前排左二）、黄世雄（前排右二）参加　　（县职校提供）

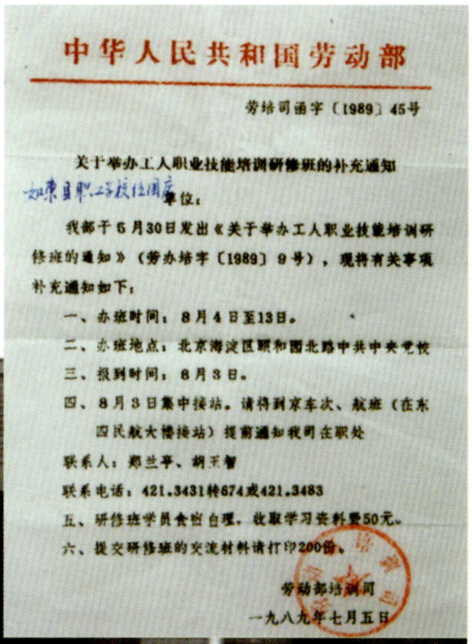

中华人民共和国劳动部

劳培司函字〔1989〕45号

关于举办工人职业技能培训研修班的补充通知

单位：

我部于6月30日发出《关于举办工人职业技能培训研修班的通知》（劳办培字〔1989〕9号），现将有关事项补充通知如下：

一、办班时间：8月4日至13日。

二、办班地点：北京海淀区颐和园北路中共中央党校

三、报到时间：8月3日。

四、8月3日集中接站。请将到京车次、航班（在东四民航大楼接站）提前通知我司在职处

联系人：郑兰亭、胡玉智

联系电话：421.3431转674或421.3483

五、研修班学员食宿自理，收取学习资料费50元。

六、提交研修班的交流材料请打印200份。

劳动部培训司

一九八九年七月五日

工人职业技能培训研修班（县职校提供）

2005年11月19日,全省工会系统职业教育研讨会合影留念 任国庆（前排左四）
（县职校提供）

1996年10月，黄明（后排左起第十人）出席全国工会系统职工教育第五次年会
（县职校提供）

2003年7月，县总组织选手参加全市职工技能大赛获优异成绩
（县技协提供）

2011年10月27日，如东县首届技能人才职业技能大赛颁奖仪式（县总办提供）

2012年8月21日，如东县“大东杯”首届职工文化艺术节闭幕暨“金秋助学”启动仪式（李建淮摄）

2012年11月8日，县图书馆工人文化宫分馆开馆仪式（李卫亮摄）

2012年12月14日,江苏省妇女联合会"好苏嫂"如东家庭服务连锁店暨如东县巾帼家政实训基地揭牌仪式　　（李卫亮摄）

2012年9月7日，江苏省教育科技工会"社会尊师重教，教师汇报社会"活动在如东举行　　（李卫亮摄）

2012年4月12-13日，《江苏工人报》驻市记者站长会议在如东召开
（李卫亮摄）

2012年4月19日，省、市工会领导到如东调研工会干部培训工作
（李卫亮摄）

2012年12月26-27日，全省工会资产监管工作会议在如东召开
（李卫亮摄）

2012年12月28日，省卫生厅副厅长陈亦江（左二）、县委书记詹立风（左一）为如东县职工体检中心落成揭牌　　（李卫亮摄）

2012年12月28日,如东县职工体检中心落成揭牌仪式　　（李卫亮摄）

2012年3月14日，南通市工会宣传教育经济技术与劳动保护工作会议在如东召开
（县总办提供）

南通市工会职校“三产”经验交流会在如东召开，黄明（右一）介绍如东县职校三产工作
（县技协提供）

2012年8月30日,县总召开企业文化建设座谈会 （李卫亮摄）

2012年7月25日,县总召开工会工作创新成果评审会 （李卫亮摄）

2006年9月28日，市总工会工作情况调研会在如东召开 （县总办提供）

1990年3月23日，南通各县（市）工会法工部长会议在如东召开 （县总办提供）

2006年9月30日，市总经审工作会议在如东召开 （县总办提供）

2006年5月，全县首批自强自立先进人物评选揭晓暨颁奖仪式 （县总办提供）

1989年1月，市总副主席陆玉明在南通市职工技协赴如东技术交流活动开幕式上讲话　　（县技协提供）

2000年9月，在华东六省一市职工技协工作会议上，县总生产保护部部长冷强华(左一）介绍如东技协工作　　（县技协提供）

2006年10月13日，如东县第三届企业文化节职工法律知识竞赛（县总办提供）

2012年3月8日，县总民主管理与法律工作部部长曹达琴开展法律咨询（乐成提供）

2005年3月8日，掘港镇工、青、妇及司法等部门走上街头开展法律咨询活动（乐成提供）

2013年4月17日，国家二级美术师、市美术家协会副主席、县文广新局副局长丁征峰与县总宣教负责人冯建楠一起评选职工参展书画　　（县文化宫提供）

2013年4月17日，中国书法家协会会员潘宗和（中）石剑波（右1）对县职工书画比赛作品进行评选　　（县文化宫提供）

2012年3月9日，江苏省书法家协会会员、原如东县书法家协会主席孙德庚挥毫作画 （达人提供）

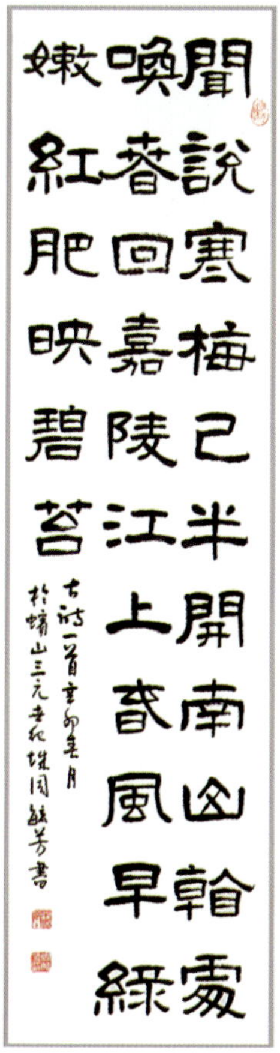

周毓芳：隶书

何占梅：君子图

2013年1月23日，如东县书画名家（左起）：陈少华 冯宗兵 吴延卿 潘宗龢 孙德庚 洪善祥 谢骏（李卫亮摄）

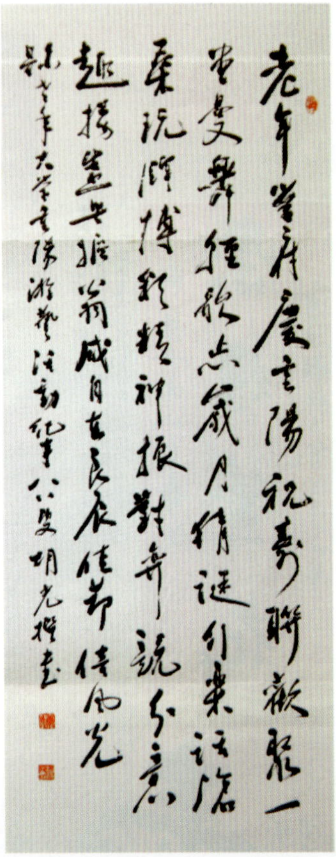

胡光 原县总工会生产部部长

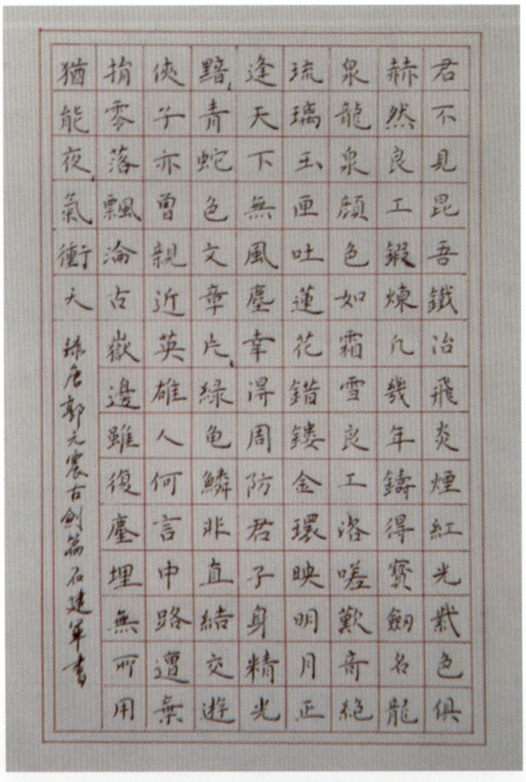

石建军 掘港镇总工会

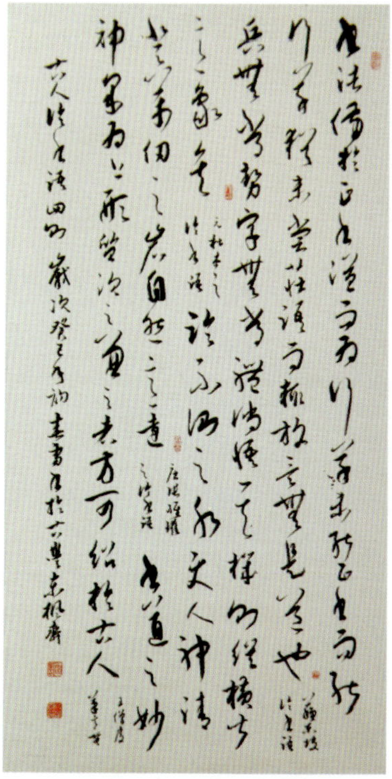

於春雷　丰利镇工会

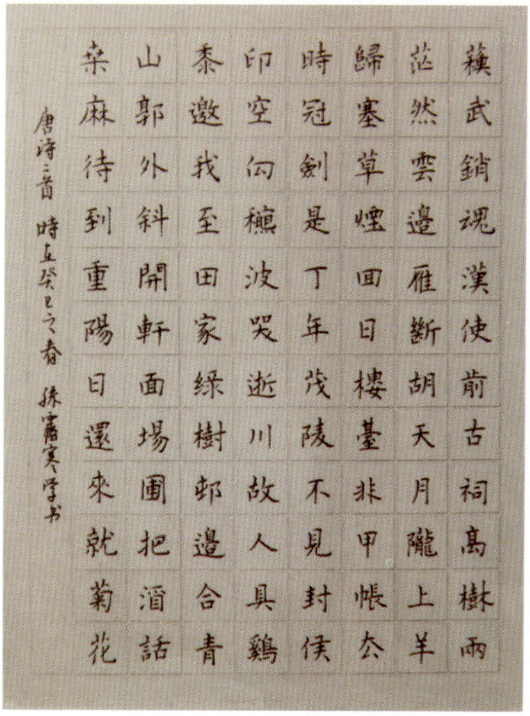

孙霁寒　马唐镇工会

左建亚　国画《双猫》　如东经济开发区

徐善凤　国画《春之魂》　丰利镇工会

2013年7月2日，华子裕（右2）收藏《中华奇贝》展示 （乐成提供）

沈英 创作《版画》

琵琶演奏 （丰利镇工会提供）

手风琴独奏

古筝演奏《战台风》 （掘港镇工会提供）

笛子独奏《水乡船歌》
大豫镇教育工会提供

琵琶独奏《彝族舞曲》
沿海经济开发区工会提供

葫芦丝独奏 《打跳欢歌》

打击乐《水鼓舞》 洋口镇教办

南通市工人文化宫职工
艺术团送慰问到如东

双簧《把关》 县住建局工会

男女声对唱:《九九艳阳天》 栟茶镇教育工会

音诗舞《蠙城的诗》 新苗幼儿园

诗朗诵:《你是我们的榜样》 新店镇教育工会

舞　蹈：《花之俏》 县总秋韵艺术团 （李卫亮摄）

京　剧：《智斗》 丰利镇工会

跳高　沈赓

示范　刘锋

2001年元旦，如东县教育工会组织全县教工迎接新世纪声乐比赛留影
（县教育工会提供）

2000年11月,庆祝南通市教育工会建会五十周年，如东县教育工会获文艺演出“一等奖”与“优秀组织奖”。（县教育工会提供）

2013年7月25日，县职工文化艺术节职工羽毛球比赛 （李卫亮摄）

2013年7月30日，县职工文化艺术节职工乒乓球比赛 李卫亮摄

2014年7月17日，掘港镇与丰利镇职工篮球比赛 （李卫亮摄）

2014年6月28日,职工棋牌比赛 （李卫亮摄）

县总秋韵艺术团　打鼓演唱

腰鼓舞《红色娘子军》　丰利镇工会

《如东机械有限公司厂歌》　栟茶镇工会

教工艺术团《新时代女兵》 县教育工会代表队

县级机关工会联合会代表队

首届职工“十优”歌手
王　东 张教梅 孙　鹏 黄晓龙 奚爱玲 陈傅坚
李　铭 周　颖 黄兴燕 袁志旺

2014年8月29日，10位“最美一线职工”集体登台亮相
顾　建 赵一飞 张家兴 李 言 缪洁茹 缪宝林 夏晓亮 黄小骏
杨林春 翟利仁　李卫亮摄

颁发文艺展演金奖和征文大赛一等奖

县农水口：舞蹈«健身秧歌»

袁庄镇工会：职工广场舞大赛

循环经济开发区工会：企业之歌

2007年丰利镇工会春节送文化下乡专场演出　　　（丰利镇工会提供）

宇迪公司企业之歌　双甸镇工会

竹板健身操《喜乐年华》

岔河镇工会：

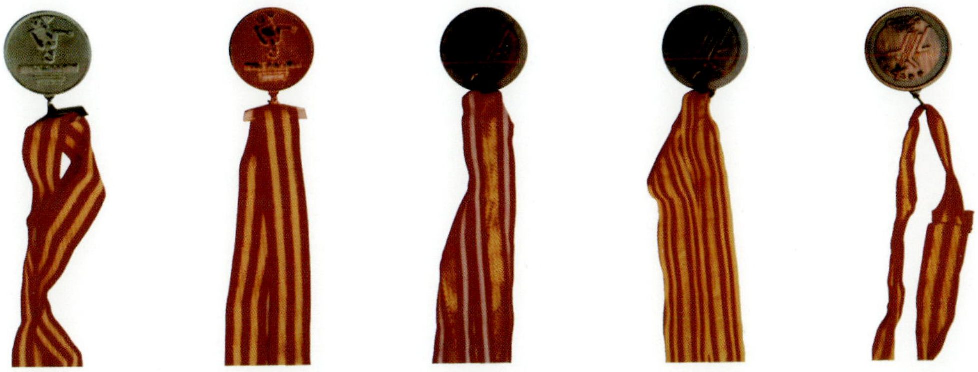

1984年9月，县卫生局徐应兰参加南通市第四届工人运动会：女子中年组夺得1500米、3000米两项亚军，为如东队团体冠军中的主力。

1998年5月26日–36日，参加第一届全国老将田径运动会获100米铜牌、400米铜牌各一枚。

2000年5月27日，参加在大连金州举办的全国第三届老将田径运动会暨国际邀请赛夺得400米、800米铜牌各一枚。

2001年4月6–8日在江苏镇江举办的全国第四届老将田径运动会暨国际邀请赛60–64岁夺得400米铜牌一枚，800米第5名。

2008年北京29届奥运会确认为火炬接力火炬手。

2000年5月27日，徐应兰参加全国第三届老将田径运动会暨国际邀请赛获奖　　　（达人提供）

1996年12月8日，江苏省总宣教部处长储江顺率领全省13所职工学校校长到如东县职工学校参观职工职业技能培训。（县职校提供）

1995年11月3至5日，县总组织县职校教师赴江阴、汤山职工学校参观学习（县总办提供）

1989年4月21日,昆山市总与如东县总交流职校工作情况，县总王学高（左二）、黄世雄（左一）参加　　县总工会提供

1988年10月5日，南通市劳动局组织全市各技校校长到如东考察职工学校（县职校提供）

2006年，县总组织镇区工会干部到延安学习　　（达人提供）

2000年10月26日,省工会职工教研会职业教育组2000年会留影于金坛
（县职校提供）

1998年4月24日，镇江市总到如东学习交流职校工作情况　　（达人提供）

2011年9月7日，丹阳市总到如东交流工会工作　　（县总办提供）

2011年10月27日,新疆伊宁市总到如东交流工会工作 （县总办提供）

2012年6月25日,扬中市总到如东考察职工服务中心 （卫亮摄）

2013年9月5日，县总组织50强企业工会主席赴江阴党校培训　（李卫亮摄）

2013年11月18日县总赴丹阳学习交流　（李卫亮摄）

2008年4月24-29日县总组织镇工会主席到北京市工会干部学院培训

1998年，县总组织乡镇工会主席赴江阴学习交流

左起：王新华 蔡正明 曹钰 缪广银 蔡瑞平 王鹤声 张玉湖 陆身山 （达人提供）

全国新建企业工会组建工作
先进单位
中華全國總工會
二〇〇三年八月

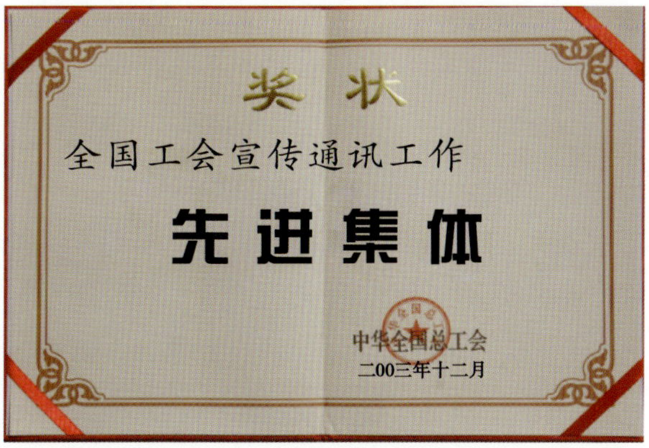
奖状
全国工会宣传通讯工作
先进集体
中华全国总工会
二〇〇三年十二月

奖状
如东县总工会
你会荣获二〇〇七年度市级
工会财务工作先进单位
中华全国总工会

奖状
如东县职工技术协会：
在职工技协活动中取得显著成绩，
被评为全国职工技协先进集体。
全国总工会

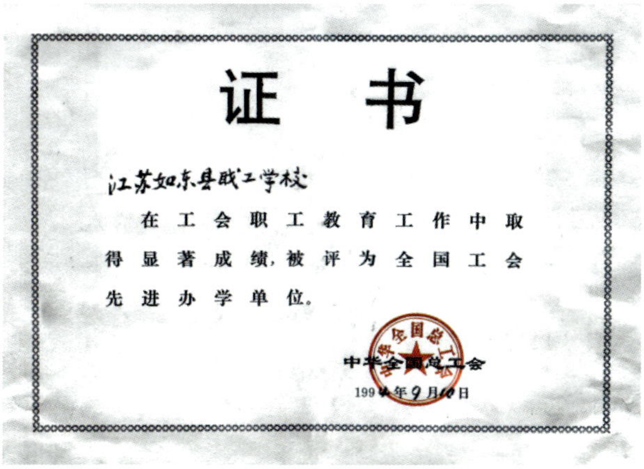
证书
江苏如东县职工学校
在工会职工教育工作中取得显著成绩，被评为全国工会先进办学单位。
中华全国总工会

荣誉证书
江苏南通如东县总工会：
在全国职工安全生产知识电视培训中被评为优秀组织单位
全国"安康杯"竞赛组委会
2006年2月8日

江苏省工会工作
十强县
江苏省总工会
2001年5月

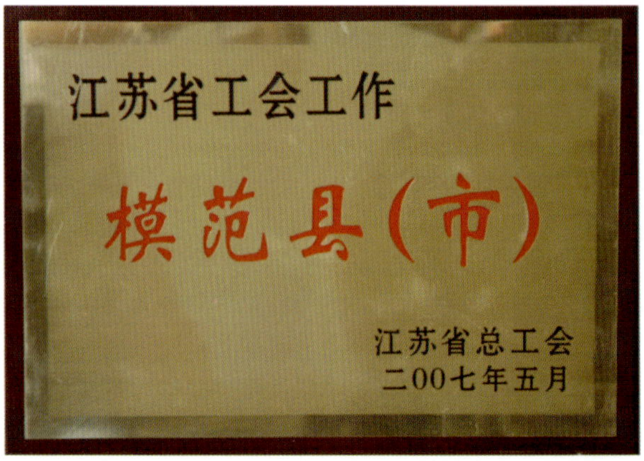
江苏省工会工作
模范县(市)
江苏省总工会
二00七年五月

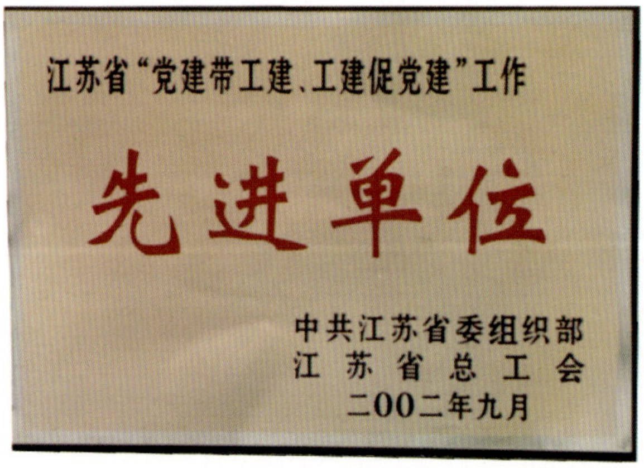
江苏省“党建带工建、工建促党建”工作
先进单位
中共江苏省委组织部
江苏省总工会
二00二年九月

奖状
奖给职工教育先进单位
如东县总工会
江苏省人民政府

全省工会财会工作
先进集体
江苏省总工会
二00三年十月

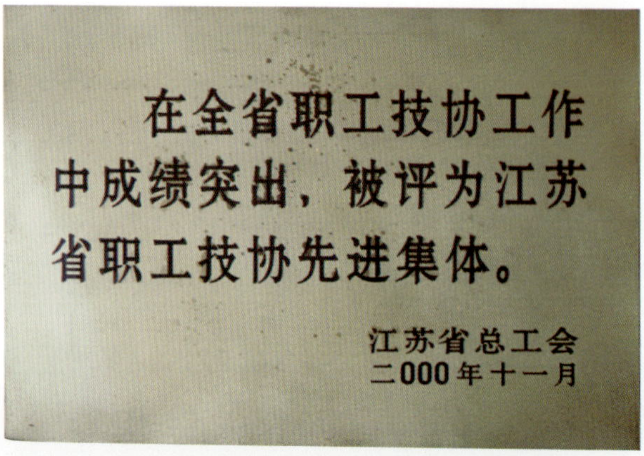
在全省职工技协工作中成绩突出，被评为江苏省职工技协先进集体。
江苏省总工会
二000年十一月

江苏省创建“百强示范乡镇工会”活动
先进单位
江苏省总工会
二00二年十二月

全省工会干部教育培训工作
先进单位
江苏省总工会
二〇〇七年四月

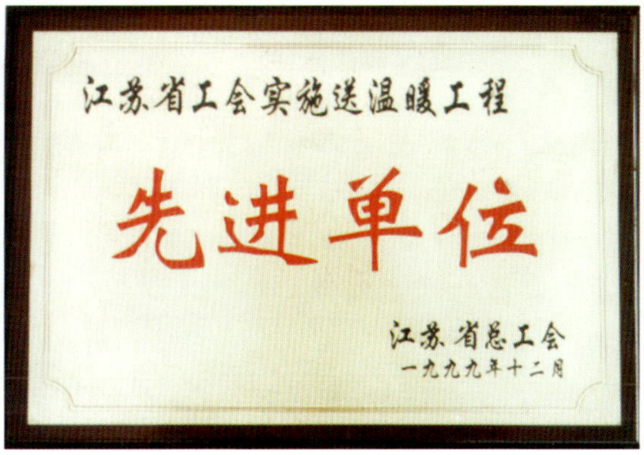
江苏省工会实施送温暖工程
先进单位
江苏省总工会
一九九九年十二月

江苏省新建企业工会组建工作
先进单位
江苏省总工会
二000年十二月

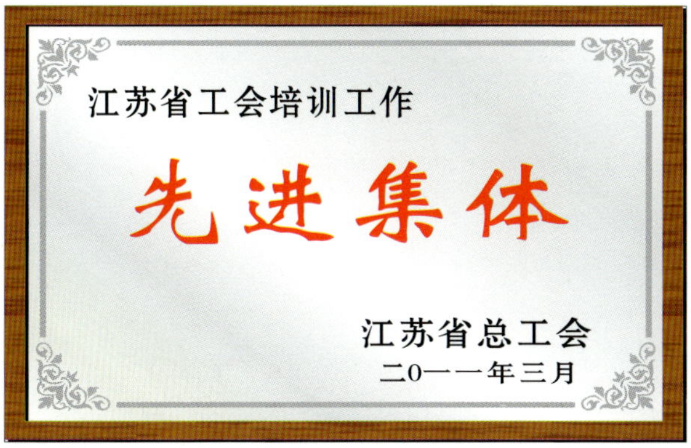
江苏省工会培训工作
先进集体
江苏省总工会
二〇一一年三月

江苏省劳模管理
先进单位
江苏省总工会

江苏省群众性经济技术创新工程
先进单位
江苏省总工会
二〇〇三年二月

江苏省五一劳动奖状
江苏省总工会
2004年4月

江苏省工会推进工资协商
先进单位
江苏省总工会
二〇〇六年十二月

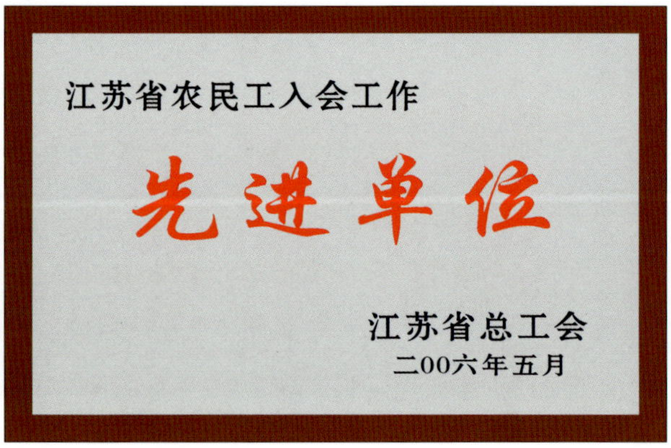
江苏省农民工入会工作
先进单位
江苏省总工会
二〇〇六年五月

奖状
如东县总工会:
你单位在2000年度县级工会财务工作竞赛评比中，荣获一等奖。特发此状，以资鼓励。
江苏省总工会
2001年4月

2002-2003年度江苏省工会工作
革新成果奖
江苏省总工会
二〇〇四年四月

工会新闻舆论宣传
先进单位
江苏省总工会
二〇〇八年七月

奖　　状
如东县总工会:
在2006年度全省工会信息工作中,成绩显著,被评为信息工作十强县(市)。特发此状,以资鼓励。
江苏省总工会
2007年5月29日

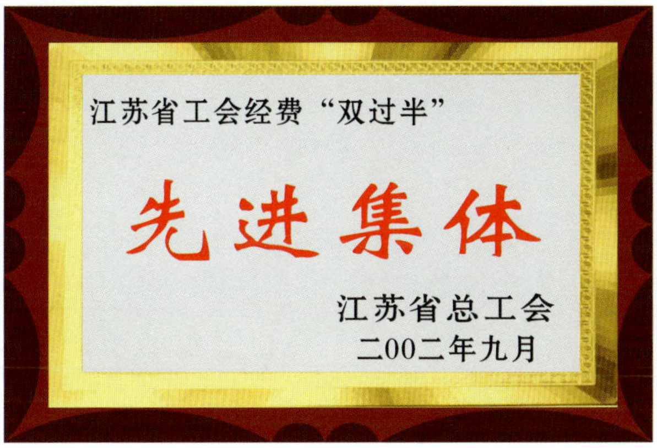
江苏省工会经费“双过半”
先进集体
江苏省总工会
二00二年九月

江苏省群众性经济技术工程
优秀组织奖
江苏省总工会
二00七年四月

学习党的十六大精神知识竞赛
优秀组织奖
中共江苏省委宣传部
江苏省总工会
二〇〇三年四月

二000年度全省工会信息工作
十强县
江苏省总工会
二〇〇一年三月

奖状
如東县总工会
被评为"致富思源、富而思进"教育
活动先进集体，特发此状，以资鼓励。
江苏省总工会
2000年12月

九五跨世纪奉献杯立功竞赛
先进单位
江苏省总工会
二000年十二月

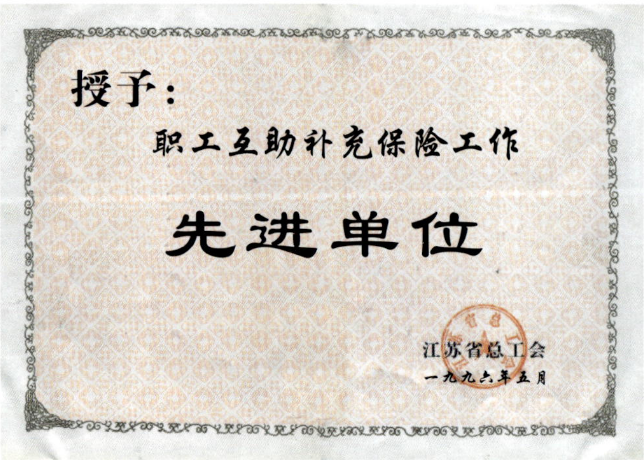
授予：
职工互助补充保险工作
先进单位
江苏省总工会
一九九六年五月

荣誉证书
如东县总工会机关
在全省职工计算机知识普及应用工
作中成绩突出，荣获江苏省职工计算机
普及应用先进单位。

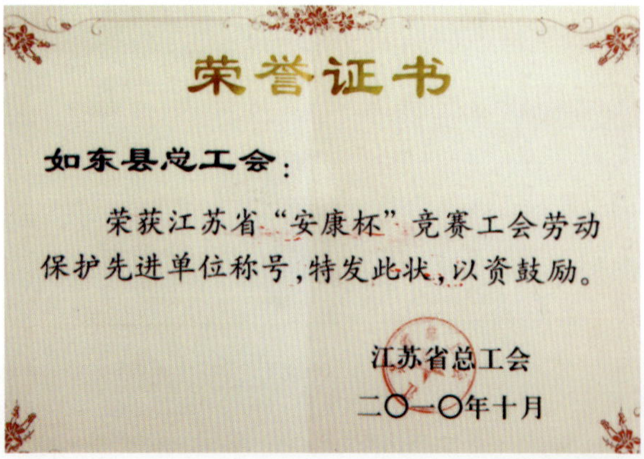
荣誉证书
如东县总工会：
荣获江苏省"安康杯"竞赛工会劳动
保护先进单位称号，特发此状，以资鼓励。
江苏省总工会
二〇一〇年十月

二00二年度全省工会信息工作
十强县（市）
江苏省总工会
二00七年八月

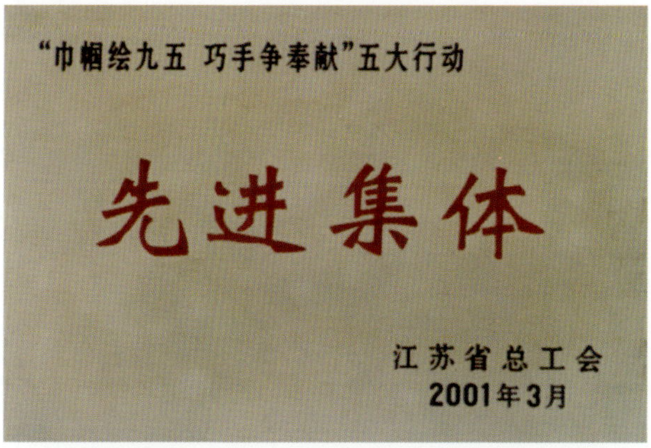
“巾帼绘九五 巧手争奉献”五大行动
先进集体
江苏省总工会
2001年3月

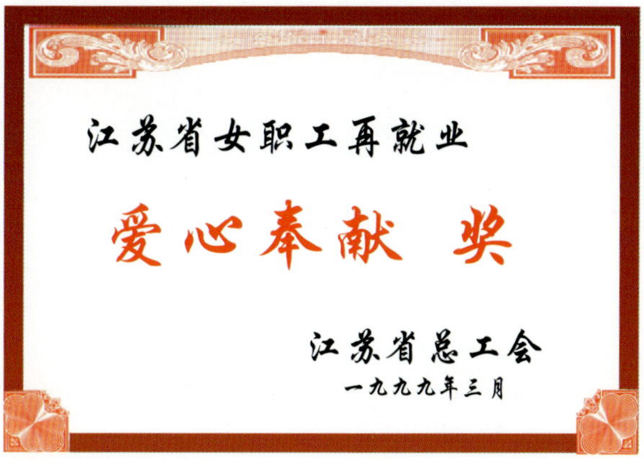
江苏省女职工再就业
爱心奉献 奖
江苏省总工会
一九九九年三月

江苏省职工《工会法》知识竞赛
一级组织奖
江苏省人大常委会财经城建委员会
中共江苏省委宣传部
江苏省司法厅
江苏省人民政府法制局
江苏省总工会
一九九三年二月

江苏省推动厂务公开民主管理工作
先进单位
江苏省厂务公开协调小组
二〇一〇年五月

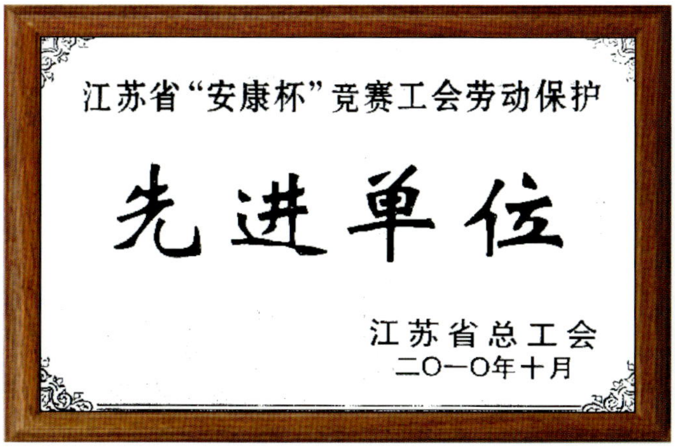
江苏省“安康杯”竞赛工会劳动保护
先进单位
江苏省总工会
二〇一〇年十月

江苏省协调劳动关系三方机制
先进单位
江苏省劳动和社会保障厅
江苏省总工会
江苏省企业联合会/企业家协会
二〇〇六年三月

唐连生同志从事工会工作30年，全总颁发荣誉证书和纪念章

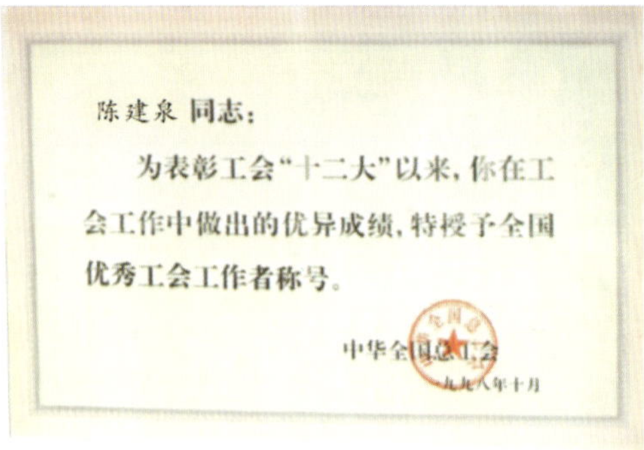
陈建泉 同志：

为表彰工会"十二大"以来，你在工会工作中做出的优异成绩，特授予全国优秀工会工作者称号。

中华全国总工会
一九九八年十月

1998年10月，陈建泉同志获“全国优秀工会工作者”称号，全总颁发“荣誉证书”和“奖牌”。（县总办提供）

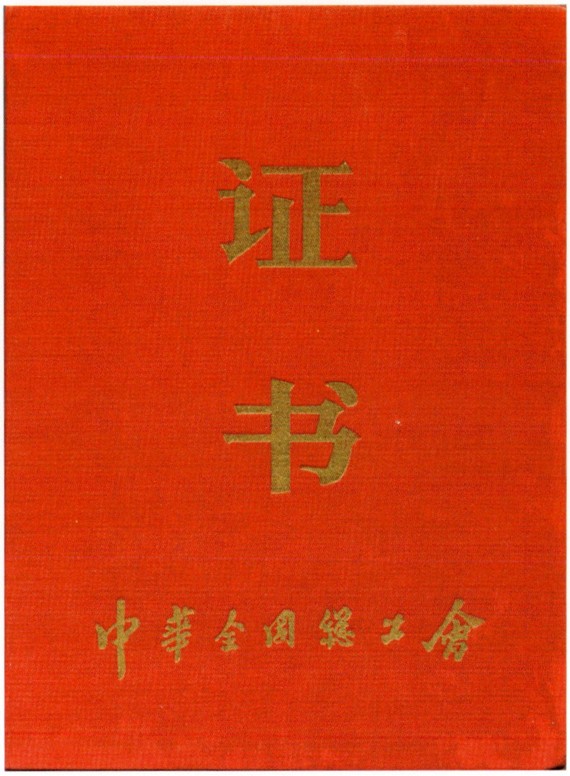

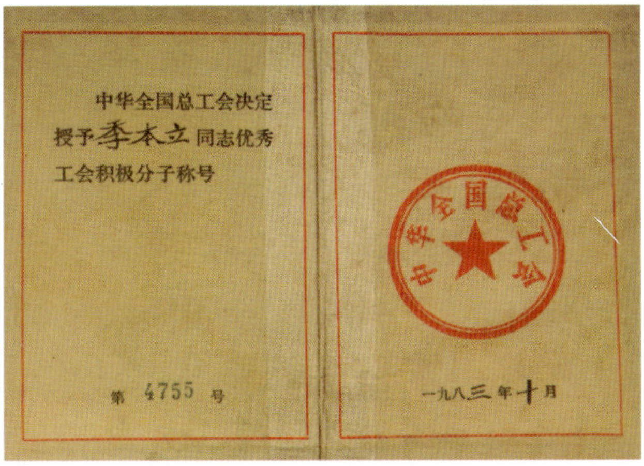

1983年10月，全总授予季本立同志“优秀工会积极分子”称号

1994年9月全总授予黄世雄同志“全国工会职工教育先进工作者”称号

中华全国总工会决定
授予任国庆同志优秀
工会积极分子称号

第 4756 号

一九八三年十月

1983年10月，全总授予任国庆同志“优秀工会积极分子”称号

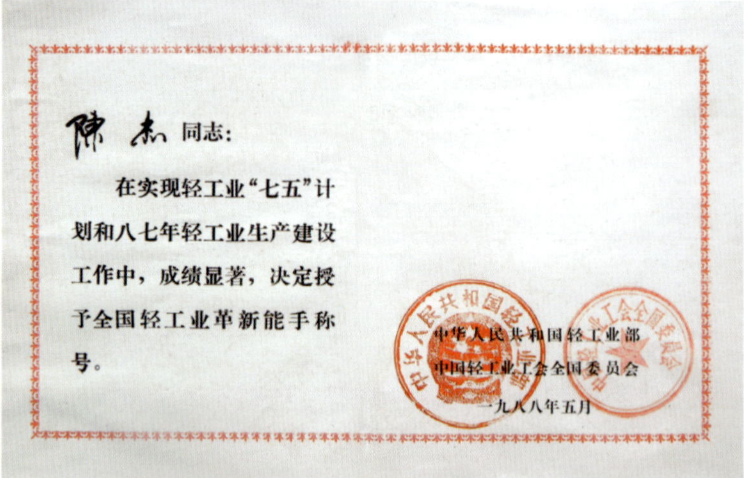

陳杰同志：

在实现轻工业“七五”计划和八七年轻工业生产建设工作中，成绩显著，决定授予全国轻工业革新能手称号。

中华人民共和国轻工业部
中国轻工业工会全国委员会
一九八八年五月

1988年5月，国家轻工部、中国轻工业工会授予陈杰同志“全国轻工业革新能手”称号

（丰利镇工会提供）

目　录

第五章 宣传教育

第六章 经济技术

第七章 劳动保护

第八章 民主管理

第九章 生活保障

第十章 法律服务

第十一章 女职工工作

第十二章 财务与经审

第十三章 人物 荣誉

附 录

一、文件辑要

二、成果选载

总 述

如东，地处祖国东南形胜之地，滨江临海。南部与南通市通州区为邻，西部与如皋市接壤，西北部与海安县、东台市毗连，东部和北部濒临南黄海，与韩国、日本隔海相望。“据江海之汇，握襟带之薮”。素享渔盐之利，冠以黄金海岸，是全国最早对外开放14个沿海城市之一的南通市所辖县份。县境西起袁庄镇朱庄村西端，东止大豫镇东堤，长68公里；南起掘港镇朱家园南河，北止栟茶镇新垦区，宽46公里。2014年，县城总面积1872.73平方公里，耕地面积10.85万公顷。辖9个县属镇，6个开发区。总人口104.37万人。全县海岸线长达106公里，滩涂面积6.93万公顷。

如东地域为古代长江入海口的一块卵形沙洲，秦汉以后逐渐成陆。东晋安帝义熙七年(411)正式设立如皋县。民国29年(1940)黄桥决战后，新四军苏北指挥部命第三纵队挺进江海平原，遂将如皋县分设如西县和如皋(东)县。民国34年(1945)秋，抗日战争胜利后，如西县复名如皋县，如皋(东)县易名如东县。县政府初设马塘镇，1951年11月17日，由马塘镇迁至掘港镇。

一

如东地区的工人队伍就是在这片独特的土地上产生，并逐步发展、壮大起来的。

特殊地域使然，盐业是如东地区最早的工业，盐丁是如东地区最早的工人。盐业繁荣的北宋(960—1127)时期，境内盐工达2000余人，鼎盛时期的清乾隆(1736—1795)年间，盐工不下万人。盐业的发展，带动了以盐易货的运输业和商业兴起，串场河两岸镇逐渐形成与盐业、渔业有关的商业集市。清代，山西、安徽及南京、扬州等地商贾纷至沓来，开店设肆。民国(1912—1949)年间，诸镇商业兴盛，市井繁荣，由此形成一支庞大的店员队伍。随之手工业工场、作坊日益增多。盐业、渔业、商业、手工业的兴起与发展，为如东近现代工业发展创造了条件。

民国初年，一些有识之士大力提倡振兴工业，走实业救国之路。清末状元、民族实业家张謇到皋东东南沿海滩涂创办大豫盐垦公司，开办轧花厂和织布厂；南通大生纱厂等多方集股投资30万元(法币)，在丰利刘家花园开办兴农纱厂。掘港等大集镇相继办起电气公司、半机械化的油米加工厂(坊)等,这些工厂企业是如东地区工业的萌芽,其雇佣职工则是如东地区近代产业工人的源头。

中华人民共和国成立后,在党和人民政府的领导下,如东工业、交通运输、财贸、建筑、文教卫生事业都有了较快发展,特别是中共十一届三中全会以后,立足原有工业基础,改造振兴传统工业,加快改革开放步伐,大力发展外向型经济,如东工业经济发民不断提速,其他行业和各项社会事业日新月异,如东职工队伍得到迅速发展和壮大。至2014年,全县职工形成逾20万人的庞大队伍。

随着职工队伍的发展壮大,工人群众根据自发斗争和自觉斗争的需要,探索建立自己的组织。民国初年到中后期(1926—1945),掘港、栟茶、马塘、丰利、苴镇等地先后建有行业工会、小车工会、码头工会、抗日联合会等职工组织。民国34年(1945)8月以后,全县有5个区,12个乡、镇相继建立职工联合会。

民国38年(1949)1月28日,如东全境解放。12月,在中共如东县委领导下,组建如东县总工会筹备委员会。1950年3月,筹委会主持召开如东县工会第一次代表大会,成立如东县总工会。随后,全县12个集镇相继建立镇工会,北坎港、南港、环港建立海员工会,教育、医务、邮电、搬运、船业、商店、财政金融、合作贸易等10多个行业亦陆续组建工会筹备组织。1950年底建立基层工会62个,发展会员3106人。此后,如东工会组织逐步发展,从县总到基层工会建制不断完善。至"文化大革命"前夕,县总机构内设组织部、宣教部、劳保部、女工部和秘书室。系统工会有县教育工会、建筑工会、搬运工会、财贸工会。镇(区)工会有掘港镇总工会、马塘镇工会、岔河镇工会、双甸镇工会、栟茶镇工会、丰利镇工会。"文化大革命"期间,"工代会"代替工会组织,全县工会系统停止活动。1973年9月,县总工会恢复后,县总内部机构设置逐步完善,至1984年正式设立4部,即组织部、宣传教育部、生产保护部、生活女工部;直属事业单位有法律顾问组、职工技术协作办公室、县工人文化宫、县职工学校。系统(产业)工会有县级机关工会联合会、县教育工会、县建筑工会。镇(区)工会有掘港镇总工会、马塘镇工会、岔河镇工会、双甸镇工会、栟茶镇工会、丰利镇工会。至1989年,全县基层工会发展到418个,会员5.80万人,职工入会率71.32%。

至2014年,如东县工会经过发展变革,组织建制进一步健全完善,会员队伍进一步壮大。县总机构内设6个职能部门,包括办公室、组织部、民主管理与法律工作部、宣传教育与生产保护部、生活保障与女工工作部、财务部;直属事业单位有县总工会法律顾问处、职工技术协作办公室、工人文化宫、职工培训指导服务中心。系统(产业)工会有县级机关工会联合会、教育工会、建设工会。镇(区)工会有掘港镇总工会、马塘镇工会、岔河镇工会、双甸镇工会、栟茶镇工会、丰利镇工会、曹埠镇工会、新店镇工会、袁庄镇工会、河口镇工会、如东沿海经济开发区(洋口镇)工会、如东经济开发区(苴镇)工会、洋口港经济开发区(长沙镇)工会、如东循环经济产业园(大豫镇)工会、南通外向型农业综合开发区工会。全县基层工会1626个,会员20.28万人。全县工会累计覆盖单位4552家。

二

县总从成立时起,就一直注重教育引导全县广大工人群众充分认识自己的主人翁地位,鼓励职工站在保卫新生革命政权的斗争前列,组织参与工厂管理,参加民主改革和经济体制改革。

1951年,在镇压反革命运动中,各镇建立工人纠察队,配合政府除奸肃特,搜查潜藏的枪支弹药,镇压反革命分子,加强社会治安。县总机关人员在"三反"①运动中,整顿官僚主义作风,检查贪污、浪费行为。1952年,在"五反"②运动中,县工会召开各行业工人骨干会议,动员和组织职工揭露、批判不法资本家"五毒"③行为。在民主改革运动中,各行各业工会组织在当地党委支持下,推倒霸头,清除封建残余势力,取消陈规陋习,建立新的管理制度。为了让职工学会参与工厂管理,县总在国营工业企业开展试点,组织干部、工人学习上级有关指示、文件,联系实际,讨论研究如何民主管理、办好企业、搞好生产等问题,并组建由职员、工人、干部代表参加的工厂管理委员会,使职工参与工厂管理从思想上、组织上、制度上得到保证。在初期参与政治运动、民主管理的实践中,广大职工群众受到教育和锻炼,涌现出一批工人积极分子。

对资本主义工商业的社会主义改造时期,各级工会配合政府对全县私营企业进行登记。至1956年,全县46个大、中、小集镇计7469个工商业户全部实现公私合营和合作化,全面建立起生产资料的社会主义公有制。原被私方雇佣的千余名职工彻底摆脱了雇佣地位,真正成为企业的主人。1958年,《人民日报》推出"两参一改三结合"④的新鲜经验,县总对此作出决定,使之形成制度化,干部、工人、技术人员团结一致,工厂风气焕然一新。在三年国民经济困难,各级工会贯彻、执行中共中央关于国民经济"调整、巩固、充实、提高"的八字方针,动员职工克服困难,为国分忧。如东工人群众仍然保持高度的主人翁责任感,有9000多人服从大局,走出国营、县属大集体工商企业,到农村安家落户,投身更艰苦的农业建设。

进入改革开放新时期,县总针对如东企业经济体制改革中出现的新情况、新问题,鼓励各基层工会为各级党政提供信息,向决策部门进言献策。职工群众在改革中充分展示出当

---

① "三反":反对贪污、反对浪费、反对官僚主义。

② "五反":反对行贿、反对偷税漏税、反对盗骗国家财产、反对偷工减料、反对窃经济情报。

③ "五毒":指解放初期资本家的五种 违法行为,即行贿、偷税、漏税、盗骗国家财产、偷工减料和盗窃经济情报 。

④ "两参一改三结合":干部参加劳动、工人参加管理,改革不合理的规章制度,领导干部、工人、技术人员相结合。

家作主的献身精神和聪明才智。县工会组织工人运动研究会会员对企业民主管理进行理论政策研讨,并有多篇论文在市工会企业民主管理理论探讨中获奖,各级工会运用研究成果,认真落实职工民主管理权力,健全三级民主管理制度;基层职代会对领导干部进行民主评议,有许多企业还民主选举产生行政领导人;县总着力于提高厂级职代会水平,普及车间级职代会,推广班组民主管理;企业改造方案、职工下岗分流方案经职代会审议通过;企业实行职代会民主评议领导干部、企业业务招待费使用情况和个人廉洁自律情况向职代会报告。

在经济体制改革向纵深推进、企业产权制度发生根本变革的新情况下,县工会及时教育引导职工群众重新认识自己的主人翁地位,在非公企业仍然以当家作主的精神参与企业职工代表大会制度建设。县总先后制定《关于在新建企业建立职工代表大会制度的意见》《关于推行非公有制企业职工代表大会制度的意见》和《如东企事业职工代表大会运行规程》,在非公有制企业进行试点,召开全县非公企业职工代表大会建设现场观摩推进会,以典型引路,加强指导等途径,着力推进基层民主管理工作。在全县广大职工群众的积极参与下,非公企业的厂务公开制度和企业职代会制度得到顺利推行。2003年,全县非公企业中建立职代会制度的仅有325家。至2005年底,全县非公企业建立职代会制度的达到1889家,其中单独建会企业建制590家,百人以上企业建制面为100%。2006年,县总依据非公企业实行职代会制度典型单位的成功经验和企业不同特点,深入研究探索其组织体系、工作内容、职权范围、工作制度,对职工民主管理制度加以完善,创新工作运行机制、活动方式。至2010年,全县实行厂务公开民主管理的企业2766家。

2014年,县总通过深入学习贯彻中纪委、中组部、国家国资委、监察部、全总、全国工商联联合发出的《企业民主管理规定》和全省职代会制度规范化建设经验,对企业职代会制度重要意义和相关要求有了深层次理解,使全县建设企业职代会制度和组织职工参与企业管理工作更加切实有效。

三

中国工人阶级是领导阶级,所代表的是全中华民族的整体利益。这一根本性质决定,中国共产党领导下的工会,必须带出有理想、有道德、有文化、有纪律的高素质工人队伍。为此,如东各级工会在鼓励职工群众在参与各项实践中经受锻炼、学习提高的同时,一直坚持把对职工的教育培训作为一项根本任务,常抓不懈。

首先是加强对职工的政治思想教育。1954年,县工会在掘港、马塘、白蒲、栟茶、丰利等县属镇开设职工学校,进行政治文化教育,提高职工思想和文化水平。从此开始,县总举办各级基层工会干部训练班，开班时安排参训人员听取县委的时政报告、学习《共产主义》《中国共产党》等专题，系统接受共产主义思想理论教育。各国营企业基层工会正常组织干部职工学习培训，坚持把学习共产主义理论和时事政治、学习马列主义基本理论和毛主席的中国革命学说作为必修课。在早期的历次政治运动中，全县各级工会都及时组织干部职工学习党的有关文件，联系实际学习毛主席著作。经常性的教育是要求干部职工学习毛主席《愚公移山》《为人民服务》《纪念白求恩》等著作，用毛泽东思想武装职工头脑，提高职工思想道德水平。在中共十一届三中全会后的重大历史时期，县工会更加注重运用多种形式对职工进行思想政治教育，宣传新时期党的路线、方针、政策，启发引导广大职工解放思想、更新观念，增强改革开放意识和市场经济意识，跟上时代步伐，积极投身"四化"建设。

同时，十分注重抓紧干部职工的文化知识和科学技术的学习培训。20世纪50年代末至60年代初，全县各工厂企业基层工会响应县委"大办红专学校，多快好省地为伟大的社会主义和共产主义建设一支强大的又红又专的工人阶级理论队伍和技术队伍"号召，掀起大办红专学校热潮，全县参加学习的职工6000余人。1979年，县工会职工学校复校后，坚持为企业服务、为职工服务、为改革开放服务的办学方向，实行多层次、多形式办学。10年时间培训企业专兼职政工干部1000多人，职工理论骨干800多人。经过文化补课，前后有10000余名职工领取初、高中毕(结)业证书。各县属镇职工学校长期办班，也取得大面积丰收。1987年后，职工学校贯彻国家教委关于成人教育"转轨变型"的指示，重视岗位培训。两年开办40个门类、200多个技术业务班，有8500多名企业中层干部、班组长、技术工人参加培训，经过考核领取了合格证书。县总还通过建设职工书屋、组织工人读书小组、建立工人运动研究会、开展职工技术大比武等形式，吸引职工学习钻研文化技术。1990年，县总、县劳动局组织全县10万职工操作大比武活动。在全县各系统，各单位普遍掀起练兵比武热潮。在鼓励创新的新形势下，县总开展以"增强创新意识、普及创新知识、提升创新技能、开展创新活动、推广创新成果"为重点内容的创新竞赛，并评出有突出创新成果的高技能人才，其中有10%优秀技术工人获县政府特殊津贴。

县总还重视提高职工文化艺术素养，以提高职队伍的综合素质。早期各镇和一些大的工厂都建有文娱队，经常在街道、广场、工厂演出小型多样的文娱节目；县工人俱乐部多次组织文艺创作和图片、绘画展览。县总建立工人文化宫，特别是文化宫条件改善、"五一"文化广场建成、各级基层工会建起"职工之家"后，全县各级工会在这些阵地上，组织开展丰富多彩的职工文艺、体育活动，成为深受职工喜爱的舞台和课堂。近年来，各种活动以崭新的艺术形式、鲜明的时代主题，吸引更多职工群众在自娱自乐中接受教育和熏陶。2012年，县总举办如东县"大东杯"首届职工文化艺术节，开展3项专题活动："放歌劳动、给力发展"文艺调演，"时代主力军"摄影比赛，"咱们工人有力量"征文大赛，观看文艺演出和图片展览的有3万人次。2013年,组织一台“打开春天”专题节目送戏下乡,会同县委宣传部、县文广新局主办如东县第二届职工文化艺术节暨企业放歌大型演唱比赛,先后举办“企业之歌”演唱比赛、职工声乐比赛、职工书法美术比赛和职工乒乓球比赛等活动,全县30多家企业1000多名职工参加文化艺术节演出或比赛,2万多名职工群众观看比赛和演出。2014年,县总全面落实省总《关于工会推动企业文化职工文化建设的意见》,于5月份开展如东县第三届职工文化艺术节,先后举办寻找“最美一线职工”、小品曲艺比赛、职工篮球比赛、职工棋牌比赛、广场舞大赛等活动,形成如东职工文化特色品牌。如东工会长期坚持举办系列文艺、体育活动,既丰富了职工精神文化生活,又陶冶了情操。在提高如东职工队伍总体素质的基础上,还培养了文艺人才、收获了艺术成果。其中舞蹈《跳马夫》,跳进了中南海,国画《平凡的岗位》,登上了世界博览会展出的殿堂。

四

保障职工生活和维护职工合法权益是工会组织的天职。县总一直以此为己任,争取政府支持和各方援助,为职工排忧解难,提高应有待遇;运用法律手段,切实保障职工的合法权益不受侵犯。

中华人民共和国成立之初,摆在刚成立的如东县总工会面前的是国民党反动政府留下的一片烂摊子,工厂停产倒闭,大批工人失业。县总立即积极配合人民政府做好失业工人安置和救济工作。20世纪50年代末、60年代初,在3年困难时期及以后的经济调整中,全县有大批职工精简下放。做好精简下放职工安置与救济工作,成为当时全县各级工会组织保障职工生活的主要任务。工会配合政府为精简下放职工解决缺少房屋和衣被的困难,并经常派人与下放人员取得联系,为他们办实事。1962年,县总将基层工会解冻的近9万元经费用于补助职工生活,解决了1566人的具体困难。

改革开放期间,由于经济体制改革带来的阵痛,全县大批工人因年龄偏大或技术手艺不对路等多种原因而下岗待业,还有因病致贫出现的特困职工及其家庭。县总千方百计开展送温暖活动、实施再就业工程。争取县政府支持,组织领导干部与困难职工结对帮扶,并把这一措施和春节送温暖活动制度化,长期固定下来。在实践中还创造了如“爱心一日捐”活动、“献爱心、献政策、献点子、献资金”的“五献”活动、“金秋助学”活动等多种形式,并逐步实施红十字会医疗救助机制、建立困难职工帮扶平台、开通网络帮扶热线,实现困难职工帮扶全覆盖。正常年份,县总全年帮扶600多人次,发放帮扶资金总额70万元左右。保障职工生活,最根本的措施是帮助职工实现就业、再就业。对此,县总认真做好再就业职工培训工作,以技能培训促就业。每年制订全县计划,分解落实到各级工会组织举办各级各类培训班数期,有的培训班不仅培训费用全免,还给参训人员发补贴和提供快餐。培训工种从电工、车工、钳工、、缝纫、电脑发展到保安、保姆、保洁等,最多的年份全县共培训3218人次。县总建立创业就业服务中心,通过沟通用工信息渠道、举办创业就业招聘会、建立自主创业示范基地、企业捐献岗位和向用人单位对口推荐等多种途径,形成"技能培训、职业介绍、安置就业"一条龙服务,使培训合格的职工基本及时实现就业、再就业。

保障职工生活,除了帮扶困难职工和实施再就业工程之外,维护每一个职工的合法权益也是一项十分重要的工作内容。

保护劳动者在生产过程中的安全健康,是工会履行维权职责的重要任务。1951年按照全总《工会基层组织劳动保护委员会组织通则》,县总在全县海员、食品、店员、手工业、教育等系统建立工会劳动保护工作委员会21个。1978年10月《中共中央关于认真做好劳动保护工作的通知》下发后,县总在全县进一步建立健全劳动保护组织机构。针对行业和企业实际,各级工会坚持开展三级安全生产教育,组织安全生产大检查,纠正某些企业随意加班加点和只抓增产节约忽视职工安全等做法。1985年以来,县总会同县经委、县劳动局,在全县推行工会劳动保护监督检查组织建设、"劳动安全卫生三同时"、创"安全合格班组"、"安全生产月"、"职代会审查安全"等活动。2000年以来,县总针对经济发展需求,认真指导并督促企业,开展职业安全培训、签订"劳动保护专项协议"、建立"有毒有害化学物质信息卡"、"事故隐患和职业危害监控法"、创"劳动保护合格、示范工会"、"安康杯竞赛"等工作。2009年,在连续多年开展职工安全电视培训基础上,提前一年完成市下达5年培训15万职工任务。2013年至2014年,县总会同县安监局、县职业卫生监督所等单位,联合开展化工、冶金等6大行业危害专项整治,对140多家涉及职业危害企业,全部进行现场检测,相关职工全部实行健康体验。各类行之有效的措施,对监督企业、改善职工劳动条件,提高职工自身防护能力,保障职工安全权益发挥重要作用。

1949年,掘港、马塘、栟茶、岔河、丰利等集镇的一些工商户出现拖欠工资、解雇工人等问题,县总及时出面并协调好劳资关系,对蓄意解雇工人的不法商家,组织职工说理斗争,保障了职工合法的劳动权利和应得的工资待遇。职工合法权益的维护工作,县总和各级工会从解放初一直关注到对资本主义工商业的社会主义改造全面完成,劳资双方的矛盾随时得到妥善处理。在企业全面改制后,全县基本处于民营经济为主的新时期,县总坚持把建立新型劳资和谐关系,维护好职工合法权益提上重要议事日程。1994年,《中华人民共和国劳动法》颁布后,县总依据法律规定,与政府相关部门联合提出《关于在全县企业中推行"集体合同"的意见》,并组织开展职工与企业就劳动报酬、工作时间、休息休假、劳动安全卫生、保险福利等事项,签订集体合同的工作。至2014年,全县50人以上企业建立工资集体协商制度实现全覆盖,签订工资集体协议950多份。县总每年会同政府相关部门进行执法大检查。为了及时妥善解决履约中出现矛盾、纠纷,工会、政府部门、企业家协会建立劳动关系三方协调机制。县总与县劳动和社会保障局、公安局、建工局等部门组成联合执法检查组,进行以农民工工资为主体的工资清欠专项检查,帮助农民工追讨工资。

女工是职工队伍中的特殊群体,全县各级工会组织切实关心女职工特殊权益保护。早在1956年,县商业工会就要求所属基层组织,保护女职工身心健康,对怀孕女职工减轻工作量,减少夜间会议活动,不安排值班站岗,防止流产。当年,县总倡议企业解决女工洗澡问题,掘港镇新建女浴室。此后,在帮助女工过好恋爱、婚姻、分娩"三关",做好女工经期、孕期、产期、哺乳期"四期"保护及妇女病普查防治等方面规定逐步完善、工作扎实。《中华人民共和国妇女权益保护法》颁布后,县总会同县劳动部门下发文件,并开展非公有制企业女职工劳动保护检查活动;工会女职工委员会参与企业集体协商工作,女职工较多的企业订立女职工劳动保护集体合同,努力落实男女同工同酬、产假待遇、生育保险等女职工特殊权益,从源头上维护。

五

职工队伍是全县经济建设的主力军。如东在旧社会留下的近乎废墟上建成今天跻身全国百强行列的经济强县,是一代又一代如东人的心血和汗水凝成的。长期以来,全县各级工会围绕党的工作中心,充分发挥自身职能,通过大力开展劳动竞赛、合理化建议、技术创新、技术协作和评选表彰劳动模范等活动,为充分调动职工群众的积极性与创造性,不断提供强大推动力。

在3年经济恢复时期,县工会干部分赴集镇、工厂、商店宣传政府颁布的"公私兼顾、劳资两利"的政策,团结资方恢复发展生产。各级工会教育职工明确新中国工人阶级所处地位,以主人翁姿态投身生产竞赛活动。在经济恢复形势和民主改革等政治运动鼓舞下,广大职工劳动积极性逐步提高。特别是1957年对资本主义工商业社会主义改造任务全面完成后,走上社会主义道路的全县广大职工劳动热情高涨,劳动竞赛出现了前所未有的规模和速度。1958年,各级工会响应县委号召,鼓足干劲,力争上游,开展以农业为中心,技术革新为内容的比、学、赶、帮劳动竞赛,全县各地如火如荼。70年代,工业学大庆运动在如东深入展开,劳动竞赛走上比优质、高产、低耗、多品种为中心的正确轨道,在许多企业取得实实在在的成果。县化肥厂职工以大庆人为榜样积极参加企业管理,猛攻原料关,实现转亏为盈。潮桥面粉厂职工开展赛读书、比觉悟,赛思想、比进步,赛数量、比质量,赛风格、比团结,赛干劲、比贡献的"五赛五比"活动,使面粉、挂面产量刷新历史记录。全县广泛、深入、持久开展"为四化立功""双增双节""达标夺魁"等竞赛活动,有效地促进企业增产、提质、增效。从1991年经济建设第八个五年计划开始,全县全局性劳动竞赛每5年一期:"八五奉献杯"竞赛、"九五创业杯"竞赛、"十五创新工程杯"竞赛、"当好主力军,建功'十一五',建设新如东”竞赛，到“十二五”开头，又开展“推动科学发展，建设美好如东”活动，推动如东经济建设持续向前发展。

劳动竞赛为经济发展提供动力，合理化建议则又为科技进步和创新汇聚智慧。随着经济工作实践对技术进步的客观需求，在县总的指导下，一个时期明确一个总体攻关方向，各基层工会组织职工开展多形式、多渠道的合理化建议活动。如1952年，县总要求各级工会以提高生产率为目的，有效利用生产设备，开展以机械代替人力、简化生产操作方法的合理化建议活动。1958年，在以发展农业为中心，开展农具技术革新的比学赶帮竞赛中，各基层工会针对生产关键，发动职工开展“一人一计、一人多计、多人一计”的献计献策活动，上半年19个基层工会统计，共提出合理化建议989件，被采纳728件，占比73.69%。为了引导和鼓励职工积极参加合理化建议活动、提高合理化建议的质量，县总根据省总《群众发明与合理化建议工作委员会组织条例》精神，在基层工会相继建立合理化建议委员会或小组，负责组织职工开展合理化建议活动，审查和采纳群众所提建议的应用价值，交流推广成功经验，对发明者评定奖励，使合理化建议活动走向规范化、制度化。县总通过“树红旗、立标兵、评优秀组织者”竞赛、组织交流、培训骨干、抓评审实施两大环节等措施，推动全县合理化建议活动持续深入开展，不断推进企业技术进步。从早期的小改小革、改革开放初的大规模设备更新改造，到新时期科技创新，都注入了合理化建议所汇聚的大量群众智慧结晶。其中最突出的有，1964年县农机修造厂技术人员何瑞虎设计的新型轧花机成为全国6种轧花机选型之一；1995年县农药厂工艺员徐跃针对产品敌草胺生产技术缺陷，建议用复合无极性溶剂结晶提纯，成为国内首创技术，两年为企业增利80万元；昌弘（南通）工具有限公司职工陈昌泉设计的新型快速活络扳手，具有省材、省工、优质、传动速度快、使用安全方便等各种优越性能，2008年被评为“江苏省职工十大技术创新成果”。

长期开展的劳动竞赛和技术创新、技术协作活动，成果辉煌，先进模范人物更是层出不穷。县总一直高度重视劳模评选，发挥劳模榜样的力量，引领全县广大职工立足本职、勤奋工作、勇于创新，为加速如东经济社会发展做出无私奉献。从1956年开始，全县各级工会积极组织开展自下而上评选先进模范人物活动。在各个历史时期，县总都十分重视宣传劳模事迹，推行“学劳模精神、为劳模服务、建劳模新功”工程。为了全面、系统宣传劳模业绩，县总组织力量，调查收集资料整理，编写《永驻辉煌——如东县先进模范人物风采录》一书，收集全县历届市以上劳模名录和事迹，出版发行后，进一步推进“劳模工程”建设。县总还经常开展“劳模促发展、建功庆‘五一’”座谈会、“弘扬劳模精神、展示劳动者风采”等为主题的“五一”宣传月“五一”劳动者之夜文艺晚会等活动，不断让劳模精神发扬光大。2005年和2012年，先后召开两次如东县劳模代表大会，大力弘扬劳模精神，营造“尊重劳动、尊重知识、尊重人才、尊重创造”的社会氛围，激励劳动模范为建设新如东不断建立新功。在先进模范人物带动下，全县职工群众团结广大人民，你追我赶，推动如东经济社会发展不断实现新跨越。

大 事 记

宣统三年

(1911)

10月　辛亥革命推翻清政府的消息传到马塘,全市欢腾,各界群众和学校师生手持白旗,高呼口号,庆祝胜利。

11月中旬　通州光复,消息传来,掘港的绅商赶走都司、主簿、场司三堂官,清王朝在掘港的统治瓦解。

中华民国

民国元年(1912)

2月　掘港"商学团"中的部分成员组成"共和演说会",刊出反袁的《共和演说报》,对地方上的行政措施进行抨击。

是年　海匪200人从洋北港登陆,众灶民协助栟茶民团在十八总与海匪激战获胜。毙匪3人,擒匪4人,伤匪3人。

△ 栟茶西北乡发生灶民反清丈灶田风潮。

民国2年(1913)

5月18日　栟茶巡警局警长贪婪,向各肉铺强征肉捐;各肉铺拒不认纳,一律罢市,以示抵抗。

是年　马塘印花税委员同警士到义源和杂货茶食店查印花税,强夺账簿罚税,激起各商店罢市风潮。

△ 掘港各校教员为讨欠薪,与董事会发生冲突,集体辞职罢教。

民国3年(1914)

是年　掘港、马塘、丰利、栟茶等市教育界发起组织教育会,积极创办学校。

民国4年(1915)

9月 绍兴邵明之招股集资,成立华丰垦殖公司。

民国5年(1916)

3月23日 丰掘盐官强垦四、七总无人管理的公荡,灶民聚众奋起反抗。

春粮贵盐贱,杨家坂冯爱仁率盐民数百人大闹掘港场务署,要求涨盐价,场官被迫承允。

袁世凯垮台,栟茶进步人士组织“自治促进会”,并刊发《自治报》宣传恢复自治。

民国6年(1917)

6月 张謇创办的大豫盐垦公司成立,附设轧花厂和织布厂。

是年 如皋花边厂在掘港设第七、第十三花边分厂,100多人报名进厂。

民国7年(1918)

是年 南通张树元在掘港创办复记垦殖公司。

民国8年(1919)

6月4日 如皋(东)学生组织联合会,举行提倡国货,抵制日货。反帝爱国宣传活动。当天烧毁即将大同商行私进价值2000余元(时币)的日货。

△ 栟茶设立邮政代办所。

△ 成立益昌盐垦公司。由陆桂一创办,上海资本家刘景德和丰利晋丰泰官盐店老板周柏英合资经营,总公司设在丰利镇。

民国9年(1920)

是年 南通大达内河轮船公司在掘港设轮船代办站,掘港至南通轮船通航。

民国10年(1921)

秋 外地资本家勾结丰利地痞,请来10个士兵,驾18部车到沙鱼洼划地围垦;盐民为保护烧盐草源,维持生计,当晚举着火把、扛着铁叉,从四面八方奔向沙鱼洼庙,痛打留守人员,并烧毁其车子、行李。

民国11年(1922)

4月 掘港、马塘、苴镇等地饥民鉴于粮商私运粮食出境高价出售,掀起夺米风潮。

8月27日于南京高等师范学习的潮桥青年吴亚鲁(当年在南京加入中国共产党组织)回乡组织“平民社”。11月1日 吴亚鲁主编《平民声》创刊号,公开抨击封建主义制度,传播社会主义、共产主义思想。

是年 吴亚鲁、丛永中(原名丛永琮)、吴亚苏等进步青年,成立“潮桥青年学友会”。并刊印《潮桥青年》,旗帜鲜明地号召打倒封建军阀和土豪劣绅。

民国12年(1923)

5月9日 掘港各学校师生500多人,举行纪念国耻日,并游行示威。

7月下旬 栟北渔行老板缪承德以重金买得保正头衔,在各海船额外征捐,激怒渔民300多人,各燃香束至栟市游行示威,反对缪为保正。

民国13年(1924)

年初 马塘、丰利等地建立平民夜校。

4月13日 “平民社”社员发起,在掘港成立“平民支社”,并发行油印刊物。

6月 马塘的缉私营稽查员对一茶馆栽赃敲诈,激起公愤,商民相继罢市,进行斗争。

是年 岔河旅外学生及当地教育工作者组织“学进会”;双甸青年组织“人社”(以小学教师为多),出版《晨钟》半月刊;丰利、马塘、掘港3区成立“旅外学友会”。

民国14年(1925)

4月 马塘、岔河、双甸等地群众反对军阀当局编查户籍,鸣锣聚众,扒毁编查员的房屋,遭到巡警当局镇压。

5月 栟茶灶民聚众抗击专事查盐的缉私盐兵,打伤3人,其余盐兵慌忙逃跑。

6月 窦昌熙、吴舒国、丛允中(原名丛永琮)、金万庆等发起成立“五卅运动后援会”,并在掘港成立“民鸣社”,刊出《民鸣报》,宣传打倒帝国主义,废除不平等条约。

夏 栟茶知识青年组织进步团体“知社”“平民社”,与旧势力的“庸社”对抗。知社出版刊印《海日》宣传马克思主义。

8月 平民社在掘港召开年会,吴亚鲁在会上宣讲社会主义发展史。

10月25日 掘港150多名泥瓦工因不堪工头剥削,进行罢工斗争。

是年 岔河设轮船码头,怡安号和隆陞号两轮(掘港—如皋)对开。

民国15年(1926)

11月 如皋东乡第一个中共党支部——下漫灶支部成立,王盈朝任书记。

是年 掘港成立商会。下设粮食、建筑、船业等分会。

民国16年(1927)

7月10日 共产党人王盈朝、叶胥朝、周惠吾等领导如皋黄包车工人罢工,斗争获得胜利。

10月13日 徐名友、王盈朝、苏德馨、周惠吾、任百川等发起成立如皋总工会筹备处，筹备委员25人，筹建县总工会。具体筹建工作由刘君霞负责。

民国17年(1928)

3月23日 马塘、何灶等地成立民众夜校。

5月11日 如皋教育界反日委员会召开成立大会，徐家瑾等被推选为执行委员会委员。

5月13日 如皋县各界组织反日救国运动会，并在全县禁屠3日，哀悼济南死难同胞。

5月15日 刘君霞、周惠吾等在如城英勇就义。

是年 岔河镇安装电话，设电话局。

民国18年(1929)

是年 栟茶组织镇工会、商会。办平民夜校、妇女识字班。全镇按行业分设广货、南货、粮食、面饼、草业、药业、茶食、五金、渔业、肉业、杂货、京货、八鲜等同业公会。

△ 丰利、马塘的油米加工厂(坊)开始使用柴油机作生产动力。

民国19年(1930)

夏 掘港地区工农民众配合中国工农红军第十四军袭击地主武装。

是年 马塘开办私营新明电灯厂。

△ 各集镇陆续开办半机械化的私营油米加工厂(坊)共21家。

民国20年(1931)

9月29日 下午，栟茶镇工农商等各界在公共体育场举行数千人大会，反对日本帝国主义侵占东北3省。

民国21年(1932)

春 马塘商界建立10个行业的同业公会。

5月 掘港税警非法严刑拷打徐大致死，激起公愤，商店罢市。

7月25日 驻苴镇缉私营公然开枪镇压盐民，造成血案。

中秋节 丰利市民乡民反抗食官盐，聚众数百人捣毁兼营官盐的李润昌杂货店。缉私营盐兵，鸣枪压制。

是年 马塘以10名小学教师为主，集资创立“十友国货商店”；岔河曹惕安等10名工商界人士组织“十人团”，抵制日货。

民国22年(1933)

春 沙家庄一带饥民开展拦船截米斗争。

4月上旬 丰利区千余名饥民聚众暴动，遭古坝公安第七分局残酷镇压。

夏 栟茶镇民众千人开展抗官盐分销斗争，捣毁控制官盐的缪大昌盐号。

是年 苴镇建立第一个渔民生产指导机构——如皋（东）渔业生产指导所。

民国23年（1934）

春 杨家坂盐民迫于饥饿，到严家老园进行夺粮斗争，苴镇巡警当局慑于饥民声势浩大，未敢弹压。

民国24年（1935）

下半年 如皋进步青年组织的文艺团体——春泥社成立。栟茶徐静渔、何晴波、蔡迪、蔡暹等为该社社员。

是年 栟茶开办栟耀电灯厂。

△ 岔河教育工作者方治鉴、宋定一等创办《皋东》半月刊，抨击腐败政府和黑暗势力。

民国25年（1936）

春 栟茶始设汽车站，有旧式汽车2辆，主营客运，兼营货运。

是年 栟茶中学学生及教职员工停课反抗兵痞陈国玺等抓丁、敲诈勒索。并通电东台县政府，要求法办陈国玺。

民国26年（1937）

秋 丰利粮商贱价收购，高价出售粮食。环港渔民徐家余、刘保全、毛文炳等鸣锣聚集100多个青壮渔民到丰利怒砸协昌粮行。

是年 芦沟桥事变发生后，栟茶中学师生走上街头，进行抗日宣传，劝募慰劳抗日战士。

△ 抗日战争爆发，马塘地区成立抗敌后援会。

△ 岔河镇建汽车站。

民国27年（1938）

秋 虹元小学4名教师在苴镇祁家陵翁姓家中创办《大家揪》小报，唤起民众抗日。

冬 中共江北特委活动中心由金沙北移马塘，马塘、潮桥、曹埠及沿海地区逐步开展抗日救亡工作。

△ 抗战支队政工队队长、地下党员姜辛耘带领剧团在马塘、掘港、苴镇、丰利等处演出抗日节目。

民国28年（1939）

1月 “抗战支队”政工队海滨工作组在长沙、何家灶、北坎一带宣传，组织盐（渔）民近千人参加的抗日协会。

2月 马塘开设晓塘书店，出售进步书刊。

3月 何家灶一带建立队员30多人的盐民自卫队。崔德耀任队长，曹绾中任指导员。

下半年 丰利十二总成立新丰轮船公司，环港—上海海路通航；环港码头有200多名搬运工人，用20条海船和70多辆牛车代客装运货物。

是年 马塘建立店员、手工业中共党支部，成立青年抗日救国协会、小车工会。

△ 栟茶建立青年抗日救亡协会（后改称青年抗日先锋队）；苴镇、长沙等地亦建立青年工作队。

△ 栟茶进步青年何晴波等编辑《滨海报》，宣传党的抗日民族统一战线政策、鼓励进步青年献身抗日救国斗争。

民国29年（1940）

春 南通大生纱厂投资30万元（法币），在丰利开办兴农纱厂，有1200个纱锭。同时在十二总开办棉花打包厂。

10月 民运工作队48人到栟茶发动群众，组织工抗会、商抗会、青抗会、妇抗会、教抗会。

△ 栟茶区建立工人抗敌协会，主任蔡文彬、副主任陆文彬。下设10个分会。

△ 马塘成立店员、学徒抗日联合会。

△ 丰利建立店员抗日协会，会员60多人。

11月 马塘建立青年抗日救国协会；栟茶建立商民抗敌协会店员分会。

△ 如皋（东）县抗日民主政府在马塘成立。

12月 丰利建立店抗会纠察队，苏北指挥部第三纵队司令陶勇赠送“三八”式步枪8支。

△ 掘港建立店员抗日协会，会员125人。

是年 新四军一师三旅供给部在掘港国清寺、苴镇蔡家庄设立榴弹厂、被服厂，从事军工生产。

民国30年（1941）

年初 马塘建立搬运、手工业、商业等抗日联合会。尔后，成立总抗会。

1月 中共如皋（东）县委员会于掘港宣布成立。

春 环港110多名码头工人向业主斗争，要求增加工资获得成功。

4月26日 苏中军区成立大会在栟茶召开，工抗会代表蔡文彬等在会上发言。

6月 栟茶建立工农、教工、青年3个中共党支部。

夏 苏中教育工作者代表大会在邱陞中学举行,会上成立苏中教育界抗敌协会。

8月 丰西区窑河乡和汤园区杨曹乡先后建立窑工抗日协会。

11月 丰利镇建立工人抗敌会,会长杨海祝。

是年 苏中四分区在苴镇办被服厂、鞋子厂、印刷厂、榴弹厂、修械所等,苴镇人民全力支持军需生产。

△ 掘港镇建立工人抗敌协会会长李民;市民马则民在烟墩桥外开设简易作坊,制作药棉、纱布支持抗日。

民国31年(1942)

2月 苴镇地区组织牛车工人和车主建立牛车抗日协会。7月,全县成立牛车总会,293人参加。

3月 北坎、环港3港口组织渔(船)民抗日协会和自卫队。

是年 王袁乡长工、短工(忙月)100余人先后加入工抗会组织;岔河镇建立工人抗日联合会。

△掘东沿海6个乡灶(盐)民建立灶民抗日协会,会员84人。

民国32年(1943)

7月1日 工抗会成员与如东上万名军民统一行动,一夜间全部烧毁日伪封锁线丁堰至南坎竹篱笆。

9月29日下午,栟茶镇工农商发各界在公共体育场举行数千人大会,反对日本帝国主义侵占东北三省。

秋 苏中贸易局在南港一带组织渔(船)民开展海上运输,沟通北至盐埠及鲁南,南到上海及浙东的交通线。

冬 全县普遍建立工抗会、妇抗会、青年队、儿童团等抗日组织。

是年 中共地下党派江帆、志伟等到沿海地区开展渔民工作。东凌、北坎、长沙、何灶等地渔民联合组建"海抗会"。

民国38年(1949)

1月28日 人民解放军收复白蒲,如东全境解放。

2月 丰利国营利民商店迁掘港。6月,改名"如东江海贸易公司"。9月,又改名"苏北南通贸易公司掘港分公司"。

3月29日 县委、县政府机关从丰利附近的张家棚迁驻马塘镇。

中华人民共和国

1949年

12月12日 在县委领导下，建立如东县工会筹备委员会，负责人唐连生、杨玉林。

冬 掘港镇工会联合会成立；栟茶镇工会筹委会成立。

是年 全县有私营工厂（作坊）221个，个体手工业1928户，工业、手工业总产值1579.50万元，占工农业总产值23.33%。

△ 全县个体盐民2288户，亭场面积359.4公顷，盐灶362副，共生产三等盐642.05吨。

1950年

春 各镇组织工人纠察队，全县有队员400人。

1至5月 掘港镇43家私营商店的64名职工被解雇，135名工人被减薪，劳资关系紧张。

3月6至9日 县工会筹委会召开县工会第一次代表大会，出席代表225人，成立苏北如东县总工会。选举产生县总第一届委员会，主席唐国法，副主席唐连生、杨玉林。

5月18日 如东县教育工会筹委会建立。

7月 县总召开执委和各镇工会主席会议，学习、贯彻《中华人民共和国工会法》。

夏 掘港镇建立工人文娱宣传队。

9月30日 马塘至南通的土面公路修复，通车。

9月 建立如东县海员工会筹委会。

11月24日 中国人民保卫世界和平反对美帝侵略委员会如东分会成立，全县职工投入抗美援朝运动。

11月 在县委领导下，县总发动职工参加镇压反革命运动。

12月 县总研究确定以利民、大生、永生、民生4家油米厂为重点，进行民主改革与生产技术改革。

是年 商业和供销部门吸收近300名职工。

△ 开始实施《中华人民共和国劳动保护法》。

△ 为私营企业协商调处劳资纠纷，县总和县工商行政部门在7大集镇建立劳资关系研究委员会。

△ 全县举办职工业余学校3所。如东县工人俱乐部在掘港镇关帝庙建立。

△ 掘港、马塘两家公营油米厂建立工厂管理委员会。

1951年

4月15日 如东县教育工会委员会建立。

4月 如东县店员工会筹委会建立。

5月1日 全县各镇职工在斯德哥尔摩和平宣言上签名,举行游行示威,支持抗美援朝运动。

7月 钱广泰、吴凤池、陈景植、虞华出席苏北首届劳模代表会。

8月 根据华东渔民协会试行通则,如东沿海各乡镇组织基层渔民协会。吸收一般渔业劳动者参加,共有会员1840人。

9月 县总组织有关单位职工学习《关于中国店员工会当前任务决议案》。

10月16日 如东县店员工会委员会成立。

11月15日 县总机关参加县级机关开展反贪污、反浪费、反官僚主义的"三反"运动。

11月17日 县委、县政府机关从马塘迁至掘港,县总亦迁至掘港。

12月25—27日 县工会召开第二次代表大会。选举产生县总第二届委员会,唐连生任主席,杨玉林、王正明任副主席。

12月 如东县海员工会委员会成立。

是年 广大工人、教师等参加中苏友好协会组织。

△ 县店员工会750名职工为抗美援朝捐献飞机大炮款达2006万元时;工人文娱队为捐献飞机大炮义演100余场。

△ 增设职工学校3所,全县共10所,专职教师4人,兼职教师32人,学员1102人。

1952年

1月 县总召开6大市镇工会主席和职工代表会议,为参加反对行贿、反对偷税漏税、反对盗骗国家财产、反对偷工减料和反对盗窃国家经济情报"五反"运动培训骨干。

5月10—12日 县总召开第二届一次执委(扩大)会议,讨论落实组织建设、生产管理、文化教育、劳动福利、财务制度等工作。

7月1日 全县第一个公私合营企业掘港砖瓦厂投产。

7月16日 县总召开第二届二次执委(扩大)会议,重点对工厂企业的民主改革运动做部署。

10月5日 如东县合作贸易工会委员会成立。同月,如东县财政金融工会委员会成立。

10月 唐连生在合作、贸易、金融、交通、税务5个系统物资交流会上做"加强工会工作开展劳动竞赛"的报告。

是年　如东县搬运工会筹委会建立。

1953年

3月　“苏北如东县总工会”更名为“江苏省如东县总工会”。

△ 县总召开第二届五次执委扩大会议，传达省总第二次筹委扩大会议精神，明确“面向生产”为工会工作根本方针。

6月　县总派员调查掘港、白蒲两镇私营商店劳资关系情况，处理劳资纠纷35件。

△ 公私合营通通公司经劳动部门批准遣散142名工人。

10月25日　县委召开增产节约运动誓师大会，全县职工掀起挑、应战热潮。

12月　县总配合县委开展关于过渡时期总路线的学习宣传运动。

是年　县总贯彻财务工作“为生产服务、为群众服务”的方针和“收好、管好、用好”的原则。

1954年

5月29日—6月1日　县总召开第二届六次执委(扩大)会议，徐长辉作工作总结报告，并要求国营企业、工厂进一步开展增产节约劳动竞赛。

6月1日　“如东县总工会”改称“如东县工会联合会”。

6月　专卖公司朱有如在技术革新中创制成“输油器”“量酒器”，出席省工会首届代表大会。

9月　县工会联合会组织6大集镇工会主席和职工代表30余人集中学习有关政策，配合国家实行棉布计划供应宣传工作。

△ 根据中央“整顿、巩固、重点、发展，提高质量、稳步前进”的文教方针，全县职工业余学校保留5所。

11月12日　随着行政区域的变更，白蒲、丁埝两镇工会和东陈基层工会划给如皋县工会联合会领导。

11月20—24日　县工会联合会召开第三次代表大会。选举产生县总第三届委员会，主席徐长辉，副主席邬海涛。同时建立县工会经费审查委员会，缪东升任主席。

是年　工人俱乐部组织工人文娱宣传队，配合中心工作进行宣传活动，演出《婆媳买公债》《余粮卖给国家》等20多个小型节目。

△ 县手工业、建筑业、搬运业工会撤销。

△ 兵房、大同、浒澪、苴镇、北坎、长沙等8个小集镇工会改为基层工会，由所属镇工会领导。

△ 工人俱乐部部址由关帝庙迁至砖桥北首。

1955年

春节期间　工人文娱宣传队去兵房,为贺水部队、东海部队慰问演出。

2月23日　进一步贯彻执行中央"增加生产,增加收入,厉行节约,紧缩开支"的指示,县总作出1955年度工会财务制度与经费管理办法的规定。

4月16日　县工会联合会召开常委扩大会议,贯彻省总三次常委扩大会议精神,并总结检查一季度国营企业劳动竞赛工作。

5月3日　县工会联合会组织工人文娱队到洋口乡与社员群众联欢、演出;掘港、马塘等5个镇工会为洋口4个农业社赠送喷雾器、农药剂、耕牛等礼品。

5月　县工人俱乐部举办技术革新展览会。20多个工厂单位参加,展品数百件。

7月4日　南通专区工会办事处行文至各县,转发如东县工会联合会制订的《关于国营企业基层干部业余培训计划》。

8月　县工会联合会对掘港镇私营商业进行调查,了解职工的思想情况和资方对社会主义改造的思想动态。

9月25日　在县委领导下,县工会联合会与县政府4个部门联合建立普查办公室调查私营商业基本情况。

秋　县工会联合会举办国营商业、加工厂工会干部138人的业余训练班。

11月23日至27日　县总召开第三届四次执委扩大会议,听取县委王政委关于农业合作化与工业关系的报告,邬海涛传达省委副书记陈光对当前工会指示,并讨论今冬明春工会工作。

冬　县工人文娱宣传队赴洋口闸和栟茶运河工地,为如皋、海安、如东3县3.40万多人兴修水利的民工慰问演出。

是年　开始建立安全生产责任制,部分工厂建立劳动保护组织,配备兼职安全技术员。

△ 县工人文娱宣传队为灯塔、余荡建立高级农业合作社举行联欢演出,县总赠送大型农具。

△ 南通县工会联合会专区6个县的乒乓球和象棋邀请赛,在如东工人俱乐部举行。

1956年

1月5日　县工会联合会通知有关基层工会,组织学习贯彻执行《女工委员会组织条例》。

1月　县工会联合会组织学习并贯彻《劳动保护委员会组织通则(试行草案)》。

△ 县召开工、青、妇对资改造代表会,职工代表54人与会。

△ 全县46个大、中、小集镇共7469个工商户实行全行业公私合营或合作化。

4月 县召开工会联合会第三届六次执委扩大会议，讨论关于开展社会主义劳动竞赛问题。

5月1日 县工人俱乐部举行先进集体和先进个人模范事迹展览会。

5月 全县工厂企业广泛宣传“三大规程”（即国务院颁布的《工厂安全卫生规程》《建筑安装工程安全技术规程》《工人职员伤亡事故报告规程》）。

县工会联合会举行全县首届职工体育运动大会。

8月22日 县工会联合会召开会议，对职工业余文化教育工作进行总结，提出以厂建校，以基层开班的设想，并重点讨论复式教学问题。

8月23日 县粮食及农产品采购工会筹委会建立。

10月27日 岔河营业所信贷员徐基禄赴北京出席全国工交财贸系统群英大会。

11月 县工会联合会召开积极分子代表大会，徐长辉致开幕词，顾思廉讲话，会议发出《告全县职工书》。

12月9日 如东县供销合作社工会委员会成立。

是年 县工会联合会与商业行政协商办工人诊疗所一处；与教育局合办教工疗养所一处。

△ “如东县店员工会”更名为“如东县商业工会”。全县有46个基层工会进行改选，并新建42个基层工会组织。

△ 新光电厂工人杨振富、沈梦银研制将轻质柴油改烧重质柴油取得成功，全年可节约资金1500元。

△ 全县有12家工厂，资金18.50万元，职工756人，经过改造分别并入国营、合作社和公私合营的10个工厂。

1957年

2月25—28日 县召开工会联合会第四次代表大会。选举产生县联合会第四届委员会，主席杨玉林，副主席邬海涛、唐进。

4月 商业、教育、供销合作系统进行工会会员换证工作，并发展会员扩大工会组织。

5月 唐连生由省建筑工会回县总工作，担任第一主席。

6月 掘港油米厂在全县第一个推行职工代表大会制。

7月 县总决定在掘港职工业余学校附设职工子女中级文化补习班。

8月18日 县工会联合会举行第二届职工体育运动会，历时3天。

8月 县教育工会配合行政，组织40多名中小学行政人员和教师赴上海市参观中苏友好大厦和苏联国民教育展览。

冬 县委召开文卫系统整风运动大会，开展整风运动。

是年 全县有部分中小学校在教工中建立“钟声体协”组织。

1958年

1月5日 掘港、马塘、丰利、栟茶、岔河、兵房等镇职工学校,划归所在地人民公社。

4月8日 县工会联合会与县劳动科合署办公。

4月10—19日 县召开县工会联合会第四届第四次执委扩大会。会议分大鸣大放、大辩论和比跃进、比规划两个阶段。

4月 撤销各区教育工会办事处,以公社建立教育、供销系统基层工会。

5月9日 如东制盐场建立,开辟场面1.60万亩。

7月5日 县工会联合会发出《关于掘港轧花厂施××、县商业局龚××贪污工会经费情况的通报》。

9月20日 县工会联合会召开第四届五次执委扩大会议,中心议题是确保完成1958年炼铁任务与工会各项工作计划指标。

是年 全县掀起大办工业热潮,全民所有制职工增至1.36万人。

△ 工业、财贸、文教等系统85个基层工会职工,支持农业生产劳动3.28万人次。

△ 南通专区6县乒乓球和象棋邀请赛,在县工人俱乐部举行。

1959年

1月 县工会联合会制订全年工作计划,提出:“苦干1年,赛六合,赶麻城”,工会工作全面大跃进。

3月26日 县委劳动工资(福利)部建立,县工会联合会总隶属该部(对外保留名义,对内为县工会联合会办公室)。

春 县建筑工程公司承建全县第一个大型工程——如东县大会堂。

3月 唐连生任县劳动工资部副部长。

6月12日 “如东县工会联合会”更名为“如东县总工会”。

6月 县总推行“两参一改三结合”(干部参加劳动,工人参加管理;改革不合理的规章制度;领导干部、工人、技术人员一起研究解决企业生产管理和技术上的问题)的工作经验,唐连生等6名县总机关干部分别到工厂(场)轮流参加劳动锻炼。

是年 县总组织职工开展技术革新运动 。县办工厂共提出技术革新建议4502件,被采纳实施1350件。

1960年

1月25日 县总召开职工业余教育跃进誓师大会。

春 县手工业系统在春耕生产工具改革运动中,积极支持农业生产。县财贸系统95%以上职工参加“双技”(技术革新、技术改进)运动,改革成功1736项。

4月12—15日 召开县工会第五次代表大会。选举产生县总第五届委员会,主席杨玉林,副主席姚乃强。

4月17日 县召开文教群英会,表彰一批文化、教育、卫生、体育、新闻等系统社会主义建设先进单位和先进个人。

是年 建立各类职工业余学校106所,参加学习的职工青壮年占90.4%。

△ 县总组织22名职工先后到汤山、太湖、南通等地疗养。

△ 财贸系统职工开展学先进、赶先进、超先进等活动。年底评出红旗手172人。

△ 潮桥米厂改制砂砻成功,台时产量从2吨提高到6吨,获省人民委员会奖状。

1961年

1—11月 县总组织100多名职工先后到汤山、太湖、潭山等工人疗养院疗养。

1月13日 县总召开工业、财贸系统和掘港镇各基层工会主席会议,总结1960年工作,并听取县财贸部副部长张建华的报告。

2月 县教育工会安排43名中小学教工疗养半月,其中浮肿病患者恢复健康。

6月 县总召开工业、交通、财贸工会干部大会,表彰一批先进集体和先进工作者。

夏 全县实行劳保单位12个,职工1144人。

11月25日 县总行文恢复区教育工会办事处,配备正、副主任。

12月7—11日 县总召开基层工会主席会议,学习全总《关于工会的若干工作方法问题》文件,并总结3年工会工作,提出1962年工会工作意见。

冬 县总帮助困难职工置办一批御寒用品。

是年 全县广大职工积极响应党的“大办农业、大办粮食”的号召,2402人下放农村支援农业生产。

△ 掘港轧花厂、油米厂、砖瓦厂、掘东盐场和县邮电局等单位召开首届职工代表大会。

1962年

1月 全县各基层工会对生活困难职工进行补助、救济。

6月25—27日 县总、文教局联合召开职工业余教育工作会议。

夏 县总协同县政府有关部门,为困难职工购买蚊帐、席子等夏用品。

9月21—25日 召开县工会第六次代表大会,选举产生县总第六届委员会,主席唐连生,副主席邬海涛、赵玉珍。

10月25日 唐连生等5人出席省工会第三次职工代表大会。

12月2—5日 县总召开执委会(扩大)会议,出席148人,唐连生传达省工会第三次职工代表大会精神,并讨论确定今冬明春工作任务。

冬 县总协同县政府有关部门为生活困难职工解决一批御寒保暖用品。

是年 县总进行工会财务互查互审,清理各项经费,建立健全财务管理制度。

1963年

1月1日 恢复职工的劳动保险待遇,按照1953年颁布的《中华人民共和国劳动保护条例》的规定执行。

2月7日 县总组织掘港镇800多名职工集会纪念"二七"斗争40周年。并举行"二七"斗争报告会。

2月17日 全县工业、手工业、交通运输、邮电、财贸系统代表大会召开。

3月19—20日 县总召开实施劳动保险条例单位劳保财务人员会议。

3月23日 县总发文,要求各基层工会开展"比、学、赶、帮"工业"五好"、财贸系统"六好"企业竞赛活动。

春 县总配合县政府有关部门,帮助困难职工解决一批御寒物资,并发放困难补助费5.08万元。

6月2—5日 县总召开第六届三次执委会扩大会议。传达贯彻省总4月会议精神和全总关于财务的决定,同时讨论布置下半年工作。

夏 县总会同县计委组成12人的安全生产防暑降温检查组,到各区镇检查工作,历时8天。

△ 县总组织23名职工到汤山、太湖、潭山疗养。与文教局联合举办42人为期20天的教工暑期疗养。

7月28日—8月2日 县总组织财务清理小组,审查1961年后县工会财务账目。

8月 县总根据在"五反"运动中揭发、检查的问题,制订整改方案。

9月 县总组织机关工作人员轮流到生产第一线劳动1个月。

是年 县工人俱乐部举办掘港油米厂革命斗争史和工人血泪家史展览会,受教育观众达1.07万多人。

△ 县工人俱乐部结合学雷锋、学好八连、增产节约运动,印发16种小型文娱宣传材料1200多份。

△ 县委宣传部在文化馆举办大型"阶级教育展览会",对工、农、兵、学、商进行阶级教育,历时3年,受教育观众30多万人次。

1964年

2月 县总配合主管部门召开工交、财贸先进代表大会。

4月5日 县总印发《关于企事业单位开展增产节约和"五反"运动的意见》。

4月 工人俱乐部举办各系统工人学习毛主席著作典型事迹展览会。

5月23—27日 县总召开第六届四次执扩会，传达省总三届二次执委会议精神，总结1963年工作，讨论1964年工作任务。

夏 县总、县政府劳动科、卫生科组织62人，编成14个小组，分别深入到51个工厂、企业单位进行防暑降温工作检查。

6月15日—7月13日 县总派员深入掘港、马塘、岔河3镇，对工厂、企业"五好"竞赛情况作重点调查。

8月22—24日 全县职工业余教育工作会议召开，出席会议的专、兼职教师31人。

冬 马塘油库3名临时装卸工在船仓密封情况下生煤球炉取暖，中毒死亡。

是年 全县职工业余学校举办毛主席著作学习班，学习《矛盾论》《实践论》及《为人民服务》等文章，学员2778人。

△ 县工人俱乐部协同文化馆举办"阶级教育图片展览"，受教育观众达1.15万人次。

1965年

春节期间 工人俱乐部举办"毛主席著作闪金光""东方红"等图片展览。

5月6日 县农机修造厂的GHA-710型皮辊轧花机在全国农用棉花初加工机械试验选型会上被选为推广机型。

8月19—24日 县总召开全县职工教师会议。对上半年工作进行总结，传达省职工教育会议精神，并提出阶段性工作意见。

10月5—10日 县总召开第六届五次执委扩大会议，贯彻县委政治思想工作会议和省工会会议精神，并总结交流经验，明确工作任务。

10月 县总召开执委扩大会，学习有关职代会文件，确定掘港农具厂、马塘油米厂为推行职工代表大会制的试点单位。

12月 县总配合县城工部组织工厂、企业职工55人，参加县文艺骨干训练班学习。

是年 县总向全县职工发出开展学习王杰活动的通知，并举办王杰事迹展览会。

1966年

8月 全县各中学掀起"红卫兵"运动。

冬 各单位建立群众组织。县总受到"造反派"冲击，随后组织瘫痪，停止工作；全县各基层工会基本停止活动。

1967年

7月30日 县级机关各“造反”组织组成“联合委员会”。

是年 县工人俱乐部举办“工人尉凤英事迹展览会”,先后在掘港、马塘、岔河、双甸、栟茶、丰利6个集镇巡回展出。

1968年

4月7日 如东县革命委员会成立。

8月29日 县革委会组织“工农兵毛泽东思想宣传队”,727人分别驻93个“老大难”单位,“斗、批、改”。

9月30日 县召开“三代会”(工代会、贫代会、红代会),历时4天。至此,由工代会所取代县总工会。

1969年

9月21日 掘港轧花厂发生火灾,损失24万余元。

1970年

10月 县化肥厂建成,投产。12月15日,该厂锅炉车间发生事故,损失8.90万余元。

12月25日 如东县革命烈士纪念馆建成开放。

1973年

8月2日 县委决定,建立如东县总工会筹备领导组,由王新、唐连生等9人组成。

8月18日 县召开教职工代表会。

9月8-10日 召开县工会第八次代表大会,选举产生县总第八届委员会,主任唐连生任,副主任徐刚、樊志明、周爱珠。

9月10日 县总恢复办事机构。

9—11月 县委,各系统有关单位先后建立工会委员会或基层工会。

10月27日《人民日报》刊登县黄油枪厂工会组织职工批判林彪唯心史观的理论文章——《他们认识了自己的力量》。

12月 县总在掘港、马塘、岔河、丰利、栟茶等镇部分工厂召开座谈会,对意识形态领域的阶级斗争作调查。

是年 掘港、马塘、栟茶、丰利、岔河5个县属镇成立镇工会委员会。

△ 如东酒厂试制啤酒获得成功,成为全省第一家啤酒厂。

1974年

2月 掘东、双甸、苴镇3个区建立工会工作委员会。

3月8日 县委召开工交财贸系统职工先进代表大会。

是年 各基层工会在深入开展批林整风的同时，抓革命促生产，开展社会主义劳动竞赛。

△ 部分工厂组织工宣队，进驻城镇中小学，帮助管理学校。

1975年

2月7日 全县各基层工会以报告会、座谈会等形式，纪念“二七”工人大罢工52周年。

4月11—15日 县委召开“工业学大庆”经验交流会。

5月11日 县召开工交财贸学大庆、学大寨经验交流会。

5月26日—6月30日 全县55名工会干部参加南通地区工会在“五七”干校举办的工会干部学习班。

7月20日 如东县工人俱乐部恢复。

9月10日 迎接地区职工篮球赛，县总决定建立男、女职工篮球队，开始组织集训。为迎接地区职工篮球赛。

9月23—27日 地区工会、工业局、教育局在如东召开“七二一”工人业余大学工作会议，并组织参观黄油枪厂和轧钢厂“七二一”工人业余大学。

11月29日 南通地区工会组织6县工会分管女工工作的干部参观黄油枪厂妇幼保健工作。

12月22日 南通地区工会在白蒲镇召开工人学习理论和思想文化阵地建设经验交流会，如东县各级工会及有关部门负责人参加。

是年 县石油机械厂试制油田用液压大钳成功。

△ 县农药厂建成投产。

1976年

1月15—18日 县总组成东四区、西四区两个检查组，对1975年各区镇工会工作进行检查。

1月 全县各基层工会举行小型集会，沉痛悼念周恩来总理。

2月7日 全县各级工会开展“二七”工人大罢工53周年纪念活动，对广大职工进行阶级教育、基本路线教育和革命传统教育。

5月11日 县召开工交财贸系统学大庆、学大寨经验交流会。

5月 县职工业余文艺代表队4个节目、12名演员被选送地区代表队，赴宁参加江苏省职工业余文艺调演。

9月9日　毛泽东逝世，全县各地职工陆续集会，沉痛悼念毛泽东。

10月　全县各系统基层工会，集会庆祝粉碎“林彪反革命集团”。

12月8日　县体委、县总等联合转发地区体委等7个部门《关于今冬明春开展群众性体育活动的通知》。

12月20日　县总转发掘港镇工会组织工人小分队大揭大批“江青反革命集团”的材料。

1977年

1月24–27日　县总在工人俱乐部举办职工业余文艺创作学习班，每区镇推荐两名职工参加。

4月5日　县召开工业学大庆先进单位代表大会。

4月16–20日　县体委、工会、妇联、共青团、工业局联合组织职工到有关单位学习群众体工作经验。

5月20日　县总选派代表冯冬生等11人出席江苏省工会第六次代表大会。

5月29日　县工会召开驻校工宣队座谈会。

10月14日　是月起恢复收缴工会会费。

是年　工人俱乐部印制48位劳动模范和先进工作者的照片11套（500余帧），配以模范事迹材料，发至各区、镇展出。

△ 工人俱乐部拍摄县内工厂企业职工揭批“林彪反革命集团”罪行的现场照片，发至区、镇工会展览。

1978年

春节前　县总专访并慰问劳动模范。

7月14日　如泰运河以南地区遭雷击，断高压线5条，坏配电变压器2台，县供电局职工奋战4天，全部修复供电。

7月27日　县化肥厂合成车间二级氨分离器液位计玻璃爆炸，引起火灾，损失3.90万多元。

10月4日　县总选派职工代表参加县委、县政府召开的科学大会。

10月　在全总召开“九大”期间，县水泥厂向大会通电报喜，提前84天超额完成全年生产指标，正品率达100%。

国庆节期间　县总组织全县篮球赛。掘港职工象棋队应邀参加南通县职工象棋友谊赛。

11月28日　县总召开全委扩大会议，贯彻全国总工会“九大”精神。

11月 开始筹建工人文化宫。

1979年

1月 月起恢复收缴工会经费工作。

△ 在南通地区职工业余曲艺调演中，县代表队的相声《结婚前后》、快板书《智取三星洞》获创作奖及演出奖。《结婚前后》被选中参加省职工业余调演。

4月2日 南通地区工会办事处转发如东缫丝厂“抓好生活管理，促进生产大上”的经验材料。

4月 黄世雄赴北京参加全总第一次职工教育工作座谈会。

6月 如东县工业学会成立，设“机械、电子、化工、建筑材料”等6个学组，会员176人。

7月29日—8月16日 县总组织力量对全县12个系统进行安全卫生进行大检查。

8月25—29日 南通地区安全卫生检查团对如东县20个工厂，3个商业仓库进行重点检查。

10月4—10日 县总组织各区镇工会主任分组互查8个区镇工会和21个基层工会工作。

11月上旬 省总在如东县召开职工业余教育现场交流会。

11月底 工人文化宫楼房竣工，建筑面积1076平方米，造价12.60万元。

11月 各区成立教育工会工作委员会。

△ 省总拨款7万元为县工人俱乐部露天球场盖顶。同月，拨款3万元为职工业余学校兴建教学楼。

是年 5个县属镇和3个区属镇恢复职工业余学校，配备专职教师39人，兼职教师254人。

1980年

1月28日 “如东县工人俱乐部”更名为“如东县工人文化宫”。同日，经县委批准建立“如东县职工业余学校”。

2月 工人文化宫于春节期间正式对外开放。

3月12日 县经委、科委、工业局、县总在马塘农机修造厂联合召开机械工业推广先进技校比赛交流会议。

4月15日 县总召开县职业病普查工作会议，部署普查工作。

5月9—11日 县工会召开第九次代表大会。选举产生县工会第九届委员会，唐连生任主席，李先余、徐刚、耿文亮任副主席。

6月23—24日 县总在工人文化宫召开各区镇、县直工会及掘港镇所在地学校工会负责人会议,汇报县工会“九大”会议贯彻情况,布置工会方面的统计工作。

7月 省总副主席薛跃祥和地区工会副主任王孝通到如东召开为四化立功活动座谈会。

9月6—9日 县总召开工会经费审查委员会会议,审查工会和职工业余学校财务账目。

9月 省总主席丁可则在南通地区工会办事处主任施志方陪同下,到如东检查工会工作。

是年 县化肥厂被省命名为“大庆式企业”。

△ 县工人文化宫举办《刘少奇同志光辉事迹》《只有社会主义能够救中国》等大型展览4次。

△ 陈景植负责编印《如东县工会关于机构设置、人员配备、工作任务的历史考证》资料。

1981年

1月15日 县总给新中国成立后到“文化大革命”前的如东省级和全国劳动模范、先进生产(工作)者黄龙英等37人颁发“荣誉纪念证”。

1月25日 县总举行迎春长跑比赛,分老、中、青3大组,选拔比赛成绩优胜者,参加省长跑通讯赛。

3月15日 县总、团县委、县妇联联合行文,转发马塘镇工会、团委、妇联《关于开展文明礼貌活动的情况汇报》。并要求各企事业单位职工广泛开展以“五讲四美”为主要内容的文明礼貌活动。

4月11—14日 县总受南通地区工会办事处委托,承办1981年度南通地区职工中国象棋选拔赛。

4月 李先余参加全总第二次职工教育工作会议。

5月1日 县工人文化宫举办全县各区、镇、县级机关职工乒乓球比赛。

6月14—9日 县总组织镇(区)工会主席、文化宫主任等19人,对21个重点基层俱乐部进行“五查、五看、五比”检查。

6月18—20日 县总在马塘召开工会系统“五讲四美”文明礼貌活动现场会议。

9月17日—10月21日 县总在各区镇分期分批举办劳动保护训练班。

10月1日 纪念中国共产党成立60周年、中华人民共和国成立32周年。为县教育工会与工人文化宫联合举办教工美术、书法、篆刻展览。

11月27—28日 县经委、计委、县总联合召开节能经验交流会,学习贯彻国务院、省、地有关节能文件,交流节煤、电、油的经验,表彰先进锅炉房和先进司炉工。

12月25日 县总召开第九届二次全委会,贯彻省委56号文件精神,做好出席省工会第七次代表大会组织准备工作。

1982年

1月15日 县总召开第九届三次全委会议,采用无记名投票差额选举方法,选出李先余等10人为出席省工会第七次代表大会代表。

1月 县总主席唐连生离职休养,由副主席李先余主持工作。

2月10—19日县总、县交通局联合举办交通管理干部学习班。

3月15—21日县经委、县计委、县总联合举办电工学习班。

5月17日 县工人文化宫电影院正式对外开放。

7月22—23日 南通地区工会办事处召开女工生活工作会议,如东6名代表出席会议。

7月22—25日 县总召开基层工会主席座谈会,落实中央24号文件。

8月24日 县总转发全总《关于号召全国职工向赵春娥同志学习的通知》,要求各基层工会组织职工认真学习。

是年 岔河油米厂"棉油酸试制生产"获对外经济贸易部免检信誉。

1983年

1月26—27日 县总召开第九届四次全委会,讨论审查上年县工会工作总结报告和部署本年度工作。

2月7—9日 如东推选6名职工参加南通市职工马拉松、中长跑选拔赛。

2月9—10日 县总召开工会系统职工教师表彰大会。

2月28日 工人文化宫举行1983年春节职工业余文艺会演。

4月13—19日 县总举办基层工会干部业务讨论会。

4月27—29日 县总召开第九届五次全委(扩大)会议,传达贯彻省总七届二次全委(扩大)会议和全总九届八次常委(扩大)会议精神,落实中共中央书记处3月14日会议纪要,明确新时期工会工作方针、性质和任务。

9月22日 县总召开第九届六次全委会议,传达贯彻省总七届三次全委会议精神,学习省委副书记周泽在省工会代表会上的讲话。

11月15—16日 县总召开全委会委员、区镇、教育基层工会主席及直属单位工作人员会议,传达中国工会第十次代表大会文件。

11月 在南通市建设文明村镇现场会上,市委宣传部对栟茶镇工人俱乐部给予表扬。《南通日报》记者到栟采访报道,市电视台录像,并在《南通新闻》节目中播放。

是年 掘港、岔河油米厂和双甸、丰利轧花厂等单位贯彻《国营工厂厂长暂行条例》,通过职代会民主选举工厂领导人。

△ 县总运用各种形式,发动和组织职工开展"振兴中华"读书活动。

△ 县总组织全县19位劳模至县人民医院进行体格检查,对查出患病者给予及时治疗。

1984年

1月 县总对区镇的基层俱乐部进行抽查,对评选20个先进基层俱乐部颁发奖状、奖品。

2月14日 县总在文化宫电影院召开如东县职工“振兴中华”读书活动先进表彰大会。

2月21日 县总在文化宫举行新春职工文艺调演。掘港、丰利、岔河、双甸、掘东、栟茶和县直有关基层单位的文艺队参加演出。

3月2—4日 县总召开如东县1983年度工会先进代表大会,贯彻落实中共十二大会议精神和中国工会十大会议精神,明确1984年工会工作、总任务,表彰工会先进集体和先进个人。

3月5日 县总在县职工学校举行女职工读书知识竞赛,有21个单位的女职工参加。

4月1日 县总、妇联、体委等单位联合举办如东首届家庭运动会。同日,县工人文化宫举办如东县职工美术、摄影、书法、篆刻展览。

4月10日 县编制委员会批复县工会内部机构设置,设组织部、宣传教育部、生产保护部、女工生活部。9月1日,县编制委员会核定县工会行政编制为12人。

4月9—12日 县总召开生活女工工作座谈会,与会人员听取县化肥厂、缫丝厂等9单位经验介绍,同时邀请有关专家讲授妇幼卫生、幼儿家庭教育、女工方面知识。

4月11日 县总聘请法律顾问处律师袁顺宏为法律顾问,每逢星期一下午接受职工法律咨询。

4月12日 掘港职工学校受到省政府嘉奖。

4月16—19日 县总举办第一期工会小组长骨干培训班,学员67人。

4月19日 县总召开工会参与职工教育管理工作经验交流会,市总派员到会。

6月12日 如东县职工技术协作委员会成立。

6月19日 市总批复同意县工会第九届七次全委会增补吴义华为如东县工会委员会委员、常委、主席。

6月 县委34号文件批转县总建设“职工之家”方案。

7月 县总召开职工兴趣爱好小组活动经验交流会,4个单位介绍经验并到掘港塑料厂参观学习。

8月19日 县总在化肥厂举办全县乡镇企业工会主席培训班。

8月23日 县委44号文件批转《关于五个专业公司系统建立公司工会的请示报告》的通知。

8月 县总举办工会劳动保护干部培训班,64人参加。

△ 县总参加省总在无锡召开的全省工会工作会议,李先余作题为《关于加强区镇工会组织建设,发挥区镇工会组织作用》的发言。

△ 县总召开全县职工教师会议,介绍省总组织的赴浙江考察职工教育的情况,研究制定如东办学规划。

△ 县总组织编写的100道“振兴中华”职工读书知识竞赛试题,发至各基层工会,迎接国庆34周年。

9月7—22日 县总组织如东县“振兴中华”职工读书知识竞赛。

9月 县总组织县机电、农机等部门技术人员赴南通参观冲床防护装置。

10月 县总制定《如东县总工会工作人员岗位责任制》。

11月13日 桐本乡在全县第一家建立乡工会组织。

11月29—30日 县总对县化肥厂整顿“建家”工作进行示范性验收。市总工会负责人和兄弟县工会主席参加。

11月 县总派员先后在双甸、丰利、岔河、苴镇、掘东5区镇召开基层工会主席、生产委员座谈会,交流各基层劳动竞赛、“双先”活动经验并布置工作。

△ 县总在职工学校举办44名班组长参加的民主管理工作学习班,历时1周。召开企业厂长、书记座谈会,学习《中共中央关于经济体制改革的决定》。

12月6日 县委66号文转发县总《关于在乡镇企业中逐步建立工会组织的意见》的通知。

1985年

1月1日 县总下发《关于如东1985年整顿基层工会组织开展建设“职工之家”活动的意见》。

1月2日 县劳动局、计委、经委、商业局、县总联合发文,转发上级《关于改革职工个人劳动防护用品发放标准和管理制度的通知》的通知。

2月7—9日 县工会召开第十次代表大会。选举产生县总第十届委员会,吴义华任主席,耿文亮任副主席。

3月21日 中共如东县委决定:建立县总党组,由吴义华、王学高、耿文亮、李先余等组成,吴义华任书记。

4月1日 各区镇工会举行庆祝活动,纪念全总成立60周年。并采用各种形式,对广大职工进行爱国主义、集体主义、社会主义、共产主义的教育。

4月13日 中共如东县直属机关委员会8号文件批复,同意吴义华为县总党支部书记,李先余为副书记。

4月 县总举办如东县职工知识、智力竞赛并对成绩优胜者给予奖励。

7月13日 县总发出通知:7、8两个月进行全县生活工作大检查,主要检查职工食堂、幼儿园、托儿所、医务保健室的设备与管理情况。

7月27日 中共如东县委员会决定王学高任县总党组副书记。

8月8日 县总通知各级工会组织,采用多种宣传、慰问形式,搞好第一个教师节的庆祝活动。

9月 县总制订《整顿工会基层组织,建设"职工之家"验收细则》。

10月 县总被评为全市"两个一"劳动竞赛第一名,在南通市召开的表彰大会上,市长张佑才向县总颁发优胜奖杯和奖状。

△ 县总对各区镇基层工会俱乐部进行工作检查,并评选先进俱乐部。

11月17日 县政府187号文件,批转县劳动局、财政局、税务局、卫生局、县总、保险公司《关于在全民、城镇、集体经济组织中试行开展职工养老金及医疗保险的报告》的通知。

12月11日 县委组织部、县总联合转发市委组织部、市总《关于基层企业工会干部待遇享受的通知》,要求各企业党委、基层工会按通知精神贯彻执行。

1986年

2月24日 县总下发《关于开展创"四好"女工委员会活动的通知》。

3月4日 县委办、县政府办印发《关于工会参加党政有关会议和工作机构的通知》。

3月10日 金世德赴南京参观省总举办的"技术成果展览会"。

3月24日 县总下发《关于调查基层工会干部情况的通知》,调查基层干部选配待遇享受及各级工会协管干部落实情况。

5月 吴义华去常熟参加全国县(市)工会工作第二次探讨会。

6月19日 县委办公室转发县总等5单位《关于开展振兴如东,达标夺魁,为实现"七五"计划建功立业竞赛的报告》。

6月 县委、县政府决定,成立县劳动竞赛委员会,具体工作由县总负责。

7月9日 县总制定《尊老互助储金会实施办法》。

7月14日 南通市劳模先进事迹宣讲团到如东宣讲。

8月1日 县总举行全县职工文艺会演,挑选参加市会演优秀节目。

9月 省总发文《关于任命江苏省工会劳动保护监督检查员的通知》,冷强华被任命为监督检查员。

△ 县生化总厂利用味精废液制单细胞蛋白(即"饲料酵母")成为全国第一个完成的星火计划项目。

12月14日 县化肥厂职工开始冬季长跑活动。市人大常委会副主任徐超、县委书记徐相林,市、县工会、体委领导人出席开幕式并参加长跑。

12月20日 县编制委员会核定县工人文化宫人员编制为24人。

12月 丰利五金厂陈杰等人研制的保险柜和多功能电子报警申请专利。该企业成为如东第一家申请专利的企业。

是年 县针织总厂工会副主席朱广如考入中国工运学院,学制3年。

1987年

2月14日 县总表彰1986年度工会先进集体、先进个人。

3月9日 县经委、县劳动局、县总联合表彰1986年度安全生产先进单位、先进个人。

3月13日 县总、县劳动局、县职教办联合举办班组岗位职务培训班。

4月9日 县总举办"红五月保险杯"职工知识、智力竞赛。

4月 县总等4个部门联合转发卫生部、劳动人事部、全总、全国妇联"关于印发《女职工保健工作暂行规定(试行草案)》的通知"。

△ 县王学高赴四川省巴中县参加全国县(市)工会工作第三次探讨会。

6月4日 县总下发《关于评比幼儿教育先进保教工作者的通知》。

6月17日 市劳动争议仲裁委员会、市劳动人事局、市总联合发出通知,要求各级工会在7月底前建立基层劳动争议调解委员会。

8月 县总举办全县工会干部岗位培训班,参加培训600人,经考试,其中341人取得工会干部合格证。

9月27—30日 金世德出席南通市工会第八次代表大会,并当选为代表资格审查委员会委员。

10月11日 县总举办"文明新风班组"演唱会。

12月 市总举办工会干部学习中共十三大文件培训班,县总有4名干部参加学习。

△ 如东有17篇论文参加市总企业民主管理理论探讨会,其中获奖7篇。

1988年

3月12日 县总发出《关于开展全县女工工作竞赛的通知》。

3月17日 县总法律顾问组建立。

3月30日 县总发出《1988年整体目标考核纲目》:(1)为基层和职工服务;(2)积极推行民主管理制度;(3)开展工会自身改革,加强自身建设。

3月31日 县总表彰1987年度工会先进集体、先进个人。

4月18—20日 召开第十一次代表大会。选举产生县总第十一届委员会,主席吴义华,副主席王学高、刘红秀、陈嘉山。

5月16日 县总批复同意建立如东县灯谜协会。

5月 县经委、财办、县总在马塘化肥厂联合召开全县生活后勤服务工作表彰大会。

7月7日 县经委、县总、团县委、县关心下一代协会联合召开职工子女假期教育活动座谈会。

7月 李先余赴吉林省梨树县参加全国县(市)工会工作第四次探讨会。县为东提供《进行工会改革的三点构思》《适应改革需要,开展工会干部岗位培训》论文2篇。

△ 全县各工厂企业在实行承包经营责任制的同时,逐步推行“双保合同制”。

9月27日 县总召开工会兴办实业和技术协作座谈会。

9月28日 县职教办、县总开展班组长培训,为期17天。

10月14日 县总举办“安全在我心中”演讲比赛。

10月 县化肥厂蒋健当选为全总十一大代表,并出席中国工会第十一次全国代表大会。

△ 如东县工人运动研究会成立,首批会员40人。

11月11日 县总召开区镇(各系统)和基层工会主席会议,传达贯彻全国总工会十一大精神,近400人与会。

11月 县总组织财务大检查。

12月6日 如东县工会俱乐部协会成立。

是年 县总发动全县各基层工会组织开展“在商品经济中,如何正确认识女职工生育价值”大讨论。

1989年

1月12—14日 市、县职工技协邀请市区42位专家组成的技术交流团,在市总陆玉明副主席带领下深入如东企业开展无偿协作服务。对15家企业的27个项目,现场攻关服务,解决技术难题。

3月8日 县总在文化宫举办“如东县首届女职工书画展览”。

3月 栟茶油米厂由职工民主选举工会主席。

4月4日 省总财务部长一行7人到如东检查了解工会财务工作情况。

4月10日 县总举行“我与企业共命运”演讲竞赛。

4月14日 省总秘书长李晓布到如东检查了解工会工作;同日,县工人运动研究会在文化宫召开第二次年会,出席46人,共收到论文47篇,会上发布8篇。

4月18日 市、县技协牵头,邀请比利时一服装裁剪专家来如东服装厂,开展现场裁剪表演活动。

4月20—22日 市总工会财务工作会议在如东召开。

4月21日 射阳县工会一行11人，到如东交流工会工作。

4月23日 全总、省总、市总有关领导到如东了解职工教育情况。同日，李先余赴山东滕州市参加全国县（市）工会工作第五次探讨会。

4月29日 庆祝“五一”文艺晚会在县工人文化宫电影院举行，演出16个节目。

4月26日—6月19日 县总党支部召开支部小组长会议，开展民主评议党员工作。

6月8日 如东县女职工委员会在县工人文化宫召开成立大会。经选举，由刘红秀任主任，吴爱华、袁永祥、曹莲芳任副主任。

6月20日—7月2日 县总机关人员分3组，深入97个基层单位，对职工思想状况、职代会5项职权落实、职工劳动保护等进行调查了解。

7月4日 全国市县工会工作探讨会联络处主办的《工会信息报》第四期，刊登如东县工会《工会兴办经济实体五大好处》一文。

7月5日 市总副主席陈心万一行7人到如东了解工作，并到如东酒厂、黄油枪厂分别了解职工思想政治工作和民主管理工作。

8月24日 县总召开掘港镇、县直单位工会主席和支部书记会，传达全总十一届三次主席团扩大会议精神。县纪委书记张桂英到会讲话，县委宣传部部长李贻福作形势报告。

8月25日 县总在县船舶修造厂召开达标夺魁、为“四化”建功竞赛现场会，副县长明玉成到会讲话。

9月11日 县总响应江苏省女职工委员会倡议，在全县女职工中开展“三讲五个一”（讲四自“自尊、自信、自立、自强”；讲奉献；讲艰苦创业。坚持四项基本原则，反对资产阶级自由化，热爱党，热爱社会主义祖国、热爱本职工作，参加一系列教育活动；振兴民族精神，对下一代进行一次革命传统教育；增强主人翁意识，为提高经济效益献一计；发扬艰苦奋斗精神，双增双节一百元；在廉政建设、拥军优属、治理社会秩序方面做一件有意义的事）活动。

9月20日 沿南等地遭龙卷风袭击，县总、团县委、县妇联联合发出募捐救灾倡议书。

9月23日 县总举行座谈会，欢送全国劳动模范石瑞祥赴京参加表彰大会。

9月29日 县总吴义华到石屏乡参加教育基金成立大会，代表工会向该乡基金会捐赠人民币1000元。

11月2日 县总举办的工会劳动保护监督检查员班开学，64人参加，为时8天。

11月4日 黄世雄参加全总职工教育工作座谈会，会上书面交流如东县职工学校办学经验。

11月14日 县总举办学习江泽民国庆讲话讲座，县委宣传部部长李贻福主讲，各区镇工会主席及县总机关全体人员参加。

11月28日—12月4日 县总、县经委、财办组织人员对1988—1989年度职工生活后勤服务先进单位验收。

12月11日 县总在马塘化肥厂召开全县安全合格班组验收会议,县各主管部门、市及六县工会生产保护部部长参加会议。副县长明玉成参加会议并讲话。

12月12—13日 市总群众生产工作会议在如东召开。

12月21—23日 县总全体人员分3组到各基层调查停产半停产企业有关情况。

12月26日 县总吴义华参加县政府召开的停产、半停产企业会议。

12月27日 吴义华、黄陈到县针织总厂列席县长办公会,讨论该厂恢复生产工作。

12月28日 刘红秀参加县政府召开的停产、半停产企业会议。

12月29—31日 县总组织市级以上劳模,分别在县人民医院、第二、第三人民医院进行体检。

1990年

1月14日 省政府组织的省总、省工行、人行、省财政厅检查组一行4人,到如东检查停产半停产企业职工生活安排情况。

1月23日 吴义华参加慰问有关停产半停产企业职工,发放由省、市、县总拨出的慰问金7000元。

2月27—28日 召开县工会十一届六次全委(扩大)会,传达中央12号文件,听取并审议县总工作报告,表彰1989年度工会工作先进集体、先进个人。县委宣传部部长李贻福作形势报告,县委副书记张桂英到会讲话。

3月6日 县总召开女职工委员会全委会,曹莲芳传达市总女职工工作会议精神,刘红秀作工作报告,县化肥厂等单位和个人介绍经验。会议表彰女职工工作先进集体和先进个人。

3月8日 县总举行纪念"三八"国际劳动妇女节联欢会活动,县工会系统人员及掘港地区部分女职工代表参加。

3月31日 县总召开全县职工技协工作会议,表彰1989年度先进集体与先进个人,部署年度技协工作。

4月11日 全国政协委员、全国教育工会顾问、中国陶行知研究会常务副会长方明和全国教育工会普教部部长刘式仪,由省、市、县总领导陪同,参观马塘小学教育工会活动室、荣誉室和科学宫,了解工会活动情况并给予很高评价。方明向马塘小学教师赠送10枚"教书育人"纪念章并亲笔题词:"行以求知知更行"。

4月18日 县总、县经委、财办联合召开全县职工生活工作会议,刘红秀传达市政府《关于南通市企业生产补助设施标准意见的通知》,县酒厂、纺织厂、生化厂作发言。

4月24日 县总举行“当企业主人，为企业争光”主题演讲竞赛，全县44名职工参赛。马塘小学吴亚萍、掘港小学周婷获一等奖。

4月28日 县总在工人文化宫电影院举行庆“五一”革命歌曲演唱会，歌颂党、歌颂社会主义祖国，34个基层单位演出25个节目。

5月12日 县总、县职工技协在县人民大会堂广场举办的职工为民服务活动，来自全县17个基层职工技协的41名能工巧匠，为群众开展21项无偿服务，共提供服务和维修家电等各类用品774件，受到社会各界欢迎。

5月15日 县总工运研究会举行第三次年会，以贯彻中央12号文件，全心全意依靠工人阶级等内容，发表论文42篇，评选优秀论文10篇。马塘小学王祖逊、陈泽撰写的《论增强基层工会活力》、县二轻机械厂汪兴国撰写的《略论工人阶级的地位与责任》获一等奖。

5月24—25日 全省工会系统职工教育工作会议在如东召开。

5月29日—6月5日 县总在县工人文化宫举办“全县职工劳动保护漫画和摄影展览”活动，共征集223件展品并评奖。市总生产保护部部长汤广伦、县委副书记徐定、县委宣传部部长李贻福参观展览并题词，全县企业2000多名职工观看展览。

6月27日《南通日报》刊登“面向企业，按需施教”文章，介绍如东工会系统职工教育办学经验。11年中如东工会系统职工教育坚持“为企业服务，为工会建设服务，为职工需要服务”的办学宗旨，先后培训干部职工近6万人次。

7月21日 全国劳动模范朱骅到如东作报告，县总协助县委做好组织工作。

8月1—3日 县总会同县经委、财办对20家企业职工食堂进行抽查，并形成书面材料上报县政府。

8月2—4日 南通县平潮饭店先进事迹报告团到如东巡回演讲。

9月1—5日 冷强华参加在广州举办的全国职工技协工作交流会。

9月11日 县总召开十一届七次全委（扩大）会，传达南通市总八届七次全委（扩大）会精神，听取并审议县工会工作报告，讨论研究全县继续深入建设职工之家的要求、部署，县委副书记张桂英到会讲话。

9月17—28日 黄世雄和县职工学校吴春华赴唐山参加全国职工教育工作座谈会。

9月29日 县总召开各片工会主席及总支以下工厂企业工会主席会议，传达省、市总会议精神，明确提出建设“职工之家”、二轮承包、大战四季度的要求。

10月16日 刘红秀与县经委、体改办、财政局人员前往二轮承包试点单位——县缸套厂，参加签字仪式。

10月19—20日 县政府召开体改工作会议，基层工会、镇（系统）工会主席共52人出席会议。会上，刘红秀代表县总就推行共保合同制问题专题发言。

10月20日 南通市总组织的职校工作检查结束,市总主席陈心万肯定了如东职校工作。县委副书记徐定、副县长吴剑坤参加检查汇报会并讲话。

10月24日 浙江湖州市总宣教部职工学校6人,海门县职工学校3人到如东交流职工学校工作情况。当天,海门县工人文化宫15人到如东工人文化宫举行联欢活动。

12月7日 县总召开女职工"三讲五个一"经验交流会,区、镇工会主席、女工主任100多人参加。会上,县化肥厂、农药厂、纺织厂等8个单位介绍经验,县总传达上级工会关于做好女职工工作要求并部署工作。

12月13日 省总职工教育工作检查组到如东检查工作,县总及职工学校分别作了汇报。县委副书记徐定、宣传部部长李贻福参加并讲话。

是年 县总与县劳动局联合组织全县10万名职工大比武活动。在县级比武基础上,推荐114名技术能手参加南通市38个工种比武。经过比武,获市级冠军2人、市级"女状元"2人、市级获奖选手37人。

1991年

2月14日 县经委、财办、县总联合表彰1990年-1991年度职工生活先进集体和先进个人。

2月 县总对1990年度全县职工合理化建议活动进行表彰,共表彰9个红旗单位、9名标兵和9名优秀组织者。

3月15日 召开第十一届第八次全委(扩大)会议,县委副书记张桂英到会并讲话。

3月 县女职工委员会召开女职工"巧手奉献"成果发布会。会上,现场技术表演近20个项目。县委分管领导及500多名女职工参加活动。

4月20日 县总发出《关于开展以质量、品种、效益、科技为主要内容的"八五奉献立功竞赛"的意见》,决定"八五"期间,在全县工厂企业中开展以销售大户、创汇大户、亏损大户、技改大户为重点的"四大户"竞赛,职工立功竞赛、"十大窗口服务"行业竞赛和优秀组织者竞赛,并每年进行评比表彰。

4月上、中旬 县总会同县体改办,深入到县5大公司及有关区、镇和工厂,与党、政、工人员共同分析共保合同的签订情况和中期管理问题,以争取党政支持和重视。

4月 县总在县化肥厂召开"建家放样验收现场会"。

△ 市总在如东举办"南通市工会信息员培训班"。

△ 县总召开"八五奉献立功竞赛"动员大会。

5月10—16日 金世德参加市总举办的第四期职工代表师资培训班,并被省总工会聘为"职工代表培训教师"。

5月 县总举行“咱们工人有力量”演讲比赛活动，以生动、感人的事迹颂扬劳动模范、先进人物，全县共30多个单位40名选手参加比赛，其中20多名选手获奖。

△ 县总与县经委、劳动局共同主持召开全县安全生产工作会议，明确全县安全生产的目标任务，组织全县工交企业5月“安全月活动”和“全国安全生产周活动”，开展全县企业创安全合格班组的试点和推广工作。

6月 县总组织开展全县“安全周”宣传活动，并对12家基层企业进行安全抽查。

△ 县总会同县劳动局举办50多人参加的劳动争议调解干部培训班。

8月 县总组织一批缫丝行业操作能手，到全县缫丝厂进行立缫技术巡回推广表演。

9月 县总召开“巾帼建功，巧手奉献”经验交流会。

11月11日 全总组织部部长肖锡甲在省、市总领导陪同下到如东考察，县委副书记张桂英参与座谈。

1992年

2月20—21日 县总召开十一届十次全委（扩大）会议，传达市八届十次全委（扩大）会议精神，听取并审议县总工作报告，总结1991年度工作任务，表彰先进，研究确定1992年工会工作任务。

4月15日 县总召开“八五奉献立功竞赛”工作会议，表彰1991年度竞赛立功集体22个，立功个人23人，县生化总厂工会获“扩销杯”、县农药厂工会获“扭亏增盈杯”，县化工厂工会获“创新杯”、县黄油枪厂工会获“创汇杯”。

5月13—14日 县总组织全县印刷行业操作技术交流活动，由6名技术能手组成凸版印刷操作技术推广队，在全县印刷行业巡回表演，表演内容有装订全能、方向机等5个项目，掘港、马塘、丰利、凌河等地8家企业300多名职工参加观摩和交流。

6月24日 县总在县农药厂举办全县焊工技术比赛，来自11个行业8家单位的24名选手参赛，其中12名选手被授予“优秀选手”称号，同时邀请县农药厂技术能手进行特殊焊接表演，县政府副县长丁慰祖到场。

7月 县总召开民主管理工作座谈会，县缫丝厂、无线电厂、缸套厂等单位到会交流改革中企业民主管理经验，并就健全三级民主管理网络，提高车间、班组管理水平进行座谈和研讨。

8月26日—9月4日 县总金世德赴朝鲜参加省总组织的第二批“中朝友谊之旅”活动。

1993年

2月15日 县安全生产委员会转发《县总建立工会劳动保护监督检查站并实行监检工作制度的通知》，全县工会系统共建县直、掘港、马塘、岔河、丰利、栟茶、机电、建工等8个监督检查站。

3月17—28日 县总金世德参加全总举办的“转换企业经营机制”研讨班。

3月 县总召开全县“八五奉献”立功竞赛工作会议，表彰1992年度竞赛立功集体19个、获杯单位4个、立功个人29人。

5月27—29日 县工会召开第十二次代表大会，吴义华作题为《团结和带领全县职工同心同德为实现新时期的历史任务而努力奋斗》的工作报告，徐殿康做财务、经审工作报告，选举产生县第十二届委员会和经费审查委员会，主席吴义华，副主席王学高、刘红秀、陈嘉山；经委会主任王学高，副主任冯建楠。

6月8—11日 县总举办全县推广创造学骨干培训班，来自59家单位73名职工参加培训，经考试合格颁发结业证书。

7月12—17日 县总举办专职工会干部培训班

9月8—20日 举办如东县运动会职工部足球比赛

10月5—6日 县总、县计委、经委、财办、城乡建委、对外经委、体委联合举办全县第六届运动会职工部田径比赛。

10月9—11日 吴义华率领25名代表出席南通市工会第九次代表大会。

10月 县总举行瓦工和粉刷工技术巡回表演活动，组织8名操作能手在全县4个工地设点示范表演，全县建筑行业400多名职工参加观摩。

1994年

2月28日—3月5日 金世德参加省总在常州市总举办的全省第一期工会组织干部培训班。

3月5日 县总召开纪念“三八”国际劳动妇女节庆祝大会，各女职工委员会主任、各工会工作委员会主席出席。

3月18日 县总召开全县职工技协工作会议，表彰1993年度县职工技协先进集体17个，先进个人63人。县化肥厂、岔河油米厂、掘港轧花厂技协获“技协杯”优胜单位称号，县政府副县长丁慰祖到会讲话。

4月30日 南通《技协信息》总第68期为如东职工技协活动发专刊，集中登载如东化肥厂等7个单位开展技术协作兴办实体的经验。

8月30日 县职工技协第二次代表大会召开，全县75名代表参加，选举产生由26名委员组成的县职工技术协会第二届委员会。市总副主席秦炳龙、县政府副县长丁慰祖到会讲话。

9月21日 县总决定建立由11人组成的如东县职工特殊疾病康复互助会管理委员会。刘红秀任主任，顾锦红任副主任，并聘请县委副书记张桂英、县政府副县长徐琢担任顾问。

10月13—15日 在湖南长沙召开的全国劳动竞赛研讨会议上，冷强华作题为《关于劳动竞赛改革的几点思考》的交流。

11月3—5日 县总举行全县金融行业操作技术表演交流活动，组织县人行、工行、建行、中行、农行5名技术能手，分别在掘港、马塘、兵房等地开展快速翻打传票、多指多张点钞等5个项目的表演。

11月10日 县工人文化宫由省总认定为“合格文化宫”。

11月15—16日 省职工技协办公室副主任范志新一行到如东了解如东职工技协扶贫工作，分别走访县缸套厂、县化肥厂、掘港轧花厂。

11月24日 县总在县通用厂召开全县职工技协工作会议，县化肥厂技协等14家重点单位发言。

1995年

1月3日 县委、县政府召开向困难职工“献爱心，送温暖”动员大会，县委、县人大、县政府、县政协领导、县各部门负责人及县属企业工会主席200多人出席会议。县委常委、副县长高凌德主持，县总吴义华代表县总等5部门党委（组）宣读“献爱心，送温暖”倡议书。

1月8日 陈嘉山赴宁参加江苏省全委（扩大）会议。

1月9—10日 市总群众生产工作会议在如东召开。市总副主席秦炳龙等领导及各县（市）工会生产保护部部长、技协站站长参加会议。县总吴义华、刘红秀出席会议。

1月14日 县总召开职工特殊疾病康复互助会会议，副县长徐琢对如东首次给予部分特殊疾病患者补助表示肯定。

2月24日 县总召开十二届三次全委（扩大）会议，增补华子裕为县总十二届委员会委员、常委、副主席。县委副书记张桂英到会讲话。

3月4日 县总召开纪念“三八”妇女节暨第二届女职工代表大会。选举25人组成如东县女职工委员会第二届委员会，刘红秀任主任，吴爱华、缪德华、顾锦红任副主任。

3月20日 华子裕到省总参加培训学习。

3月22日 县总召开全县职工技协工作会议，表彰1994年度“技协杯”竞赛优胜单位3个，先进集体16个、先进个人69人，市总工程师顾林升、县政府副县长丁慰祖到会讲话。

3月23—24日 湖北省大冶市总领导带领基层工会主席一行12人到如东考察了解县总职工技协工作并到县邮电局、掘港轧花厂参观。

3月29日 县总党支部改选，王学高任书记、刘红秀任副书记。

4月6—8日 吴义华在江苏省职工技协工作会议上作题为《努力服务基层，发展技协事业》的发言。

4月20日 省工业工会领导在吴义华陪同下到县农药厂、县化肥厂考察、了解工会工作和职工技协活动情况。

4月25日 县总举行座谈会,欢送全国劳动模范、岔河油米厂工人蔡正勤赴京参加表彰大会。县委副书记张桂英、副县长丁慰祖等参加会议。

5月15日 市总主席戈雪芬到如东检查工会工作。

5月18日 县总、县劳动局举办“集体合同签订培训班”。全县55家基层工会主席和行政领导及区镇工会主席参加会议。

5月29日 县职工学校《爱国主义教育骨干培训班》举行开学典礼。南通市总副主席陈心万参加。

6月4日 吴义华、吉仲如参加省总在扬州召开的财务工作会议。会上,如东被省总评为财务工作先进单位并介绍经验。

6月17日 省总财务部部长金兆海、市总主席戈雪芬等到如东检查工会经费收缴情况。

6月26日 华子裕到徐州参加省总召开的工会工作会议。

6月29日 市总陆玉明等到如东检查了解集体合同签订和安全生产等工作。

7月3—5日 县总华子裕、王汉祥参加全省文化宫工作会议。

7月6日 省总宣教部部长韦永祥考察如东工人文化宫和职工学校,韦永祥肯定文化宫、职工学校工作。同日,陈嘉山组织部分技协人员赴海安参观学习。

7月19日 市总秦炳龙一行4人到县总了解领导班子建设情况。

7月24日 如东第一家私营企业工会——南通恒豪纺织品公司工会成立。

8月14日 全总、省总、市总工会领导到如东检查职工学校工作。

8月17日 省总卢万良副主席、省总技协办主任鲍传钰由市总副主席陈心万陪同到如东了解工会工作。

9月29日 通州市总来县总交流工会工作。

10月12日 省、市总职工技协领导到如东了解县总及县化肥厂、掘港轧花厂的职工技协工作。

10月18日 市总“岗位女明星、文明新风家庭”事迹报告团到如东演讲。

10月25日 县总举行全县细纺操作技术比赛,县纺织厂等6家企业14名选手参赛,经评比,获一等奖1人、二等奖2人、三等奖3人。

11月20日 市总维权办主任朱淑娟到如东检查“二五”普法、送温暖工程、集体合同签订等工作。30日,南通市总组织部、市乡镇工业管理局联合调查组到如东了解乡镇企业组建工会情况。

1996年

1月10—11日　吴义华带领机关人员分赴马塘、栟茶、兵房、双甸、岔河、丰利，调查了解特困职工和特困企业情况。

1月12日　县总在县职工学校召开“创、树”主题教育经验交流会，总结交流经验，部署继续搞好“创、树”主题教育工作。

1月17—18日　吴义华到南通参加市总全委(扩大)会议。

3月6日　县总在工人文化宫召开“三八”国际劳动妇女节表彰大会。

3月7日　省总副主席张鸿生、市总副主席秦炳龙一行8人到如东检查三资企业情况。并参观南通大东有限公司和南通正大有限公司。

3月11—16日　金世德参加省总举办的县(市)工会组织部长培训班。

3月14日　县总在掘港轧花厂召开全县职工技协工作会议，表彰1995年度“技协杯”竞赛优胜单位3个、先进集体15个和先进个人56人，市总经济技术劳动保护部部长陶国柱、副县长丁慰祖等领导与会。

3月28日　县总在工人文化宫召开十二届四次全委(扩大)会议，听取县总吴义华工作报告，贯彻县委第十次党代会及市总九届八次全委会精神，总结并布置任务、表彰先进。县纪委书记蒋健到会讲话。

4月9日　市总秦炳龙、一行4人到如东了解“三胞”企业组建工会情况。

4月26日　县总召开劳动模范座谈会，副县长杨成泉到会讲话。

5月2日　县委办、县政府办转发县总、县委宣传部等5部门《关于在全县开展‘九五创业杯’立功竞赛活动的意见》。

5月10日　县总出台《在外商投资企业开展“双爱双评”(企业爱职工，职工爱企业；评爱企业的优秀职工，评爱职工的优秀经理、厂长)建家活动的实施意见》。

6月10日　市、县总联合举行热处理、焊接技术交流活动，分别到如东黄油枪厂、县农药厂开展咨询和表演。

6月13日　刘红秀到南通参加省总召开的全省互济会和生活保障先进单位和先进个人表彰会。

6月19日　如皋市总副主洪美兰席一行5人到如东考察了解劳动竞赛和职工技协工作。同日，南通市总领导一行4人到如东了解企业改制、集体合同、新经济组织组建工会等情况。

9月1日　上午，县王学高因患癌症不幸逝世。9月3日，县总举行向王学高遗体告别仪式。县委、县政府、市总和相关单位及机关全体人员参加。

9月20日 县总发出通知,决定成立县女职工人才培训中心。

11月28日 泰州市职工学校于校长一行4人,到如东交流职工教育。

12月16日 县委、县政府召开县属企业特困职工生活救助动员大会。吴义华在会上宣读“送温暖,献爱心”倡仪书,并向掘港镇特困职工发放“特困证”。部分单位和个人在会上捐款。

12月24日 刘红秀、金世德参加市总召开的外商投资企业“双爱双评”经验交流会。

12月27日 市总权保办到如东检查集体合同,新经济组织组建工会工作。

12月30日 县总召开全县重点企业群众生产、职工技协、劳动保护工作座谈会,30多家基层工会主席参加会议并发言交流。

1997年

1月24—25日 吴义华出席南通市总工会全委(扩大)会议。

3月7日 在江苏省职工技协三届三次全委会上,冷强华作题为《开展“技协杯”竞赛,努力促进经济发展和科技进步》的发言。

3月20—21日 南通市总财务工作会议在如东召开,各县(市)工会分管财务工作的副主席和财务部长参加。

3月 县总牵头,会同县委宣传部等5部门对1996年度全县“九五创业杯”立功竞赛进行评比,表彰“优胜单位”3个、“先进单位”13个、“企业标兵班组”15个、“创业功臣”8人和“优秀组织者”4人。

4月14—18日 金世德参加省总举办的“全省工会平等协商,签订集体合同师资培训班”,并被省总组织部、省劳动厅劳动关系与监察处聘任为“集体协商与集体合同授课老师”。

5月30日 吴义华、刘红秀、陈嘉山等率10名歌手、3名评委,到通州市总参加联合举行的“庆香港回归,祝祖国昌盛”歌咏比赛。

6月18日 市总女工部部长徐爱云一行3人到如东了解女工工作。

7月10日 县总会同县供销社举办全县轧花行业剥绒机排肋条操作比赛,来自8家轧花厂的24名选手参加比赛,经评比,3家企业分别被授予团体一、二、三等奖,前10名选手被授予“优秀选手”称号,其中个人一等奖2名、二等奖3名、三等奖5名。

7月16日 启东市总主席薛允冲一行8人到如东交流职工学校办学情况。

7月 县总组建南通市劳动模范协会如东工作委员会,25名劳模参加协会。

8月7日 县总召开职工互助补充保险座谈会。各区镇工会主席和管委会全体成员参加,会议部署近期的互助补充保险工工作。

8月15日 市总秦炳龙一行4人到如东召开座谈会,了解如东工会工作。

9月4日 县总成立"如东县送温暖工程"基金管理委员会,刘红秀兼任主任、顾锦红任副主任。

9月18日 省总宣教部副部长史玉美一行6人到如东职工学校现场办公,肯定县职校成绩并提出希望。

10月4日 县总刘红秀赴南京参加省总集体合同培训班。

10月6-8日,县总吴义华到南通参加市总全委(扩大)会。

10月28—30日,县总吴义华率领21名代表赴南通出席市总第十次代表大会。

12月12日 县总召开十一届六次全委(扩大)会议,。会议增补蔡瑞平为县第十二届委员会委员、常委、主席;王鹤声为县总第十二届委员会委员、常委、副主席。市总主席陈心万、县委副书记翁士豪到会讲话。

12月14日 吉仲如到连云港参加省总召开的工会财务工作会议。

12月19—24日 蔡瑞平率领6名代表出席江苏省工会第十次代表大会。

1998年

2月26日 县总召开十二届七次全委(扩大)会,县委副书记张桂英到会并讲话。会上对1997年度"九五创业杯"立功竞赛中涌现出的5个获杯单位、23个先进集体、14个创业标兵班组、8名创业功臣和3个优秀组织者给予表彰。组织部部长蒋健,县委常委、副县长朱春出席会议。会议增补张文山为县总第十二届委员会委员、常委、副主席。

2月28日 县总工会机关由县政府5号楼3楼(掘港镇江海中路72号)迁至县自来水公司3楼(掘港镇青园北路45号)办公,并举行揭牌仪式。

3月6日 县总举行庆"三八"妇女节联谊会。县委副书记张桂英、县政协副主席吴剑坤等出席会议。

3月30日 县总召开全县职工技协工作会议,表彰1997年度"技协杯"竞赛优胜单位2个、先进集体14个、先进个人55人。市总经济技术与劳动保护部部长陶国柱、副县长朱春、县职工技协名誉会长丁慰祖到会讲话。

4月6日 顾锦红赴宁参加省总举办的女工干部培训班。

4月12—17日 金世德赴宁参加省总举办的"江苏省股份合作企业干部培训班"。

4月17日 蔡瑞平、刘红秀带队赴启东、海门市总学习交流。

4月23日 中共如东县总工会党总支成立,蔡瑞平任党总支书记,冷强华、冯建楠任党总支副书记。

4月24日 如皋市总主席朱阳、镇江市职工学校校长张更勇先后到如东交流工会工作情况。

4月29日 晚，县总在县工人文化宫举办“五一”文艺会演，县委书记汤桑林、县委宣传部部长单晓鸣等领导观看演出。

5月11日 王汉祥赴宁参加省总干校培训学习。

5月28日 县总牵头，会同县科委举行全县职工计算机操作技术比赛，来自21家单位30名选手参加比赛，前10名选手被授予“优秀选手”称号，其中一等奖1名、二等奖3名、三等奖6名。县委常委、副县长朱春到会讲话。

6月4日 在南通市职工技协四届二次全委（扩大）会上，冷强华作题为《创新技协竞赛机制，提升职工队伍素质》的发言。

6月12日 建立“如东县总工会职业中介服务所”，顾锦红兼任所长。同日，县总金世德任南通市外商投资企业工会联合会理事。

6月22日 县工商局、县总举行会议，共商县、乡（镇）建立私营企业工会联合会，并达成协议。

7月1日 县总党总支举办“庆七一、歌颂党”座谈和歌咏活动。

8月14日 如东县私营企业工会联合会成立。

8月28日 县总牵头，会同县计经委、劳动局等部门召开全县“推广应用有毒有害化学物质信息卡”工作会议，全县化工企业和相关部门共65人参加会议，县委常委副县长朱春到会讲话。

9月14日 县总召开全县大中型企业群众生产、职工技协工作研讨交流会。

9月29—30日 县工会召开第十三次代表大会。选举产生县总第十三届委员会，主席蔡瑞平，副主席刘红秀、王鹤声、张文山；经审委主任王鹤声。

11月2日 海门市总副主席陈冠忠等4人到如东考察了解职工技协工作。11月12日，省职工技协办公室副主任范志新、市总经济技术与劳动保护部部长陶国柱到如东了解职工技协工作。

11月19日 县总召开传达中国工会十三大精神大会。

11月23—25日 蔡瑞平赴宁参加省总干校培训。

1999年

1月5日 县总召开“依靠职工民主管理企业”座谈会。

1月6—7日 市总经济技术与劳动保护部部长陶国柱、《工人日报》陆嘉玉到县总了解创新劳动竞赛的做法，县总和县酒厂、化工厂、农药厂、黄油枪厂和南通东升长毛绒公司分别汇报情况。

1月18日 市委办、市计经委、市总领导到如东，先后在南通海发公司、南通大东公司等企业分别召开职工代表座谈会，检查了解中共南通市委41号文件贯彻落实情况。县纪委书记陆伯新等陪同参加。

2月 县总、县委宣传部等5部门，对1998年度全县“九五创业杯”立功竞赛进行评比表彰，共表彰获杯优胜单位5个、先进集体16个、“企业标兵班组”15个、“创业功臣”5名和优秀组织者5名。

3月1日 刘红秀、顾锦红赴南通参加市总“庆三八，助你上岗活动”开幕式暨表彰会议。

3月18日 徐向英、顾锦红等参加由南通市总组织的先进职工、先进女职工工作者和先进女职工之友进京参观、学习。

3月22—27日 王鹤声参加省总举办的全省县(市)工会主席研讨班。

3月31日 县总召开全县职工技协工作会议，对1998年度“技协杯”竞赛进行表彰，共表彰获杯优胜单位2个、先进集体4个、先进个人50人，同时部署1999年工作。市总经济技术与劳动保护部部长陶国柱，县委常委、副县长朱春，县技协名誉会长丁慰祖到会讲话，同时全体与会人员到县化肥厂、农药厂参观技协实体。

4月2日 建立如东县争创江苏省工会工作十强县领导组。

4月21日 省总党组成员、秘书长、经审会主任王寿鸿，副主任严明祥、巫世鹏，南通市总秦炳龙等领导陪同到如东考察了解相关情况。

4月28日 县总举行劳动模范座谈会。

4月 金世德参加江苏省总举办的股份合作制工会主席培训班。

△ 黄世雄主编《如东县工会志》出版。

5月6—7日 县总举办“创造学与合理化建议、技术改进工作培训班”，来自企事业单位55名工程技术人员、能工巧匠和工会干部参加培训。

5月18日 蔡瑞平参加江苏省教委、省教育工会召开的现场会，并陪同考察了解县中、马塘小学、丰利小学等学校“青蓝工程”情况。

5月27日 蔡瑞平随县委书记詹立风和县政府办副主任查剑宁及南通大东有限公司工会主席戴亚华一道到南通参加市委工会工作会议。同日，如皋市总工会副主席洪美兰带领12名基层工会主席到如东考察了解职工技协活动情况，并参观南通东昌化工实业公司和县农药厂。

6月15日 省总民管部部长王成由南通市总民管部部长王霞春陪同到如东调研民管工作。

6月30日 县总党总支举办庆“七一”活动并上党课。

7月1日 市总到如东考察群众生产、职工技协工作。市总主席陈心万、副主席秦炳龙经济技术与劳动保护部长陶国柱、副部长陈英、《工人日报》陆嘉玉、《江苏工人报》陶家伦等参加,同时参观南通东昌化工实业公司、县黄油枪厂和县通用机械厂。

7月28日　县总举办"如东县争当文明职工演讲比赛"。来自基层企事业单位16名选手参加。

7月29日　在南通市工会工作会议上,县总蔡瑞平作题为《奋力开拓,真抓实干,以技协活动为载体,推进经济发展和科技进步》的发言。

8月12日　召开十三届二次全委(扩大)会议,通报市委工会工作会议精神,议定"厂务公开工作会议""县工会工作会议"和"争创全省工会工作十强县"有关问题。

8月17日　蔡瑞平参加市总组织的赴苏南部分先进县、市学习考察活动。

9月1—15日　县劳动局、县总、团县委联合举办全县职业技能比赛活动。

9月2日　县厂务公开领导组会议召开。县委、县政府张桂英、蒋健、陆伯新、朱春等领导出席。

9月5—10日　王鹤声参加省总在扬州工人疗养院举办的县以上工会经审会主任培训班。

9月6日　市总检查组到如东考核检查如东创"全省工会工作十强县"工作。

9月　县总会同县劳动局、团县委组织全县职工操作技能比赛,在车工、钳工、电工3大工种竞赛基础上,推荐一批优秀技工参加市级比赛。

10月19—23日　在天津召开的全国劳动竞赛研讨会议上,冷强华作题为《坚持创新开拓,激励和引导职工投身经济建设主战场》的交流。

11月2日　县委组织部、县总召开"如东县企业党建、厂务公开工作会议"。县委张桂英、县政府朱春、市总陈心万出席。南通华劲实业总公司、南通东方明珠实业公司、县供电局、县酒厂、县农药厂和丰利棉织厂等企业介绍经验。

11月12日　县总建立"如东县外资投资企业工会联合会",刘红秀兼任会长。

2000年

2月18日　县总牵头,全同县委宣传部等5部门对1999年全县劳动竞赛进行评审。

3月13日　县工会召开十三届三次全委扩大会,增补王新华为第十三届委员会委员、常委、副主席。

3月28日　县人大、县总举行第一次联席会议。县人大常委会副主任李贻福、何九林、周云飞、徐 琢、潘金环等领导出席会议。蔡瑞平汇报工会工作后,提出的建立人大与工会联系制度建议和设想。得到县人大领导的支持。

3月30日　县总决定对1999年度18个先进职工之家等先进集体、先进个人予以表彰。

4月5日 如东县职工学校更名为如东县职工学校管理委员会。

4月24日 县总邀请县委办、县政府办、县中医院等单位领导，召开劳模特约医疗服务协调会议，并形成一致意见。

5月11日 县政协、县总举行第一次联席会议。县政协主席顾和章、副主席吴剑坤、何瑞虎，县总蔡瑞平、刘红秀、张文山等出席会议。

5月18日 县总会同县计经委等部门，组织全县“普及安全知识，迎接新的世纪”演讲竞赛。

8月24日 省总经济技术部副部长方健、市总经济技术与劳动保护部部长陶国柱到如东了解劳动竞赛、技术创新工作，并到南通德大建材公司、县石油机械厂参观。

8月30日 县总、县中医院举办劳模特约医疗保健卡发放仪式，县委副书记张桂英到会讲话。

9月6—8日 山东烟台市召开的华东6省1市职工技协工作会议上，冷强华作题为《激励争先，创新求进，努力发展技协事业》的发言。

9月13日 县总召开专题会议，对创省工会“十强县”工作进行自检打分，并对迎接市检查初验、加工补课提出要求。

9月15日 县总召开全县“安康杯”竞赛工作交流会，有20家工厂参加并汇报交流。9月20日，启东市总、劳动局、计经委对如东“安康杯”竞赛工作进行检查，县总和县黄海汽配公司、县电信局、县汽车总站、县水利电力建设工程公司接受检查。9月25日，县总、劳动局、计经委对启东市“安康杯”竞赛工作进行检查。

10月20日，市总等5部门对如东“安康杯”竞赛工作进行检查，县总、县东方明珠粮油食品公司、县黄海汽配公司、县东升长毛绒公司接受检查。

10月24日 县总召开机关办公会和常委会，研究创省“十强县”工作部署。

10月11日 省、市总和江宁县总领导到如东考察了解职工技协工作。

10月15日 县总召开全县创省“十强县”工作会议。

10月26日 市总到如东进行创省工会工作“十强县”工作初检。

11月24日 县总牵头，会同县计经委、劳动局召开“推行事故隐患和职业危害监控法”工作会议。

11月26—29日 江苏省职工技协第四次代表大会上，冷强华作题为《激励争先，创新求进，努力发展技协事业》的发言。

12月1日 县总会同县医保办、电信局、汽车总站发出《关于适当提高全县劳动模范医疗保障待遇和提供有关优惠服务项目的通知》。

12月13日 省职工技协办公室主任赵克忠、副主任范志新、市总经济技术与劳动保护部部长陶国柱到如东了解职工技协工作,并到南通东昌化工公司参观。

是年 县总在全县组织18家上年销售额5000万元以上大户、15家上年亏损120万元以上大户、20家技术创新新品开发大户、17家重点工程实施大户和窗口服务行业,开展“扩销杯”“扭亏增盈杯”“创新杯”“重点工程杯”“优质服务杯”和“群策杯”竞赛。

2001年

1月9日 市总到如东检查争创“江苏省工会工作十强县”工作。

1月14日 县总、江苏强生(轻工)公司举行捐助特困职工仪式。

2月24日 县总对2000年度1个优胜工会工作委员会、14个先进工会工作委员会等一批先进集体、先进个人予以表彰。

3月27日 省总对县总争创“江苏省工会工作十强县”工作进行检查验收。

4月26日 县总召开“学劳模精神、为劳模服务”座谈会,部分劳模参加会议并发言,县委副书记陆伯新到会讲话。

5月18日 县总会同县计经委、劳动局组织全县安全生产干部考试和知识比赛。

5月21日 县总会同县计经委、劳动局组织全县专场安全文艺演出活动。

5月24日 县人大、县总召开第三次联席会议,县人大常委会主任张桂英,副主任李贻福、徐琢、潘金环、陆锡泉、吴锦标和县总蔡瑞平等负责人出席会议。会议对县人大与县工会建立联系制度一年情况回顾总结,并着重讨论对下阶段联系工作内容。

5月30日 省总来如东举行“江苏省工会工作十强县”授牌仪式,省总副主席戈雪芬、市总陈心万、县委书记严长俊等领导参加。

6月15日 县劳动竞赛委员会转发县总、县政府相关部门《在全县实施群众性经济技术创新工程开展“十五创新工程杯”立功竞赛的意见》。

6月29日 县总党总支召开党员大会,庆祝建党80周年并上党课,同时为党建征文获奖者授奖。

6月,王鹤声主编的《永驻辉煌——如东县先进模范人物风采录》由中国工人出版社出版,献给中国共产党成立80周年。

7月19日 县总召开群众生产、职工技协工作座谈会。

7月27日 县工会召开十三届四次全委(扩大)会议,蔡瑞平做工作报告,王鹤声做经费审查工作报告。增选徐向英、汤九海等为县总第十三届委员会委员、常委。县委副书记陆伯新到会讲话。

10月26日 县总举办乡镇工会主席工作会议并进行培训。

12月12—19日 县总组织部分全国、省、市劳动模范,举办为期1周的劳模计算机技能培训班，经考试合格颁发结业证书。

2002年

1月4日 县总召开全县群众性经济技术创新工程工作交流会议。

1月8日 蔡瑞平、张文山赴沪与江苏强生轻工公司商谈2002年捐助困难职工款项事宜。

1月17—19日 蔡瑞平参加省工会十届五次全委(扩大)会议。

1月22—23日 蔡瑞平、张文山参加市总十届七次全委(扩大)会议，并在会上作题为《铸造工会干部新形象，开创工会工作新局面》的交流介绍。

1月29日 县委副书记、县纪委书记陆建生，县委组织部部长姚国钧到县总调研。

3月7日 县总召开十三届五次全委(扩大)会议，蔡瑞平作工作报告。县委副书记陆建生，县委组织部部长姚国钧出席会议并讲话。会议选举王新华为第十三届经费审查委员会委员、主任。同时对2001年度评选的7个先进工会工作委员会等先进集体、先进个人予以表彰。

3月11日 市总宣教部部长朱江波等到如东调研，分别在县中医院、德大公司、丰纺公司，啤酒厂、农药厂等单位座谈，对如东职工教育及职工读书自学活动予以肯定。

4月13日 市总机关干部到如东考察学习洋口镇工会工作经验。24日，如皋市总全体机关干部一行50余人，到如东考察了解洋口镇工会工作经验。

5月11—15日 蔡瑞平、王新华赴浙江瑞安、海宁、杭州等地工会及工人文化宫学习考察工会事业单位改革经验。

5月18—20日 蔡瑞平赴宁参加由原全总副主席，时任全国人大常委会常委张丁华主持召开的座谈会，蔡重点汇报了县总与县人大建立联系制度的做法和经验。

5月22—23日 省总经审会主任王寿鸿在市总经审会主任朱晓明陪同下到如东考察。

5月28—29日 蔡瑞平赴宁参加省总“全省争创工会工作十强县(市)研讨会”，并在会上宣读论文。

5月29日 通州市总主席汤建忠等一行到如东交流事业单位改革事宜。

6月5日，海门市总主席管云山、冯德轩率所属有关部室负责人一行10人到如东了解县级工会工作经验。

6月9日，省职工技协办公室技协部主任寿熙、市总经济技术与劳动保护部部长陶国柱到如东了解职工技协工作，并到县农药厂参观。

6月12—13日 淮安市人大常委副主任王田华、工会主席张士高、国税局副局长王文华等一行到如东，考察了解工会与人大建立联系制度及工会经费由国税代收等具体做法。

7月4日,通州市总主席汤建忠等一行4人到如东了解事业单位改革有关情况;同日,如皋市总主席朱阳等一行4人到如东了解工会财务管理有关情况;同日,《北京新报》陆嘉玉等一行3人到如东采访工会工作情况。

7月10日,海门市总主席徐银江等一行到县总考察了解"学劳模精神、为劳模服务、建劳模新功"工程实施情况。

7月18—20日,江苏电视台记者李玉梅等一行3人到如东采访改制企业计提剥离资金(资产)管理使用情况。县委副书记陆伯新、县总蔡瑞平接受采访。

8月6日 县总与县人大举行第五次联席会议,县人大常委会领导、县总领导出席会议。讨论深化、完善、创新联系制度重点研究"集体合同和劳动合同制度"的视察检查。

8月27日 县总召开全县工会工作会议,县委副书记陆建生、市总副主席李仕春、主席助理郭彪出席会议。会上选举出席南通市工会第十一届代表大会代表,县总蔡瑞平做报告,陆建生、李仕春分别讲话。

8月27—28日 省总经济技术部处长刘建鸿、市总经济技术与劳动保护部部长陈德循到县总了解经济技术工作,同时考察县通用机械厂和县化肥厂。

9月18日 江苏省人大副主任、省总主席张艳对如东工会与人大联系制度作出重要批示,着重强调在新形势下联系制度是依法督查《中华人民共和国工会法》及《江苏省实施<中华人民共和国工会法>办法》的有效措施。

10月23—25日 蔡瑞平带领由23名代表组成的如东工会代表团,参加市工会第十一次代表大会。

10月28日 省总经审办主任严明祥在市总经审会主任朱晓明、经审办主任郭彪陪同下,到如东了解2002年工会经审工作。

11月6—7日 蔡瑞平、冷强华到上海强生(轻工)公司联系招商引资事项。

11月11日 南通市政府信息中心《决策参考》刊载《如东县总率先实行工会与人大联系制度》一文。

11月13日 全总办公厅原主任、研究室主任、研究员陈冀,《工人日报社》原社长郭国勇,省总组织部原部长、省总工运研究会副会长张树清一行由在县总蔡瑞平陪同下先后考察洋口、掘港、兵房等镇工会及有关企业。

11月27日《江苏工人报》社社长樊宗林、市总副主席钱祥圣、宣教部部长杨晔鹃、《工人日报》《江苏工人报》记者到如东调研。

12月26—27日 市总副主席钱祥圣、李仕春、主席助理郭彪、组织部部长董智芳等"百强,示范工会"验收小组到如东,对2002年度推荐单位——岔河、丰利、环港镇工会工作考核验收。

是年 县总对历届市以上劳动模范状况进行调查登记，对省以上劳动模范进行问卷调查。

2003年

1月29—30日 县领导在县总领导陪同下慰问全国劳模。

3月26日 县总召开全县经济技术创新工程和职工技协工作交流会议。

5月26日 县总召开县各镇（系统）工会主席例会，布置“合格工会”“示范工会”创建工作。

6月17日 省总劳动保护部部长方健、市总经济技术与劳动保护部副部长唐林森、女职工工作部部长陈英到如东了解职业危害调查工作。

6月 县总牵头县安监局、卫生局，对12家重点尘毒企业进行职业危害调查并形成报告。

8月12日 县工会召开十三届七次全委（扩大）会议，审议通过《关于召开如东县工会第十四次代表大会的的决议》，选举产生县工会十四大代表资格审查委员会。

9月18日 市总副主席钱祥圣、经济技术与劳动保护部部长陈德循、副部长许陈华来县总检查创新工程和劳模管理工作，同时到县化肥厂、中医院参观。

9月28—30日 召开县工会第十四次代表大会，听取和审议十三届委员会工作报告、财务工作和经审工作报告，选举产生县第十四届委员会，主席蔡瑞平，副主席张文山、王新华；经审委主任王新华。大会表彰工会先进集体和先进个人。

10月8日 县总召开争创“全省工会工作百强镇”和“五星级镇工会”工作预备会。

2004年

1月16日 县总建立工会系统财政供养人员核查工作领导小组。蔡瑞平任组长，张文山、王新华任副组长。

2月 县总牵头，会同县委宣传部等5部门，评审并表彰全县“‘十五’创新工程杯”立功竞赛先进集体17个、“创新工程示范岗”21个。

3月4日 县总召开女职工委员会三届一次全委会暨纪念“三八”国际劳动妇女节会议，选举产生由26人组成的县总第三届女职工委员会，刘红秀任主任，丁越、王晓琴、汤晓燕、吴晓红、顾溯溯、季新娟、曹达琴任副主任。

3月 县总组织摄制的电视专题片《涌动的春潮——如东县总工会推行群众性经济技术创新工程纪实》，被市总工会授予“编制优秀奖”。专题片在全县企事业单位中播放。

4月2日 省总办公室主任郭莉莉到县总工会检查工作。

4月6日 县总召开十四届三次全委（扩大）会议，增选尤建鸿为县总第十四届委员会员、常委、副主席,增补蔡忠等4人为如东县总工会第十四届委员会委员。

4月17—18日 省人大副主任、省总主席张艳到如东检查工作。

4月29日 县总召开“庆五一暨学习许振超”劳模座谈会,来自各行各业20多名劳模参加会议并发言,县委副书记姚国均到会讲话。

5月14日 县总调整如东县职工特殊疾病康复互助会管理委员会组成人员,尤建鸿任主任,曹达琴任副主任。

6月30日 县总党总支召开“庆七一”大会,并表彰“我为如东发展献一策”优秀征文。

6月 县总完成全国、省、市劳动模范和“五一”劳动奖章获得者档案资料和信息微机管理工作。

8月25日 县总在县通用机械有限公司召开全县重点工业企业技术创新工作交流会。

9月29日 县总组织24名职工和一批节目,到市参加全市职工文艺演出。

10月12日 县总举办如东县职业服装模特大赛,全县8支代表队、50名职工登台表演,获一等奖1人、二等奖2人、三等奖5人。

12月30日 县总牵头并会同县劳动局,举办全县高级钳工、高级服装设计定制工职业技能大赛,全县18家单位、41名选手参赛。2人获“如东县技术状元”,8人获“如东县技术能手”。市总副主席钱祥圣、经济技术与劳动保护部部长陈德循、县委常委、纪委书记葛维先、等领导到场讲话。

是年 县总在全县工厂企业中开展“安康杯”竞赛,全县有建工、化工、建材、机械、纺织、电力等13个行业157家企业、3.26万名职工参加竞赛。

2005年

1月25日 县总党总支全体党员参加全县开展保持共产党员先进性教育活动动员大会,听取县委书记严长俊的报告。27日,县总党总支召开保持共产党员先进性教育活动动员大会,蔡瑞平作报告动员。

4月20日 县委作出《关于进一步加强和改进新时期工会工作意见》。

5月1日 县总举办“五一劳动者之夜”大型互动式文艺晚会,邀请部分全国、省、市劳动模范参加,县纪委书记葛维先到场。

5月8日 县总成立创业就业服务中心。12日,建立工作领导小组,蔡瑞平任组长,张文山、尤建鸿任副组长。

6月10日 市总经济技术和劳动保护部部长陈德循、南通民生房地产公司董事长陆通明到县总商谈扶助困难劳模工作。

6月16日 如东县劳动模范协会成立,蔡瑞平任会长。市总副主席钱祥圣、经济技术和劳动保护部部长陈德循、副县长刘才盛到会讲话。同日，县总、南通民生房地产公司举办向困难劳模捐助仪式暨“文化江海行”文艺演出。钱祥圣、葛维先、陆通明分别讲话。

6月20日 县总成立“争创省工会模范县活动领导组”，蔡瑞平任组长、张文山、王新华任副组长。

8月12日 县人大、县总召开第七次联席会议，县人大常委会副主任潘金环等领导和县总蔡瑞平等负责人出席。商讨“关于依法推进工资协商、切实维护职工合法权益”工作。

8月16—19日 县总会同县劳动局、交通局等部门组织汽车修理工参加南通市汽车修理工技能大赛，如东代表队在机电工技能比赛中获优异成绩，市表彰的机电工前5名的技术能手中如东选手分别获第一、二、三、五名。

8月18日 “如东县职工学校管理委员会”更名为“如东县职工培训指导服务中心”，保留公益型事业单位性质。

10月24日 县总召开争创“江苏省工会工作模范县”暨村工会职代会工作会议。

10—11月 县总会同县新华书店，为全县402名市以上劳动模范、五一劳动奖章获得者办理江苏新华书缘会员卡，享受购书优惠待遇。

12月16日 县总牵头，会同县劳动局举办全县职工计算机技能大赛，52名选手参赛，其中45人破格获高级工职业资格证书，县总、县劳动局表彰“如东县技术状元”1人、“县技术能手”10人。市总副主席钱祥圣、经济技术与劳动保护部部长陈德循、县纪委书记葛维先等领导到场讲话。

2006年

1月17日 召开十四届五次全委(扩大)会议，贯彻省十一届四次全委(扩大)会议、市总十一届六次全委(扩大)会议和县委十一届九次全委会精神，回顾总结2005年工会工作，研究部署2006年工会工作任务。

1月20日 县总、县劳动和社会保障局联合表彰“如东县技术状元”1人、“如东县技术能手”7人、技能比武“优秀单位”3个、技能比武“优秀组织者”5人。2月8日，县总召开会议，表彰9个“五一巾帼标兵岗”、10个“五一巾帼标兵”和实施“五大行动”5个“先进集体”。

3月22日 县总召开镇、系统工会争创“江苏省工会工作模范县”工作会议。

3月 县总牵头，会同县委宣传部等5部门，对2005年度全县“‘十五’创新工程杯”竞赛进行评审，表彰“重点工程竞赛”优胜单位10家、“创新工程竞赛”优胜单位10家、“优质服务竞赛”优胜单位10家，优秀创新成果10个。

4月7日 市总到如东检查争创“江苏省工会工作模范县”资料。同日，县总、县安监局举行联席会议，商讨安全生产劳动保护及工作规范并形成会议纪要并决定表彰。江苏如东通用机械有限公司等10个单位。为2005年度全县“安康杯”竞赛和职工安全知识培训先进单位。

5月9日 市总对县总和基层工会争创“江苏省工会工作模范县”工作进行检查。

7月14日 县总召开劳模代表会议,传达南通市开展市劳模“五大行动”文件精神,并部署工作。

7月 江苏快达农化股份有限公司等7个先进集体和南通市苏通化肥有限公司李敏等15人获市总劳动保护工作表彰。

8月7日 在市总劳动保护暨“当好主力军、建功‘十一五’、建设新南通”工作会议上,冷强华作题为《努力推行专项协议制度,强化职工劳动保护工作》的多媒体发言。

8月14日 县总对2002年后全县科技创新成果、金点子项目进行评审,并推荐报市。同月,县总会同县劳动保障局,组织如东选手参加南通市数控机床工技能大赛获优异成绩,市教师组数控车、数控铣、加工中心3大工种第一名全部被如东选手获得。

9月19日 县总召开企业市以上劳模会议,布置劳模破格直接申报技师、高级技师工作。

9月21—22日 县总召开十四届六次全委(扩大)会暨“学《条例》(江苏省企业民主管理条例),促规模,争创全省工会工作模范县”誓师大会,并组织与会人员开展相应培训。

9月28日 省总调研组到如东召开工会工作调研情况汇总通报会。

9月 县总发出《关于在全县职工中广泛开展“当好主力军、建功‘十一五’、建设新如东”竞赛活动的意见》。

10月12日 县总召开各镇(系统)工会主席会议,传达全省第二次乡镇工会工作会议精神和研究,组织培训、年报等工作。

10月13日 县总举行县第三届企业文化节职工法律知识竞赛。

12月1日 县政府、县总召开第五次联席会议。县委副书记、县政府常务副县长单晓鸣和县政府办、发改委、劳动保障局、县总负责人出席会议。会议对企业劳动报酬集体协商考评等议题进行研讨并形成共识。

12月16—17日 县总牵头会同县劳动局、县职工技协,举办全县车工技能大赛,38名选手中有35名考评合格,并破格获高级工职业资格证书,合格率达92.1%。授予第一名为“县技术状元”称号,前8名为“县技术能手”称号。同时向省、市推荐申请,8名选手被批准破格晋升为技师。

12月17日 县总决定表彰参加全国职工预防控制艾滋病知识竞赛活动先进组织、先进个人。掘港镇工会等12家工会评为“优秀组织”单位,江有荣等24人被评为“优秀个人”。

12月27日 县总在兵房镇召开全县争创“江苏省工会工作模范县”工作观摩推进会议,

并组织观看兵房镇工会及有关基层工会创模台账。

12月28日 县总表彰70个工会财务工作先进集体。

2007年

1月4日 县总、县劳动保障局、县职工技术协会决定授予曹苏红“如东县技术状元”、冯建军等7人为“如东县技术能手”、掘港镇工会为“优秀组织单位”、江有荣等5人为“优秀组织者”称号。

1月8日—9日 县总机关人员先后到海安县和南通市参观学习“争创江苏省工会工作模范县”工作经验。

1月10日 海安县总副主席唐仁惠等一行到如东考察了解劳模管理工作。

1月21日 县总工作被列入县委、县政府2006年度整体工作目标考核。

2月27日 在南通市劳模创新业立新功五大行动推进暨劳模协会理事会上，王新华作题为《实施劳模“五大行动”，建功立业争作贡献》的发言。

3月14日 市总“争创江苏省工会工作模范县”检查组到县总检查“争创江苏省工会工作模范县”工作台账并讲评。

4月4日 省总对县总及1镇4企业进行“争创江苏省工会工作模范县”考核验收。

4月29日 县总召开“促发展、建新功”劳模座谈会，部分全国、省、市劳模参加会议并向全县劳动者发出倡议书。县纪委书记陈跃生到会讲话。

7月5日 省总和县委在如东举行“江苏省工会工作模范县”授牌大会。会议由县委副书记耿荣泉主持，蔡瑞平作《立足新起点，再创新辉煌，努力推动全县工会工作再上新水平》发言；省人大副主任、省总主席张艳授牌并讲话；县委书记周铁根，市人大常委会副主任、市总主席张毓余到会祝贺。

8月1日 县总慰问高温作业企业一线职工，并发出《致全县企业家的一封信》，县纪委书记陈跃生参加活动。

8月2日 县教育工会和掘港等8个镇（区、系统）工会被县总表彰为“弘扬劳模精神，讴歌劳动创造，建设和谐如东”宣传月活动先进集体。

8月23日 南通民生房地产公司董事长陆通明、《工人日报》鲍冬和等登门看望生病省劳模石淑玉和刘克生。

12月24日 县总牵头，会同县劳动保障局等部门，组织全县钳工、维修电工、砌筑工、钢筋工、电焊工、计算机操作员等6大工种职工技能大赛。经考核，131名参赛选手中有124人合格，获高级工职业资格证书通过率93.8%，县纪委书记陈跃生到场讲话。

12月 县总完成30名全国、省、市职工劳模直接破格申报技师、高级技师工作，经评审全部领到职业资格证书。

△ 县总组织全县化工分析工知识比赛,参赛选手平均考分88.2分,50%的参赛选手获90分以上成绩。在此基础上,县总组队参加南通市化工分析工技能比赛,如东15名参赛选手全部获得高级工职业资格证书。南通市大赛组委会授予前20人“市技术能手”,其中如东选手9人,并破格直升技师。

△ 县总牵头,由县总、县劳动保障局、县职工技术协会联合表彰“技术状元”1名、“技术能手”7名、“练兵比武优秀组织单位”3名、“优秀组织者”5名。

是年 县总会同县安监局完成职工电视培训3.23万人,超额完成市下达任务。

2008年

2月15日 县总召开十四届九次全委(扩大)会议,蔡瑞平作题为《认真贯彻党的十七大精神,努力实现如东工会工作的新跨越》的工作报告。会议增补陈斌为县工会第十四委员会委员、常委、主席。市人大副主任、市总主席张毓余,县委副书记耿荣泉等领导出席会议并讲话。

4月17日 省总干部学校教授赵映林到如东举办工会工作讲座。

4月18日 县总党总支召开党员大会,党总支进行改选,邓华任总支书记,汤九海、黄陈任副书记。

5月29日 射阳县总主席周明荣一行13人到如东考察交流工会工作。

6月18日 市总在如东召开全市县(市)工会主席会议。

6月27日 县总党总支在中天黄海大酒店举行迎“七一”活动。

7月9日 市、县总对洋口港一线职工进行慰问活动,市总副主席钱祥圣、宣传教育部部长杨哗鹃等参加。

7月24日 市总对洋口港重点建设工程竞赛项目进行检查,市总副主席钱祥圣等参加。

8月6日 县总慰问高温作业企业一线职工,县纪委书记陈跃生参加。

8月7日 县总召开洋口港重点工程竞赛座谈交流会。

8月22日 县总举行“全国工人先锋号”授旗仪式,县委书记周铁根代表全总向南通辉煌彩钢有限公司授予“全国工人先锋号”奖旗,县纪委书记陈跃生、县总主席陈斌等参加。

9月19日 召开十四届十次全委(扩大)会议,筹备召开县第十五次代表大会。

10月15—17日 县总召开十五次代表大会,选举产生第十五届委员会和经审委员会。主席陈斌、副主席邓华、汤九海,经审委主任邓华。会议表彰54个“先进职工之家”等一批先进集体和先进个人。

10月30日 省总经济技术部处长刘建鸿、市总经济技术和劳动保护部部长成飞等领导到如东,考察了解江苏快达农化公司、南通兴辰礼仪品公司科技创新工作。

12月3日 市总到如东召开江苏洋口港一期工程劳动竞赛总结表彰暨南通市重点工程劳动竞赛推进大会，陈斌作题为《坚持服务发展大局、全力推进重点竞赛》的发言，江苏洋口港工程3个集体、6名个人分别被授予"南通市工人先锋号"奖牌和"南通市五一劳动奖章"，市人大常委会副主任、市总主席陆玉明、县委书记周铁根和中交二航局领导参加会议并讲话。

12月16日 县人大、县总召开第九次联席会议，听取陈斌关于建立人大与工会联系制度后的工作汇报，传达中国工会十五大和中央、省领导对工会工作指示精神，与会人员进行讨论。

2009年

1月8日 召开十五届二次全委(扩大)会议，陈斌作题为《贯彻落实中国工会十五大精神，不断开创如东工会工作新局面》的工作报告，邓华作关于经费审查工作报告。会上，增补尹德利为县总第十五届委员会委员、常委、副主席。

1月16日 省总纪委书记陈飞、经济技术部部长赵克忠到如东慰问全国劳模缪德龙，县纪委书记陈跃生和县总陈斌陪同。

1月 完成县委宣传部、县总等5部门开展的"四创四求"企事业职工小发明小革新项目的收集与评选工作。共收集40多项成果，评出一等奖一个，二等奖3个，三等奖6个。

2月4日 陈斌率领机关部门负责人到县人院、县中医院，看望生病住院职工并致以新春祝福。春节前后，各镇工会慰问近百名住院职工，送去慰问金4万多元。

2月12日 《江苏工人报》报道县总倾力服务江苏洋口港建设工程的情况。

2月19日 南通市东昌化工有限公司甘氨酸车间乙班等20个车间、班组由县总命名为"工人先锋号"。

3月5日 县总召开女职工委员会全委会，选举产生由28人组成的县总第四届女职工委员会，邓华任主任。会上，表彰中国工商银行如东支行营业部理财中心等14家"五一巾帼标兵岗"、沈亚平等16名如东县"五一巾帼标兵"。同日，县总、县安监局举行联席会议，就加强全县安全生产、劳动保护工作开展研讨并形成共识。

4月1日 县总在江苏世纪燎原针织有限公司召开全县工会干部培训工作会议。同日，县总召开县重点工程竞赛工作会议，县发改委、科技局、交通局、建设局等部门人员参加。

4月9日 《江苏工人报》报道：如东扎实培训基层工会主席，并将4月定为"基层工会主席培训月"。

4月 县总在全县开展劳模状况调查工作。

5月30日 县总牵头，会同县劳动保障局等7部门举办全县职工技能大赛。市总副主席钱祥圣、县纪委书记陈跃生、副县长姜晓静等到场。来自全县企业的166名选手参加钳工、电工、车工、计算机、餐服、客服6大工种的操作技能比赛。经比赛监定,108人晋升为高级工,45人晋升为中级工。

6月12日 县总组织人员到江苏洋口港管线桥、中石油LNG项目、江苏快达农化公司、江苏九九九化工有限公司等企业商谈开展重点工程竞赛和建立劳模创新工作室工作。

6月16日 尹德利带队到洋口港了解LNG储罐工地事故情况。

7月9日 尹德利带队到东凌风电公司了解开展重点工程竞赛情况。

7月24日 县总、县劳动与社会保障局、服务业发展办公室、商贸局、旅游局、科技局、团县委联合表彰江苏久久科技股份有限公司倪长发等6人为“如东县技术状元”,江苏黄海汽配股份有限公司等5家单位为优秀组织单位,江苏如东通用机械有限公司施建新等5人为优秀组织者。

7月30日 县总决定授予周拥军等27人“如东县五一创新能手”称号。

9月8日 县总召开全县重点工程竞赛项目交流推进会议。

9月10日 县总组织基层工会主席参观如皋市供电局丁雪峰劳模创新工作室和江苏熔盛重工集团。

2010年

1月29日 召开十五届三次全委(扩大)会议,陈斌作题为《奋发有为,勇争一流,不断开创如东工会工作新局面》的工作报告。

4月10日 县总授予江苏快达农化股份有限公司双林膦项目组等26个车间班组为县“工人先锋号”示范班组。

4月30日 县委、县政府召开“庆祝五一国际劳动节暨劳模事迹报告会”。全国劳模、中天科技集团有限公司董事长、总经理薛济平介绍事迹,县委、县人大、县政府、县政协领导参加会议,县委书记周铁根到会讲话。会上,县委发出《关于在全县开展向薛济平等劳动模范学习的通知》。

5月 县总拍摄制作的《厚德笃行耀江海——如东劳模风采录》劳模专题宣传片在县电视台连播一周。

△ 在国家科技活动周科普展中,弘昌(南通)工具有限公司推拉板手作为南通市唯一职工优秀技术创新成果被推荐送展。

6月9日起 县人力资源和社会保障局、县总分别在各镇区组织召开工资集体协商工作推进会,22日在县经济开发区召开总结大会。副县长徐建华出席会议。

9月 县总联合县人社局举办下岗失业人员大型招聘会,组织80多家用人单位进场,现场达成就业意向215人。

12月 县总、县财政局、人社局出台《关于提高市以上劳动模范待遇的实施方法》。

是年 县总送电影到县重点建设工程项目工地、县50强企业、工业集中园区162场，同时播放专题片宣传工会重点工作，观众5万多人次。

△ 县总会同县科技局、工商联等单位，组织并完成江苏快达农化股份有限公司等17家企业，申报江苏省第三批创新型企业各项工作。

△ 县总会同县安监局为全县生产经营单位和职工群众提供劳动保护咨询服务，同时与南通现代远程培训中心合作，安装远程培训接受终端186个，覆盖职工达4.10万人。

△ 全国第六次厂务公开民主管理工作调研组到如东调研，对如东的工作成绩予以肯定，全县实行厂务公开民主管理制度单位2766家。

△ 江苏黄海汽配股份有限公司、江苏如东通用机械有限公司被省总评为省级“职工书屋”示范点。

2011年

1月14日 省总副主席张鸿生、市总副主席钱祥圣由副县长姜晓静、县总陈斌陪同，慰问如东特困职工。

3月9—10日、17—18日 县总借座县廉政教育中心分两期举办企业工会主席培训班，邀请省总干校教授任淮峻讲课，并组织到世纪燎原针织有限公司考察学习。

4月7日 县总、县工商联在县行政中心联合举办企业主专题讲座，特邀省总干校徐东兴教授讲课。

4月29日 县总举办庆“五一”劳模座谈会暨省、市劳模赴南通领奖欢送大会。县委书记周铁根到会讲话，县人大常委会主任张桂英，县委宣传部部长陈昌龙，副县长姜晓静等领导出席会议。

5月9—10日 县总组织机关中层以上干部分赴海安县、如皋市总工会学习考察。

5月 县总领导带领民管法工部人员，分头到各镇、经济园区企业签订工资集体协商合同。

6月27日 县总举办庆祝建党90周年座谈会，并组织观看大型纪录影片《建党伟业》。

6月30日 省总副主席胡同军、市总钱祥圣一行，到江苏快达农化有限责任公司进行解困帮扶调研。

7月 盐城市、射阳县总负责人到如东考察职工服务中心建设项目。9月20日，县人大、县政协领导徐志平、桑健到县总，调研工资集体协商工作。

8月15日 县领导周建飞、任新峰、于立忠、卢瑞华分头慰问高温作业职工。

9月7日 镇江市总、丹阳市总负责人到如东进行考察。

10月27日 县委组织部、县总和县政府相关部门举行全县首届高技能人才大赛,县委常委、县委组织部部长任新峰,县人大常委会副主任冒亚平出席开幕式。

11月4日 新疆维吾尔自治区伊宁县总到如东考察。12月7日,成都市工人文化宫负责人一行到如东考察职工服务中心建设情况。

2012年

1月5日 县委组织部部长任新峰、副县长姜晓静检查了解工会工作。

1月9日 县总"送温暖"工程全面启动,先后慰问227户,发放慰问金11万余元。

2月9日 县总召开十五届五次全委(扩大)会议,增补陶卫忠为县总第十五届委员会委员、常委、主席。县委常委、县委组织部部长任新峰出席会议。

2月23日 省总宣教部副部长张姿、市总副主席杨哗鹃一行到南通大东有限公司调研企业文化建设。

3月14—15日 市总宣传教育、经济技术与劳动保护工作会议在如东召开,市总副主席杨哗鹃出席会议并讲话。

3月16日 省总副主席张鸿生到如东调研工会创先争优工作,并考察洋口港。4月19日,省总领导曹海由市总副主席李仕春陪同,调研如东工会干部培训工作。6月25日,扬中市总到如东考察职工服务中心。

4月12—13日《江苏工人报》驻市记者站长会议在如东召开,并开展"记者走一线"新闻采访活动。

5月3日 县总召开庆"五一"劳模代表座谈会暨县劳模协会换届选举会议,选举陶卫忠为县劳模协会会长。

5月29—30日 省总在如东召开全省工会领导干部学习会。省人大副主任、省总主席张艳,省总党组书记、常务副主席刘广忠出席会议并讲话。会议期间,与会省总机关各部负责人及全省直辖市总领导参观如东县职工服务中心。

6月20日 县委书记、县人大主任詹立风、县政府副县长姜晓静检查了解工会工作。

6月21日 县总在县职工服务中心会议室召开迎"七一"暨服务中心落成座谈会,县总党组书记陈斌、主席陶卫忠分别讲话。

7月1日 如东县首届职工文化艺术节在"五一广场"举行开幕式。县人大常委会副主任唐国均、市总副主席杨哗鹃、副县长姜晓静、县政协副主席桑健共同开启启动球。8月21日首届职工文化艺术节闭幕。80多个(幅、篇)文艺节目、摄影、文学作品获奖,受到表彰。闭幕式由县总党组书记陈斌主持,县委宣传部部长杨中坚致辞,县委副书记周建飞、副县长姜晓静、县政协副主席桑健等领导出席晚会。

7月25日 县总召开工会工作创新成果评审会，镇（区、系统）、县级机关各部门31项创新举措进行发布。

8月30日 县总召开企业文化建设座谈会。

9月6日 省内高校20多名专家、教授到如东开展“社会尊师重教，教师回报社会”公益活动。省教育科技工会主席胡雪春、市总副主席季金祥、县委组织部部长任新峰、县人大常委会副主任唐国均、副县长姜晓静、县政协副主席桑健参加活动。

9月18日 县人大与县总召开第11次联席会议，听取和研究职工权益保护的意见和建议。

9月26日 县政协主席陈建华调研工会工作，并提出要求。

11月8日 如东县图书馆工人文化宫分馆开馆。县政协副主席桑健和县人大党组成员、县总党组书记陈斌揭牌。

11月14日 省总党组书记、常务副主席刘广忠由县委书记、县人大主任詹立风陪同，视察县职工体检中心，并调研工会工作。

12月14日 “好苏嫂”家政服务培训创研班开班。

12月26—27日 全省工会资产监管工作会议在如东召开，全总资产监督管理部部长张泽鹏和省总副主席王兆喜出席会议并讲话。

12月28日 如东县职工体检中心落成揭牌，省卫生厅副厅长陈亦江，省中药局局长、省总财务部部长吴学尧，县委书记、县人大主任詹立风，市卫生局局长王晓敏揭牌；县委副书记、县长潘建华，县委常委、组织部部长任新峰，县政协主席陈建华参加揭牌仪式。

12月31日 县总召开十五届六次全委（扩大）会议，听取主席陶卫忠工作报告，讨论确定2013年工会工作任务。

2013年

1月4日 如东县职工体检中心正式对外服务，为全县职工提供免费体检服务。

1月22日 县总“打开春天”新春慰问至马塘镇、岔河镇专场演出。

1月23日 县总主办、县工人文化宫承办的“迎新春——春联惠赠职工和劳模”活动在县总五一广场举行。

2月24日 县总主办、县工人文化宫承办的“大美如东，劳动光荣”有奖灯谜挂猜活动，在县工人文化宫举行。

3月7日 县总举行“双争”表彰活动暨“庆三八——巾帼建功展风采”演讲比赛，表彰奖励全县10个“五一巾帼标兵岗”、10名“五一巾帼标兵”、10名优秀好干部。同日，县总举办女职工周末大讲堂开班仪式，全县女职工委员会委员、女职工代表、优秀好干部近20人参加首期培训。

5月11日 由县委宣传部、县文广新局、县总主办的县第二届职工文化艺术节暨“企业之歌”大型演唱比赛,在县总“五一广场”拉开帷幕。县委副书记周建飞宣布艺术节开幕,市总季金祥,县领导冯力如、姜晓静、桑健出席。8月28日县第二届职工文化艺术节闭幕,宣传部部长杨中坚致闭幕辞。市总党组副书记、副主席瞿刚,县领导唐国均、姜晓静、桑健出席先后有30多家企业和1000多名职工参加各项活动和比赛,近1万名职工群众观看比赛。闭幕晚会,并为获奖单位和个人颁奖。

6月5日 县总举行党总支换届大会,选举陶卫忠为党总支书记、邓华为总支副书记。

7月17日 组织部部长任新峰,副县长姜晓静在陶卫忠陪同下慰问一线职工,送上100多份防暑用品。

7月20日 如东工会干部培训班开班,全县各镇区(系统)工会主席,50强企业工会主席及县总机关人员100多人参加培训,陶卫忠作动员报告。

7月29日 市总党组书记、副主席葛玉琴到南通楠桥纺织有限公司、南通大东有限公司调研企业劳动关系状况,并慰问困难职工、劳模和工会干部。

8月29日 县总下发《关于明确如东工会理念文化的通知》,最终确定如东工会理念文化:服务为先、维权为本、创新为魂。

9月5日 县总组织全县镇(区、系统)工会主席50强企业工会主席赴江阴党校培训,为期3天。

10月20日 县工会召开第十六次代表大会,会议回顾总结县工会十五大后工作,提出下届工会主要任务。县委书记、县人大常委会主任詹立风讲话。市总工会党组副书记、副主席瞿刚,县领导陈建华、陈昌龙、任新峰、刘才盛、张蓉蓉、王孝强出席大会开幕式。21日,举行十六届一次全委会选举产生主席陶卫忠,副主席邓华、葛亚华、汤九海、尹德利,经审主任张芙蓉。

10月24日 县人大副主任沈更生一行到县总,专题调研《江苏省工会劳动法律监督条例》贯彻落实情况。

11月14日 省、市“安康杯”竞赛活动检查组到如东检查“安康杯”竞赛情况。

11月18日 县总赴丹阳学习考察,听取丹阳市总领导关于行业工会建设介绍。

11月27日 如东县职工健身中心正式启用。副县长姜晓静为中心揭牌,并为50名一线职工和劳模代表发放健身卡。

12月20日 县总慰问团赴洋口港慰问演出。

12月21日 县政协主席陈建华考察工会工作。

2014年

1月3日 市工会主席工作例会在如东县总召开,会议总结交流2013年各县市区工会特色亮点工作,部署2014年市工会工作,市总领导葛玉琴、瞿刚、季金祥、杨哗鹃、陈志祥、叶新春和各县(市、区)工会主席参与会。

1月7日 陶卫忠、尹德利到马塘中学中学第六届食品安全知识、第三届岗位操作基本技能竞赛活动现场。

1月23日 陶卫忠、邓华、葛亚华到曹埠镇上漫社区(挂钩村)慰问贫困户,并送去慰问金。

1月24日 县总、县工人文化宫组织县内知名书法家,到南通正大有限公司为职工送春联100多副。

2月4日 县总联合县人社局举办招聘会,100多人到县人社局招聘大厅应聘。

2月24日 县总、县妇联举办巾帼家政服务技能竞赛,20多名选手参加婴幼儿护理、包饺子等项目比赛。

3月3日 县总举行市劳模推荐评选工作会议,副县长姜晓静到会讲话。

3月5日 县总召开党的群众路线教育实践活动动员大会。县总主席、党组书记陶卫忠部署工作,县第一督导组组长张泽宾到会讲话。

3月6日 县总举办女职工周末大讲堂——女性健康知识讲座,全县近200名女职工参加。

3月27日 市总副主席杨哗鹃到如东调研"安康杯"活动,并到江苏九九久科技股份有限公司检查工作。

3月28日 县总听取离退休老干部对党的群众路线教育实践活动的建议意见。

4月1日 县总全体党员到县烈士陵园开展重温入党誓词活动,瞻仰烈士陵园。

4月29日 全县29名劳模和先进工作者在市更俗影剧院接受表彰,市委书记丁大卫讲话,市长张国华主持仪式。

4月29日 全县庆"五一"劳模座谈会暨2014年市劳模赴南通领奖欢迎会在县总举行,新当选的29名市劳模参加,县委组织部部长任新峰讲话,县领导沈更生、姜晓静、桑健参加会议。

4月30日 马塘中学食堂获"全国工人先锋号"称号。

5月11日 如东县第三届职工文化艺术节在五一广场开幕,市总副主席季金祥,县人大常委会副主任唐国均参加仪式。

5月17日 "相约金逸,放飞青春,蠙城有约"活动在县总举行。

7月19日 如东县规模以上企业班组长培训开班,全县400多名班组长参加培训,副县长王智作动员讲话。

8月6日　市总副主席、党组副书记瞿刚到南通楠桥纹织有限公司等企业慰问，并送去慰问品。

8月7日　省教育科技工会副主席孙炎来如东开展下基层活动，并到江苏通用机械有限公司等企业调研慰问特困职工。

8月19日—20日　县总机关党支部、老干部党支部、工人文化宫职工学校党支部全体党员举行座谈会，县总主要负责人提出开展群众路线教育实践活动意见。

8月23日　县总组队参加在南通职业技术学院举办的全市广场舞大赛，县总秋韵艺术团获特等奖。

8月29日　县总在县行政中心举行“最美一线职工”表彰典礼，杨林春等10名一线职工接受表彰。市总主席葛玉琴，县委书记、县人大常委会主任詹立风，市总副主席、党组副书记瞿刚，县领导杨中坚、唐国均、姜晓静、桑健，市工人文化宫主任崔景华为一线职工颁奖，并发放奖金。

10月25日　县总举行党的群众路线教育实践活动总结大会，陶卫忠总结活动成果和经验，县第一督导组组长张泽宾出席并讲话。

10月29日　如东经济开发区召开工会成立大会，县委组织部部长任新峰到会讲话，县总陶卫忠、经济开发区党工委书记徐鸿斌共同揭牌。县总葛亚华宣读批示，如东经济开发区为全县第一家成立总工会的开发区。

10月，王鹤声、冷强华主编《闪光的足迹——江苏省如东县工会发展历史回眸》，由中国工人出版社出版。

11月6—7日　台湾澎湖县总到如东友好访问。

12月27日　县总在县行政中心举行新闻发布会，陶卫忠就县总“十件实事”向全县媒体和职工发布。

2015年

2月29日　县总在“五一广场”举行“为特困职工送年夜饭”活动启动仪式。县委组织部长任新峰、县政府姜晓静等领导出席。

3月5日　县总召开作风建设大会，陶卫忠作专题讲座“作风建设永远在路上”，县总机关全体人员参加会议。同日，县总举行迎“三八”双争表彰大会，对“五一巾帼标兵”和“五一巾帼标兵岗”进行表彰。

3月13日　县总与县自来水公司签定“如东职工疗休养基地”合作项目。

4月30日　县总联合县司法局、人社局等部门，在五一广场举行“心系职工十件实事暨法律宣传咨询”活动。同日，南通大东有限公司周扬当选全国劳模，赴北京人民大会堂接受表彰。

5月4日 县总召开庆祝“五一”国际劳动节暨劳模座谈会，县政府姜晓静等领导到会讲话。

5月10日 如东县第五届职工文化艺术节在“五一广场”开幕，县人大副主任唐国均致辞，市总副主席、党组副书记瞿刚宣布艺术节开幕。

6月3日 县总与启东医疗康复中心签定“医疗高速公路”合作项目，为如东患大病职工赴沪治疗开辟绿色通道。

6月11日 省教育科技工会副主席孙焱到如东开展下基层活动，并慰问南通大东有限公司困难职工。

6月19日 县总召开“三严三实”（严以修身、严以用权、严以律己；谋事要实、创业要实、做人要实。）党课暨专题教育部署会，陶卫忠以《听党话跟党走，做职工信赖的“四有”（心中有党、心中有民、心中有责、心中有戒）工会人》为题对机关和所属单位的党员进行党课教育。

7月1日 县总举行“普惠职工”四大工程（医疗高速公路、职工疗养基地、特困职工家庭用电大维护、工会道德大讲学）启动仪式，陶卫忠主持，县委周建飞致辞，市总葛玉琴宣布启动开始，县领导姜晓静、桑健出席。市总葛玉琴还参观如东县职工疗休养基地。

7月16日 省总生活保障部部长张海涛到如东调研，同时参观县职工体检中心和县职工疗休养基地。

7月18日 县总举行“工会道德讲堂——国学讲堂孝立人生”专题讲座。

7月24日 县总举行“十件实事”“四大工程”新闻发布会，县各新闻媒体记者参加会议。

7月25—26日 县总联合县经信委举行2015年班组长培训班，全县400多名班组长参加培训。

8月1日 县总在浙江大学举办如东县工会干部综合能力提升研修班，全县72名工会干部参加。

8月6日 副县长姜晓静带队慰问重点企业和重点工程高温作业职工。

8月21日 县总在五一广场表彰2015年度“最美一线职工”。市总副主席季金祥、县委常委、宣传部部长张蓉蓉、县政协副主席桑健为“最美一线职工”颁奖。

8月25日 如东沿海经济开发区等园区工会干部参加省总干校举办2015年度“送教进园区”工会干部培训班。

9月25日 县总举办“工会道德讲堂——国学讲堂之《弟子规》”专题讲座。

10月21日 组织县总机关、县工人文化宫、县职工学校40位离退休老同志，开展“如东人看如东”活动，并参观洋口港、小洋口景区等地。

11月2日 如东县金融行业工会成立大会在县总举行，市人民银行和县总领导揭牌。

11月10日 县总召开“三严三实”主题活动暨警示教育会议，机关全体人员参加。

12月30日 县总召开十六届三次全委（扩大）会议，回顾2015年工作，部署2016年任务，县委组织部部长任新峰到会讲话。

第一章 职工队伍

盐丁是如东地区工人的始祖。远在2200多年前,汉高祖刘邦之侄刘濞被封为吴王后,“招天下亡命,东煮海水为盐”。古称扶海洲的如东地区时属吴王封地的海陵郡管辖。西汉时期,如东地区开始有盐业,隋唐以后盐业日趋繁荣,清朝中叶进入鼎盛时期。据史载,北宋(960—1127)时期境内盐业工人已达2000余人。清朝乾隆(1736—1795)年间,境内盐工队伍至少不下万人。盐业发展,带动以盐易货的运输业和商业兴起,多种手工业亦陆续出现,队伍逐步形成和发展。清代,孙窑、新店及丰西地区烧制砖瓦已享有盛名。至20世纪40年代末,如东地区窑业工人已发展到3000余人。如东地区早期手工业是粮油加工,以及酿酒和茶食制作等。至清朝,如东地区以自产棉花为原料的土纺土织遍及乡村。民国29年(1940),南通大生纱厂职员和新丰轮船公司等多方集股法币30万元在丰利开办兴农纱厂,有6马力柴油机1台,纱锭1200枚,脚踏织布机20台,工人70名,成为如东地区近、现代纺织工业的源头,纺织行业产业工人队伍亦由此产生。各集镇早有的铁、木、竹等手工业工场和银匠店、铜匠店、锡匠店,为如东的轻工业和钢铁、机械工业培养了技术工人队伍。中华人民共和国成立后,如东工人群众在中国共产党和人民政府领导下,以领导阶级的全新姿态,带领全县人民,克服重重困难,医治战争创伤,努力发展工业、商业和教育、卫生事业。经过3年的恢复,到1952年底,全县有工业企业147家(其中全民企业9家),职工总数757人。随着对个体手工业和资本主义工商业的社会主义改造运动的开展,到1956年1月,全县加入合作社(组)的手工业者3.86万人。1957年底,全县有工业企业149家,职工队伍发展到1.31万人,手工业者和工业企业职工总数逾5000人。20世纪50年代中期,随着全国经济建设高潮到来,如东进入全面、大规模社会主义建设的历史时期,职工队伍有较大发展。1978年,党的十一届三中全会召开后,如东工人群众勇当改革开放和经济建设的先锋。通过深入推进经济体制改革和加快招商引资,如东工业经济实现跨越式发展,如东工人队伍空前壮大。1990年,全县工业企业职工人数达到7.87万人,尔后一直稳定在9万人上下的水平上。在工业经济跨越的同时,交通、建筑、财贸、教育和医疗卫生等各项事业日益繁荣,如东职工队伍得到迅速发展壮大。至2014年,全县职工队伍发展到20余万人。这支庞大的职工队伍成为建设富强、民主、文明、和谐新如东的强大主力军。

第一节 队伍产生和发展

一、盐业工人

如东大地是远古时代由长江口外古沙洲群逐渐涨出水面并连接成的一片卵形沙洲，古称扶海洲。最早来到扶海洲上的各方移民，面对茫茫滩涂，除了靠打鱼狩猎糊口，还有就是以“煮海水为盐”谋生。盐业是如东最古老的工业，盐丁是如东最早的“工人”。汉高祖十二年（公元前195），刘邦之侄刘濞被封为吴王，如泰地区的海陵郡在其封地之内。刘濞“招致天下亡命，东煮海水为盐”，扶海洲上出现一批盐丁。

隋炀帝于605—616年开凿南北向的大运河时，同步开凿东西向的掘沟。6—7米宽的掘沟西接吴王濞邗沟支道，由扬州向东经如皋达掘港，促进了盐业发展。

唐太和五年（831），海陵县（泰州市）东境5乡划置如皋场。北宋初期，约开宝七年（974年）前后，境内有丰利、栟茶、掘港诸场。南宋时期（12—13世纪），又增加马塘场。明代（1368—1644），两淮盐区共设置30所盐场，分为上、中、下各10场，丰利、掘港、马塘列于“上十场”，栟茶列于“中十场”。栟茶、丰利、掘港、马塘4场共有灶户802户，人口4241人，其中有一半人口为直接生产者，北宋时期境内盐业工人队伍已达2000余人。清乾隆元年（1736），裁马塘场归石港场管辖，将泰属栟茶场划回通州分司管辖。栟茶、掘港、丰利3场共有灶户1.15万户，人口3.18万人，盐业鼎盛时期，境内盐工队伍至少不下万人。清晚期，因海岸线东移，海远卤淡，煎盐场区逐渐萎缩。民国38年初，境内仅剩丰掘、栟茶两场，有盐民2288户，1.08万人，其中直接生产者5593人。

中华人民共和国成立后，如东2000多户盐民走上社会主义道路，组建盐业生产合作社，并由煎盐逐步改为滩晒盐。1955年，全县产盐1.5万吨，比1949年增加5000吨。1958年，新建国营如东盐场，滩晒制盐，8000多名从事煎盐生产的盐民转向渔、农生产。20世纪70年代初，县内海涂围垦进一步发展，煎盐和小块盐田滩晒盐生产宣告结束。县内仅剩下如东盐场500余名盐业工人。1997年后，国家实行“退盐还养（养殖）”政策，盐产量逐年减少。2003年12月，如东盐场改制为南通盐泰水产有限公司，2006年破产，如东盐业工人队伍退出历史舞台。

二、手工业和工厂企业工人

如东地区早期出现的手工业是粮油加工。人们长期靠石磨、石碓、石碾将谷物磨制成米、面、粉；食油靠用榔头、木箱等工具从棉籽、大豆、油菜籽等油料中打榨。清嘉庆（1796—1820）年间，掘港办起王隆昌油坊——如东地区第一家油坊，有木制榨笼6部、石碾1副、土蒸灶1座及9头牛。民国8年（1919），复记垦殖公司建油坊，有英国产50匹、32匹马力柴油机各1台，轧坯机、碾米机、人力木榨24部，职工40人，每天加工大豆7吨，产油1吨多。民国初年，马塘有捷大（后改为源大）、周仁记等油坊。19年前后，各大集镇相继有商户购置旧式柴油机、米车、木砻、轧辊、油箱等简陋设备，开设机器米油坊（俗称机米坊），用老式机器加工粮油。在战争年代，因农业生产不稳定及日伪、国民党压榨，很多油米坊纷纷倒闭。民国37年（1948），苏皖边区第九行政专员公署生产建设处（科）为加工军粮，在丰利桑家池建成大生油米厂（马塘油米厂前身）。同年，县政府在苴镇九条巷建立利民油米厂（掘港油米厂前身）。1949年，全县集镇有油米厂（坊）18个，其中掘港7个，马塘4个，丰利、岔河、双甸、栟茶、大同、古坝、潮桥各1个。同期，全县乡镇分布着小磨坊、小碾坊、小油坊700多个，有生产人员1449人。

如东地区烧制砖瓦手工业历史亦较为悠久。清代，孙窑、新店及丰西地区烧制砖瓦已享有盛名。新店较有名的砖瓦窑有范家窑、管家窑、刘家窑、陆家窑、李家窑、杨家窑、吴家岛窑、耿家窑、胡家窑、镇家窑、陈家窑、韩家窑、朱家窑、芝麻窑、烂眼儿窑等。至中华人民共和国成立前夕，如东共有小窑缸233只，年产青砖1080万块，小青瓦389万片。每只小窑缸用窑工15名左右，全县窑业工人已发展到3000余人。

清同治初年（1862—1874），丹徒冷姓在苴镇开设冷春阳茶食号，马塘有一家元盛茶食坊（后分为东店元盛泰、西店元盛逢）。清末，几个镇江商人在掘港开设庆阳春茶食店。这

苴镇冷春阳茶食号“糕点”

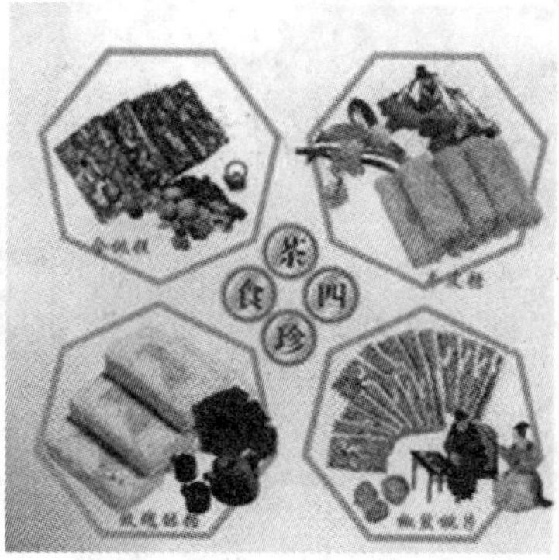

马塘元盛茶食坊“四珍茶食”（达人提供）

些茶食店手工制作的茶食，选料严格，加工精巧，品种繁多，富有风味，使如东地区茶食业出现新面貌。20世纪30年代后，苴镇专业制作茶食商号达8家之多。酿酒业历史悠久，如东各乡村早有酿酒的小槽坊；每逢过年，多半农户有自家酿酒的习惯；市镇也开设酿酒作坊。马塘有李志高创于清同治（1862—1874）年间的元盛昌酒坊，生产蜜酒枣儿红和白酒。枣儿

马塘李志高元盛昌酒教育局蜜酒枣儿红
(乐成提供)

枣儿红井　　(乐成提供)

红于清光绪三十一年(1906)在意大利国际博览会上展出并获奖,饮誉海内外。掘港有山西赵姓商人于明万历(1573—1619)年间开办的赵永升店(分西永升、东永升),是历时400年的老字号,前设门市,后开槽坊,兼营碾坊、磨坊、酱坊、粉坊等手工作坊,长年雇用一批工人。西永升占地面积2500平方米,有房屋120间;东永升占地面积1000平方米,有房屋70余间。

元朝(1271—1368)年间,松江的黄道婆从海南黎族学得棉纺织技术,使家乡及周围地区棉纺织手工业得到普遍发展,至清朝已遍布江南江北。如东地区自从种植上棉花之后,农家以自产棉花为原料进行土纺土织。先靠手工把棉花纤维与棉籽剥离,再将纤维搓成棉条,通过纺车,一手摇动车把使竹轮带动纺锤飞转,一手牵着棉条在转动的纺锤上细纺成纱,农妇每天能纺纱1斤多。纱锤上的纱积多后,再把棉纱经成盘头,装在木制手拉梭织机上穿好综扣,织者以脚踩动踏板,使两片综一上一下地张合,右手拿带着纬纱纡管的梭子向张开的经纱口投过去,左手再把梭子投过来,同时拉动扣板将纬纱压紧,布幅就这样逐渐延长。那时上好的快手起早带晚一天也织不了几尺布。农村几乎家家都有手摇纺车,约有五分之一的农户使用脚踏木质织布机织布,亦有叫织布匠的手艺人,自带织布机上门为人家织布。这种农家织的土布,称庄布,又叫粗布。宽的叫大布,窄的叫小布。土布中有一种用手工拔染法染成的印花蓝布(又称药斑布)。后来,传入一种手摇轧滚装置,用它加工籽棉,仅需用手摇动两根铁杖对转,就能轧出皮棉,效率较手剥提高很多,很快便几乎普及至沿海

手摇纺纱车　　(乐成提供)

家家户户。民国初，日本生产的铁质人力小轧车传到如东地区，被老百姓称为“脚踏洋轧车”，因效率高，很快取代手摇轧滚。清末民初，一般富裕农户备有人力踏动的35.56厘米轧花机，或自产原棉，或购进原棉，轧成皮棉后出售，这些农户被称为“轧户”。民国初年前后，开始引进西方机械化生产，近代实业家张謇创办纱厂，兴垦植棉。民国5年(1916)，大豫盐垦公司创办如东地区最早的轧花厂、织布厂。民国29年(1940)，南通大生纱厂职员和新丰轮船公司等多方集股法币30万元在丰利开办兴农纱厂，有6马力柴油机1台，纱锭1200枚，脚踏织布机20台，工人70名，生产粗白布，起初日产1箱(40捆)，后来日产3箱。这些工厂和农家手摇纺纱车、木制脚踏织布机正是如东地区近、现代轧花、纺织工业的源头，境内纺织产业工人队伍由此产生。

脚踏织布机　　　　(达人提供)

据史载，如东地区各集镇早有铁、木、竹等手工业工场和作坊，大集镇还设有银匠店、铜匠店、锡匠店。这些五金、竹、木手工业孕育了如东的轻工业和钢铁、机械工业，并为大工业培养了技术工人队伍。唐、宋以后，马塘素有金工、石工、木工、竹工等个体手工业者，常年为居民制作生产和生活用品。岔河镇的小型作坊和手工业繁荣，一些铜匠、铁匠、锡匠以及从事钉秤、修钟表等手艺的个体手工业者遍及岔河乡村。宋太平兴国(977—984)时期，外

如东县马塘手工业水木工会成立典礼　　　　(马塘镇工会提供)

地的艺工能匠陆续来到丰利,进行手工业生产,以适应盐业、农业生产和商业市场的需求。其产品主要有铁木竹制农具、小五金、日用品之类。此类手工业者逐步发展成为现代工厂企业职工的一支主力军。

中华人民共和国成立后,经过3年的经济恢复,到1952年底,全县有工业企业147家(其中全民企业9家),职工总数757人,工业总产值2896万元,占工农业总产值的12.73%。从1953年开始,用3年多时间对个体手工业和资本主义工商业进行社会主义改造。到1956年1月,全县有64种行业98%以上的手工业者走上合作化道路,共建立手工业社(组)39个,加入合作社(组)的手工业者3860人。1957年底,全县有工业企业149家(其中地方国营工业企业16家),职工总数1309人,工业总产值3518万元。

"一五"计划提前超额完成,以1956年社会主义改造任务基本完成为起点,如东县和全国、全省一样,进入全面、大规模社会主义建设的历史时期。但是"二五"计划没有正式编制确定和下达执行。1958年以大炼钢铁为中心的"大跃进"运动和人民公社化运动全面开展,两项运动交叉进行,相互结合,前后持续3年之久。1958年,全县城镇、乡村掀起大办工业热潮,兴办大小工厂5709个,进厂工人总数达3.71万人,占到全县总劳动力的7.40%。其中,全民所有制工厂由1957年的16个发展到40个,职工由1957年的1309人发展到4822人,一年增加职工3513人,增幅高达268%。"大跃进"和人民公社化运动,造成经济失误,1959—1961年三年国民经济困难时期如东工业出现萎缩。从1961年开始,"如东贯彻执行中共中央、国务院决定对国民经济实行"调整、巩固、充实、提高"方针,调整工业布局,精简职工。全县县属工业减少一半,列入统计的社办企业仅剩5家。自1960—1963年,全县共精简县属企业职工到农村落户的有3985人。

经过5年调整,如东县城乡经济不仅迅速恢复,而且有了新的发展。1965年,全县工业总产值1.41亿元,比1957年增长156%。职工经过几次精减,全县工商业职工不足1000人。

1966年5月掀起的"文化大革命"风暴,使全国上下遭到空前劫难,如东开始起步并具备一定基础的工业经济也受到摧残和挫折。一些工厂特别是市镇和具有一定规模的大工厂职工纷纷成立造反组织,热衷于打派仗、搞夺权斗争,县工业领导机构一度被造反派冲垮,处于瘫痪、半瘫痪状态,不少工厂的领导班子成了靠边站的"走资本主义道路的当权派",行之有效的制度被视同"封、资、修"的货色受到批判,管理混乱不堪,正常的生产秩序遭到干扰。加之过分强调公有制、集体化、"割资本主义尾巴",造成经济成分单一局面等,种种原因使如东工业经济的发展受到严重制约。此间,如东工业战线广大干部职工极力排除"文化大革命"的干扰,坚持开展"工业学大庆"活动,使县属工业在曲折中得到发展,社队工业同时兴起。1976年,全县工业企业单位376个,工业总产值2.04亿元,职工人数为3.48万人。

1976年,江青反革命集团垮台后,中国经济开始进入新的历史发展时期。如东经济经过两年整顿,工业交通得到恢复和发展。特别是1978年中共十一届三中全会召开后,工业经济步入健康发展轨道。1979年,县委提出工业超4亿的奋斗目标,1980年,全县工业总产值达到4.04亿元。随着县属工业的发展,职工队伍迅速发展壮大。1980年,全县县属工业企业职工人数达到3.45万人。同时,乡镇企业"异军突起",1984年,全县乡镇工业企业发展到353家,职工人数达到4.13万人。此后,通过深入推进经济体制改革和加快招商引资,如东工业经济的主体地位不断增强,一支稳定的工人队伍成为如东经济建设的主力军。1990年,全县工业企业职工人数达到7.87万人,尔后规模以上工业企业职工人数一直稳定在9万人上下的水平上。

三、商业职工

如东地区最早的商业以海盐的产销为发端。皋东原盐源源不断地通过串场河和大运河运送到内地,内地的生产和生活资料也通过运盐船输入皋东,促进了当地商业由萌芽逐步发展。串场河与灶河沿岸大小集镇相继形成,商店渐多。旧时,居民日常消费以衣、食为主,亦为商业经营的主体。20世纪30年代,如东地区21个大小集镇中开设商店3000多家。一般每店从业人员3名左右,境内商业职工总数已近万人。其中粮行、(棉花)行约占15%,布店、肉店、"八鲜行"(主要经营海产品)约各占8%,其余大多是一些杂货店,兼营或专营香烛纸马、油盐酱醋、茶烟锅席、京广百货等。

1949年,全县27个大小集镇共有个体私营商业户3646户,有从业人员4700余人。1955年底,全县共有个体私营商业户4527户,有从业人员5686人。1956年,经过对私营工商业实行社会主义改造,全县93.60%私营商业走上公私合营和合作化道路。建有公私合营商店2个,职工106人;合作商店282个,职工4062人;合作小组699个,职工852人;下伸点133个,职工312人。还有290个商业户仍保持个体经营,从业人员354人。全县共有商业人员5533人。

1949年,全县供销社系统有合作社14个,工作人员156人。1950年,全系统增加职工较多,至年底已有职工1090人。1956年,对私营工商业实行社会主义改造,供销社商业成为农村商业的主渠道。当年,雇用490人,转正385人(含历年雇用人员转正);安排私营商业人员279人,失业人员64人,原来经商的复员军人16人。至1957年,全县供销社有职工1.43万人。

1957年,全县商业职工人数近7000人。1958年"大跃进"运动和后来的国民经济调整,商业职工从业人数仍基本稳定在7000人左右。其中供销系统1969年有188人下放劳动,职工总数减至1016人。

改革开放后商业职工队伍得到发展。1978年9月,“文化大革命”时期并入县生产资料购销服务站的县供销社恢复,年底全系统有职工4998人,其中固定工2557人。1990年,部分职工退休,吸收符合招工条件的子女参加工作。同时面向社会招工50人,接收待业青年、军烈属、特困户等安置114人.至年底,全县供销社有职工8268人,其中固定工中属全民性质的职工4005人。

1979年,全县有独立核算的商店88个,职工2275人;网点393个,职工3313人。商业从业总人数为5588人。

随着粮油工业和粮食商业的不断发展,职工人数逐年上升。至1990年,粮食商业职工1467人,其中营业员552人,保管员325人,检化员64人。

2000年,全县内贸系统全力推进以产权制度为核心的企业改革,商业、供销、粮食系统291家企业改制255家,改制面87.60%。其中,商业系统157家改制129家。县商业总会经过兼并、改组,直属企业由原来24家减为21家,人员分流,在职职工由上年3537人减少到2791人。供销系统62家企业有49家改制,42家基层社中有36家零售商业门店推进抽本租赁经营,在企业改制中,压缩企业行管人员63人,减员下岗分流1900人。至2008年末,全县供销社66家企业、事业单位,有65家实施改制,累计分流人员9.69万人。全县商贸流通行业中的国有、集体商业企业全部退出历史舞台,活跃在城乡商贸流通市场的则是一支拥有10余万人的个体民营商业大军。

四、教育职工

清末民初各地兴办小学堂,据民国5年(1916)统计,如皋东乡之双甸、岔河、马塘、掘港、丰利5市和苴镇乡共有小学教师169人。

抗日战争初期,革命根据地的学校除接管原有学校教师外,南通女师、江苏省“三临师”因避战乱,在丰利镇办学,给如东地区输送了一批教师。其时四分区文研会还分批分期吸收如东地区的塾师、社会知青、中小学在职教师进行短期轮训,充实和提高教师队伍。此外还由普通中学(如皋中学一院、二院和栟茶中学)附设简师班培训师资。据民国32年(1943)统计,全县有小学教师605名。

自民国17年(1928)创办栟茶中学,民国27年(1938)相继增设邱升中学、掘港中学、如皋中学,如东地区开始有了中学教育事业。当时中学师资来源,都是从各地招聘的大专毕业且有一定教学经验的知识分子,新四军东进后,这批中学教师全部留用。

在战争年代教师参军参干者为数不少,加上被敌人杀害和在惩奸运动中受牵连被错杀亦有10人。至民国37年(1948)“三查”[①]学习时,全县仅剩中、小学教师200多名。“三查”学

①“三查”:查阶级、查思想、查作风。

民国17年，栟茶徐一朋、缪文功等率先筹资募捐创办的私立栟茶初级中学
（栟茶工会提供）

习后，村村办起民办小学，就地吸收500多名民办教师，其中有300多名“百字先生”或不足初小水平的农民，后经过甄别和整顿，一部分人调到师训班学习，大部分人分批动员回乡务农。至民国38年(1949)9月，全县发展到中学教师10人，小学教师830人。

20世纪50年代初，全县教育事业发展较快，至1956年发展为中学高中部教职工40人，初中部教职工226人，公办小学教职工2046人。

在1958年“大跃进”运动推动下，公社兴办农业中学，大队兴办民办小学就地聘用教师，至1960年全县民办中小学教师达到1759人，教师总数超过4000人。

文化大革命期间师范学校停办，而如东地区中小学教师队伍快速发展，主要靠吸收社会知青充任民办教师。全县中小学教师发展到8154名，其中公办教师3395人，占41.60%，民办教师4759名，占58.40%。

1980年后，如东教育事业经过整顿，辞退一部分民办教师，其中114名民办教师通过培训毕业后转为公办教师。至1989年，全县公民办中小学教师8271人，其中公办教师5626人，占68%，民办教师2645人，占32%。2000年，全县在职教工9479人，其中专任教师8026人，职工1611人。教职工其中：普通高中1031人，职业高中362人，初中2876人，小学4241人，幼儿园225人，成人学校137人，教师进修学校122人，特殊教育51人，教研、招办、乡镇教管站等334人。2005年，全县在职教工9527人。其中教师8899人，职工628人。各类学校专任教师中:普通中学3816人,职业高中404人,小学3435人,幼儿园230人,成人学校60人,特殊教育35人。2010年,全县有在职教职工8059人。其中专任教师7224人,其中,普通高中1324人,职业高中479人,初中2171人,小学2556人,幼儿园659人,特殊教育35人。2013年,全县有在职教职工7195人。其中专任教师6404人。各类学校专任教师中:普通高中1336人,职业高中363人,初中1724人,小学2111人,幼儿园734人,成人教育97人,特殊教育39人。

五、医护职工

中华人民共和国成立前,人民群众治病主要依靠中医,如东地区各镇均有开业中医和中药店,乡村亦有中医在民间行医。民国17年(1928)有西医23人,其中西医医师8人,助产士5人,护士10人,均集中于少数大的镇。掘港镇有蔡国梁医院、陈仲华医院,栟茶镇有赵紫东医院、王晓岚诊所,马塘镇有王笃因医院、石光斗医院、季明光医院,丰利镇有徐乃堂的大华医院、沈达夫诊所、史志元诊所,岔河镇有丛班侯的惠生医院、张泽民医院。这些医院仅蔡国梁医院有20余张病床,其余名为医院,实为诊所。陈仲华、赵紫东、王晓岚、徐乃堂、丛班侯、史志元、沈达夫等系内科医师。蔡国梁、王笃因、石光斗、季明光等为外科医师,能施行下腹部、截肢、难产手术。民国20年(1931),丰利镇知名中医和绅士募款办起一所民间医疗机构,名为如皋县丰利公立医院,民国26年(1937)关闭。抗日战争期间,西医相继流入沪宁一线城镇。日伪占据如皋县城后,县长吴卫久在马塘镇河西王家院办起一所"如皋县立医院",为抗日伤病员和民众服务,可施行截肢和下腹部手术。日伪东侵后,马塘医院解散,姚延等人携带药品转移

小洋楼(蔡国梁医院旧址) (乐成提供)

下乡，建立门诊部。新四军东进后，建立了地方政权，医疗卫生事业不断发展。民国30年（1941），掘东建立了公益医院。如皋县政府转移至掘东区，将该医院改为“如皋县立医院”，因民国31年（1942）日军大扫荡而奉命解散。日伪投降后，县政府在马塘建立人民医院，医生有黄世科、孙德璇、何尔平、何尔彬等。36年，建立如东县景安区人民医院，中共党支部书记姚兢、刘保太，院长叶成之，副院长赵宗盾，医生有李培栽、吴振、姜年等，并有缪德龙、蔡玲等数名学员。

中华人民共和国成立后，随着国民经济恢复和发展，县级医院和区、乡、镇医疗机构相继建立，全县医疗卫生技术人员队伍逐步扩大。1950年，全县有卫生人员842人，其中医疗卫生技术人员653人，中医536人、西医117人。1960年，有卫生人员1351人，其中卫技人员1225人。

“文化大革命”10年中，全县卫生人员由1965年2199人增加到1975年4484人，其中医疗卫生技术人员由1398人增加到1969人。

改革开放后，如东医疗卫生事业发展较快。1985年，全县卫生人员增加到4514人，其中卫生技术人员3075人，拥有专业技术职称1362人，其中副高级职称4人，中级职称29人，初级职称1329人。2000年，全县有卫生人员4870人，其中卫生技术人员3989人，拥有专业技术职称2992人，其中正高级职称15人，副高级职称78人，中级职称957人，初级职称1942人。2010年，全县有卫生人员5036人，其中卫生技术人员4505人，拥有专业技术职称3857人，其中正高级职称43人，副高级职称285人，中级职称1247人，初级职称2282人。

第二节　队伍构成与分布

一、队伍构成

（一）性别构成

工业企业职工　1982年，全县工业系统职工9.52万人中，女性3.48万人，占36.57%；男性6.04万人，占63.43%。1985年，全部职工7.30万人中，女性3.43万人，占46.90%；男性3.87万人，占53.10%。1990年，32个全民工厂年末全部职工1.51万人中，女性5512人，占36.60%男性9556人。1995年，全部职工9.37万人中，女性4.30万人，占45.80%；男性5.08万人，占54.20%。

医护职工　2010年,全县卫生人员5036人中,男性2240人,占44.48%;女性2796人,占55.52%。

(二)年龄构成

工业企业职工　1982年,全县工业系统职工9.52万人,其中,15～24岁3.65万人;25～34岁3.20万人;男35～59岁、女35～54岁2.45万人;男60岁、女55岁以上2216人。1985年,全县570个工业企业年末固定职工合同制职工6.58万人,其中,20及20岁以下1.03万人,21～35岁3.68万人,36～50岁1.55万人,51～55岁1958人,56～60岁838人,61岁以上433人。1995年,乡及乡以上独立核算工业企业年末691个企业,职工9.37万人,其中,20岁以下4279人,21～35岁4.96万人,36～50岁3.36万人,50岁以上6214人。

医护职工　2010年,全县卫生事业单位(县直医疗卫生单位、中心卫生院、镇卫生所)卫生人员2691人中,36岁以下1032人,占38.35%;36～40岁632人,占23.49%;41～45岁376人,占13.79%;46～50岁310人,占11.52%;51～54岁222人,占8.25%;55～60岁129人,占4.42%。

(三)文化构成

工业企业职工　新中国建立以前,全县工业人员的文化程度很低,约三分之一左右的人达到小学程度。中华人民共和国成立以后,从业人员的文化素质不断提高。1982年,全县工业系统职工9.52万人中,大专学历244人,占0.03%;高中、中专学历2.06万人,占21.44%;初中学历3.08万人,占33.02%;小学学历3.16万人,占33.16%;文盲、半文盲1.20万人,占12.35%。1985年,6.58万人中,大专学历303人,占0.5%;中专学历495人,占0.80%;技工学历49人;高中学历1.33万人,占20.40%;初中学历2.86万人,占43.20%;小学学历1.98万人,占30.10%;不识字或识字不多3242人,占5.00%。1995年在县及县以上国有、集体企业职工队伍中,具有大专以上文化程度的占21.00%,具有中专、技工和高中程度的占27.50%,初中以下文化程度的占70.40%,与1985年相比,大专程度的比例提高1.60个百分点,中专、技工、高中程度提高6.40个百分点。

2010年7月,如东举办"引进高学历人才"活动,有55名硕士、博士生与40个单位签订就业协议。此举为如东港口规划、建设,风电、新能源,机械电子、计算机等21个专业领域增添了一批科技骨干力量。

"十二五"期间,县政府及有关部门先后出台了一系列人才政策,主要有集人才引进、培养、支持体系建设于一体的"扶海英才计划""如东县引进高校毕业生和技能人才奖励暂行办法""教授博士柔性进企业工程实施意见""鼓励引荐高层次人才暂行办法"等,在引进人

①1995年后,工业系统由于企业体制变化,全县工业企业职工再无关于性别、年龄、文化结构方面的统计资料。

才的同时,加大人才的培训力度,实施"科技企业培育工程""社会名家培育工程""技能人才金蓝领工程",不断提升人才队伍素质。近几年中,全县引进两院院士12人,引进国家"千人计划"13人,长江学者3人,中科院"百人计划"1人,省双创计划重点引进人才46人,其他高层次创业创新人才126人。县有关部门先后组织395家(次)企业赴武汉、成都、西安、南京、上海等地高校招聘毕业生1500多人。2014年,新增专业技术人员3320人,完成市人社局下达指标111%。

教育职工　2000年,全县8026名专任教师中,评审通过高级职称53人,中级职称550人,初级职称474人。2005年,在全县8899名专任教师中,高中、职中、初中、小学、幼儿园教师学历达标率分别为87%、70%、96%、98%、99%。全年共有729名教师取得职称资格,其中,中学高级职称96人,中级职称317人,初级职称82人。2010年,全县在职教职工评中审通过高级职称109人,中级157人。2011年,全县在职教职工7585人,中小学专任教师6147人。其中,研究生学历80人,占1.30%;本科学历4420人,占71.90%;大专学历1243人,占20.20%。累计高级职称894人,中级职称3230人,初级职称1917人。2012年,全县在职教职工7351人,中小学专任教师5955人。其中,研究生学历113人,占1.54%;本科学历4955人,占67.41%;大专学历1388人,占18.88%。累计正高职称2人,高级职称1208人,中级职称3779人,初级职称1862人。2013年,全县在6404名专任教师中,普通高中教师研究生学历(含教育硕士)占5.50%,职业高中教师研究生学历(含教育硕士)占5.80%,初中教师本科以上占88.20%,小学教师专科以上占90%,幼儿园教师大专以上占96.40%。

医护职工　清代至民国年间,如东地区有太学生、秀才、大学生、留学生、旧军队军医计22人。2010年,全县卫生人员5036人中,硕士生学位22人,占0.44%;研究生学历38人,占0.65%;大学本科学历857人,占17.02%;大学专科学历1644人,占32.64%;中专学历1399人,占27.78%;高中以下学历1331人,占21.91%。

二、行业分布

由于不同行业进行相关统计的时间节点不尽一致,因此选取重要历史时期中相近年份的数据列入下表,以反映全县职工队伍行业分布情况的总体变化。

如东县职工队伍主要行业分布情况一览表

表1-1　　　　　　　　　　　　　　　　　　　　　　单位：人

时　　期	工业职工	商业职工	教育职工	医护职工
中华人民共和国成立初期	757	5790	840	842
社会主义改造完成时期	5169	6958	2312	1260
企业产权制度变革完成时期	140903	（缺统计数据）	8059	5036

※1995年，工业系统由于企业体制变化，全县工业企业职工再无关于性别、年龄、文化结构方面的统计资料。

第二章　工人运动

中国工人运动经过了从早期为生存的自发斗争到在中国共产党领导下,为工人阶级和全中国人民翻身解放而自觉斗争的战斗历程。如东工人群众也同样是从为生存、为解放的暴风骤雨中走过来的。早期的自发抗争事件主要有:发生在丰掘场的盐民为反压低盐价、反欺诈迫害,而奋起与盐兵、盐商和场署抗争的事件;丰利、栟茶等地区沿海渔民反饥饿、抗苛捐、斗渔霸的反抗斗争;皋东西乡教员向县署索还欠薪、要求加薪的请愿风潮;栟茶、马塘等集镇商民抗苛捐杂税的罢市运动等。在"五四"运动影响下,皋东地区工人开始觉醒。中国共产党成立后,革命先驱吴亚鲁最先在皋东这片土地上播下红色种子。民国15年(1926)11月,王盈朝在下漫小学主持召开第一次党员会议,并被推选为党支部书记。如皋东乡第一个中共党支部——下漫灶支部诞生。党支部在中共江浙区委书记罗亦农直接领导下开展工农运动和党建工作。从此,如东地区工人群众在党组织领导下,踊跃投身反帝反封建运动。尤其是在抗日战争中,积极开展建立抗日协会、组织抗日自卫队、打破日伪封锁等活动;在解放战争中,工人群众带头参军参战,带领民众支援前线,为解放全中国而浴血奋战。如东工人运动配合武装斗争,为打败日本侵略者、推翻蒋介石反动统治做出了巨大贡献。

第一节　工人自发斗争

一、盐民、渔民的斗争

(一)丰掘场的盐民抗争

民国初年,如皋东乡沿海有丰掘场及栟茶场,共有盐灶1000多副,盐民成万之众,每年产盐量达1.5万吨。可是人们却常说"烧盐的喝淡汤"。这是因为如皋东乡广大盐民除了受缉私营盐兵的欺诈之外,还要直接受到盐务行政机构场署的压榨以及经营管理机构垣商(盐商)的欺榨。盐民迫于生计,不得不挑一点盐零卖,每月还得交"扁担费",否则,若被缉私营盐兵查获,就将以贩卖"私盐"论处,轻则遭受严刑拷打并被罚款,重则被捉拿问罪,在场署专设的监狱坐牢。在残酷压榨之下,盐民常常起来与盐兵、盐商和场署抗争。史料记载了发生在丰掘场的主要几起盐民抗争事件。

大闹盐署　民国5年(1916)春,阴雨连绵几十天,烧不出盐来,粮价步步上涨,盐价依然照旧,盐民家家户户揭不开锅。一天深夜,杨家坂盐民冯爱仁率领几百个盐民集中在何灶庙,吃了齐心面,赌了齐心咒,天蒙蒙亮就涌到掘港场务署门前,"要求涨盐价"的口号此

杨家坂盐民大闹场署　(桑俊绘制)

起彼落,一直闹到晌午。场官见收不了场,只好被迫承允。

盐民暴动　掘港四、七总公荡一向无业主,贫民打柴放牧,日久相沿。民国5年(1916),丰掘场盐官至该荡查明,划归国有,交陈炳镛领承垦植。3月22日,陈某雇工至该

荡开挖界沟，当地盐民前往阻止无效，遂于次日鸣锣聚众，奋起暴动。盐官即令缉私营盐兵前往镇压，打死2人，击伤6人。盐民毫不畏惧，架起土炮反击。因无后备，盐民不得不退却，暴动失败。

痛打地痞　民国10年(1921)秋，丰利益昌盐垦公司老板与地痞冯某相勾结，带兵到沙鱼洼丈地围垦，侵犯盐民利益。当地盐民齐出动，各人举火把，扛着铁叉，从四面八方奔向沙鱼洼庙，焚烧18部小车，痛打冯某，使围垦暂停。

血染堂子桥　民国21年(1932)7月25日，金家埠子盐民丁维勇从盐墩上挑了一担卤水回家腌瓜，走到堤上遇到两个盐兵。盐兵不由分说，打了丁维勇几个耳光，一口咬定他走私。丁维勇不甘示弱，一把抓住盐兵的短枪。盐兵却扣动扳机，子弹打穿了丁维勇的肩胛。丁维勇忍着剧痛，一拳将盐兵的短枪打落在地。苴镇缉私营得悉后，立即派兵将丁维勇抓到苴镇，严刑拷打。当天，杨家坂、何家灶、金家埠子的盐民闻讯后，立即鸣锣集众，带着铁叉，沿途动员民众，组成四五百人的队伍，一齐冲到苴镇缉私营门前堂子桥。盐民陈少安、农民刘克富、冯如连等在队伍的最前面，正上桥头，盐兵开枪，冯、刘被击伤，陈少安腹部中了一弹，顿时倒在血泊里。队伍不得不退下来，人们把三个受伤者抬到香亭寺。第二天，陈少安不治身亡。

盐兵造成的血案，遭到苴镇一带广大民众强烈谴责。国民党当局迫于舆论压力，不得不下令释放被捕者。

(二)渔民反饥饿抗渔霸斗争

如皋东乡濒临黄海，海岸线长达100余公里，渔港多处，水产资源丰富。20世纪20年代，即有海船300余艘，渔民数千之众。解放前，渔民饱受渔霸及船老板的剥削。渔船老板占有渔船，雇渔民出海捕鱼，不担风险，坐得七八成，而渔民所得无几，有时出海，遇上风暴，葬身鱼腹，也是常有之事。因此，史料多有记载渔民的反抗斗争。

反饥饿　民国5年(1916)，因上年皋东全境遭受自然灾害，田禾失收，春荒严重，加之鱼、盐失利，灶民每天可食两顿的十无一二，几成饿殍。丰利地区渔民在市政当局放粥的一天，联合灶民4000余人涌入街市，以求吃到一碗薄粥。但是，杯水车薪，根本解决不了问题。于是号哭声、叫骂声顿起。此时，统治者竟然出动军警弹压。饥民怒不可遏，群起反抗，打伤军警8人，迫使警长下跪求饶，答应每人给铜板三枚，以求息事。至半夜饥民方散。

抗苛捐　民国12年(1923)，栟茶北乡缪承德以重金贿赂，获得保正头衔。缪任以后，便迫不及待地到各海船征捐，并且额外苛索，激起渔民极大愤慨。他们集合300余人，各人燃起香束，奔赴栟茶游行示威，声言誓不承认缪承德为保正。

斗渔霸　民国21年(1932)中秋节，洋灶渔民刘大在栟茶镇卖完鱼货至地主缪乔连家交埂租。因货源不足未交全，缪将刘大扣留。当时在沈四家做伙计的汤为俊和朱锦玉得知此事,认为缪乔连霸道,应煞其威风。他俩当即鸣锣聚众,集合了100多个青壮渔民,齐心到栟茶砸缪家,吃掉缪家的中秋月饼,救回了刘大。这次反霸斗争,打击了渔霸势力,长了渔民的志气。

反渔霸示威　　　　　　　　　　(桑俊绘制)

二、教员、商民的斗争

(一)教员向县公署请愿

解放前,物价暴涨,米珠薪桂,教职员工生活常处于困境。20世纪20年代中期,一般小学教师月薪仅有16元。当时物价不高,9元买一石米(110公斤),1元买一担柴草(75公斤),数口之家尚可维持生计,但因国民政府教育经费不能按期发放,积欠甚多,直接影响教员生活。民国16年(1927)8月11日,爆发皋东西乡教员向县署索薪的风潮。当天来自全县300多名小学教员集中如皋师范召开紧急会议,议定开展索欠加薪运动,提出"旧欠不清,拒绝交卸;加薪目的不达,概不应聘"的口号,并推出36名教员代表到县公署、县党部、县教育局请愿。

(二)商民抗捐税

在解放前漫长岁月里,如皋东乡商界整个市场为封建势力和少数大商所垄断,加之物价波动,捐税名目繁多,小商难以生存,职工生活更是难以言状。商民自发抗捐税成为必然。

驱逐征税船　清宣统三年(1911)10月,辛亥革命推翻了清王朝的消息传到马塘,全市一片欢腾。店员职工及各界群众和学校师生手持白旗,结队游行,高呼口号,表示庆祝。长期停泊在马塘南河边的一艘征税船舶被驱逐出境。同时，马塘学界自动组成“学团”，商界自动组成“商团”，以嗣山宫为集合地点，每晚结队巡逻街市，进行防卫。

组建团体　民国元年(1912)2月，掘港光复后，以南通师范和如皋师范回乡学生为核心，组成“商学团”。“商学团”成员中的一部分学生组成“共和演说会”，发行《共和演说报》，对地方上行政措施予以抨击。

抗肉捐斗争　民国元年(1912)5月，栟茶巡警局警长贪婪，向各肉铺强征肉捐。各肉铺拒不认纳，于5月18日统一罢市，以示抵制。

商民罢市　民国13年(1924)7月，马塘镇缉私营稽查员刘某带着士兵至许姓茶馆敲诈，将店主拘捕，并罚洋300元。许某被押经过街道时，兵士连开6枪以示威，引起全镇商民公愤，相继罢市抗议。

第二节　中共领导下的工人运动

一、传播进步思想和文化

(一)吴亚鲁在如皋东乡的活动

民国11年(1922)，在“五四”运动影响下，在南京就读的如皋东乡潮桥青年吴亚鲁，加入中国共产党。之后，他利用假期回乡的机会，在如皋、潮桥、马塘、掘港等地约邀进步青年40多人，成立以反帝反封建为宗旨的进步团体“平民社”，主编《平民声》《潮桥青年》等刊物，宣传马列主义和中国共产党的主张，在皋东这块土地上播下红色种子。

民国14年(1925)，“平民社”在掘港举行第三届年会，吴亚鲁等人在会上作演讲。其演讲内容在工人、商民、知识界产生了较大政治影响。苏德馨、叶胥朝、陆植三、丛允中、吴亚苏等一批进步青年在他引导下先后投身革命。

(二)“知社”与《海日》

民国14年(1925)夏，栟茶叶实夫、缪德载、蔡晦渔、蔡观明、蔡牧山等发起组织“知社”，有社员数十人，出版刊物《海日》。民国15年(1926)11月，《海日》开始连载《马克思氏之小传》，宣传马克思、恩格斯学说。

《海日》　　(栟茶镇工会提供)

(三) 向封建礼教开战

旅外学生徐一朋,民国14年(1925)在纽约加入了美国共产党。回国后,于民国17年(1928)9月在家乡与当地名士创办"东台县私立栟茶初级中学"(栟茶时属东台县),公推他为校长。学校创建之初,他发扬"五四"革命传统,向封建礼教和封建文化道德观念开战。他带领进步师生走上街头给乡民剪辫子,上门劝告妇女放足,并且协助地方当局召开居民大会宣传破除迷信,砸毁城隍、东岳两庙之神像。对此,地方守旧势力激烈反对,派人去四乡挑动,裹挟千余名迷信封建神权而又不明真相的乡民上街闹事,冲进栟茶中学校园捣毁所有校具,然后付之一炬。校董召开紧急会议,推派校长徐一朋、教师于绍杰为代表连夜步行去东台向韩寿晋县长和县教育局长面陈学校被毁始末。韩县长亲临栟茶查勘,惩办数名为首的肇事暴徒,并当场决定将城隍庙改为校舍,使栟茶中学迅速复课。

二、反帝反封建斗争

(一) 声援北京等地学生反帝爱国行动

民国8年(1919)5月4日,北京学生几千人集会、游行,反对北洋军阀丧权辱国。学生这一正义行动却遭军警镇压。对此,如皋各界民众纷纷表示抗议,谴责日本帝国主义的侵略和北洋政府的卖国行为。6月4日,如皋(东)学生组织联合会,进行反帝爱国宣传活动,提倡国货、抵制日货。在工人支持下,当天即将大同商行私进的价值2000元日货烧毁。12月7日,如皋、马塘等地60余所学校学生万余人为福州事件举行游行示威,沿途发放传单,高呼口号,并将查获的日货焚毁。各界人士及广大工人以实际行动声援"五四"爱国运动。

(二) 声援"五卅"反帝运动

民国14年(1925)5月30日,上海民众为抗议5月15日日本纱厂资本家枪杀中国工人顾正红、打伤工人十余人的暴行,举行演讲、游行,遭到英国巡捕的弹压,死伤数十人,造成了震惊中外的"五卅惨案"。消息传来,如皋各地工人、学生、商民纷纷抗议,掀起声势浩大的反帝怒潮。如皋东乡在上海、南京、南通等地求学的丛允中、王盈朝、叶胥朝、窦昌熙等二三十名进步青年,都积极投入这场轰轰烈烈的反帝斗争。他们参加"南通学生上海五卅血案后援会",出刊《滴血报》揭露英日帝国主义的罪行。

同年夏,旅外学生纷纷回到家乡,走上街头,张贴标语,发表演说,组织募捐。掘港、栟茶等地的工人、店员、市民踊跃捐资,援助上海"五卅惨案"中的受难者。

三、起义和罢工

(一)策应如皋西乡"五一"起义

民国17年(1928)春,中共南通特委根据中共江苏省委指示,决定在如皋西南乡、泰兴和泰县的东乡等地,积极组织农民起义,以奠定党在农村的群众基础。起义前,中共如皋县委决定采取声东击西的策略,以引诱敌兵出如城,乘虚攻打县城,宣布县苏维埃政府成立。

为策应如皋西乡农民起义,由吴亚苏等秘密印制传单、标语,派共产党员、农会会员把大量的宣传品散发到洋口、丰利、长沙、南坎、北坎、掘港等地。如皋东乡的反动官吏和地主豪绅看到大量写着"土豪劣绅黑良心,重利盘剥我穷人,民众团结一条心,一齐暴动来斗争!""反对国民党专制独裁,打倒新军阀蒋介石!"等标语、传单,惊恐万分,纷纷请求国民党如皋县政府派兵到东乡加强戒备。但是,各地的雇工、农民、店员、工人,将得到的传单进行秘密传送。

(二)黄包车工人罢工

刘君霞

王盈朝

民国16年(1927),如皋共产党人利用所控制的国民党县党部,在"三民主义"旗帜下,积极推动工运、农运发展。为帮助工人群众为自己的切身利益而斗争,共产党员刘君霞(如皋东乡双甸人)、王盈朝(如皋东乡马塘沙家庄人)组织工人成立县总工会筹备处,并陆续建立黄包车、理发、浴室、成衣、丝线等行业工会。5月,如皋县政府下令,全城黄包车集中停放后街空场等5处,其他场所一律不准停车,这个命令,遭到黄包车工人反对。中共党组织决定通过工会领导黄包车工人进行罢工斗争。5月10日,工会布置工人把所有黄包车"卖"给"如皋县公款公产管理处",顿时二三百辆黄包车把冒家巷一带堵得水泄不通,"款产处"的头目们被工人斗争声势吓坏而紧闭大门。如皋县警察局怕事态扩大,只好叫工人派代表谈判,最后同意在全城设停车场15处,基本上满足工人的要求。

次年,如皋县政府又决定要涨黄包车的"月捐"。4月29日,全城黄包车工人让自己的家属老小坐在车上,一齐拉到县政府门口,300多辆车一下子把如皋东西南3条大街塞满。其中共产党员带领工人冲向县政府,高呼"反对涨捐!""反对剥削!"国民党如皋县政府慑于组织起来的工人力量,被迫宣布"月捐不涨"。如皋城黄包车工人两次斗争的胜利,在如皋东乡工人群众中产生了很大的政治影响。

四、配合红军开展武装斗争

(一)与红十四军取得联系

民国18年(1929)年底,根据中共南通特委指示,如皋东乡曹埠、下漫灶、江家园一带建立起以雇工和“五匠”[①]为主的红色武装游击小组，由钱福生任组长。第二年上半年，红色武装游击小组搞到两支盒子枪，向一些地主筹集3万元买枪款，等上级来人。可是等了几个月不见有人来，游击小组写信向上海联系，仍无音信，后来得知上海秘密联络点遭到破坏。于是，组织决定派张庭谱到南通县去找红军。张庭谱在二窎、北兴桥一带找到红十四军第一支队第二大队大队长陈宗恒，并将3万元钱款交给红军，请代买枪支。

（二）配合红十四军开展武装斗争

民国19年(1930)4月上旬，中共通海特委和红十四军军部在如皋西乡贲家巷召开了有数万群众参加的建军大会。会上，红十四军宣言《告工农及一切劳苦群众书》。7月12日和13日，红十四军第一支队第二大队在大队长陈宗恒率领下，由下漫灶、江家园红色武装游击小组配合，一举拿下掘港以南的华丰公司和掘港以北的徐家园两个据点，歼灭地霸“保卫团”官兵80多人，缴枪50余支。14日拂晓，红军又在掘东地区击退从三余镇下乡的白龙党“扫荡队”近千人，歼敌50余人，缴枪80余支。江家园有个出名的封建恶霸叫吴省吾，勾结国民党如皋当局，破坏江园农民协会，逮捕陈希轩(农民协会会长)，受到反动当局赏识。国民党如皋当局特派保卫团一个班防卫他的家园。7月25日傍晚，陈宗恒带领200多名红军，在曹埠、下漫红色武装游击小组配合下，把江家园团团围住。四更时分，进攻吴宅，全歼守敌，击毙恶霸吴省吾。

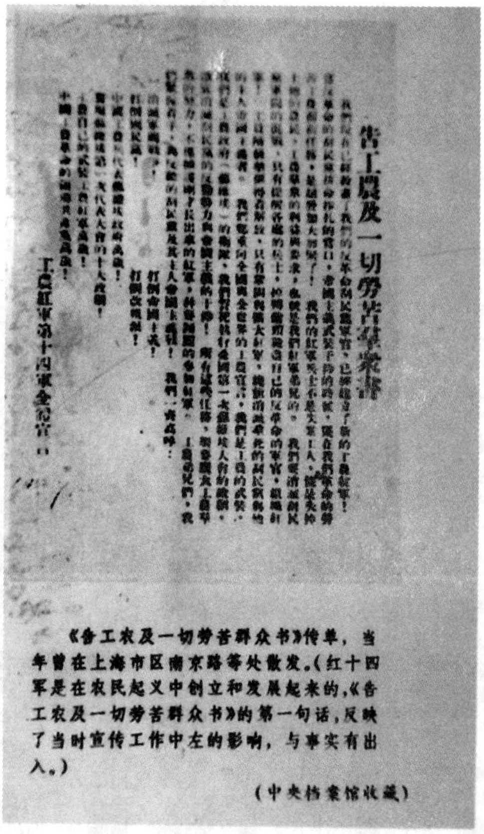
告工农及一切劳苦群众书

工农红军第十四军全体官兵

《告工农及一切劳苦群众书》传单，当年曾在上海市区南京路等处散发。(红十四军是在农民起义中创立和发展起来的，《告工农及一切劳苦群众书》的第一句话，反映了当时宣传工作中左的影响，与事实有出入。)

(中央档案馆收藏)

告工农及一切劳苦群众书　(乐成提供)

五、抗霸斗争

（一）抗捐警

民国21年(1932)5月间，掘港有一百姓名叫徐大，被税警严刑拷打致死，抛尸河中。其家属赴县控告，县府即派员验尸，证实死者全身伤痕数十处，但验毕未作定论。其家属即沿街跪喊冤枉，请各界支持正义。各商店目睹此状，激起商民公愤，立即罢市，并严正声明：非待缉凶严办，决不开市。

①“五匠”：木匠、瓦匠、盖屋匠、蒍匠、石匠。

（二）抗官盐

民国22年(1933)夏,栟茶缪大昌商号办官盐分销。因为栟茶民众久食价格比较便宜的私盐和半私的“筹盐”,而官盐价格高,所以对举办官盐分销大为不满,于是聚众捣毁缪大昌商号的门窗什物。东台县长张汝霖(栟茶时属东台县)便派军队到栟茶弹压。民众听到这一消息,更是气愤,在蔡长盈、花六俊等带领下,近千市民、乡民复至缪大昌商号,捣毁房屋及全部物件,并揪住缪家的人痛打一顿。老板缪佩哉吓得逃往东台。

（三）抗粮霸

民国23年(1934)春天,杨家坂盐民接连3天到苴镇去买不到粮食,地主不开仓,粮商囤积。盐民冯万富、唐必奎等集合100多人,带了钱和粮袋前往严家老园。严正鹤闻讯早把大门关紧,站在门外看动静。冯万富等向他说明来意:“我们今天来向你买粮,一不是抢,二不是吃麻雀饭,你放心。”严正鹤一口回绝没有粮。大家就嚷起来:“让我们看看!”

严正鹤一看势头不对,把顽乡长严中和找来,企图压退盐民。盐民恼火了,把乡长推倒,一哄而上,打开粮仓大门,只见粮囤成堆。遂动手夺粮。

严正鹤和严中和在混乱中逃走,请苴镇保卫团来镇压。保卫团看到人多势众,站在老远打了几枪就撤回。

六、抗日组织的建立

（一）建立盐(渔)民抗日自卫队

民国27年(1938)冬,中共江北特委在长沙、何家灶一带宣传抗日救国十大纲领,组织渔、盐民起来抗日自卫。何家灶、杨家坂、三港边近千盐、渔民成立盐、渔民抗日协会。次年秋,盐(渔)民抗日协会建立盐(渔)民自卫队,由中共地下党员崔德耀任队长,曹绾中(曹衍正)任政治指导员,共有队员30余人,轻机枪1挺、快慢机1支、步枪29支。此为如皋东乡第一支盐(渔)民抗日武装力量,配合主力开展抗日活动。

崔德耀　(县党史办提供)

（二）建立抗日协会

民国29年(1940)秋,新四军挺进掘港以后,在如东县委和各区区委直接领导下,全县工农商学各条战线,首先从各市镇开始,成立店员抗日协会、工人抗日协会、青年抗日协会、妇女抗日协会、教育界抗敌协会等抗日群众团体。掘港镇店抗会是在马世和直接领导下,由汪根培(汪洋)、王太祥等深入到茶食店、香店、作坊和理发店、浴室中动员组织起来的。年底,全镇加入店抗会的工人和店员有125人。当年冬,在梁敏、夏凤珠为首的民运工作队组织下,丰利镇成立店抗会纠察队,苏北指挥部第三纵队司令员陶勇赠送“三八”式步枪8

支。该店抗会还印发会长朱进写的《为争取抗日自由告店员同胞书》。

民国30年(1941)春,丰利区委在十二总发动环港码头工人建立工人抗日协会。陆昌银当选为工抗会会长。110多名码头工人首先向业主进行要求增加工资的斗争,取得胜利。接着,码头工人配合民运工作队深入到农村开展抗日宣传工作。民国31年(1942)秋后,由于市镇工抗会的影响,在农村雇工和"五匠"工人中建立工抗会组织。全县各乡工抗会会员最多发展到1.30万人(1945年6月统计)。各地工抗会成员经常配合武工队、游击队深入到敌据点、封锁线,开展锄奸斗争。31年反"清乡"斗争头4个月中,共捕获日伪特工8人,坐探41人,汉奸42人。根据《紧急治罪条例》,分别予以处死、关押或保释,给日伪以沉重打击。

七、抗日反"清乡"斗争

(一)火烧竹篱笆

民国32年(1943)4月,日伪调动1万多兵力,在对苏中四分区进行大规模军事"清剿"的同时,实施严密军事封锁。日伪从江南运来500多万支毛竹,从长江边天生港向北经白蒲、林梓至丁堰,再向东经双甸、岔河、马塘、掘港、南坎,直到海滨的鲍家坝,沿线构筑竹篱笆100余公里,封锁陆上与海上交通。日伪在整个封锁线上,设大检问所46个,小检问所100多个,配备所谓训练有素的检问人员450多人,检查来往行人与进出货物。通过检问所,行人须持"良民证""居民证",货物要"出入证",还调集伪三十二师与三十四师担任封锁线警戒,企图凭借这种重兵把守的封锁篱笆,置抗日军民于死地。7月1日,在苏中区党委统一部署下,全县上万工农民众组成破拆大军,在主力部队、地方武装掩护下,分几十路向竹篱笆奔去,砍的砍,拔的拔,按预定时间燃起火种。霎时,绵延50公里封锁线,到处火光冲天,宛如一条望不到头的火龙。日伪军龟缩在碉堡里不敢出动,看着惨淡经营3个月的竹篱笆一夜间化为灰烬,这就是名闻苏中的"火烧竹篱笆"。

(二)反日伪经济封锁

民国32年(1943)5月,伪如皋特区公署抛出《交通管理暂行规则》《战时物资移动取缔暂行条例》等各种"布告"和"规定",致使全县各大小集镇商业受到严重打击,许多商店被迫关闭,市场萧条冷落,群众日用品也难买到,药品奇缺,直接影响抗日军民的生活与健康。

当年中秋节后,四分区部队许多指战员患疟疾,几位爱国商人冒着生命危险,仅1个星期便从上海购回200瓶双桃牌奎宁片,流行的疟疾得到及时控制。当时苴镇地区先后以冷德厚、毛惠明、冷培基、刘子充、刘涤尘、刘兴国、刘熙春为骨干的50多位爱国商人为新四军办运各种军需物资,其中有军工、通讯电台机械、医药等几十种物品,为抗日反"清乡"斗争做出贡献。

在海员大力支持下,苏中贸易局在南港一带组织海船20条,装载公粮10万公斤,在海防团护送下,运往山东,再从山东运回一批军用物资。这条海上运输线的开辟,沟通了北至盐埠及鲁南,南到上海及浙东的交通网络,为物资运输及人员接送提供方便。

(三)反日伪"文化清乡"

日伪在大力进行"政治清乡"、企图建立伪化统治的同时,还进行"文化清乡",以加强对人民群众的思想控制和精神奴役。在四分区地委领导下,如皋东乡工农民众高举抗日大旗,以俱乐部为阵地,广泛开展抗日宣传活动,反击日伪实施的伪化宣传,揭露日伪罪恶,激发人民群众爱国热情。民国32年(1943)春,栟丰地区建立海丰俱乐部。该俱乐部开设图书馆和图书阅览室,藏书5000余册。刊印文艺刊物《海风》《海风歌选》《小调集》,配合抗日宣传教育。组织知识青年阅读毛泽东著作,以及《苏中报》《江海报》等报刊读物。还由近30名爱好文艺的活动分子,自编自演许多戏剧。苴镇大众俱乐部有20余人,自编自演反映工、农、商、学、兵各界坚持抗日斗争,如《送子参军》《母女送公粮》《姑嫂送军鞋》《宁死不屈》等小节目等,并与"反战联盟"的6名日本兄弟同台演出节目。三旅政委吉洛(姬鹏飞)、司令陶勇亲临观看。

掘港镇地下党支部书记何德隆与冯刚、管惟炎、苏醒、郭保和等在掘港日伪据点内建立秘密抗日团体,经常散发传单。民国32年(1943)还创办手抄刊物《寒星》,以各种文学体裁作品反映社会现实的黑暗,揭露敌伪贪婪凶残,先后刊发10多期。

汪伪在"清乡"区内靠近据点的地带控制学校阵地,推行奴化教育,只准学校使用汪伪"国民政府教育部"编印的"固定课本",否则不是勒令学校停办,就是破坏学校设备,迫害教师。民国32年(1943)6月1—7日,伪一区区署在双甸、林梓一带取缔3所所谓"不合规定"的私塾,没收21种所谓"不良读物"(即抗日教材)。但是,全县绝大多数教员都保持民族气节,坚持教育为抗日反"清乡"斗争服务。岔河区教联主任缪成之,发动群众在荷园、极乐、宫庄办3个分校。利用庙宇、民房当教室,门板当黑板,自己编写教材,坚持巡回教学,让更多劳动人民子女得到学习机会。

(四)抗日地下交通员

抗日战争时期,苏中四地区、四专署、四分区指挥机关曾一度设在苴镇沿海一带,因此这里便成为联络苏中与苏北的咽喉要道。早在民国30年(1941)5月,就建立如皋(东)县交通局,后改为支站,汪洋担任站长。由于形势需要,形成南北相连、东西相接的地下交通网,有力地保证战时文件、命令、情报、党报传递和人员护送。在恶劣环境下,如东支站重视交通员气节教育,在全县各交通站14个组开展滴血宣誓活动。有的组杀鸡为盟,喝鸡血酒;有的组刺破大拇指,滴血宣誓表忠心;有的组写决心书,向党宣誓:"人在文件在,人在线不断;头可断,血可流,党的事业不背叛;若被捕,不招供,宁砍头,不泄密"。民国32年(1943)

9月25日,汤园交通站站长钱绍蓝,因日军袭击被捕,英勇牺牲。民国33年(1944)2月17日,掘马南交通站收发员倪行才为保护党的文件不受损失被捕,牺牲于曹埠九总庙。民国32年(1943)8月8日、民国33年(1944)春节前夕,城东站交通员石征泉两次被捕,受尽敌人折磨,没有向敌人泄露一个字。在敌人重重监视下,智取敌枪,越狱而归。

八、反日伪"驻剿"斗争

(一)坚壁清野,保卫根据地

民国33年(1944)7月,栟丰区各乡反日伪"驻剿"斗争由打狗破路转为拆屋打坝。古坝拆去700余间大小房屋。拆后不久,日伪前往报复扫荡,但全镇一片废墟,只得在镇郊大屋住下,遭到民兵袭扰,天不亮就西窜。华严庵70余间房屋一夜拆光,附近大庄子、大房屋,有可能被敌人用上筑临时据点的,共拆去900余间。全区参加拆屋打坝、坚壁清野的工农民众上万人。

(二)"宁毁家园,不予敌汪"

民国33年(1944)9月23日下午,苴镇工商、教育和社会各界人士及居民代表100多人,集中在前街季璞臣家大院召开紧急会议,大家一致意见:"宁毁家园、不予敌汪"。第二天清晨,丰掘区组织6乡共1500余名民工,从水陆两路进入苴镇街,民工按各乡所包地段,协助居民、商店、学校、机关拆屋。从清晨至深夜仅一天时间,全镇365户、1325间房屋及庙宇全部拆光。各乡民工将居民、单位用物及拆下的房料用船运往所部署的村落。

约一星期后,日伪军就到了苴镇。他们面对一片废墟瓦砾,无立足之地,遂侵占苴镇北边约1公里路的王家潭。

民国34年(1945)8月15日,日本宣布无条件投降。如东人民在中国共产党领导下,经过长期浴血奋战,终于取得了抗日战争的胜利。

九、反国民党"清剿"

(一)大破拆运动

如东在反"清剿"初期,为了阻滞敌人从水路陆路进犯,全县动员城镇职工、农村民工5万多人参加大破拆运动。在南串场河、凌河、十字河、三角渡共筑坝18条,还在许多小河道上筑下无数条小坝。

从河口到栟茶、栟茶到角斜、洋口到西场、双甸到丁堰等4条交通干线和几条支线近50公里,使每条道路上都布满3米多宽、1米多深的大缺口,使敌军寸步难行。

各地将存放在市镇的粮食、木材、毛竹、布匹及机器等疏散到农村;各集镇还将高大建筑物如庙宇、祠堂等一并拆除,让敌人侵占市镇后无法建营筑巢。马塘镇职工仅以3天时间,就将3个大油坊的机器拆卸疏散,把街头5座大庙宇拆除4座,几家大商店也把物资运送下乡。

(二)建立武装交通队

民国35年(1946)底至民国36年(1947)春,国民党军队向解放区猖狂进攻,沿海一带敌人布防严密,碉堡林立,主要交通要道均被敌人严密封锁。每当夜幕降临,敌人窜出据点袭击解放军。一些地方的中共党政机关不得不撤出。交通站也同时遭到敌人破坏。在残酷的斗争形势下,为坚持对敌斗争需要,相应建立武装交通队,用武装打通交通线,以保证通信。景安、汤园、桐本、栟茶地区先后成立武交组。栟丰武交队民国31年(1942)2月由马塘、掘港、栟茶等镇各邮局抽调素质高的邮政员组成,当时只有10余人。到民国36年(1947)10月,增加到31人,分两个班,队长洪元生。当时拥有"79"步枪22支,"38"马枪2支,"三堂"盒枪2支,捷克式轻机枪1挺。主要活动在小洋口至古坝之间,武装护送到六分区的来去信件和《江海报》,护送通如和启海的信件和《江海报》。民国37年(1948)2月,如东武交队开到城东区,黄天顺任队长。主要任务是联络九分区与一分区交通,经常在柴湾、丁家锁、东陈、丁堰一带活动,冲破敌人封锁线。在区队配合下,还经常破坏敌人的公路、电话线和敌人的谍报组织,保证交通线畅通。

(三)支援栟北反击战

民国36年(1947)2月间,华中野战军十一纵队在九分区部队配合下,发起栟北反击战。主力部队南下,人心振奋。栟丰、景安等地区工农群众上万人冒雨连夜出动修路、搭桥。为防止路滑,在路上铺稻草、粗糠,并且站立在大路两旁高举灯笼火把,以方便部队通过。栟北反击战,歼灭国民党军队500余人,迫使在掘丁沿线及苴镇地区"清剿"的国民党军队星夜窜逃李(堡)栟(茶)一线。

(四)栟北反击战与丰利战斗胜利

国民党军队于海安、栟茶线惨败后,驱迫"还乡团"固守丰利、古坝两据点,企图分割如东县为东西两块。民国36年(1947)4月,解放军华中十纵队三十旅八十七团、八十九团支援一分区特务团,配合作战,攻打丰利据点。11日,部队从海安到达丰利西北,晚上开始总攻,第二天上午完成主攻任务,下午结束战斗。丰利镇蒋记区长及"还乡团"400余人全部被俘,同时攻克古坝据点。至此,如东蒋伪完全被压缩于如皋至掘港线上。

(四)测绘《掘港敌占详图》

民国37年(1948)3月15日解放掘港战斗打响前夕,东战区情报站站长张权,派1名扎纸工人混进掘港据点,潜入土山核心工事,把敌人全部兵力部署和火力配置,摸得一清二楚。张权立即根据扎纸工的探测草图,绘制《掘港敌占详图》,及时送给主力部队,为解放军一举摧毁顽敌王宗林苦心经营的"苏北模范工事"——土山做出贡献。

十、支援前线

(一) 大参军运动

民国35年(1946)10月,在实行土改分田以后,全县掀起了群众性大参军运动。此次参加主力部队的有3197人,参加地方武装的有1000多人。据当年《九地委土改工作总结》统计,如东此次参加主力部队和地方武装的人员中,雇工出身的为472人。在大参军运动中,各市镇青壮年职工积极踊跃报名。丰利镇11名青壮年职工被批准走上前线;掘港镇由民兵大队长陈玉春带头有23名职工报名参军参战。第二次大参军运动是民国36年(1947)7月,全县有1885人参加主力部队,1110人参加地方部队。此次参军,不仅贫农、雇农要参军"保田",一切遭受"蒋灾"之害的各个阶层都行动起来,要求拿起枪杆子"复仇"。

民国37年(1948)1月,如东第三次大参军运动是在"打到南京去,活捉蒋介石"的口号下进行动员的。长期受国民党反动派蹂躏的工、农青年一呼百应,计参加主力部队7205人,参加地方部队1010人。

(二) 出征常备民工

从民国37年(1948)7月至民国38年(1949)9月,全县城乡共出征四期常备民工,民工总数为1.95万人,担架1580副,挑子7508副。在出征常备民工中,涌现数以万计支前积极分子,在火线加入中国共产党821人。解放常州、月浦、吴淞等战斗中,如东常备民工担运六团三大队连续行军750公里,出色完成繁重担运任务,荣获苏南支前指挥部颁发的"支前模范"奖旗。

(三) 后勤保障

如东广大劳动妇女发挥高度支前热情,踊跃承担大规模运粮任务。张黄一个乡有95个妇女排成队伍挑粮,和男同胞一起并行,一趟来回9公里路,一天连挑两趟到3趟,挑得最多的妇女一担挑60公斤。民国38年(1949)2月23日,中共如东县委一次会议记录记载要完成的运粮支前任务:"2月内,2.60万担小麦送唐闸,3月8日前7.50万担稻送海安,3.50万担稻送唐闸,3月内7.50万担稻送海安,7.90万担送唐闸,3万担杂粮送海安"。两个月内,要完成运送"32万担"粮食支援前线任务,妇女和年龄偏大的男士成为运输主力军。如东妇女除参加送军粮外,更主要任务是纳军鞋底,全县9万多名妇女,先后扎军鞋底36万多双。栟丰区妇女仅28天时间,就完成1.28万双军鞋底,荣获华中供给部颁发的"毛泽东旗"。

第三章　工会组织

如东县工会组织始建于中华人民共和国成立之初,在中国共产党领导下不断壮大,先后历经十六届。

20世纪50年代,随着县总工会建立,全县基层工会发展到103个;进入60年代,8个镇工会组织全部恢复。"文化大革命"开始,全县工会组织停止活动。1973年8月,根据中共中央中发(1973)17号文件和中共如东县委决定,全面整顿恢复基层工会。1984年11月,建立起全县第一个乡级工会组织——桐本乡工会工作委员会,乡镇企业建立工会也从试点转向面上推开。

20世纪90年代后期,县总工会加大了组建力度,至2014年底,基层工会组建率和职工入会率分别达到95.17%、81.09%。县总工会不断加强工会培训,深入开展建设"职工之家"活动,促进基层工会群众化、民主化,增强基层工会活动,较好地发挥了工会组织的职能作用。

第一节　产业工会

一、行业、产业工会

(一) 行业工会

民国15年(1926),掘港区建立行业工会,下设粮食、花布业、南货业、铁铺、肉铺、建筑、理发业、船业和酱糟业等行业分会。

民国16年(1927),中共党组织利用所控制的国民党县党部,在“三民主义”旗帜下,积极推动工农运动发展。为发动工人群众为自己的切身利益而斗争,共产党人刘君霞、王盈朝组织如皋工人成立了县总工会筹备处,并陆续建立黄包车、理发、浴室、成衣、丝线等行业工会。

民国18年(1929),栟茶瓦木工人组织栟茶工会,缪宝圣任工会主席;同年,组织栟茶商会,全镇按行业分设广货、南货、粮食、面饼、草业、药业、茶食、五金、渔业、肉业、杂货、八鲜等同业工会。

民国21年(1932)春,马塘商界建立十个行业的同业工会。

(二) 小车工会

民国28年(1939),马塘以张生、杨文元、左春泉为首组成小车工会,为中共江北特委护送来往人员及传递书报信件等。1941年8月,日伪军侵占马塘,小车工会成员转移农村坚持斗争。1945年8月,马塘镇恢复工会联合会,小车工会也重新建立起来,并积极参加惩办汉奸的活动。

(三) 码头工会

民国30年(1941)春,中共丰利区委夏凤珠带领民运工作队,到海边十二总环港码头开展革命活动,建立码头工会。选举陆昌银为会长,许杨桂、桑合山参加工会工作。码头工会成立后,120多名工人首先向业主进行要求增加工资的斗争,并获得胜利。

二、行业、产业抗日协会

(一) 工人抗日联合会

民国27年(1938)底,中共江北特委以抗战支队政工队海滨工作组的名义,派出理明、曹绾中等到苴镇沿海地区组织盐民抗日救国协会,共有会员200多人。

民国29年冬,如皋(东)县各个市镇在中共民运工作队指导下,开始建立工人抗日联合会,简称“工抗会”。入会者大多为搬运工人和泥、木作工人。民国30年(1941)春,在中共丰利区委发动和领导下,丰利北边十二总环港码头工人建立码头工会。110多名码头工人首先向业主开展增加工资斗争,获得成功。接着,一部分码头工人配合民运工作队,深入农村开展抗日宣传工作。同年秋后,各市镇被日伪军侵占,工抗会组织逐步扩展到农村。民国31年(1942),掘东沿海地区6个乡的灶民(即盐民)在党的领导下,成立抗日群众团体——灶抗会。至民国34年(1945)6月,全县有双岔北、栟茶、丰掘等3个区以及49个乡,正式建立工人抗日联合委员会,共有会员1.30万人,其中中共党员82人。

民国31年(1942),王袁乡工抗会建立,共有长工、短工(忙月)107人,内有100人先后加入工抗会。民国33年(1944),工抗会组织进一步健全,全乡共建工抗小组20个,工抗会领导30多名雇工向地主说理,增加工资,夏收中大同、公正、开明等3个村46人,增加工资共计1765公斤麦子。全乡100多人全年共增加2.78万公斤(稻、麦各半),并在秋收后加做棉衣,结果实做单衣129套;动员24名青年会员(占全部青年会员93%)参加新四军主力部队。

民国34年秋后,各镇先后恢复搬运、小车工会联合会,各乡、村雇工则加入农民联合会。

(二)店员抗日协会

民国29年(1940)10月,新四军东进前夕,掘港镇各商店职工在汪培根(汪洋)、王太祥等发动下,从事抗日宣传活动。新四军东进后组织起店员抗日协会(简称“店抗会”),会员125人。其时,马塘镇以王金镛为首组织店员、学徒参加抗日联合会,旋即与搬运、手工业、商业等抗日联合会组成总抗会,推范敏之任会长。丰利镇各布店、药店、茶叶店、酱园以及3家油坊店员职工60多人,也在中共民运工作队指导下建立店抗会,内设组织、宣传、生产、总务等组,并设纠察队。民国30年(1941)8月,日伪军侵占掘港、马塘、丰利等镇后,一部分店抗会骨干转移到农村坚持斗争。民国34年(1945)秋后,掘港、马塘等镇恢复店员工会联合会。

(三)职工联合会

民国34年(1945)8月以后,全县有5区、52个乡、镇相继组建职工联合会。掘港镇1118名职工中585名职工加入职工联合会。栟茶镇职工联合会会员200人,下设搬运工会、店员工会、雇工工会和手工业工会。民国35年(1946)12月,因国民党军队开始大举向如东解放区进攻,各镇职工联合会主要骨干转移农村。民国37年(1948)以后,各镇职工联合会相继恢复,掘港镇各商店职工经过筹备,于民国37年(1948)7月,重新建立职工联合会(简称职联),全镇有21种行业416名职工为职联会员,占职工总数88%,职联会员中有木工、瓦工、人力车工136人,有股东兼职工12人。职联设总务、组织、军事、生产福利4股,共有职联委员、股长、分会长、小组长等干部49人。1949年以后,各镇职工分别加入工会组织。

(四) 窑工抗日协会

民国30年(1941)8月,丰利地区的窑河乡和汤园地区的杨曹乡,先后建立窑工抗日协会,后并入农抗会。

(五) 教育界抗敌协会

民国32年(1943)夏,苏中教育工作者代表大会在邱陞中学召开。会上成立苏中教育界抗敌协会(简称"教抗会")。随后,全县有4个区、18个乡也建立教抗会组织,共有会员238人,其中党员13人。与此同时,还有24个乡的塾师,为齐心抗日,也组织塾师抗日协会,坚持反"清乡"斗争。

民国32年(1943),苏中四专署在我县苴镇区丁陈小学召开教育工作会议,夏征农到会作报告,号召进一步改进教育工作,以利于抵抗侵略者的斗争。会上成立苏中四分区教育改进会。其任务是团结广大教育工作者,坚持教育阵地,改进教育工作,为夺取抗日战争的胜利,迎接全国解放而奋斗。

(六) 渔(船)民抗日协会

民国31年(1942),为加强沿海抗日根据地建设,在中国共产党的领导下,成立船民抗日协会,会员245人。抗日战争和解放战争中,船民们在海上南来北往,为新四军护送人员,运送军需物资。

同年秋,苏中军区海防团,在沿海各港口开展统战工作,由渔会派船,海防团向船主缴租金,先后调集环港、南坎、北坎的大小数十余条渔船,出海训练,护渔,作战。同时,在渔(船)民中广泛开展群众工作,组织渔(船)民抗日协会,渔(船)民自卫队,发动渔(船)民参加抗日反霸斗争。

(七) 牛车抗日协会

民国31年(1942)2月,为粉碎日伪的封锁,在党的领导下,苴镇地区组织牛车主和工人成立牛车抗日协会,简称"牛车协会"。参加者80人,有牛车80副。7月,全县成立牛车总会,下设7个分会,参加者293人,有牛车293副。这数百辆牛车装载着粮食、弹药、被服和日用品,以及供应海船上饮用淡水,日夜奔波于范公堤内外,成为苏中四分区的重要海滨交通运输力量。

(八) 海员抗日协会

民国32年(1943)秋,中共地下党组织派江帆、志伟等领导人到北坎沿海负责发动和组织渔民的工作,在北坎东北部的大场召开海员抗日协会(简称"海抗会")成立大会,参加成立大会的有东凌、北坎、长沙、何灶等地渔民上千人。"海抗会"由葛权任会长,张春和任副会长,下设若干理事。"海抗会"成立初期会员40余人,并有2支长枪、3支短枪。后来在斗争中队伍不断壮大,发展到数百人。

三、集镇职工联合会

民国34年(1945)8月以后,全县5个区52个乡、镇相继组建职工联合会。掘港镇1118名职工中有585人加入职工联合会,汤晋骐任会长。职工联合会还组织纠察队,陈沛任队长,维持社会治安。马塘镇先后恢复店员、搬运、小车工会联合会,组织发动会员参加惩办汉奸的活动。同时,敦促商店老板如数发还拖欠雇员的工资。

民国35年(1946)春,栟茶镇组织工会联合会,主席严行,会员近200人,下设搬运工会、店员工会、雇工工会和手工业工会。同时组织工人纠察队,站岗巡逻,维持地方治安。同年初,丰利镇成立职工联合会,会员100人左右。6月,由贫民团部分青年和店员工人,复建市镇职工纠察队。12月,因国民党军队开始向如东解放区大举进攻,各镇职工联合会主要骨干转移农村。

民国37年(1948)以后,各镇职工联合会相继恢复。掘港镇各商店职工经过筹备,于同年7月重新建立职工联合会(简称"职联")。全镇有21种行业416名职工为职联会员,占职工总数的88%。职联设总务、组织、军事、生产福利4股,共有职联委员、股长、分会长、小组长等干部49人。

四、系统(产业)工会

(一)如东县县级机关工会联合会

1999年4月成立。2013年,下辖基层工会89个。

主　席　王晓晴(女,1999年4月—2002年1月)
　　　　陈建权(兼,2002年1月—2003年4月)
　　　　马福军(2003年4月—2007年11月)
　　　　鲁志明(2007年11月—2009年2月)
　　　　许宏彬(2009年2月—2011年10月)
　　　　丛伯军(2011年10月—2013年2月)
　　　　胡一舟(2013年2月—　　　　)

副主席　施慧文(2009年12月—2011年2月)

县级机关工会联合会　　　　　　　　　　　　(乐成提供)

(二)如东县教育工会

1950年5月18日,建立如东县教育工会筹委会。1951年4月15日首届教育工会代表大会,成立中国教育工会如东县委员会,其办事机构设在县总内。1957年4月10日,召开第二次会员代表大会,选举产生了第二届如东县教育工会委员会,全县17个区均设立教育工会办事处。1958年撤区并乡时相应撤销区办事处,各公社建立教育工会公社基层委员会。1961年11月,各区恢复教育工会办事处。“文化大革命”期间,以“工代会”代替工会组织,教育工会系统停止活动。1979年1月,各区建立教育工会工作委员会。1980年5月9—11日,召开会员代表大会,选举产生了第七届如东县教育工会委员会。1984年秋,工会办事机构移至县教育局内。1989年,全县8个区设基层联合会,93个乡、镇、场中学设立基层工会。2013年,下辖基层工会34个。

县教育工会第一届委员会(1951年4月—1953年3月)

主　　席　徐长辉

副 主 席　薛世青

常务委员　徐长辉　薛世青　应　汾　周玉琪　黄之祥　郭人和
　　　　　江云影　孙元功　缪　荣　蔡修平　缪东升

县教育工会第二届委员会（1953年4月—1954年5月）

主　　席　陆忠法

副 主 席　缪则勤

常务委员　徐长辉　陆忠法　缪则勤　缪东升　郭人和　王尚志
　　　　　徐苏东　江　云

县教育工会第三届委员会（1953年）

主　　席　徐苏东

副 主 席　缪则勤　杨育方

县教育工会第四届委员会（1955年）

主　　席　应　汾

县教育工会第五届委员会（1956年4月—1957年2月）

主　　席　徐永智

县教育工会第六届委员会（1957年3月—1966年10月）

主　　席　蔡锦友

县教育工会第七届委员会（1978年12月—1984年1月）

主　　席　陈景植

副 主 席　王冠千（兼）　季　敏
　　　　　吴克安（1985年继任）

县教育工会第八届委员会（1984年2月—1993年3月）

主　　席　陈　诞

副 主 席　吴克安　蔡　云

县教育工会第九届委员会（1993年3月—1998年3月）

主　　席　张月璜

副 主 席　冯　健　丁祝庆（兼）

县教育工会第十届委员会（1998年3月—2001年10月）

主　　席　顾一平　姚佰川（继任）

副 主 席　冯　健　朱新华　陈延芳

县教育工会第十一届委员会（2004年10月—2009年10月）

主　　席　柏秀梅　孙维志（先后继任）

副 主 席　徐向林（主持工作）　朱新华　陈延芳

县教育工会第十二届委员会（2010年9月）

主　　席　葛新华（兼）　陈　杰（先后继任）

副 主 席　周爱武　郑爱华　丛建华

1998年9月,出席县总十三次代表大会的教育代表团合影　(县教育工会提供)

(三)如东县建筑工会

1952年10月成立如东县建筑工会委员会,会址设在掘港镇老关帝庙东厢房内。1954年建筑工会撤销。1962年12月 ,根据上级工会指示,恢复了掘港、双甸、丰利、栟茶4个镇的基层工会组织。1974年7月,县建筑工会恢复。1977年3月,召开工会会员代表大会,选举产生县建筑工程公司工会委员会。1984年10月召开工会会员代表大会,选举产生县建筑安装工程总公司工会委员会。1987年5月20日,“如东县建筑安装工程总公司工会委员会”更名为“如东县建筑安装工程管理委员会”,1988年7月27日,召开工会会员代表大会,选举产生新一届县建筑工会委员会。2013年下辖基层工会17个。

县建筑工会第一届委员会

主　席　朱文贵(1952年10月—1954年)

副主席　鲍友才(1952年10月—1954年)

县建筑工程公司工会委员会

主　任　黄庆余(1977年3月—1984年10月)

副主任　顾礼贵(1977年3月—1984年10月)

　　　　朱文贵(1977年3月—1984年10月)

县建筑安装工程总公司工会委员会

主　席　黄庆余(1984年10月—1987年4月)

张海荣(1987年4月—1988年7月)

副主席　张玉泉(1987年10月—1988年7月)

县建筑工会(新)第一届委员会

主　席　张海荣(1988年7月—1996年7月)

李长林(1996年7月—2006年4月)

冯　兵(2006年4月—2008年5月)

陈建华(2008年5月—2010年3月)

蔡炳华(2010年3月—2012年5月)

汤学军(2012年5月—　　　　　)

副主席　黄庆余(1988年7月—1990年3月)

李锦余(1988年7月—1990年3月)

徐建鸣(女,1996年7月—2006年8月)

(四)如东县海员工会

1950年9月,建立如东县海员工会筹备委员会。1951年12月,召开海员工会会员代表大会,正式成立中国海员工会苏北分区如东县委员会。1953年,改称中国海员工会江苏省如东县委员会。12月份,根据江苏省总工会通字第87号《关于撤销木帆船的工会组织,并入民船协会领导的问题》的通知精神,将3个港口和掘港船民4个基层工会的船民全部划归船民协会。是月,召开海员工会代表大会,改选产生如东县海员工会第三届委员会。1956年春汛后,根据上级工会指示,县总会同县委合作部、县人委水产科筹划,将海员工会转为渔业互助合作组织的事宜,接着办理组织人事移交,海员工会组织即行撤销。

1951年12月,县海员工会召开会员代表大会,选出工会执行委员15人。

主　席　吴礼山(1951年12月—1956年5月)

副主席　殷　洪(1951年12月—1956年5月)

尤文元(1951年12月—1956年5月)

(五)如东县店员工会(商业工会)

1951年4月,建立中国店员工会如东县筹备委员会。同年10月16日,召开第一次店员工会代表大会,成立中国店员工会如东县委员会。下辖国营、贸易、供销合作社、粮食和私营商业等系统,涉及14个镇计16个基层工会,职工1268人,会员108人。1952年,调颜震、施长生分别担任县店员工会主席、副主席。1956年第一季度,根据中国店员工会全国委员会第二届代表大会的决定精神,原"中国店员工会如东县委员会"更名为"中国商业工会如东县委员会",原属县店员工会领导的供销合作社,粮食局等单位的工会组织划出。中国商业工会如东县委员会历经三届:第一届(1951年10月16日至1953年3月20日),第二届

(1953年3月20日至1955年12月),第三届(1955年12月至1956年10月)。

1956年10月25—27日,召开商业工会代表大会,选举产生第一届如东县商业工会委员会。

如东县店员工会

主　席　吴敦仁(1951年10月—1953年3月)

　　　　颜　震(1953年3月—1956年3月)

副主席　姚乃强(1951年10月—1953年3月)

　　　　章文田(1951年10月—1953年3月))

　　　　张锦文(1953年3月—1955年12月)

　　　　张锦春(1955年12月—1956年3月)

　　　　姚乃强(1955年12月—1956年3月)

县商业工会委员会

主　席　姚乃强((1955年12月—　　　　)

副主席　王琏生(1956年10月—　　　　)

　　　　刘　黎(1956年10月—　　　　)

(六)如东县搬运工会

1952年,建立如东县搬运工会筹备委员会。1954年,搬运工会撤销。1957年,建立县搬运联合基层工会委员会。1963年,召开会员代表大会,选举产生如东县搬运联社工会委员会。

搬运工会筹备委员会

主　席　邬海涛(兼,1952年—1954年)

搬运联合基层工会委员会

主　席　张祖成(1957年—1963年)

县搬运联社工会委员会

主　席　顾成寿(1963年—　　　　)

副主席　王志同(1963年—　　　　)

　　　　高德才(1963年—　　　　)

(七)如东县合作贸易工会

1952年10月5日,召开会员代表大会,成立如东县合作贸易工会委员会。下辖供销合作社、百货公司、中粮公司、花纱布公司等4个基层工会。

主　席　蒋国元(1952年10月—　　　　)

副主席　金善宝(1952年10月—　　　　)

(八)如东县财政金融工会

1952年10月5日,召开职工代表大会,成立如东县财政金融工会委员会。县财政金融工会下辖银行、税务局、保险公司、粮食局等基层工会,共有385人,其中会员321人。

主 席 蒋鸿志(1952年10月—)

副主席 蒋雨春(1952年10月—)

(九)如东供销合作社工会

如东县供销合作社系统的工会组织原属县店员工会委员会领导。1956年初,店员工会改称商业工会后,供销合作社系统的工会组织即行划出,另行建制。6月5日,召开工会代表会议,选举江苏省供销合作社工会如东县筹备委员会,进行筹备工作。县供销合作社系统,下辖各区供销社、采购站、专业商店及县社、区附设的加工厂,共15个基层工会。12月9—11日,如东县供销合作社工会召开会员代表大会,成立江苏省如东县供销合作社工会委员会。

1956年12月9—11日,如东县供销合作社工会召开会员代表大会,选举出委员13人和经费审查委员3人。

如东县供销合作社工会筹委会

主 席 朱哲清(1956年6月—1956年12月)

副主席 王祥如(1956年6月—1956年12月)

如东县供销合作社工会委员会

主 席 袁 泉(1956年12月—)

副主席 仲必奎(1956年12月—)

沈五科(1956年12月—)

朱哲清(1956年12月—)

(十)如东县粮食及农产品采购工会

1956年8月23日,建立江苏省粮食及农产品采购工会如东县筹备委员会。粮食采购系统工会组织,下辖粮食局、采购局、掘港轧花厂、新成油米厂、协成油米厂5个基层及采购局系统各镇9个采购站、72个工会小组。共有会员1177人。

1956年8月23日,如东县粮食及农产品采购工会筹委会选举出筹备委员13人。

主 任 唐 进(1956年8月—1957年7月)

副主任 高德奎(1956年8月—)

钱 云(1956年8月—)

(十一)如东县财贸工会委员会

1960年4月,建立如东县财贸工会委员会,统辖商业、供销社、粮食、财政金融等系统4个工会组织,办事机构在县委劳动工资部工会办公室。

主　席　徐维林(1960年4月—1962年9月)

副主席　刘福观(1962年10月—1966年6月)

(十二)如东县机械电子工业公司工会工作委员会

如东县机械电子工业公司下辖南通缸套厂、石油机械厂、黄油枪厂、通用机械厂、无线电厂、机床厂、阀门厂、岔河农机厂、电子器材厂、轧钢厂、无线电元件一厂等11个基层工会。为便于领导,1986年6月召开了如东县机械电子工业公司工会第一次代表会,选举成立如东县机械电子工业公司工会工作委员会。

主　席　严广涛(1986年6月—　　　　)

副主席　王歧光(1986年6月—　　　　)

　　　　刘仲林(1986年6月—　　　　)

第二节　县总工会

一、机构沿革

1949年11月12日,在中共如东县委直接领导下,建立苏北如东县总工会筹备委员会。1950年3月6日召开如东县工会第一次代表大会,成立苏北如东县总工会。1952年,中共如东县委批准建立县总工会党组。1954年6月,改名为如东县工会联合会。1960年,复改名为如东县总工会。

1950年3月,如东县总工会隶属于苏北总工会南通专区办事处。1952年12月,隶属于江苏省总工会南通专区办事处。1983年3月归属南通市总工会。

如东县总工会成立后,陆续建立教育、海员、店员、建筑、搬运、合作贸易、财政金融、供销合作社、粮食及农产品采购等9个县级产业工会;县职工学校、县工人文化宫2个直属事业单位工会;马塘、掘港、白蒲、丁埝、栟茶、丰利、岔河、苴镇、双甸、兵房、大同、浒澪、北坎、长沙14个镇工会。

1954年11月12日,随着行政建制的变更,白蒲、丁埝镇工会和东城基层工会组织划归如皋县总工会。同时,兵房、大同、浒澪、苴镇、北坎、长沙6小镇的工会改为基层工会,隶属于附近镇工会。同年底,全县有103个基层工会,会员7639人,占职工总数9137人的82.52%。

1958年4月8日，中共如东县委决定：县总、县妇联、县劳动科合署办公。1959年3月26日，建立中共如东县委劳动工资部，上述3个单位统属该部，县总对外保留名称，内设县总办公室。1960年4月，新建如东县财贸工会，与县总一处办公。1962年8月，中共如东县委劳动工资部撤销，县总、妇联和劳动科分设。9月，召开如东县工会第六次代表大会，选举产生如东县工会第六届执行委员会。先后恢复教育、建筑2个县级产业工会组织，海员、店员、搬运、合作贸易、财政金融、供销合作社、粮食及农产品采购等产业工会均未恢复。至1965年，掘港、马塘、岔河、栟茶、丰利、苴镇、双甸、掘东8个镇(区)工会组织全部恢复。

"文化大革命"中，县工会组织陷于瘫痪，停止活动。1968年9月30日至10月3日，召开如东县工人代表大会，建立工代会，后被列为县工会第七次代表大会。

1973年8月2日，根据中共中央17号文件精神和中共如东县委决定，成立如东县工会筹备领导组。9月8—10日，召开如东县工会第八次代表大会，选举产生第八届工会委员会。全县各级工会组织也陆续恢复。掘港、马塘、岔河、丰利、栟茶5个县属镇工会委员会建立，掘东、双甸、苴镇3个区建立工会工作委员会。

1980年，中共如东县直属机关党委批准，建立中共如东县总工会党支部。

1984年11月13日，建立如东县第一个乡级工会组织——桐本乡工会工作委员会。1996年7月1日，全县44个乡(镇)普遍建立了工会工作委员会。21世纪，随着乡镇区划调整、撤并，工会组织也相应地变动、组建。

截至2013年底，全县共有3个县级产业工会；261个基层以上工会；11个镇、5个园区工会；1538个基层工会。会员21.20万人，占已建工会单位职工总数的97.20%。县总共召开过16次代表大会。

如东县总驻地曾多次变动。1949年11月，如东县总工会筹备委员会和1950年3月第一届委员会驻地马塘镇仁和桥东首。1951年11月17日，随着中共如东县委和县政府机关迁至掘港镇关帝庙前朝东大门内，一年后又迁至掘港镇东大街111号。1954年，迁至掘港镇西大街县人委大院内。1960年，迁至县委院内。1962年迁至掘港镇江海中路72号县委、县政府北大院。1998年2月28日迁至掘港镇青园路45号租赁县自来水公司大楼办公。2000年12月18日，购买掘港镇江海东路如东县土畜产品公司大楼作为办公用房。2007年11月24日，因县城规划拆迁，县总又租赁掘港镇芳泉路8号昆仑市场3楼办公。2008年8月4日，重新租赁掘港镇华庭路2号商品房办公。2012年6月21日，县总迁居掘港镇珠江路8号自建的如东县职工服务中心办公。

二、如东县工会代表大会

第一次代表大会

1950年3月6—9日,于马塘镇召开。出席会议代表225人。

大会总结筹备委员会4个月的工作。中共如东县委副书记周冶农到会致祝词,并作政治报告。县工会筹委会主任唐连生作工作报告。代表们认真讨论县委的政治报告和县工会的工作报告,确定今后的工作任务是:发展会员,建立工会组织;建立劳资关系研究委员会,通过劳资协商会议解决劳资纠纷,同时订立劳资集体合同;组织失业工人生产自救,发放贷款、粮,帮助安渡春荒。

大会民主选举产生由19名委员组成的如东县总第一届委员会。

主　席　唐国法

副主席　唐连生　杨玉林

委　员　唐国法　唐连生　杨玉林　吴敦仁
刘永清　陈学宏　韩　忠　陈君实
缪国祥　汤正明　缪增平　朱国义
徐永寿　陈德仁　冯　生　张祖成
吴永生　陈　泉　姚松山

主席唐国法

第二次代表大会

1951年12月25—27日,于掘港召开。出席会议代表280人。

大会由县工会副主席唐连生作工作报告。会议提出今后工作任务:大力宣传抗美援朝的伟大意义,发动职工参加和平签名和修订爱国公约;组织职工大力搞好增产节约,积极开展劳动竞赛;建立工人纠察队,配合政府做好镇压反革命和地方治安工作;做好职工的劳保福利工作;采取发放困难补助金与发动职工互助结合的方法,解决职工生活困难。

大会民主选举产生由21名执行委员组成如东县总第二届执行委员会。

主　　席　唐连生

副 主 席　杨玉林　王正明

执行委员　唐连生　杨玉林　王正明　徐长辉
应　汾　吴礼山　吴敦仁　姚乃强

主席唐连生

吴志高　施长生　孙庭友　陈君实
陈凤池　张祖成　江井泉　朱醒明
朱同义　韩　忠　肖学广　宋继相
汤正阳

本届增补副主席及任期

副 主 席　徐长辉(1953年4月—1954年11月)
　　　　　邬海涛(1953年12月—1954年11月)

第三次代表大会

1954年11月20—24日,掘港召开。出席会议代表92人,列席代表17人。大会进一步贯彻党在国家过渡时期的总路线与江苏省工会第一次代表大会决议,认真检查总结三年来的工作,自下而上开展批评与自我批评,达到划清阶级界限,提高社会主义觉悟。会议确定今后的工作任务:集中力量在国营企业、工厂单位开展以技术革新为主要内容的劳动竞赛运动,以保证完成生产计划。

大会执行主席邬海涛致开幕词。中共如东县委书记王冠军致词,县长缪正谷作政治报告。县工会副主席徐长辉作第二次代表大会以来的工会工作报告。代表们还听取了《关于三年来县工会财务收支情况的审查报告》和提案审查报告。

大会民主选举产生由21名执行委员组成的如东县工会联合会第三届执行委员会,主席1人,副主席1人,并选举了5名委员组成经费审查委员会。

主　　席　徐长辉

副 主 席　邬海涛

执行委员　花昌福　徐长辉　庄　涛　孔祥寿　徐苏东
　　　　　陆宗法　薛雨春　邬海涛　陈君实　颜　震
　　　　　范仲礼　朱震山　姚乃强　王正明　秦柏林
　　　　　谢文英　韩　忠　吴礼山　郭祥贵　高仁和
　　　　　张祖成

主席徐长辉

经费审查委员会

主　　席　缪东升①

本届增补的主席、副主席及任期

主　　席　杨玉林(1956年12月—1957年2月)

副 主 席　吴志高(1956年7月—1957年2月)

①工会经费审查委员会,它是代表会员群众对工会各项经费的收支和财产管理进行审查监督组织,第三、四次代表大会选举产生的负责人均称为主席,此后改称为主任。

第四次代表大会

1957年2月25—28日,于掘港召开。出席会议代表101人,列席代表21人。

大会的主要内容是:审议全县两年多来的工会工作,讨论确定今后工作任务:加强工会组织建设,发挥产业工人及基层组织的积极性;贯彻群众路线,发扬民主,改进领导方法,树立艰苦朴素的优良作风;广泛地开展增产节约运动,进一步加强先进生产者运动的具体领导,动员全县广大职工完成与超额完成第一个五年计划,充分发挥工会在社会主义建设中的作用。

大会听取县工会联合会副主席邬海涛所作的《关于两年多来工会工作情况和今后工作意见的报告》和施克勤所作的《关于三年来工会财务工作的报告》。通过《关于如东县工会工作报告的决议》和《关于如东县工会财务工作报告的决议》。

大会选举产生如东县工会联合会第四届委员会委员21人,候补委员4人,并在四届一次全委会上推选常务委员9人,主席1人,副主席2人,选举经费审查委员会委员5人,主席1人。

主　　席　杨玉林

副 主 席　邬海涛　唐　进

常务委员　仲必奎　朱震山　花昌福　姚乃强　徐长辉　唐　进　杨玉林　邬海涛　蔡锦友

执行委员　刁福全　仲必奎　朱哲清　朱震山　陈君实　陈沅茂　孙德旋　吴　萍　吴志高　花昌福　姚乃强　姜培之　徐长辉　唐　进　张祖成　高德奎　杨玉林　邬海涛　虞　华　赵玉珍　蔡锦友

候补委员　耿万华　徐永登　张震华　谢长俊

主席杨玉林

经费审查委员会

主　　席　王正明

本届增补第一主席及任期

第一主席　唐连生[①](1957年5月—1958年11月)

第五次代表大会

1960年4月12—15日,于掘港召开。出席会议的正式代表241人,列席代表10人,特

①1957年初,唐连生由江苏省总工会建筑工会下放到如东,当时县总主席为杨玉林、故将唐连生安排为县总工会第一主席。

邀代表3人。

大会由中共如东县委书记王遐松作《形势与任务的报告》。县工会联合会第一主席唐连生作县工会第四次代表大会以来的工作总结和今后工作意见的报告,并听取县委宣传部、财贸部、机关党委会、公安局、共青团、妇联等部门负责人的发言。代表们还参加县委万人广播大会,聆听县委领导人关于当前工作任务的报告;还参观农具厂、油米厂的技术革新、技术革命项目。大会闭幕前,县总主席杨玉林作大会总结报告。

大会通过决议:一、在党的领导下,团结和发动全县职工全面开展工业支援农业、城市支援农村的群众运动;二、继续大造声势,把如东技术革新和技术革命推向新的高潮;三、进一步贯彻执行党委关于大办红专学校的指示和教育为无产阶级政治服务,教育与生产劳动相结合的方针,积极办好职工业余红专学校;四、进一步贯彻党的安全为了生产,生产必须安全的方针,和群众干劲越大,越要关心群众生活的指示。

大会选举产生由25名执行委员组成如东县工会联合会第五届委员会,并推选主席1人、副主席2人。

主　席　杨玉林

副主席　姚乃强　赵玉珍

执行委员　王能富　王婉兰　朱哲清　江建华　宋西贵
胡井佩　唐连生　唐锦余　夏传帮　秦世福
耿德瑞　徐长辉　徐新山　姜培之　姚乃强
张忠元　陆金和　许志扬　邬海涛　葛伯林
杨玉林　赵玉珍　邓兰芳　蔡锦友　薛忠明

主席杨玉林

第六次代表大会

1962年9月21—25日,于掘港召开。出席会议正式代表193人,列席代表61人。

大会认真回顾两年多来县工会的工作,总结交流经验教训。确定以恢复发展农业生产,以粮为纲,粮棉并举为中心目标,大力支援农业。进一步贯彻执行总路线,在国民经济中继续贯彻以调整为中心的"八字"方针,发扬工人阶级艰苦奋斗发奋图强的革命优良传统,积极开展以增产节约为中心的社会主义劳动竞赛,更好地完成国家计划。

大会由中共如东县委副书记钱育连作《关于形势和任务》的报告。县工会联合会主席唐连生作题为《在党的领导下,动员全县职工鼓足干劲,加强团结,千方百计支援农业,搞好生产,为实现党和政府交给的各项任务而奋斗》的报告。徐维林作《县工会财务工作报告》,蔡锦友作《如东县第六次代表大会提案解答》。听取工业、文教、供销社等部门负责同志的发言。

大会表彰工业、财贸、文卫、农水战线上在社会主义建设中创造先进事迹的37名先进人物。通过《如东县总工会第六届会员代表大会决议》。选举唐连生、许秀柏、胡光、钱广才为出席省工会第三次代表大会代表。

大会民主选举产生21名执行委员,组成如东县总第六届委员会,并批准主席1人,副主席1人,常委7人。

主　　席　唐连生

副 主 席　邬海涛　赵玉珍

常务委员　唐连生　邬海涛　刘玉昆　蔡锦友　赵玉珍　叶　明　顾　明

执行委员　唐连生　邬海涛　刘玉昆　蔡锦友　赵玉珍　叶　明　顾　明　徐维林　张天时　阙飞鹄　周汉成　顾　健　许芝阳　陈　义　姜培之　王能富　徐新山　唐锦余　胡　尧　薛忠明　费　杰

主任唐连生

第七次代表大会(工人代表大会)

1966年5月"文化大革命"开始。冬,县总停止工作。

1968年9月,如东县工人代表大会于掘港召开。这次会议(后被列为如东县工会第七次代表大会)选举产生工代会的机构和主要负责人。

主　任　樊志明

副主任　何瑞虎　王大海

主任樊志明

第八次代表大会

根据上级关于恢复工会组织的指示精神,中共如东县委研究决定,于1973年8月2日成立如东县总工会筹备领导组。经过1个月筹备,各项工作就绪。

同年9月8—10日,如东县工会第八次代表大会于掘港召开。出席会议的正式代表373人。

大会学习贯彻中共"十大"文件精神,和毛主席、党中央指示。确定今后工作任务:继续深入批林整风,加强阶级斗争和路线斗争教育;加强工人阶级的革命团结,进一步巩固工农联盟;鼓足干劲,加快社会主义建设步伐;坚持党的领导,加强工会组织建设。

大会开幕时,中共如东县委书记王新到会讲话。县总主席唐连生作题为《在毛主席革命路线指引下，进一步发挥工人阶级主力军作用》的工作报告。通过《团结起来，为巩固无产阶级专政而奋斗》的决议。

大会民主选举产生由31名委员组成的如东县总第八届委员会，并推选常委9名，主任1人，副主任3人。

主　任　唐连生

副主任　徐　刚　樊志明　周爱珠

常　委　唐连生　徐　刚　樊志明　周爱珠　刘福观
丛贵昌　张秀兰　赵　新　陈士章

委　员　丛贵昌　刘秀林　刘福观　许凤英　陈　健
陈士章　杨一家　杨长楹　杨祝华　张秀兰
张武沐　陆永凤　吴锡生　周爱珠　金美荣
赵　新　胡林发　俞志高　徐志刚　徐承达
钱福如　顾　俊　顾宝群　唐连生　秦为民
黄世雄　蒋国祥　韩德祥　缪三玉　樊志明
魏银秀

主任唐连生

本届增补副主任及任期

副主任　李先余（1978年8月～1980年4月）
耿文亮（1979年12月～1980年4月）

第九次代表大会

1980年5月9—11日，于掘港召开，出席会议的正式代表393人，列席代表4人。大会认真学习、贯彻党的十一届三中全会公报精神，学习中共中央副主席邓小平关于《目前形势和任务》的报告。回顾总结第八次代表大会以来工会工作的经验教训，确立在县委领导下，进一步把工会工作的着重点转移到社会主义现代化建设上来，动员全县广大职工大干80年代，为实现“四化”贡献力量。

大会执行主席徐刚致开幕词，中共如东县委和南通地区工会办事处负责同志出席大会并讲话。县总主任唐连生作《一九七三年县工会“八大”召开以来的工作报告》。县黄油枪厂、化肥厂、缫丝厂、粮食机械厂、糖烟酒公司和如东县中学、掘港职工业余学校等单位的代表在大会上作发言交流。

大会民主选举产生由39名委员组成的如东县总第九届委员会和经费审查委员会。九届一次全委会议推选常委11人，主席1人，副主席3人。

主　席　唐连生

李先余主持县总工作

副主席 李先余[1] 徐　刚 耿文亮

常务委员 唐连生 李先余 耿文亮 徐　刚 黄世雄 刘福观 陈景植 赵　新 陈士章 徐殿康 周世余

委　员 丁　林 尹玉明 朱桂林 朱志明 许凤英 孙小平 刘福观 刘奇飞 刘　俊 李先余 李　成 宋桂山 汪　德 张玉湖 张锦伦 张士明 陈景植 陈士定 陈士章 周忠辉 周楚兰 周世余 周远连 周爱珠 杨德俊 洪连英 顾昌荣 姚作仁 赵　新 唐连生 耿文亮 徐　刚 徐殿康 徐为林 徐承达 黄世雄 黄庆余 韩德祥 刘秀林

本届增补主席、副主席及任期

主　席 吴义华(1984年6月—1985年2月)

副主席 陈锦荣(1983年1月—1984年3月)

第十次代表大会

1985年2月7—9日,于掘港召开。出席会议的正式代表204名,列席代表24名,代表全县4.5万工会会员和469个基层工会组织;特邀为工会工作做过贡献的16名代表;出席如东县工会1984年度先进集体、先进个人表彰大会的代表也应邀参加大会。

大会回顾总结四年多来的工会工作,确定以党的十二大精神为指针,贯彻《中共中央关于经济体制改革的决定》和中国工会十大精神,以四化建设为中心,充分发挥工人阶级在两个文明建设中的主力军作用;维护职工合法权益,把工会办成"职工之家",为实现四化和振兴如东经济做出积极贡献。

大会由县总副主席李先余致开幕词,中共如东县委书记陆明玉出席开幕式,县委副书记沈明出席讲话。南通市总工会副主席张祖民向大会致辞。大会对先进集体、先进个人进行授奖表彰。县总工会主席吴义华作题为《振奋精神、勇于探索,在改革中开创如东工会新局面》的工作报告。县总副主席耿文亮作《关于工会财务工作的报告》。县化肥厂、棉纺厂、机床厂工会、经编厂、丰利棉纺厂工会俱乐部以及县农药厂女工委员会等单位的代表发言,交流工作经验。耿文亮致闭幕词。

①1982年1月,县总工会主席唐连生离职休养,其全面工作由李先余副主席主持。

大会民主选举产生由21名委员与4名候补委员组成的如东县总第十届委员会和经费审查委员会。十届一次全委会选举产生8名常委,主席、副主席各1人。

主　　席　吴义华

副 主 席　耿文亮

常务委员　吴义华　耿文亮　黄世雄　金世德　冷强华

　　　　　曹莲芳　黄　明　陈祖兰　王学高

委　　员　马宏山　于树元　任国庆　许国庆　吴义华

　　　　　张玉湖　张盛举　陈　诞　陈一凡　陈祖兰

　　　　　宋桂山　冷强华　金世德　周远连　耿文亮

　　　　　钱玉淮　徐殿康　黄　明　黄世雄　曹莲芳

　　　　　王学高

候补委员　丁觉非　夏　俊　黄庆余　喻国柱

主席吴义华

本届增补副主席及任期

副 主 席　王学高(1985年8月～1988年4月)

　　　　　刘红秀(1988年4月7～18日)

　　　　　陈嘉山(1988年4月7～18日)

第十一次代表大会

1988年4月18日—20日,于掘港召开。出席会议正式代表297名,特邀代表2名,列席代表16名。

县工会十一次代表大会主席台

大会回顾与总结三年来的工会工作，听取和审议县总工会和经费审查委员会的工作报告，讨论决定今后工作任务是认真学习贯彻中共十三大及县委第八次党代会精神，解放思想，振奋精神，锐意改革，艰苦奋斗，努力开创如东工会工作新局面，为振兴如东经济做出贡献。

大会由县总副主席王学高致开幕词，中共如东县委书记徐相林向大会祝贺并讲话。南通市总副主席程佩芬向大会致词、团县委书记王亚雄向大会致祝词。县总主席吴义华作题为《发扬主人翁精神，锐意改革开放，为振兴如东经济作出新贡献》的工作报告，县总经费审查委员会主任李先余作了题为《继续贯彻工会财务工作方针，努力收好、管好、用好工会经费》的财务工作报告。听取黄油枪厂、县纺织厂、针织总厂、县缫丝厂、化肥厂、丰利棉织厂、邮电局、马塘小学等单位的典型经验的发言，通过《关于第十届委员会工作报告的决议》。

大会选举产生由21名委员和5名候补委员的如东县总第十一届委员会，以及经费审查委员会。十一届一次全委会选举产生7名常委，主席1人，副主席3人。经费审查委员会选举主任、副主任各1人。

主　席　吴义华

副主席　王学高　刘红秀　陈嘉山

常务委员　王学高　刘红秀　陈嘉山　吴义华　冷强华　金世德　黄　明

委　员　于树元　王学高　刘红秀　刘仲林　孙同礼　陈　诞　陈达飞　陈建泉　陈嘉山　吴义华　张玉湖　陆身山　宋桂山　冷强华　金世德　周远连　殷克萍　钱玉淮　黄　明　黄世雄　曹莲芳

候补委员　张海荣　丁觉非　潘荣富　吉仲如　蔡　云

主席吴义华

经费审查委员会

主　任　耿文亮

副主任　徐殿康

第十二次代表大会

1993年5月27—29日，于掘港召开。出席大会的正式代表248名，特邀代表4名，列席代表6名。

大会回顾与总结过去5年的工会工作，听取和审议县总和经费审查委员会工作报告，

十二届一次全委会全体委员合影

讨论决定今后工作任务是以中共十四精神为指针，认真贯彻落实《中华人民共和国工会法》，全心全意依靠工人阶级，适应社会主义市场经济的发展，全面履行工会的社会职能，大力发展工会企事业，努力加强工会自身建设和改革，团结和带领职工，为加快如东改革开放和现代化建设，充分发挥工人阶级主力军作用。

大会由县总副主席王学高致开幕词，中共如东县委书记汤桑林与会讲话。南通市总副主席陆玉明向大会致词、团县委书记刘新华代表群团组织向大会祝词。大会宣读表彰先进集体、先进个人的决定，授奖。县工会主席吴义华作题为《团结和带领全县职工同心同德为实现新时期的历史任务而努力奋斗》的工作报告。县总经审委员会副主任徐殿康作《解放思想，深化改革，努力开创工会财务工作新局面》的工会财务和经审工作报告。

大会民主选举产生由21名委员组成的如东县总第十二届委员会和经费审查委员会。十二届一次全委会推选常委7人，主席1人，副主席3人。

主　　席　吴义华

副 主 席　王学高　刘红秀　陈嘉山

常　　委　吴义华　王学高　刘红秀　陈嘉山

　　　　　金世德　冷强华　陈建忠

委　　员　于树元　王歧光　王学高　吉仲如

　　　　　刘红秀　刘德冠　吴义华　陆身山

主席吴义华

蔡瑞平增补为县总工会主席

陈建忠 陈建泉 陈嘉山 冷强华
杨 明 张月璜 张玉湖 金世德
季美云 周德山 高阳富 顾裕丰
顾锦红

候补委员 曹 玉 薛克萍 董志侠 张海荣
季新娟

经费审查委员会
主 任 王学高
副主任 冯建楠

本届增补主席、副主席及任期
主 席 蔡瑞平(1997年12月~1998年9月)
副主席 华子裕(1995年2月~1998年9月)
王鹤声(1997年12月~1998年9月)
张文山(1998年2月~1998年9月)
王新华(2000年3月~2003年9月)

第十三次代表大会

1998年9月28日—30日,于掘港召开。出席会议正式代表200人,特邀代表4人,列席代表8人。大会回顾与总结五年多来的工会工作,确定今后的工作任务是:调动职工群众的积极性,推动国有企业的改革和发展;参与调整劳动关系,努力维护职工队伍和社会的稳定;全面提高职工素质,建设跨世纪的"四有"职工队伍;坚持"依靠"方针,加强和完善职工民主管理;适应新世纪的要求,积极稳妥地推进工会自身的改革和发展,把如东工运事业全面推向21世纪。

县工会十三届代表大会主席台

大会由主席团常务主席刘红秀主持,常务主席王鹤声致开幕词,县四套班子领导汤桑林、张桂英、鲍国余、李贻福、顾和章、陆伯新、单晓鸣、杨建忠出席会议。县委书记汤桑林、市总主席陈心万发表讲话。团县委书

十三届一次全委会合影

记蒋建树代表县各群团组织向大会祝词。大会宣读表彰先进集体、先进个人的决定，授奖。县总主席蔡瑞平代表县总第十二届委员会作工作报告。会议就工会财务、经济工作作书面发言。

大会选举产生由25名委员组成的如东县总第十三届委员会，以及经费审查委员会。十三届一次全委会选举产生7名常委，主席1人，副主席3人。经费审查委员会选举主任、副主任各1人。

主　　席　蔡瑞平

副 主 席　刘红秀　王鹤声　张文山

常务委员　蔡瑞平　刘红秀　王鹤声　张文山　冷强华　王汉祥　吉仲如

委　　员　王汉祥　王歧光　王鹤声　刘红秀　刘德冠　江有荣　吉仲如　张文山　张玉湖　张宏坤　张国钧　冷强华　冯建楠　陆身山　陈建泉　金世德　季美云　顾一平　顾裕丰　顾锦红　赵桂琴　曹　玉　董智侠　蔡正明　蔡瑞平

经费审查委员会

主　　任　王鹤声

本届增补副主席及任期

副 主 席 王新华(2000年3月—2003年9月)

第十四次代表大会

2003年9月28日—30日,于掘港召开。出席会议正式代表209人,特邀代表8人,列席代表8名。大会回顾与总结5年来工会工作,研究今后工作任务。会议提出以党的十六大精神为指针,认真践行“三个代表”,全面落实《中华人民共和国工会法》,深入贯彻中国工会十四大精神,围绕中心,服务发展,与时俱进,开拓创新,突出维护职能,努力为职工办实事,

县工会十四次代表大会主席台

县总十四届一次全委会全体委员合影

充分保护、调动和发挥好职工群众参与“全民创业”的积极性、创造性，为实现富民强县和加快全面建设小康社会而努力奋斗。

大会由县总副主席王新华致开幕词，县委、县人大、县政府、县政协及县人武部领导严长俊、张桂英、詹立风、翁士豪、陆伯新、单晓鸣、柯德来、司祝建、葛维先、周建飞、樊建清出席会议。县委书记严长俊、市总主席陈心万分别向大会致词，团县委书记张蓉蓉代表各群团组织致词。县总主席蔡瑞平作题为《努力实践“三个代表”，切实履行维护职能，团结带领全县职工为全面建设小康社会而奋斗》的工作报告。县总副主席王新华作《加大力度，依法监督，推进工会经审工作上水平》的报告，蔡瑞平并作《与时俱进，奋发努力，开创工会财务工作新局面》的报告。大会对先进集体和人个举行授奖仪式。

大会选举产生由33名委员组成的如东县总第十四届委员会，以及经费审查委员会。十四届一次全委会选举产生了8名常委(暂缺一名)，主席1人，副主席2人。经费审查委员会选举主任、副主任各1人。

主　　席　蔡瑞平

副 主 席　张文山　王新华

常务委员　王汉祥　王新华　汤九海　吉仲如　刘红秀
　　　　　张文山　冷强华　蔡瑞平

委　　员　蔡瑞平　张文山　王新华　刘红秀　冷强华
　　　　　王汉祥　吉仲如　汤九海　黄　陈　何志勇
　　　　　冯建楠　蔡正明　马月山　陈良秀　季　红
　　　　　何恒国　江有荣　管　霖　李　祥　吴林新
　　　　　王松林　季　伟　於永建　丛建美　蔡秉忠
　　　　　钱爱平　姚百川　王晓晴　李长林　唐福新
　　　　　江晓晔　徐晓曙　蔡　萍　施　霞　施建新

陈斌增补为县总工会主席

经费审查委员会

主　　任　王新华

本届增补主席、副主席及任期

主　　席　陈　斌(2008年2月—10月)

副 主 席　尤建鸿(2004年3月—2008年10月)
　　　　　邓　华(2008年2～10月)

第十五次代表大会

2008年10月15日～17日，于掘港召开。出席会议正式代表208名，特邀代表8人。

县工会十五次代表大会主席台　　　(县总办提供)

大会回顾与总结五年来的工会工作,确定今后的工作任务是:以中共十七大精神为统领,高举中国特色社会主义伟大旗帜,全面落实科学发展观,坚持走中国特色社会主义工会发展道路,充分发挥工会的国家政权重要社会支柱作用,深入贯彻中国工会十五大精神,按照“组织起来,切实维权”的工作方针,着力发展和谐劳动关系,加强维权机制建设,增强基层工会活力,努力扩大工会覆盖面、提高工会凝聚力,团结动员全县广大职工为提升小康新水平、构建和谐新如东,推进全县经济社会又好又快发展而努力奋斗。

十五届一次全委会全体委员合影　　　(县总办提供)

大会由县总副主席王新华致开幕词,中共如东县委书记周铁根出席开幕式并讲话。南通市总副主席朱淑娟向大会致词。团县委书记沈威威代表群团组织向大家致祝词。大会宣读表彰先进集体、先进个人的决定并授奖。县总主席陈斌作题为《坚持走中国特色社会主义工会发展道路,团结广大职工为构建和谐新如东而努力奋斗》的工作报告。陈斌主席、王新华副主席分别向大会作《加强工会财产规范管理,推进工运事业快速发展》的财务工作报告和《求真务实,依法监督,着力推进工会经审工作创新科学发展》的经费审查工作报告。

大会选举产生由35人组成的如东县总第十五届委员会,以及经费审查委员会。十五届一次全委会选举产生9名常委,主席1人,副主席3人。经费审查委员会选举主任1人。

主　　席　陈　斌

副 主 席　邓　华　汤九海

常务委员　陈　斌　邓　华　汤九海　冯亚林　吉仲如

　　　　　江有荣　何志勇　曹达琴　黄　陈

委　　员　张文山　王新华　尤建鸿　邓　华　陈　斌

　　　　　冷强华　何志勇　曹达琴　江有荣　汤九海

　　　　　吉仲如　吉海燕　冯建楠　许新林　吴征才

　　　　　张建军　缪福仁　严　频　徐管均　管　霖

　　　　　翁亚芳　王松林　张　峰　吴　翔　应晓亮

　　　　　陶　旭　范钦明　冒　军　许宏彬　葛新华

　　　　　蔡炳华　冯亚林　李　健　石　斌　李　武

陶卫忠增补为县总工会主席

经费审查委员会

主　　任　邓　华

本届增补主席、副主席及任期

主　　席　陶卫忠(2012年2月—2013年10月)

副 主 席　尹德利(2009年1月—2013年10月)

　　　　　葛亚华(2013年3月—2013年10月)

第十六次代表大会

2013年10月20日—21日,于掘港召开。出席会议正式代表208人,特邀代表13人。大会回顾与总结过去五年的工会工作,听取和审议县总工会及财务、经审会的工作报告,讨论决定今后工作任务是:全面贯彻落实党的十八大精神,紧紧围绕县委工作要求和广大职工群众期待,弘扬"甘为海子牛,当好娘家人"如东工会精

十六次代表大会主席台

十六届县总工会领导成员合影

神,践行“情系职工、和谐共赢”的价值观,突显“服务为先,维权为本,创新为魂”的工作理念,以“科学、严谨、务实”的工作作风,实现“追求更好,志在超越”的工作目标,更好地发挥工人阶级在开创如东科学发展新局面,加快现代化建设进程中的主力军作用!

大会由县总副主席邓华致开幕词。中共如东县委书记、县人大常委会主任詹立风出席开幕式并讲话,南通市总副主席、党组副书记瞿刚向大会致词。团县委书记陈威涛代表群众团体致贺词。县总主席陶卫忠作题为《凝聚职工力量,服务科学发展,奋力谱写中国梦如东篇章》的工作报告。陶卫忠、邓华分别向大会作《强本固基,壮大事业,着力夯实工运事业的物质基础》的财务工作报告和《切实履行职能,强化审计监督,着力提升工会经审工作水平》的经费审查工作报告。

大会选举产生由35名同志组成的如东县总第十六届委员会和7名同志组成的如东县总第五届女职工委员会。十六届一次全委会选举产生了11名常委,主席1名,副主席4名。经费审查委员会选举主任1名,女职工委员会主任1名,副主任2名。

主　　席　陶卫忠

副 主 席　邓　华　葛亚华　汤九海　尹德利

常　　委　陶卫忠　邓　华　葛亚华　汤九海　尹德利　张芙蓉
　　　　　曹达琴　何志勇　吴征才　许新林　袁　忠

委　　员　王松林　尹德利　邓　华　石　斌　冯亚林　冯建楠
　　　　　吉海燕　朱嵘飞　江有荣　汤九海　汤建华　汤爱军
　　　　　许新林　吴东安　吴征才　吴理梅　何志勇　应晓亮
　　　　　张　峰　张芙蓉　张海燕　陈　杰　陈兰兰　周庆生
　　　　　胡一舟　冒　军　袁　忠　钱宏彬　徐向东　陶卫忠
　　　　　黄　勤　黄建春　曹达琴　葛亚华　蔡晓祥

经费审查委员会

主　　任　张芙蓉

三、如东县总工会主席、副主席及任期

1950—2014年历届如东县总工会领导人更迭表

表3—1

历次	机构名称	姓 名	职 务	籍 贯	在任时间
第一届	如东县总工会委员会 1950.03-1951.12	唐国法	主席(兼)	江苏如东	1950.03-1951.12
		唐连生	副主席	江苏丹徒	1950.03-1951.12
		杨玉林	副主席	江苏如东	1950.03-1951.12
第二届	如东县总工会委员会 1951.12-1954.11	唐连生	主 席	江苏丹徒	1951.12-1953.05
		杨玉林	副主席	江苏如东	1951.12-1953.07
		王正明	副主席	江苏如东	1951.12-1954.11
		徐长辉	增补副主席	江苏如东	1953.04-1954.11
		邬海涛	增补副主席	江苏通州	1953.12-1954.11
第三届	如东县总工会委员会 1954.11-1957.2	徐长辉	主 席	江苏如东	1954.11-1957.02
		邬海涛	副主席	江苏通州	1954.12-1937.02
		缪东升	经费审查委员会主席(主任)	江苏如东	1954.11-
		杨玉林	增补副主席	江苏如东	1956.12-1957.02
		吴志高	增补副主席	江苏如东	1956.07-1957.02
		唐 进	副主席	江苏海安	1956.09-1957.02
		唐连生	增补主席(副主席)	江苏丹徒	
第四届	如东县总工会委员会 1957.02-1958.09	杨玉林	主 席	江苏如东	1957.02-1960.04
		邬海涛	副主席	江苏通州	1957.02-1957.10
		唐 进	副主席	江苏海安	1957.02-1957.07
		王正明	经费审查委员会主席(主任)	江苏如东	1957.02-
		唐连生	增补第一主席	江苏丹徒	
第五届	如东县总工会委员会 1960.04-1966.05	杨玉林	主 席	江苏如东	1960.04-1960.12
		姚乃强	副主席	江苏如东	1960.04-1962.08
		赵玉珍	副主席	江苏如东	1960.04-1962.09
第六届	如东县总工会委员会 1962.09-1966.05	唐连生	主 席	江苏丹徒	1962.09-1968.09
		邬海涛	副主席	江苏通州	1962.09-1962.11
		赵玉珍	副主席	江苏如东	1962.09-1966.05
		蔡锦友	增补副主席	江苏如东	1965.10-1968.09
第七届	如东县总工会委员会 1968.09-1973.09	樊志明	主 任	江苏如东	1968.09-1973.09
		何瑞虎	副主任	上海	1968.09-1973.09
		王大海	副主任	江苏如东	1968.09-1973.09

续表3—1—1

历次	机构名称	姓 名	职 务	籍 贯	在任时间
第八届	如东县总工会委员会 1973.09–1985.02	唐连生	主 任	江苏丹徒	1973.09–1980.04
		徐 刚	副主任	江苏通州	1973.09–1980.04
		樊志明	副主任	江苏如东	1973.09–1980.04
		周爱珠	副主任	江苏如东	1973.09–1980.04
		李先余	增补副主席	江苏如东	1978.08–1980.04
		耿文亮	增补副主席	江苏如东	1979.12–1980.04
第九届	如东县总工会委员会 1980.04–1985.02	唐连生	主 席	江苏丹徒	1980.04–1982.01
		李先余	副主席	江苏如东	1980.04–1985.05
		徐 刚	副主席	江苏通州	1980.04–1982.07
		耿文亮	副主席	江苏如东	1980.04–1985.02
		吴义华	增补主席	江苏如东	1984.06–1985.02
		陈锦荣	增补副主席	江苏如东	1983.01–1984.03
第十届	如东县总工会委员会 1985.02–1988.04	吴义华	主 席	江苏如东	1985.02–1988.04
		耿文亮	副主席	江苏如东	1985.02–1988.04
		李先余	经费审查委员会主席(主任)	江苏如东	1985.02–
		刘 俊	经费审查委员会主席(主任)		1985.02–
		王学高	增补副主席	江苏如东	1985.08–
第十一届	如东县总工会委员会 1988.04–	吴义华	主 席	江苏如东	1988.04–1993.05
		王学高	副主席	江苏如东	1988.04–1993.05
		刘红秀	副主席	江苏如东	1988.04–1993.05
		陈嘉山	副主席	江苏如东	1988.04–1993.05
		耿文亮	经费审查委员会主席(主任)	江苏如东	
		徐殿康	经费审查委员会主席(主任)	江苏如东	
		华子裕	增补副主席	江苏无锡	1995.02–1996.12
第十二届	如东县总工会委员会 1993.05–1998.09	吴义华	主 席	江苏如东	1993.05–1997.12
		王学高	副主席	江苏如东	1993.05–1995.02
		刘红秀	副主席	江苏如东	1993.05–1998.09
		陈嘉山	副主席	江苏如东	1993.05–1997.12
		王学高	经费审查委员会主席(主任)	江苏如东	1993.05–1995.02
		冯建楠	经费审查委副主任	江苏如东	1993.05–
		蔡瑞平	增补主席	江苏如东	1997.12–1998.09
		王鹤声	增补副主席	江苏如东	1997.12–1998.09
		张文山	增补副主席	江苏如东	1997.03–1998.09

续表3—1—2

历次	机构名称	姓 名	职 务	籍 贯	在任时间
第十三届	如东县总工会委员会 1998.09–2003.09	蔡瑞平	主 席	江苏如东	1998.09–2003.09
		刘红秀	副主席	江苏如东	1998.09–2003.09
		王鹤声	副主席	江苏如东	1998.09–1999.12
		张文山	副主席	江苏如东	1998.09–2003.09
		王鹤声	主 任	江苏如东	1998.09–2002.09
		王新华	副主席	江苏如东	2002.02–2003.09
第十四届	如东县总工会委员会 2003.09–2008.10	蔡瑞平	主 席	江苏如东	2003.09–2008.02
		张文山	副主席	江苏如东	2003.09–2008.09
		王新华	副主席	江苏如东	2003.09–2008.09
		王新华	主 任	江苏如东	2003.09–2008.10
		陈 斌	主 席	江苏如东	2008.02–2008.09
		尤建鸿	副主席	江苏如东	2004.02–2008.09
		邓 华	副主席	江苏如东	2008.02–2008.09
第十五届	如东县总工会委员会 2008.10–2013.10	陈 斌	主 席	江苏如东	2008.10–2012.
		邓 华	副主席	江苏如东	2008.10–2013.10
		汤九海	副主席	江苏如东	2008.10–2013.10
		邓 华	经费审查委员会主席(主任)	江苏如东	2008.10–2013.10
		陶卫忠	增补主席	江苏如东	2012.02–2013.10
		尹德利	增补副主席	江苏如东	2009.01–2013.10
		葛亚华	增补副主席	江苏如东	2013.02–2013.10
		张芙蓉	增补常委	江苏如东	2012.02–2013.10
第十六届	如东县总工会委员会 2013.10–	陶卫忠	主 席	江苏如东	2013.10–
		邓 华	副主席	江苏如东	2013.10–
		葛亚华	副主席	江苏如东	2013.10–
		汤九海	副主席	江苏如东	2013.10–
		尹德利	副主席	江苏如东	2013.10–
		张芙蓉	经费审查委员会主任	江苏如东	2013.10–

四、中共如东县总工会党组织

党　组

1952年,经县委研究决定,建立县总党组。

副书记　唐连生(1952年—　　　)

成　员　唐连生(1952年—　　　)

杨玉林(1952年—　　　)

徐长辉(1952年—　　　)

1985年3月21日,经县委研究决定,恢复建立县总党组。

书　记　吴义华(1985年3月—1997年11月)

副书记　王学高(1985年7月—1995年3月)

成　员　吴义华(1985年3月—1997年12月)

王学高(1985年7月—1995年3月)

耿文亮(1985年3月—1988年4月)

李先余(1985年3月—1988年4月)

陈嘉山(1988年4月—1997年11月)

刘红秀(1988年4月—2003年3月)

华子裕(1995年 月—1996年11月)

1997年11月—2008年1月

书　记　蔡瑞平(1997年11月—2008年1月)

成　员　王鹤声(1997年11月—1999年12月)

张文山(1998年1月—2008年9月)

王新华(　　　—2008年9月)

尤建鸿(女,2004年3月—2008.9)

邓　华(女,2007年11月—　　)

2008年1月~2013年6月

书　记　陈　斌(2008年1月—2012年　月)

副书记　陶卫忠(2012年1月—　　　)

成　员　邓　华(女,2007年11月—　　)

汤九海(2008年10月—　　　)

尹德利(2009年1月—　　　)

黄　陈(2010年1月—　　　　)

　　　2013年6月—

书　记

党总支部

1998年5月4日成立县总党总支部,下辖县总机关党支部、县总老干部党支部、县工人文化宫党支部。2000年2月,原隶属于掘港镇党委的掘港职工学校党支部划归县总党总支部领导,成立县职工学校党支部。2003年2月,县职工学校党支部与县工人文化宫党支部合并,成立县工人文化宫、县职工学校党支部。

书　记　蔡瑞平(1998年5月—2008年5月)

　　　　邓　华(女,2008年5月—2013年6月)

　　　　陶卫忠(2013年6月—　　　　)

副书记　冷强华(1998年5月—2008年5月)

　　　　冯建楠(1998年5月—2008年5月)

　　　　汤九海(2008年5月—2013年6月)

　　　　黄　陈(2008年5月—2013年6月)

　　　　邓　华(女,2013年6月—　　)

机关党支部

1980年,经中共如东县直属机关党委批复,同意县总单独建立党支部。

书　记　唐连生(1980年—1982年)

　　　　李先余(1982年2月—1985年4月)

　　　　吴义华(1985年4月—1988年8月)

　　　　王学高(1988年8月—1995年3月)

　　　　刘红秀(女,1996年1月—1998年5月)

　　　　王汉祥(1998年5月—2004年　　　)

　　　　王新华(2004年　　—2009年4月)

　　　　何志勇(2009年4月—　　　　)

副书记　李先余(1985年4月—1995年3月)

　　　　刘红秀(女,1995年3月—1996年1月)

老干部党支部

书　记　李先余(1998年4月—2008年5月)

　　　　刘红秀(女,2008年5月—2012年3月)

　　　　冷强华(2012年3月—　　　　)

副书记　耿文亮(1998年4月—2012年5月)

　　　　陈嘉山(2012年3月—　　　　)

　　　　华子裕(2012月3月—　　　　)

县工人文化宫党支部

书　记　丁觉非(1991年9月—1994年12月)

　　　　冯建楠(1994年12月—2003年2月)

县职工学校党支部

书　记　黄　明(2000年2月—2003年2月)

县工人文化宫、县职工学校党支部

书　记　冯建楠(2003年2月—2013年6月)

　　　　张海燕(女,2013年6月—　　　　)

五、如东县总工会机关机构设置、部门负责人及任期

1950年,如东县总成立,设秘书1人,专职委员和工作人员若干人。1951年,开始设两部一室:组织部、文教部和秘书室。1952年,增设生产部、劳保部。1953年,新增女工部、财务部。1957年,组织部与文教部合并为组宣部,撤销财务部。1958年,县总与妇联、劳动科合署办公。1959年,县总为县委劳动工资部工会办公室,部门设置相应改变。

1962年,县总恢复内设建制,设组织部、宣教部、劳保部、女工部和秘书室,至“文化大革命”县工会停止活动。

1973年9月,县总恢复后,内部机构设置逐步健全,至1984年设立四部,即:组织部、宣传教育部、生产保护部、生活女工部。之后,成立法律顾问组、职工技术协作交流站。

1990年后,县总机关内设机构作了必要的调整,至1997年12月,内设5个职能部门:组织部、宣传教育部、生产保护部、生活女工部、财务部(与办公室合署)。

2004年12月,根据如东县委办公室关于《如东县总工会机关主要职责、内设机构和人员编制规定》(东委办〔2004〕9号)的通知精神,明确县总机构内设6个职能部室(股级),包括办公室(挂“经费审查办公室”牌子)、组织部、民主管理与法律工作部、宣传教育与生产保护部、生活保障与女工工作部、财务部。同时明确县总工会法律顾问处和县职工技术协作办公室为行政管理型事业单位,依照国家公务员制度进行管理。

如东县总工会机关部(室)设置及负责人更迭表

表3—2

设置时间	部(室)名称	姓名	职务	籍贯	在任时间
1951年	组织部	吴志高	部长	江苏如东	1950—1954
		邬海涛	部长	江苏通州	1953—1957
1957年	组宣部	张天时	负责人	江苏如东	1958—1962
		黄世雄	负责人	江苏如东	1962—1966
1951年	文教部	吴敦仁	部长	江苏如东	1951—1952
		徐长辉	部长	江苏如东	1952—1953
		徐苏东	部长	江苏如东	1954—
		姚乃强	副部长	江苏如东	1951—
		缪志道	副部长	江苏如东	1953—
1951年	秘书室	吴敦仁	秘书	江苏如东	1950—1952
		殷洪	秘书	江苏如东	1952—1953
1951年	秘书室	应汾	秘书	江苏如东	1953—1954
		陆忠法	秘书	江苏如东	1954—1956
		朱震山	秘书	江苏如东	1956—1957
		张天时	秘书	江苏如东	1963—1966
		黄世雄	秘书	江苏如东	1973—1984
		黄明	负责人	江苏如东	1984.01—1984.10
		黄明	秘书	江苏如东	1984.10—1990.12
		陈建忠	秘书	江苏如东	1991.10—1993.11
1952年	生产部	吴敦仁	部长	江苏如东	1952—
		仲必奎	部长	江苏如东	1957—1959
		朱震山	副部长	江苏如东	1952—1953
		王正明	副部长	江苏如东	1953—1955
1952年	劳保部	邬海涛	部长	江苏通州	1952—1953
		姚乃强	部长	江苏如东	1957—
		徐维林	负责人	江苏如东	1962—
		胡光	负责人	江苏如东	1963—

续表3—2—1

设置时间	部(室)名称	姓 名	职 务	籍 贯	在任时间
1953年	女工部	吴志高	部 长	江苏如东	1952—1954
		王秀英	部 长	江苏如东	1963—1966
		王秀英	副部长	江苏如东	1953—
		钱凤娥	副部长		1963—1966
1953年	财务部	朱震山	副部长		1953—1954
		朱震山	部 长		1957—
1973年	组织部	黄世雄	负责人	江苏如东	1973—
		刘福观	负责人	如东江苏	1973—1984
		金世德	部 长	江苏如东	1984—1990
1957年～1973年	宣传教育部	蔡锦友	副部长	江苏如东	1957—1958
		蔡锦友	负责人	江苏如东	1962—1966
		黄世雄	负责人	江苏如东	1973—1982
		金世德	负责人	江苏如东	1982—1984
		黄世雄	部 长	江苏如东	1984.07—1991.2
1973年	生产保护部	胡 光	负责人	江苏如东	1963—
		冷强华	负责人	江苏如东	1984.01—1984.07
		冷强华	副部长	江苏如东	1984.07—1991.05
1973年	生活女工部	陈 英	负责人	江苏如东	1975—1979
		周楚兰	负责人	江苏如东	1980—1981
		曹莲芳	负责人	江苏如东	1981—1984
		曹莲芳	副部长	江苏如东	1984.07—1991.05
1984年	组织部	金世德	部 长	江苏如东	1984.07—2000.09
		汤九海	负责人	江苏如东	2000.09—2001.07
		黄 陈	负责人	江苏如东	2001.07—2002.06
		汤九海	负责人	江苏如东	2002.06—2008.10
1984年	宣传教育部	黄世雄	部长	江苏如东	1984.07—1991.02
		陈祖兰	部长	江苏如东	1991.06—1991.12
		王汉祥	副部长	江苏如东	1994.12—1997.10
		王汉祥	部长	江苏如东	1997.05—2004.09

续表3—2—2

设置时间	部(室)名称	姓名	职务	籍贯	在任时间
1984年	生产保护部	冷强华	部长	江苏如东	1991.05—2004.09
1984年	生活女工部	曹莲芳	部长	江苏如东	1991.05—1994.05
		顾锦红	副部长	江苏如东	1991.05—1995.04
		顾锦红	部长	江苏如东	1995.04—2000.04
		徐向英	部长	江苏如东	2000.12-2004.09
		尤建鸿	部长(兼)	江苏如东	2004.09—2010.01
		曹达琴	副部长	江苏如东	2007.12—2010.01
1988年3月	法律顾问组(处)	黄　明	组长(兼)	江苏如东	1988.03—1991.10
		陈建忠	组长(兼)	江苏如东	1991.10—1993.11
		黄　陈	副组长	江苏如东	1993.04—2009.04
		汤九海	组长	江苏如东	2000.12—2004.09
		黄　陈	副主任	江苏如东	2004.09—2009.12
		汤九海	主　任	江苏如东	2004.09—2009.12
1984年8月	县职工技术协作交流站	冷强华	负责人	江苏如东	1984.08—1988.01
		冷强华	站　长	江苏如东	1988.01—2004.09
2004年9月	县职工技术协作办公室	冯建楠	主　任	江苏如东	2004.09—2009.12
		何志勇	主　任	江苏如东	2010.01—2013.12
		冷明洁	主　任	江苏如东	2013.12—
		何志勇	副主任	江苏如东	2004.09—2010.01
		冷明洁	副主任	江苏如东	2010.01—2013.12
2004年9月	办公室(经费审查办公室)	何志勇	负责人	江苏如东	2004.09—2013.12
		袁忠	副主任	江苏如东	2010.01—2012.02
		李卫亮	负责人	江苏如东	2012.02—
		许新林	部长	江苏如东	2010.01—2012.02
		张芙蓉	负责人	江苏如东	2012.02—2013.12
		张海燕	负责人	江苏如东	2013.12—
2004年9月	组织部	汤九海	负责人	江苏如东	2004.09—2008.12
		吴征才	部长	江苏如东	2010.01—2013.12
		袁　忠	部长	江苏如东	2013.12—

续表3—2—3

设置时间	部(室)名称	姓 名	职 务	籍 贯	在任时间
2004年9月	民主管理与法律工作部	黄 陈	负责人	江苏如东	2004.09—2012.02
		袁 忠	部长	江苏如东	2012.02—2013.12
		曹达琴	部长	江苏如东	2013.12—
2004年9月	宣传教育与生产保护部	冷强华	部长	江苏如东	2004.09—2009.01
		许新林	部长	江苏如东	2010.01—2013.12
		吴征才	部长	江苏如东	2013.12—
		冯建楠	宣教负责人	江苏如东	2003.10—
2004年9月	生活保障与女工工作部	尤建鸿	部长(兼)	江苏如东	2004.09—
		曹达琴	部 长	江苏如东	2010.01—2013.12
		吉海燕	负责人	江苏如东	2013.12—
2004年9月	财务部	吉仲如	部 长	江苏如东	2004.09—2010.01
		吉海燕	负责人	如东江苏	2010.01—2013.12
		许新林	部长	江苏如东	2013.12—
2004年9月	法律顾问处	黄 陈	副主任	江苏如东	2004.09—2009.12
		黄 陈	主 任	江苏如东	2010.01—2011.09
		汤九海	主 任	如东江苏	2004.09—2009.12
		张海燕	主 任	江苏如东	2012.02—
2004年9月	县职工技术协作办公室	冯建楠	主 任	江苏如东	2004.09—2009.12
		何志勇	主 任	江苏如东	2010.01—2013.12
		何志勇	副主任	江苏如东	2004.09—2010.01
		冷明洁	主 任	江苏如东	2013.12—
		冷明洁	副主任	江苏如东	2010.01—2013.12
	困难职工帮扶中心	曹达琴	主 任	江苏如东	2010.01—2013.12
		於 宏	副主任	江苏如东	2012.02—2013.12
	县职工服务中心	於 宏	副主任	江苏如东	2013.12—

六、如东县总工会直属事业单位

(一)如东县工人文化宫

如东县工人文化宫前身是县工人俱乐部,创办于1950年,设于关帝庙内,隶属县总工会。内设乒乓室、阅览室。1954年迁至砖桥北首,有房屋18间,新建灯光球场一个及图书阅览室,藏书25000余册,征订报刊、杂志、画报50多种。1956年上半年,县总工会加强工人俱乐部组织建设工作,设立俱乐部管理委员会,建立和健全各项规章制度,并培养和吸收积极分子参加管理工作。1950年下半年,将工人俱乐部与文化馆合并,人员到文化馆办公。1959年11月23日,恢复县工人俱乐部,"文化大革命"期间停止活动。

工人文化宫　　(县总办提供)

1975年7月20日,重新恢复如东县工人俱乐部。1980年1月,改名为如东县工人文化宫。同年春节期间正式对外开放,内设展览、图书阅览、乒乓球、康乐球、游艺、奕棋、电视等活动,并与县科委合建一座科技画廊。

1983年,新建工人文化宫电影院,并对外开放营业。1984年被推荐为南通市电影公司表彰单位。为强化工会事业单位的社会职能,更好地为生产,为培养"四有"[①]职工队伍服务,使文化宫真正成为社会主义精神文明建设的窗口,成为广大职工的"学校"和"乐园",起到全县职工文化活动的中心和对基层俱乐部的辅导辐射作用,从1989年1月1日起,对县工人文化宫实行目标管理责任制。1993年评为"南通市事业单位改革先进集体",1995年评为"县级文明单位",2004-2014年,连续11年被江苏省总评为"新闻舆论宣传先进集体"。

工人俱乐部

负责人　张学山(1950年—1954年)

　　　　吴功伟(1954年—　　　)

①"四有":有理想、有道德、有文化、有纪律。

工人文化宫

主　任　周忠辉（1980年2月—1990年11月）
　　　　黄世雄（1986年2月—1987年9月）
　　　　袁　骏（1987年9月—1988年12月）
　　　　王学高（兼，1988年12月—1990年11月）
　　　　冯建楠（1991年11月—2012年2月）
　　　　张海燕（女，兼，2012年2月—2013年12月）
　　　　李卫亮（2013年12月—　　　　）

副主任　丁觉非（1980年2月—1990年11月）
　　　　吴光林（1994年4月—1996年12月）
　　　　何志勇（1996年12月—2001年7月）
　　　　冷　晖（1996年12月—2014年2月）
　　　　李卫亮（2012年12月—2013年12月）

如东县职工学校

1980年1月12日建立如东县职工业余学校，1984年8月，为适应改革开放和经济发展新形势的需要，县总对职工学校机构进行调整，把“如东县职工业余学校”更名为“如东县职工学校”。掘港、马塘、岔河、丰利、双甸、掘东、苴镇8所镇（区）职工学校改为分校，实行统一领导。2000年4月，更名为“如东县职工学校管理委员会”。2002年6月，纳入县属事业单位改革范畴。2005年8月，改革更名为“如东县职工培训指导服务中心”。

如东县职工学校　　（县总办提供）

如东县职工学校起始于建国前夕。民国38年（1949）3月，掘港镇办事处就办起青年职工夜校。1950年秋并入县文化馆。同年11月15日，县工会第一届代表大会第二次执委扩大会议研究决定，在掘港、马塘、白蒲、丁埝、丰利、栟茶镇举办职工夜校，以镇建立校委会。1952年春，县总会同县文教科在掘港镇又创办了职工业余学校，校址设在东大街关帝庙内。至9月底全县由各镇工会主办的职工业余学校共9所。1954年新建兵房、岔河2所职工业余学校。1958年10月27日,县总将掘港、马塘、栟茶、丰利、岔河、兵房6所职工业余学校的行政、业务、财务权限分别划归所属镇(乡)领导,业务指导、人事配备由县文教局负责。同年,各工厂企业纷纷办起红专学校,全县有厂办红专学校17所,厂际联办红专学校15所,较大的工厂办起"红专"大学7所。1962年,事业紧缩,撤销1959年新建的双甸、盐场、棉场、林场、农场5所职工业余学校。"文化大革命"期间,职工学校停办。

1975年7月,在纪念毛泽东"七二一"指示发表七周年之际,县黄油枪厂、县轧钢厂和栟茶镇等单位开始办起了"七二一"工人业余大学。10月24日,工会第八届第五次全委扩大会议上,要求各级工会积极配合有关部门创办"七二一"工人大学。会后,全县有158家工厂举办"七二一"工人业余大学,参加学习职工达7700多人,以学习时事政治和毛主席著作为主,部分有条件的工厂结合生产开设专业课,至1977年全部停办。

1979年2月,县总根据党的工作着重点转移的方针,采取"以镇建校,以厂设办,镇厂结合,统一办学"的方法,迅速恢复五个县属镇、三个工区的职工业余学校。

如东县职工业余学校

校　长　黄世雄(1980年2月—1994年9月)

副校长　黄共田(1980年2月—1979年12月)

如东县职工学校

校　长　黄　明(1993年6月—2000年4月)

掘港职工业余学校

校　长　黄共田(1979年12月—1980年2月)

　　　　黄　勇(1984年8月—1996年12月)

副校长　季　敏(女,1979年12月—　　　　)

　　　　曹　瑾(女,1979年12月—　　　　)

马塘职工业余学校

校　长　张克飞(1984年8月—1996年12月)

　　　　周俊良(女,1996年10月—1999年10月)

副校长　周俊良(女,1992年9月—1996年10月)

岔河职工业余学校

校　长　朱国栋(1984年8月—　　　　)

副校长　朱国栋(1979年12月—1984年8月)

　　　　丁庆如(1996年10月—1999年10月)

丰利职工业余学校

校　长　吴宗余(1984年8月—　　　　)

副校长　吴宗余(1979年12月—1984年8月)

　　　　赵新权(1992年9月—1999年10月)

栟茶职工业余学校

校　长　徐沛然(1979年12月—1992年9月)

　　　　孙良玉(1992年9月—1999年10月)

副校长　孙良玉(1979年12月—1992年9月)

掘东职工业余学校

校　长　陈文选(1979年12月—1996年10月)

　　　　沈建冲(1996年10月—1999年10月)

双甸职工业余学校

副校长　唐如玉(1979年12月—1996年12月)

　　　　吴功政(1996年10月—1999年10月)

苴镇职工业余学校

副校长　陈　岭

如东县职工学校管理委员会

主　任　王新华(兼,2000年4月—2001年7月)

　　　　汤九海(兼,2001年7月—2002年7月)

　　　　吉仲如(兼,2002年8月—2005年8月)

如东县职工培训指导服务中心

主　任　吉仲如(兼,2005年8月—2010年1月)

　　　　吉海燕(女,2010年1月—　　　　)

副主任　吉海燕(女,2007年12月—2010年1月)

　　　　於　宏(女,2012年2月—　　　　)

第三节　镇(区)工会

掘港镇总工会

1950年,建立掘港镇工会。1958年,全镇建立10个基层工会。1964年8月,重新建立掘港镇工会。"文化大革命"期间,"工代会"代替工会组织。1973年,恢复掘港镇工会;1986

掘港镇总工会成立大会　　　　（县总办提供）

年1月，掘郊公社划归掘港镇。1986年5月，掘港镇工会工作委员会成立；1995年2月22日，掘港、苴镇两工会工作委员会合并，撤销苴镇工会工作委员会。合并后掘港镇工作委员会辖原掘港、苴镇工会工作委员会所属的基层工会。同年4月14日，环北乡撤销，并入环镇乡。2000年4月，撤销九总乡、环镇乡，并入掘港镇。同时，撤销华丰乡、童店乡，并以原两乡所辖区域设立城南镇。2001年11月，成立掘港镇工会委员会。2003年2月14日，城南镇与掘港镇合并。2006年8月，成立掘港镇总工会。

掘港镇工会

主　任　王明祥（1973年2月—　　　　　）

副主任　杨一家（女，1973年2月—　　　　　）

　　　　吴传香（1973年2月—　　　　　）

掘港镇工会工作委员会

主　席　徐殿康（1986年5月—　　　　　）

　　　　江有荣（1994年8月—2001年11月）

副主席　薛　亚（女，2000年4月—2006年8月）

　　　　杨建芳（兼，女，2000年2月—2006年8月）

　　　　戴亚华（兼，2001年11月—　　　　　）

掘港镇工会委员会

主　席　江有荣(2001年11月—2006年8月)
　　　　薛　亚(女,2001年11月—2003年3月)
　　　　杨建芳(女,兼,2001年11月—2003年3月)
　　　　戴亚华(兼,2001年11月—2005年5月)

掘港镇总工会

主　席　江有荣(2006年8月—　　　　)
副主席　薛　亚(女,2006年8月—2008年1月)
　　　　张如萍(女,2008年1月—　　　　)
　　　　钱晶晶(2011年11月—2012年7月)
　　　　郭维娟(2011年11月—　　　　)
　　　　夏玉洲(2012年7月—　　　　)

九总乡工会

主　席　桑桂如(兼,1996年7月—2000年3月)

环镇乡工会

主　席　薛　亚(女,1996年7月—2000年3月)

掘港镇工会

主　席　江有荣(2003年3月—2006年8月)
副主席　薛　亚(女,2003年3月—2006年8月)
　　　　杨建芳(女,2003年3月—2006年8月)
　　　　戴亚华(2003年3月—2006年8月)

华丰乡工会

主　席　朱美英(女,兼,1996年7月—2000年4月)

童店乡工会

主　席　江　海(兼,1996年7月—2000年4月)

城南镇工会工作委员会

主　席　王戴跃(2000年4月—2003年2月)
　　　　佘卫东
副主席　徐献成(兼,2000年4月—2003年2月)
　　　　范　平(女,兼,2000年4月—2003年2月)

马塘镇工会

民国29年(1940)底,马塘镇相继成立搬运、手工业、商业等抗日联合会。次年起,各乡陆续成立工人抗日联合会(简称“工抗会”)。民国34年(1945),马塘镇先后恢复店员、搬运、小车工会联合会。1949年,建立马塘镇工会委员会。1962年,重建马塘镇工会委员会。“文化大革命”期间,“工代会”代替工会组织。1973年秋,恢复马塘镇工会委员会。1978年5月,召开工会会员代表大会,选举产生马塘镇工会委员会。1984年,马塘镇工会委员会改为马塘工会工作委员会。1995年2月12日,撤销桐本乡工会,与马塘镇工会工作委员会合并。2000年4月21日,2001年3月20日,潮桥乡、凌民乡先后撤销,并入马塘镇。2002年3月,成立马塘镇工会委员会。

马塘镇工会第四届一次会员代表大会　　(县总办提供)

马塘镇工会委员会

主　任　王正明(1949年　—1951年12月)

　　　　蒋海如(1974年1月—　　　)

副主任　冯　静(1974年1月—　　　)

　　　　马元敏(1974年1月—　　　)

　　　　于志英(1974年1月—　　　)

马塘镇工会工作委员会

主　席　周世余(1974年9月—1984年8月)

　　　　宋桂山(1984年9月—1990年11月)

　　　　刘德冠(1990年11月—1998年12月)

　　　　秦友兵(1999年1月—2000年10月)

　　　　高庆良(2000年11月—2001年11月)

李　祥(2001年11月—2006年3月)
许新林(2006年4月—2009年1月)
翁亚芳(女,2009年2月—2011年10月)
周金峰(2011年10月—2012年3月)
单蔡薇蓉(女,2012年3月—2013年8月)
副主席　周俊良(女,兼,1988年1月—1993年1月)
周远连(兼,1986年5月—　　　　)
张　均(兼,2002年11月—2006年3月)
葛加余(兼,2002年11月—2006年3月)

桐本乡工会

主　席　马宏山(1984年11月—1995年2月)
副主席　於淑萍(女,1984年11月—1989年10月)

潮桥乡工会工作委员会

主　席　李正元(1996年7月—2004年4月)

凌民乡工会工作委员会

主　席　秦新建(1996年7月—2001年2月)
周明浩(2001年1月—2001年2月)

曹埠镇工会

1999年3月,成立工会工作委员会。2001年3月20日,撤销曹埠乡、饮泉乡、孙窑乡,合并建立曹埠镇。2002年9月,曹埠镇召开第一届工会会员代表大会,成立曹埠镇工会委员会。

曹埠镇工会工作委员会

主　席　吴林新(2002年10月—2008年10月)
张　峰(2008年10月—　　　　)
副主席　杨金秀(女,2002年10月—2008年10月)
何玉洲(2002年10月—2008年10月)
蒋建明(2002年10月—2008年10月)
谢文杰(2011年2月—2012年11月)

曹埠乡工会

主　席　周继红(女,兼,1996.7—2001.3)

饮泉乡工会

主　席　陈桂林(兼,1996.7—2001.3)

孙窑乡工会

主　席　葛加余(兼,1996.7—2001.3)

岔河镇工会

1950年9月,建立岔河镇工会组织。1963年,重建岔河镇工会委员会。1973年,恢复岔河镇工会委员会;1986年1月,岔东乡划归岔河镇。1986年5月,成立岔河镇工会工作委员会。1995年3月18日,古坝乡撤乡建镇。2000年4月21日,撤销岔南乡、岔北乡,并入岔河镇;2001年3月20日,撤销古坝镇,并入岔河镇。2001年11月,建立岔河镇第一届工会委员会。

岔河镇工会

主　席　陈德仁(兼,1950年9月—　　　　)

岔河镇工会委员会

主　任　倪　恒(1974年1月—　　　　)

副主任　王善根(1974年1月—　　　　)

　　　　周爱珠(女,1974年1月—　　　　)

岔河工会工作委员会

主　席　张玉湖(1986年5月—2001年10月)

副主席　张昌福(兼,1986年5月—2001年10月)

　　　　丁庆如(兼,1986年5月—2001年10月)

岔南乡工会

主　席　盛国元(兼,1996年7月—2000年4月)

岔北乡工会工作委员会

主　席　吴树林(兼,1996年7月—2000年4月)

古坝镇工会工作委员会

主　席　吴新华(1996年7月—2001年3月)

岔河镇工会工作委员会

主　席　崔文华(　　　　—2001年11月)

　　　　於永建(2001年11月—2004年12月)

　　　　缪建周(2005年3月—2007年10月)

　　　　应晓亮(2007年11月—　　　　)

副主席　韦新华(兼,2001年11月—2001年12月)

冒本珊(兼,2001年11月—2001年12月)
邵正荣(兼,2001年11月—2004年12月)
马金龙(兼,2001年11月—2011年11月)
吴春建(兼,2001年11月—2004年12月)
张利国(兼,2011年7月—)
吴国盛(兼,2011年7月—)

新店镇工会

1996年7月设立新店乡工会。1997年9月19日,撤乡建镇。2000年4月21日,撤销汤园乡,并入新店镇。2002年11月,新店镇成立第一届工会委员会。

新店镇工会委员会
主 席 季 伟(兼,1996年7月—2002年11月)
汤园乡工会工作委员会
主 席 李栋成(兼,1996年7月—2000年4月)
新店镇工会委员会
主 席 李 伟(2002年11月)
朱卫东( )
副主席 曹卫东(兼,2002年11月—)
朱 斌(兼,2002年11月—)
蔡晓祥( )

双甸镇工会

民国30年(1941),双甸镇相继建立工人抗日联合会(简称“工抗会”)。1950年,建立工会组织。1965年建立双甸镇工会委员会。1974年2月,恢复双甸区工会委员会。1986年3月,双甸乡撤乡建镇。1986年5月建立双甸区工会工作委员会。1999年9月7日,石甸乡撤乡建镇。

2002年9月双甸镇建立工会委员会 (双甸镇工会提供)

2000年4月21日，撤销双南乡、石甸镇，并入双甸镇。2002年9月28日，双甸镇建立第一届工会委员会。

双甸区工会工作委员会

主　任　杨德俊（1974年2月—1979年）

副主任　章孔宣（1974年2月—1979年）

主　席　杨德俊（1979年　月—1990年8月）

　　　　刘克芳（1979年　月—　　　　）

　　　　李　成（1979年　月—　　　　）

双甸工会工作委员会

主　席　杨德俊（1986年5月—　　　　）

　　　　曹　玉（1990年8月—　　　　）

副主席　吴功平（1981年7月—　　　　）

　　　　袁秀兰（女，1981年7月—　　　）

　　　　唐如玉（1986年5月—　　　　）

主　席　丛建美（女，兼，2002年10月—　　　　）

　　　　吴征才（代，2006年4月—2009年2月）

　　　　陶　旭（2009年2月—　　　）

副主席　胡玉珍（女，兼，2002年10月—　　　　）

　　　　陈兰兰（女，2009年2月—　　　　）

双南乡工会工作委员会

主　席　王孝明（兼，1996年7月—2000年4月）

石甸乡工会工作委员会

主　席　陶金兰（女，兼，1996年7月—2000年4月）

袁庄镇工会

1996年7月，袁庄乡建立工会工作委员会。2001年3月20日袁庄乡、沿南乡撤乡建镇。2003年2月14日两镇合并，设立袁庄镇。2002年10月，成立第一届袁庄镇工会委员会。

袁庄乡工会工作委员会

主　席　张　宏（兼，1996年7月—2001年5月）

沿南乡工会工作委员会

主　席　刘正芳（女，兼，1996年7月—2001年11月）

顾秀芳(女,兼,2001年11月—2003年2月)
主　席　钱　兵(2001年5月—2003年2月)
钱爱平(2003年2月—2005年1月)
顾秀芳(2005年1月—2007年1月)
张建军(2007年1月—2008年1月)
冒　军(2008年1月—　　　　)
副主席　王瑞华(兼,2002年10月—　　　)
张加庆(2004年3月—2011年10月)
陶悦丹(2011年10月—2015年8月)

河口镇工会

1994年12月,河口乡撤乡建镇。2000年4月21日,撤销于港乡,并入河口镇。2001年3月20日,景安撤乡建镇。2002年9月,建立河口镇第一届工会委员会。2003年2月14日,于港乡并入河口镇。

河口镇工会提供

河口镇工会委员会
主　席　蔡秉忠(2001年11月—2010年5月)
范钦明(2010年5月—2012年1月)
副主席　李中泽(2002年9月—2014 年2月)

江亚梅(女,兼,2002年9月—　　　)
柏松江(2011年9月—2012年8月)
周　昀(2009年4月—2010年8月)

河口镇工会工作委员会

主　席　徐长进(1996年7月—　　　)
徐希贵(　　　—2001年11月)

于港乡工会

主　席　张继忠(兼,1996年7月—2000年4月)

景安乡工会工作委员会

主　席　佘　俊(兼,1996年7月—2007年12月)

景安镇工会委员会

主　席　钱德森(2001年5月—2003年12月)

栟茶镇工会

1949年12月栟茶镇建立工会筹备委员会。1952年,成立栟茶镇工会。1958年建立如东县工会联合会栟茶镇工会委员会。1963年,重建栟茶镇工会委员会。"文化大革命"期间,"工代会"取代工会组织。1973年12月8日,恢复栟茶镇工会。1986年5月,成立栟茶镇工会工作委员会。1995年,撤销靖海乡,并入栟茶镇。1995年11月18日,浒澪乡撤乡建镇。2000年4月21日,撤销浒澪镇,并入栟茶镇;2002年12月,栟茶镇建立新一届工会委员会。

栟茶镇工会筹备委员会

主　席　孙廷友(1949年12月—1952年8月)
郭祥贵(1952年8月—1955年2月)

副主席　蒋玉富(1949年12月—1955年2月)
汤正阳(1952年8月—1955年2月)

栟茶镇工会委员会

主　席　蔡正明(2002年12月—2005年12月)
陈　卫(2005年12月—2007年12月)
张建军(2007年12月—2011年2月)
邵守懿(2011年2月—2012年2月)
徐向东(2012年2月—　　　)

副主席　蔡　华(兼,2002年12月—　　　)
于树元(兼,2002年12月～2007年12月)

主　任　姚　挺(1973年12月—　　　)
副主任　刘奇飞(1973年12月—　　　)
　　　　缪则富(1973年12月—　　　)
　　　　陆永凤(女,1973年12月—　　　)

栟茶镇工会工作委员会

主　席　郑和山(1986年5月~1996年7月)
　　　　蔡正明(1996年7月—　　　)
副主席　徐沛然(1986年11月—　　　)
　　　　于树元(1986年11月—　　　)

浒澪乡工会工作委员会

主　席　缪　彬(兼,1996年7月—2000年4月)

丰利镇工会

1949年10月,筹建丰利镇工会组织。时有油米、搬运、商业、手工业者、缝纫等5个基层工会,召集人朱同义。1940年10月,建立丰利店员抗日协会;1941年11月,建立工抗会;1945年冬,组建职工纠察队。1946年初,成立丰利镇职工联合会。1950年5月,建立筹建丰利镇工会组织。10月份召开全镇职工代表大会,成立丰利镇第一届工会委员会。1950年5月至1962年,先后召开四次全镇职工代表大会,选举产生丰利镇一届、二届、三届、四届工会委员会。1968—1972年,镇"工代会"代替镇工会组织。1973年,恢复丰利镇工会组织。

2001年10月26日,丰利镇第四任工会主席交接班留影　　(丰利镇工会提供)

1979年12月,建立丰利镇工会工作委员会。1995年4月14日,撤销丰西乡、五义乡,并入丰利镇。1998年1月14日,凌河乡撤乡建镇;2000年4月21日,撤销环港渔业乡、石屏乡,设立环港镇。2001年3月20日,撤销凌河镇,与丰利镇合并。2002年9月6日,成立新一届工会委员会。2003年2月14日,环港镇与丰利镇合并。

丰利镇工会筹备委员会

召集人　朱国义(1949年10月—1954年8月)

丰利镇工会委员会

主　席　胡　光(1954年8月—1962年)

副主席　汪仕陬(1954年8月—1962年)

主　任　汪　德(1974年1月—1985年3月)

副主任　沙修爵(1974年1月—1976年)

许凤英(女,1974年1月—　　)

於炳山(1976年　　—1985年3月)

丁　林(1979年12月—　　　　)

丰利镇工会工作委员会

主　席　陆身山(1985年10月—2001年11月)

王松林(2001年11月—2002年9月)

副主席　吴宗余(代,1985年3月—1985年10月,1985年10月—1991年6月)

季本立(1991年—1996年)

陈昌银(1991年—2001年11月)

凌河乡工会

主　席　陈先高(兼,1996年7月—2001年3月)

环渔乡工会

主　席　徐建华(兼,1996年7月—2000年4月)

石屏乡工会

主　席　徐善华(兼,1996年7月—2000年4月)

环港镇工会工作委员会

主　席　张　鹏(2000年4月—2001年11月)

徐永琪(2001年11月—2002年9月)

副主席　穆桂华(2002年8月—2003年2月)

陈五华(兼,2002年8月—2003年2月)

丰利镇工会委员会

主　席　王松林（2002年9月—　　　　）

副主席　张　俊（2002年9月—2003年4月）

　　　　陈亚峰（2002年9月—2003年4月）

　　　　曹达德（兼，2002年9月—2006年6月）

　　　　穆桂华（2003年5月—2006年6月）

　　　　陈日铭（2003年5月—2006年6月）

　　　　季　泉（2006年7月—2011年10月）

　　　　徐宝华（2011年11月—　　　　）

沿海经济开发区（洋口镇）工会

1996年7月，洋口乡设立工会工作委员会。1998年12月31日，撤销光荣乡并入洋口乡。2000年4月21日，撤销南港渔业乡、洋口乡，并以原两乡所辖区域设立洋口镇。2001年3月20日，新林乡撤乡建镇。2001年11月。建立洋口镇第一届工会委员会。2003年2月14日，新林镇与洋口镇合并，称洋口镇。

【洋口乡工会工作委员会】

主　席　于绍本（兼，1996年7月～2000年4月）

　　　　马月山（2001年11月—　　　　）

　　　　缪福仁（　　　　—2011年3月）

　　　　钱宏彬（2011年3月—2015年5月）

副主席　徐　兵（兼，2001年11月—　　　　）

　　　　徐可银（兼，2001年11月—　　　　）

光荣乡工会工作委员会

主　席　石高华（兼，1996年7月—1998年12月）

南渔乡工会工作委员会

主　席　马如银（兼，1996年7月—2000年4月）

新林乡工会工作委员会

主　席　周锦华（兼，1996年7月—2001年5月）

新林镇工会委员会

主　席　周群群（2001年5月—2001年11月）

　　　　周翠兰（2001年11月—2003年2月）

副主席　汤建华（2002年10月—2003年2月）

　　　　冯爱群（兼，2002年10月—2003年2月）

如东经济开发区(苴镇镇)工会

1950年下半年,苴镇建立工会组织。1954年苴镇镇工会改为基层工会。1963年,恢复苴镇工会组织,建立联合基层工会。1974年,恢复和建立苴镇区工作委员会。1986年6月撤乡建镇。1992年8月,成立苴镇镇工会。2000年4月21日,撤销新光乡,并入苴镇镇。2002年9月,成立苴镇镇新一届工会委员会。2012年1月,苴镇镇工会撤销,合并为如东经济开发区工会委员会。

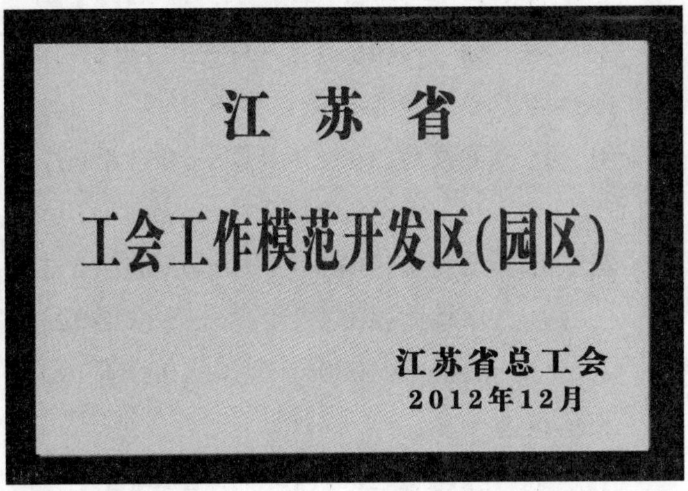

如东经济开发区成立于1992年8月,1993年9月被省政府批准为“省级开发区”,1997年建立工会组织并隶属县直机关工会领导,2002年12月18日成立第一届江苏省如东经济开发区、江苏省南通外向型农业综合开发区工会委员会,2005年改为江苏省如东经济开发区工会委员会。

2014年10月29日,如东县经济开发区总工会成立
(县经济开发区总工会提供)

2009年5月如东经济开发区退城进郊,原城区70多家基层企业工会交由掘港镇管理,从此工会与开发区同步进入二次创业、创建阶段。同时与苴镇实行一体化管理,2011年1月合署办公。2012年1月苴镇工会撤销,合并为如东经济开发区工会委员会。2014年10月29日,成立区总工会,同时为如东首家园区总工会。

主　席　赵　兵(兼,1997年6月—1998年12月)
　　　　缪祝生(兼,1999年3月—2001年7月)
　　　　唐福新(兼,2001年7月—2004年1月)
　　　　蔡　忠(兼,2004年9月—2008年1月)

冯亚林(2008年1月—　　　)

副主席　蔡新谷(兼,1997年6月—1999年12月)

陈锦云(兼,2002年12月—2007年12月)

刘　斌(兼,2011年10月—　　　)

苴镇镇工会

主　席　陈　权(1950年6月—1954年6月)

苴镇区工会工作委员会

主　任　黄家范(1974年2月—1980年6月)

刘　俊(1980年7月—1988年10月)

副主任　吴锡生(1974年2月—1980年6月)

徐承达(1974年2月—1980年6月)

吴云坚(1980年7月—1988年10月)

苴镇镇工会

主　席　陈建忠(1996年7月—1998年12月)

缪广迎(1999年1月—2002年10月)

新光乡工会

主　席　沙如坤(兼,1996年7月—2000年4月)

苴镇镇工会

主　席　陈良秀(女,2000年10月—2006年6月)

於维建(2006年6月—2008年10月)

严　频(女,2008年11月—2012年1月)

冯亚林(2012年1月—　　　)

副主席　周　健(兼,2002年9月—2008年10月)

江苏省国营掘港农场工会

国营如东掘港农场工会建于1958年,直属江苏省农垦系统,同时隶属地方工会管理并参与活动,2002年属地管理后,先后隶属掘港镇和如东经济开发区工会分别管理。2007年,与如东经济开发新区合并,原农场分别建立振新、永新、兴新三个社区工会联合会。

主　席　季和生(1958年9月—1983年5月)

蔡春兰(1983年5月—2000年5月)

沈寿涛(兼,2000年5月—2007年1月)

张溢滨(2009年7月—　　　)

洋口港经济开发区（长沙镇）工会

1995年10月，长沙乡撤乡建镇。2000年4月21日，撤销北坎渔业乡，并入长沙镇。2002年11月，成立长沙镇第一届工会委员会。2007年12月建立工会委员会。2011年11月长沙镇与洋口港经济开发区合并，其工会建制洋口港经济开发区（长沙镇）工会委员会。

主　席　季　红（女，2002年11月—2009年2月）
　　　　葛冰冰（女，2009年2月—2010年3月）
　　　　郁建丰（2010年3月—2011年11月）
　　　　石　斌（兼，2011年11月—　　　　）
副主席　赵洪清（兼，2002年11月—　　　　）
　　　　陈华栋（兼，2002年11月—　　　　）
　　　　任保林（2009年2月—　　　　）
　　　　徐管均（2010年3月—2012年11月）

长沙镇工会工作委员会

主　席　陆修旺（兼，1996年7月—　　　　）

北渔乡工会工作委员会

主　席　周朝全（兼，1996年7月—2000年4月）

如东循环经济产业园（大豫镇）工会

1950年，大豫境内建立兵房镇、大同镇工会组织。1954年，兵房、大同工会改为基层工会。1963年，恢复和建立兵房镇联合基层工会组织。1974年，恢复掘港区工会工作委员会（属县派出机构）；1986年1月2日，兵房乡撤乡建镇。同年11月，掘东区工作委员会成立。如东盐场工会隶属掘东区工会代管。1988年4月，建立兵房工会工作委员会。1996年3月撤区后，如东盐场工会转为兵房乡工会管辖。2001年3月20日，兵房属镇与丁店

2011年10月，召开大豫镇工会三届一次会员代表大会　（管霖 摄）

乡合并为兵房镇。2002年10月,大豫镇和兵房镇分别召开工会一届一次会员代表会,选举产生镇工会新的领导机构。2006年6—7月,两镇又相继召开镇工会第二届一次会员代表大会。2009年4月4日大豫镇与兵房镇合并设立大豫镇。于2011年10月,召开大豫镇工会三届一次会员代表大会。

大豫镇工会工作委员会

主　席　夏秋冬(2000年4月—2001年4月)
　　　　施圣明(2001年4月—2002年9月)
　　　　何恒国(兼,2002年9月—2003年1月)

兵房镇工会委员会

主　席　管　霖(2001年3月—2002年11月)
副主席　陈达兵(兼,2002年11月—2009年4月)
　　　　郭忠富(兼,2001年3月—2003年8月)

东凌乡工会

主　席　薛章明(兼,1996年7月—2000年4月)

南坎乡工会

主　席　夏秋冬(1996年7月—2000年4月)

2000年4月21日,撤销东凌渔业乡、南坎乡,并以原两乡的辖区设立大豫镇。

如东盐场工会

主　任　陈　建(1974年1月—　　　)
副主任　瞿益昌(1974年1月—　　　)
　　　　张士明(1974年1月—　　　)
　　　　张晓云(1987年5月—　　　)
主　席　沈忠祥(1991年9月—2001年3月)
　　　　郭忠富(2001年3月—2003年8月)
副主席　季　浩(1990年5月—2001年3月)
　　　　奚爱红(2001年3月—2003年8月)

大豫镇工会委员会

主　席　何恒国(兼,2003年1月—2006年6月)
　　　　管宏图(兼,2006年6月—2009年4月)
副主席　马卫东(兼,2003年1月—2009年4月)
　　　　周爱华(兼,2003年1月—2009年4月)
　　　　何恒国(2006年6月—2009年4月)

大豫镇工会委员会

主　席　管　霖(2009年4月—2011年5月)

　　　　管建春(2011年5月—　　　　)

副主席　何恒国(2009年4月—　　　　)

　　　　方海健(兼,2009年4月—2011年10月)

　　　　马卫东(兼,2009年4月—2011年10月)

　　　　郁宏明(兼,2009年4月—2011年10月)

　　　　朱　慧(女,兼,2011年10月—　　　　)

掘东区工会工作委员会

主　任　姚作仁(1974年2月—1986年11月)

副主任　金美荣(1974年2月—　　　　)

　　　　姚加祥(1974年2月—　　　　)

　　　　王善斌(1986年11月—1988年4月)

　　　　陈文选(兼,1986年11月—1988年4月)

兵房镇工会工作委员会

主　席　陈达飞(1988年4月—1990年9月)

　　　　顾善欣(1990年8月—1991年1月)

　　　　顾裕丰(1991年1月—2000年9月)

　　　　管　霖(2000年9月—2001年3月)

副主席　陈文选(兼,1986年4月—1989年4月)

兵房镇召开工会第一次会员代表大会　　(县总办提供)

　　　　周翠娥(女,兼,1991年4月—2000年9月)

丁店乡工会

主　席　邢　周(兼,1996年7月—1999年2月)

　　　　刘卫华(1999年2月—2001年2月)

　　　　曹美华(2001年2月—2001年3月)

南通外向型农业综合开发区工会

2012年4月28日,建立工会组织;2012年6月8日,成立第一届工会委员会。

南通外向型农业综合开发区工会组织

主　席　周庆生(2012年4月—6月)

南通外向型农业综合开发区工会委员会

主　任　周庆生(兼,2012年6月—　　　　)

东安科技园工会

2010年5月8日,成立工会委员会。

主　席　李　飞(2009年2月—2012年5月)

　　　　李　武(2012年5月—2012年12月)

注:东安科技园区已于2012年12月31日划给南通滨海园区。

第四节　基层工会

一、县直属基层工会

邮电局工会　供电局工会　广播电视局工会　农业局工会

百货公司工会　棉麻公司工会　五金公司工会　医药公司工会

食品公司工会　饮服公司工会　外贸公司工会　航运公司工会

农机公司工会　木材建材公司工会　农产品生产资料公司工会　燃料公司工会

水产公司工会　纺织品公司工会　生产资料服务公司工会　烟草专卖公司工会

土畜品公司工会　物资回收利用公司工会　再生资源公司工会　石油支公司工会

工业品公司工会　自来水公司工会　保险公司工会　纺织丝绸供销公司工会

粮烟酒专卖公司工会　南通大东有限公司工会　南通如丰针织有限公司工会　人民

医院工会　中医院工会　新华书店工会　人民银行如东支行工会　农业银行如东支行工会　工商银行如东支行工会　航道管理站工会　公路管理站工会　工人文化宫工会　职工学校工会　卫生进修学校工会　交通局工程队工会　水利局工程队工会

二、县系统（产业）工会所辖基层工会统计

教育工会102　建筑工会11　机电工会11

（2014年）

县级机关工会联合会89　县教育工会32　县建设工会联合会16

三、镇（区）、乡工会所辖基层工会统计

（1989年）

掘港镇工会36　马塘镇工会37　岔河镇工会34　丰利镇工会29

栟茶镇工会41　双甸区工会24　苴镇区工会25　掘东区工会18

桐本乡工会7

（2014年）

掘港镇总工会206　马塘镇工会156　曹埠镇工会60　岔河镇工会126

新店镇工会85　双甸镇116　袁庄镇工会54　河口镇工会82

栟茶镇工会84　丰利镇工会128　沿海经济开发区（洋口镇）工会142

洋口港经济开发区（长沙镇）工会48　如东经济开发区（苴镇镇）工会99

如东循环经济产业园（大豫镇）工会97

南通外向型农业综合开发区工会6

第四章　组织建设

1950年3月县总建立之初,随即着手进行工会的组织建设工作。在发展大批职工加入工会组织后,通过严格整顿,保持工会组织的纯洁性。其间,历经"大跃进"运动中"工会消亡"风和"文化大革命"中"砸烂工会"两次较大的曲折。每次曲折后,都进行整顿,在整顿中建设,在建设中发展。"文化大革命"结束以后,随着各级工会的恢复,组织建设工作逐步走上正轨。改革开放后,工会组织建设范围扩大到"三资"企业、乡镇企业。1984年起,全县开展了建设"职工之家"活动。同时,各级工会加强干部培调和干部管理工作,健全各项组织制度,不断进行自身改革和建设,使工会的组织建设工作跃上一个新的台阶。

21世纪后,县总率先垂范,通过"双爱双评"为内容的建设"职工之家"活动和"会员评家"活动,工会组织的综合素质水平得到进一步提高。2014年,全县基层工会组织合格率85%以上。

第一节　发展工会会员

一、发　展

工会章程对职工入会条件是随着各个历史阶段形势的发展而修改变化。民国37年(1948)4月第六次全国劳动大会通过的工会章程第三条规定:“本会以团体会员为基础,中国境内之职工团体,凡赞成本会章程者,不分产业工会、职业工会、地方工会均得加入本会为会员”。1950年6月,中央人民政府委员会第八次会议通过的《中华人民共和国工会法》第一章第一条规定:“凡在中国境内的一切企业、机关和学校中以工资收入为其生活资料之全部或主要来源的体力和脑力的雇佣劳动者及无固定的雇主的雇佣劳动者,均有组织工会之权”。1950年3月县工会建立之初,各基层单位即根据以上规定建立工会组织、发展会员。

1953年5月中国工会第七次全国代表大会通过的工会章程第一章第一条规定:“凡以工资收入为自己生活资料之全部或主要来源的体力劳动者与脑力劳动者,承认本章程,均得加入工会为会员”。1957年12月,中国工会第八次代表大会对工会会员入会条件作了部分补充,即在1953年原规定的条件中,增添了“……不分民族、性别和宗教信仰”的内容。全县各基层工会按照此规定,坚持条件,发展新会员。

1979年,县总遵照全国总工会“关于工会会员资格和会籍处理问题”的指示:对公私合营时私方人员经区别确不属资本家成分的和合作化时的小业主,均属劳动者,吸收入会。对错划改正、摘帽右派分子以及刑满释放、恢复政治权利的人,经群众讨论同意,由其重新申请入会,报上一级工会批准,加入工会为会员。

1980年3月,根据省总组织部签发《组织工作座谈纪要》,县总对工作满一年以上的市镇临时工和计划内亦工亦农合同工(包括民办教师),按工会章程规定吸收入会。1983年4月,各基层工会按省总组织部通知,解决了企事业单位土地工参加工会的问题。1984年,县工会根据乡镇企业的具体情况和特点,在镇属、乡属企业中从事体力或脑力劳动,以工资收入为主要生活来源的职工,承认工会章程,吸收入会。到1987年底,全县59个乡镇企业基层工会,发展会员1.09万人。

1983年10月,中国工会第十次全国代表大会通过的工会章程第一章第一条规定:“凡在企业、事业、机关中从事体力劳动或脑力劳动,以工资收入为主要生活来源的职工,不分性别、民族、职业、宗教信仰，承认工会章程，都可以加入工会为会员”。

1988年，县工会根据上述规定以及章程第八章“附则”第三十五条，在中外合资企业中开始建立基层工会，吸收会员。

1989年底，全县职工8.13万人，有会员5.80万人。

20世纪90年代，全县各级工会组织按照全总关于《继续深入开展建设职工之家活动》的决定，深入建家工作，强化基层组织建设。县总直接抓中共总支以上验收未能合格的单位和县直工会的建家工作，考核确认职工之家12个，全县共确认合格职工之家208个。县邮电局、马塘小学被评为省“模范职工之家”，县缫丝厂、通用厂、化工厂等单位被评为“市先进职工之家”。各工会工作委员会、基层工会按照全总建家6条标准和县总文件，制订建家计划，依靠企业党政，发动职工群众共同建家，取得明显效果。

全县基层工会在继续深入开展建设“职工之家”活动中，普遍制订建家计划，结合经济发展情况和单位实际，从“抓健全组织、抓制度落实、抓建家活动与工会整体工作的结合”入手，探索新形势下建家的内容和形式。县总多次召开专题会议，在修订“建家实施细则”的基础上，坚持千分制、百分制考核标准，分类指导、分类考核。经过发动群众自查自纠认可，全县285个基层工会考核确认为合格职工之家，占基层工会总数的82%，一些基层工会还在实践中总结探索出创“大家”促“小家”、建“小家”保“大家”的建家新路子，促进了建家活动向纵深发展。

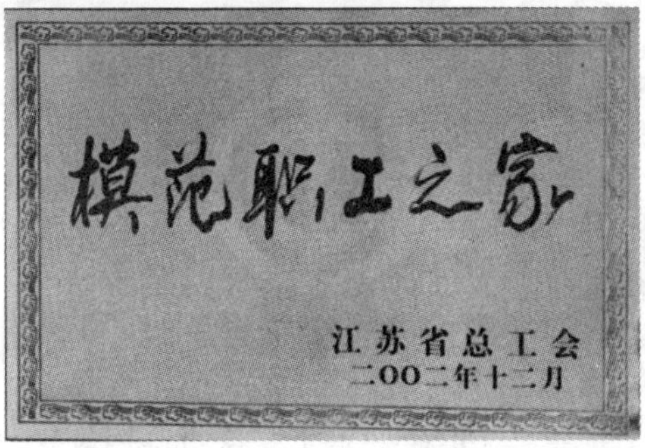

2002年12月省总工会“模范职工之家”“模范职工小家”奖牌　（县总办提供）

1994年，县总重新印发《江苏省外商投资企业工会条例》和《南通市中外合资、合作经营企业工会暂行办法》，并向县委、县政府提交《关于进一步改善外商投资企业劳动关系和加强工会工作的意见》的报告。在县委宣传部、县外经委举办的全县涉外干部培训班上，县总作专题发言。各区、镇工会深入三资企业和私营企业了解情况，宣传发动，外商企业、乡镇企业组建工会的步伐明显加快。到年底，全县组建三资企业工会44个，占应建会的51.16%，私营企业组建工会的试点工作也在进行中。

1995年，县总以贯彻实施《中华人民共和国劳动法》为契机，采取切实有效措施，加快外商投资企业工会组建步伐。一年中,外商投资企业共建工会59家,占应建企业的85%,乡镇企业的工会工作得到加强,私营企业组建工会的试点工作取得进展,实现了零的突破。

1996年,县总与党政有关部门经常联系,沟通情况,通过在外商投资企业开展“双爱双评”①活动印发宣传材料等,促进组建工作顺利开展。全县外商投资企业新建工会4家,累计64家,占应建数的91.40%;乡镇企业新建工会3家,累计43家乡镇已完成建会任务;私营企业工会新建1家,累计2家。

进入21世纪,全县各级工会以清除组建盲区和死角为重点,大胆探索村、居、社区企业职工的入会途径和办法,至2006年底,全县劳务工入会率100%,全县社区工会建会率100%,社区农民工入会率达90%以上,建筑业工会建会率98%,职工入会率91%。全年新建工会委员会160家,独立工会小组260家,发展会员1.20万人,分别完成市总指标240%和110%。

2007年,与税务部门合作,对开业满一年未建会单位征收工会筹备费,并将建会任务指标分解到镇(系统)工会及县总相关联系人,扎实推进组建工作,全年新建工会委员会110家,新建独立工会小组97家,新发展会员1.90万名。进一步修订《如东县基层工会考核标准》,推进工会规范化建设,全县基层工会合格率达85%以上,其中优秀率10%。进一步落实兼职工会干部补贴措施,切实维护维权者合法权益,《兼职工会干部补贴暂行办法》获全总2007年度工会基层组织建设创新成果三等奖。

中华全国总工会奖状　县总办提供

2008年,通过纳税渠道排查未建会名单,分解建会任务,征收工会筹备金等措施,全年新组建工会352家,发展会员1.52万名,分别完成全年目标任务140.80%和152%。全县建立基层工会1127家,累计发展会员14.50万人。

2011年,全面贯彻落实省委组织部和省总“四统筹一创争”②意见,大力推进“组织联建、活动联合、工作联动、机制联创”的“四联”工作模式。全县共新建工会组织338家,新发展会员1.40万人,超额完成市总工会下达任务。全县14家镇(区)工会完成换届工作,选举出各镇(区)劳动保障所所长担任工会副主席,进一步增强镇(区)工会活力。同时,121家基层工会完成换届工作。

①“双爱双评”:评爱企业的优秀员工、评爱员工的优秀经理。

②“四统筹一创争”:组织统筹覆盖、人员统筹配置、活动统筹开展、保障统筹落实,创建先进基层党组织、模范职工之家、争做优秀共产党员、文明职工。

2012年，县总以工会组建和素质提升为重点，全面加强工会自身建设，把党政所需，职工所急，工会所能的事做实做好，团结和动员全县职工为“推进现代化，建设新如东”做出新贡献。这一年，新建工会组织386家，发展会员1.64万人，50人以上建工会企业工资协商建制率85%。

2013年，全县各级工会组织按照“组织起来，切实维权”工作方针，以打造一流职工服务中心为目标，努力构建和谐劳动关系，提高职工服务水平，提高维权能力。全年新建工会组织349家，发展会员1.61万人；50人以上已建工会企业工资集体协商建制率85%以上。

2014年，全县新建工会组织230家，发展会员1.13万人。全县工会累计覆盖4552家单位，其中单独工会1357家。

二、教 育

县总一建立就要求各基层工会重视会员的教育。明确职工入会前，组织学习《中国工会章程》，然后自愿申请、经小组讨论通过、组织批准，方成为会员。入会后，工会组织通过各种活动，用马克思列宁主义、毛泽东思想武装职工群众，教育职工发扬工人阶级的优良传统，保持工人阶级本色。历次会员换证，各级工会克服事务主义的弊端，把换证工作作为对会员进行教育的机会。1951年，海员工会通过换证登记，清理出混入工会组织内的反革命分子。1957年，县总进行会员换证，丰利区教育工会举行授证典礼，许多老教师深受感动，为自己参加工会成为国家主人而自豪。20世纪70年代、80年代各基层工会都结合换证工作，对会员进行教育，让会员知道自己应享受的权利、应履行的义务，自觉执行工会章程。各基层委员会对违法乱纪情节严重且屡教不改的会员先由小组讨论，提出意见，后由基层委员会作出处分决定，开除会籍的报县工会备案。

各级工会把维护进城务工人员合法权益摆上重中之重的位置，加大工作力度。县、镇、村分别建立进城务工人员工作领导组（工作站），县总出台《关于进城务工人员入会和维权工作的指导意见》，县总与县政府有关部门联合下发《关于加强建筑业进城务工人员入会与维权的工作意见》《关于社区工会工作实施意见》，以及《关于做好劳务公司工会组建和吸收劳务工人入会工作的意见》。组织开展进城务工人员情况集中调查月活动与县劳动监察部门联合开展进城务工人员工资支付专项检查。各级工会依托“三联”[①]、“四好”[②]平台，争取社会各界支持，整体推进进城务工人员入会和维权工作，取得良好效果。全面推进村工会联合会规范化建设，召开村工会规范化建设现场观摩推进会，制定《如东县村级工会工作暂行办法》和《如东县村级工会考评标准》，村级工会作用得到进一步发挥。

①“三联”：组织联建、工作联动、机制联创。

②“四好”：诚信经营好、依法纳税好、组织建设好、权益维护好。

三、管 理

为了便于对会员会籍的管理,县总要求各基层工会有两本全员名册,一本是会员进出登记花名册,发展新会员及时登记入户;调离岗位的会员及时给予办理转移组织关系的手续。一本是会员编组的名单,便于会员定期过好组织生活。会员数、小组数坚持年度上报制度。

1954年,栟茶、浒澪等地基层工会将农村“五匠”吸收入会,共500多人,致使工会组织发生混乱,甚至有少数坏分子擅自制印会员证,在会员证上盖“公章”,冒充会员。后通过换发会员证,作了整顿清理。1962年,全县广大职工响应党的号召,支援农业第一线。下放人员中有504人保留会籍。1973年,在恢复工会组织时,对从事文化教育、医药卫生和科技工作的脑力劳动者未予重新登记。1978年10月,中国工会第九次代表大会之后作了纠正。1979年1月,县总会同县教育局、县卫生局联合行文,尔后,文教卫生系统逐步恢复和建立工会组织,吸收文化教育工作者、医务工作者加入工会组织。

1981年根据省总通知,“离职休养的工会会员,应按工会章程第七条规定,办理保留会籍手续。保留会籍期间,免交工会费。退休、退职人员的会籍处理,亦按上述精神办理。”自1981年起,县总按上述规定,办理会员离开职业岗位保留会籍的手续。

20世纪90年代中后期,企业改革向纵深发展,原有企业(公司、工厂、流通服务业)通过改制、兼并、出售、破产等形式,向非公企业转型,资产与人员实现双置换;新建企业迅速发展,员工流动性很大,下岗后的员工实行再就业,农村剩余劳动力,尤以青壮年农民工进城务工逐年增加。为加强会员会籍管理,稳定职工队伍,县总从2001年起,逐步探索加强工会会员会籍管理工作,并在实践中逐步加以完善。2005年5月下发《如东县工会会员会籍管理制度》《会员会籍流动管理制度》,将会员会籍管理工作纳入工会工作的议事日程,作为组织工作的考核内容。职工入会可采取流动会员管理制度,使会员关系在劳动关系流动中及时接转,以防止会员流失。建立起全县会员会籍管理电子数据库,对全县会员会籍实行动态管理,逐步地有效地将这一工作趋向正常化、制度化。

2001年,各级工会向广大员工宣传工会宗旨,会员权利与义务和参加工会组织具备的条件,激发员工参加工会组织的热情。对原工会会员进行全面登记造册,核实后换发新的工会会员证。2002年,县总为全县近12万会员换发了新的会员证。

县总要求,凡新进工厂(公司、单位的员工)在三个月内向单位申请办理入会手续的(填写入会申请表),基层工会应及时为职工办理入会手续(填写、发放工会会员证),同时在员数据库中录入新增会员花名册,并报上级工会存档。

在会员会籍管理中,县总要求工会会员(职工)要妥善保管好(会员证),如有遗失、损坏,及时与工会联系、补发会员证;同时声明原会员证作废。

工会会员(职工)退休后,其会籍保留,但不列入本单位会员统计年报范围。

会员会籍实行年审年报制,各基层工会在每年年末要及时准确上报会员统计报表、年度会员增减情况汇总表、基层工会会员花名册。

县总建立全县基层工会动态管理数据库,各镇(区)同步建立相应数据库。10多年来坚持对数据库进行动态维护。数据库包括基层工会名称、建会时间、最近换届时间、职工人数、会员人数、工会主席姓名、联系电话等项目。各镇(区)的基层工会总数、会员总数随着新增新建工会的添加,自动汇总更新。通过对建会时间和近期换届时间的排序,筛选出数据库中的到期换届工会名单。定期将名单发到镇(区)工会进行核对,对关闭歇业的单位在备注栏内说明情况,对正常运行的单位发出换届通知书,督促换届。换届后,镇(区)工会和县总同时在数据库中变更"近期换届时间、工会主席姓名、联系电话"。

对届内缺人的情况,主要靠各镇区基层主席例会进行把握。在此基础上,进行排查和整顿,通过排查整顿,全县基层工会合格率上升到90%以上。

县总切实加强工会会员会籍的管理,最大限度地将职工吸纳进工会组织,使职工主人翁意识不断增强,加入工会组织的自觉性不断提高。至2014年底,全县参加工会组织的会员21.20万人,占职工总数的99.12%。

第二节 基层工会建设

一、基层工会组织发展概况

民国37年(1948)冬,在县工会筹备委员会的组织下,各区、镇开始向职工群众宣传发动建立工会。同年,马塘首先建立镇工会委员会。1950年,全县除马塘外,掘港、白蒲、双甸、丰利、栟茶、林梓、岔河、丁堰、兵房等15个市镇先后建立镇工会委员会。另有3个港口海员基层工会,13个教育基层工会,以及医务、邮电等24个基层工会。全县职工4947人,会员3106人。

1951年4月15日,县首届教育工会代表大会召开,成立中国教育工会如东县委员会。10月16日,县首届店员代表大会召开,成立中国店员工会如东县委员会。12月,中国海员工会如东县委员会成立。1952年10月,如东县合作贸易工会、如东县财政金融工会、如东县建筑工会成立。合作贸易工会下辖供销社、百货商店、中粮公司、花纱布公司等单位基层工会组织。同年,如东县手工业工会成立。1954年,兵房、大同、浒澪、苴镇、北坎、长沙等8个小镇工会改为基层工会,属大镇工会领导。随着行政区域的变更,于11月12日,丁堰、白蒲镇工会、东陈基层工会划给如皋县总领导。共划出基层工会14个,工会小组58个,职工925人,其中会员804人,工会干部194人。1956年,县店员工会更名为中国商业工会如东县委员会,原属县店员工会的县供销社、县粮食局工会划出。同年,县海员工会及3个港口海员工会撤销。8月,正式成立县粮食采购产业工会,下辖5个基层工会,共72个工会小组,会员1177人。12月县供销系统正式成立江苏省供销合作社工会如东县委员会,下辖15个基层工会,会员698人。

1958年后的"大跃进"年代,随着全县工业发展,职工迅速增加,至1960年,工会会员发展到6585人,基层工会也发展到164个。在"工会消亡论"的影响下,1958年11月,县总与县委劳动工资部合并,随之,部分基层组织合并或辙销。1962年,工业、财贸、农林等系统共下放职工1971人,其中保留会籍504人。年底,全县尚存基层组织162个,会员4738人。1963年—1964年,全县各级工会组织进行恢复、整顿,对被撤销和兼并的工会组织又逐步恢复、建立起来。"文化大革命"期间,全县工会组织又遭到严重破坏。

1973年9月10日,遵照中共中央要求,在县委领导下,县总恢复工作。同年,全县重建基层工会114个,会员1.03万名。1978年,全国工会第九次代表大会精神贯彻后,工会组织建设有了加强,原来一些名存实亡的基层工会,重新恢复活动。

1984年,全县28个乡镇企业建立工会组织,桐本乡成立工会工作委员会。到1987年底止全县59个乡镇企业建立工会基层委员会,职工总数1.91万人,其中会员达1.09万。1988年,3个中外合资企业先后建立工会组织。

1990年12月11日,县委办公室转发县总《关于加强工会基层组织建设的报告》,要求各级党组织要充分认识加强基层工会建设的重要性,切实加强领导,支持和帮助工会开展工作,使其更好地团结和带领广大职工群众,在社会主义现代化建设事业中做出更大的贡献。

1996年,全县43个乡(镇)建立工会工作委员会。

1998年后,全县各级工会坚持"哪里有职工哪里就要组建工会"的原则,加快工会组建步伐,维护广大职工参加和组织工会的权利。在各级党委领导和政府(行政)的支持及工会自身的努力下,以工建促党建,既重点抓好新建企业工会的组建,又积极整顿、重建和巩固国有和集体改制企业工会组织,防止会员流失,工会组建工作取得突破性进展。

1999年前后，乡镇企业产权制度改革，乡镇企业相继走向私营企业行列。根据市总转发省总《关于私营企业组建工会工作的通知》精神，1995年7月24日，如东县首家私营企业工会——南通恒豪纺织品公司工会成立。此后，各镇都先后建立私营企业工会联合会，私营企业建会率达51.1%。

1998年8月，建立如东县私营业工会联合会(图为县首届私营业工会委员、经审会委员合影)
(县总办提供)

2000年初，为贯彻全总十三届二次执委会和省、市总关于新建企业组建工作会议精神，县委召开常委会专门研究工会组建工作，决定2000年为“工会组织建设年”。在“工会组织建设年”中，县委成立组建由县委副书记、县人大常委会主任张桂英为组长、朱春、蒋健、陆伯新、单晓鸣为副组长17人组成的领导小组，并连续多次召开有关工会组建工作专题会议。县委办、政府办下发《关于进一步加强新经济组织工会组织建设的意见》，提出用两年时间实现“两个大多数”目标：把“大多数新经济组织”中的“大多数职工”吸收进到工会组织到工会中来。为此，县总针对新经济组织数量多、规模小、分布广、流动大的特点，提出“先搭台，后充实，再完善，逐步规范”的办法：县总以镇、村工会建设为契机，努力构建县、镇、村“小三级”工会组织网络。至2004年底，全县282个行政村和54个社区建立工会联合会，实现村村建会。

2000年7月24日，县总召开乡镇工会工作会议，研究和部署乡镇企业工会组建工作。2001年，全面开展创建“百强示范乡镇工会”“星级乡镇工会”活动。制订《星级镇工会竞赛实施细则》，以争创省百强和市星级示范乡镇工会活动为载体，全面提升乡镇工会工作水平。抓住乡镇党政机构改革的机遇，与县委组织部及有关镇党委重新落实9个镇工会主席的人员配备。并以加强干部培训为重点，通过就地培训，集中培训、以会代训、专题培训等形式,全面提高基层工会干部素质。掘港、洋口镇工会被推荐为省百强示范乡镇工会,掘港、洋口、岔河镇工会被评定为市五星级乡镇工会,掘港、洋口、岔河、兵房、大豫、丰利、曹埠、双甸、苴镇9个镇工会被确认为省合格乡镇工会。全县20个镇全部成为合格乡镇工会。县委负责人和洋口镇工会主席马月山在江苏省乡镇工会工作会议上介绍经验。

江苏工人报

JIANGSU WORKERS' DAILY

国内统一刊号 CN32—0003
邮发代号 27—45

2001年10月29日(农历辛巳年九月十三)星期一 第4021期

奉献精神探索精神创新精神值得学习

马月山事迹在省乡镇工会主席中反响强烈

本报讯 日前,在省总工会举办的全省第一期乡镇工会主席培训班上,如东县洋口镇工会主席马月山做的题为《我任镇工会主席这一年》精彩发言,令参加培训的各地工会主席无不为之感动,一次又一次报以热烈的掌声。大家纷纷表示要向马月山同志学习,学习他能上能下,干一行爱一行,坚韧不拔,处处追求超越自我的奉献精神,学习他认真研究新经济组织工会如何规范运作的探索精神,学习他在"开门办会"的原则下,迅速找准工会工作切入点的创新精神。

新沂市草桥镇工会主席庄广平有着与马月山相同的工作经历,也是从乡镇行政领导位置转任工会主席的。他说:马月山的精神境界和人生追求确实让人钦佩,他的争取党政支持,依靠各方力量开展工会组建工作等经验给人启发。丰县梁寨镇工会主席朱效学说,工会工作作为党的思想政治工作重要的一翼,体现着党和政府对职工群众的关怀,起到凝聚人心,改善经济发展软环境的重要作用。鉴于此,乡镇新经济组织工会工作大有可为,只要我们深入学习马月山的奉献精神、工作艺术,就一定能促使乡镇工会工作再上新台阶。

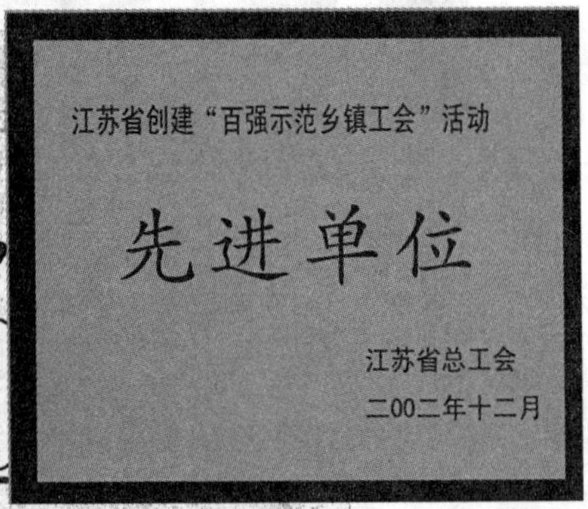

2001年10月,《江苏工人报》对如东基层工会主席事迹在全省基层工会影响的报道及省总颁发的奖牌　(县总办提供)

2003年,县总制定下发《关于开展"建设合格工会、争创示范工会"活动的通知》,各镇、基层工会以创建百强、市星级工会活动为载体,完善工作基础,提高整体水平。县总与县委组织部等5个部门联合下发《关于开展创建"四好"企业活动的实施意见》,并参与组织、指导和考核,对企业工会组织建设起到积极的促进作用。至2003年6月,全县已建基层工会组织1779个,组建率达96%,比1998年增加1373个,增长338%。累计发展会员8.92万人,入会率达99%,比1998年净增3.63万人,增长69%。组建率、入会率均创历史最高水平。同时,各级工会适应经济结构及所有制结构的变化,在组织体制、工作体制、活动方式、履行职责等方面大胆创新,全县所有县属企业工会全部实行镇属管理,逐步建立健全延伸到乡镇、社区和经济开发区、工业园区直至行政村的工会组织领导体制。全县所有15个镇均建立了工会委员会,符合条件的103个村建立工会联合会。县总走出一条"组织联建、工作联动、机制联创"党工共建新路子。9月,省委组织部、省总授予如东县"党建带工建,工建促党建"先进集体荣誉称号,并在全省"党建带工建、工建促党建"工作会议上介绍。2003年8月,县总被全总授予"全国新建企业工会组建工作先进集体"称号。2004年,县总根据省总

2006年8月,掘港镇总工会成立大会现场　　(县总办提供)

的要求和《中华全国总工会关于开展建立乡镇(街道)总工会工作的意见》,在全县镇工会中选取试点,改革和创新工会组织体制。2006年8月10日,掘港镇总工会成立。

2008年,县总以创建乡镇模范工会为契机,全面加强乡镇工会规范化建设,进一步夯实镇级工会工作基础,掘港镇、大豫镇获首批全省工会工作模范乡镇工会。

二、整顿工会组织,建设“职工之家”

1955年1—9月,全县先后整顿和改选基层工会组织27个,40人被清洗出会,其中反革命分子6人,变质分子21人。1956年,商业、供销及其他行业的基层工会出现班子松散、“挂牌子”不干事,职工群众意见大的现象。县总针对上述情况,对46个基层工会进行改选,并新建42个基层组织。1956年以后,全县各基层工会一般做到“两个坚持”“两个倾听”,即坚持每一年召开一次会员全体会议或会员代表会议,向会员报告工作和经费收支情况,倾听会员意见,接受会员批评;坚持每两二年召开一次会员大会或会员代表大会,审议和批准工会基层委员会和经费审查委员会的工作报告,倾听会员意见,讨论并决定基层工会工作的重大问题,选举工会基层委员会和经费审查委员会。1964年间,部分基层工会进行民主改选工会委员会,逐步建立和健全民主生活制度。工会主席负责全面工作,委员明确分工,各司其职。1982年,县总转发省总拟订的《基层工会工作试行条例》,使基层工会组织有章可循。1983年底,全县建立基层工会委员会387个,95%以上的基层工会结合企业整顿进行改选,47个200人以上的单位已有24个配备了26个专职工会干部。

1984年,全总《关于整顿工会基层组织,开展建设“职工之家”活动的试行办法》下达后,6月份县总在调查研究的基础上,确定分期、分批整顿验收的步骤,并制定如东县整建“职工之家”的实施方案和验收实施细则,由县委以34号文件批转给各级党委贯彻执行。同年11月,县总首先在县化肥厂召开现场会,组织首批参加“建家”验收单位的工会主席,对该厂进行示范性的验收,采取听、看、查、议的办法,推广该厂“建家”的经验。市总负责人和兄弟县的同仁到场莅临指导。接着,按全总制定的“建家”六条标准,验收经编厂等19个基层工会。

1985年,县总下达《关于如东1985年整顿基层工会组织,开展建设“职工之家”活动的意见》。在整顿“建家”工作过程中,县总和各镇区工作委员会,采取集中力量、分片包干等方法,对所属基层工会“建家”工作进行分类指导。到1986年底,在已验收的377个单位中,工会主席的年龄已由“建家”前的46.50周岁多下降为42.4周岁,高中文化以上的已有203人,占工会主席总数的38%。

1987年,为贯彻全总提出的“抓基层、打基础、促改革”的指导方针,推动建家活动健康深入地发展,县总协同各区镇工作委员会,对已经整顿验收合格的基层工会,普遍进行“回头看”工作,开展群众性的“建家、评家、爱家、管家”活动。对少数不合格或不完全合格的单位,认真补课,采取缺什么、补什么的办法,真正达到建家六条标准。并在复查的基础上,又把“建家”活动推向高层次开创“先进职工之家”和“模范职工之家”的升级活动。

如东基层工会组织,经过整建“职工之家”活动,到1989年止,全县共建成合格“职工之家”387个,占应建单位的97.40%。其余未建的单位为乡办企业事业单位和新建的基层工会。全县“建家”合格单位中“模范职工之家”65个,其中市级4个;“先进职工之家”179个,其中市级16个,省级2个。

1990年10月,中共南通市委办公室转发市总《关于继续深入开展建设职工之家活动的实施方案》〔通委办(1990)42号〕文件达后,县总十一届七次全委会作了认真的讨论研究,并制订《基层组织继续深入建设职工之家考核验收实施细则》。《细则》提出6条考核验收内容:1.建设一个密切联系群众,全心全意为职工群众服务的基层工会领导班子,坚持党的领导,独立自主地开展工作并形成一支适应搞活基层工会需要热心为职工群众服务的积极分子队伍。2.以经济建设为中心,深入开展以“双增双节”[①]为主要内容的社会主义劳动竞赛,先进生产者运动,合理化建议和创造发明活动,努力提高经济效益保证完成国家交给的各项任务。3.主动关心职工疾苦,积极反映职工呼声,努力为职工办实事,排忧解愁,维护职工合法权益,发挥党联系群众纽带作用和民主渠道作用。4.把民主管理作为重点,健全完善以职代会为基本形式的民主管理制度,认真落实职代会各项职权,切实保障职工主人翁地位和民主权利,依靠职工办好企业。5.动员和组织职工学习政治、文化、科学知识和经济管理知识,搞好政治思想教育,培养良好职业道德,提高两个素质,建设“四有”职工队伍,发挥共产主义学校作用。6.工会财务和工会信息。根据这些内容,各级工会结合自身建设与改革的实际,全县广泛开展创建“先进职工之家”“模范职工之家”和合格工会小组活动。县化工厂在“建家”活动中注重在“家”上下功夫:严格对工会干部要求,加强对分会

①“双增双节”:增产节约,增收节支。

工作的考核,促使工会的每个“细胞”都活起来;关心职工生活,落实一线职工制度,积极推行职工食堂“餐厅化”,改善服务态度;添置俱乐部器具,修订管理制度,改善文化活动阵地,活跃职工业余文化生活;强化对劳动竞赛全过程管理,促进企业经济的稳定发展。

至1992年,全县共确认合格职工之家208家,县邮政局、马塘小学被评为“模范职工之家”,县缫丝厂、化工厂等单位被评为“市先进职工之家”。各工会工作委员会、基层工会按照全总“建家”的六条标准和县总文件,层层制订建家计划,依靠企业党政,发动职工群众共同“建家”,取得明显成效。建“小家”,保“大家”,成为深入“建家”的一个重要内容。缫丝厂、县通用机械厂、化工厂、县工商银行等单位着实抓“小家”建设,广大职工深表满意。

1993年初,各基层工会都制订“建家”计划,围绕经济建设中心全面履行工会四项职能,推进工会组织的民主化、群众化,抓住组织健全、制度落实和“建家”活动与工会整体工作相结合三个重点,普遍开展了建“小家”活动,使全县创建“职工之家”的工作跃上新的台阶。至年底,共有156个基层工会开展建“小家”活动,312个基层工会考核确认为“合格职工之家”。

1996年5月,县总下达《关于在外商企业开展“双爱双评”建家活动的实施意见》,全县外商投资企业、私营企业工会根据这一要求,进行自查与考核。

1997年,全县表彰先进职工之家121个。2000年,“先进职工之家”评选对象:限于1998—1999年度被所在乡镇或产业工会列为先进的工会。评选条件:1. 认真贯彻实施《中华人民共和国劳动法》,建立平等协商制度,签订集体合同,单位建立劳动争议调解组织,并达到合格标准,形成解决单位劳动关系的有效机制。2. 在实行供应公开的基础上,逐步推行厂务公开、坚持和完善以职代会为基本形式的民主管理制度,形成单位业务招待费向职代会报告、职代会民主评议单位领导的制度。3. 关心职工生活,积极实施送温暖工程;本单位参加县互助补充保险入会率不低于30%;积极开展“一日捐”活动,并按比例上缴县总工会。4. 注重职工队伍建设,“创”“树”主题教育活动成绩显著,“文明职工”,占在职职工的90%。5. 工会领导班子健全,按规定建立经审会和女职工委员会,且参加任期内上岗资格培训。6. 及时足额拨解工会经费。7. 1998—1999年度内企业未发生因工死亡事故。凡有下列情况之一的不得推荐为先进职工之家:(1)单位未签订集体合同;(2)会员(代表)大会对本单位工会满意率低于80%;(3)单位工会经费两年来未能足额拨解的。县总将评选条件预先公布,让全县各级工会学习把握“先进职工之家”评比条件的精神实质,从而对照本单位工作,寻找薄弱环节,总结工作亮点,用实际的“建家”成果迎接“先进职工之家”的评选。2000年表彰县“先进职工之家”45家,2004年评选县“模范职工之家”45家,表彰“先进职工之家”48家、示范工会28家、1家成为全国“模范职工之家”。

县总在开展基层工会“先进职工之家”评选活动的同时,认真进行“优秀工会工作者”

“优秀工会积极分子”和“工会之友”的评选，充分地调动各工会全方位的积极因素，有效地形成一股为建设好“职工之家”所需要的合力。

“会员评家”始于2004年。2004年2月6日，县总下发《关于在深化建设“职工之家”活动中全面建立“会员评家”机制的意见》，提出“会员评家”工作目标：在全县机关事业单位和会员25人以上的企业工会组织中全面建立“会员评家”机制(已经建立“会员评家”机制的工会组织要进一步规范和完善)；25人以下企业的工会和基层联合工会要积极实践，大胆探索，力争用2—3年时间全面建立起“会员评家”机制。《意见》对于民主评议基层工会“建家”工作的主要内容、方法、步骤和要求等都作出具体条文阐明。县总要求全县各级工会组织以建设“职工之家”活动为基本载体，以“会员评家”为主要抓手，不断增强工会组织的凝聚力和吸引力，努力提高广大会员参与基层工会建设的能力与水平，真正把基层工会建设成为组织健全、工作规范、维权到位、党政支持、职工信赖的“职工之家”。当年全县基层工会组织召开会员(代表)大会时，都对当届工会工作进行民主评议，对工会干部进行民主测评。县总、镇(场)工会、开发区工会以及系统(产业)工会召开代表大会、全委(扩大)会议时，也都对当届工会组织的工作进行民主评议，对常委一一进行民意测评，并将评议表、测评表存入档案备考。

至2005年初，全县25人以上基层工会开展“会员评家”活动的基层工会超过90%，基层工会以上各级工会组织全部建立“会员评家机制”，基本实现县总提出的“在全县机关事业单位和会员25人以上的企业工会组织中全面建立会员评家机制”工作目标。

2010年，县总对全县基层工会组织进行普查统计和完善规范，基层工会规范化建设水平进一步提升，涌现出8个“市模范职工之家”、8个市“模范职工小家”、20个“县先进职工之家”。县总大力开展“组建规范年”活动，在全市率先下发《如东县基层工会规范化建设和职工之家建设工作意见》及其考核细则，指导各级工会组织加强规范化建设。积极参与争创工会工作十强县(市)活动，认真组织镇工会争创“百强示范乡镇工会”和市“五星级”乡镇工

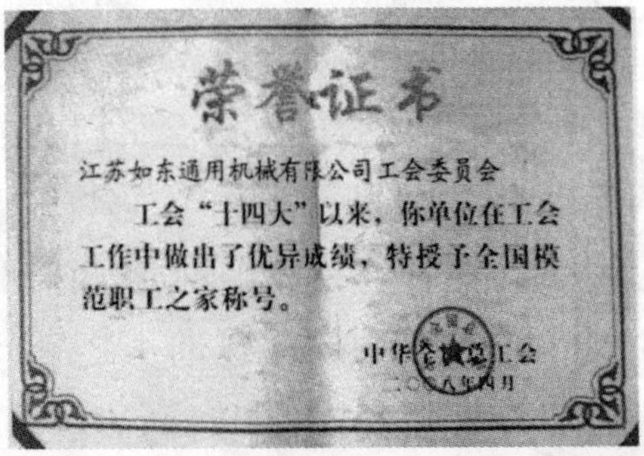

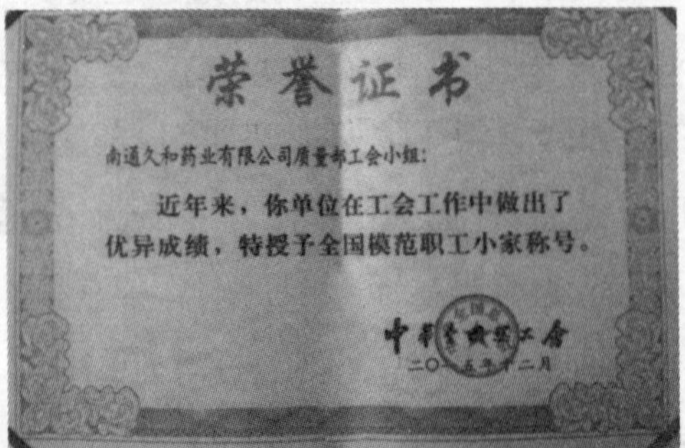

如东通用机械有限公司、南通久和药业有限公司分获““全国模范职工之家”“全国模范职工小家”称号证书 (县总办提供)

会,深入基层指导,加强督查服务,切实加强镇工会工作,取得明显成效。先后有4个镇跨入省"百强"、6个镇跨入市"五星级"行列,总数均位于全市各县(市)之首。河口镇和新店镇工会参与市模范乡镇工会的验收考核,进一步推动基层工会组织建设水平。掘港镇等镇区工会部署组织推动"模范职工之家"创建工作,积极创建省、市模范职工之窗。

2014年,根据上级工会安排,为巩固和加强基层工会组织建设,复查省级以上"模范职工之家"21家。如东经济开发区被评为"2013年度江苏省工会工作模范开发区(园区)"。

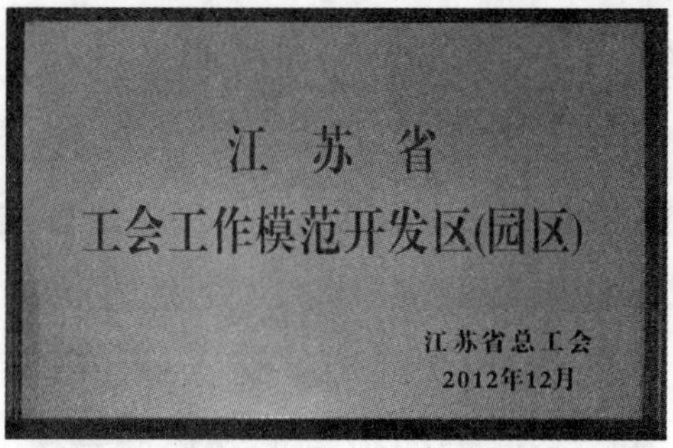

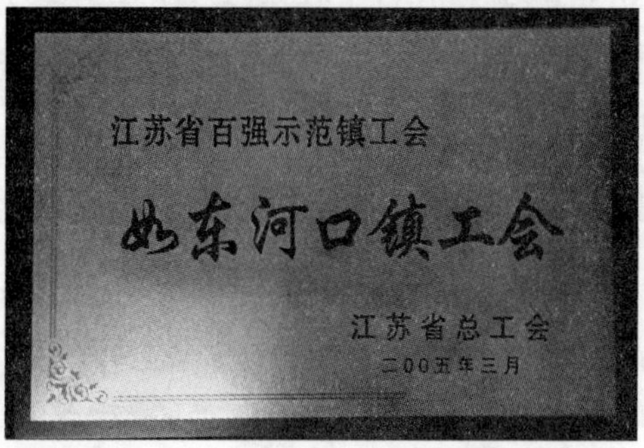

省总工会表彰的"工会工作模范开发区(园区)"、"百强示范镇工会"奖牌　(县总办提供)

第三节　工会干部工作

一、管　理

中共如东县委和各级地方党委对工会干部的任免、审批工作十分重视。1950年,县总首届主席即由当时县委常委、组织部部长唐国法兼任;县总第二届至第六届继任主席的唐连生、徐长辉、杨玉林等,原来都是党政部门的负责人。县总成立以后,各基层工会的主席,一般均由地方党委组织部门或由企业党组织研究提名,报县总党组审查、批准。1980年,全总《关于协助党委管理工会干部的通知》下达后,县总进一步贯彻执行党管干部这一原则。每逢基层工会换届时,县总和各工会工作委员会认真协助党委组织部门和企业党委物色人选,并进行考察、了解,按照党的干部"四化"①标准,向党委提出建议,然后按组织程序报上一级审查、批准。

1984年10月,实行工会机关制度改革,县总根据县委和上级工会的统一要求,经县总

①"干部四化":革命化、年轻化、知识化、专业化。

机关全体人员的反复讨论、制定《如东县总工会工作人员岗位责任制》。全文分工会工作职责范围、工会工作人员守则、岗位责任制、岗位责任制考核内容与标准、考核和奖惩办法5个部分。定期考勤考绩,促使县总各部门转变工作作风。

1986年3月,县总组织人员对各镇(区)教育、企业基层工会,调查了解现任工会主席的选配、素质以及政治、经济待遇享受及协管干部等方面的情况;分别听取党委组织部门和同级党政领导意见;召开各种类型的座谈会,进行民意测验,与工会基层负责人交谈等活动,并形成材料作为调整、任免工会干部的参考。

为适应新时期工会工作需要,促使县、镇两级工会干部更好地履行职责,提高工会组织的凝聚力和战斗力,县党组经研究决定,从2005年起,建立县总领导班子成员向县工会全委会和镇(开发区)专职工会干部向县总常委会述职的制度。同年12月6日县总发出《关于建立"县领导班子成员向县总全委会和镇专职工会干部向县工会常委会述职制度"的通知》。《通知》要求从2005年起,县总领导班子成员和镇(开发区)专职工会干部每年一般结合年终工作总结分别向当届县总全委会和县总常委会以书面报告形式述职一次。述职报告内容包括五个方面:落实和完成市总、县委、县总年初下达各项工作目标任务情况(必须重点突出工会组建、职工入会、维权、基层工会规范化建设等工作);独立自主开展工会工作以及在工作创新、理论创新与体制创新方面取得的成绩;依靠党委、政府领导支持工会工作的典型事例;爱岗敬业、团结协作、清正廉洁、自觉接受监督的表现;当年工作中存在的问题和困难,来年工作的打算和设想。还规定述职者接到述职通知后,须提前写好个人书面述职报告(一式两份:一份报县总组织部备查,一份自留)并准时述职。当届县总全体委员或全体常委审阅与听取述职者的述职报告之后,须按百分制要求分别给述职者打分,其考核结果作为县总"评优""评先"或奖惩的重要依据。

2014年,按照习近平总书记批示精神和上级工会要求,强化推动基层工会组织建设,指导和成立如东经济开发区总工会,配强工会干部,探索适合县域实际的工会组织建设模式。洋口港、沿海经济开发区循环经济产业园区计划在2015年同步成立开发区(园)区总工会。同时,指导建设行业成立县行业工会,召开建设行业内职工权益和企业工会发展的管理。

二、培 训

县总培训干部的办法,是由县、镇、基层各级工会培训和选送干部参加上级工会培训。

县、镇、基层工会举办工会干部培训班。1952年,县举办3期基层工会干部训练班,18个镇工会正副主席、财务委员及公营工厂、企业财务委员,共172名学员参加学习工会基本业务知识。1954年9月,县总组织6个集镇工会主席及部分职工代表30余人来县城学习有关政策。

1955年秋，县总举办国营企业基层干部业余训练班，学习过渡时期总路线和工会业务，有138人参加学习。1957年，各镇工会举办所属基层工会干部学习班，学习中共中央文件，配合党内开展整风运动。1964年，县总举办基层工会小组长学习班，采取一事一训的方法，提高工会小组长工作水平，发挥工会小组的基础作用。1965年12月，县总配合城工部组织有关工厂企业职工55人参加文艺骨干训练班学习，为各基层开展宣传活动充实力量。1975年6月5—27日，县总举办工会干部和工人理论骨干学习班，参加学习266人。

1979年，县总以会代训，组织工会干部学习中共十一届三中全会路线、方针、政策，使工会干部统一思想、明确新时期的工会工作任务。

1981—1986年期间，县总多次组织机关工作人员和镇工会干部，采取抽样调查，举行座谈会，深入基层走访等多种形式对全县600多名基层干部的思想、业务素质和实际工作情况进行调查分析。发现基层工会干部中，存在着“三多”“三少”的情况，即：1. 兼职的多、专职的少。全县600多名基层工会正、副主席中，专职主席仅60人，占10%；兼职工会主席540人，占90%。2. 新干部多，老干部少。自1973年工会工作恢复后，一直从事工会工作的“老工会”不足10%；多数是近两三年内才从事工会工作的新同志，缺乏工会业务知识。3. 没有受过工会岗位系统培训的多，参加过系统培训的少。根据基层工会干部的现状，县总采用分级培训的方法。县总重点培训基层工会主席，区镇工会培训所属基层工会委员，基层工会培训小组长和职工代表，初步形成工会干部三级培训网络。先后培训基层工会主席1200多人次，培训工会小组长、女工委员、劳动保护干部以及其他工会活动积极分子3000多人次。

1987—1988年，随着改革开放形势的深入和工会自身改革的发展，加快工会干部岗位职务培训工作的步伐，采取业余分散学习和定期集中辅导相结合的办法，有计划地、系统地学习《中华人民共和国工会学》《中华人民共和国劳动法》、工业企业管理、企业民主管理、以及党在社会主义初级阶段的基本路线等理论知识。培训基层工会干部600余人，为全县的基层干部的素质提高和开展全县工会工作奠定基础。

1991年，县总举办第一期工会干部规范化岗位培训班，为深入开展工会工作提供组织保证。市总在如东举办南通市工会信息员培训班，全县工会信息工作很大的促进。

为贯彻全总提出的用2～3年时间，对基层单位职工代表普遍进行一次系统培训的要求，县总提出具体意见，决定从1991年下半年起开始实施。1992年，县职工学校（包括分校）坚持为工会建设服务，为企业服务，为职工群众服务，面向市场，积极搞好各种技术培训，共办“关贸协定”“中、高技师培训”“工会专职干部培训”等培训班133个，在学人数7217人次。同时举办工会干部规范化岗位培训班，组织大家系统学习《中华人民共和国工会法》

1991年12月10日,县总举办专职工会干部规范岗位培训班 (乐成提供)

并进行认真考核,合格率均达100%。

1994年,县总先后举办工会信息员、女工干部和《中华人民共和国劳动法》培训班,培训工会干部260人(次)。

1996年,进一步加强了工会干部新一轮岗位培训,全县培训工会干部125人次,经考核合格,有73人被市总工会任命为市级工会劳动保护监督员。

进入21世纪,县总广泛开展学习"三个代表"、实现跨越发展主题教育活动。县总机关进行学习十六大精神知识测试和"三个代表"重要思想的心得交流,各级工会通过举办培训班、开设专题讲座、开展知识竞赛、黑板报比赛等形式,营造浓烈的学习、宣传氛围。深入宣传贯彻中国工会十四大精神和《中华人民共和国工会法》,并专题向县委常委会汇报中国工会十四大精神:与县委组织部联合对全县非公企业党务干部进行《中华人民共和国工会法》知识培训。深化"树、求、创"主题教育活动,全面推进职工满意工会、职工满意部室创建工作。

2001年,县总以加强干部培训为重点,通过就地培训、集中培训、以会代训、专题培训等形式,全面提高基层工会干部素质。

2003年,与县委组织部联众联合举办非公企业党务干部《工会法》培训班,新建企业工会干部培训面达到95%以上。县总指导各镇工会普遍选树8~10个学习型组织典型,推动基层"两争一创"活动开展。与此同时,深化"巾帼绘'十五',创新创业展风采"活动,切实提高女职工素质。

2007年，县总下发《关于认真学习，贯彻落实十七大报告精神的通知》，指导基层工会干部深入理解以职工为本的中国特色社会主义维权观，担当起新时代的维权重任。以宣传贯彻落实《劳动合同法》为载体，组织各镇（系统）对基层工会主席进行培训。在镇级领导班子调整中，及时配优配强镇（系统）工会主席。组织6名镇工会主席到省总干校进行工会业务知识培训。

2008年，县总召开基层工会主席电视培训大会，邀请省总干校工会理论研究专家来如东授课，全县2000多名基层工会干部接受培训。县总还组织全县镇（区）工会主席去北京工会干部学院进行培训。

2015年全县企业班组长培训班　　（县总办提供）

2009年4月，县总开展为期一个月的全县基层工会主席巡回培训活动。安排每镇培训一天，由县总副主席轮流担任主讲，典型企业工会主席作交流发言，镇分管领导参加。活动期间，安排现场观摩，全县1200多名企业工会主席接受培训。同年，100人以上企业工会主席通过《企业工会共和条例》网上检测。

健全完善工会干部个人自学、集中培训、网络培训相结合的培训机制。根据《2011年全县企业工会干部教育培训计划》，对全县企业工会干部有组织地进行全员培训。全年共举办企业工会干部培训班5期，参训1000多人。积极组织工会干部参加全总网络培训，努力实现所有工会干部持证上岗和能力提升，“中工网”对此作专题报道。

县总会同县人力资源和社会保障局在县以镇（区）为单位，组织召开工资协商人员观摩培训会，通过观看模拟录像、讲授谈判技巧、典型单位交流经验等形式，对全县1200多名基层工会干部、工资协商人员进行工资协商培训，全面提高工资协商人员的业务水平和谈判技巧。

组织工会干部参加全总举办的工会干部上岗资格证书网络培训班，得到上级工会肯定，“中工网”专题报道，全县238人完成网络学习任务，143人通过考试。2012年3月，县总出台《如东县总工会关于学习宣传实践“中国特色社会主义工会发展道路”的活动方案》，要求各级工会干部认真学习。按照《2011—2013年全县企业工会干部教育培训计划》,县总对工会干部组织全员培训。上半年,100人以上企业工会主席400多人参加全总网络培训,并取得上岗资格证书。按照“在岗、在行、在状态”要求,以职工服务中心为阵地对全县50强企业工会主席进行培训,采取封闭式培训和走出去实习方式,提升基层工会主席在职工中的感召力。

1950年10月-1951年,杨玉林、张传海、王正明、姚乃强参加苏北总工会干校学习　(县总办提供)

选送工会干部参加上级工会培训。1950年10月至1951年先后选送县总副主席杨玉林、县总干事张传海、马塘镇工会主席王正明、县店员工会副主席姚乃强去苏北总工会干校学习工会基本业务知识。1953年8月,选送县总女工生活部副部长王秀英去南通地区工人干校学习文化。1954年5月,县总组织部长吴志高,8月,县总副主席郇海涛先后调省总干校学习。1954年7月,选送县总副主席杨玉林去扬州文化干校学习;1955年2月选送县总劳保部副部长姚乃强去省总工会干校学习;1957年5月选送县商业工会主席姚乃强去省总干校学习。1957年5月26日至6月30日,地区工会在五七干校举办第一期工会干部学习班,学习有关无产阶级专政理论的文章,如东有55名工会干部参加学习。1986年,县针织总厂工会副主席朱广如考入北京工运学院,学制两年,毕业后仍回原单位工作。1987年市总举办工会干部学习中共“十三大”文件学习班,县总选送4人参加学习;1988年12月县总副主席陈嘉山去无锡参加省总举办的劳动争议仲裁委员会领导成员研究班学习。1993年3月17—28日县总组织部部长金世德参加全总举办的“转换企业经营机制”研讨班。1995年5月

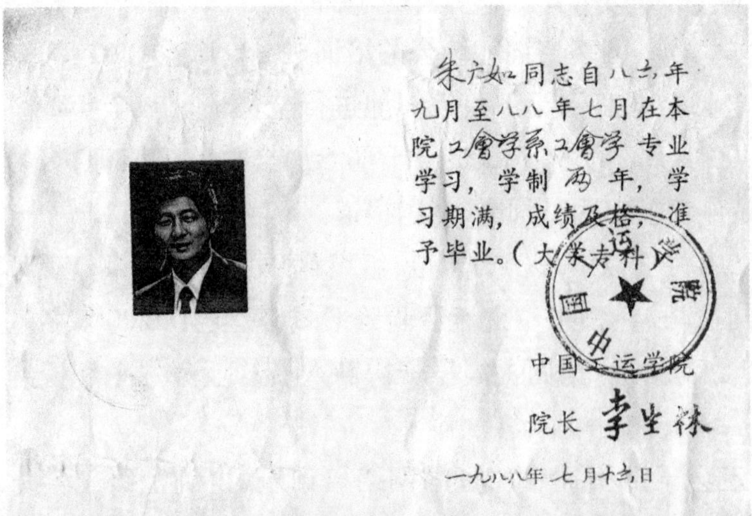
朱广如同志自八六年九月至八八年七月在本院工会学系工会学专业学习，学制两年，学习期满，成绩及格，准予毕业。（大学专科）

中国工运学院

院长 李生林

一九八八年七月十五日

1986年朱广如参加中国工运学院学习　(冷晖提供)

县总副主席刘红秀去北京到中国工运学院学习；1999年3月县总副主席王鹤声参加省总举办的全省（市）工会主席研讨班；同年4月县总组织部部长金世德参加省总举办的股份合作制培训班学习。

1999年3月，王鹤声参加"全省县（市）区工会主席研讨班"

2014年，县总联合县经信委，对全县规模以上企业450多名班组长进行培训；为提高职工素质，促进企业发展，更好地服务全县经济建设，继续组织工会干部参加网络培训，120多名工会干部参加训；同时组织镇区工会干部6人次参加省总干校培训。

1995年5月31日刘红秀在中国工运学院留影

刘红秀等到中国工运学院学习　（县总办提供）

三、表 彰

20世纪50年代初，县总就重视工会积极分子的培养、选拔与表彰工作。

1956年11月，县总召开如东县工会积极分子代表大会。县总主席徐长辉致开幕词，副县长顾思廉到会讲话,部分代表在大会上作经验介绍。会议发出《告全县职工书》。同年全县各基层工会培养工会积极分子1072人。

1982年起,县总在全县各基层工会恢复工会先进工作者、工会积极分子的评比工作。

1983年,如东获全总表彰的优秀工会工作者1名,优秀工会积极分子4名。获省总表彰的优秀工会工作者8名。

1984年3月2日,召开《如东县工会1983年度先进代表大会》。县总副主席李先余作工会工作总结报告。县委副书记、县长徐相林和市总副主席张祖民到会讲话。会议期间,岔河油米厂工会、掘港油米厂工会、丰利轧花厂工会、丰利轧花厂党支部、兵房轧花厂工会、栟茶轧花厂工会、县棉纺厂工会、马塘小学工会、县邮电局工会、栟茶镇工会、县建筑公司第五工程队工会、县经编厂工会、县农药厂工会、县化肥厂工会14个单位作了经验介绍。

同年,如东获市总表彰的优胜基层工会5个,先进工会集体5个;单项先进2个。优秀工会工作者8名,优秀工会积极分子6名,特邀工会积极分子3名。

1985年2月9日,隆重召开如东县工会第十次代表大会。出席县工会1984年度先进集体、先进个人表彰大会的代表列席县工会第十次代表大会。大会表彰8个先进工会、32个先进工会集体、10个工会单项先进、388名优秀工会积极分子、18名优秀工会工作者和8名特邀工会积极分子。县机床厂工会、丰利棉织厂工人俱乐部、经编厂工会俱乐部、县化肥厂工会、县棉纺厂工会、县农药厂女工委员会等单位经验交流。

1986年,为了进一步巩固和发展建设"职工之家"成果,在"建家"的合格单位中开展争创"先进职工之家模范""职工之家",争当优秀"职工之友"的竞赛活动。按照竞赛目标和评比条件,通过检查、考核、评选,1985—1989年全县各级工会涌现出一批受全总、省、市、县总表彰的先进工会和优秀个人。

1985—1986年度,县总表彰模范"职工之家"3个,先进"职工之家"27个,先进基层工会23个,先进工会集体204个;优秀工会工作者83名,优秀工会积极分子637名,特邀工会积极分子30人。1987—1989年度,县总表彰的"模范职工之家"62个,"先进职工之家"152个;先进基层工会6个,先进工会集体99个。优秀工会工作者159名,优秀工会积极分子838名,特邀工会积极分子73人。1985年度,如东获省总表彰的优秀工会工作者1人。

1987年度,如东获省总表彰的先进"职工之家"2个;先进工会集体2个;优秀工会积极分子2名。获市总表彰的"先进职工之家"10个,"模范职工之家"2个。优秀工会积极分子42名。1988年度,如东获全总表彰的优秀工会积极分子1名。

1989年度,如东获市总表彰的"模范职工之家"2个,"先进职工之家"6个;优秀工会工作者6名,优秀工会积极分子36名,特邀工会积极分子1名。1992年,全县共确认合格职工之家208个,县邮电局、马塘小学被评为省"模范职工之家",县缫丝厂、通用机械厂、化工厂等单位被评为市“先进职工之家”。1998年,马塘小学工会再次被确认为“全国模范职工之家”。华劲实业总公司工会主席陈建泉被全总授予“优秀工会工作者”称号。

2008年10月17日,县工会第十五次代表大会上,表彰354个基层工会为如东县“先进职工之家”、20个教育基层工会为如东县“先进教工之家”、166名基层工会主席为如东县“优秀工会工作者”以及80个单项先进集体。2010年,全县基层工会规范化建设水平进一步提升,如东不少工会组织受到全总、省、市、县总表彰。涌现出8个市“模范职工之家”、8个市“模范职工小家”、20个县先进职工之家;在建功立业活动中,涌现出“省工人先锋号”1个、“市工人先锋号”16个、“市‘五一’劳动奖章”获得者3人、市“十佳金点子”2个、市“十佳科技成果”1项。国家科技活动周举办的科普展览中,弘昌(南通)工具有限公司推拉扳手作为全市唯一的职工优秀技术创新成果被推荐送展。2013年,新增部级劳动模范,评选出省、市“五一”劳动奖状(章)10个、全国、省、市“工人先锋号”40个。(历年县总表彰情况和县各级工会受到全总、省、市总表彰情况详见第十三章第三节。)

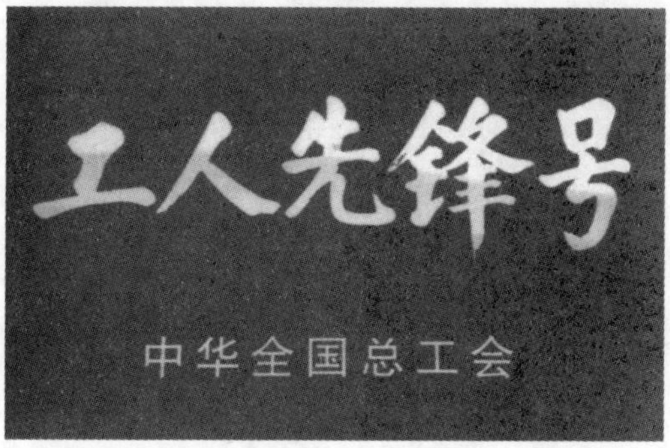

中华全国总工会、省总工会颁发的“工人先锋号”奖牌　(县总办提供)

第五章　宣传教育

20世纪50年代，县总通过举办训练班，培训基层工会干部。学习共产主义理论、《工会章程》、经济建设知识、党在过渡时期总路线等基本理论。结合抗美援朝、“三反”“五反”等运动开展对职工宣传活动，进行社会主义思想教育。60年代，组织工厂企业工会干部、职工学习《毛主席著作》，开展“回忆对比”等教育。1978年后，县总在全县工会系统广泛组织学习中共十一届三中全会文件、邓小平理论、《中华人民共和国工会法》、经济体制改革等内容，进行“一个中心两个基本点”的宣传教育。90年代后，围绕学习“三个代表”[①]重要思想和“爱国、爱党、爱社会主义”“爱企业、爱岗位，尽责任、讲奉献”，每年以“五一”宣传月，弘扬劳模精神、展示劳动者风采。并以组织文艺演出、艺术展览、文艺创作活动，宣传党的路线方针，进行职工的思想教育，陶冶职工情操。举办多样体育竞赛活动，激发职工奋发向上的精神风貌。

县总围绕工业企业经济的发展，把提升职工队伍的素质摆上重要位置。新中国建立初，在全县职工广泛开展识字扫盲运动；“文化大革命”结束后，对进厂青年职工进行文化补课和技术补课；20世纪80年代后，面对全县工业的迅速发展，加强职工的岗位培训，增强职工的岗位培训，增强职工的专业知识、专业技术。1981年后，全县工会系统开展“五讲四美”为主要内容，结合学雷锋活动，参与社会公益活动；各基层工会制定文明公约、文明守则规范文明行为。1983年，县总发动基层工会开展职工读书活动，至2010年，形成具有如东特色的工会文化。1990年后，县总开始文明评比活动，由后勤服务竞赛延伸到“文明新风家庭”评选；在“创、树”主题活动、“四德”教育的同时，开展“文明职工”“道德明星”评比。2008年，全县908家企事业单位评比“文明职工”，占应开展数的98.80%。2010年后，基本完善文明创建工作体系。

①“三个代表”：代表中国先进生产力的发展要求、中国先进文化的前进方向、中国最广大人民的根本利益。

第一节 宣传思想工作

一、理论学习和教育培训

1952年9月,县总在中共如东县委领导下,制订《1952年下半年训练各镇及基层工会干部计划》。10月初至11月底,先后举办3期工会干部脱产训练班。全县18个镇、各基层工会主席264人参加为期15天的训练。参训人员先后听取县委的时政报告、学习《共产主义》《中国共产党》两个专题,接受较为系统的共产主义思想理论教育。1953年9月,在掘港、马塘、白蒲、丁埝、栟茶、丰利6区镇党政部门支持下,举办工会小组长积极分子业余训练班。以区建立学习委员会,具体负责组织学习《共产主义》《中国共产党》和《工会章程》、经济建设常识。同月,组织全体工会干部学习党在过渡时期总路线,并向乡镇工会布置过渡时期总路线宣传教育工作。11月下旬,各基层工会组织职工学习《新华日报》"各界人民认真学习和贯彻国家过渡时期总路线总任务"文章。1955年6月,县委批转县工会联合会《关于企业基层工会干部业余训练计划》,要求各单位加强领导、妥善安排职工业余学习时间,保证《计划》实施。各国营企业基层工会先后用20个小时对工会干部和职工进行共产主义理论和时事政策教育,学习马列主义基本理论和毛泽东主席关于中国革命的学说。1957年,县工会联合会与县教育工会,组织全县各企事业单位职工、教工学习毛泽东《关于正确处理人民内部矛盾问题》《再论无产阶级专政的历史经验》和中共中央关于开展整风运动文件,动员广大职工、教工积极参加整风运动。各基层工会组织根据整风运动中职工平时所反映出来的思想认识和非社会主义思想,联系实际开展社会主义思想教育。1958—1960年,动员广大职工认真学习党的八届二次会议文件,配合县委在全县职工中掀起学习宣传贯彻总路线群众运动。全县各工厂企业基层工会响应县委"大办红专学校,多快好省地为我们伟大的社会主义和共产主义建设一支强大的又红又专的工人阶级理论队伍和技术队伍"号召,掀起大办"红专学校"热潮,采取统一学政治、分班学文化、分业学技术的方法进行教学,以红为主,以红带专,参与学习职工6000余人。此间,全县7所"红专大学"建立工人学习毛主席著作和工人学哲学小组。为基层培训380名理论骨干。1964年,全县职工业余学校举办11个职工政治学习班,学员962人。主要学习毛主席著作《愚公移山》《为人民服务》《纪念白求恩》《矛盾论》《实践论》《反对自由主义》等篇目。学习班采用一读、二听、三议、四对照活学活用方法。每个学员们写下多篇心得笔记。

1971年9月,全县广大职工开展“批林整风”[①]运动。县黄油枪厂职工学习马克思、列宁和毛泽东关于无产阶级专政的论述,建立一支百人理论队伍,写批判林彪反革命集团文章600多篇,召开各种批判会200余次。10月27日,《人民日报》发表署名黄油枪厂《他们认识了自己的力量——如东县黄油枪厂批判林彪唯心史观纪实》一文。1973年,县总根据中央

人民日报

思想上政治上的路线正确与否是决定一切的

他们认识了自己的力量

县黄油枪厂批判林彪唯心史观《他们认识了自己的力量》一文,
刊登于《人民日报》(1971年10月27日)　　(县总办提供)

文件要求以各种会议对各级工会干部进行“思想路线、政治路线和组织路线”教育。组织学习党的第十次代表大会会议文件,引导大家坚持辩证唯物主义和历史唯物主义,反对唯心主义和形而上学。1975年6月5—27日,举办工会干部学习班,重点学习马克思、列宁和毛泽东关于无产阶级专政理论。在学的266人坚持认真读原著、认真听辅导报告、认真领会思考、认真联系实际进行讨论。同年,在学习无产阶级专政理论和评《水浒传》中,组织工人评《水浒传》宣讲小分队,到全县各县属镇、大集体企业巡回宣讲。全县工人理论队伍4402人。

1978年12月,中共十一届三中全会召开后,县总举办工人理论骨干学习班学习全会文件,领会十一届三中全会精神实质。1979—1980年,县总多次召开工会干部会议和举办职工学习班,学习党的十一届三中全会以后的重要文献、五届人大二次会议文件、全国总工会

①“批林整风”:即1971年“九·一三”事件(林彪事件)后,至1973年上半年,在全国范围内揭发、批判林彪反革命集团开展的一场大规模群众运动。

第九次代表大会精神、叶剑英国庆30周年大会上的讲话、邓小平《关于形势和任务》等内容。对工会干部和骨干职工进行以经济建设为中心、坚持四项基本原则、坚持改革开放和民主与法制、共产主义道德风尚教育。1981年,全县各级工会干部分期分批参加各级党政举办的学习班,学习中共十一届六中全会通过的《关于建国以来若干历史问题的决议》,学习胡耀邦同志在中国共产党成立六十周年大会上的讲话,不断提高思想认识,做到在政治上与党中央保持一致。各基层工会组织职工学习《决议》,开展各种理论联系实际教育活动,帮助职工领会和理解党的十一届三中全会以后的路线、方针、政策,认识坚持四项基本原则重要性,增强对党的领导认识和社会主义前途信心。1983年9月上旬至10月下旬,县总组织250名职工参加两期宣读员学习班,重点学习《社会发展史》《中国近代史》《中国共产党党史》。并经考试,对成绩合格者发给宣读员证书。1984年多次举办数期学习《邓小平文选》报告会、辅导会,先后参加职工3000多人次。同年全县各级工会组织职工学习贯彻《中共中央关于城市经济体制改革的决定》,围绕经济体制改革和两个文明建设,对广大职工进行经济形势、民主法制、理想前途教育。1988年1月,县总举办中共十三大文件辅导报告会。县直和掘港镇企事业单位工会主席、副主席,以及县总所属单位全体人员观听全国著名专家学者和全总负责人的辅导录相和录音报告。并进行座谈讨论,对社会主义初级阶段理论、党的基本路线、深化经济体制改革、积极稳步推进政治体制改革、从严治党等问题加深理解。10月,配合县委宣传部、县经委、计委、财办举办学习《中华人民共和国企业法》以做好思想政治工作的企业政工干部和基层工会委员岗位培训班。

1988年10月,建立如东县工人运动研究会,首批会员40人。1989年4月,召开第二次研讨会,出席46人,撰写论文47篇,会上发布8篇。1990年5月,县总召开第三次研讨会,以全心全意依靠工人阶级,充分发挥工人阶级主人翁作用和如何搞活基层工会工作为内容进行研究。共发表论文42篇,评出优秀论文10篇。其中马塘小学王祖逊、陈泽撰写的《论增强基层工会活动》、县二轻机械厂汪兴国撰写的《略论工人阶级的地位与责任》获一等奖。

1991年,县总围绕学习领会江泽民总书记"七一"讲话精神,组织在8个区镇工会工作委员会和基层工会轮流播放曲啸"七一"录音辅导报告,2万多干部、职工收听。部分基层工会结合举办"学党史纪念七一"知识竞赛、"党史知识学习活动周""学雷锋学焦裕禄,讲奉献、做新人"等活动,重温党的历史,进行党的优良传统教育,激发"爱国、爱党、爱社会主义""爱企业、爱岗位,尽职责、讲奉献"的情感。同年,会同县劳动局举办50多人参加的"劳动争议调解干部"培训班。1992年,县总在组织机关人员学习、领会中共十四大文件的同时,制订全县各级工会学习贯彻的总体规划,并组织县总机关干部到基层工会与职工群众交流学习认识,帮助认清经济体制改革的目标,引导职工参与和推进转换企业经营机制为重点的各项改革。1995年5月,会同县劳动局举办企业(公司)分管劳资的副厂长、工会主席、各工会工作委员会主席“建立集体合同制度培训班”,55家单位100多人参加学习。11月,会同县经委、财办举办各局、公司负责人、企业分管领导、工会主席、劳资科长参加的《中华人民共和国劳动法》“配套法规规章”培训班。当年,各企业工会配合党政以企业政治学校为阵地进行以“爱中华、兴南通、作贡献”和“爱国主义教育学习材料”为主体教材对职工思想政治教育活动。1996年10月,县总发出《关于认真学习党的十四届六中全会精神的通知》,动员全县工会干部带头学习党的十四届六中全会文件。

1999—2002年,先后发出《学习党的十五届四中全会精神的通知》《深入学习贯彻江泽民同志“三个代表”重要思想的通知》,制订县总机关理论学习、党建工作计划和《关于开展“三个代表”重要思想学习教育活动实施计划》,采取多种途径和形式向机关干部和职工宣传党的十五届五中、六中全会精神和江泽民“七一”重要讲话。开展“三心”[①]“三服务”[②]“三加强”[③]教育,实践“三个代表”重要思想,提高工会干部政治素质。其间,2000年6月把坚持和完善职代会制度、厂务公开、签订集体合同、推动企业建立平等协商机制,作为贯彻“三个代表”重要思想的基本要求。结合工会工作举办工会干部上岗培训活动。县总机关以学习中心组形式,系统学习党的重要文件。组织参加县委“七一”大党课开展学习。对全县工会干部,通过集中培训、以会代训、专题培训、上岗培训等形式,提高工会干部整体素质。

2003—2006年,开展学习“三个代表”重要思想、实现跨越发展主题教育活动。县总机关坚持每月集中学习和学习中心组制度,坚持政治理论学习与工作实践紧密结合;并举办学习党的“十六大”精神知识测试和学习“三个代表”重要思想的心得交流。相继发出《全县职工认真学习〈江泽民文选〉的通知》和《认真学习贯彻党的十六届六中全会精神的通知》。各级工会通过举办培训班、开设专题讲座、开展知识竞赛、黑板报比赛等形式,学习、宣传“三个代表”重要思想。采取各种培训形式对乡镇和系统工会干部的教育培训,把政治理论、经济和法律知识、工会业务技能结合培训。开展新任工会干部培训,每年考试合格率、颁发证书率保持在95%以上,2006年有5000多人参加培训。

2007年,县总发出《关于认真学习贯彻落实十七大报告精神的通知》,指导基层工会干部深入理解以职工为本的中国特色社会主义维权观。2008年,县总组织2000多名基层工会干部培训,学习新时期工会的历史使命。并组织全县镇(区)级工会主席参加北京工会干部学院培训。2009年,按县委“学习实践科学发展观”的要求开展学习活动,活动中发放征求意见表和企业情况调查表1000多份,对回收的建议意见进行梳理,落实整改方案和措施。进一步完善困难职工帮扶机制,健全工会财务(资产)监管机制、化解职工信访

①“三心”:事业心、责任心、必胜心。
②“三服务”:服务中心、服务全局、服务职工。
③“三加强”:加强调研、加强指导、加强自强建设。

难的难题。在金融危机形势下,探索开展工会工作新路子,着力于统一思想认识,提升工会干部工作能力。同年4月,自编教材,开展为期1个月的全县基层工会主席巡回培训。安排每镇1天,由县总副主席轮流担任主讲,工作出色的典型企业工会主席作交流发言,镇分管领导提要求,全县1200多名企业工会主席接受培训。2010年,组织县总机关党员干部开展创先争优、创建"五型"①机关和作风建设系列活动。公开机关工作人员服务承诺、健全完善岗位责任制、首问负责制、服务承诺制、限时办结制、一次性告知制、责任追究制等制度。全县100人以上企业主席通过《企业工会工作条例》网上检测。2011年,制订《2011年全县企业工会干部教育培训计划》,健全完善工会干部个人自学、集体培训、网络培训相结合培训机制。对全县企业工会干部有组织地全员培训,全年举办企业工会干部培训班5期,参训1000多人次。组织工会干部参加全国总工会的网络培训,至2012年,全县238人完成网络学习任务,143人通过考试。中工网专题报道:如东县总工会求实创新,努力提高工会干部培训工作实效。当年制订《如东县总工会关于学习宣传实践"中国特色社会主义工会发展道路"的活动方案》,动员各级工会干部认真学习。2013年,开展学习、宣传、贯彻党的十八届三中全会精神和全总十六大精神,以建设社会主义核心价值主题教育活动。按照《2011—2013年全县工会干部教育培训计划》,对工会干部有组织地全员培训,上半年100人以上企业工会主席400多人参加全总网络培训,并取得上岗资格证书。按照"在岗、在行、在状态"要求,以职工服务中心为阵地对全县各镇区(系统)工会主席50强企业工会主席等为对象100多人,采取封闭式培训和走出去实习方式,全面提升基层工会主席的素质。组织县、镇工会干部讨论"关于学习宣传实践'中国特色社会主义工会发展道路'的活动方案"并认真贯彻。

2009年,河口镇工会干部培训,县总汤九海主讲 (河口镇工会提供)

二、宣传教育活动

1950年11月,县建立中国人民保卫世界和平反对美帝国主义侵略委员会如东分会,

①"五型":学习型、民主型、规范型、服务型、创新型。

县总动员全县职工投入抗美援朝运动，发动职工参加镇压反革命运动。1951年1月，召开的县工会第二次代表大会。会上提出“大力宣传抗美援朝；发动职工参加和平签名和修订爱国公约”。5月，全县各镇职工在斯德哥尔摩和平宣言上签名举行示威活动，支持抗美援朝运动。县店员工会750名职工为抗美援朝捐献飞机大炮捐款2006万元（时币）。11月，组织机关人员参加县级机关开展的反贪污、反浪费、反官僚主义的“三反”运动。1952年1月，召开6大集镇工会主席和职工代表会议，为全县工会系统参加“五反”①运动培训骨干。

1953年9月，县总组织全体工会干部学习党在过渡期时总路线，同时向各镇工会布置党在过渡时期总路线的宣传工作。11月下旬，公营第一、第二、第三油米加工厂举行学习宣传党在过渡时期总路线报告会，在职工中开展回忆对比的自我教育。教育中把总任务的宣传贯彻同日常生产工作和经济工作密切结合。1954年，全县各级工会组织利用各种形式，继续宣传贯彻党在过渡时期的总路线，教育职工严格遵守民主集中制的领导原则、发扬民主、开展批评与自我批评，反对个人主义、分散主义和骄傲自满情绪，确立服从国家的观念。当年，县工人俱乐部同掘港工人文娱队宣传总路线，演出“婆媳买公债”“余粮卖给国家”等文艺节目26场，观众2.24万人。国家发行经济建设公债，经动员全县职工踊跃认购8.66亿元（时币）。三家油米加工厂近百名家住农村的职工和全县中小学教职工，积极动员家属卖足余粮给国家。掘港镇搬运工人主动降低工资，节约国家开支1.60万元（时币）。全县国营贸易、加工厂、金融、供销、粮食系统职工积极投入增产节约运动。1955年，全县各级工会以宣传党在过渡时期总路线、总任务为中心，向职工进行支援农业合作化，加强工农联盟教育。5月，县总组织掘港、马塘等5个镇30名职工和工人文娱队去洋口乡4个农业合作社慰问演出，并给农民兄弟赠送耕牛、农具、农药、喷雾器等，受到农民朋友热情接待，并互相赠送锦旗。此间，工人文娱队到栟茶运河和洋口闸工地慰问演出19场次，如皋、海安、如东三县3.40万多民工观看演出。

1954年后在私营企业中，各级工会组织对职工进行社会主义教育，贯彻执行党对资本主义工商业利用、限制、改造的政策。教育职工团结资方搞好经营、生产，对不安心生产、消极情绪和不健康思想的职工，开展批评与自我批评，调动积极性。掘港、栟茶两镇私营企业的店员、工人在协助政府进行对私营工商业改造中，揭发资方抽逃资金、偷漏国税、虐待职工等不法行为，对资方不服从政府法令、违反工商管理、抗拒改造行为开展斗争；做好团结、教育改造资方人员思想工作，鼓励其学习劳动本领，养成劳动习惯自食其力。

1958年，中共八届二次会议提出“鼓足干劲，力争上游，多、快、好、省建设社会主义”总路线。县工会联合会在全县企业掀起宣传贯彻总路线的热潮。6月下旬，在县工人俱乐部

①“五反”：反对行贿、反对偷工减料、反对偷税、反对盗骗国家财产、反对盗窃国家经济情报。

举办“如东县十年建设成就展览会”。展览分“东风压倒西风”“本县工农业建设”“两条道路斗争”“本县建设规划”4馆，展出历时3个月，接待观众3万多人次。同时，组织工人业余剧团、掘港轧花厂、砖瓦厂、百货公司、商业工会、银行、医院、学校等单位，建立工人文艺宣传队伍，排练小型节目36个，到单位、街头、广场演出46场。各区镇工会组织利用文艺晚会、图片展览、黑板报、广播会等多形式开展宣传总路线活动。9月，县工会联合会四届五次执委扩大会议，作出《关于为完成1958年炼铁与各项计划指标的决议》，要求各级工会干部要以共产主义精神教育职工，整齐步伐上战场，为年内炼铁1000吨而战，保证完成县委提出的发展地方工业企业770个的任务。1959年春节期间，掘港镇工人业余剧团和县粮食局、百货公司等单位职工到附近农业社慰问联欢，演出广场剧20场；掘港砖瓦厂、新成油米厂职工与附近农业社的农民兄弟订立“工农友谊竞赛合同”，同年夏全县各系统组织职工投入抢收抢种、抗旱保苗工作。

三年国民经济困难时期(1960)，全县企业调整、精减职工和压缩城镇人口。由此，部分职工对党的政策、国家前途产生怀疑和误解，县工会联合会在职工中开展“四提倡四反对”[①]和“回忆过去，对比现在，展望未来”的宣传教育活动，对职工进行中国共产党的方针政策和革命传统教育。1961—1962年初，面对企业大批职工精减下放的新情况，县总在职工中进行形势和任务教育，要求职工群众顾大体、识大局，继承艰苦奋斗的革命光荣传统，克服困难，搞好工作和生产。各基层工会通过开座谈会、同职工促膝谈心，做到去者愉快，留者安心。同年，全县各工厂企业在职工中普遍进行“两忆”[②]活动，开展以老干部老工人为骨干群众性的现身说法，对职工进行艰苦奋斗、勤俭建国、勤俭办企业教育。下半年，先后举办《红岩》《五若飞在狱中》等读书报告会。

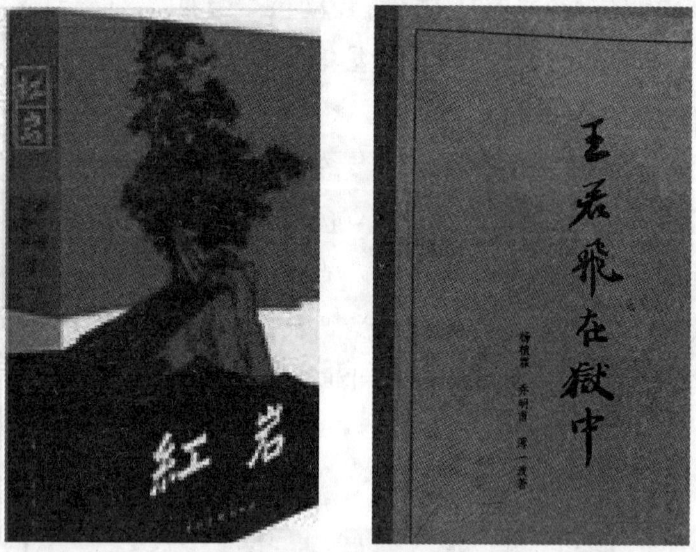

20世纪60年代初，职工中流行学习的书籍　(乐成提供)

1963年2月，县总组织掘港800名职工集会纪念“二七”斗争40周年报告会。3月，在全

①“四提倡四反对”：提倡模范地遵守国家政策法令，反对违法乱纪；提倡大公无私、先人后己和集体主义思想，反对自私保守、损人利己思想；提倡勤俭节约和爱护公物的风尚，反对铺张浪费现象；提倡艰苦奋斗、勇于克服困难的精神，反对怕苦畏难情绪。

②“两忆”：忆民族压迫苦、忆阶级剥削苦。

县职工中开展“向雷锋同志学习”“学习南京路上好八连”活动。由县工人俱乐部、团县委、广播站联合举办雷锋生平事迹报告会、赞歌朗诵会、广播文艺晚会及图片展。6月以后，由县工人俱乐部、县文化馆联合举办“掘港油米厂史展览会”和纪念反“清乡”斗争20周年音乐会。1964年，各级工会配合社会主义教育运动，请“三老”①讲“三史”②。并由县工人俱乐部协同文化馆举办历时一个月的“阶级教育展览馆”。先后举办“毛主席著作闪金光”“学习大庆精神”“大学解放军”“革命红旗代代传”等图片展。黄海剧团演出话剧《千万不要忘记阶级斗争》。1965年，县总在职工中开展学习毛主席著作和学习王杰，宣传毛泽东思想的群众运动。同年，县总加强职工的思想政治工作，以俱乐部开展各工项教育活动；以职工学校加强政治、文化、技术相结合的教育；抓班组工作，对班组干部的思想政治教育做到“四知”③和“四有”④；以职工宿舍为阵地，组织积极分子串门走访开展谈心活动，深入细致地做好职工思想政治教育活动。

1975年2月，全县各基层工会，以报告会、座谈会等形式，举行纪念“二七”大罢工52周年活动。1976年2月，全县各级工会开展“二七”大罢工53周年纪念活动，对广大职工进行阶级教育、基本路线教育和革命传统教育。

1979年5月，全县各级工会在职工中宣传开展增产节约活动，教育职工继承工人阶级艰苦奋斗、勤俭建国的优良传统，为社会主义建设，节约一度电、一滴油、一两煤。同月，县总召开基层工会干部会，传达省总加强职工思想政治工作座谈会精神，要求开展坚持四项基本原则的宣传教育，并把教育贯穿到劳动竞赛的全过程。各级工会在开展坚持四项基本原则的宣传教育中开展劳动竞赛活动。1980年，通过会议和举办职工学习班，宣传党的十一届三中全会精神，引导职工坚持以经济建设为中心，解放思想、更新观念、开拓视野，提高对改革开放、搞活经济的认识，投身“四化”建设。1981年，围绕中央“政治上进一步稳定，经济上进一步调整”的方针开展宣传，教育职工维护安定团结的政治局面，热爱祖国、热爱党，坚持四项基本原则，把一切智慧和力量都用在生产上、用在社会主义建设上。1983年5月，全县各企事业单位在职工中开展“向张海迪学习”活动，组织职工参观“张海迪事迹展览”。邮电局工会结合学习张海迪，在职工中开展“三比三看”⑤活动，县经编厂先后邀请曾经参加过“皖南事变”和“上饶集中营”斗争的杨岐章及一些革命老前辈作报告；观听张海迪、李燕杰、曲啸等人的录相、录音报告，全厂1000多名职工受到革命传统和理想、信念教育。当

①“三老”：老红军、老干部、老工人。

②“三史”：革命斗争史、工厂变迁史、工人血泪家史。

③“四知”：知人、知心、知家、知厂。

④“四有”：有事同大家商量、有困难带头克服、有缺点自己检讨、有成绩归功集体。

⑤“三比三看”：20世纪50年代孟泰精神比，看自己共产主义信念坚定不坚定；与60年代铁人精神比，看自己革命干劲足不足；与80年代张海迪比，看自己为人民服务的思想牢不牢。

年,《南通日报》记者对栟茶镇进行采访,市电视台在《南通新闻》节目中播放栟茶镇工会俱乐部的建设管理做法。1984年,县总发动基层工会对职工进行经济形势和发扬工人阶级本色的教育。当年以县化肥厂为点,对职工的思想状况调查分析,确定教育的重点。该年县化肥厂、农药厂、缫丝厂等单位分别建立思想政治工作研究会,开展撰写论文、座谈讨论、交流经验等活动。县经编厂抓职工群众认识上的疑点、思想上的热点、理论上的难点,引导职工展开讨论。县糖烟酒公司工会组织老职工对青年职工思想上帮、作风上传、业务上教、工作上带,培养青工干一行、爱一行、专一行。县棉织厂"季有竞赛,月有晚会,周有电影,日有活动",教育活动经常化、制度化。

1985年,县总干部深入工厂企业,与职工座谈人生价值观,讨论工人阶级思想和非工人阶级思想的界限。引导职工生活态度上,工人阶级以劳动为荣,以剥削他人为耻;政治态度上,工人阶级热爱社会主义、共产主义,主张消灭人剥削人的资本主义制度;经济生活上,工人阶级必须自食其力,不索取非劳动所得;道德风尚上,工人阶级以大公无私作为做人准则;生活方式上,工人阶级主张勤俭节约、艰苦朴素,有文化素养和高尚情操。

随着改革开放的深入,宣传教育的形式和手段,主要以设计活动、职工参与、寓教于乐,让职工通过参与活动自我教育。1987年,先后举办"我与建设有中国特色的社会主义""建设职工之家"征文比赛和"红五月保险杯"职工知识、智力竞赛。1988年10月,配合县委宣传部、县经委、计委、财办举办以学习《中华人民共和国企业法》做好职工思想政治工作的政工干部培训班,各企事业单位政工干部和基层工会宣传委员参加学习。同年,各级工会对职工改革开放形势教育中,开展"建功立业""三讲三树立"①"四个坚持"②等系列宣传教育活动,引导职工认清形势、振奋精神、锐意改革,投入改革开放和经济建设。1989年,针对一些企业陷入生产经营困境,于4月份发起"我与企业共命运"演讲比赛,经预赛选拔38名职工参加演讲。10月,先后组织职工参加市总"我说工会""三讲三树"征文竞赛。马塘五金机械厂职工汪国兴获二等奖。1990年,发起全县职工参加"国家、企业有困难,我们工人怎么办?"大讨论和"学雷锋、学平潮饭店、学朱骅""三学"活动。各基层工会以报告会、座谈会、征文、演讲比赛、观看录像、文艺演出等形式吸引职工参与大讨论和"三学"活动。结合职业责任、职业道德、职业纪律、职业技能和"双增双节"。与党的基本路线教育结合,贯穿于"爱国家、爱工厂、爱岗位,做好本职工作"教育之中,激励职工发扬主人翁精神、同心同德渡难关。全县85%以上职工投入大讨论活动;200多个单位组织职工观看朱骅同志的演讲报

---

①"三讲三树立":讲国情、讲改革、讲民族精神;树立一切为了发展生产力观念、树立社会主义有计划商品经济观念、树立发奋图强、艰苦创业的工人阶段主人翁观念。

②"四个坚持":坚持社会主义道路,坚持人民民主专政,坚持中国共产党的领导,坚持马克思列宁主义、毛泽东思想。

告录像，受教育职工近万人。经层层选拔，44名职工参加县总举办的“做企业主人、为企业争光”演讲比赛。共收到征文200多篇，选送市总50多篇，5篇获奖。组织职工参加市总的演讲比赛，如东两人获二等奖。1991年4月，发动基层工会中开展“咱们工人有力量”演讲活动。5月，围绕颂扬先进模范人物举办的演讲比赛，30多个单位40多名选手参加比赛。“七一”前后，各级工会参加《江苏工人报》“党在我心中”征文活动，发动广大职工参赛。共组稿1900余篇，推荐优秀稿件到省、市60多篇，被采用20多篇。参加市总举办的“党在我心中”演讲，获全市第一名和第三名。县酒厂工会还组织演讲小分队到车间、班组宣讲劳模和先进人物事迹。同年，还开展“三热爱”①“可爱祖国，美丽家乡”“党史知识学习活动周”“学雷锋、学焦裕禄，讲奉献、做新人”等活动。

1991年4月，“咱们工人有力量”演讲比赛　（县总办提供）

1992年，在学习、贯彻新《工会法》和党的十四大文件基础上，围绕社会主义基本理论教育和改革开放宣传教育，组织开展“主人翁形象自我设计与塑造”系列活动，各基层工会组织都制订活动计划，创造性地开展活动，县总定期组织交流、引导推广。丰利棉织厂、兵房镇、南通正大畜禽水产公司和县酒厂、无线电厂、针织总厂等单位工会组织“十佳竞赛”“优秀主人翁评选”等吸引职工参与活动。部分基层工会举办“《工会法》知识竞赛”“我与企业共命运”“我为如东献一计”“三项制度②改革大讨论”等活动。同年，开展“信社会主义，爱社会主义”主题教育。全县各行各业广大职工中开展“学雷锋、学焦裕禄、学先进”和“主人翁自我设计和塑造”系列活动，进行社会主义和改革开放教育。发动职工大讨论，自我设计主人翁形象，制订主人翁标准，寻找身边主人翁闪光点，宣传先进人物的先进思想，引导人人争当合格主人翁。

1993年开始，对“创、树”③主题教育活动开展宣传。1994年初，围绕“创、树”主题教育，印发“四德”④教育总体思路和内容。会同县委宣传部于掘港轧花厂试点后在全县推

①“三热爱”：热爱祖国、热爱社会主义、热爱中国共产党。
②“三项制度”：劳动人事、工资分配、社会保险。
③“创、树”：创企业精神，树主人翁形象。
④“四德”：社会公德、职业道德、家庭美德、个人品德。

广。各企事业工会采用演讲、广播、知识竞赛、文艺演出等形式,宣传和弘扬新时期爱社会主义、爱国、爱党、和爱厂、爱岗、爱本职工作的主人翁形象,树立良好的职业道德风尚。年底在全县职工中评选“十佳主人翁”,评出“十佳主人翁”19人。同年印发《爱国主义教育实施规划》。国庆期间,各企事业单位举行升国旗仪式、组织观看爱国主义教育影片活动。在县总“创、树”主题教育活动总结会上,县酒厂、掘港轧花厂、丰利棉织厂等单位作专题介绍。该年,组织第四次世界妇女大会知识有奖竞赛,印发“巾帼迎九五,巧手再奉献”号召书,组织报告会,刊出宣传专栏,全县2万多名女职工受到“自立、自强、自爱”教育。

1995年初,县总发出《关于开展以“树企业形象、展‘四德’风采、兴班组新风”为重点的主题教育活动的意见》。当年,围绕主题教育,开展“设计企业形象、树立班组新风、展示主人翁风采”活动,举办“主人翁风采”演讲比赛,以“最佳主人翁”为题演讲如东的全国和省、市劳模和一线职工的先进事迹。全县各级工会共组织425人演讲,5万多人受教育。组织“主人翁风采”演讲团,在全县巡回一演讲9场(次)、8000多人受到教育。组织丰利棉织厂、马塘中学、双甸纺织厂、县通用厂、掘港轧花厂等单位的“创、树”主题教育研讨文章在南通市交流。同年9月,制定和发放《关于开展“学理论、学文化、学科学、学技术、学管理、学法律”活动的实施方案》和《三年规划》(1995.9—1998.9)。要求以企业职工政校为主阵地,开展读书演讲、征文、知识竞赛、心得交流、成果展示、问题征答、技术讲座、技术练兵、操作比武、能手表演等。用三年时间,建立一支“思想素质好、职业道德优、操作技术精、组织纪律严”的技术职工队伍。年底,召开各工会工作委员会主席、部分基层工会主席和职工代表参加的“创、树”活动总结交流会。会上,掘港、马塘、栟茶、兵房等镇和教育、机电、建工等系统基层工会主席作经验交流。

1996年,继续以树企业形象、展“四德”风采、兴班组新风为重点,开展“三学”“三树”“二提高”①为主要内容的“创、树”主题教育活动。评选出21名“最佳主人翁”。省总表彰掘港轧花厂为“创企业精神先进单位”。1997年,围绕“创、树”主题教育,开展“三学三树立、实施三项工程”②活动。1993—1998年,全县85%以上职工参与“创、树”主题教育活动,1人被省总评为“优秀企业思想政治工作者”,5个企业、6名个人被上级总工会授予“优秀企业精神”先进集体和先进个人。一批班组、职工家庭、工会干部分别被市总授予“先进班组”“文明新风家庭”和“优秀职工思想政治工作者”等称号。1998年开始,“创、树”主题教育活动开展“争当文明职工”活动。当年县总表彰县化肥厂等8家工会被评为1997年度“创、树”主题教育先进集体,季美云等13人为先进个人。1999年,结合“五一”宣传周,组织职工参加省总

①“三学”“三树”“两提高”:学理论、技能、法律;树立正确的人生观、世界观、价值观;提高职业道德、职业技能。
②“三项工程”:道德建设、技能建设和文化建设工程。

暨《江苏工人报》开展"澳门回归知识竞赛"活动，发动掘港等7个镇和教育、机电系统工会9000多人参加。

2000年县总获得省总"致富思源、富而思进"教育先进集体的奖状　　（县总办提供）

2000年，"创、树"活动以"双学双比一争当"[1]，开展"面向21世纪职工主人翁形象"和"致富思源、富而思进"大讨论活动。与县委组织部发动新经济组织参加《新华日报》《江苏工人报》举办的"党建带工建、工建促党建"知识问答竞赛活动，全县1.20万职工参与活动。当年县总被省总评为"致富思源、富而思进"教育活动先进集体。

2001年，开展"创现代企业精神、树新世纪职工形象"宣传月活动和"党在我心中"主题演讲比赛。会同县计经委组织参加"江苏'十五'计划纲要知识竞赛"，在企业发放试卷1.63万份，发动职工答题。2002年，举办《我为如东工运献一策》征文活动，收到征文89篇，其中在《如东日报》等报上登载13篇。2002—2007年，实施"巾帼绘'十五'，创新展风采"行动，先后开展"女职工素质自我达标"、健身家庭大赛、"争创'五一'巾帼标兵""争创'五一'巾帼标兵岗、争当'五一'巾帼标兵""巾帼建小康、三创展风采"等活动。2006年，组织1.50万名职工参加市职工"十一五"规划知识竞赛。10名职工获奖，县总工会获市"十一五"宣传活动先进集体。2007年如东被南通市评为"巾帼标兵岗""巾帼标兵"各4个，同时成为省级"巾帼标兵岗""巾帼标兵"各两个。2010—2013年，县总发动全县300多个规模企业，开展以"争创学习型企业、争做知识型职工、树立新时代形象"的"两争一创"[2]活动。均占全县规模企业数的在90%以上。2013年，围绕党的十八届三中全会和全总十六大精神，举办主题讲座、知识竞赛、征文活动。全县近2万名职工参加省委宣传部、省总联合会举办的全省职工学习党的十八精神知识竞赛活动，获评优秀组织奖。

1999年后，全县工会系统重点围绕组织劳动竞赛、技术创新、创优竞赛劳动保护等方面开展活动。1999～2001年，先后结合"九五创业杯"竞赛开展"扩销杯""扭亏增盈杯""创新杯""重点工程杯""优质服务杯"和"群策杯"竞赛活动，参加全省"百万职工迎新世纪学习运用计算机"竞赛、"安康杯"竞赛等活动。2001年，以"三创六小"[3]"三新六赛"[4]和"精一招会

①"双学双比一争当"：学理论、比觉悟，学技能、比贡献，争当"文明职工"。

②"两争一创"：争创学习型企业、争做知识型职工，树立新时代形象。

③"三创六小"：成本创最低、效益创最高、品牌创最好，小核算、小革新、小改进、小建议、小节约、小经验。

④"三新六赛"：思维创新、技能创新、岗位创新，科技创新竞赛、重点工程竞赛、技能开发竞赛、优质服务竞赛、群策群力竞赛、个人立功竞赛。

二招学三招”为主要内容立功竞赛。2002～2010年，组织开展“三创三赛三争”①活动、“四技”②活动、“安康杯”“十佳金点子”“十佳科技创新成果”活动、重点工程劳动竞赛等。2011～2013年以创建“工人先锋号”为载体，在企业班组开展“推进现代化、建设新如东”“我为企业发展作贡献”；在职工中开展“五小”③竞赛活动；在基层工会，以“环保型班组”建设，开展“我为节能减排献一策”专项合理化建议活动等。其间，县总获评2006年度宣教工作一等奖。2014年，如东各级工会组织职工学习贯彻中共十八届三中全会和中国工会十六大精神，组织开展以建设社会主义核心价值为主线的主题教育活动，通过举办专题讲座、知识竞赛、征文等形式，吸引广大职工参与，激发职工为全县经济增长作贡献。（详见“第六章”）

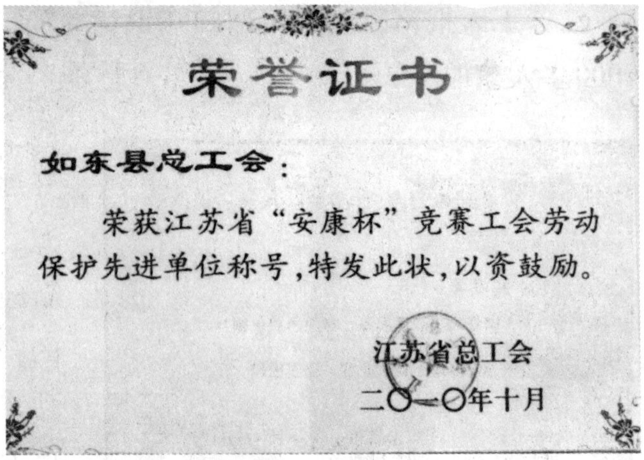

2010年，县总获省总“安康杯”竞赛先进集体称号
（县总办提供）

三、“五一”宣传月和新闻舆论宣传

1989年7月，县总《工会兴办经济实体五大好处》一文在全国市县工会工作探讨联络处主办的《工会信息报》第四期上刊登。1990年9月，马塘小学工会活动录像片在市电视台播出。1992年，“南通市工会信息员培训班”在如东举办，县总工会全年向省、市、县报送信息35条，采用率70%。

1999年，“五一”期间开展“五一”宣传周活动，与县新闻单位联合采访部分劳模先进事迹，组织参加市“五一”新闻作品评选，如东2篇报道获二等奖。2000年，会同县计经委、劳动局举办全县职工“普及安全知识、迎接新的世纪”宣讲竞赛，制成录像片，在全县工厂企业和县电视台、《如东日报》放映、刊登。开展“五一”宣传月活动，各级工会组织“面向21世纪职工主人翁形象”大讨论。结合讲改革开放的巨大成就、发展大变化、大好前景。会同新闻单位集中宣传一批劳模和先进人物事迹。宣传月期间，县文化宫和各级工会围绕工人阶级作用、先进模范人物先进事迹等方面，演讲9场、征文69篇，联谊活动36场次，刊出黑板报109块，更换宣传栏136个。《看特困职工忙过年》《堵住无底“黑洞”》新闻稿被南通市委宣

①“三创三赛三争”：思维创新、技能创新、岗位创新，创新立功竞赛、优质服务竞赛、重点工程竞赛，争当创新能手、争创创新成果、争创创新工程示范岗。

②“四技”：技术协作、技术培训、技术服务、技术创新。

③“五小”：小发明、小革新、小创造、小设计、小建议。

2000年，会同县计经组织参加市“五一”新闻作品评选，如东2篇报道获二等奖　（县总办提供）

传部、市总评为“‘五一’新闻奖”二等奖。全年在全总和省、市总刊物上发表宣传工人阶级和工会工作的文章、报道27篇。

2001年，县总联系县人大制度引导起各媒体的关注，《人民代表报》《工人日报》头版头条专题报道，《中国工运》以“构建维权有效机制”为题加以介绍，江苏电视台“职工之音”栏目重点报道。先后20多篇文章在各种报刊上发表。4～5月，开展“创现代企业精神，树新世纪职工形象”宣传月活动，与县报社联合在《如东日报》开辟“新世纪如东职工新形象”大讨论专版，先后刊登各行业职工撰写的讨论文章10余篇，同时及时报道基层工会开展大讨论活动情况。会同县新闻单位集中报道宣传劳模和先进人物的事迹。同年，编辑出版如东先进模范人物风采录——《永驻辉煌》，该书收录新中国建立后如东市级以上各级劳模、先进生产者及各行各业先进人物688人，并对其中40多名劳模的事迹重点介绍。当年，县总组织的3篇报道获南通市“‘五一’新闻奖”三等奖，获省总工会信息工作十强县。

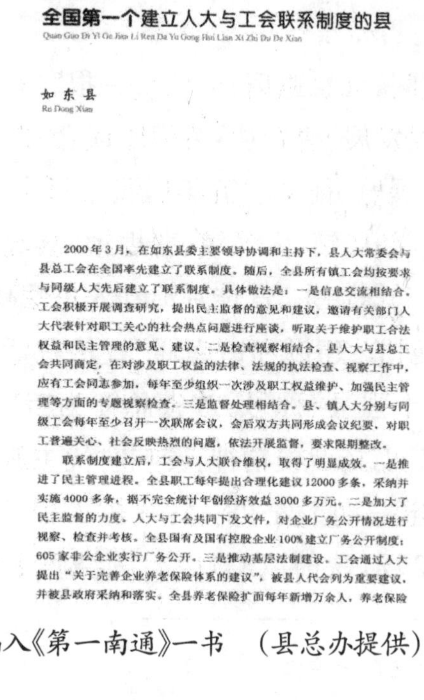
全国第一个建立人大与工会联系制度的县

Quan Guo Di Yi Ge Jian Li Ren Da Yu Gong Hui Lian Xi Zhi Du De Xian

如东县

Ru Dong Xian

2000年3月，在如东县委主要领导协调和主持下，县人大常委会与县总工会在全国率先建立了联系制度。随后，全县所有镇工会均按要求与同级人大先后建立了联系制度。具体做法是：一是信息交流相结合。工会积极开展调查研究，提出民主监督的意见和建议，邀请有关部门人大代表针对职工关心的社会热点问题进行座谈，听取关于维护职工合法权益和民主管理的意见、建议。二是检查视察相结合。县人大与县总工会共同商定，在对涉及职工权益的法律、法规的执法检查、视察工作中，应有工会同志参加，每年至少组织一次涉及职工权益维护、加强民主管理等方面的专题视察检查。三是监督处理相结合。县、镇人大分别与同级工会每年至少召开一次联席会议，会后双方共同形成会议纪要，对职工普遍关心、社会反映热烈的问题，依法开展监督，要求限期整改。

联系制度建立后，工会与人大联合维权，取得了明显成效。一是推进了民主管理进程。全县职工每年提出合理化建议12000多条，采纳并实施4000多条，据不完全统计年创经济效益3000多万元。二是加大了民主监督的力度。人大与工会共同下发文件，对企业厂务公开情况进行视察、检查并考核。全县国有及国有控股企业100%建立厂务公开制度；605家非公企业实行厂务公开。三是推动基层法制建设。工会通过人大提出“关于完善企业养老保险体系的建议”，被县人代会列为重要建议，并被县政府采纳和落实。全县养老保险扩面每年新增万余人，养老保险

人大与工会联系制度被南通市委宣传部编入《第一南通》一书　（县总办提供）

2002～2005年“五一”期间，县总开展“弘扬劳模精神、展示劳动者风采”宣传月活动，召开劳模座谈会，宣传劳模事迹。其间2002年“五一”宣传月，举办宣扬劳模演讲会72场，各种比赛191次，评选各类先进人物280人次。举办“我为如东工运事业献一策”征文活动，收到征文89篇，其中在《如东日报》等报刊上刊登13篇。

2001年，县总举办《永驻辉煌》首发式　　(县总办提供)

2006年4月28日至5月28日，县总在《如东快讯》集中宣传10名创新型、技能型先进劳模。南通市委宣传部、市总、市新闻工作者协会联合组织的南通市第九届“‘五一’新闻奖”评选，如东新闻稿件获二等奖1篇、三等奖3篇、优秀稿件1篇。5月，在《如东快讯》连续宣传省劳模吕德斌、曹彩红等9人先进事迹。6月，被市总评为“‘五一’宣传活动先进集体”和“‘十一五’宣传活动先进集体”。12月，在《如东快讯》撰文宣传推进劳动报酬签订集体合同等内容和宣传全国、省劳模“自强自主创业者”7人。全年在国家级报刊发表文章(报道)11篇、省级27篇、市级37篇、县级30多篇。编辑《南通工人》杂志2006年第3期。该年，县总被省总评为“新闻舆论宣传先进集体”。

2007年“宣传月”期间，县总邀请县“两台一报”①召开宣传活动通气会，商定对劳模事迹采访宣传方案。召开“促发展、建新功”劳模座谈会，向全县发出倡议书。组织劳模家乡游、劳模进言献策、报告会、展览、征文、“五年后我心目中的如东”演讲比赛等活动。8月，表彰县教育、掘港镇、丰利镇、新店镇、大豫镇、曹埠镇、县经济开发区等单位工会为“弘扬劳模精神、讴歌劳动创造、建设和谐如东”宣传月活动先进集体。当年，县总被市总评为南通市“弘扬劳模精神，讴歌劳动创造，建设和谐南通”宣传月活动先进集体，工会信息工作连续第6次获省“工会信息工作十强县”称号，被省总评为“江苏省工会新闻舆论宣传先进单位”。2008年县总工会开展以“弘扬劳模精神，奏响时代主旋律”为主题的“五一宣传月”活动。先后对海洋铁路工程、风电三期工程、LNG管线桥工程、LNG接受站等重点工程项目工地电影放映慰问6个工地共12场，映前以幻灯片，围绕政策法规、安全生产、创建和谐企业等内

①“两台一报”：县电台、电视台，如东报。

容进行宣传。2009年,县总全年送优秀电影到县重点建设工程项目工地、县50强企业、工业集中园区,放映162场次;同时播放“工会重点工作”专题片,5万多名观众接受教育。2010年,拍摄制作《厚德笃行耀江海——如东劳模风采录》劳模宣传专题片,“五一”期间在县电视台连播。以县委办、县政府办名义下发《在全县开展向薛济平等劳动模范学习活动的通知》,动员全县学习劳模“劳动创造、无私奉献”的精神。

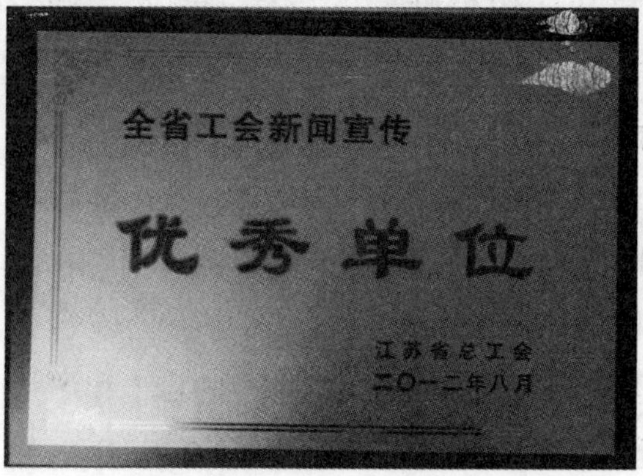

2012年6月,县总获得省总“新闻宣传优秀单位”奖牌 (县总办提供)

2011年“五一”期间,县委、县政府召开庆“五一”劳模座谈会暨省、市劳模赴南通领奖欢送会。县电视台、电台、《如东快讯》集中报道14名劳模先进人物事迹。启动“十二五”期间劳模“创新我先行,创优作表率”主题实践活动,推广建立13家劳模创新工作室。2012年4月,《江苏工人报》驻市记者站长会议在如东召开。会议期间,开展“记者走一线”新闻采访活动。2013年,如东在市总举办的“讲述我身边的劳动故事”演讲比赛中获一等奖;代表南通市参加省职工“中国美、劳动美——讲述我身边的劳模故事”演讲比赛,获二等奖。同年,在县、市、省、全国报刊、工会网上录用100多篇文章和信息,完成《南通工人》第四期组稿编辑任务。县总被省总评为“全省工会新闻宣传工作优秀单位”。2014年,县总组织参加南通市第十七届“五一新闻奖”比赛活动,如东选送的8篇稿件,3篇获二等奖、1篇获三等奖。县工会系统利用新闻传谋宣传如东的工会工作,全年在县、市、省、全国报刊及工会网上录用100多篇文章和信息,被省总评为“全省工会新闻宣传优秀单位”。

第二节 文化技术教育

一、识字扫盲

中华人民共和国成立初,广大职工政治上解放,经济上翻身,面对着投入社会主义革命和建设事业客观要求,提高职工队伍的文化技术水平成为工会工作的重要任务。对于文盲、半文盲占90%以上的职工队伍,识字扫盲成为初期职工教育的重点。

民国38年(1949)3月,掘港镇创办青年职工夜校,开办1个班,学员50多人;栟茶镇工会开办综合班,职工参加时事政策和识字扫盲学习100多人。

1950年秋,县文化馆设成人教育组,开办识字班1个。10月,丰利镇工会开设扫盲班和小学班,重点扫除青年工人文盲。11月,掘港、马塘、白蒲、丁埝、丰利、栟茶6镇办有职工夜校。年底,全县有职工149人参加夜校学习,学员中至少识字100多个,文化班部分学员达初小(小学四年级)水平。1951年,全县6所职工业余学校,开办扫盲班12个,学员753人;自1949年后,脱盲职工98人(全部进初小班学习);新开办初小班8个,学员349人。1952年,根据中华全国总工会《关于在群众中推广速成识字法,开展扫盲教育运动的指示》,全县工会系统开办职工业余学校9所,专职教师9人;扫盲班14个,学员761人;初小班8个,开设语文、美术两门课程,学员383人。至年底,脱盲112人。1954年9月,根据中央整顿巩固、重点发展、提高质量、稳步发展的文教方针,全县职工业余学校保留5所。至1955年,全县职工业余学校调整为掘港、马塘、丰利、栟茶4所。6月,中共如东县委批转县工会联合会《关于企业基层干部业余训练计划》。"计划"提出学习时间内不得分配学员额外工作和参加其他活动。1956年,县工会联合会第三届第五次执委扩大会议,贯彻全总《关于在三年内扫除文盲的决定》,确定在全县职工中掀起群众性的扫盲运动。同年,新建兵房、岔河两所职工业余学校。全县专职教师11人,兼职教师22人。各镇工会开展扫盲运动动员中。岔河区委书记在职校开学典礼大会上带头报名入学,苴镇区区长主动与职校教师签订包教包学合同,掘港轧花厂厂长、兵房供销社主任主动抓本单位识字扫盲班的教学工作。全县参加学习职工增至1800多人。8月,县工会联合会根据工厂生产特点,建立职工学习组织以厂办校,送教上门,以车间(或工种)开班;组织掘港、马塘、苴镇3校教师设立县职工业余教育教研组,重点研究复式教学,安排马塘镇举办观摩教学活动;查教学效果,抓学习考查。马塘镇搬运班,三年级语文教至第三单元,共96个生字,考查中12名学员均能读讲,听写率97%以上。原一字不识的55周岁2人,参加学习半年时间,识字463个,满怀信心坚持学习到高小毕业。

1957年,县工会联合会贯彻"政府领导,企业主办,工会协助"办学方针,各镇工会协助有条件的工厂建立分校,厂行政领导任学校领导;举办师资短训班,提高教师文化和业务水平;抓巩固学额,建立教师考勤考核制度;着手研究政治、技术、文化三组合教育。1958年,掘港、岔河、丰利等镇职工学校在各工厂设分校,厂办扫盲、小学班,教师驻厂扫盲。镇办初中、高中班,开设政治、语文和数理化等课程。栟茶镇开办红专学校,组织职工学政治、学文化、学技术。10月,县工会、文教局召开职工学校教师会议,交流办学、教学和巩固学额等方面经验。同月,将掘港、马塘、栟茶、丰利、岔河、兵房职工业余学校行政、业务、财务分别划分属掘港镇人民公社和马塘镇、栟茶镇、丰利镇、岔河镇和徐征乡人民委员会领导,业务指导、人事分配由县文教局负责。当年,全县红专学校厂办17所、厂际联办15所,大厂厂办红专大学7所。1959年，新建双甸和盐场、棉场、林场、农场职工业余学校，全县专职教师15人，兼职教师53人。12月25日，县总召开职工教育跃进誓师大会。会议听取形势报告，交流组织全面入学、加快扫盲速度、培养师资、改进教学方法等经验，参观掘港职工业余学校突击识字的教学方法。据统计，全年485人脱盲。1960年1月，县总召开职工业余教育跃进誓师大会。4月，县工会第五届代表大会对大办红专学校作出决议。10月，县总、文教局和职教办对掘港轧花厂红专学校等单位考察，重点研究教育为政治服务为内容的教育。当年，全县各级各类职工业余学校106所，学员6023人（占青壮年职工总数94.40%）。该年，教育内容坚持生产劳动、教学、科研相结合，采取统一学政治、分班学文化、分业学技术进行教学。至年底，全县职工脱盲757人。

1961年上半年，职工教育工作本着"鼓足干劲，实事求是，提高质量，稳步发展"的精神，坚持"分期分批，区别对待"和"积极领导，自愿参加"的原则，做好办、教、学三者思想工作，定期评"五好"教师、"五好"学员、"五好"红旗学校。县总于栟茶镇召开职工教育工作会议，交流教学如何面向生产，为生产服务的经验。11月，县总、文教局召开会议，纠正部分职工业余学校在教育上"重文化、轻政治、不管技术"和"光搞时事政治宣传，不上文化课"思想偏向，克服以往办学过分强调集中、正规，重视办大专、高中，忽视扫盲、小学基层工作。为此，调整学校布局、调整学习组织（结合生产特点，按学员实际水平编班、编组）、调整师资队伍。调整后的52名教师，其中大专水平1人、高中水平26人、初中水平23人，高小水平2人。

1962年3月，贯彻"调整、巩固、充实、提高"的方针，各工厂企业单位精简下放职工，事业紧缩，学员人数锐减。双甸职工业余学校和盐、林、棉、农4场校停办，全县精简专职教师38人。除丰利镇一个班坚持上课外，其余职工业余学校工作再度停顿（直至9月下旬，被保留的6所学校逐渐恢复教学）。6月，县总、文教局召开职工业余教育工作会议。提出继续贯彻"鼓足干劲，坚持办学，提高质量，适当发展"的精神，切实办好业余中等教育；对1万多名接受初等教育学员，争取教识3000字；对文盲、半文盲的30多人，坚持200字的会谈、会认"四会"标准。具体规定职工每年学习38～40周，每周学文化和专业知识时间4—6小时。

1963—1964年，先后恢复双甸地区职工业余学校和盐、棉、林、农4所场校，全县专职教师11人，兼职教师36人。1964年初，县总会同文教局制订1964年下半年至1966年上半年职工教育规划。据调查青壮年中未参加社会学习教育2345人，占青壮年总数50%。为此，确定职工教育办学以高小和初中为重点，适当发展高中，同时有计划地扫除文盲。

1966年5月，"文化大革命"开始，各级工会组织瘫痪，职工学校被迫停办。

1973年，县教育局向各镇派去一名专职教师抓职工教育工作。因经费、师资、教材等得不到落实而未果。

1975年7月,纪念毛主席"七二一"指示发表7周年之际,县黄油枪厂、轧钢厂和栟茶镇等单位开始创办"七二一"工人业余大学(实际上未开设大专课程)。9月下旬,南通地区工会、工业局、教育局在如东召开"七二一"工人业余大学会议,组织参观县黄油枪、轧钢厂"七二一"工人业余大学。10月,县总八届五次全委扩大会提出:举办"七二一"工人业余大学是造就工人阶级知识分子宏大队伍,实现劳动人民知识化,知识分子劳动化的重要途径。要求各级工会积极支持、配合有关部门办好"七二一"工人业余大学。嗣后,全县158家工厂企业相继创办"七二一"工人业余大学班,7700多名职工参加学习。业余大学主要学习时事政治和毛主席著作,部分有条件的工厂结合生产开设专业课。至1977年底,全县全部停办。

二、"双补"教育①

"文化大革命"结束后,党的工作着重点转移到以经济建设为中心,提高广大职工的文化科学技术水平刻不容缓。县总把职工教育摆上重要位置,部署突击扫除文盲,两年内普及初中文化教育和初等技术教育,对"文化大革命"以后进厂的青壮年职工进行文化、技术补课。

1976年始,县内各工厂企业对青年职工普及初中文化和初级技术教育,陆续开办职工业余学校或教学班。

1979年2月,县总在党的工作着重点转移的大政方针下,围绕提高职工队伍文化技术素质。实行"思想上轨、工作上位、领导上阵"。采取"以镇建校,以厂设班,镇厂结合,统一办学"的方法,狠抓学员、教室设备、师资、教材、办学经费、教学时间、教研活动和科技实践"八落实"。不足半年时间,恢复5个县直属镇3个工区的职工业余学校,配备专职教师42人,聘请兼职教师356人;全县在籍学员3240人,设208个班级。5月,南通地区工会办事处转发栟茶镇工会《切实办好职工业余教育,紧跟党的工作重点转移》的总结材料。11月,省总在如东召开职工业余教育现场会,会议充分肯定如东恢复发展职工教育工作所采取的措施和取得的成效。12月,全县配备专职教师39名,兼职教师254名。当年,县总派黄世雄(县职工业余学校校长)出席全总在北京召开的职工业余教育座谈会。

1980年1月,建立县职工业余学校。年初,县总规划:各地职工业余教育办学单位,争取年底在所属施教区内扫除文盲;集中力量争取在两年内普及初中文化教育和初等技术教育;积极发展高中文化教育和中等技术教育,办好职工业余大学。3月31日至4月4日,县总组织两个检查组分赴掘港、马塘等8个集镇的相关工厂企业和县属盐场,对职工教育进

①"双补"教育:职工文化补课教育、职工技术补课教育。

行检查。检查36个单位,听课38个班,并在部分单位进行座谈。上半年全县镇办和厂办311个班,1.02万职工入学,占职工总数41.80%,占应入学数56.70%。9月24日至10月11日,县总组织第二次检查。全县共办各种文化技术和企业班42个,入学1.48万人,占职工总数56.30%。各类职工学校办学中坚持实用与理论、普及与提高相结合,开办常年班的同时,举办各种短训班和针对企业生产和管理的科学技术班。当年,县职工学校开设业余大学班,组织30名专、兼职教师,辅导职工学习高等数学知识。1981年2月,中共中央、国务院发出《关于加强职工教育工作的决定》。县总集中力量组织领导干部学习经营管理知识、技术人员学习专业技术。采取按系统、分行业办学,按对象分专业办班。先后举办各类经营管理、专业技术班16期,1122人参加学习。针对落实"双补"教育,县职工学校与马塘职工学校在县经济委员会、工业局、轻工局、交通局等支持配合下,成功试办1个为期6个月的高中脱产补习班。11月,设立县职工教育办公室。该年,县总出席第二次全国工会系统职工教育工作会议和省总召开的职工教育工作座谈会。全总对如东工会系统职工教育进行调研,充分肯定如东职工教育工作成果。1982年,县总利用职工学校教学基地、物质设施和师资条件,挖掘潜力,采取多种形式,灵活举办文化班70个、技术班26个,学员计4367人。同年,先后举办环境保护、交通管理、安全技术、医用英语学习班和电工、财会、供销人员训练班等。1983年,县总协同有关部门在部分工厂建立职工教育管理委员会42个、管理小组142个。同年3月建立工会系统文化技术职工教育教学研究组,文化课分语文、数学两组和技术课教研组。6月全县举行1983年夏季职工初中文化补课考试,分设8个考区,164个考场。全年举办各类文化专业学习班34个,3041人接受培训。当年,县总被省总评为"职工教育先进单位",获江苏省人民政府嘉奖。县职工业余学校校长黄世雄作为职工教育先进代表出席全总召开的第三次职工教育会议。至1984年,全县历年参加"双补"[①]的青壮年职工9820人考试合格,占应"双补"总数的72%。1984年4月,江苏省人民政府给掘港职工业余学校颁奖。7月23日,《工人日报》刊载《如东县职工学校为改革服务,培养了5300名管理人员》的文章。8月,县总将"如东县职工业余学校"更名"如东县职工学校"。掘港、

1981年,全总省、市总有关领导到如东考察职工学校 (县职校提供)

马塘、岔河、栟茶、丰利、双甸、掘东、苴镇8所镇(区)职工学校改为分校,实行统一领导。1985年2月,县职工学校被评为“职工教育先进集体”,获南通市人民政府表彰。

自1979年恢复职工教育以后,县总和各镇工会共拨款30万元,新建3所分校的教学大楼和5所分校平房教室;共建办公室11间,教室43间,生活用房24间;购置600套课桌凳和大量教学仪器、挂图、参考资料。配备专职教师27人,兼职教师45人。随着“双补”任务的完成,1984年,各分校开办高中补习班5个,学员250人。

三、岗位培训

20世纪80年代,随着如东地方工业的兴起,特别是1986年开始,化工、轻纺、机械电子等工业和乡镇企业的迅速发展,新工人大量增加,如东职工学校办学重点由“双补”转向岗位培训。

1986年,县职工学校共办岗位职务培训班68期,受培5026人次;基层干部培训班15期,受培1245人次;同时举办文化班57个,学员3648人。全县职工教育办有文化班、技术班、专业班、管理班等各类班次。1987年,县职工学校协同县机械电子工程学会联合举办现代化工程“十八法”训练班,全县26个单位的技术管理人员参加学习。同时增设工会干部岗位培训函授班,各镇设面授点,全县600多名基层工会干部参加面授学习;开办电工、锅炉工、驾驶员、会计培训等班次,为基层工会和各工厂企业培训一大批管理技术型人才。当年,如东县职工学校被评为省工会系统职工教育先进集体,获省总表彰。《如东县总工会适应改革需要,开展工会干部岗位培训》材料,在第四次全国县(市)工会工作探讨会上印发。至1989年,县职工学校共举办“现代化管理十八法”培训班95期,3年内45个单位、375人次取得现代化管理十八法应用成果318项,获直接经济效益2500万元。县生化总厂陈建华、黄振生、葛正平关于《IQC方法在能源管理中的应用》丰利棉织厂韩淑平、杨成美、杨祝兰关于《运用目标管理,促进经济效益提高》通用机械厂王大海、赵斌、曹彩虹关于《推进目标管理,促进双增双节》3项应用成果获省政府二等奖;南港渔网厂徐长才等关于《量本利分析法》等71项应用成果获南通市三、四等奖;县服装厂陈毅华、张建忠《优选最佳工程,开发特种产品》,县缫丝厂张伟、王爱英、易建平关于《运用盈亏分析原理,节约包装费用》等228项应用成果,获县政府奖。

1988年,县总在岗位培训工作中,抓住组织领导、信息交流、考核评比三个环节,突出抓基层干部培训工作。以职工学校组织工会干部系统学习《工会法》《劳动法》《工会企业管理》《企业民主管理》和党在社会主义初级阶段的基本路线等理论知识。针对工作实际,缺什么学什么,先后培训基层工会干部6000人次。同年7月,《适应改革需要,开展工会干部

1988年,县总举办的"现代化管理十八法"培训班学员合影 (县职校提供)

岗位培训》等论文参加全国县(市)工会工作第四次探讨会交流。1989年2月,县总协同相关部门举办现代工程师继续教育培训班,培养对象是具有大专文化程度或取得技术员以上职称的在职工程技术人员和专业技术管理人员,学习时间1年。设"工程管理""工程设计""技术经济""计算机技术"4门必修课程。10月,举办"机械基础"教员研修班,由各单位主管职工教育工作的负责人和具有实践经验的胜任教学辅导工作的专(兼)职教员参加。11月,县职工学校办学经验在全总职工教育工作座谈会上交流,被全总、中宣部评为全国职工教育先进单位。12月,《江苏工人报》刊载《如东县总工会舍得花钱办职工教育》一文(该报曾刊登反映如东职工教育《办学路子活》文章),推介如东职工教育的工作经验。当年,县职业学校被全总授予"教育先进单位"称号,并受到江苏省人民政府嘉奖。

1949～1965年如东县历年职工业余教育基本情况一览表

表5-1

年度	扫盲		初小		高小		初中		高中		政治理论		业务技术		总计	
	班级(个)	学员数(人)	班级(个)	学员数(人)	班级(个)	学员数(人)	班级(个)	学员数(人)	班级(个)	学员数(人)	班级(个)	学员数(人)	班级(个)	学员数(人)	班级(个)	学员数(人)
1949	2	107	—	—	—	—	—	—	—	—	—	—	—	—	2	107
1950	3	149	—	—	—	—	—	—	—	—	—	—	—	—	3	149
1951	12	753	7	349	—	—	—	—	—	—	5	260	3	87	27	1449
1952	14	761	8	383	—	—	—	—	—	—	6	314	2	98	30	1556
1953	8	313	3	114	—	—	—	—	—	—	9	652	5	125	25	1104
1954	11	498	—	—	—	—	—	—	—	—	10	624	—	—	21	1122
1955	9	325	—	—	—	—	—	—	1	59	10	504	—	—	20	888
1956	22	1371	5	212	3	110	—	—	2	135	—	—	—	—	32	1828
1957	67	2443	13	512	5	282	6	208	4	168	7	481	4	138	106	4232
1958	62	1834	—	—	—	—	—	—	—	—	39	2508	8	240	109	4582
1959	64	2750	—	—	—	—	—	—	—	—	48	3510	—	—	112	6260
1960	66	2848	—	—	—	—	—	—	—	—	40	3175	—	—	106	6023
1961	25	795	18	630	45	905	15	1132	3	201	12	958	—	—	118	4621
1962	56	3241	20	795	42	1013	38	1211	5	220	—	—	—	—	161	6480
1963	43	2067	4	171	6	283	10	461	2	80	—	—	—	—	65	3062
1964	54	2706	4	188	3	146	8	325	2	55	—	—	—	—	71	3420
1965	69	3339	9	428	11	537	18	1361	4	188	—	—	11	961	122	6814

1979～1989年如东县历年职工业余教育基本情况表

表5-2

一、文化班

年度	文化班总数		小学班		初中班		职工高中班		干部高中班		高中实习班		其他班	
	班级(个)	学员数(人)	班级(个)	学员数(人)	班级(个)	学员数(人)	班级(个)	学员数(人)	班级(个)	学员数(人)	班级(个)	学员数(人)	班级(个)	学员数(人)
1979	106	3240	39	925	45	1584	11	443	—	—	—	—	11	288
1980	101	4895	5	1399	66	2505	16	625	—	—	—	—	14	366
1981	137	4496	47	1310	63	2339	16	375	—	—	—	—	11	472
1982	96	3910	34	1210	55	2355	7	345	—	—	—	—	—	—
1983	64	2990	4	185	47	2108	12	657	1	40	—	—	—	—
1984	50	2544	—	—	19	836	21	1106	5	352	5	250	—	—
1985	78	4821	—	—	18	833	46	2930	2	85	9	824	3	149
1986	57	3648	—	—	1	96	48	2774	1	45	8	668	1	65
1987	56	4040	—	—	1	76	46	3188	—	—	9	776	—	—
1988	63	4994	—	—	—	—	54	4276	—	—	9	721	—	—
1989	75	5469	—	—	—	—	50	3839	9	490	12	920	4	220

二、技术(业务)班

附:表5-3

年度	技术(业务班)总数		职工班		企业管理班		班组长班		工会干部班		其他人员班		其他班	
	班级(个)	学员数(人)	班级(个)	学员数(人)	班级(个)	学员数(人)	班级(个)	学员数(人)	班级(个)	学员数(人)	班级(个)	学员数(人)	班级(个)	学员数(人)
1979	100	3392	19	640	23	810	—	—	—	—	—	—	58	1942
1980	220	8887	126	4177	27	929	—	—	2	71	—	—	65	3710
1981	173	5218	79	1584	43	1375	—	—	—	—	50	2207	1	52
1982	40	2452	4	188	10	589	5	320	3	278	9	515	9	551
1983	55	3041	5	273	15	1020	6	450	4	300	—	—	25	998
1984	81	5117	13	546	21	1176	4	1235	6	410	6	244	31	1506
1985	21	1371	1	34	—	—	—	—	4	222	10	815	6	300
1986	77	5026	19	1165	4	702	11	726	8	519	15	855	20	1059
1987	91	4434	9	491	30	1390	15	663	14	714	3	146	20	1030
1988	64	5210	27	2887	3	168	11	750	7	372	3	180	13	853
1989	64	5210	—	—	—	—	—	—	—	—	—	—	—	—

1979—1989年县职工学校正式恢复办学的10年,坚持为企业生产服务、为职工需要服务,实行多层次、多形式的办学,重点对全县广大职工尤其是青年职工的文化、技术的岗位培训和时事政治的学习,以及举办高中文化、中级技术和部分学科的大专层次班次。各类班级在校学员以学科计算每年保持在1万人次左右,累计培训职工(干部)超过10万多人次,其中在技术业务教育方面计6万多人次。县职工学校和各镇分校办学条件得到不断改善,计建有6幢教学楼,办公室9间、教室20个,教师宿舍30间,总建筑面积4000平方米。拥有固定资产和银行存款150万元。10年的办学,县职工学校受到企业和职工的欢迎,赢得社会的好评,多次得到省、市总和县政府的表彰,1989年,被全总授予职工教育先进集体称号。1987年,国家教委《关于改革和发展成人教育的决定》要求成人教育把办学重点转到岗位培训上来。1987—1989年,社会上出现一股办学热,县相关部门(系统)举办的学校或培训中心10多所。面对办学的竞争,县职工学校实行以文化教育为基础,以技术教育为重点,全方位、多层次、多规格办学。思想政治教育方面,在县总的组织协调下,通过长班系统学习、短班专题培训以及电视录相讲座、录像报告等形式,先后对8900名职工四项基本原则教育、理想道德教育和遵纪守法教育,并为企业培训专职政工干部1000多人。文化教育方面,正常开设职工业余初、高中文化班,以及高考复习班,每年生源保持在3500人左右,先后1万多名职工取得初、高中毕(结)业证书,并为成人高校、普通高校和中专输送学员2500多人。技术教育方面,每年培训各行各业技术业务人员均在2000人以上。先后开办

40个种类、2000多个岗位培训班，全县8500多名企业班（组）长、中层干部、基层工会主席和铸工、电工、驾驶员、会计员等参加县职工学校培训后，参加市、县相关部门考核领取岗位合格证书。

1990年，县职工学校开办职工高中班55个，以单科计算组织职工入学3550人次；高中补习班12个、920人，高校录取193人；职工班525人毕业、2394人次结业；企业干部高中班8个、365人；并与南通市职工业余大学联办大专财会专业证书班。县职工学校牵头、各镇分校开办中级电工班7个、580人入学；初、中级冷加工班35个、学员1200人。多形式的短训班24个、培训职工1173人次。

1990年，县职校举办企业干部高中班　　（县职校提供）

1991年，县职工学校举办各类文化、技术、教育（含短训班、培训班）计236个班次、1.09万人次，其中文化教育方面97个班、5237人，技术教育方面139个班次5615人。同时，县职工学校与县劳动局、机械电子工业公司联办高级工培训班，参加学习对象均属在本工种高级工岗位上工作。对工作10年以上，且具有中专技校以学历的技术工人，培训围绕江苏省劳动局、省机械厅编写的《高级工培训考核大纲》（试行）进行，学制为1年，开设“机械制图基础”“电工基础”“金属材料基础”“机械基础”和本专业工艺等课程。学员学完规定课程，经南通市劳动局工考办考核合格，由省劳动局颁发高级工技术等级证书，作为技师聘任的主要依据之一。1991年以后，县职工学校在举办各类专业技术岗位培训班的同时，加强工人技术等级的培训。

1991～1993年，县职工学校围绕如东经济发展办教育，共举办各类专业技术岗位培训班和工人技术等级培训班计233个班次，参培1.31万人（次）。经跟踪调查200个单位，经县职工学校培训领取高级工证书被聘为工人技师75人；领取初、中级技术等级证书的职工在考工晋级中69人工资升1级，617人工资升半级；120人被选拔到各级领导或关键性工作岗位上工作。160个单位中有200名学员回单位后自己或协助搞新产品开发的县以上项目131个，中层干部学习现代化管理取得应用成果的获县级成果奖22项、市级17项、省级8项。三年共办各类453个班次、学员2.27万人(次)，办学总收入50多万元；学校的内部管理不断得到完善，修订岗位责任制，制定《关于加强学校内部管理、增强办学竞争力的意见》，进一步明确县校与各分校的关系，同时在重点企业设立教学点。学校办学的类型、形式、层次不断拓展，举办涉及政治、经济、文化、技术、管理及社会需要的其他类型的班次；学历班有高中、中专、大专，技术业务班从初、中级办到高级班；有全科、单科、专业证书等班次。举办两个财经管理大专班、12期电脑培训班，并全面承担全县技术等级的培训。学校基础设施得到进一步改善，拥有教学用房3500多平方米，拥有微机、录相机、复印机等教学设备。掘港、栟茶、马塘、岔河、双甸等区分校教育阵地经兴建或改建成教学楼。1991年被省总评为江苏省先进职工学校。

1994年，县总对职工学校办学工作提出考核指标和奖惩措施。由于社会办职校遇到竞争生源的压力，以及企业改革改制，办学的难度越来越大。全体办学人员想方设法，寻求办学出路，栟茶分校多方联系，举办大专、中专等中高层次的班级上取得成功，闯出办学的新路子。在办学形式上，实现联合办学取得进展，县校及部分分校分别与南通市工人业余大学、南通市技工学校、上海市服装中专学校、县委党校等联合举办大、中专及等级培训班6个。县校开拓思想，克服困难，努力开启全县技术工人等级培训的新形式，在省总、省劳动局的大力支持下，设立“江苏省高级技术等级培训如东函授站”，为开展中高级技术等级培训铺平道路。同年县校和丰利分校试办职业高中和成人职业高中并获得成功，为全校有计划开展职业教育积累了经验；各分校紧紧依靠当地党委、政府，办学的触角延伸到乡(镇)企业和乡村，扩大办学的覆盖面。当年，县校办有实体4个以及录像室、桌球等有偿服务项目7个，创收计20万元，为办学提供一定物质基础。全校共举办各类班级113个、学员6300人次，超额完成年初制订的办学目标。办学取得的成绩得到上级工会的充分肯定，县职工学校于同年9月被全总授予“全国工会先进办学单位”称号，被推荐为“江苏省模范职工学校”，校长黄世雄被全总表彰为“全国工会职工教育先进工作者”；《中国职工教育》先后刊登两篇工作经验文章；市总在县校召开校办经济实体经验交流会。

1995年，在生源萎缩的形势下，各校把办学目标分解到人，教职人员走出校门多方联系积极组班，栟茶分校业余大、中专班正常开办；掘东分校扬长避短开办短训班，得到当地党委、政府的支持。办学形式也趋多样化，省中、高级工人技术等级培训如东函授站教学培训步入轨道；联合办学实现新进展，双甸、掘东、栟茶开办学校中专，县校办电视中专；办学覆盖面扩大到乡、村，党政干部中专学员基本上来自农村；继续保持短训班、业余班比例大的

1995年,南通工人业余大学财经大专栟茶班学员毕业合影　(县职校提供)

工会办学特色。经全体教职员工的共同努力,全年培训6000人(次),办学收入53万元,圆满完成预定的办学任务。

1996年,面临经济滑坡,企业不景气加剧,办学遇到前所未有的挑战,全体教职人员坚定办学信心,克服畏难情绪,各校加强内部管理,县校、分校间增强统分互补整体联动。全校办有党政干部行政管理、高级电工班、高级冷加工班、班(组)长培训班等各类班次53个。此后,因企业改革和社会上办职业学校的冲击等原因,县职业学校的办学断断续续,也无系统性,职工的培训逐渐被职工技术比赛、技术创新竞赛等活动所取代或是由县总统一安排的各类培训活动。

2014年7月19—20日,县总联合县经信委,聘请上海和省、县专家教授对全县规模以上企业500余名班(组)长进行现代班(组)管理技巧与实务、现代班(组)管理的沟通方法与领导艺术、班组管理中的情商和群体性劳动争议应对等内容的培训。

第三节　文明创建活动

一、“五讲四美”[①]活动

1981年初，全总、团中央、全国妇联等9个单位联合发出开展“五讲四美”[①]文明礼貌活动倡议后，县总立即和有关部门在各企事业单位广泛开展以“五讲四美”为主要内容的文明礼貌活动。全县各工会组织以黑板报、广播、展览、文艺演唱等形式，宣传开展“五讲四美”活动的意义，宣传活动中出现的好人好事。3月初，马塘镇党委专题召开各单位负责人会议，进行宣传发动。会后镇工会、团委、妇联制订学雷锋做好事，大兴“五讲四美”新风尚活动计划；镇办无线电元件厂建立活动领导组，结合工厂实际对职工行为作出具体规定；县化肥厂以职工行为表现实际事例，开展“看谁心灵美”评论活动；马塘旅社聘请全国新长征突击手、优秀服务员赵剑秋现身说法。3月5日，马塘镇结合毛主席号召“向雷锋同志学习”题词发表18周年，组织清洁卫生义务劳动，通过清除垃圾、填平凹塘、疏通下水道，全镇工厂、街道、学校面貌焕然一新。15日，县总、团县委、县妇联联合转发马塘工会、团委、妇联《关于开展文明礼貌活动的情况汇报》，动员各企、事业单位职工广泛开展以“五讲四美”为主要内容的文明礼貌活动。4～5月，如东县中学工会组织教职工制订活动计划；长沙中学工会制订教工做“五讲四美”模范的具体15条要求；丰利中学制订文明教育守则；双甸中学提出文明办公室、教室、食堂标准；栟茶中学每天3次广播《文明论坛》《校园通讯》，引导师生讲文明有礼貌；马塘小学把文明礼貌列入德育内容，结合学雷锋做好事，开展人人争当社会主义文明的小先锋，班级争创社会主义文明集体活动。教育系统领导和教师带头做文明礼貌表率，“早”“好”“再见”“谢谢”“对不起”等礼貌用语成幼儿园、小学全体师生的时尚语言。6月18日，县总在马塘镇召开文明礼貌活动现场会。会议交流开展“五讲四美”文明礼貌活动情况，听取马塘镇、化肥厂、丰利轧花厂等单位工会组织对职工进行坚持四项基本原则、加强精神文明建设教育的工作介绍。

1982年2月，县总动员各级工会深入开展“文明礼貌月”活动，把“五讲四美”活动与学雷锋树新风、争当新长征突击手结合，与做好思想政治工作、开展社会主义劳动竞赛结合，与评先进树标兵、为“四化”[②]立功活动结合。随着“五讲四美”活动持续开展，县化肥厂、化

---

①“五讲四美”：讲文明、讲礼貌、讲卫生、讲秩序、讲道德，心灵美、语言美、行为美、环境美。
②“四化”：农业、工业、国防和科学技术现代化。

工厂、黄油枪厂、掘港轧花厂、塑料厂和兵房轧花厂等单位职工上班迟到早退、上班“谈山海经”、讲粗言恶语、惹事生非、打架闹事、损公肥私的现象大为减少。各单位职工中涌现出许多好人好事,供电行业女工高鹰精心照顾瘫痪的丈夫,被县政府授予“三八”红旗手称号,《人民日报》登载其优秀事迹;县中医院深夜受治大出血病人,职工陈绥华在病人紧急关头献血300毫升。县总工会开展“五讲四美”活动注重引导职工为“四化”争贡献立新功。县化肥厂先后举行3次立功授奖大会,28人荣立二、三等功;5个班组荣立三等功,168人被评为先进生产(工作)者。县农药厂年终评出先进个人122人,集体14个,车间2个;为“四化”立功者113人,集体立功4个,标兵19人。县化工厂结合年度评先进,评出32项立功事迹。县邮电局职工代表大会作出开展“五讲四美”活动的决议,在“文明礼貌月”活动中,重点治理“脏、乱、差”,被县政府评为文明礼貌先进集体,全局评出文明先进个人18人。县商业局结合开展“双佳”活动,分别给双佳营业员、优秀营业员记二等功和三等功。双甸地区一些单位也在开展立功活动中抓典型,记功表彰。当年上半年,丰利区中心供销社在“文明礼貌月”活动中,努力提高服务质量,改善服务态度。发动职工清理环境的同时制订服务公约,实践“文明经商、礼貌待客、优质服务、方便群众”,在县供销社和镇政府评比文明职工和文明柜组中,16人为文明职工,3个门市部和柜组被授予红旗。掘东区供销社在职工中开展“红花赛”活动。栟茶镇工会与镇政府有关部门组织于“五一”劳动节召开全镇先进职工座谈会,会上优秀营业员、服务员和先进职工交流在“文明礼貌月”活动中的事迹和体会,镇政府表彰文明职工262人。8月中旬,县教育工会召开“‘五讲四美’为人师表”活动座谈会。全县各级各类学校普遍组织教职工制订单位和个人开展“五讲四美,为人师表”活动计划、公约、守则。各校均开展文明教职工、宿舍、食堂评比活动。县总于11月下旬召开“五讲四美”为人师表活动情况汇报经验交流会。

1983年4月,县总转发全总纪念“五一”劳动节的通知,动员全县职工学习马列主义、毛泽东思想,学习科学文化知识,逐步树立共产主义远大理想,提高国家主人翁的觉悟和建设“四化”本领。积极参加“五讲四美三热爱”活动,学雷锋、树新风,站在转变社会风气的前列。

二、职工读书自学

1983年8月20日,党中央批复全总党组《关于在职工中开展“振兴中华”读书活动的报告》下达后,县总发出《关于在职工中开展“振兴中华”读书活动的通知》,提出各基层工会组织立即在全体职工中广泛开展读书活动;运用各种形式,发动和组织“振兴中华”读书活动。并于9月中旬和10下旬并举办两期宣讲学习班,重点学习《社会发展史》《中国近代史》和《中国共产党党史》。250名职工参加学习,并召开宣讲员讲演观摩大会。随后,各工厂、商店、医院、学校的读书活动蓬勃兴起。全县共建立读书小组744个，参加职工1.13万人。掘港镇清管所职工纪跃华、苴镇区医院王桂国分别获《解放日报》和市总举办的读书知识竞赛一等奖，另14人获《工人日报》举办的全国职工读书活动竞赛奖。当年，县化肥厂开展“祖国之最”征集竞赛活动，全厂兴起读书热、搜集资料热。职工中最多借阅书籍50多册。征集历时5天，共征集800多条答题，并将“祖国之最”答题付印成册，作为爱国主义教育教材。《新华日报》《南通日报》和省、市、县广播电台均予以报道。1984年2月，县总召开“振兴中华”职工读书活动表彰大会，表彰3个先进单位和70名读书积极分子。3月，举办“女职工读书知识竞赛”，参赛单位21个，获奖女职工22名。1985年9月，举办“如东县‘振兴中华’职工读书知识竞赛”，评出一等奖3人、二等奖8人、三等奖20人、纪念奖100人。1990—1992年，每年都举办一次“读书演讲”活动。其间，县文化宫发挥“学校乐园”作用，每年举办读书演讲活动，引导企业职工读书自学。1991年，县总先后举办党史知识讲座、读书报告会活动，组织广大职工参加省总工会举办的“爱我江苏”读书知识竞赛，以及电影“开天解地”“周恩来”等知识竞赛，向职工推荐政治理论、革命史料、科技知识、伦理道德、文学小说等方面书籍100多部，文化宫接待查阅资料的参赛者近1000人(次)。部分基层工会举办“学党史纪念‘七一’知识竞赛”“党史知识学习活动周”活动。1994年，组织全县女职工开展“学习一本书、组织一次技术比赛、提一条合理化建议、做一件好事”活动。

1995年4月，在全县职工中开展“四个一”[①]活动。9月，县总提出《学理论、学文化、学科技、学技术、学管理、学法律活动的实施方案》和《三年规划》。确定“六学”为职工读书自学活动的系统工程，要求坚持“自学为主、自由结合、自我教育、自我提高”的原则，以企业职工政校为主阵地，开展读书演讲、征文、知识竞赛、心得交流、成果展示、问题征答、技术讲座、技术练兵、操作比武、能手表演等。用3年时间，建立一支“思想素质好、职业道德优、操作技术精、组织纪律严”的技术职工队伍。结合开展“六学”活动实施，县总建立以主席为组长、分管副主席为副组长的读书自学领导小组。1997年6月，发动职工参加省总举办的“香港回归读书知识竞赛”。县通用厂获优秀组织奖，县农药厂高梅芳获三等奖。1998年，如东不少企业面临减产、破产和职工下岗的严峻形势，各级工会引导职工转变思想观念的同时，仍广泛开展书评、影评、演讲和各类文体比赛活动。9月，县工会第十三次代表大会提出：要组织职工开展读书自学活动，学文化、学技术、学管理。

2000—2001年，以县文化宫为主阵地，开辟“读书园地”新书介绍，推荐有关学习邓小平理论的辅导学习书目，介绍20多种时代前沿的新科技书籍。定期开展图书宣传和评论，交

①“四个一”：读一本全国推荐的故事书(《卫我中华》)、写一篇读书笔记、讲一个抗日战争故事、参加一次书面知识竞赛。

新华书店给劳模办理的“江苏新华书缘”会员卡（达人提供）

流学习心得，组织“信息技术与工作”读书演讲活动。各基层工会都均有读书学习小组，岔河镇工会11个单位建立31个读书学习小组。2002年3月，南通市委宣传部、市总到如东调研，分别在县中医院和德大公司、丰纺公司、县啤酒厂、如东农药厂等单位座谈，对如东职工教育和读书自学所取得的成绩予以充分肯定。2005年，会同县新华书店，为全县402名市级以上劳模、“五一”劳动奖章获得者办理“江苏新华书缘”会员卡，享受购书优惠。县供电公司以创建学习型企业为抓手，编印《学习型企业读本》共五册，组织企业员工学习。结合企业管理，培育学习文化、创新文化、和谐文化、执行文化、人才文化、服务文化、安全文化、廉政文化。4月，被中国企业文化促进会等9家单位授予“全国创建学习型组织先进单位”称号。12月，县供电公司秦勇被市“争创”活动小组被授予“南通市知识型标兵”，同时陈震、缪晓彬等7人为“南通市优秀知识型职工”，被授予江苏如东通用机械有限公司技术开发中心“南通市优秀学习型组织”。2006年，县总收集整理县电力营业厅、如东供电公司调度班、黄海汽配股份有限公司阀系车间数控班组、江苏东升艾克服饰有限公司信息中心、南通久和药业有限公司质量部质量检验中心、江苏如东通用机械有限公司技术部产品开发处、南通大东有限公司生产技术部产品开发处等7个优秀学习型班组案例，指导面上争创学习型工会和班组活动。丰利镇工会，全镇82个基层工会组织参加创建学习型工会，创建学习型班组120个，参加读书学习的职工2350人，连续三年的参学率分别为86%、74%、79%。10月，县总对学习型企业、知识型职工进行表彰。当年，如东石油机械有限公司四车间装配钳工组被省总表彰为“江苏省学习型班组”，公司董事长刘志刚为“江苏省知识型职工”。2007年，县地税局被省总评为“江苏省学习型组织标兵单位”，何云华、陈震等10人为“江苏省知识型职工标兵”。

2008年，县总开展农民工读书站(屋)建设工作，当年建立农民工读书站(屋)17个。2009年9月，在大豫镇召开非公企业“强文化、提素质、构和谐、促发展”现场推进会。开展职工格言征集活动，建设“职工关心企业发展，企业发展惠及职工”的企业文化，征集职工格言400多条。当年建立农民工读书站(屋)20个。掘港镇职工活动中心被批准为全国“职工书屋”示范点，江苏快达农化公司图书室被评为省“职工书屋”示范点。2010年，继续以学习型企业和学习型班组建设为抓手，引导广大职工树立终身学习理念。当年江苏如东黄海汽配有限公司、江苏如东通用机械有限公司被省总评为省级“职工书屋”示范点。2011年，连

省总、全总颁发的“职工书屋”牌　　（县总办提供）

续开展“两争一树”①主题教育活动中，加强检查督促“职工书站（屋）”的建设。当年，江苏九九久科技股份有限公司、江苏利田科技有限公司被省总评为省级“职工书屋”示范点。同年，以“弘扬先进文化、推动创先争优”为主题，开展庆祝建党90周年“红色影片巡映”活动。送“红色影片”进企业、进社区、进重点建设工程项目单位放映106场。南通大东、宇迪光学、世纪燎原、通用机械、利田科技等企业形成具有特色的企业文化。2013年4月，与县图书馆在“五一”广场，联合开展“世界读书日、走进图书馆”的读书宣传活动；同时“夕阳红俱乐部”正常对外开放。当年利用县图书馆的软件资源，实行“通借通还、一卡通”服务，全年阅读人数计4000多人（次）。8月，县总经征求意见、设计提炼、筛选比对，最终确定如东工会文化。由理念文化、制度文化、行为文化三部分组成。工会精神表述为“甘为海子牛，当好娘家人”；价值观为“情系职工，和谐共赢”；工作理念为“服务为先，维权为本，创新为魂”，工作要求为“追求更好、志在超越”。通过工会文化促进工会工作开展，让职工群众感受工会是职工之家，工会干部是最可信赖的娘家人。并制订《如东县企业（职工）文化建设示范单位创建评价规范》。2014年，深入推进“职工书屋”建设活动。年内新创建1个全国“职工书屋示范点”，同时新创建县级“职工书屋示范点”20个。

三、“文明职工”评比

1990年，县总组织全县企业生活后勤服务竞赛，评比出15个“文明食堂”、14个“文明医务室”和7个“文明幼儿园（所）”。1992年，继续开展以评比“文明食堂”为主体的后勤服务工作竞赛。3月，南通市化工局受化工部委托，授予如东化肥厂“化工部清洁文明工厂”奖牌，为苏北地区小氮肥行业唯一获此殊荣的企业。1994年初，印发“四德”②教育总体思路和

①“两争一树”：争创学习型企业、争做知识型职工，树立新时代职工形象。

②“四德”：社会公德、职业道德、家庭美德、个人品德。

活动内容。会同县委宣传部、县精神文明建设指导委员会办公室在掘港轧花厂试点后，在全县开展以“创、树”主题教育为主线，开展以职业道德为重点的“四德”教育和“文明新风家庭”竞赛。各企事业工会采用演讲、广播、知识竞赛、文艺演出等，弘扬新时期爱党、爱国、爱社会主义和爱厂、爱岗、爱本职工作的主人翁形象。并征集研论文章284篇(选送市总工会6篇)。2月，发出《关于开展“文明新风家庭”竞赛活动的意见》，提出竞赛要体现家庭文化建设和“四德”要求，突出家庭美德，着眼于提高职工及其家庭成员综合素质的提高和自我教育为主的原则。年终，经各基层工会推荐和评比，1995年3月表彰陶海芳等25个“文明新风家庭”。1996年，参加省总“女职工再就业发展基金会”募捐，开展“姐妹情、献爱心、每人节约一元钱”活动。1997年2月，县总在第十二届七次全委会上提出，深入开展以职业道德教育为重点的“四德”教育，确保职业道德守则制订率达100%，动员和组织职工投入到“争当文明职工”和“争创文明示范单位”中去。5月，发出《关于制订职业道德守则的通知》，要求各工会工作委员会、各基层工会，坚持精神文明重在建设的方针，切实制订好职业道德守则。并要组织全体职工学习讨论、对照检查，找差距、定措施，切实形成职业道德规范。8月，发出《关于在各级工会开展希望工程结对助学活动的通知》，提出“基层工会结对助学贫困职工和下岗职工的在校子女，不得少于1名，200人以上单位不得少于2—3名”的要求。同年，以选“道德明星”、树“文明示范窗口”、评“文明新风家庭”等活动，激发职工讲文明道德风尚和敬业奉献精神。如东4人被市总、市文明办授予“职业道德明星”称号。

1998年2月，县总在“创、树、立”主题教育活动意见中提出广泛开展“争当文明职工”活动，年底全县企事业单位参与率要达到80%的要求。并将“争当文明职工”活动纳入全县精神文明建设目标的考核内容，各级工会成立活动领导小组，制定文明职工标准，组织实施评选活动，初步形成有领导分管、有部门负责、有标准考核的运行机制。各基层工会把“争当文明职工”工作融入于各项健康有益的活动；把劳动竞赛、岗位练兵、技术比武也融进“争当文明职工”的内容。1999年1月，发出《关于在深化“创、树”主题教育中，进一步开展“争当文明职工”的通知》，要求建工会的企事业单位“文明职工”评比参与率达90%，“文明职工”达80%。2月，表彰1998年度“争当文明职工活动先进单位”9个、优秀组织者9人、“文明职工”19人。3月，县供电局陈进、县啤酒厂赵桂兰被市总、市文明办表彰为“南通市文明职工”，县啤酒厂、县供电局、南通市华劲实业总公司等单位工会为“争当文明职工活动示范单位”。当年，全县“争创文明职工”活动开展率83%，61%的职工被评为“文明职工”；“职工道德”制订率、规范率均达90%以上。县总机关积极争创“文明机关”活动，1998年、1999年连续两年被县级机关党委评为“文明机关”。

2000年1月，县总发出《关于深化“创、树”主题教育，进一步开展“争当文明职工”活动的意见》,提出在全县职工中开展“双学双比一争当”[①]活动,“争当文明职工”活动的参与率要达95%以上,“文明职工”评选率要达90%以上。并把活动的参与率、评选率列入乡镇年度目标管理考核。3月,表彰1999年度“文明职工”20人,“文明新风家庭”10个和7个“争当文明职工活动先进集体”。5月,发出《关于组织新建企业基层工会开展精神文明创建活动的通知》,要求新建企业工会“大力加强‘四德’为主要内容的道德建设,以爱祖国、爱人民、爱劳动、爱科学、爱社会主义为基本要求,形成尊老爱幼、男女平等、勤俭持家、家庭和睦、邻里团结的文明新风。”当年各基层工会广泛开展文明创建和评比活动。县教育工会开展“师德标兵”评选,表彰1999—2000年度14名“师德标兵”;岔河中学工会组织青年教师岗前学习《教师职业道德规范》,组织教师职业道德承诺签名活动。苴镇供销社工会委员会,建立“争当文明职工”领导组兼考评组,对文明职工实施规范管理。同年11月,在全县职工中发起“献爱心一日捐”活动,动员全县各机关、企事业单位有正常收入的在职职工每人捐献一天的劳动报酬,用于充实送温暖工程基金。该年,全县各基层工会“争当文明职工”活动,做到有计划、有方案、有活动、有总结,普遍开展评选活动,98%以上的单位台账齐全,97%的职工被各级工会评为“文明职工”,68%的新建企业基层工会开展精神文明创建活动。2001年2月,表彰2000年度7个“文明职工活动先进集体”、18名“文明职工”、10个“文明新风家庭”和10名“文明职工”优秀组织者。3月,提出的2001年宣教工作意见中要求:以开展“新世纪如东职工形象”大讨论为载体,以“争当文明职工”“争创‘五一’文明班”活动为主要内容,深化“创、树”主题教育。明确参与率要达95%以上,新建企业开展面要达50%以上的单位“争创‘五一’文明班组”活动全面铺开。同时确定“文明职工”8条基本标准和否决条件。会同团县委、县妇联向全县发出为县委、县政府实施“危桥改造、撤渡建桥”实事工程,向全县广大职工、青年、妇女发出捐款倡议。4月,如东雄鹰纺织有限公司丁枚枚、江苏如东通用机械有限公司周晓峰被市总、市文明办评为1999~2000年度“南通市文明职工”。当年,县总被县委、县政府评为“文明单位”,机关被评为“文明机关”。

2002—2005年,各级工会以贯彻实施《公民道德实施纲要》为切入点,开展“争当文明职工、争创‘五一’文明班组和‘五一’文明示范岗”活动。确定工作联系点,把活动纳入企业管理范畴,培养一批典型,开会观摩、交流经验。结合创建省级卫生城市、省级文明城市,修订印发《如东县文明职工评比条件》,各基层工会文明职工评比在巩固中提高。全县企事业工会在各级党委、政府的领导下,组织广大职工投入省级文明卫生城市的各项创建活动。其间,“文明职工”评比活动企业均占应开展数95%以上。县总被市总、市文明办评为2001~2002年度南通市“争当文明职工活动先进集体”。2002年,县总第十三届第五次全委(扩大)会议上,表彰8个“争当文明职工”活动先进集体、21名“文明职工”和9名“争当文明职

①“双学双比一争当”:学理论、比觉悟,学技能、比贡献,争当文明职工。

工”优秀组织者。县总和南通苏源渗锌开关有限公司被市总、市文明办评为2003~2004年度“南通市争当文明职工活动先进集体”。2005年4月,徐锋、孙娅等6人表彰为“南通市文明职工”,同时如东2人被评为“争当南通市文明职工活动优秀组织者”。2006~2007年,开展“两争一树”活动。同时开展“争创‘五一’巾帼标兵岗”和“争当‘五一’巾帼标兵”活动。2006年规模企业参与评选“文明职工”活动128家,占应开展数的87%;2007年参与评选企业占应开展数的94.30%。全县2006~2007年两年的“文明职工”活动开展率和评比率分别为95%和98.80%。如东税务局第六分局征收股被市总、市文明办评为2005~2006年度“南通市‘五一’文明班组”,吴理梅、施建新获“南通市文明职工标兵”,县总获“南通市‘创、争’活动先进单位”,蔡瑞平获“‘创、争’活动优秀组织者”。如东产生市级“巾帼标兵岗”“巾帼标兵”各4个,省级“巾帼标兵岗”“巾帼标兵”各2个。县总获省总“创‘五一’文明班组(岗)争当文明职工活动先进集体”。2006年,县总已形成“四位一体”①的创建格局和评选机制。2008—2011年,全面深化“两争一树”(争创学习型企业、争做知识型职工,树新时代职工形象)活动和“文明职工”评选活动。“文明职工”评选内容覆盖面扩大,影响力也有所增强。开展率和评比率分别保持90%和95%以上。2008年,全县908家企事业单位开展评比“文明职工”,占应开展数的98.80%。其间,2009年江苏快达农化股份有限公司酰氯车间敌草隆工段被市总、市文明办评为2007~2008年度“南通市‘五一’文明班组”,邱海兵获“南通市文明职工标兵”,冯建楠获“‘创、争’活动优秀组织者”。2010年后,基本完善“文明职工”“文明班组”“文明示范岗”“文明新风家庭”创争格局。深化推进“两争一树”活动,把“创建”工作的有效载体,县级规模以上企业“创争”活动继续保持在95%以上。2014年,继续开展的创建“文明班组、文明岗位、争当文明职工”活动,全县争当文明职工活动开展率继续保持在95%以上。

第四节 文艺体育活动

一、文艺活动

(一)文艺演出

民国37年,为庆祝济南解放,掘港成立青年职工文娱小组,演出活报剧《活捉蒋介

①“四位一体”:文明职工、“五一”文明班组、“五一”文明示范岗、“文明新风家庭”。

职工业余演出团体张贴的部分剧目宣传广告　　　（乐成提供）

石》。马塘镇商店青年职工40余人，建立马塘青年剧团，先后演出《枯井沉冤》《求解放》《白毛女》《两种票子》《小二黑结婚》等剧目，及腰鼓、秧歌、打莲湘等歌舞节目。1949年秋，庆祝全国解放和中华人民共和国成立，全县人民一片欢腾，各文艺团体以多种文艺形式，表达翻身的喜悦。各企业职工参与当地庆祝活动或参加演出小型节目。各职工业余演出团体，在各地先后演出《小二黑结婚》《小女婿》《枯井沉冤》《刘胡兰》《王贵与李香香》《小杏子》《白毛女》等剧目。

1950年夏，掘港镇组成95人的文娱队，经常在街道、广场、工厂演出小型多样的文娱节目。1951年，抗美援朝运动中为“捐献飞机大炮”义演100余场次。1954年，配合宣传党的总路线，排演小型节目20个，先后演出26场次。1955年春节期间，县工会联合会工人文娱队去兵房到驻军部队慰问演出，到全县各地巡演、宣传“社会主义好”。当年冬，组织工人文娱队到洋口乡4个农业社和栟茶运河、小洋口闸工程工地为如皋、海安、如东3县3.40万兴修水利的民工慰问演出；以及到掘港地区灯塔、余荡等农业社慰问、联欢演出，激发农民和民工的生产热情。1957年，组织县城轧花厂、银行、医院和学校等单位组织工人宣传队，排练文娱节目36个，演出40多场次，观众3万多人次。掘港镇工人文娱队演出街头剧、活报剧历时8天。县粮食局文娱宣传队两天演20场次，观众6000多人次。12月，举行全县首届职工文艺会演，演员160多人，演出46个节目。1960年，配合有关部门(单位)组织职工业余演出24个歌舞、戏剧节目，演出18场次，观众1.28万人次。1962年，先后举办“六一”“七一”“八一”诗歌朗颂会。1963年4月，以社会主义教育为中心内容，组织基层骨干排演《歌唱八届十中全会》《工农本是一家人》等小型节目演出6场,并与县文化馆联合举办纪念反“清乡”斗争胜利20周年音乐会,演出3场。

1969年,县工代会举行基层文艺调演。1976年4月,组建县职工业余文艺代表队;5月,该队4个节目,12名演员被入选南通地区代表队,赴南京参加江苏省职工业余文艺调演。1977年初,县总在掘港举行全县第二届职工业余文艺会演,县黄油枪厂职工自编自演小话剧《把关》,颇受观众好评。10月,商业系统结合职工技术练兵经验交流,举办文艺会演。

1979年,县总与县相关部门组织全县职工曲艺比赛,并组队参加南通地区职工业余曲艺调演,相声《结婚前后》、快板书《智取三星洞》获创作奖、演出奖。相声《结婚前后》参加省职工业余曲艺调演,并被省广播电台播放。1981年,县工人文化宫组织演出109场次。1982年3月,栟茶镇职工业余演出队,排练浒澪花鼓戏《贺喜》,参加县职工业余文艺调演获一等奖。1983年2月,围绕宣传中共十二大精神,在县城举行春节职工业余文艺会演。掘港、马塘、岔河、栟茶镇和掘东、双甸区,及县经编厂等7个工会组织代表队。共演出小戏、舞蹈、曲艺、音乐等19个节目,评出创作奖2个、演出奖10个、演员奖29个。1984年2月,再次组织春节职工文艺调演,掘港、丰利、栟茶、岔河、双甸、掘东和县直有关单位演出队参加,评出优秀基层代表队、精神文明奖和优秀节目奖各3个,创作奖1个、演员奖47个。1985年2月,县供电局举办春节职工文艺比赛。1986年7月,职工周亚军、张青参加南通市文化局组织的民间舞蹈《跳马伕》赴北京怀仁堂演出,时任全国人大副委员长彭冲等领导到场观看。1987年10月,举办“文明新风班组”演唱会。当年,县农药厂幼儿教师季华参加省群艺馆举办的业余歌手比赛,获“十佳业余歌手”称号。1988年5月,职工业余歌手沈李、徐虹等6人参加南通市《五月花》电视声乐大奖赛,沈、李获通俗唱法三等奖。同年,县工人文化宫除重要节日开展文艺演出活动外,组织职工文艺调演、声乐大奖赛、乘凉晚会、京剧清唱等活动7次,并接待7个专业文艺团体来如东演出。1989年4月底,庆“五一”文娱晚会在文化宫电影院举行,由部分工厂和学校演出16个节目。9月底,县总组队,由县纺织厂、农药厂、生化总厂、建材厂等单位选送的8个文艺节目参加南通市举办的“双庆活动月”职工文艺调演。相声《后患无穷》获创作二等奖、演出一等奖,舞蹈《采贝》获创作、演出三等奖,歌曲《走在故乡的小路上》《美在长江水》获创作三等奖,县总获优秀组织奖。当年县工人文化宫组织10个方面大小演出、演唱活动147场次,并参加海门县工人文化宫举办的艺术节,演出《彩云追月》,获三等奖。与掘港镇京剧协会先后与河南省平顶山魔术团、上海京剧院、省京剧院著名演员沈小梅等举行5次联欢活动。

1990年,县总举办“三八”女职工联欢会。举办的“五一”革命歌曲演唱会,34个基层单位参加,演出25个歌颂党、歌颂祖国的节目,并参加市“五月花十佳歌手大奖赛”活动。1991年6月,发动全县企业,立足基层开展以“三热爱”①为主题举办“七月歌会”。全县各基层工会先后举办“七月歌会”200余场,受教育职工3万多人次。当年组织以唱革命歌曲为主体的“国庆歌会”文艺调演。县化肥厂代表如东参加华东地区六省一市“七一文艺调演”。掘港镇工会组队在掘港镇演出17场次。1997年5月，派出10名歌手到通州市总举办的“庆香港回归，祝祖国昌盛”歌咏比赛。1998年，举行“五一”文娱会演，节目从不同的角度宣传劳模事迹，展现工人阶级主人翁风采。2000年，举办庆“五一”文艺晚会。9月，如东文峰大世界员工叶媛媛被选为形象小姐，赴宁参加第六届中国艺术节活动。2001年5月，会同县计经委、劳动局组织专场安全文艺演出活动。2003年，组队参加“南通市‘苏中建设杯’唱响中国近代第一城”声乐大赛，总成绩名列六县(市)之首。2004年9月，组织24名职工，在南通市更俗剧院参加全市职工文艺演出。10月，举办“如东县职业服装模特大赛”，8支代表队50名职工登台表演，6人获奖。2006年，举办“‘五一’劳动者之夜”激情互动大型文艺晚会。7月，与县文化局举办“蠙城之夏”系列文艺晚会。与县农林局举办“构建和谐集体，辞旧迎新”联谊文艺活动。10月，会同县委宣传部、县发改委、文化局、广电局、县文联联合主办“如东县第三届企业文化节”活动。文艺会演均为企业自编节目。该年专场文艺演出30场，小型文艺晚会、舞会248场次。2009年6月，组织“安全在我心中”专题文艺节目，赴洋口港建设工地进行慰问演出。2010年9月，举办第六届“蠙城之夏”纳凉晚会暨全县非公企业文艺会演。

2012年4—8月，县总举办“如东县‘大东杯’首届职工文化艺术节”。开展3项专题活动：“放歌劳动，给力发展”文艺调演；“时代主力军”摄影比赛；“咱们工人有力量”征文大赛。观看文艺演出和图片展的有3万多人次。8月21日，艺术节闭幕式上，奖励80多个(幅、篇)文艺节目、摄影作品、文学作品。县委、县人大、县政府、县政协相关领导出席开、闭幕仪式。2013年1月，组织一台“打开春天”专题节目送文艺下乡，先后到马塘镇、岔河镇等地专场演出。5—8月，会同县委宣传部、县文广新局主办“如东县第二届职工文化艺术节暨企业放歌”

2012年4-8月，如东亚萍国际购物广场演出　　（李卫亮摄）

2013艺术节“企业之歌”大型演唱比赛　　(李卫亮摄)

大型演唱比赛。5月11日,在五一广场拉开帷幕。8月28日,文化艺术节闭幕。其间,先后举办“企业之歌”演唱比赛、职工声乐比赛、职工书法美术比赛、企业报评比和职工乒乓球比赛等活动,全县30多家企业1000多名职工参加文化艺术节演出或比赛,两万多名职工群众观看比赛和演出。市总和县委、县人大、县政府、县政协相关领导出席开幕式和闭幕式。12月,组织慰问团赴洋口港对洋口港建设者们慰问演出。2013年5月,举办第二届职工文化艺术节开幕式暨“企业之歌”大型演唱比赛,全县17家企业参加比赛。随后3个月中,举行企业报评比、职工乒乓球比赛、职工书画比赛、声乐大赛,丰富职工文化生活。2014年,县总全面落实省总《关于工会推动企业文化职工文化建设的意见》要求,5月开展“如东县第三届职工文化艺术节”,先后举办寻找“最美一线职工”活动、“小品曲艺”比赛、“职工篮球”比赛、“职工棋牌”比赛、“广场舞”大赛等活动,形成如东职工文化特色品牌。同年,县总组织参加南通市委宣传部、市总、市广播电视台组织的“中国梦·江海风——舞动江海广场舞大赛”,获一等奖、二等奖、三等奖、优秀奖各1名,县总获优秀组织奖。

(二)艺术展览

1957年,县工会联合会举办《刘介梅忘本》等图画展。1963年,与县文化馆联合举办

2014年,如东县第三届职工文化艺术节“中国梦·江海风”剧照　(李卫亮摄)

“掘港油米厂厂史展览”和“增产节约展览会”，受教育观众1.07万人次；与团县委联合举办“雷锋生平事迹图片展览”。1964年，协同县文化馆举办“阶级教育展览”，内容为“牢记阶级恨、不忘血泪仇”“决不能忘记过去”“一个工厂两个天日”等，受教育观众1.15万人次。为纪念“红五月”，举办工人运动史图片展，历时15天。同年把“大学解放军”“计划生育好处多”等14套图片发至各工厂企业基层俱乐部展出。1965年，举办“东方红”“毛主席著作闪金光”“学大庆革命精神”“革命红旗代代传”“人民公社在前进”等图片展，并先后在掘港轧花厂、油米厂、县印刷厂等6家工厂和马塘、岔河、双甸、栟茶等集镇巡回展出，观众1.45万人(次)。

1977年后，县工人俱乐部配合宣传“中共第十一次代表大会”和“工业学大庆”“农业学大寨”运动举办4期小型新闻图片展；结合宣传劳模人物，推动工业学大庆运动，协助工厂(公司)印发如东出席省工业学大庆会议的48名劳动模范和先进工作者照片11套500张，提供给各单位展览。同时绘制揭批江青反革命集团漫画，举办漫画展览，并在掘港19个工厂企业巡回展出。

1980年春节期间，县工人俱乐部与美术公司举办工艺美术展览；举办“刘少奇光辉事迹”“只有社会主义能够救中国”等大型展览4次，观众2.40万人(次)。同年，文化宫建立光荣室，展出劳动模范和先进工作者照片，历时1个月，观众5万人(次)。1981年10月1日，县教育工会与工人文化宫联合举办教工美术、书法、印章展，纪念中国共产党成立60周年、庆祝中华人民共和国成立32周年。1982年，围绕宣传党的“中共十二大”会议精神、宣传新宪法、文明礼貌月活动、宣传英雄模范人物等共举办展览9次。画廊展出各种图片35套，700余幅，放大照片2100张。1983年3月，如东县、启东县工人文化宫、文化馆、影协6个单位联合举办的《南通海风情影展》在如东展出，如东30多件作品参展。1984年5月，举办如东县职工美术、摄影、书法、篆刻展览，其内容以讴歌新人、新事、新风貌为主。1988年，举办“学习、宣传、贯彻中共‘十三大’精神”“双增双节”等展览7期。画廊展出“如东精英”“县工会十一次代表大会”照片、图片展览37期。1989年，在文化宫举办“如东县首届女职工书画展览”。同年，举办“如东县海星杯硬笔书法邀请赛”，六县一市155名作者400多件作品展出，后被应邀至海安县文化宫展出。

1990年5—6月，举办“全县职工劳动保护漫画和摄影展览”，征集展品233件，全县企业2000多名职工参观。1991年，先后举办“朱骅事迹展览”“如东‘三学’先进单位和先进个人事迹”展，接待职工群众1.67万人(次)。1992年，举办“硬笔书法获奖作品展”，展出200多名作者的作品300余件。同年与南通市及县文化局等10家部门(单位)联办“南通市职工书画作品联展”，如东送展作品22件，13件书画作品入选，3件获奖。当年还举办“计划生育图片展”“黑板报评比展”“‘别了·迷信·愚昧’漫画展”，以及“少儿书画作品展”等。2000年5

潘宗和、狄金泉创作的国画《平凡的岗位》
(乐成提供)

月,组织由中共中央党史研究室、团中央、全国妇联、中共重庆市委联合主办的"为了共和国的诞生——革命英烈事迹展"在工人文化宫展出,接待职工、干部、学生等各界人士参观。2012年4—8月,"如东县'大东杯'首届职工文化艺术节"期间,举办"时代主力军"摄影作品展。2014年,县总组织参加县委宣传部、县环保局、教育局、传媒中心和县文联联合举办的"生态如东·美丽家园"书画摄影大赛,所送展书画作品获得金奖。

(三)文艺创作

民国36年(1947),掘马北区小学教师唐洁、江涛、庄涛、庄波、孙大翔等创作方言剧《枯井沉冤》。1950年,该剧由孙翔、杨明改编成5幕话剧正式演出。1964年,县工人俱乐部工作人员张明,配合城镇知识青年到农村插队落户的宣传,创作歌曲《城里的姑娘下乡来》。

1971年3月,县工人俱乐部张明,配合"忆苦思甜"教育,以掘郊公社红星大队干部姜金生在新中国建立前一家的苦难遭遇为题材,编写小歌剧《金生的童年》。该剧在掘郊公社巡回演出后,到东安闸海军雷达部队演出。1974年,丰利镇五金厂工人金泉创作国画《平凡的岗位》,经县文化馆潘宗和艺术加工后,由人民出版社出版,参加全国美展、摄影展。后又在加拿大"人与世界博览会"展出。1976年3月,县总组织职工业余作者创作文艺节目,参加南通地区职工业余文艺调演。9月,收集企业职工所写的纪念毛主席的诗汇编成册——《悼念毛主席·工人诗选》。1977年1月下旬,举办职工业余创作学习班,参加学习创作的区、镇文艺骨干12人,创作揭批江青反革命集团漫画76幅。后为展览所用。并编印文艺演唱材料,印发至各基层俱乐部4期880份。同年为庆祝党的"十一大"召开,县工人俱乐部刊印《工人诗选汇编》;职工李清顺创作相声《结婚前后》参加省职工业余文艺会演。

1979年,县总在县工人俱乐部组织职工业余作者创作曲艺节目,参加南通地区职工业余曲艺调演。马塘文化站建立职工业余创作组,编辑《晓塘春》文集1册(油印本),刊载诗文257篇。1980年,教师郭菊华创作国画《忘忧草》,参加全国青年美术作品展览,国家美术馆收藏。1983年,岔河镇工会文艺代表队创作快板剧《闷葫芦和化纸炉》(根据原小锡剧《聚宝盆》改编)；马塘镇工会文艺代表队创作相声《三十八计》(根据原相声《对歌》改编)，参加全县春节职工业余文艺演出。同年7月，县职工学校张明、黄明，与县针织厂朱广如合作创作《改革赞歌》，由县农药厂季华演唱，获南通市职工文艺调演演出二等奖。1989年，组织文学、美术、灯谜创作活动10次，创作书画74件。

沈英创作的《沈英水印版画选集》(沈英提供)

1993年，组织参加市职工小品创作演出，获最佳表演奖和优秀创作奖。1995年6月，由中国音乐家协会、《音乐周报》等5家单位联合举办的“中国工人歌曲新作评选”大赛，江苏雄鹰股份有限公司创作的系列歌曲《绘蓝图》获一等奖。2006年10月，县第三届企业文化节期间，演唱的创作歌曲《洋口港飞歌》(吴新华、缪亚平词，缪亚平曲)、《化肥工人之歌》(范锦华词，季忠坦曲)、《南通市丰田助剂厂有限公司之歌》(徐歌、於维卿词，吴尧曲)。

县工人文化宫美工人员沈英(中国美术家协会江苏分会会员，江苏省版画家协会会员)的版画作品入选国内外发表、展览，并多次获奖。其《平原秋色》《海边防风林》《小巷晨曦》《黄海列车》《云涌紫琅》《临水人家》等作品，均在国外展出，并分别入编上海、江苏等出版社出版的《江苏水印木刻》《江苏水印版画集》《江苏水印版画近作专集——江苏省美术馆藏品选》等画册和日本《神奈川国际版画录》，先后为江苏省美术馆、天津市艺术博物馆和有关方面收藏。

二、体育活动

1951年10月，县政府举办全县体育运动会，各镇工会选派职工参加比赛活动。1955年，南通地区6县乒乓球和象棋赛在如东举行。1956年4月，县工会联合会主办县首届职工体育运动会，各区组成工人混合队，运动员285人，比赛项目有田径、自行车、举重、篮球等。同年县银行、盐场分别建立系统体育协会。县教育工会建立中国钟声体育协会如东理事会，基层体育组织55个，组织教职工开展各项体育活动。县联合会选拔5人参加省职工体育运动会。1957年8月，举办第二届职工运动会。金融、教育、工业、商业、供销、盐业、邮电、县级机关8个系统工会代表队参赛，男女运动员240多人。男子400米、5000米田径赛4

人破县记录,男子5000米自行车赛6人破县记录。同年邀请南通、如皋、海安职工篮球队到如东友谊比赛。县商业系统组建体育协会,县供销合作社、县手工业联社建立体育协会筹备组。1958年1月,中共中央发出《关于加强人民体育运动工作的指示》,县工会联合会制订开展职工体育运动计划,提出工厂、企业利用工前、工间和工后普及广播操;开展篮球、排球、乒乓球、拔河、体操、举重、羽毛球、游泳等活动;全县五大集镇组织业余体育训练班,进行男女篮球、乒乓球训练,做到思想、组织、训练三落实。同年南通地区六县职工乒乓球赛和象棋赛再度在如东举办。1961年,县工人俱乐部开辟乒乓球室、象棋室,对职工开放。1963年,举办县职工乒乓球赛。1965年,各镇工厂、企业建立游泳领导小组,开展游泳活动。

2005年4月8日,如东县丰利镇工会男子篮球队建队合影　(丰利镇工会提供)

1973年,栟茶镇工会及基层工会均配备文体委员,具体负责开展职工群众体育活动。1974年12月,会同县人武部等8个部门联合发出《关于积极开展冬季体育锻炼的通知》后,各工厂、学校先后制订计划,组织开展冬季体育活动。1975年4月,组织10名乒乓球球员赴启东县参加地区举办的职工乒乓球比赛。8月,会同县体委举行全县职工篮球赛,由各区组成代表队,共12个代表队(男队9个、女队3个)。9月,组织如东职工篮球队(男队13人、女队10人),赴如皋县参加南通地区职工篮球赛。1976年6—7月,部分工厂、企业工会挑选游泳骨干参加在光荣公社召开的南通地区游泳现场会,参与水上表演项目和"纪念毛主席畅游长江十周年"游泳活动。12月,会同县体委等部门联合转发地区体委等7个部门《关于今冬明春开展群众性体育活动的通知》。1977年4月,会同县体委等5个部门联合组织群众体育活动互相参观学习组。参观学习组由掘港、马塘、岔河、栟茶、丰利5个镇公社和掘东、苴镇、双甸3个区体育领导组及群众体育先进单位代表组成,互相交流经验、参观现场。10月,邀请南通市象棋队与掘港工人象棋队友谊赛。1978年9月底至10月初,与县体委联合举办全县职工篮球赛。县工业局、商业局、工业二局、交通局、邮政局、粮食局、物资局、建筑公司8个系统的男子队和县工业局、商业局系统的两个女子队，比赛结果，县工业局、商业局和工业二局获前三名。

1981年1月，县总举办的女子迎春长跑比赛现场（县总办提供）

1979年8月，县总与县体委联合举办“如东县中国象棋竞赛”。同年，举办县职工篮球赛。县化肥厂职工马国荣参加南通地区运动会，获男子撑杆跳高第一名。1980年，县工人文化宫大楼建成，正常开展乒乓球、象棋、康乐球、篮球等活动。县无线电厂建立俱乐部，设有灯光球场，乒乓球、康乐球、排球等活动场所，各种球类活动不断。1981年1月，举办迎春长跑比赛，分老、中、青3组，各组比赛成绩前6名参加省长跑通讯赛。4月，承办1981年度南通地区职工象棋选拔赛。5月，举办全县各区、镇机关职工乒乓球赛。同月，县化肥厂被全总宣教部、国家体委群体司命名为“全国百万职工冬季长跑活动先进基层单位”。当年，全县基层职工俱乐部篮球场25个，篮球队28个、排球队10个、乒乓球队35个、象棋队28个。1982年9月，县工人文化宫受到省总、省体委联合表彰。同年县化肥厂派员参加省职工体育运动会，获“先进集体”称号。1983年3月，组织6名运动员参加南通市职工马拉松中长跑选拔赛。同年邀请中国象棋前辈季本涵到如东对职工棋、牌活动作指导。在马塘举办“如东县首届‘黄海杯’篮球赛”。县化肥厂代表队参加市体育运动会，获“先进集体”称号。1984年2月，县供电局举办首届职工运动会，92人次参加篮球、乒乓球、羽毛球、自行车、拔河、象棋等比赛。4月，向各基层工会发出通知，提出要建立体育兴趣小组，组织职工在8小时以外正常开展球类、棋类、桥牌、田径、体操、武术等活动。5月初，与县妇联、县体委联合举办家庭运动会，比赛项目融体育、娱乐于一体。8月，举办第二届“黄海杯”男子篮球赛。同月，举办县第三届职工运动会。当年，县职工代表队在南通市第四届工人运动会上，获团体总分第一名；马塘小学教工季本华获男子四项全能第一名，跳高、三级跳远分别获第一、第二名。同年，县化肥厂组队参加省工人运动会，获“职工体育运动先进集体”称号。1985年，县供电局、县钟声体育协会、县城企业工会等分别开展具有一定规模的体育赛事。1986年3月，与县体委、县妇联联合举办“三八杯”篮球赛。10月，县供电局乒乓球队参加南通市供电系统首届乒乓球比赛，获团体冠军。12月，县化肥厂开展职工冬季长跑运动，南通市人大领导、县委书记和市县工会、体委负责人出席开幕式，并参加职工长跑运动。1987年3

1984年,县职工代表队在南通市第四届工人运动会上,获全体总分第一名后与县领导合影
(徐应兰提供)

月,举办“伉俪杯”乒乓球赛。4月,组织县第二届“储蓄杯”乒乓球赛。7月,县钟声体协组队参加“南通市第二届‘钟声杯’桥牌赛”,获第四名。8月,县供电局、体委联合举办“首届‘供电杯’男子篮球邀请赛”,运用体育活动形式征求用电户意见。县化肥厂、农药厂、纺织厂等10家用电大户150人参加比赛。1989年3月,会同县体委、妇联委托县农药厂承办县第五届“三八杯”女子篮球赛。县农药厂、棉纺厂、缫丝厂、针织厂、服装厂、无线电厂、酒厂、印刷厂和县邮电局、丰利棉织厂等单位参加。10月,县教育工会举办第二届“钟声杯”篮球比赛。

1993年9—10月,举办如东县第六届运动会职工部足球赛。县总与县计委、经委、财办、城乡建委、外经委、体委联合举办县“六运会”职工部田径比赛。1998年10月,江苏雄鹰实业股份有限公司、南通神怡制药有限公司承办“雄鹰杯”1998年摩托罗拉中国羽毛球天王挑战赛如东赛区的比赛,于县体育馆举行。1999年9月,与县级机关党工委、县体委联合举办县级机关篮球比赛。2000年5月,会同县经济技术开发区管委会、县级机关工会、县体委组织县级机关第三届“开发杯”乒乓球锦标赛。21个部门(单位)参加,运动员90人,赛出男子团体、男子单打和女子单打的名次。2001年,建立县第八届运动会职工部组委会,成功举办县“八运会”职工部篮球、乒乓球和桥牌比赛。并组队参加市“八运会”职工部乒乓球比赛,获得“体育道德风尚奖”。2005年5月,举办“‘邮电杯’如东县职工男子篮球赛”。10月,组队参加市首届劳模乒乓球比赛,如东代表队获团体亚军,县总被市总评为“优秀组织奖”。2006年4月,省第十六届运动会职工部南通赛区组委会选调如东3人,作为南通市参加省第十六届运动会职工部田径比赛项目运动员,于5月在徐州市参加比赛。同年举办职工篮球赛、拔河赛等运动项目。成功举办如东县第九届运动会职工部中国象棋、篮球比赛活动。全年全县开展各类体育竞赛108场。2008年,县总组队参加南通市第九届运动会职工部乒乓球、羽毛球赛。2013年,县总组织县第十一届运动会(职工部)乒乓球、羽毛球的比赛;组织职工乒乓球、羽毛球、游泳、排舞等项目的代表队参加南通市第十届运动会暨首届全民健身运动会(职工部)比赛,如东职工代表队获团体总分前五名。

三、基层俱乐部

1953年,开始建立基层工人俱乐部。当年全县建基层工人俱乐部7个。至1961年,全县基层工人俱乐部41个。1962年后,部分基层工人俱乐部活动不够正常,特别是“文化大革命”开始后,工会组织瘫痪,基层工人俱乐部停止正常活动。1973年,随着各级工会组织恢复,基层俱乐部也相应恢复。1980年10月,县总在县工人文化宫召开基层工人俱乐部会议,各区镇工会主席和部分基层俱乐部主任出席,会议贯彻扬州会精神和交流基层俱乐部工作经验。会后,县总转发掘港塑料厂工会俱乐部《开展文化体育活动,激发职工投身“四化”热情》经验材料。1981年,全县100人以上企事业单位86个,建俱乐部48个,占55.70%,其中200人以上单位51个,已建27个,占52.80%。全县基层俱乐部总室内活动面积6000多平方米;电视室71个,电视机120台,广播室18个;图书室43个,藏书2.94万册;阅览室40个,报纸916份、杂志869份、画报127份;画廊43处、黑板报153处;乒乓球桌49张、球场25个;排球队19个、乒乓球队35个、象棋队23个;文艺创作组6个、歌咏队5个、文艺宣传队4个。同年6月中旬,县总组织各区镇工会主席,文化宫、基层工会俱乐部主任,分东、西两片对全县8个区镇基层工人俱乐部活动情况进行检查,评出先进俱乐部11个和俱乐部建设先进地区3个,并颁发奖状和物质奖励。10月中旬,县总对基层俱乐部主任进行业务培训。1982年8月,县总组织人员重点检查30个基层工人俱乐部。大多俱乐部活动场所有专人管理,按时开放,制度完备。丰利轧花厂俱乐部达“六有”[①]要求。办得好的俱乐部都有一批为俱乐部活动提供服务的活动骨干和参加活动的积极分子。掘港塑料厂有一支40多人的骨干和积极分子(占职工总数30%)。1983年,栟茶镇建立工人俱乐部,接受市电视台采访报道。

①“六有”:有组织、(建有管理委员会、有主任和委员)、有固定场所(一部四室)、有活动器具、有活动制度、有活动计划(每季度订一次活动计划,每月3次体育比赛和文艺活动)、有专职管理人员。

马塘化肥厂腾出10间200多平方米房屋建立工人俱乐部,开辟图书、阅览、广播、电视、乒乓球、康乐球、象棋等活动室;组织文艺宣传、文艺创作、各种球类比赛等活动;还辟有可容纳1000余人的简易电影放映场。当年全县基层单位办俱乐部58个,专职人员11人;设有图书馆99个、藏书5.11万册;业余文娱宣传队12个。1984年,全县评出县化肥厂、经编针织厂、针织厂等12个工人俱乐部为先进俱乐部。1985年,县化肥厂、经编针织厂、栟茶轧花厂、丰利棉织厂4家工厂工人俱乐部受到市总表彰。同年马塘、岔河、丰利3区镇工会相继建立工人俱乐部。1989年,县工人文化宫协同县工会俱乐部协会开展多项活动,重点辅导5个基层俱乐部建设,先后组织73人次到30多个单位,为基层训练活动骨干100多人。1990年后,因企业改革改制,主要以"职工之家"作为基层职工活动的场所(详见第四章第二节)。

第六章　经济技术

中华人民共和国成立初期，县总组织爱国主义生产竞赛，保障国民经济恢复，促进企业发展。20世纪50年代以来，随着工人阶级主人翁地位确立，职工群众的劳动热情日益高涨。全县工会经济技术活动，逐步扩展为爱国增产节约竞赛、技术革新和比学赶帮超等活动，有力保障各个时期国民经济计划顺利完成。特别是1978年中共十一届三中全会后，全党工作重点转移并实行改革开放，工会积极动员全县职工，精心组织各个五年计划期间的经济技术活动，并引导活动由体力型向智力型、技能型转变，取得一系列成果。1985年，县总被评为南通市"两个一"[①]竞赛第一名，市长张佑才颁发优胜奖杯。1986年6月，县委、县政府成立县劳动竞赛委员会，具体工作由县总负责。

进入21世纪后，全县各级工会组织群众性经济技术创新工程，推动工人阶级知识化进程，促进全县经济跨越式发展。县总在劳动竞赛、职工技协和劳模管理等方面进行创新，多次在全国、省、市会议上交流介绍。县总职工技术协作工作，分别于1996年、2004年和2009年受到表彰，获评全国先进集体。

2011年以来，县总在全县职工中，广泛开展"推动科学发展、建设美好如东"活动，围绕洋口港工程等十大建设项目，组织重点工程竞赛、职工职业技能竞赛、优质服务竞赛。2013年，全省临海高等级公路建设竞赛中，如东项目部在综合指标考核中位列14个县市第二名。2014年，县总联合5部门举办全县万人劳动竞赛暨第二届高技能人才大赛。各类经济技术创新活动，对引导职工学本领、练内功、提技能发挥示范作用。

---

①"两个一"竞赛：每年职工人均提一条合理化建设、增收节支一百元。

第一节　劳 动 竞 赛

一、“爱国增产节约”竞赛

1949—1952年国民经济恢复时期，县总认真执行“发展生产、劳动两利”和“利用、限制、改造”政策，正确处理和调节劳资关系，团结资方恢复发展生产。1951年，各级工会教育职工明确中国共产党领导下工人阶级所处地位，以主人翁姿态投入生产竞赛活动，特别是克服原料、燃料和物资供应不足等困难，改善产品质量、节省原料、降低成本，提高生产率，以保证完成和超额完成生产计划。1952年，通过抗美援朝，镇压反革命、民主改革三大政治运动，广大职工劳动积极性高涨。车间、班组、个人纷纷订立爱国公约，开展爱国主义增产节约竞赛，全县参赛职工672人。

1953年是第一个五年建设计划第一年，县总发出号召：“开展以增产节约为中心内容的爱国主义劳动竞赛，保证完成和超额完成国家计划为压倒一切的中心任务”，得到全县职工响应。县百货公司、烟酒公司、花纱布公司等单位参加县级循环红旗竞赛，当年均完成生产任务。

二、先进生产者运动

1954年，全总发出《关于在全国范围内开展技术革新运动的决定》，县总动员和组织广大职工，在贯彻上级增产节约指示的同时，全面开展以技术革新为主要内容的竞赛。马塘油米加工厂职工学习李川江先进榨油操作法，掌握生产关键，降低残油率。掘港油米厂职工运用先进榨油法，1—8月生产油脂31吨，完成全年计划数的106.89%。县轧花厂推行“七套喂花法”后，不断实践，改进技术，车时产量提高到48.5公斤，超过国家规定指标。

1955年，为进一步组织好职工生产竞赛，县总加强指导。第三季度7个国营工厂企业中，有56个班组订立小组保证条件，有352名职工订立个人保证条件。

1956年第二季度，县总发动职工贯彻全总《关于开展先进生产者运动的决议》，在全县工交财贸系统28个单位中，开展先进生产者运动。据统计，开展厂际竞赛11个单位，参加职工 1580人。其中参加全省性竞赛单位2个、参赛职工513人，参加地区性竞赛单位9个、参赛职工1067人。第四季度有8个单位召开先进经验交流会共28次，参加职工403人；4个单位举行技术表演观摩活动共14次,参加职工653人;有3个单位举办技术讲座共21次,参加职工418人。

1957年是第一个五年计划最后一年,中共中央发出“大力开展增产节约运动”指示。2月,县第四次会员代表大会开展动员。4月,县总召开“企业先进生产者运动誓师大会”。随着运动深入,各单位开展部门、小组和个人之间竞赛,并发展到厂际同工种、同业务竞赛,参赛职工90%以上。其中50%的工厂还参加省、地区厂际竞赛。二季度工业系统8个工厂完成产值123.10万元,占计划119.55%,同比增长37%。全县供销合作系统15个区社1255名职工均投入竞赛,占职工总数80%以上,并评出先进生产者172人,发放奖金3190元。

三、“比学赶帮超”和“五好”竞赛

1958年,各级工会响应县委号召:鼓足干劲、力争上游,开展以农业为中心、技术革新为内容的“比学赶帮超”竞赛,发展工业、支持农业,巩固工农联盟。1月,县总在掘港召开先进生产者代表座谈会和广播大会,提出“为实现农业纲要40条而努力奋斗”倡议书,得到各企业和职工纷纷响应,全县迅速掀起“比学赶帮超”竞赛热潮。7月,县总召开工业、财贸先进生产者代表大会,将竞赛引向互学互帮、共同提高方向。据统计,全年签订师徒合同1200份。7个基层工会订立技术互助合同,参加职工250人。掘港砖瓦厂、掘港油米厂等单位还建立技术研究小组,教育系统50个单位建立业务研究组39个,参加职工157人。此外,夏收夏种大忙季节,支援农村收种的基层工会89个,参加职工32.79万人次。全县有20名司机分赴各公社帮助维修农业机械。商业供销系统送农业机械下乡,并以田间地头为课堂,训练407名扶犁手。同时组织223名职工、204副担子下乡送货,保证农村生产资料需求。

1959年,县总根据全国工会第八次代表大会工会工作方针,开展多种形式的劳动竞赛和群众献计活动。财贸系统有2075人参加“六好”红旗竞赛,占总数99%。竞赛过程中树立标兵单位89个、个人标兵425个。工业、基建、交通系统有2680人参加“九比”“三超六比”“一条龙”等竞赛,组织“对子手”835对,树立小组标兵89个、个人标兵413人。

1960—1962年,县总贯彻县委和上级工会指示,对广大职工进行社会主义教育,发动职工开展技术革新、技术改进活动,大力支援农业。工业系统职工修理、制造各种农具17.37万件,其中修复内燃机279台;同时在农灌期间,抽调技工34人、抽水机25台,帮助社队抗旱抽水。商业供销部门根据社队需要,组织7000多人(次)送货到队,计送化肥90吨、农药6.5吨多和各类生产、生活资料。丰利供销社在光荣公社刘家庄、丰西公社陈家庄设点,组织购销、调剂、修理“一条龙”活动,购销成交额5650元,修理各种农具970件,调剂小农具

730件。岔河供销社为社队培训化肥、农药应用技术员900余人,有力地支持了农业生产。

1963—1965年,中共中央、国务院批转国家经委和全总关于在工业、交通企业中开展“五好企业”[①]和“五好职工”[②]竞赛的意见,全县工交企业普遍开展以增产节约为中心、支援农业为重点、实现“五好”为目标的“比学赶帮超”竞赛活动。掘港砖瓦厂工会在宣传学习基础上,制订实现“五好”企业、“五好”职工规划,车间、部门制订实现“五好”保证条件,班组之间、职工之间签订竞赛合同。1963年10月,砖瓦泥坯车间大力开展超产竞赛,刷新建厂以来最高纪录。县邮电工会组织职工开展“五好”竞赛,出现“五多”现象,即做思想工作的人多,主动关心集体工作的人多,重视服务质量的人多,爱护公物的人多,支援农业的办法多。仅邮递员送汇款单到户就达5万张,极大方便了广大群众。

1964年,为更好地开展“五好”竞赛运动,县总协同11个县级主管部门,定点19个基层单位总结经验。据工业、粮食、商业、物资四个系统统计,在59个基层单位中,“五好”竞赛开展好的占33.9%,一般占39%,差的占27.1%。1965年第二季度全县评出“五好”集体8个、先进集体46个、“五好”及“六好”职工183人、先进生产者333人、生产技术能手360人。

“文化大革命”期间,劳动竞赛活动一度中断。

四、工业学大庆运动

1973年9月,县总在全县职工中,深入开展以优质、高产、低耗、多品种为中心的“工业学大庆”运动。县化肥厂职工以大庆人为榜样,积极参加企业管理,猛攻原料关,大搞碳化煤球,使企业转亏为盈。县农药厂职工抢时间、争高产,上半年固体滴滴涕DDT产量比同期增长1.5倍。掘港油米厂职工在实践中不断总结经验,大力生产糖化饲料,支持社队发展生猪副业。潮桥面粉厂职工开展“五比五赛”[③]活动。面粉车间创班产量24.50吨,挂面车间创班产量3吨多,刷新该厂面粉、挂面生产历史记录。栟茶五金橡胶厂坚持“独立自主、自力更生、艰苦奋斗、勤俭治国”方针,为省内及黑龙江、辽宁、河北、山东、湖北、安徽、上海等省市100多个厂家,提供弹簧及橡胶配件。

1974年,岔河轧花厂工会组织职工学习大庆先进经验,采用周小结、月评比、年总结等方法,开展红旗循环比赛。党政和工会及时表扬先进,激励职工学有榜样,比有对手,赶有目标。全厂月评先进个人295人次,总评先进46人(次)、6名职工出席县工交财贸先进代表会。

1975年,县总认真落实中央[1975]第5号等一系列文件精神,要求各级工会继续深入

---

①“五好企业”:企业政治工作好、计划完成好、企业管理好、生活服务好、干部作风好。

②“五好职工”:职工政治思想好、完成任务好、遵守纪律好、经常学习好、团结互助好。

③“五比五赛”:赛读书,比觉悟;赛思想,比进步;赛数量,比质量;赛风格,比团结;赛干劲,比贡献。

开展“工业学大庆”活动。广大职工树雄心、立壮志、学铁人、做主人，超额完成国家计划。全县年度工业总产值1.72亿元，同比增长3.83%。

1976年10月后，全县工会贯彻执行党的改革开放政策，以经济建设为中心，组织各类竞赛活动。1977年，各级工会拓展劳动竞赛的广度和深度，常赛常新。岔河轧花厂、栟茶五金橡胶厂等工会，按照大庆企业“六条标准”①，发动职工制订个人、班组、车间、科室规划，广泛开展“四比四赛”②活动。县供电局职工参加南通供电系统“工业学大庆”劳动竞赛。竞赛内容有“三老”、“四严”、“四个一样”③。在竞赛形式上，有车间之间、班组之间、个人之间竞赛，有同工种、同机台、同业务对口赛，还有师徒赛、指标赛、单项赛等。各级工会重视做好评比选树工作，采用多种方式表彰先进，不断提高职工生产积极性。同年3月份以来，县化工厂先后被南通地区、江苏省评为“工业学大庆先进企业”。10月，省委、省革委会命名该厂为“大庆式企业”。1978年，县交通水泥厂、县缫丝厂被评为省“大庆式企业”，获得奖旗和奖状。

1979年，全县各级工会响应省委“学大庆，赶韩桥，开展‘百日红’竞赛”活动的号召，在全县开展以高产、优质、多样、低耗和安全为主要内容的竞赛，促进生产发展。县化肥厂职工群策群力，大力开展革新挖潜，修旧利废，节约回收活动，全年完成8项较大的革新项目和41项小改小革，增产化肥。同时回收废钢材167吨、废机油745.50吨。修复各种机泵499台、阀片4839只、电机、仪表104台（只），价值69.74万元。同年，全县完成工业总产值2.90亿元，同比增长20%以上。通过“百日红”竞赛，全县工交系统节煤9000多吨、节油440多吨、节电393万多千瓦时。

五、“为四化立功”活动

1980年5月中旬，县工会召开第九次代表大会。会上贯彻全总《关于动员职工为四化立功、深入开展增产节约运动、迎接党的十二大召开的决议》。县化肥厂、县粮机厂、县交通水泥厂、丰利轧花厂、岔河轧花厂、丰利作业区等单位在立功活动中做出成绩。同年8月，县总转发县化肥厂、县交通水泥厂为“四化”立功经验。全县商业系统零售部门，开展评选

---

①“六条标准”：认真学习马列主义、毛泽东思想，坚持党的基本路线，坚持企业社会主义方向；有一个坚决执行党的路线、方针和政策，密切联系群众，团结战斗，老中青三结合的党的领导核心；有一支能在三大革命运动中打硬仗，具有“三老四严”革命作风的职工队伍；坚持“两参一改三结合”的原则，有一套依靠群众、符合生产发展要求的科学管理制度；在技术革新和技术革命方面不断有新的成果，全面完成国家计划，主要技术经济指标达到国内先进水平；坚持“五七”道路，工人以工为主，兼搞别样，在有条件的地方搞好农林牧副渔业生产，在搞好生产同时，安排好职工的生活。

②“四比四赛”：赛学习、比觉悟，赛干劲、比贡献，赛团结、比纪律，赛指标、比水平。

③“三老”“四严”“四个一样”：当老实人、说老实话、做老实事；严格的要求、严密的组织、严肃的态度、严明的纪律；黑夜和白天干工作一样、坏天气和好天气干工作一个样、领导在场和领导不在场一个样、没人检查和有人检查一个样。

“双佳”[①]活动，共有308个零售商店、2440名营业员参加评选。县化肥厂先后3次举行评功、庆功授奖大会，县化工厂评出32个立功项目及其先进事迹并进行表彰，县农药厂评出19名立功标兵。

1982年，在“为四化立功”活动中，各基层工会从实际出发，根据行业、特点开展活动。县棉织厂运转车间坚持“四个一”[②]活动。丰利国营合作商店开展“四比四赛”活动，县中医院引导医务人员投身“四化”立功活动，做到“四心”和“三个一样”[③]，被誉为“白求恩式的大夫”。

县供电局行政、工会与各股室、工区负责人共同商定，开展“十赛十比”活动，内容有：赛思想政治工作，比遵纪守法；赛安全生产，比安全记录天数；赛“五讲四美”，比服务态度和作风；赛共产主义风格，比团结互助；赛增收节支，比劳务收入；赛文明生产，比环境绿化；赛读书活动，比自学风气；赛劳动纪律，比出勤率；赛完成任务质量，比苦干巧干；赛规章制度，比执行情况。经竞赛评比，掘港供电工区获优胜流动红旗。同年在南通供电系统线路专业互查评比中，县供电局被评为第一名。年终，全县共评出先进工会集体30个、先进生产(工作)者6226人、工会活动积极分子348人。

1985年10月张佑才市长向获得全市劳动竞赛第一名的如东县总颁奖并讲话　(县技协提供)

1983年，在党的十二大精神指导下，各基层工会配合行政，推行多种形式的经济责任制，引导广大职工树立主人翁思想，将经济效益与立功竞赛结合起来。县农药厂开展“双革四新”[④]活动，取得20项成果，提高经济效益12.25万元。同时节煤200吨、节油4.20吨、节电2.87万千瓦时。县建筑公司第五工程队工会与行政配合，积极开展以“学邯二、赶泰兴、创全优”为中心内容的立功竞赛，全年承建26个项目，全优率达71.32%，经济效益占计划的102.6%。县邮电局青年报务员徐晓萍进局3年，创收发报连续6万份无差错的优异成绩，被授予市劳模、全国“三八”红旗手等称号。

①“双佳”：最佳商店、最佳营业员 。

②“四个一”：每周一次操作练兵，每月一次操作测定，每季一次技术交流，每年一次操作运动会。

③“四心”“三个一样”：“接待病人热心，检查诊断细心，解答疑难耐心，治疗操作精心”“干部群众一样，生人熟人一样，新老病员一样”。

④“双革四新”：技术革新、技术革命；新技术、新工艺、新设备、新材料。

六、“达标夺魁”和“双增双节”竞赛

1986年，县总会同县经委等五部门，在工业、交通、财贸等系统开展“振兴如东，达标夺魁，为实现‘七五’计划建功立业”竞赛活动，把加强企业管理，提高产品质量，降低物质消耗，作为竞赛主要目标。通过竞赛，工交财贸系统获经济效益728.23万元。

县黄油枪厂立足基层，组织班组竞赛，各类达标夺魁竞赛生气勃勃。丰利棉织厂提出达标夺魁竞赛战斗口号：“实现‘双七五’，年利一十五，合格八十五、节支六万五、全年无事故”。他们紧扣技术关键，攻克生产难关，消除织造工序上难以控制的双纬疵点。马塘国营商业公司、潮桥供销社等企业坚持两个“文明”一齐赛，精心组织“达标夺魁、优质服务”竞赛活动，振奋职工当家作主奔一流的精神，服务质量不断提高，受到广大顾客赞扬。同年2月28日《南通日报》登载：“如东县化工厂变‘单纯生产型’为‘生产经营技术综合型’企业，成绩明显，全员劳动生产率人均4.00万元，创税利人均1.08万元。”

1986年6月19日，县委、县政府成立县劳动竞赛委员会。具体工作由县总负责。1987年，县总召开两次全县工会系统“双增双节”经验交流会，并专题组织20个年创汇百万元以上外贸创汇大户，开展厂际生产竞赛。县农药厂工会组织职工开展“双增双节贡献杯”劳动竞赛，上半年完成工业总产值842.18万元，同比增长26.03%，占年计划54.33%；实现利润97.07万元，比上年同期增长1.41倍。其经验一是落实承包、责任到人，将全厂总目标按产量、质量、消耗、成本、安全等指标，层层分解并承包；二是工资浮动，将集体效益和个人收入挂钩。县轻工机械厂在“双增双节”运动中，开展优胜红旗竞赛，努力增产适销对路产品，推行目标成本管理，增加经济效益。上半年完成工业总产值201.52万元，占年计划84%。县制鞋总厂重视产品设计创样，及时收集筛选国内外鞋类产品信息，上半年创作新样38个，选中率67%；适销对路产品增加到154个，鞋类产量78万双；实现产值319.87万元，占年计划76.06%。当年，在市总、市技协组织的“双增双节”成果展评中，如东有20个项目参展。

1988年，全县工交、财贸等系统广泛开展“创新产品新纪录、创优良服务、创先进工作法、创更多外汇、创最佳效益”的“五创”竞赛活动。县总对活动进行两次检查总结，树选典型向全县推广。县黄油枪厂工会发动各车间职工投身小改小革，全年发布18项QC成果，获经济效益11万元。县化工厂开发新产品乙萘酚，当年10月投产，形成年产700吨生产能力。该厂有5个产品常年行销美国、日本、西德、加拿大、瑞典等20个国家和地区，成为江苏省化工出口重点厂家之一。

1989年，为贯彻全总十一届三次主席团扩大会议精神，县总继续开展以“双增双节”为中心的全员立功竞赛。8月，县总召开全县工会群众生产工作会议。县化肥厂、县石油机械

二厂、县棉纺织厂等企业工会分别介绍劳动竞赛、合理化建议、技术练兵、操作比武等活动经验,县总总结,副县长明玉成作全县工业生产形势报告。同年,县生物化学总厂面对市场疲软、资金紧缺形势,干部职工和衷共济,奋力拼搏,全年实现产值4322万元,完成利税总额670.86万元,分别比上年同期增长14.61%和14.40%。

1990年,县总发出1号文件,要求全县各级工会引导广大职工,坚持稳定、鼓劲、发展的基本要求,开展以"五创"为时代特征的社会主义劳动竞赛。县化肥厂工会运用激励机制,从深化"飞虎杯"红旗竞赛、班组升级竞赛、高产拉练竞赛3个重点入手,组织全员参加劳动竞赛,比赛活动环环紧扣,呈现"比学赶帮超"的局面。县化工厂工会以增产降耗为竞赛主线,针对工厂5个主导产品的消耗、质量和产量3大指标,开展"雄鹰杯"劳动竞赛,逐日公布竞赛数据,严格考核,使大部分产品生产创历史最高水平。县缫丝厂工会采取长短结合、大小结合竞赛方式,开展全厂性"十比十看"创优立功竞赛,为团结职工克服困难做出贡献。为贯彻落实"科技兴县"战略决策,县总、县劳动局组织全县10万职工操作大比武。这一活动自下而上层层选拔,为全县历史上规模最大、涉及面最广、参赛工种最多的一次练兵比武。在全县各系统、各单位普遍开展练兵比武基础上,如东推荐出114名县级技术尖子,参加市级38个工种项目比赛,取得优异成绩,共37名选手获奖,其中市级冠军2名,市级女状元2名,获奖数位于全市第三位。

七、"八五奉献杯"立功竞赛

1991年,县总发出《关于开展以质量、品种、效益、科技为主要内容的"八五奉献杯"立功竞赛的意见》,部署全县"八五"计划期间竞赛。全县着力开展五种类型竞赛,主要是:以扩销、创汇、创新、扭亏增盈为主要内容的"四大户"竞赛,职工"三个一"竞赛,十大窗口优质服务竞赛,优秀组织者竞赛,工业交通企业其他各具特色的劳动竞赛。兵房工会工作委员会认真制订"八五"立功竞赛实施细则,在20个基层工会中开展竞赛,4个基层供销社开展"五着五比"竞赛,6个商业企业开展增盈竞赛,从而为企业经营上效益、管理上水平、服务上质量发挥重要作用。丰利棉织厂以提高素质为根本,在全厂职工中开展争当"五手"竞赛,在一线挡车工中开展接纱头和捉疵表演,激励纺部和织部操作工优一级手,由过去的60%提高到86.4%。县邮电局针对实施程控引进工程等关键,组织电源、线路、长机、载波、报机、市话等工种的专业对口赛,促进程控引进工程和本地网成功开通。据不完全统计,1991年全县开展"八五奉献"立功竞赛单位209家,参赛职工4.17万人,其中1.24万名职工参加458个工种(岗位)技术比武。经评审,县劳动竞赛委员会对竞赛进行表彰,县生化总厂、县黄油枪厂、县农药厂和县化工厂分获"扩销杯""创汇杯""扭亏增盈杯"和"创新杯"。

1992年，县“百花”电子琴获首届北京国际电子博览会金奖的证书　　　　（郭祥贵提供）

1992年，全县各级工会紧紧围绕提高产品质量、改善产品性能、增产适销产品、加快资金周转、扩大出口创汇、扭转企业亏损等目标，开展“八五奉献”立功竞赛，取得显著成绩。县无线电厂坚持以科技进步为龙头，开展“比成果，比贡献，比速度”的“三比”劳动竞赛，加速新品开发和产品创优步伐。企业开发电力负荷监控系统等7项新品，多种型号的“百花”电子琴荣获首届北京国际电子博览会金奖和第二届北京国际博览会金奖，为出口创汇打开局面。县黄油枪厂电镀车间是全厂超耗大户，辅助材料费占全厂57.5%，电镀费月月超支，车间职工在竞赛中认真修改生产工艺，严格化工材料检验，使电镀返镀率从30%下降到7%，电镀费用月月节余，全年节约成本22.69万元。据不完全统计，1992年全县开展竞赛单位170家，参赛职工3.81万人；开展技术比武183场、267个工种、参加职工9700人；举办操作表演139场、178个工种、参加职工4952人；开展技术培训360期，参加职工1.29万人。全县劳动竞赛共表彰立功集体9个，立功个人29名。南通缸套厂、县农药厂、县铁链厂、县轧钢厂分获“创新杯”“扩销杯”“创汇杯”和“扭亏增盈杯”。

1993年，县总在全县工业企业中组织“三个一”①竞赛。据不完全统计，全县共有3.40万名职工参加劳动竞赛，举办各类技术比武132场次、操作表演115场次、技术培训323期。6月县总举办全县推广创造学骨干培训班，来自59家单位的73名职工参加培训，经考试合格，县总颁发结业证书。10月县总选拔8名瓦工、粉刷工技术能手，组成技术推广队，在全县4个工地设点示范表演，全县建筑行业400多名职工参加观摩。

1994年，县总注重从经济发展需求出发，针对不同单位经营重点，指导基层工会有的放矢，制定竞赛方案，不断拓展劳动竞赛新路子。县酒厂1993年为全县亏损大户之一，1994年在全厂开展“抢时间、争速度、当主人、比贡献”班组竞赛，一年中8次刷新班产、日产最高纪录，全厂实现年度盈利。县化肥厂连续8年开展“飞虎杯”竞赛，复产后又掀起竞赛热潮，使企业生产步入良性循环。县化工厂、县通用机械厂、南通缸套厂、县黄油枪厂等工会组织的劳动竞赛活泼多样，得到党政支持和职工参与，促进生产经营指标完成。据不完全统计，

①“三个一”：人均提一条合理化建议、增收节支一百元、练好一门基本功”。

1994年全县117家企业开展竞赛,参赛职工2.87万人。

1995年,县总重点在全县工交企业中组织“五大户”竞赛。县啤酒厂组织“首季开门红、再创新业绩”“大干四五月、产销双过半”“比一比、赛一赛,看谁销得快”等竞赛,激发广大职工劳动热情,工厂突破原定“一年减亏、二年持平”目标,年利润100万元。南通缸套厂以技术比武为中心,劳动竞赛为主线,全厂形成“学技术、促生产”新局面,产值超过1亿元指标。县化工厂组织“高产杯”“优质杯”“高速杯”“群策杯”的“四杯”劳动竞赛,效益不断提高。县总在全县工交企业中开展“献一条计策、办一件实事”的“两个一”活动,在全县工会干部中开展争当“劳动竞赛优秀组织者”活动,促进竞赛步入良性循环。据不完全统计,全县有2.01万人参赛,举办技术比武2018次。

八、“九五创业杯”立功竞赛

1996年,县委办、县政府办发出《转发县总工会等五部门“关于在全县开展‘九五创业杯’立功竞赛活动的意见”的通知》,部署“九五”期间劳动竞赛。江苏新象股份有限公司抓住缸套销售势头看好的机遇,在缸套480、495A等四条生产线上开展“比质量、比产量”竞赛,逐日公布赛绩,及时予以表彰,促进车间班组超额完成下达任务。南通海发实业公司围绕企业生产经营关键,发动群众性合理化建议活动,共有405名职工提出495条建议,经采纳实施取得显著效益。县供销大厦开展“赛服务规范实施、赛服务质量提高、赛互查互评打假”的“三赛”活动,得到社会各界好评,县总联合县劳动局、团县委,成功组织全县职工技能大比武,共有车工、电工、钳工、焊工、计算机等11个工种的400多名技术工人参加,取得一系列成绩。市、县总联合邀请市区高级技师和全国技术能手,到如东开展技术交流,得到企业支持参与。1996年“九五创业杯”立功竞赛共表彰“优胜单位”3个、“先进集体”13个、创业标兵班组15个、“创业功臣”8名、优秀组织者4名。

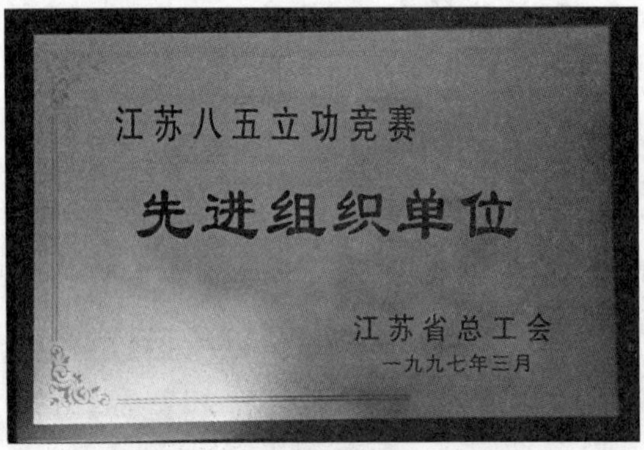

省总表彰奖牌　　（县技协提供）

1997年,县总与县委宣传部、县计经委联合组织企业降本增效活动。组织“三学一推广”[①]和职工降本增效大讨论,发动企业结合实际找问题、排措施、订规程。在此基础上组织县纺织厂、化肥厂、汽运公司等10多个企业进行演讲比赛,组织掘港油米厂、县黄油枪厂等企业到市交流介绍。

①“三学一推广”:学邯钢、学春兰、学小天鹅,推广县黄油枪厂目标成本管理。

1997年7月，县总生产保护部被省总授予“江苏八五立功竞赛先进组织单位”奖牌。

1998年，县总联合县科技局，举办县职工计算机操作技术比赛，30名选手经过比赛，前10名被授予“技术能手”称号并颁发一、二、三等奖。9月份，县总召开全县大中型企业劳动竞赛研讨会。同年全县劳动竞赛评比表彰中，县农药厂、江苏海生集团、南通东升长毛绒制品有限公司、江苏新象股份有限公司、县新华书店分获“扩销杯”“扭亏增盈杯”“创新杯”“群策杯”和“优质服务杯”，全县共表彰先进集体16个、创业标兵班组15个、“创业功臣”5名和优秀组织者5名。

1999年，县劳动竞赛委员会在全县继续组织“九五创业杯”厂际竞赛，组织17家销售大户、13家亏损大户、20家新品开发大户、十大窗口服务单位和全县企事业，分别开展“扩销杯”“扭亏增盈杯”“创新杯”“优质服务杯”和“群策杯”竞赛。工交企业开展创“四优班组”活动，促进班组建设与管理水平不断提高。省、市总领导专程到如东，调研县总、江苏黄海汽配股份有限公司、县通用机械有限公司创新劳动竞赛做法。在1999年“九五创业杯”评比表彰中，江苏金太阳油脂有限责任公司、江苏黄海汽配股份有限公司、江苏新象股份有限公司、县粮食局潮桥直属粮库分获“扩销杯”“创新杯”“群策杯”和“优质服务杯”，同时表彰竞赛先进集体22个，创业标兵班组13个、“创业功臣”3名和优秀组织者6名。县总创新劳动竞赛做法得到上级重视，10月，在全国劳动竞赛研讨大会上作交流。

2000年，县政府调整县劳动竞赛委员会，副县长朱春任主任。同年，县劳动竞赛委员会发出《关于在全县继续深入开展“九五创业杯”立功竞赛活动的意见》，要求进一步发挥工人阶级主人翁精神，为实现“九五”计划和2010年远景目标、提前达小康、实现现代化建功立业。县总在全县组织“四二一”三创六小”以及“精一招、会两招、学三招”等活动，为企业增创经济效益。为提升职工队伍素质，县总组织基层工会和职工，参加全省“百万职工迎接新世纪学习应用计算机”大赛，通过层层选拔，县总组队参加南通市选拔赛并获优异成绩，7名选手分获一、二等奖和优胜奖。11月，县总推荐两名选手参加省职工计算机大赛，均获“优胜选手三等奖”。县总还联合县雄鹰纺织有限公司，精心举办有20个工种、135名操作工参加的挡车工技术比赛，应知考试合格率先达100%，在应会测试中，细纺、后纺两大

2000年，县总与县雄鹰纺织有限公司联合举办挡车工技术比赛　　（县技协提供）

工种优一级手率达100%。2000年12月,县总劳动竞赛工作获省总表彰。

九、“十五创新工程杯”立功竞赛

2001年,如东职工代表队代表南通市参加省计算机知识竞赛获得团体奖
(县技协提供)

2001年,县劳动竞赛委员会发出《关于转发“在全县实施群众性经济技术创新工程并开展‘十五创新工程杯’立功竞赛的意见”的通知》,对“十五”期间全县劳动竞赛明确规划,要求以推进企业技术进步、提高经济效益为中心,以创新为灵魂,大力实施群众性经济技术创新工程。全县有231个单位成立创新工程领导机构。县总在全县推进学习普及计算机知识活动,全县开展计算机普及应用培训329期,参加职工8968人,占45周岁以下中青年职工的35.04%。2001年县总获 “江苏省职工计算机普及及应用先进单位”表彰。受市总委托,县总组队代表南通市,参加全省第二届职工计算机大赛并获团体二等奖,5名选手均获优胜选手三等奖。在2001年全县“十五创新工程杯”立功竞赛中,共表彰“科技创新杯”竞赛先进单位15个、“重点工程杯”竞赛先进单位8个、“优质服务杯”竞赛先进单位7个、“技能开发杯”竞赛先进单位3个和“群策群力杯”竞赛先进单位3个。

2002年,县总会同县计经委,对南通大东有限公司和江苏快达农化股份有限公司节能降耗工作,实行定点检查,推广典型经验。江苏快达农化股份有限公司获省总“江苏经济技术创新工程先进集体”表彰,南通大东有限公司经验在相关刊物发表介绍。县总两次召开群众性经济技术创新工程交流会议,推进创新工程进一步深入。县总着重选树南通市如东化肥有限公司、江苏快达农化股份有限公司、江苏新象股份有限公司、南通丰纺有限责任公司、如东通用机械有限公司等一批创新工程示范点,促进全县群众性创新活动深入开展,有效促进生产。县总协助市、县建工局圆满完成全市建工系统油漆工技术操作比赛。

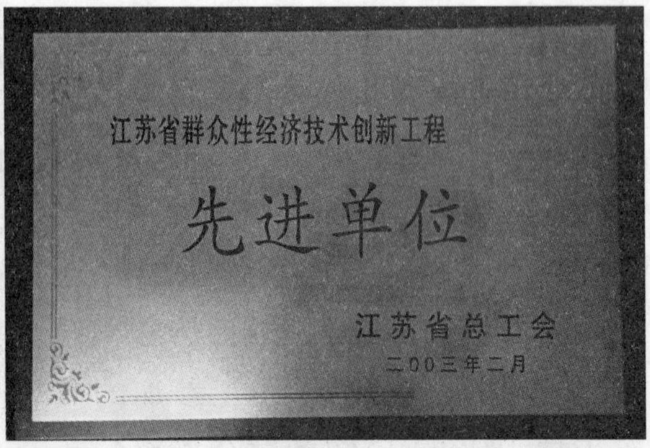

县总获省总表彰奖牌　(县技协提供)

2003年,县总发动基层工会,开展“群众性经济技术创新工程方案设计和评选”活动,县供电局、县中医院、南通苏通化肥有限公司等

南通市"小灵通杯"职工职业技能大赛获奖者合影,我县第一职中周春林(中)获"钳工状元"称号　　(县技协提供)

一批基层工会制定的方案富有创新特色,可操作性强,县总及时推广。在全县建立60个示范联系点,发挥先进典型示范与幅射作用。下发"群众性经济技术创新工程先进单位""创新工程示范岗""创新能手"评选条件,促进各级工会树典型,抓突破,争一流。在县工会第十四次代表大会上,县总对一批经济技术创新工程先进集体和先进个人进行表彰。7月,县总选送14名职工参加南通市"小灵通杯"职工职业技能大赛,获优异成绩。县第一职中周春林、县通用机械有限公司葛红兵分获市钳工技能比赛第一名和第二名,大豫镇季春松、洋口镇潘克元分获市二氧化碳保护焊比赛第二名和第三名。大赛闭幕式上,全市24名选手被授予"南通市技术能手"称号,其中如东8人。经县总推荐,周春林参加省钳工技能大赛获第4名,代表江苏参加全国大赛获团体第六名,个人获"优秀选手"称号。2003年8月,市总、市劳动保障局等4部门下发《关于对如东县总工会等五家单位进行表彰的决定》,县总获技能大赛优秀组织奖。同年县总被省总表彰为"江苏省群众性经济技术创新工程先进单位"。

2004年,县总组织"三创三争三赛"①,参加单位218家、参加职工22.08万人(次),参加技术练兵比武职工1.35万人(次),参加技术培训职工3.02万人(次),总结推广先进操作法94项。为反映全县实施经济技术创新工程,县总撰写和拍摄电视纪实片《涌动的春潮》,在全市经济技术创新工程推进大会上放映,被市总授予"经济技术创新工程多媒体片编制优秀奖"。县总组织11名职工参加南通市维修电工职业技能大赛,团体总分在全市11个县(市)局中位列第三位,在前10名选手中如东选手分获第二和第七名,如东参赛选手全部获国家高级工资格证书,县总被授予优秀组织奖。12月,县总牵头联合县劳动局等部门,举办全县高级钳工和高级服装设计定制工技能大赛,全县共有18个单位41名职工参赛。经评比,表彰"如东县技术状元"2人、"如东县技术能手"8人。同年全县劳动竞赛评比中,县总共表彰"十五创新工程杯"立功竞赛先进单位17个、"创新工程示范岗"21个。

2005年,县总大力实施以"三创三争三赛"为重点的群众性经济技术创新工程,有278

①"三创三争三赛":引导职工"思维创新""技能创新""岗位创新";职工争当"创新能手"企业争创"创新成果"班组争创"创新工程示范岗";开展"创新立功竞赛""优质服务竞赛""重点工程竞赛"。

县总组织全县职工参加“当好主力军、建功十一五、建设新如东”竞赛　(县技协提供)

个单位、2.15万名职工参加创新工程活动,总结推广先进操作法122项、创造价值292.40万元、组织各种技术比赛8442人(次)、技能培训1890人(次)。县总努力创新职工技能竞赛运行机制,促成竞赛与考级紧密结合。同年组织两次大赛,一是8月份会同县交通局选拔职工,组队参加南通市汽修行业修理工技能大赛,如东代表队在机电工比赛中获优异成绩,大赛组委会表彰前5名技术能手中,如东选手分获第一、二、三、五名;二是12月份县总牵头会同县劳动和社会保障局,举办全县计算机职业技能(高级工)大赛,52名参赛职工中,45人获国家高级工职业资格证书,通过率87%。县总、县劳动和社会保障局表彰“县技术状元”1人、“县技术能手”10人。县总积极征集青年人才科技创新成果,大力促进科技成果转化,推荐江苏快达农化有限公司400t/a异菌脲攻关项目,经省总等部门评审,推荐参加2005年长三角青年人才科技创新成果展。2005年,县劳动竞赛委员会共表彰技术创新竞赛先进集体10个、重点工程竞赛先进集体10个、优质服务竞赛先进集体10个和优秀技术创新成果10个。

十、“当好主力军、建功十一五、建设新如东”竞赛

2006年,县政府调整如东县劳动竞赛委员会,县政府副县长刘才盛任主任。县劳动竞赛委员会结合全县社会经济发展需求,制定下发《关于在全县开展“当好主力军、建功十一五、建设新如东”竞赛活动的实施意见》。县总会同县发改委,发动广大职工开展全县“节能宣传周”活动,人人动手节能降耗,最大限度地增加效益。县总努力建设“金蓝领”队伍,牵头与县劳动和社会保障局,组织全县车工职业技能(高级工)大赛。38名参赛选手中,35名获得高级工证书,通过率92.1%。大赛第一名被授予“如东县技术状元”称号,前8名被授予“如东县技术能手”称号。经推荐上报省、市,破格晋升为技师。县总还联合县劳动和社会保障局,组织职工数控技能培训,在此基础上选派12名选手组队参加市数控技能大赛,取得优异成绩:市教师组数控车、数控铣、加工中心三大工种第一名,全部被如东选手获得。

2006年，县车工职业技能大赛开幕式现场　（县技协提供）

2007年，县总大力发动全县各级工会，开展“当好主力军、建功十一五、建设新如东”竞赛。据不完全统计，全县参赛企业634家、参赛职工5.62万人、参加技能培训职工4.71万人，总结推广先进操作法377项。4月，县总获“江苏省群众性经济技术创新工程优秀组织奖”。12月，县总会同县劳动和社会保障局等部门，组织全县钳工、维修电工、砌筑工、钢筋工、电焊工、计算机操作员六大工种职工技能大赛，取得优异成绩。参赛的131名选手中有124人达到高级工标准，通过率93.8%。县总组织全县化工分析工知识竞赛，50%的参赛选手获90分以上成绩。县总坚持以赛促学，专门邀请高级工程师为选手们进行技术培训。在此基础上组队参加市化工分析工技能比赛，如东15名参赛职工全部获高级工职业等级，在市组委会表彰前20名“南通市技术能手”中，如东有9人，同时按规定破格直升技师。县总会同县劳动和社会保障局、县交通局等部门，组队参加南通市职工技能比赛，在挖掘机技能比赛中获第二名，赴省比赛获第三名。12月，县总、县劳动和社会保障局、县职工技术协会联合发文，表彰“如东县技术状元”1人、“如东县技术能手”7人、“技能比武优秀组织单位”3个、“技能比武优秀组织者”5人。县总会同县劳动和社会保障局等部门，在全县评选有突出贡献的高技能人才，经层层推荐和评审，10名优秀技术工人喜获县人民政府特殊津贴。县总《创新技能大赛运行机制，构建职工晋级绿色通道》《架金桥提升职工素质，激活力推进创新工程》两篇材料，在3月份南通市“当好主力军、建功十一五、建设新南通”竞赛推进大会上发言交流。

2008年，县总紧紧围绕全县大局，主动靠前服务，促进经济发展，在全县广泛开展“重点工程竞赛"、争创"工人先锋号""我为节能减排献一计"等立功竞赛活动,县总牢牢抓住洋口港一期工程项目,组织重点工程竞赛。通过召开竞赛汇报交流会、组织媒体采访宣传、深入工地慰问职工、帮助申报科技创新成果、表彰先进典型等一系列有效举措,促进工程不断推进。12月,市、县总工会成功举办江苏洋口港一期工程劳动竞赛总结表彰暨南通市重点工程竞赛推进大会,市总向洋口港建设先进集体和先进个人授予"南通市工人先锋号"3个和"南通市五一奖章"6人,市人大、中交二航局和县领导到会讲话勉励。同年,县总牵头会同县委宣传部、县科技局,在全县开展"四创四求"①活动,对层层申报的40多项成果进行评审鉴定,评出一等奖1个,二等奖3个,三等奖6个,由县委、县政府表彰。县总会同县劳动和社会保障局、粮食局等部门,大力开展职工练兵比武活动,在市粮油保管员职业技能大赛中,如东选手获比赛第一名。全国第三届数控大赛南通地区选拔赛中,如东选手分获教师组第二名和职工组第三名。

如东选手参加南通市职工职业技能大赛　（县技协提供）

2009年,县总在全县企业班组中深入开展争创"工人先锋号""我为企业发展做贡献"竞赛活动。县总对2008年后全县创建"工人先锋号"活动成绩显著的20个班组,颁发"如东县工人先锋号"奖牌。牵头江苏洋口港开发区、县发改委、科技局4个部门(单位)联合发文,围绕洋口港管线桥、中石油江苏LNG接收站、海洋铁路、风电3期等全县10个重点工程建设项目,深入开展以优质、高效、安全、节能、环保为主要内容的重点工程劳动竞赛,努力提高工程质量和水平。5月,县总牵头县劳动和社会保障局、县科技局等7部门,举办全县职工职业技能大赛,共有钳工、车工、电工、计算机、餐厅服务、客房服务等6个工种、166名职工选手参赛,经比赛鉴定,108人晋升为高级工,45人晋升为中级工。

2010年,县总继续抓住在江苏沿海大开发中具有重要地位的洋口港工程,投入大量精力,组织人工岛二期工程、管线桥项目、中石油江苏LNG接收站、海洋铁路等一批项目,开展重点项目竞赛。江苏新源建筑工程公司和南通光华建设工程有限公司,分别开展木模工、钢筋工和泥瓦工3个工种技能比赛,参赛选手112人。

①"四创四求":创新求高、创优求好、创先求新、创业求快。

十一、"推动科学发展、建设美好如东"活动

2011年后，县总在全县职工中广泛开展"推动科学发展、建设美好如东"活动。县总围绕洋口港工程，组织人工岛三期工程、码头建设、通洋高速公路、海洋铁路如东站建设等十大建设项目，开展重点工程劳动竞赛。同时走进各大建设工地，为一线职工送上价值5万元慰问品。县总邀请省总、省文联携手举办"创新发展创先争优——咱们工人有力量"大型摄影记者，到洋口港工地采风。通过媒体采访报道、《江苏工人报》专版、制作摄影画册，对洋口港建设工程宣传推介，推进港口建设进程。县总以节能减排和企业增效为重点，组织"节能减排——工会在行动"系列活动。深入开展"我为节能减排献一计"合理化建议活动，向市总推荐"节能减排合理化建议"9项。联合县人才服务中心、人力资源和社会保障局等部门（单位），举办"如东县首届高技能人才职业技能大赛"，组织5个工种、181名选手参赛。

2012年，县总从全县35个重点工程建设项目中，遴选出太阳岛三期工程、10万吨液化气码头、江苏临海高等级公路、政府廉租房建设工程等14个项目，与洋口港开发区等6部门（单位）联合发文，组织以优质、高效、安全、节能、环保为主要内容的重点工程竞赛。同时，围绕发展现代服务业，深入开展以改善服务环境、倡导文明服务、优化服务标准、提高服务质量、争当服务明星为主要内容的"真情伴你我、满意在如东"优质服务竞赛。

2013年，县总以提升职工素质和岗位技能为重点，开展"走基层、强服务、促发展"系列活动。与县人才服务中心等（单位），联合制定《如东县"金蓝领"工程实施方案》，开展20多个工种的技术提升培训，推荐中天科技集团一线技术工人走上"首届南通市职工创新讲坛"，参与组织"如东众驰集团汽车服务与职业技能大赛"和掘港镇服装行业技能比赛。各类竞赛有力助推重点工程建设进程，在全省临海高等级公路建设竞赛中，如东项目部在综合指标考核中位列14个县（市）第二名。龙源风电海上（潮间带）示范风电场二期工程提前三个月并网发电，创造"国内海上风电建设最快速度"。

2014年，县总与县人才办、人社局、教育局、旅游局等部门，联合举办全县万人劳动竞赛暨第二届高技能人才大赛，参赛项目为化学检验、后勤烹饪、金融、导游4个工种，对引导职工学本领、练内功、提技能发挥示范作用。

第二节 合理化建议与技术改进

1951年,省总《群众发明与合理化建议工作委员会组织条例》(草案)下达后,全县基层工会相继建立合理化建议委员会(小组),其职责为组织职工开展群众性合理化建议活动,审查和采纳群众所提建议的应用价值、交流推广经验、对创造发明者给予奖励。在县总指导下,各基层工会多形式、多渠道组织职工,开展合理化建议活动。

1952年,县总要求各级工会以提高生产率为目的,有效利用生产设备,开展以机械代替人力、简化生产操作方法的合理化建议活动。掘港油米加工厂工会结合爱国增产节约劳动竞赛,开展"人人出主意,处处找窍门"活动,积极改革生产工具,提高出米率和出油率。1953年,在爱国增产节约竞赛运动中,县百货公司、花纱布公司、专卖公司以及粮食、金融系统基层工会提出合理化建议491件、采纳284件。县供销社批发站原先购货需经开票、收款、复核、总账和货物会计盖章等5套手续,采购员提出建议后,只需开票、复核2套手续,节省时间和人力,受到采购员们欢迎。县人民银行收发员建议,省、市、县支行折实公债挂牌不再每月行文通知,可改载省报,每年可节约纸张、邮资等费用达800万元(时币),此建议被省行采纳。马塘油米加工厂职工提出"提高整米率,降低碎米率"建议,被工厂采纳,原标准整米率95%,经技术革新,整米率提高到98%。

1954年,全总《关于在全国范围内开展技术革新运动的决定》下达后,县总及时召开会议贯彻,在全县职工中掀起学习技术、改进技术、掌握技术热潮。掘港轧花厂在技术革新活动中,确立指标,提高产量。自推行7套喂花法后,车时产量由34公斤提高到48.50公斤,超过国家标准。保全工郁瑞龙、叶国淦应用外地先进配车法,将大一号机车蟹壳放松,上刀拔高,使洋脚转速加快,既提高效率又降低杂质。岔河油米厂工会发掘群众智慧进行小改小革,木工钱广才利用废木料,配上铁齿、轴芯,制造成功"辊齿式碎饼机",以机械代替人力操作。马塘油米厂杨春富等人对土蒸灶改造,将铁油桶改为蒸汽锅,耗煤量减少64%。吸汽均匀,提高出油率。1954年至1955年,县专卖公司财会统计组组长朱友如,先后提出自动输酒法、酒类容积定位计量法、液体流量自动控制法、自动装瓶机和简便贴瓶商标法5项合理化建议,经反复实践试制成功。特别是自动输酒法和酒类容积定位计量法,科学简便,准确程度达99.9%,经江苏省专卖公司审定在全省推广。

1955年6月,县总在县工人俱乐部举办规模较大的技术革新展览会,参展工厂20多家,展品数百件，并组织职工参观。1956年，县总要求各级工会，围绕企业生产技术中薄弱环节，发动群众提出合理化建议，开展技术革新活动。同时，对职工提出建议，做到条条有回应、件件有着落。凡采纳实施成功，按照国务院《关于奖励有关生产的发明、技术改进及合理化建议的决定》进行奖励。同年，工业、商业、供销合作系统共有317人提出建议559件、实施197件、获经济效益4.34万元。1957年，县纺织品公司一职工提出"以卡代账"建议，提高工作效率。过去一人保管1.50万疋布，每逢发货时应接不暇。改进方法后，一人保管2.20万布，发货时有条不紊，丝毫不差。

1958年，在开展以农业为中心、开展技术革新"比学赶帮"竞赛中，各基层工会针对生产关键，发动职工开展"一人一计，一人多计，多人一计"的群众献计献策活动。上半年，据19个基层工会统计，共提合理化建议989件，其中采纳728件，占73.69%。据已经实施的84件计算，可增加效益10.24万元。1959年，工业系统提出合理化建议9111件、采纳5497件、革新成功1811件。其中试制新产品76件、改进工具设备658件、改进操作方法300件、节约原材料和综合利用366件。广泛、深入的劳动竞赛和群众性献计献策活动，促进全县提前43天完成工业生产计划。1960年，县农具厂木工车间丢掉"五子"（刨子、凿子、锯子、钻子、斧子），生产操作基本实现机械化、半机械化，工效分别提高1—25倍。通用机械厂金工技术员解重建与工人一同研究，将原来人工磨活动塞环，改用吸铁磨床，原来一个工日磨4根，后升为95根，提高工效24倍。潮桥米厂职工经过多次试验，改制砂砻获得成功，台时产量由2吨提高到6吨，这一创新项目获江苏省人民委员会表彰。

1963年，在全县"五好"竞赛活动中，工交、财贸系统职工，发扬"一厘钱"精神，人人出主意，个个动脑筋，为国家和集体增产节约。县农具厂木器车间职工陶锦标、王新全，将过去当柴烧的废木料加以利用，生产小料勺150多只，为国家节约木材0.60立方米。锻工车间职工支援农业，克服困难，将过去人们不愿加工的剪口铁427公斤，生产出价廉物美的镰刀620张、大库刀653张，供应给农民。掘港砖瓦厂开展"一厘钱、一块煤"增产节约竞赛，工会干部和烧窑工人经过多次研究，职工们提出一批合理化建议。"勤添少加、着火加煤、潮煤不进窑、块煤敲碎烧"的建议节煤节油效果显著，全年为国家节煤180多吨、节油41吨。同年，全县各基层工会共提出合理化建议2891件，其中实施5445件，实施率84.6%。

1964年，县农机修造厂技术人员何瑞虎设计出新型轧花机。1965年4月，省机械厅、省农机研究所、南通地区工业局召开GHA-710型皮辊轧花机鉴定会。5月，新型样机参加全国农用棉花初加工机械试验选型会议，经试验，该机为全国六种轧花机选型之一。县农机修造厂先后生产2000多台，供应全县及全国轧花企业，《人民日报》《解放日报》《农业机械技术》等18种报刊杂志对此报道。1964年，县食品公司职工在"双技"活动中，大练基本功。屠宰工顾桂生从实践中总结出生猪出肉率的"两定""三看""四摸""五注意"经验，在全县食品行业中推广。他屠一头猪,从“点红”到“脱白”过磅,最快仅7分钟,如皋、启东等县邀他作技术操作表演。1968年,县农药厂科技人员研制不用苯作溶剂,改用廉价易得的氯化钙为填料,生产“滴滴涕农药新剂型——固体乳剂”。1971年10月,研制成功滴滴涕固体乳剂滚筒成型机,为生产新型固体乳剂奠定基础。新剂型不用溶剂,便于储运成本低。20世纪70年代初期该厂生产滴滴涕固体乳剂1.40万余吨,1978年获全国科学大会奖。

1964年,何瑞虎设计的新型皮辊轧花机
(乐成提供)

1971年,县化工厂陈美兰等10名职工,根据上海闵行化工厂技术资料,试制成功染料中间体产品,该厂为江苏省第一代G盐、Y酸生产厂家。1972年,马塘油米厂技术人员李国芳、工人曹锦元等人组成攻关小组,在参阅大量资料基础上,自行设计、组装第一台150型榨油机,经过4个多月调试达到设计能力,在如东油米工业史上首次实现自动进料、自动排渣、连续出油的榨油新工艺,该厂榨油技术进入国内先进行列。1977年,南通地区养路段如东工区工程师董少连创造“纯砂土石灰土黑色路面基层”新技术,1978年,荣获江苏省科学大会奖。1978年,县邮电局努力实现邮电通信现代化,自6月份开始发动职工自己动手制造1000门准电子自动交换机。参加会战职工坚持“严肃认真、一丝不苟、精心施工、确保质量”原则,对每个元件、每个焊点、每根布线负责一辈子,此项工程于月底告捷,“七一”开通。

1980年,县黄油枪厂工会配合行政,发动职工群众降耗节能、综合利用,抓住“找”“堵”“改”等环节,人人献计,个个动手。二车间生产挺杆缺少胶轮,仓库无存货,一位职工找出旧胶轮200多只,解决生产当务之急。另一位职工利用两个月业余时间,在废铁堆里拣到小铁管4000多只,计金额1200多元。三车间职工将往日丢弃的废汽油过滤后再用,对定额发的砂皮节约使用。全厂上下形成一种利废代新、见漏就堵好风气。1981年10月,县供电局工程师部钟荥主动为用户提合理化建议,挖掘企业内部节能潜力,在保证安全前提下,将化肥厂空分系统线路与同杆架设线路并网使用,全年节电5万千瓦时,价值3000元,《新华日报》对此专题报道。1983年,县化肥厂在“碳化煤球工程”会战中,生产科李云其提出三件合理化建议,为工程节约10多万元。起重组组长马金福负责设备吊装,由于统筹周密,安排巧妙,原需200个工作日,改革后仅用180个工作日即完成吊装任务,比原计划提前20天竣工。

1984年,全县广大职工积极响应省总开展“两个一”活动号召,广泛深入开展“当主人、献计策,反浪费、争效益”合理化建议活动,效果显著。据不完全统计,全县职工提出合理化建议1.08万件,其中采纳实施3642件,增收节支233万元。县机床厂试制三台低弹机,厂领导将任务交给二金工车间。厂工会副主席、车间主任黄成接到任务,立即开会研究对策并发动全车间职工提出建议300多件。原来按图纸要求,每台低弹机需要原始架底板32只,经改进,每台仅用16只。此外机器需要胶木滚轮防尘圈,经改进后以白铁皮代替,既降低成本,又保证质量。通过三个月奋战,提前10天完成试制任务,经使用鉴定,性能完全符合标准。县化工厂利用废渣回收R盐,获市化工局、医药局合理化建议和技术进步三等奖。

1985年,全县有1.73万人提出合理化建议2.24万件,其中采纳1.14万件,实施0.85万件,增收节支额超过上年,县总被评为全市“两个一”活动竞赛第一名。同年10月,在全市总结表彰大会上,市长张佑才向县总颁发优胜奖杯和奖状。1986年12月,丰利五金厂陈杰等人研制的保险柜和多功能电子报警器申报专利,产品被国家授予新型专利权,陈杰获“全国轻工业革新能手”称号。丰利棉织厂徐亚军、俞勋杰自行设计制造纡管包箍机,使废纡管变为合格品,年修复纡管5400只,全年为企业节支2050元,被市纺工局、团市委评为“革新能手”。1986年,全县各基层工会结合实现“七五”规划,开展为企业增益献计活动。共提出合理化建议1.78万件,其中实施5297件,获直接经济效益728.23万元。

1987年,县总先后于6月和11月组织两次全县性“挖潜找宝、合理化建议周”活动,获得成效。丰利棉织厂工会组织女工开展“我为丰棉献一计”活动,全年提合理化建议200多件,70%的建议被厂方采纳。女职工们在废铁堆中找宝,价值5020元。双增双节运动中,每个女职工平均为企业年节约320元。1988年,各基层工会在职工中开展“争当企业主人”“我为发展外向型经济献一计”“假如我是厂长、车间主任、班组长”等专题性合理化建议活动,引导职工为企业出谋划策,

1989年1月,市县职工技协组织市区42位专家来如东开展技术服务活动 (县技协提供)

分担责任。县生化总厂4年中收到合理化建议1200多件，挖潜增益累计近1000万元。全县邮电职工共提合理化建议500条、为企业和社会办好事800件，节支5万元。1989年，县农药厂工会协同行政通过多种形式，落实全总《关于全国职工广泛开展合理化建议和发明创造活动的决议》，组织全厂职工瞄准管理漏洞、物质消耗高、浪费严重等薄弱环节，提出合理化建议300多件，其中采纳85件、实施43件、实现经济效益8.70万元。如东县中学教工瞿新国制成“电脑抢答器”，1987年被评为江苏省优秀软件，1989年又获省首届亿利达发明三等奖。同年10月他研制的“苹果傻瓜操作系统”，又进入全国软件登记网。当年全县有268个基层工会、1.22万名职工，提出合理化建议1.13万件，其中采纳6820件、实施4860件、创造和节约价值321.50万元。

1990年2月，县总针对全县工业生产面临的严峻形势，向全县印发《江苏省合理化建议和技术改进奖励条例实施细则》，要求全县各级工会引导广大职工，坚持稳定、鼓劲、发展的基本要求，发扬主人翁精神，群策群力，共渡难关，同时下达“人均提一件合理化建议，增收节支100元”指标。县总通过“树红旗、立标兵、评优秀组织者”合理化建议竞赛、组织交流放样、培训合理化建议骨干、与企业党政领导协调、召开经验交流会、抓评审实施两大环节等措施，推动全县合理化建议活动深入开展。全县涌现出县农药厂、县纺织厂、县石油机械二厂、掘港轧花厂等一批先进典型。

1991年，全县各级工会围绕质量、品种、效益，开展群众性“我为振兴如东献一计”活动。活动着力抓好两个环节，一是追求建议质量抓关键，把提高质量与兑现奖励放在重要位置上。二是把握企业脉搏抓“效益”，发挥职工和科技人员优势，献计献策挖潜力。县邮电局职工提出“改进农村程控电话接口”合理化建议，被省局采纳并在全省推广。县化肥厂组织“做主人、献计策、立足本职争贡献”劳动竞赛和“十佳合理化建议”评选活动，推动尿素工程如期竣工投产。县石油机械二厂组织职工和科技人员，开展技术开发活动，主产品气缸套发展至普通型、特别型、特种型3大类15个系列，石油产品中有3个通过部级鉴定，2个获省优产品，微机监控仪等5个品种填补国内空白。县生化总厂完善合理化建议和技术改进项目流转程序，着力抓好评审和实施两大关键，热情鼓励科技人员、管理人员和职工群众，围绕原料替代献计献策，动手革新。先后有“硫酸替代盐酸”“液氨替代尿素”“液碱替代纯碱”等项目获得成功，全年降本50万元。县农药厂扭转上年亏损290万元不利局面，全厂开展“合理化建议月”活动，激发职工与企业共命运的主人翁意识，共征集478件合理化建议，其中采纳218项、实现效益70万元，开创当年盈利201万元局势，获省总“江苏省合理化建议工作先进集体”称号。

1993年，不少企业依靠职工，化解各种增本减利因素。县通用机械厂发动“人人献计策，个个反浪费，处处挖潜力，企业增效益”热潮，1个月时间收到合理化建议547件，提出最

县农药厂工艺员徐跃多次获省市科技成果奖
（县技协提供）

多的职工达5件。经专门班子评审筛选，归纳有价值的合理化建议25大类332件。在党、政、工合力推进下，合理化建议迅速分解到各有关车间和部门落实，至年底落实207件，获经济效益60多万元，企业按规定兑现奖励。掘港轧花厂充分发挥技术力量较强的优势，抓攻关，搞革新，挖潜力。20世纪60年代的锯齿轧花机电耗大、产量低、加工成本高，工厂组织职工开展技术改造，通过加大工作箱和风机改革，使台时产量从425公斤增加到500公斤，每吨皮棉电耗61千瓦时，比部颁标准降低19千瓦时。南通缸套厂在生产对开机过程中，由于机床强度、刚性和焊接刀具产生震动等因素，产品质量不合格。职工茅建泉等人翻阅大量资料，经数百次试验与失败，终于用自制机夹可转位刀盘解决多年难题，使对开机止口加工提高工效4倍多。此外，通过技术创新，成功解决了ND-5火车头气缸套30多丝工件夹园度，每年节约成本20多万元。县农药厂工艺员徐跃，刻苦钻研创新，多次获省、市科技成果奖。1995年，他针对产品敌草胺乳油技术的薄弱环节，大胆提出用复合无极性溶剂结晶提纯建议。经采纳实施，这项国内首创技术，两年为企业增利80万元。1996年6月，市、县总联合举办焊接表演和热处理技术咨询，副主席秦炳龙、市总经济技术与劳动保护部部长陶国柱等参加活动。

1998年，县总在全县组织“创新杯”“群策杯”等五大竞赛，在企事业职工中开展“我为降本增效、扭亏增盈献一计”合理化建议和技术改进活动，引导广大职工关心和积极参与企业经营，解决生产技术难题。全县征集合理化建议1.56万件，其中采纳0.72万件。同年，全县有10个单位、14个项目和12名个人被市总、市经委表彰为“合理化建议技术改进先进集体”“优秀项目”和“先进个人”。江苏黄海汽配股份有限公司遇到汽车螺母内纹热处理变型难题，攻关小组运用创造学原理，先用ABC分类法找出3个关键因素，又用正交试验法确定出关键因素的最佳工艺参数，经投产验证螺纹通止合格率，由原来的30%~40%提高到97%以上，创效益110万元。南通缸套厂职工蔡秉余大胆创新，对石油机械大模数齿轮加工工艺，采用中硬齿面代替高硬齿面齿轮，同时实行以滚代磨，以涂层高速钢代替硬质合金刀具加工，累计节约150多万元、节电30多万千瓦时，经鉴定该技术达国内先进水平。同年南通海发实业公司工会、江苏黄海汽配有限公司“螺母螺纹热处理工艺改进”项目和南通缸套厂蔡秉余等3名职工受到省总表彰。

1999年,为推动和组织广大职工投身合理化建议和技术创新活动,县总举办"创造学与合理化建议、技术改进"培训班,来自工厂企业的55名工会干部、技术人员、管理人员和能工巧匠参加,听取教授、高级工程师讲课。2000年,县总在全县组织"四二一"①活动和"三创六小"②活动以及"精一招、会两招、学三招"活动。同年11月,"DMP水产品保鲜剂"等3个项目获"江苏省优秀技术成果"。南通市东昌化工有限公司针对水产品保鲜储存需求,自行研制成功"DMP水产品保鲜剂",该新品具有保鲜、保水、保色、防腐等功效,能补充人体所需氨基酸及微量元素,先后获"国家级重点新产品"和"江苏省高新技术产品"称号,畅销海口至牡丹江沿海广大地区,2000年实现销售额167万元,利税26.70万元。据统计,全年有1.78万名职工参加合理化建议、技术改进和练兵比武,共提出合理化建议1.19万项,其中采纳5200项,实施4030项。参加技术培训4.78万人,参加技术练兵1.12万人,参加技术比武4470人。

2004年,县总征集青年人才科技创新成果,促进科技成果转化。县总推荐江苏快达农化公司"400t/a异菌脲攻关"项目,上报省总等部门评审上报,被2005年长三角青年人才科技创新成果展示交流会采用并参展。2006年,县总发动全县工业企业,开展合理化建议和创新成果评选活动,征集一大批合理化建议和创新成果。经推荐上报,市总、市经贸委、科技局、劳动社会保障局、市职工技术协会五部门(单位)评审揭晓:全市"十佳金点子"和"十佳科技创新成果"中,如东分别有6项和4项,占全市"双十佳"表彰总数的50%。此外,还有10项被评为"优秀合理化建议"和"优秀创新成果"。2007年,县总牵头,会同县政府相关部门,在全县开展"我为节约献一计"合理化建议活动,得到各企业和广大职工踊跃参与。经层层选拔推荐,县总共收到120项合理化建议。县总及时召开建议人员座谈会,开展介绍交流,同时指导对建议补充完善。经县总、县发改委、县科委、县技协评审,共评出"十佳合理化建议"10项,"优秀合理化建议"10项、并向获奖职工颁发荣誉证书和奖金。同时,县总还组织一批企业,将合理化建议成果制成多媒体演示片,参加市总组织的发布交流活动。

2008年,全县职工合理化建议、技术改进活动成绩显著,有3项合理化建议被表彰为"全国节能减排优秀合理化建议",1项成果被表彰为"江苏省职工十大技术创新成果",1项合理化建议被表彰为"江苏省职工十佳合理化建议"。江苏快达农化股份有限公司高梅芳等职工完成的"供水系统改造"项目,针对冷却水使用后直接排放的浪费状况,提出循环使用、加入絮凝剂、使用4套变频器恒压供水的创新方案,实施后年节水费47.50万元、、节电费25.18万元。南通市东昌化工有限公司于海军等职工完成的"改革传统工艺降低甘氨酸生产能耗"项目,采用改小投料锅、液氨直接投料、去掉脱氨塔、停用真空抽滤等措施,节约

①"四二一":"4万职工参加技术培训、2万职工参加技术练兵、1万职工参加技术比试"。
②"三创六小":"成本创最低、效益创最高、品牌创最好;小核算、小革新、小改进、小建议、小节约、小经验"。

大量原料，不仅氯化铵增产，而且年降本增效750万元。如东协鑫环保热电有限公司齐寒等职工完成的“循环流化床锅炉生物质掺烧改造”项目，利用循环流化床锅炉特点，将秸秆桑枝等生物质原料处理后，输入锅炉与煤掺烧，以替代化石燃料，年节煤1197万元、减排6.47万吨、农民年增收入500万元。江苏快达农化股份有限公司缪桂荣等职工提出的“治理高次谐波对电能的消耗”，建议实施改造后大幅度减少供配电损耗，提高电能质量，年节电202.40万千瓦、节约电费115.37万元。在南通市创新成果评选活动中，如东3项成果被评为“南通市职工十佳科技创新成果”、4项金点子被评为“南通市职工十佳金点子”、1项操作法被评为“南通市职工十佳操作法”。县总牵头并会同县委宣传部、县科技局，在全县开展企业“四创四求”①成果评选活动，经层层申报后，对40多项成果进行评审鉴定，评出一等奖1个，二等奖3个，三等奖6个，由县委、县政府予以表彰。

2010年，县总围绕节能减排和企业增效，深入发动群众性“六小”活动(小革新、小发明、小设计、小建议、小窍门、小节约)，帮助职工掌握技能，提高职工节能减排能力。在开展“节能减排”合理化建议活动基础上，向市推荐一批科技成果、“金点子”和先进操作法，获市总等五部门表彰，其中1项成果被表彰为“南通市职工十佳创新成果”，两项建议被表彰为“南通市职工十佳金点子”。同年国家科技活动周举办的科普展览中，弘昌(南通)工具有限公司陈昌泉设计的推拉扳手，作为南通市唯一的职工优秀县技协提供创新成果被推荐送展。该扳手为新型快速活络扳手，不仅省材、省工、质优，而且效率高、传动速度快，使用安全方便。县总还与县科技局、县工商联等部门，共同完成江苏快达农化公司等17家企业，申报江苏省第三批创新型企业汇审上报工作。

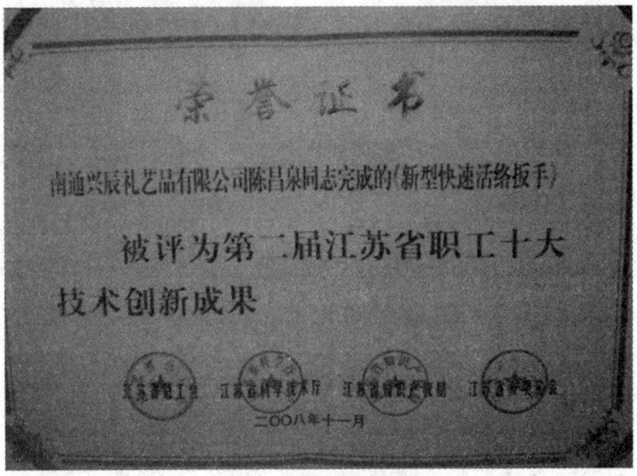

“江苏省职工十大技术创新成果奖”　(县技协提供)

2012年，县总开展以“增强创新意识、普及创新知识、提升创新技能、开展创新活动、推广创新成果”为重点内容的创新竞赛，县总与安监、质监等部门联合，组织化工企业从业人员培训近6000人、特种作业人员培训2574人。一批成果获市总等六部门表彰，其中1项成果被评为“十佳职工科技创新成果”、2项建议评为“十佳节能减排合理化建议”，3项成果被评为“职工优秀科技成果”、4项建议被评为“优秀合理化建议”，1项合理化建议评为“优秀

①“四创四求”：创新求高、创优求好、创造求新、创业求快。

金点子”。

2014年，县总组织职工开展岗位创新，促进企业转型升级。中天科技集团宋志良“特高强度铝包钢线”项目，推荐参加“省十大科技创新成果”评选。江苏宇迪光学公司吴广建“光学冷加工抛光液过滤器”项目，评为“市十佳操作法”，江苏如通石油机械公司许亚俊“打磨除尘系统风口改造”项目，评为“市十佳事故除患与职业危害治理合理化建议”。江苏快达农化公司姚军“光气反应热回收使用”、江苏辉煌彩钢公司刘允华“彩涂生产线废气焚烧热能回收利用”项目，评为市“节能减排奖”。

第三节　技术协作

一、技协组织

20世纪60年代，我国经济处于困难时期，沈阳市工人吴家柱、吴大有、林海丰倡议为国分忧、为企业解难，发起职工技术协作活动并进行推广。1980年，县总按照全总《群众技术协作组织条例试行草案》，先在基层试行建立群众技术协作委员会20个。1981年来，相继建立专业技术推广队9个，队员29人，工作任务为开展技术革新和技术交流活动。

1994年8月，县职工技术协会第二次代表大会全体代表合影　　（县技协提供）

1984年6月12日，经县人民政府批准，县总联合县经委、科委、科协、计委，召开县第一次职工技术协作代表大会。协会宗旨是：团结和组织广大职工和技术人员，围绕党的“十二大”确定的战略重点，积极开展群众性技术攻关、技术交流、技术培训活动，突破生产中的薄弱环节，促进企业技术进步，提高经济效益。

经民主协商，大会提名通过，成立县职工技术协作委员会。

主　任：丁慰祖（县政府副县长）

副主任：沈　明（县科委主任）

吴爱华（县经委副主任）

缪三文（县科协副主席）

宋德纯（县计委副主任）

耿文亮（县总副主席）

委　员：31名（以姓氏笔划为序）

丁慰祖　刘克锋　刘　刚　孙振泽　任国庆　沈　明　吴爱华

朱慰轩　陆　汉　陆仕权　宋德纯　李秀兰　李　斌　杨友芳

吴玉林　汪继元　冷强华　张本黄　张章喜　洪宝林　娄振国

俞元楼　徐　祥　耿文亮　徐卫华　徐成达　顾兴祥　曹　钰

葛云嵩　蒋正明　缪三文

县职工技术协作委员会办公地点设在县总工会。

1984年6月，全县组建化工、棉纺等7个技术交流队。8月，县编委批准建立如东县职工技术协作交流站，主管部门为县总，职能是从事技术协作交流活动并开展全县技协组织服务工作。1985年，县化肥厂、县经编厂、县棉纺织厂等一批单位相继建立厂职工技术协作委员会。1989年，县总等五部门联合下发《如东县工会系统职工技术协作有偿技术服务暂行规定》，明确要求在开展职工技协活动中，实行有偿和无偿相结合的技术服务，体现发扬共产主义风格同现行经济政策相结合原则。有偿服务坚持以业余为主，为经济建设服务、为技术进步服务、为提高职工技术素质服务。

随着经济体制改革和技术市场开放，全县职工技术活动不断活跃，技协队伍日益壮大，到1989年底，全县职工技术协作委员会增至35个，职工技协会员增至1000人。其中有20个办理营业登记、1个办理法人登记，开展有偿技术服务。

1989年，县及基层职工技术协作委员会均更名为职工技术协会。1991年，全县职工技术协会39个，会员发展到1300人。

1994年8月，第二届县职工技术协会产生，陈嘉山任会长，冷强华、陈建泉任副会长。1994年全县职工技术协会42个，会员发展到2000人。

1999年3月,第三届县职工技术协会产生,张文山任会长,冷强华、陈建泉任副会长。2000年全县职工技术协会80个,会员发展到2400人。

2005年4月,第四届县职工技术协会产生,王新华任会长,冷强华、冯建楠任副会长。2006年全县职工技术协会142个,会员2840人。

二、协作交流

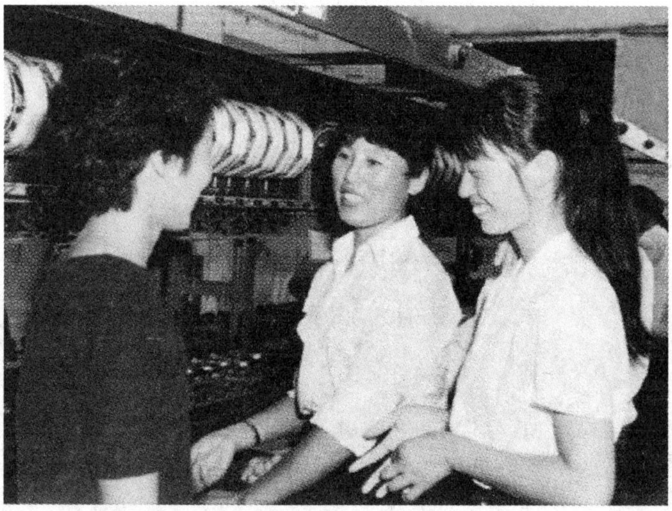

省立缫技术能手韩桂银(中)传授先进操作法
(县技协提供)

1979年,面对全国味精市场大面积疲软困境,丰利油米厂率先在全县同行业中开创横向技术联合先例,与上海天厨味精厂联合生产“佛手”牌味精,提高产品知名度并走出低谷。1982年,兵房油米厂到启东海复油厂、如皋石庄油厂取经。回厂后技术人员努力改进设备和技术,提高生产能力,全年创利润4.50万元。1979年,县粮食机械厂工会配合行政一手抓生产、一手抓培训。根据不同工种技术要求,将车、刨、铣、磨、钳、焊、锻、铸、机电等工种编班,采取讲课辅导、现场观摩、岗位练兵、互帮互学等形式,帮助职工掌握“应知应会”要领,提高操作水平。年底,工厂进行全员技术考核,112个操作工中,61人达到二级工水平,17人达到三级工水平,18人达到四级工水平,13人达到五级工以上技术水平,其中2人被县粮食局任命为工人技术员。

1982年,省纺织行业在丹阳丝厂举行缫丝工操作比赛。县缫丝厂韩桂银、万爱琴代表如东缫丝厂参加角逐,取得优异成绩。1988年,韩桂银参加南通市缫丝操作比赛获得第一名,市长张佑才授奖。1983年,县纺织厂工会与共青团举办青年职工技术操作大比武,厂部成立由行政、工会、共青团、生产技术、设备等部门负责人组成的考核小组,内容涉及操作、设备、管理、消防、财务5个门类、39个工种、100多个项目,参加比武226人。该厂采用日练兵、周观摩、月测定的方法,经40天比武,全厂评出54名优胜者,按工种、项目名次进行奖励。

1984年9月,县总组织机电、农机等部门的技协会员和技术人员,赴南通市参观冲床等机械防护装置。回县后对全县冲床、电刨、圆锯防护装置,开展普查、指导和改进。同年,县黄油枪厂技协配合行政开展车、钳、刨、铣、镗5工种技术比赛,5名职工获一等奖、7名职工获二、三等奖。该厂职工王志雄参加县机电系统技术比赛，获得第一名。次年，该厂又组织全厂7个车间11个工种69名职工开展技术比赛，其中39人达合格以上成绩，评出一等奖9人、二等奖7人、两个小组获集体奖。

1985年，县职工技协建立金属加工、钳工等技术交流队，同时举办全县机械行业技术比赛并为企业培训技术人员。至此全县专业技术推广队发展到20个，队员188人。全年举行技术表演350场次，参加职工1.17万人(次)。举办技术讲座555期，参加职工1.19万人(次)，推广新技术106项。1986年，县职工技协举办短期性技术市场8期，成交项目4个，成交额70万元。全县职工技协组织攻克技术难关94项，创经济效益98.35万元。全县13个基层技协举行技术表演和观摩活动260场次，参加职工1.15万人(次)。

1987年，全县32个基层技协举行技术表演134场次，参加表演观摩职工1.07万人(次)。县职工技协组织先进刀具技术推广队，在掘港、马塘、丰利、栟茶等地机械厂巡回技术表演，传授先进技术。县化肥厂水处理工艺一直以顺流再生钠离子交换床，存在水质差、周期短、盐耗高、水耗多等缺点。该厂技协会员朱松泉、马德一深入岗位论证，提出改顺流再生为逆流再生的工艺改革方案。实施后不仅水质明显好转，而且降低软水生产成本，全年节约用盐2.89万元。

1988年9月27日，县总、县技协在县工人文化宫召开全县职工技术协作会议，部署工作任务并组织交流。县化肥厂助理工程师、技协会员唐炳荣、张智与造气车间QC小组成员，针对煤气炉制气工艺煤耗高、发气量不足、设备易出故障等情况，在外单位协作下，研制成功微机控制系统，被推荐参加省化工厅成果发布会。1988年，县化工设备厂高尔保、县石油机械二厂“电炉节能改造”项目获省技协表彰，县化工厂等6个单位、孙同礼等12人获市技协表彰。

1989年，县总与工商、税务、财政、审计5部门，联合下发(东工[1989]22号文)《关于颁发“如东县工会系统职工技协有偿技术服务暂行规定”的通知》。同年4月20日，县总、县技协召开全县技协工作会议，表彰县纺织厂等6个“技协先进集体”、尤福仁等8名“技协先进工作者”、娄振国等12名“技协先进个人”。5月，市、县技协邀请比利时服装设计师来如东服装行业传授技艺，现场表演，全县30多名服装设计人员参加。9月，县技协举办全县技协工作培训班，37名技协干部参加学习。县生物化学总厂技协活动十分活跃，先后聘请70多位中、高级知识分子组成“智囊团”，为企业发展出谋划策。企业举办各种培训班22期，厂内培训540人、送培150多人。县通用机械厂技协全年开展技术服务32项，技协收入6143元。县石油机械厂、无线电厂、县锁厂、针织总厂、化工厂、有机化工厂6个单位获江苏省第一届优秀新产品“金牛奖”。当年，全县开展活动的基层技协35个，举行操作比赛、技术表演178场次，参加职工6182人次。县化肥厂、县棉纺织厂和县黄油枪厂的岗位练兵、操作比赛形成系列活动,成为提高职工技术水平的重要杠杆。掘港轧花厂举办操作运动会,170人参赛,按纺工部颁发标准严格考核测定。在此基础上,选拔技术骨干参加县、市轧花系统技术比武,技协会员陆志田、张浩、孙斌3人获县比赛第一、二名,张浩获市比赛第五名。1989年,县职工技术协作交流站被表彰为"江苏省技协先进集体"。

技协组织建立后,县总号召各基层坚持无私奉献和有偿服务相结合,不断促进技协事业发展,各基层单位立足当地开展无偿为民服务。1990年5月12日,县总、县技协组织16家企业的60名技协会员和能工巧匠,集中县城开展21个项目的无偿服务。仅一天时间即修理家电61台、服装裁剪100多件,同时修理各类车辆及大批日用品,受到广大市民欢迎。县技协加强协调,深入基层,宣传技协工作。同年12月,南通《技协信息》刊物登载掘港轧花厂厂长朱宝华《职工技协是厂长的得力助手》一文,在市、县产生积极的示范效应。县总、县职工技协召开会议,县供电局等8个基层单位、钱康等36人分别被表彰为"技协先进集体"和"技协先进个人"。县职工技术协作交流站先后被省、市技协表彰为先进集体。

1990年5月20日,县总、县职工技协举办全县技协无偿为民服务活动　　(县技协提供)

1991年,县职工技术协作交流站对全县部分行业职工技能开展调查,在此基础上,组织市级以上技能大赛优秀选手,在全县巡回表演推广。8月,组织一批能手到缫丝企业,开展立缫操作表演和技术咨询,参加观摩交流职工1300人(次)。1991年,掘港轧花厂技协派员参加省技协创造学培训,回厂后采取"滚雪球"方式,举办46人的骨干培训班,推广创造学,活跃职工思维。职工们在剥绒生产工艺方面大胆改进,在3道工序上安装除杂刀,保证产品质量,短绒产品创"部优"称号,获中商部表彰。县轻工机械厂技协组织会员改进车床工夹具——接花顶针,每台年增效益1000多元,减轻劳动强度并大幅降耗。县化肥厂技协在尿素工程中发动技协会员,展开一场设备自制加工的战役。仅1年时间即自制加工各类设备106台套,总加工吨位424吨,节约原材料和加工费近30万元,同时加快工程进度。1991年,县职工技术协作交流站和掘港轧花厂陈建泉获省技协表彰,县化肥厂等4个基层单位、茅建泉等7、"改革合成工艺流程"等3项目获市技协表彰,13个基层、41人获县技协表彰。

1992年5月，县技协组织凸版印刷技术推广队，在全县印刷行业。巡回表演并推广交流，来自8家单位300多名职工，参加装订全能、方向机、卧飞机、平台机、折面5个项目观摩交流。6月25日，县技协组织全县电焊操作比赛，11个行业、18家企业、24名选手参赛，年龄最大57周岁，最小21周岁，其中12人获“优秀选手”称号，县生物化学总厂崔正国获第一名。同时邀请县农药厂职工钱亚坤，为全体选手作特种焊接操作表演。9月，县总、县工商局、县税务局联合下发《关于工会兴办三产和实体有关工商税务登记问题的规定》。1993年，县技协在全县开展“技协杯”竞赛。6月，县技协组织59家单位的73名工程技术人员和技工，举办“创造学”骨干培训班并考核发证。10月，组织建工系统瓦工、粉刷工操作技术推广队，在全县3个工地设点示范表演。1993年如东县星晨实业公司获“江苏省工会先进科技经济实体”表彰。

县职工技术协会召开工作会议　（县技协提供）

1994年8月，县总、县技协召开县职工技协第二次代表大会，76名代表参加，选举产生新一届委员会，陈嘉山任会长。在同年召开的县技协工作会议上，对17个先进集体、63名先进个人和“技协杯”竞赛优胜单位进行表彰。1994年4月，发动一批骨干技协负责人赴常州、无锡等地学习。组织全县7家技协上报技协活动材料，市《技协信息》总第68期专门为如东出了一期刊物并鼓励。同年11月，县技协组织县内五大银行的

1994年11月，县技协组织金融系统技术能手巡回表演　（县技协提供）

一批技术尖子,在全县金融系统巡回表演绝招,推广先进操作法。同年,县化肥厂职工技协针对碳铵、尿素制气不足、控制不稳、消耗较高等关键,发动技协会员,总结挖掘绝招绝活,分工种和岗位对职工培训,在此基础上同步考核,择优上岗。先后举办技术培训4期,参加职工1000多人次,为工厂恢复生产线、一次开车成功做出贡献。

1995年4月,县总与县地税局下发东地税《关于职工技协税收和发票管理的通知》。6月,组织基层技协赴南京参加全国高新技术博览会并赴张家港参观学习。1995年10月,会同县纺织工业公司、乡镇企业局举办全县纺织系统细纺操作比赛,来自6家企业职工参赛,县纺织厂丛海燕获第一名。1995—1996年,江苏省电机工程学会、湖北省大冶市技协、南通市机电局技协等多家单位分别到如东参观交流。县总、县技协组织基层、围绕8项内容开展“技协杯”竞赛,实行目标管理,激励技协工作发展。1996年,县技协组织基层技协去浙江宁波学习技协经验。当年11月,县职工技术协会获“全国职工技协先进集体”称号。

1995年10月县总牵头组织全县纺织系统细纱操作比赛
(县技协提供)

1997年,县总、县技协会同县供销社举办轧花系统排肋条操作比赛,全县8家工厂24名选手参赛,新光轧花厂获团体一等奖,丰利轧花厂杨发祥和新光轧花厂季本志获个人一等奖。同年,县化肥厂周远连和如东东昌实业公司“用变换热水塔出口热水加热精炼铜液”项目获省技协表彰。1998年3月,召开县职工技协工作会议,2个技协、14个基层8单位和55名个人获表彰。6月,县职工技术协作交流站等13个单位24名个人获市技协表彰。在市技协四届二次全委扩大会议上,县技协作《开展“技协杯”竞赛,努力促进经济发展和科技进步》发言。11月,召开职工技协和兴办实体工作交流会。县技协指导帮助县化肥厂技协申报省优秀技术成果和省明星企业。

1999年3月,召开县职工技协工作会议,表彰“技协杯”竞赛“优胜单位”2个、“先进集体”14个、“先进个人”50名。7月,市总主席陈心万一行及《工人日报》《江苏工人报》到县总了解技协工作并参观县化肥厂等企业技协实体。7月,在全市工会工作会议上,县总作题为“奋力开拓,真抓实干,以技协活动为载体,推进经济发展和科技进步”发言。同年,中国职工技协四届一次会议上，南通东昌实业公司和甘氨酸乙脂盐酸盐项目获“全国职工技协先进集体”和“全国职工重大技术成果”表彰。

2005年8月如东选手获市汽修工机电工大赛前三名，蒋广慧(中)获“南通市技术状元”称号　(县技协提供)

2000年，县技协连续8年在全县技协组织中，开展“技协杯”竞赛和争创“工会明星企业”活动，为基层服务。9月和11月，在华东六省一市职工技协工作会议和江苏省职工技协第四届代表大会上，分别作《激励争先，创新求进，努力发展技协事业》发言。11月，县职工技协办公室、如东银海化工技术服务公司、县农药厂秦爱堂和“挤塑机筒整体加工”3项目，分别获省表彰。12月，如东一批基层、个人和成果获市技协表彰。2001年，在全县举办创新创造学培训267期、参加职工1.55万人。

2005年1月，县职工技术协作办公室被中国职工技术协会授予“全国职工技协工作先进集体”称号。县技协会同有关部门，评审表彰2005年度职工优秀技术创新成果10个。2006年县总、县技协等部门举办全县车工(高级工)职业技能比赛，表彰一批“技术状元”“技术能手”“练兵比武优秀组织单位”和“练兵比武优秀组织者”。2007年9月，在江苏省职工技协第五次代表大会上，县职工技术协会被授予“江苏省职工技协工作先进集体”称号，同时《架金桥提升职工素质，激活力推进创新工程》材料，参加大会交流。

2009年4月，在南通市第六次职工技协代表大会上，如东县中医院钱忠权等“卧位拔伸端托法整复肩关节脱位”、张荣勋“血清总β-绒毛促性腺激素测定”两个项目，获市总、市职工技协表彰。同年10月，县职工技术协会获“中国技术市场协会金桥奖先进集

2009年8月，县职工技术协会获“中国技术市场协会金桥奖”
(县技协提供)

体”称号。2012年，县总、县技协以提升岗位技能和职工素质为重点，围绕“培养创新思维、增强创新意识、提高创新能力、推广创新成果”目标，开展创新创造学系统培训，进一步激发职工学技术、练本领、搞创新的热情。

三、技术扶贫

1982年，县化肥厂派合成车间职工倪学连去山西省临汾化肥厂，指导解决生产技术关键，获同行赞扬。1985年，丰利棉织厂技协开展技术扶贫。该厂技协先后为环农棉纺厂、凌民棉纺厂、凌民毛纺厂、曹埠织布厂、新光织布厂、掘郊印染厂等乡镇企业提供技术设备、培训技术人员，解决生产技术难题。厂技协为环农棉纺厂提供梳棉机针布包卷装置和部分专用工具，并由平车队长杨伟平带领两个平车队，对四台梳棉机进行大修。1987年，县农药厂等14家县属工厂，分别与14个乡镇定点挂钩，从物质、技术、资金、信息、管理等方面提供优质服务。1987年4月，县交通水泥厂厂长魏建民、副厂长姚鸿泰和南坎水泥厂王技术员，在南通市总工程师顾林升带领下，赴广西东兰县水泥厂技术扶贫。他们抢抓时间调查论证，拿出生产自救方案，迅速绘制水泥窑设计图并对即将报废设备进行维修，仅用42天就成功建成投产，帮助企业及职工走出困境，当年生产销售425水泥1000多吨，得到东兰县领导和全厂职工一致称赞。

1989年1月，市、县职工技协在征集技术难题基础上，邀请市区纺织、机械、化工、电子、轻工等行业的42位专家和能工巧匠，组成技术交流团，深入县内乡镇企业和困难企业，开展无偿协作服务。用3天时间，对丰利、岔河、马塘、古坝等地15家企业27个项目，现场攻关检修、咨询培训。通过协作，为12家企业攻关解决14项技术难题并建立长期协作关系。3月，县职工技协又对11家企业回访并向市反馈，促成帮扶措施一一落实。1989年6月，县职工技协牵线搭桥，邀请县化工厂、县有机化工厂技术人员，到石屏化工厂现场指导，解决生产技术难题。掘港轧花厂技协不仅热心为全县多家乡镇棉纺厂服务，还为大丰县第二棉纺厂培训气纺操作工，派出两名技协会员现场解决技术关键。山西榆次市棉麻公司组织各轧花厂厂长、技术人员到如东学习，掘港轧花厂技协会员热情传授技艺、无偿服务。当年，县农药厂等单位技术扶贫工作突出，被县委、县政府表彰为先进集体，县总陈嘉山等人被表彰为先进个人。

1990年3月，县生化总厂一批钢材急需做硬度测试，向县石油机械二厂求援，厂技协派专人登门服务，一天时间即完成全部任务，仅收取少量工本费。当年5月，县不织布厂1台西德进口设备损坏，导致全线停产，日损万元，厂长四处求援无望，到石油机械二厂后，技协组织多名职工接连抢修四天，攻下难关。1991年，县技术协作交流站针对困难企业和乡镇生产技术关键，牵头组织技术力量，无偿帮助技术攻关，先后为县家具厂、县黄油枪厂、县建

1991年,县技协参加全省县级技协工作经验交流会并交流　　　(县技协提供)

材机械厂等单位解决油漆生产电气技改、专用车床加工断屑出屑,新型液化气及配套专用炉具等方面难题。岔河油米厂职工技协主动为用户服务,先后为扬州、泰县等地工厂设计厂房和专用设备,进行技术更新改造,为新疆、如皋等地工厂和省粮校培训技工120多人,经考核合格独立上岗。县化工设备厂技协充分发挥本厂优势,从机械、电子、焊接、探伤、理化检测、锅炉安装修配等方面,多门类多层次面向社会开展技术交流、技术服务,为企业培养大批技术工人,仅1年时间即培训电焊工60名。1991年,县职工技术协作交流站、掘港轧花厂陈建泉被省总授予"职工技协先进集体""职工技协先进个人"称号。

1992年9月,县总、县工商局、县税务局联合下发《关于工会兴办三产和实体有关工商税务登记问题的规定》。当年,县技协为县化工厂、县锁厂、县塑料厂、县制鞋厂、县橡胶厂等企业提供瓷釉油漆、防盗报警系列锁等技术信息。1993年8月,掘港轧花厂技协应河南杞县棉花加工厂邀请,选派2名技协骨干,帮助安装设备和技术辅导,经5个月传帮带,该厂成功投产,工人技术水平和产品质量明显提高,受到开封市棉麻公司好评。对外技术服务中,岔河油米厂技协"服务第一,奉献解难"宗旨受到用户信赖。同年岔河油米厂承担双甸油米厂日处理50吨油脂浸出法设施施工任务,整个设备全部由技协承担,从设计、选址、布局、安装、调试到培训,均有序推进。"四大工程"连环交叉作业,仅用180天即圆满竣工,同时实现优质低耗,用户十分满意。

1994年,县技协通过提供科技信息、巡回表演推广、开展攻关咨询等方式,实现技术扶贫21项。县生化总公司技协针对生产设备长期受三酸两碱腐蚀,电机、阀门等附件报易损坏报废状况,成立以扶贫对象、退休职工和富余人员为主体的修理部。五年来,该技协为企业修理大小阀门1500余只,电机2500多台,为企业节约费用150万元。1996年6月,市、县技协联合在如东举办焊接技术和热处理技术咨询活动。曾获全省焊接比赛冠军的市化机厂职工倪春明,表演了仰焊、立焊等绝招绝活,化工部劳模、市化机厂高级技师杨秉权开展焊接技术咨询。市粮机厂高级工程师徐静华,对一批机械加工企业提出的部件热处理变型、气门锭渗碳、牙板共渗时出现网状组织等咨询课题,一一对照实物,从理论、技术、工艺方面解疑和分析,提出改进办法。全县100多名技术人员和一线职工参加活动。

1996年,在市职工技协工作经验交流会上,如东县技协作了专题工作交流
(县技协提供)

2001年后,县技协会同县科协等部门下乡下厂,在全县开展"科普宣传周"活动,受到基层和农村欢迎。2004年,县技协会同县科协等部门,围绕"科技以人为本,全面建设小康"主题,举办县科技节暨科普宣传活动,开展防震减灾和农村实用技术宣传培训,当年举办实用技术培训和信息化培训500多人(次)、发布高新技术项目信息1000多项。2006年,县总会同县科协、质监局,举办"2006年质量月、质检走进马塘"活动,近10家企业介绍交流攻克技术难关、提高产品质量、开展QC小组活动等有效举措,促进企业质量管理深入人心,不断提升质量控制水平。

2014年,县总发挥工会组织优势,借助社会力量,开展多个工种的技术提升培训,2261人获高级工职业资格,1.05万人获初、中级工职业资格。

第四节　班组建设

一、班组建设

1951年以来，县总在巩固与发展工会组织的过程中，重视班组建设工作，一批综合素质好、有能力、威信高的职工担任“两长”①。县总从健全基层组织工作和班组民主生活着手，规定基层小组活动内容：每月召开两次班组会，开展“三比”②活动。通过“三比”，联系生产工作实际，进行批评与自我批评，开好班组民主生活会与生产会，有力推动生产发展。1958年6月，县总召开“怎样搞好班组（工会小组）工作”专题座谈会，来自一线的班组长交流工作方法和体会。内容归纳为六点：第一、加强思想政治工作是班组建设关键；第二、工会小组长应与行政组长合作；第三、班组竞赛应抓细抓实；第四、“两长”应时刻关心职工生产生活，帮助解决困难；第五、班组工作应与职工商量，充分发挥职工民主管理积极性；第六、班组长应以身作则。会后县总将六条经验编在第五期《工会工作通报》上，发至全县基层工会。

1962年，为加强班组建设与管理，推动班组活动开展，县总制定“五好班组”③评比条件。同时要求做到比有对手、学有榜样、赶有目标、帮有措施。同年，全县在表彰先进集体和先进生产者时，同步表彰一批先进班组和先进班组长。1964年，针对部分基层工会班组建设不力状况，县总在六届四次执委会上强调指出：一要调整充实班组骨干，建立以有觉悟老工人和先进工人为核心的班底，并通过轮训提高政治业务水平；二要抓好优秀班组建设，树立典型，总结经验并推广；三要实行科室干部、专业人员到班组参加劳动制度，提倡“两个一”④；四要班组长做到“四知”⑤“四有”⑥。县总意见下达基层工会后，全县企业班组建设明显加强。

---

①“两长”：班组长和工会小组长。

②“三比”：比思想政治进步、比学习业务技术、比劳动纪律。

③“五好班组”：全组职工政治思想好、生产工作好、参加企业管理好、技术业务好、互助协作好。

④“两个一”：一边劳动、一边抓好班组建设。

⑤“四知”：知人、知心、知家、知厂。

⑥“四有”：有事与职工商量、有困难带头克服、有缺点自己检讨、有成绩归功大家。

1983年,如东县化肥厂召开班组建设工作交流会　　(县技协提供)

1977年,县黄油枪厂工会以二车间车床甲组为试点,加强班组建设,创“铁人”式职工队伍。车床甲组坚持每天开好班前会,由班组长布置生产任务并提出具体要求;下班开好讲评会,对全天生产情况进行讲评。这样,每天任务人人明确,生产进度个个有数,不正之风有人管,好人好事有人传。厂工会协同行政,经常带领全厂班组长到现场学习交流,总结经验,有力推动全厂班组建设。1983年,县化肥厂党委、工会发动职工,民主选举73名思想品质好、工作积极、联系职工、能力较强、热心班组工作的职工担任“两长”,同时健全班组工作制度,开展“两长”评比表彰并举办4期班组长培训班。由于班组建设促进基础管理,企业出现新面貌,厂工会获省总“工会工作先进集体”称号。1988年,县缫丝厂工会针对部分班组存在“一乱”“二缺”“三弱”现状,采取相应措施整改。一是根据行政班组实际,调整工会小组,使行政班组和工会小组对应,克服组织上的交叉现象;二是民主选举“两长”“五大员”(即班组内设立的工人管理员),克服有事无人过问现象;三是坚持工厂季度培训和小组月例会等学习制度,提高职工思想素质和业务能力,克服班底弱现象。1989年,县通用机械厂20个生产班组,经过连接两年创先进班组活动,通过上级验收合格,创建省“模范班组”4个、“质量信得过班组”10个,先进面占班组总数70%。1990年又通过省、市验收,工厂被省表彰为“班组建设先进企业”。1995年12月,县总、县职工学校获省总“班组建设组织管理先进单位”表彰,江苏黄海汽配股份有限公司和南通海发实业有限公司热处理组分获“班组建设先进单位”“标兵班组”称号。

1997年,县总按省、市总要求,对全县企业班组状况进行全面深入的调查指导,重点选树典型,发挥示范作用。县黄油枪厂冲压车间冲压组,创新并实行班组核算的先进方法、程序与模式。县总协助企业,总结经验报省,1997年该厂在全省班组核算经验交流会上介绍。县总指导县通用机械厂热处理车间综合组,提升班组管理水平并推荐上报,1997年4

1997年，县通用厂热处理车间综合组获得全总颁发的奖牌　　（县技协提供）

月该组被全总授予“全国五一劳动奖状”。1998年，县总、县宣传部等5部门联合表彰14个班组为“创业标兵班组”。同年上半年，在全县工交企业中开展创“四优班组”活动。下半年，县总、县计经委对部分行业和企业创“四优班组”工作开展检查，县交通工程建设公司等企业10个班组成绩突出，被树为典型。1999年，全县有1348个班组开展班组经济核算活动，江苏黄海汽配股份有限公司、如东通用机械有限公司、如东交通建设工程公司、南通正大有限公司、江苏新象股份有限公司、如东石油机械厂等企业分别接受省、市总检查，获得上级工会肯定。2007年，全县有3个班组被推荐申报为“南通市节约型班组”。

2008年后，县总以争创“工人先锋号”为创新平台，继续在全县开展班组建设活动，夯实班组基础。根据全国、省、市工会要求，县总于2008年2月下发《关于开展创建工人先锋号活动的实施意见》，对参加活动的对象、条件、命名和管理提出要求，文件明确参加对象为全县企事业的车间、科室、工段和班组，要求“工人先锋号”必须达到“五个一流”① 标准。江苏快达农化股份有限公司异菌脲合成班组，担负产品最关键也是最后一套工序。面对市场激烈竞争，班组全体职工团结协作，严格管理，安全生产、科技创新和节能减排等工作成为全公司榜样，班组QC小组竞赛在全市QC小组活动中获奖，特别是全员节能降耗、减排增效成绩显著，年节约原料159吨，增效181.44万元。

2008年12月，市总向江苏洋口港黄海大桥项目部等班组授予“南通市工人先锋号”称号　　（县技协提供）

江苏洋口港开发建设中，黄海大桥工程项目部全体职工发扬攻坚克难、科学施工、敢打

①“五个一流”：具有一流素质、创造一流工作、提供一流服务、取得一流业绩、建设一流团队。

2008年7月,南通辉煌彩钢有限公司彩涂车间荣获全总“工人先锋号”称号　（县技协提供）

硬仗精神,克服质量标准极高、工程异常复杂、施工条件恶劣等一系列难题,成功建成我国外海深水桥梁中长度和规模均位居第二的大桥,为洋口港初步通航做出贡献,同时锻造出一支学习型、知识型、创造型团队。在2008年召开的“江苏洋口港一期工程劳动竞赛总结表彰暨南通市重点工程竞赛推进大会”上,市总向洋口港黄海大桥项目部等3个班组授予“南通市工人先锋号”奖牌。2008年7月,南通五建建设工程有限公司援川抗震救灾中队,被省建设工会授予“援川抗震救灾、重建家园先进集体工人先锋号”称号。同月,南通辉煌彩钢有限公司彩涂车间被全总授予“抗震救灾重建家园工人先锋号”称号,县总到企业隆重举行“全国工人先锋号”授旗仪式,县委书记周铁根授旗。当年县总开展“工人先锋号示范班组”评选活动,县总表彰“示范班组”20个。

江苏宇迪光学股份有限公司精磨二班组,是一支职工平均年龄不到28岁的年轻队伍,2009年全组职工刻苦钻研,自我设计并投入学习型班组创建模式,全面兴起精磨镜片赶超

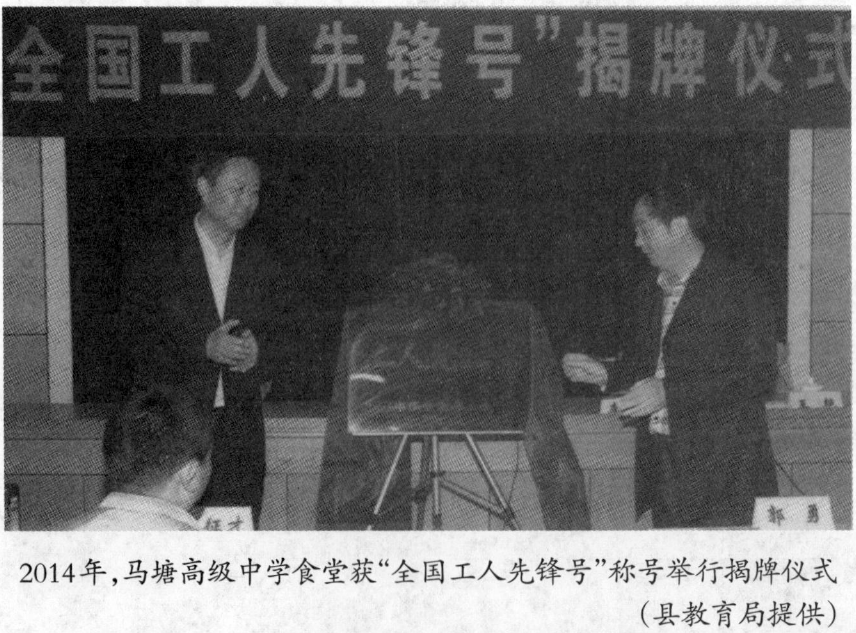

2014年,马塘高级中学食堂获“全国工人先锋号”称号举行揭牌仪式
（县教育局提供）

韩国活动,年产由1013万片提高到1340万片,镜片质量合格率99.85%,达到国际领先水平,而且全组大力推行国际先进的7S管理机制,在工艺创新、降本增效、设备完好率等方面均成为公司排头兵。当年2月,县总向江苏宇迪光学股份有限公司精磨二班组等20个车间、班组授予"工人先锋号"称号。2010年4月,县总向江苏快达农化股份有限公司双林膦项目组等26个班组,授予"工人先锋号"奖牌。2013年,县总以加强班组建设为重点,继续深化"工人先锋号"创建活动,一批优秀班组脱颖而出,南通大东有限公司织造车间获"全国工人先锋号"表彰。同时全县获"省工人先锋号"2个、"市工人先锋号"30个、"县工人先锋号"30个。此外,县总还对"十佳优秀班组"和"十佳班组长"进行表彰。在推进"工人先锋号"争创工作中,县总进一步规范活动流程,全面实行"四个注重"[①]争创公示制,发挥"工人先锋号"活动对班组建设的激励效应。

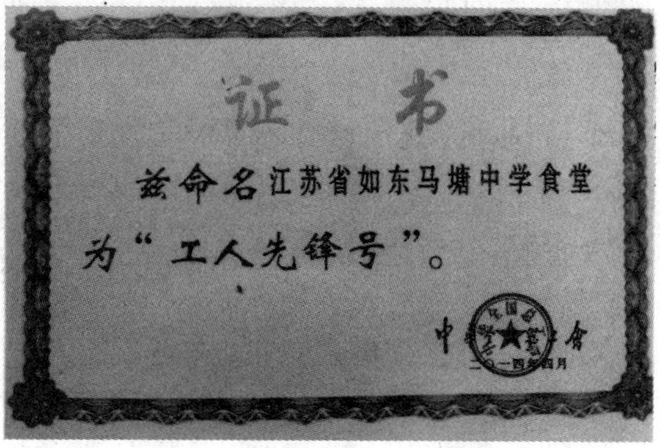

2014年,江苏省马塘高级中学食堂获"全国工人先锋号"称号,县工人文化宫职工文化科和江苏兴国气体有限公司危化品运输队获"省工人先锋号"称号。

二、班组竞赛

1951年以来,各企业,兴起班组学赶先进。竞赛活动,机械企业学习齐齐哈尔第二机床厂马恒昌小组,纺织企业学习西安国棉十七厂"郝建秀工作法",各行各业学习鞍钢王崇伦革新创造精神,全县开展爱国主义增产节约竞赛、先进班组竞赛和技术革新竞赛。

1953年,国营商业、粮食、合作社系统开展以增产节约为中心内容的循环红旗竞赛,以班组(工会小组)为单位,修订爱国公约,制订增产节约计划。在竞赛中有指标、有验收、有奖励,年终评出优胜小组3个,优胜工作者58人。1955年,国营工厂、合作商业和金融系统,统计,有56个班组开展劳动竞赛并订立保障条件。5月份,县总召开国营企业小组长会议,总结交流先进小组工作,重点推广百货商店任贤德小组和烟酒专卖公司樊杰小组典型经验,推动财贸系统班组竞赛开展。百货公司行政与工会认真发动创先进柜组竞赛,积极组织货源,小百货经营品种由1376种增加到2300种。1963年10月,中共中央、国务院批转国家经委、全国总工会报告,在全国开展"五好企业""五好班组"和"五好职工"竞赛活动。1963年,在全县工交系统广泛开展"五好班组"竞赛("五好"指政治工作好、完成任务好、班

①"四个注重":注重创建过程,注重平时考核,注重创建成效,注重职工评价。

组管理好、经常学习好、团结互助好）。掘港砖瓦厂工会狠抓班组职工思想和民主管理工作，签订班组之间、个人之间竞赛合同。岔河轧花厂在竞赛中注重抓先进、树标兵，及时公布各项指标完成情况。1965年，县委、县政府召开全县工交财贸系统群英大会，表彰"五好"班组1个、"先进班组"22个。

1977年，在"厂举大庆旗、人学王进喜"竞赛中，马塘油米厂工会与行政发挥班组作用，打好"三个硬仗"，一是加强管理，充分发挥班组工管员和"五大员"作用，落实以岗位责任制为中心的各项规章制度；二是挖潜革新。发扬大庆人革命精神，每个车间（班组）实施一至两个革新项目；三是支援农业，职工用肌醇残渣制成磷肥支持凌民公社，将饲料运到农户，积草灰肥送到田头。1983年，县化肥厂工会在全厂职工中组织劳动竞赛活动。根据上级有关文件精神，制定竞赛条件并在全厂广泛开展，"五一"节工厂召开表彰大会，党委书记给8个先进工会小组、45名优秀工会积极分子颁发奖状和奖品。

1986年，县总贯彻全国班组工作会议精神，提高班组长科学管理与思想工作水平，以适应改革开放新形势。要求各级工会配合行政，开展班组工作竞赛，每年有五分之一班组达到先进班组标准。12月，县针织总厂织造车间丙班、县黄油枪厂油枪车间金工甲班、县化肥厂造气车间甲班，被市总、市经委表彰为"南通市先进班组"。1987年，全县开展班组升级赛单位19个、班组197个。经互查和考核验收，全县表彰"合格班组"107个、"信得过班组"42个、"先进班组"40个。1988年，县缫丝厂工会立足班组，发动1027名职工参加创建"合格班组"和"达标夺魁"竞赛，占全厂职工数97.7%。通过竞赛，缫丝车间有6人夺魁，质量达到4A50，超过等级指标1.7级，增创效益1.74万元。整复车间第一班组提出"改装复摇机落绞钩"合理化建议，实施后消灭落环丝，降低半成品消耗并提升生丝品级。该厂班组工作成绩突出，《工人日报》《江苏工人报》等报刊先后有稿件21篇对此报导。同年12月，县黄油枪厂锻压车间冲压组、县化肥厂造气车间被省总、省计经委表彰为"先进班组"。1989年全县开展班组升级赛单位29个、班组532个。经考核验收，全县表彰"合格班组"304个、"信得过班组"90个、"先进班组"89个。

1993年，县酒厂响应县总倡议，在厂内组织"抢时间、争速度、当主人、比贡献"班组竞赛，一年中8次刷新班产和日产历史最高记录，全厂实现年度盈利。1994年，县总、县经委在全县联合开展创"四优班组"①竞赛活动，促进企业抓管理、练内功、增效益。县黄油枪厂积极发动车间、班组开展争创"能工巧匠奖""技术能手奖""百花奖"等多种形式竞赛，并组织全厂青工开展车、钳岗位练兵比赛，掀起"比学赶帮超"热潮。与此同时，还发动班组QC小组活动，先后有薄壁件内外螺纹滚压、外贸轮锁花形、挺柱冷挤压、锰磷化等项目工艺攻

①"四优班组"：提高质量、产品优良；降低成本，成绩优良；思想工作，效果优良；严格制度，管理优良。

关获得成功，仅外贸螺母一项每月可降本27万元。1995年5月，县化肥厂碳铵合成丙班等10个班组，被市总、市经委表彰为"南通市四优班组"。1996年，县供销大厦结合行业特点，发动各柜组开展"三赛"[1]活动，得到用户好评。1996年，县农药厂硫丹车间204工段等12个班组，被市总、市经委评为"创四优班组竞赛先进班组"。1997年，县总组织以建设"合格班组""质量信得过班组""先进班组"为主要内容的三档班组升级赛。当年全县共表彰"合格班组"816个、"质量信得过班组"418个、"先进班组"302个。同年，如东交通局工程队一分队等11个班组被市总、市经委表彰为"创四优班组竞赛先进班组"。

2001年，全县有675个班组、1.71万名职工参加全面质量管理、"三创六小"和"精一招、会两招、学三招"等活动，开展达标班组竞赛623个，为企业增创效益1341万元。2002年，全县开展全面质量管理班组860个。2003年，县总以工段、班组为依托，通过技能培训、岗位练兵、操作比赛、现场观摩、推荐成果、评先表彰等多种形式，激励班组和职工立足班组，踊跃投身经济技术活动，钻研现代科技知识，精通岗位操作技能。

2006年，江苏如石机械有限公司四车间装配钳工组，获得"全国学习型先进班组"荣誉。他们自我加压，通过传帮带，培育和选拔一批"雁式团队"带头人，先后为公司输送10名优秀员工，部分职工走上中层岗位。该组职工两年中先后提出60多条合理化建议，内容涉及产品设计、生产加工、装配试验，为公司创造效益近300万元。2008年，县水利电力建筑公司通海项目部组织职工开展"四创三争"（创革新能手、创新型示范岗、创生产技术新记录、创管理最佳班组；争当新型劳动者、争当优秀劳动保护检查员、争当优秀班组长）活动，形成高度一致的团队精神，以严格施工管理、精湛工艺技术、优质工程质量、良好社会信誉，赢得业主、同行、主管部门好评。江苏利田科技有限公司坚持创"工人先锋号"，促基础管理。在争创活动中推行三项机制，一是合力促进机制，把创建活动列入公司对车间、班组目标考核；二是督查考核机制，即班组自评互评、车间推荐、工会初定、公司审核并张榜公示；三是激励导向机制，对争创活动富有特色、成绩优异的班组长和车间主任予以奖励。

2011年，县总在组织创建"工人先锋号"竞赛中，将"五个一流"工作目标与推进班组建设紧密结合，以"六抓"来加强企业班组建设：一抓宣传造势，促进认识水平提高；二抓班组管理机制完善，确保有效运行；三抓班组长培养，优化班组管理水平；四抓职工教育培训，促进全员素质提升；五抓典型示范，开展交流观摩；六抓考核激励，引领创优新风尚。2012年，县总进一步规范创建活动流程，全面实行创建公示制，即注重过程创建、注重平时考核、注重创建成效、注重职工评价，激励班组竞赛形成"你追我赶、相互学习、相互帮助、共同提高"的氛围。江苏银行如东支行营业厅、南通大东公司织造车间获"江苏省工人先锋号"称号，南通江舟投资有限公司机械组等7个班组获"南通市工人先锋号"称号。

---

[1]"三赛"：赛服务规范实施、赛服务质量提高、赛互查互评打假。

2006年,江苏如石机械有限公司四车间装配钳工获组"全国学习型先进班组"荣誉　　　　(县总办提供)

三、班组长培训

20世纪50年代,全县各级工会配合企业行政,开展班组长在岗培训,由工会干部、生产干部,为班组长讲授班组管理基本知识。1976年,马塘农机修造厂工会专题举办班组长培训班,学习齐齐哈尔第二机床厂马恒昌小组先进经验,增强工作责任感。1983年,县化肥厂工会针对工会小组存在问题,先后举办班组长培训班4期、120人(次)。学习内容主要是工会章程、班组长职责和班组条例,并把《工人日报》登载《如何当好工会小组长》典型材料发至各班组。1984年11月,县总在县职工学校举办"班组民主管理学习班",历时一周,全县54名班组长参加学习。

1988年,县总、县职教办联合发文,提出各工业主管部门,根据省市部门考核标准,在企业中开展班组管理函授教育。培训采用分散自学、专人辅导、县集中统考的办法,成绩合格者由县总、县职教办和主管局(公司)颁发证书。县黄油枪厂在班组长培训工作中坚持教材、教师、时间"三落实"。县机械电子工业公司按省机械系统班组验收细则,对班组长进行培训和实践考核。1984—1989年,县总委托县职工学校,举办班组长(工会小组长)培训班58期,参加学习4406人。培训内容采用全总、省总编写的《班组工作讲话》《班组民主管理》等教材。

1992年3月后,全总、国家经委开展全国企业班组长、工会小组长岗位知识培训,县总具体组织刊授和电视函授学习,全县115个班组、301名班组长参加,订报111份。1995年6月,县总生产保护部、丰利工会工作委员会、江苏黄海汽配股份有限公司、县生物化学总厂,被省总、省计经委表彰为"班组培训先进单位"。江苏黄海汽配股份有限公司重视提升班组长素质,25个班组长全部参加全县班组长培训班,统考合格率100%,并有6名班组长参加全国班组长函授培训并获合格证书。1998年全县企业开展班组长培训1300人、班组经济核算培训1.20万人、评选先进班组1100多个。1999年5月，市总、市经委召开市班组工作研究当好班组长、组织班组长培训、班组建设经验，探讨新形势下班组工作思路，如东黄海汽配股份有限公司等一批企业参加研讨并获奖。

进入2000年后，县总以创建“全省工会工作百强县”“全省工会工作模范县”为契机，进一步推进班组长培训工作，要求班组长钻业务、学技术、严管理、当表率，适应新时代需求。通过县总办、送省市办、电视函授办、企业办等形式，鼓励和组织班组长培训。县总先后组织涉及创造学、合理化建议、技术改进、四技服务、企业现代化管理、经济技术创新工程等多期培训，不断提升广大班组长素质。2005年，全县企业积极开展创“学习型班组”活动，开展班组长培训。如东通用机械有限公司技术开发中心等7个学习型班组典型，被编入市总《南通市优秀学习型班组集册》，南通大东有限公司技术部产品开发处等7个学习型班组获市总表彰。

2008年后，全县企业班组长培训推出不少新举措，积累一系列值得推广的经验。江苏世纪燎原针织有限公司大力开展班组长培训和职工培训，专门聘请上海进取企业管理公司颜廷君教授，到公司作“铸造卓越的员工和团队”培训，进一步开阔班组长和职工视野。南通瑶华纤维公司把班组建设与创建“职工小家”紧密结合，推行职工自主管理，从最基层夯实企业管理基础。江苏黄海汽配股份有限公司大力推行班组晨会制度，实行初期培训、总结讲评和月考制度，不断提升班组长组织能力、表达能力和班组管理水平。江苏快达农化公司持之以恒抓班组建设，通过举办班组长培训和职工培训，营造浓郁的学习氛围，在班组长和职工中形成“工作学习化，学习工作化”良好风气。南通罗盖特生物科技公司把班组培训达标、班组长业绩考核和“优秀员工”评比紧紧挂钩，形成相互补充，相互支持的文明建设有机整体，有力推进企业管理。

第五节 劳模管理

一、劳模组织

2005年6月16日，如东县第一次劳模代表大会召开，大会通过《如东县劳动模范协会章程》，县劳模协会宗旨是：坚持“以人为本”科学发展观，遵守国家法律法规，遵守社会道德风尚。组织各条战线劳动模范之间的联系和交流，关心劳动模范的学习、工作和生活，开展教育、培训、服务等工作，努力提高劳动模范素质。大力弘扬劳动模范精神，营造“尊重劳动、尊重知识、尊重人才,尊重创造”的社会氛围,激励劳动模范在实现“两个率先”中再立新功,为推动全县“三个文明”建设做出更大贡献。

经民主协商,大会选举产生如东县劳模协会第一届理事会:

名誉会长:单晓鸣(县委副书记、副县长)
姚国均(县委副书记、组织部长)
葛维先(县委常委、纪委书记)

会　　长:蔡瑞平(县总工会主席、党组书记)

副 会 长:王新华(县总工会副主席、党组成员)
周明仁(县电信局局长、党组书记)
冷强华(县总工会宣传教育与生产保护部部长)
徐　毅(县自来水公司总经理)
黄继石(南通燎原针织有限公司董事长、总经理)

秘 书 长:冷强华(兼)

理　　事:50名(以姓氏笔划为序)

万十平　于春山　马　蔚　卞俊泉　王建泉　王新华
丛建梅　刘振声　印　均　朱汉昌　冷强华　吴　春
吴建华　吴建华　张松美　张建群　张恒山　李文健
杨　兵　杨广盛　沈南森　陈　斌　陈小林　陈建华
陈昌钰　陈德明　周　扬　周红梅　周明仁　周春林
於　进　施　霞　施永平　胡连华　徐　跃　徐　毅
徐建华　徐海承　徐海频　桂东升　郭武存　高尔保
曹国祥　曹彩虹　黄　程　黄继石　韩跃进　蔡　萍
蔡瑞平　戴志勤

县劳模协会办公地点设在县总。至2005年6月,全县劳模协会会员73名。

2012年5月3日,县劳模协会召开如东县第二次劳模代表大会,产生第二届劳模协会理事会,任新峰、姜晓静、陈斌当选为名誉会长,陶卫忠当选为会长,尹德利、许新林当选为秘书长和副秘书长。

二、劳模评选

中华人民共和国建立后,全县广大职工立足本职,勤奋工作,勇于创新,无私奉献,在劳动竞赛、发明创造、技术进步、企业管理、安全生产、文明建设等方面作出优异成绩。全县各级工会积极发挥广大职工的聪明才智和生产热情,自下而上地开展评选先进模范人物活动。县政府建立由相关部门负责人参加的县劳模评选委员会，对评出的先进人物进行推荐、选拔、考察、审查和公示后，报经市、省人民政府和国务院予以表彰。县总工会受政府委托，承担劳模评选委员会日常事务管理工作。据现有资料统计，至2015年底，全县受表彰的全国劳模13人，省部级劳模280人，市劳模375人，全国五一劳动奖章获得者8人，省五一劳动奖章获得者18人，市五一劳动奖章获得者91人。

1951—2015年如东县各级劳模统计表

表6-1　　单位：人

劳模类别	劳模表彰状况				
	合计人数	年份	人数	年份	人数
全国劳模	13	1956	2	1959	1
		1960	2	1979	1
		1989	1	1995	1
		2000	1	2005	2
		2010	1	2015	1
省劳模、部劳模	280	1951	6	1952	1
		1956	17	1959	15
		1960	15	1964	3
		1965	4	1977	51
		1978	19	1979	1
		1980	15	1982	5
		1983	10	1984	1
		1985	17	1986	1
		1988	15	1989	6
		1990	1	1991	16
		1992	1	1993	1
		1994	1	1996	12
		1997	1	1998	1
		2000	2	2001	13
		2002	1	2003	1

续表6—1

劳模类别	劳模表彰状况				
	合计人数	年份	人数	年份	人数
省劳模 部劳模		2006	11	2007	1
		2009	2	2010	1
		2011	10	2013	2
市劳模	375	1983	26	1986	25
		1988	59	1991	62
		1995	29	1998	29
		2002	30	2005	29
		2008	28	2011	29
		2014	29		
总计		668			

1987—2015年如东县获各级“五一劳动奖章”统计表

表6-2　　单位:人

奖章类别	五一劳动奖章获得者表彰状况				
	合计人数	年份	人数	年份	人数
全国“五一劳动奖章”	8	1987	1	1991	1
		1993	1	1999	1
		2002	1	2006	1
		2008	1	2012	1
省“五一劳动奖章”	18	1988	1	1992	1
		1995	1	1998	1
		2000	1	2001	1
		2002	1	2003	1
		2004	1	2005	1
		2007	1	2009	1
		2010	1	2012	1
		2013	1	2014	1
		2015	2		

续表6—2

奖章类别	五一劳动奖章获得者表彰状况				
	合计人数	年 份	人 数	年 份	人 数
市“五一劳动奖章”	91	1993	6	1994	6
		1996	3	1997	5
		2000	4	2003	5
		2004	5	2005	5
		2006	6	2007	8
		2008	3	2009	6
		2010	3	2011	5
		2012	5	2013	6
		2014	1	2015	8
总　计		117			

三、劳模管理

(一)弘扬劳模精神

县总历来重视劳模事迹宣传工作。1956年,县总在县工人俱乐部举办劳模事迹展览会。1977年,县总印制全县84位劳模和先进生产(工作)者照片11套共500张,配以事迹,供区镇宣传展览。1983年后,县总组织劳动模范事迹报告团到全县各区巡回报告演讲。各地精心组织职工听取报告并组织讨论,发动广大职工开展学习劳模、争当劳模活动。每逢“五一”劳动节,县总都召开劳模座谈会,让劳模们畅谈成长历程和组织培养,交流思想、工作和学习情况,同时对社会经济发展、劳模管理工作

出席南通市劳模表彰暨新时期建功立业动员大会如东代表合影
(县技协提供)

提出建议。县总还经常邀请《如东日报》、县电视台和县广播电台,对生产一线的劳模进行采访,加大宣传报道劳模先进事迹力度。

《永驻辉煌——如东县先进模范人物风采录》出版

2000年后,县总在全县推行“学劳模精神、为劳模服务、建劳模新功”工程(简称“劳模工程”),弘扬劳模精神,展示劳动者风采。为全面、系统宣传劳模业绩,县总组织力量,调查资料,编写《永驻辉煌——如东县先进模范人物风采录》,收集整理如东新中国建立后全国、省、市劳动模范、先进生产(工作)者以及各条战线上的先进人物500多人,全书40万字,由工人出版社出版。2000年,县总生产保护部被市总授予“劳模管理工作优秀组织奖”。2003年7月,县总实施的“劳模工程”被市总授予市“优秀创新成果奖”。2003年11月,在全省劳模管理工作会议上,县总被授予“江苏省劳动模范管理工作先进单位”,同时撰写《精心实施富有创新特色劳模工程,与时俱进激发学赶先进时代潮流》一文,参加大会交流,《工人日报》《工会信息》《江苏工人报》《南通日报》等报刊,多次对此报道。

2004年,县总开展“弘扬劳模精神,展示劳动者风采”“五一”宣传月活动,同时举办庆“‘五一’暨学习许振超”劳模座谈会,来自各行业的20多名劳模发言,县委领导出席,提出殷切希望。2005年,县总开展“弘扬劳模精神、建设和谐如东”宣传月活动,在《南通工人》、《如东日报》、如东电视台等新闻媒体,集中宣传10名创新型、技能型劳模事迹。5月1日县总还举办“‘五一’劳动者之夜”激情互动大型文艺晚会,邀请20多位全国、省、市劳模,佩戴奖章红花参加晚会。晚会以弘扬劳模精神为主题,激励全社会形成学赶先进风气。演出丰富多彩的文娱节目。同年县总组队参加南通市首届劳模乒乓球比赛,县劳模代表队获得亚军,县总获优秀组织奖。2007年县总、县劳模协会召开全县“劳模促发展、建新功暨庆祝‘五一’”座谈会,10多位劳模提出建功立业目标与规划,县总领导介绍劳模管理工作,县委领导到会讲话,与会劳模们发出《给全县劳动者的倡议书》。

2010年,县总历时2个月,拍摄制作《厚德笃行耀江海——如东劳模风采录》专题片,在县电视台多次播出。4月县总宣传全国劳模薛济萍先进事迹,由县委、县政府召开“庆祝五一国际劳动节暨劳模事迹报告会”,听取薛济萍关于团结职工开拓创新、创办现代化大型企业集团的报告。会上,县委发出《在全县开展向薛济萍等劳动模范学习的通知》。2014年“五一”前夕,县总组织新闻媒体,深度采访和报道全县各条战线上有标杆意义的8位劳模事迹,进一步弘扬劳模精神与风采。

(二)开展劳模管理

县总和各级工会十分重视劳模管理工作,建立健全各项管理制度,关心劳模的思想、学习、工作和生活,努力为劳模服务。

县总自1956年起,先后分批组织劳模、先进生产(工作)者到太湖、汤山、潭山、芦泾港等风景区疗养院休养。县教育工会与行政多次联合举办教工暑期疗养,让有突出贡献的优秀教师得到短期休养。1956年,县总整理模范人物先进事迹并建立卡片登记制度。

1980年,县总根据省总要求,对1950—1966年6月间荣获省以上劳模、先进生产(工作)者称号人员进行普查登记。经核实,全国劳模、先进生产(工作)者5名,省劳模、先进生产(工作)者22名,部劳模、先进生产(工作)者10名,共37人。1981年1月15日召开老劳模荣誉纪念证颁发会议,由县政府代表省政府颁发荣誉纪念证。1981年,县总进一步健全劳模、先进人物建卡立档制度,由专人负责管理。1983年后,县总组织市以上劳模,到指定医院进行全面体检,并建立档案。凡查出疾病人员,及时与单位联系并落实治疗措施,保护劳模身体健康。同时,县总经常关心、了解劳模生活状况。对在职劳模,逐步解决他们兼职多、加班多、住房紧等具体问题。对离退休劳模,及时帮助解决学习、生活、住房等具体问题。根据有关规定,对获得市以上劳模称号的职工,退休时落实提高工资待遇。农业劳模达规定年龄,发放生活补贴,让他们更好地安度晚年。每逢春节等重大节日,组织各级工会对劳模慰问,送去党和政府的关怀与温暖。

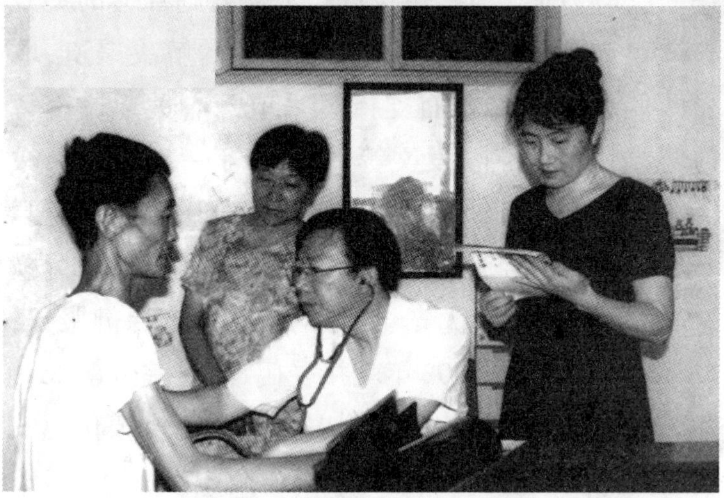

1983年,县中医院、县总为全县劳模提供特约医疗服务（县技协提供）

1996年,县总召开30多家单位工会主席会议,汇报交流劳模管理工作。同年,县总为全县7名劳模及其

省、市总领导到如东慰问全国劳模缪德龙　（县技协提供）

配偶、子女办理户口农转非手续。1998年,县总召开全县大中型企业工会主席会议,对劳模工作开展研讨。1999年,县总召开全县劳模调查工作会议,组织各主管部门及所属单位,对全县历届劳模状况进行全面、深入调查,内容涉及基本信息、在岗情况、工资住房、家庭负担、疾病治疗、发挥作用、困难与要求、建议要求等30多个栏目。收集后县总起草调查报告上报市总和县政府,供领导制定政策作参考。同年,县总根据市总《关于开办劳动模范补充养老保险的通知》,组织各主管部门和单位,为一批市级以上劳模办理补充养老保险。2000年3月,县总生产保护部被市总授予"劳模管理工作优秀组织奖"。

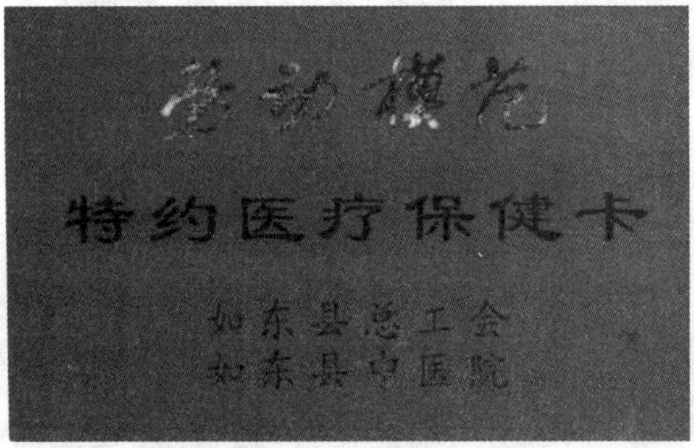

2000年发放给劳模的"特约医疗保健卡"
(县技协提供)

2000年来,随着企事业经营机制改革,劳模队伍状况变化很大,劳模在生活、医疗等方面产生一些困难,亟需得到社会的关爱与帮助。对此,县总探索新的解决渠道,取得社会多方面支持。采取与有关单位签订协议或联合发文等形式,开辟一系列为劳模服务项目,解决劳模困难。县中医院向全县400多名劳模发放特约医疗保健卡,为劳模提供优质、优先、优惠的特约医疗保健服务,仅2000—2003年就接受门诊、住院劳模2500多人(次)。县职工医保中心每年为劳模个人账户增拨基金200元,县电信局为劳模优惠安装住宅电话,县汽车总站为劳模外出参观免费提供车辆。

2002年,县总开展劳模管理业务培训。县总以劳模生活状况为重点,开展劳模调查,对401名市以上劳模进行调查登记并对省以上劳模问卷调查。在此基础上,分健在、逝世、调出、查无下落、受处理五方面,分类编制成册报市。同时,对低收入市级以上劳模,开展专项生活调查登记。通过调查和日常接访等渠道,了解下岗、失业劳模情况,为一批下岗困难劳模协调解决生活、工作、医疗等方面困难,帮助走出困境。

2003年,县总分别于年初和四季度,对9名全国劳模、208名省部级劳模和189名市级劳模进行调查,重点调查生活困难劳模,掌握大量动态性情况,帮助解决问题并健全劳模档案。2003年,县总邀请县中医院专家,为一批身患癌症劳模,上门会诊检查并送上慰问金,受到劳模、家属及单位欢迎。同年县总向市以上职工劳模每人赠阅一份《江苏工人报》。2004年,县总完成劳模档案微机输入工作,安装劳模管理软件系统,实行劳模信息微机管理。同时,对全县历届劳模逐个核查,增补各类信息,使劳模资料进一步完备。此外,对全县1980年和1983年表彰的省农业劳模,调查建档列入档案。

2005年7月,县总隆重召开县劳模协会成立大会,蔡瑞平任会长。通过县总拨款、筹集

2005年7月，县劳模协会成立　　　（县总办提供）

会费等方式，建立劳模协会基金。12月，县总在县政府支持下，与各相关部门协调，为全县51名省以上企业离退休劳模落实荣誉津贴待遇。同年，由市总牵头，县总与南通民生房地产公司联手帮扶困难劳模。经实地调查和协商，该公司为8名劳模提供长期扶助：为3名困难劳模发放子女上大学生活费，每月提供360元直至毕业，考取研究生继续资助；为5名困难劳模提供每年2000元家庭扶持费，以上两项合计年资助2.30万元。此外，通过县总和掘港镇工会等单位牵线搭桥，杨广胜、沙晓林、曹彩红、张恒山、刘振声、王洪生、王建泉、石兆元等一批劳模，以经济救助、就业帮扶、创业指导、捐资助学等形式，与困难劳模开展“手牵手”“一帮一”结对帮扶，受到社会好评。

2006年，县总按照市政府办公室《关于改善市区企业离退休劳动模范和老年农业劳动模范待遇的通知》，通过协调，落实31名企业市级离退休劳模荣誉津贴，委托劳动部门随工资发放；落实27名老年农业劳模生活补贴，由县总办卡发放到相关劳模；组织调查企业省以上劳模状况，会同县医保办测算形成方案，在县长常务会议上，落实34名企业省以上劳模医保待遇。当年，县总负责人还与县领导一起，慰问一批生病困难劳模、全国劳模遗孀和南通民生房产公司帮扶的劳模及上大学子女。2006年后，县总连续4年组织全县市以上劳模，填写“劳模状况调查表”，进一步充实完善劳模档案。2007年，在南通市劳模“创新业、立新功五大行动”推进暨劳模协会理事会上，县总作《实施劳模五大行动、建功立业争作奉献》发言。2009年，县总组织部分劳模赴东北疗休养活动。

2010年后，县总注重劳模管理基础建设，不断加强和完善全县劳模信息库、劳模管理服务平台、劳模后备人才库建设，进一步形成融培养、选树、评选、服务为一体的劳模工作机制。2010年，根据苏政办发[2009]14号文件和通政办发[2010]11号文件，经县总、县政府第7次联席会议讨论通过，与县财政局、县人社局联合发文，提高劳模相关待遇，分别落实市劳模春节慰问制度、省部级以上劳模低收入者困难补助制度、困难劳模帮扶制度和劳模就业保障制度。2011年，在县政府和相关部门支持下，发放市级劳模春节慰问费10万元、省部级以上劳模低收入者生活困难补助费和农业劳模定额补助费5.12万元、老年农业劳模生活补贴费2.96万元、劳模医疗补助费9.48万元。2013年，县总组织部分全国劳模、全国五一劳动奖章获得者赴厦门疗休养活动，同时组织全国劳模赴南通市第三人民医院健康体检。2014年，县总对劳模生活状况开展调查，进一步充实和完善劳模档案。同时组织全国劳模、全国五一劳动奖章获得者和省、市劳模，赴青岛、桂林、南京、泰州等地疗养，促进劳模之间交流合作。

(三)发挥劳模作用

各级工会在劳模培养、评选、管理过程中，重视劳模的成长与教育。一方面充分发挥他们的模范带头作用，调动积极性与创造热情，另一方面通过各种活动，引导他们戒骄戒躁，珍惜荣誉，再立新功。

20世纪50年代，粮油加工行业推行山东李川江榨油先进操作法，大幅度提高出油率。掘港油米厂陆金和、岔河油米厂吴凤池两位省劳模带头开展技术革新，取得产量多、出率高、消耗低的喜人成绩。60年代，如东盐场省劳模张士明向淮北盐场杨再柏取经回来，带领职工自力更生，艰苦奋斗，建成南通地区一流水平的盐滩，连续18年夺得原盐优质高产，1978年又被评为省劳动英雄。70年代，工交财贸系统广大职工立足岗位，开展“工业学大庆”运动，涌现出杨国奎、钱炳元、潘长林、李恒德、朱剑钊、崔宝林等一线职工劳模，他们在生产技术岗位上，发挥特别能吃苦、特别能战斗的“铁人精神”和导向作用。

20世纪80年代，全县开展“为四化立功”活动，栟茶国营商业公司五金批发部主任徐康，创新经营理念，总结“六要”[①]经营诀窍，1988年各项指标在南通地区五交化批发部中名列前茅，商业部授予“商业部劳动模范”称号。县生物化学总厂厂长石瑞祥，肩负国家科委重托，组织一批生物专家开展科学研究和技术攻关，成功取得“利用味精废液制单细胞蛋白”成果，成为全国第一个完成的“星火计划”项目，被国务院授予“全国劳动模范”称号。如东县中学校长吴光焘、县人民医院妇产科医师江静、河口信用社营业员吴玉根、马塘旅社服务员赵建秋、丰利工商所所长徐新林、县农业局农艺师陈宗源等文卫系统和服务行业先进人物忠于职守、兢兢业业，在平凡的教学、医疗和服务岗位上做出不平凡业绩。

20世纪90年代，县缫丝厂女工韩桂银带领工人苦练立缫技艺，传授绝招绝活，培养一批操作能手，同时创造一系列优质高产纪录。县化工厂分析工陈美兰、县制鞋总厂包装工石淑玉、栟茶邮电所邮递员缪四贵、江苏南黄海实业总公司工程师吴建华、石甸派出所所长张秀清、县畜牧兽医站兽医师张国梅等一批先进人物，刻苦钻研业务，在推进社会经济发展中做出奉献。

---

①“六要”:思想要解放、渠道要拓宽、购销要加强、品种要齐全、服务要热情、上门要经常。

2000年后，全县经济社会建设中，涌现出一批自觉投身创新争先潮流的先进人物，有潜心科研的江苏黄海汽配公司车间主任王伟兵，有忠诚党的教育事业的江苏栟茶高级中学校长姚止平，有一心为用户提供优质服务的县工行营业员姚红，有为洋口港开发做出突出贡献的管委会副主任袁新安等等，他们为推进如东全面建设小康社会进程，发挥重要作用。

2001年12月，县总开办劳模计算机技能培训班并考试发证
（县总办提供）

2001年，县总组织一批中青年劳模，专门开办为期一周的劳模计算机技术培训班，经考试全部合格发放结业证书。2005年，县总会同县新华书店为全县402名市级以上劳模和“五一”奖章获得者，办理全省通用的“江苏新华书缘读者俱乐部会员卡”，凭卡可享受购书优惠及参加各种活动。2006年，县总在全县开展“劳模十一五创新业、立新功五大行动”，发挥劳模思想素质高、作风过硬、技艺精湛、感召力强等优势，组织劳模中的工程技术人员和一线技工，为企业和社会解决技术开发、增收挖潜难题。全年劳模实现岗位创新14项、发明创造6项、技术攻关22项、创新成果24项、合理化建议118项。全国劳模、江苏通用机械有限公司镗工卞俊泉，干一行钻一行，在攻关创新中，先后取得回转式镗孔工艺、滚子补芯、深孔镗加工磨刀等一系列技术成果，3年工时完成率达到317%，被誉为“始终走在前面的创新标兵”。江苏省五一劳动奖章获得者、江苏快达农化有限公司工程师郭维达，坚持创新设计、攻关开发，绿麦隆产品累计实现销售6.50亿元，出口创汇3500万美元。县总组织劳模参加各类技能大赛，及时帮助劳模总结先进操作法并对口技术表演。2006年全县劳模总结推广先进操作法20项、参加各类技术比武66人次、观摩劳模技术表演职工4000人(次)。省劳模、南通世纪天虹有限公司丛建梅针对传统的粗纱机前接头法，经过无数遍摸索与实践，将右手穿锭帽左手接头工艺，改为右手直接捻头，减少左右手换手操作时间，速率由原来175秒/10只，提高到120秒/10只，效益明显提升，按18台粗纱机计算，年增产值36万元。

县总积极组织劳模与技术工人结对，开展“一帮一、一对红”“名师带徒”等活动，推动广大职工钻研技术、拜师成才形成风尚，2006年，全县劳模名师带徒40对，不少具有创新价值的绝招绝活得到传授与推广。市劳模、江苏快达农化股份有限公司工程师徐跃，认真制定与徒弟、工艺员姚军结对培养目标，在精心培育下，姚军进步很快，刻苦钻研，大胆创新光尾气破坏吸收工艺，改混合吸收为分级吸收，不仅吸收率由98%提高到99.5%，而且有效减少光尾气外排，达到安全、环保双赢效果。县总大力推行激励机制，对劳模富有价值的技术创新项目，帮助推荐申报科技成果。2006年，如东推荐报市参评的26项职工“金点子”和创新成果中，有7项是劳模主持或参与项目。经评选，其中1项获南通市“十佳创新成果”，2项获南通市“优秀创新成果”。同年县总两次召开专题会议，辅导32名市以上劳模和五一奖章获得者，总结技术创新成果，经上报审批，32人全部直接破格申报职业资格，获得技师或高级技师证书。

2007年，县总《组织劳模“五大行动”，创业奉献再立新功》材料，在南通市“劳模五大行动”推进大会上发言介绍。2008年，县总推荐一批市级以上劳模参加各级职工创新成果评审，全县有12名劳模的成果项目获省、市、县“优秀创新成果”和“先进操作法”。2009年，县总在全县发动创建“劳模创新工作室”活动，9月县总组织一批企业工会主席去如皋市供电公司等单位观摩学习。2010年，县总在全县劳模集中的企业，培育和选树10个“劳模创新工作室”，有22名劳模成果获省、市“优秀创新成果”和“先进操作法”。2011年，县总发动新当选的10名省级劳模和29名市级劳模，以书面形式，为如东经济发展及和谐社会建设建言献策，提出一批高质量的合理化建议。

第七章　劳动保护

20世纪50年代开始，根据全总《工会基层组织劳动保护委员会组织通则》，县总设置劳动保护部，同时在工业、海员、食品、店员、教育、交通、粮食、供销等行业，建立劳动保护工作委员会。针对行业和企业实际，各级工会坚持开展三级（厂、车间、班组）安全生产教育，组织安全生产大检查，纠正个别企业随意加班加点和只抓增产节约忽视职工安全等做法，督促企业贯彻国家劳动保护政策法规。“文化大革命”期间，劳动保护工作受到影响。

1977年，在全国安全生产大检查推动下，全县劳动保护工作得到恢复，特别是1978年《中共中央关于认真做好劳动保护工作的通知》下发后，县总会同县经委、县劳动局，加强全县劳动保护监督检查，安全管理深入到班组。1985年后，县总落实全总关于工会劳动保护监督检查“三个条例”，全县各级工会建立健全劳动保护组织，大力推行职代会审查安全、创“安全合格班组”“安全生产月”等活动，劳动保护工作不断规范化。

20世纪以来，县总结合争创“省工会工作十强县”“省工会工作模范县”等活动，指导基层开展“安康杯竞赛”、创“劳动保护合格、示范工会”、职工安全电视培训、签订“劳动保护专项协议”、建立“有毒有害化学物质信息卡”、“事故隐患职业危害监控法”等措施，对提高职工自身防护能力、改善职工作业条件、保障职工安全权益发挥重要作用。2006年县总获评“全国职工安全生产知识电视培训优秀组织单位”。

2009年以来，全县基层工会劳动保护工作进一步加强。县总合同安监部门，为企业和职工提供劳动保护咨询服务，开展工会劳动保护监督检查员片区服务站试点并在全市推广。2014年县总与安监、卫生等部门合作，推广“1+3”安全监控体系、化工等6大行业职业危害专项整治等工作，保障职工劳动安全卫生权益。

第一节 劳动保护组织

1951年,按照全总颁布《工会基层组织劳动保护委员会组织通则》,全县海员、食品、店员、手工业、教育等行业和系统共建劳动保护工作委员会21个。县港口海员工会劳保委员陈昌年、焦春龙,专职管理海员捕捞安全工作。县教育工会兼职劳保委员黄元祥、郭人和监督行政制订切实可行的安全措施计划,不断改善教学环境,及时解决校舍安全、卫生设施等问题。1952年,县总设劳动保护部,邬海涛任部长。同年,建有3个基层工会以上的城镇,相继建立劳动保护工作机构,全县配备劳动保护专兼职委员、干事53人。1956年,为贯彻全总七届执委会第四次全体会议"关于加强产业工会工作"决议精神,县总分工一位副主席负责劳动保护工作。同年,商业、粮食及农产品采购、供销合作社、教育四个产业工会均建立健全劳动保护工作机构。"文化大革命"期间,劳动保护工作受到削弱。

1976年5月,县供电局成立后,局行政与工会把安全工作放在重要位置上,建立安全生产领导小组,由主管生产局长任组长,生技股、用电股、线路工区、变电工区、调度室等部门负责人为成员。各生产班组和股室都设有兼职安全员共35人,由此形成电力系统安全网络。

1978年10月,《中共中央关于认真做好劳动保护工作的通知》下发后,县总召开安全工作会议,加强安全工作机构。1979年全总"九大"以来,特别是1980年全总第三次劳动保护工作会议以来,随着企业整顿不断深入,全县工会逐步健全劳动保护组织机构。全县8个系统、106个全民和集体所有制企业配备专、兼职安全技术员120人,同时在生产班组设立劳动保护检查员。1985年,县经委、县劳动局、县总、县乡镇企业管理局联合行文,要求全县各乡镇企业认真贯彻落实国务院[1983]85号、县政府[1984]103号文件精神,牢固树立"安全第一、预防为主"思想,坚持"管生产的必须管好安全"原则,并规定年工业产值超过100万元的乡镇,必须配备专职或兼职安技员;100人以上乡镇企业必须配备专职安技员。同时要求严格执行"三级安全教育制度",重要岗位、特殊工种的职工,必须经过培训和考核方可上岗操作。

1985年,全总颁布工会劳动保护监督检查工作"三个条例"①,县总把贯彻重点放在劳动

①"三个条例":《基层工会劳动保护监督检查委员会工作条例》《工会劳动保护监督检查员工作条例》和《工会小组劳动保护检查员工作条例》。

1989年11月,市、县总组织工会劳动保护监督检查员发证培训班 (县技协提供)

保护组织建设上:300名职工以上基层工会和500名职工以上车间工会建立工会劳动保护监督检查委员会;300名职工以下基层工会和500名职工以下车间工会配备劳动保护监督检查委员。当年,全县各基层、车间建立工会劳动保护监督检查委员会116个,配备工会小组劳动保护检查员982人、举办劳动保护专业培训班135期、培训人员4993人、开展劳动保护技术交流活动76次。1989年,县生物化学总厂切实贯彻执行党和国家劳动保护政策法规,连续8年实现“无违章、无违纪、无责任事故”目标。安全管理坚持组织落实,从总厂到各个部门和分厂,都建立“纵向到底,横向到边”安全生产网络,实行目标管理。工会分工专人对劳动保护监督检查,行政定期向职代会汇报,并确定每月24日为安全活动日。

1989年,县总牵头会同县经委、劳动局及企业主管部门,在全县开展创建“安全合格班组”活动。12月11日,县总、县经委等部门在县化肥厂召开如东县创建“安全合格班组”工作会议。县各工业主管部门、市总及6县工会干部参加会议,副县长明玉成和市总生产保护部部长汤广伦到会提出要求,

1989年12月,县总、县经委召开全县创建“安全合格班组”工作会议 (县总办提供)

县化肥厂碳化车间等4个班组被命名为“安全合格班组”。同年,县基建局第五建筑工程公司五处503施工组,第二建筑工程公司五处一队一组被市总表彰为“安全合格班组”和“安全先进班组”。1990年底,全县企业30%的班组经过检查考核,进入“安全合格班组”行列,市安委会召开的表彰交流大会上,县纺织厂等一批企业被授予“安全合格班组活动先进集体”称号。1991年,继续深化全民、集体企业安全生产同时,重点抓乡镇企业“安全合格班组”试点推广。

1992年,县总在全县8个镇、系统,建立工会劳动保护监督检查站。1997年,全县126家企业建立工会劳动保护监督检查委员会,配备市以上任命的工会劳动保护监督检查员160人,配备车间劳动保护监督检查委员152人、工会小组劳动保护检查员1137人。1997年,选树一批工会劳动保护工作典型,提高全县工会劳动保护工作水平。县化工厂、南通缸套厂、县黄油枪厂、县棉花良种厂、岔河油米厂等一批企业工会,组织健全,作风扎实,劳动保护意识强,监督措施得力,切实发挥群众监督作用。县总十二届七次全委扩大会上,对一批工会劳动保护先进集体和优秀监督检查员进行表彰。1997年,在全县工交企业中继续推行创“安全合格班组”和创“优秀安全班组”活动。至1997年底,全县有70%的班组建成“安全合格班组”,10%的班组建成“优秀安全班组”。1998年,全县创建安全合格班组1540个。2000年,全县建立工会劳动保护监督检查委员会207个,县总生产保护部获市总“工会劳动保护组织建设优秀管理奖”。

2002年,县总将全总新颁发的工会劳动保护监督检查“三个条例”和《南通市工会劳动保护工作暂行办法》,及时印发给各镇(行业)工会和重点企事业工会,要求各级工会认真组织落实。2002年县总贯彻市总、市建设局《关于加强建筑施工现场群众安全的通知》,会同县建设局、县建工局联合下发文件,对全县建筑施工企业提出要求,规定生产大检查中,必须对建筑企业现场群众安全监督同步检查,确保工会监督检查落到实处。南通新源建设工程公司、南通金诚建设工程公司、如东交通建设工程公司等企业,对各工地和项目经理部,均按照建筑企业“两个跟着走”①要求和“文明工地”标准,严格现场安全管理考核,并根据实绩评奖,调动广大干部职工积极性。

2003年,县总结合争创“省百强示范乡镇工会”活动,到各镇和基层工会,指导督促劳动保护组织体系建设,制定工作制度,开展安全培训,落实各项举措。至11月止,全县建立工会劳动保护监督检查委员会247个、配备工会小组劳动保护检查员1319人。2005年,全县建立工会劳动保护监督检查委员会610个、工会小组劳动保护检查员2940人,全县设有工会劳动保护监督检查总站1个,镇(系统)工会劳动保护监督检查站17个。同年县总推行创

①“两个跟着走”:工会组建跟着项目走、劳动保护跟着工程走。

建“企业劳动保护工作合格、示范工会”活动并列入“创全省工会工作模范县”考核标准。2006年，经过企业工会创建、企业自查、县镇工会考评、县总确认4个环节，县总发文确认172家企业工会为“劳动保护合格工会”。

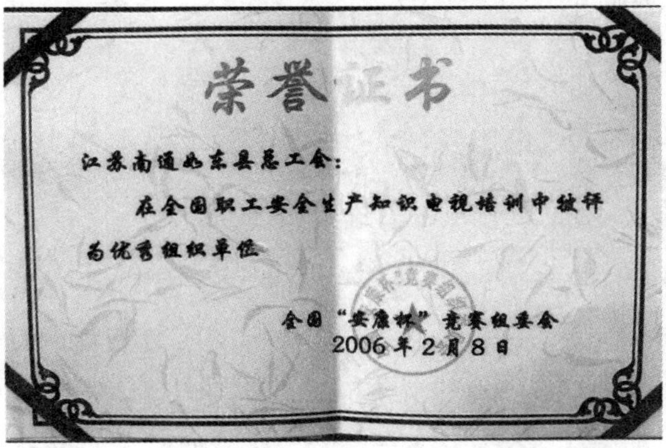

（县技协提供）

2006年，县总实行激励机制，发挥推进作用。一是每年初与各镇(系统)工会签订责任状，把劳动保护列入各镇(系统)工会年度工作考核目标；二是积极推荐企业申报省、市安全工作先进单位；三是将劳动保护纳入“创全省工会工作模范县”考核内容；四是健全和调整全县工会劳动保护监督检查组织，县设工会劳动保护监督检查总站、17个镇(区)设工会劳动保护监督检查站。同时修订下发5项劳动保护监督检查工作制度。当年，县总获“全国职工安全生产知识电视培训优秀组织单位”表彰，一批先进集体和先进个人获市表彰。

2007年，继续组织创建“劳动保护示范合格工会”、建筑企业“两个跟着走”等系列活动。经考评，全县有240家企业工会确认为“劳动保护合格工会”。与此同时，县供电公司工会、县通用机械有限公司工会通过市总检查验收，确认为“劳动保护示范工会”。县总连续5年被县人民政府表彰为“安全生产工作先进单位”。2009年，全县考核确认新的企业劳动保护合格工会134家，报市总考核验收的示范工会达到6家，由此如东企业工会劳动保护工作在规范化、制度化方面迈上一个新台阶。2010年，县总深入企业指导“安全合格班组”活动，全县申报三星级“安全合格班组”105个，并通过市考核验收。2012年，县总与县安监局合作，继续开展“安全合格班组”创建和推广“1+3”安全监控体系，全县有72个班组被南通市评为“三星级安全合格班组”。2013年，县总创新举措，开展工会劳动保护监督检查员片区服务站试点工作。通过充分酝酿、沟通协商，如东沿海经济开发区化工园建立“工会劳动保护监督检查员片区服务站”。12月，市总工会在如东召开现场推进会。2014年，县总与安监部门合作，继续创建“安全合格班组”，推广“1＋3”安全监控体系，共同推进企业安全标准化建设。

（县技协提供）

第二节 安全教育与培训

1952年,县总劳动保护部工作人员深入工厂检查劳动保护工作,开展安全宣传教育,对少数企业以增加工时来提高产量、以片面节约成本而忽视职工安全等错误做法,一一指出并予以纠正,促使企业关心职工作业条件改善,重视劳动保护工作。1956年在全县工厂企业广泛推行安全技术"三级教育"制度,宣传国务院颁布的"三大规程"①。1958年,全县掀起"大跃进"浪潮,各企业生产安全管理受到影响。20世纪60年代初,全县工业生产调整,秩序逐步恢复。经整顿,全县安全生产工作得到加强。1962年第三季度,县总配合交通局组织6个电影队,对广大职工进行交通安全宣传,共放映76场,受教育职工7.60万人(次)。编印《安全资料》4期,并以歌谣、问答、对话等形式广泛宣传。同年县供电局供电工区印发了《触电急救法》小册子,向广大用户普及安全用电知识。"文化大革命"期间,劳动保护、安全生产工作受到削弱。1977年1月,在国家计委组织的全国安全生产大检查推动下,全县各工厂企业安全生产工作得到恢复。

1979年,在县总发动下,全县工厂企业进一步加强劳动保护法规宣传,重申国务院1956年发布的"三大规程"及有关条例。栟茶轧花厂行政和工会对安全生产常抓不懈,做到组织健全、制度落实。马塘轧花厂工会在厂内醒目位置布置"严禁火种、安全第一""集中精力,按章操作"等大幅标语,并利用宣传阵地,普及安全知识,评论好人好事。新光轧花厂建立安全、消防、保卫"三位一体"领导小组,由厂领导班子成员胡甲元专职负责,同时常设专兼职消防员4人,专职保卫员6人。

1980年,经国务院批准,国家经委、劳动总局、全总等10部门决定,5月在全国开展"安全月"活动。同年县成立"安全月"活动领导小组。此后每年开展"安全月"活动,活动一般分为宣传发动、组织检查、总结评比3个阶段,时间从4月下旬开始,至7月上旬结束。自1981年开始,县总采取分期分批方式,培训基层劳动保护干部及车间、班组劳动保护检查员,提高他们的管理水平。委托县职工学校与有关部门联合办班,培训安技人员。1981年,为配合"安全月"活动宣传,县总、县劳动局订购295套安全生产宣传画,分发到工业、交通、基建、供电等系统,张贴在生产作业场所。

①"三大规程":《工厂安全卫生规程》《建筑安装工程安全技术规程》《工人职员伤亡事故报告规程》。

1982年，在县“安全月”活动领导组发动下，全县各主管部门及企业先后召开干部职工大会，宣传“安全月”活动意义，着力把活动落实到基层。许多基层工会会同行政，采用黑板报、广播、标语、简报进行宣传，激励广大职工投入“安全月”活动。1984年11月，国务院决定成立常设的安全生产委员会，县安全生产委员会由县经委、劳动局和县总等部门组成。

1985年，全总颁发工会劳动保护监督检查“三个条例”，县总要求各级工会运用宣传工具，宣传党的安全生产方针和“三个条例”精神。1987年6月，县化工厂工会举办安全环保知识竞赛，全厂750名职工参加学习、考试，接着举行现场竞赛，厂安全质量办公室代表队荣获集体第一名，职工李松亭获个人第一名。1988年4月，县安全生产委员会组织全县夏秋季安全生产百日竞赛，要求坚持“三全五保”[①]原则。9月，县总组织全县各级工会开展“安全在我心中”演讲比赛，促使广大职工进一步加强安全生产意识。10月15日，县总在县工人文化宫举行“安全在我心中”演讲比赛。同年，各级工会开展“一遵、二反、三落实”[②]的群众性安全生产活动。县总组织人员到全县各大集镇和有关工厂企业，巡回播放安全生产录像。县生物化学总厂制定《劳动保护规定》，各车间、岗位建立健全安全操作规程，并张贴上墙，人人皆知。

1988年，县总工会在县工人文化宫举办全县“安全在我心中”演讲比赛
县总办提供

1989年11月，市、县总联合举办“工会劳动保护监督检查员发证培训班”，全县65名工会劳动保护干部参加为期8天培训，经考试，平均成绩91分。1991年3月，县总在全县发动职工，开展劳动保护摄影和漫画征集活动，经层层推荐选拔，征集222幅作品并评比表彰。同时，县总在县工人文化宫举办安全摄影和漫画展览，市县领导参观展览，县各主管部门和企业领导带领职工们前来参观，接受教育。接着又在全县设点巡回，据不完全统计，

①“三全五保”：安全生产实行“全员管理、全面管理、全过程管理”和“个人保班组、班组保车间、车间保单位、单位保系统、系统保全县”。

②“一遵、二反、三落实”：遵章守纪；反对违章指挥、反对违章作业；安全责任、安全措施和安全组织三落实。

参观职工达6000人(次)。

1996年11月,市、县总联合举行工会劳动保护监督检查员培训班,72名工会干部参加,市总派出劳动保护干部授课,经考试合格,由市总任命发证。1997年,县总会同县计经委、县劳动局在全县开展“安全生产月”和“安全生产周”活动,县总和县工人文化宫组织放映安全生产电影14场(次),影片内容涉及消防安全、建筑安全、机电设备安全等知识,观看职工11000人(次)。1998年,全总、国家经贸委总结内蒙古开展“安康杯”竞赛经验,决定在全国范围内推行“安康杯”竞赛活动,县总会同县计经委、劳动局组织企业参赛。

2000年,县总专门组织20家重点企业,召开“安康杯”竞赛汇报交流会。江苏黄海汽配股份有限公司通过培训竞赛活动骨干、组织“安全在我心中”演讲、自我防护知识比赛、冲剪压工专题安全教育、义务消防员灭火演练等系列活动,有效提升职工安全素质。县供电公司创新安全管理模式,变“查不到违章就发奖”为“查不到违章就扣奖”,应用逆向思维法考核班组安全。同年5月,县总会同县计经委、县劳动局等部门,举办全县“普及安全知识、迎接新的世纪”演讲比赛,来自6镇、2区、19个系统的28名选手参赛,120多人听取现场演讲,比赛录像片在全县企业和电视台放映。据不完全统计,2000年全县共有1.96万名职工参加安全生产学习活动、5729人提出4708条安全生产合理化建议、4157人查出事故隐患或违章行为3920起、4714人写安全生产体会材料、5933人做预防事故实事、8500人观看安全生产录像片、9873人接受安全生产培训、9588人回忆事故教训、6929人当“一日安全检查员”、6960人参与安全生产签名。2000年,县总被市安委会授予“‘安康杯’竞赛先进单位”称号。2001年,县总为县安委会编写100道安全生产知识试题,协助举办全县乡(镇)、局负责人安全知识考试、现场有奖竞赛安全生产专场文艺演出。

(县技协提供)

2004年,在全市“警钟常鸣、远离事故”安全宣传周中,县总组织全县20家化工企业工会,发动职工开

2004年,县职工代表队参加南通市“安全在我心中”曲艺小品大赛表演现场　　(县技协提供)

展“送安全进班组(岗位)”活动(“宣传氛围进班组、普及安全知识进班组、安全督查进班组、整改措施进班组”),活动由县总组织协调并开展抽查。同年,县总会同县供电公司,组队排练曲艺节目“心中永远有杆旗”,赴市参加“安全在我心中”文艺比赛,获表演二等奖和优秀组织奖。2005年,县总组队参加市总、市安监局举办的“安全在我心中”知识竞赛,获优秀组织奖。

2006年,县总会同县安监局,在连续6年组织参加全国职工安全培训基础上,更大规模地展开职工安全知识电视培训,全县培训职工3.22万人,超额完成市下达指标。县总起草3套安全电视培训考卷,下发各镇(区)考试。县总、县安监局联合表彰“安康杯”竞赛和职工安全电视培训先进单位10个。同年,全县获省、市“安康杯竞赛先进集体”9个,县总获市“安康杯竞赛优秀组织单位”。县总组织企业和职工参加南通市“一封安全家书”活动,县总和一批作品获市总表彰。

南通市五建三公司上海强生花苑工地职工参加“安康杯”竞赛签名活动　(县技协提供)

2007年,县总开展关爱职工(农民工)安全与健康特别行动。7月,县总专门发出通知,并在如东报上发出《致全县企业家的一封信》。县总发动全县各镇(系统)和基层工会,检查防暑降温措施和经费落实情况,开展“送安全、送知识、送法律、送清凉”的“四送”活动。据统计,活动中各级工会开展劳动保护监督检查625次、督促企业整改事故隐患1039件、筹集防暑降温资金283.58万元、走访企业和工地547个、慰问农民工7973人次、发放安全文化用品5.34万件、组织征集职工“安全在我心中”漫画317幅。县总机关人员深入生产车间、班组、岗位,慰问高温作业企业8家、一线职工800人、发放安全漫画册1000本和一批慰问品。同年,县总发动全县各镇(系统)和基层工会,组织“安全在我心中”漫画征集与评选活动,在层层选拔的基础上,县总推荐46幅安全漫画报市参评,如东一批作品获

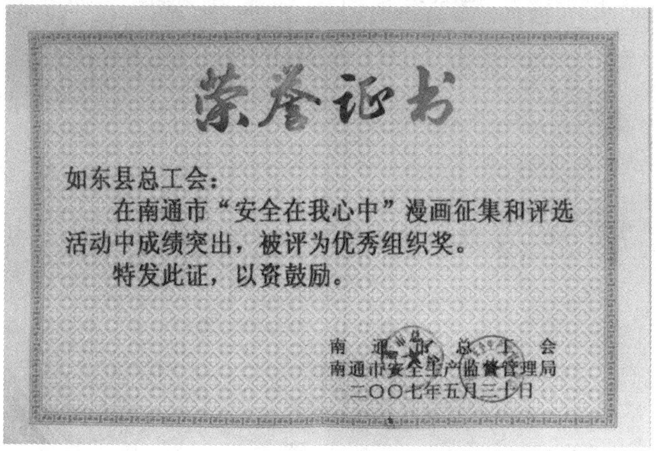

荣誉证书

如东县总工会:

在南通市“安全在我心中”漫画征集和评选活动中成绩突出,被评为优秀组织奖。

特发此证,以资鼓励。

南通市总工会
南通市安全生产监督管理局
二〇〇七年五月三十日

(县技协提供)

得优秀奖。同年5月,县总获市政府"职工安全知识电视培训工作先进集体"称号。

2008年,县总会同县安监局组织1.5万名职工,参加安全生产电视培训活动,在全县开展关爱职工安全健康特别行动,举办"安康文化论坛"、安全警句征集、"我为岗位隐患治理献一计"等活动。征集安全生产论文44篇、安全警句750条,经评审表彰一批"征文优秀奖""警句优秀奖"和"优秀组织者"。该年县总先后获市安全培训、警句征集和安康论坛等活动优秀组织奖。2009年,市、县总联合举办工会劳动保护监督检查员培训班,参加学习120多人,经考试全部合格,由市总任命发证。县总会同县安监局组织4.60万名职工参加安全电视培训,提前1年完成市政府下达如东5年培训15万职工任务。同时组队参加南通市事故隐患排查治理技能竞赛、组织编制"职工安全生产权利义务卡"、征集安全格言631条、与有关部门联合举办7场专题安全演出,观众8000人次。

2010年,全县建工、化工、轻工、机械、电力、建材、纺织、交通、电信、石油、水利、商贸等17个行业、413家企业、6.44万名职工参加"安康杯"竞赛,参赛企业和人数分别比上年增长10.72%和19.29%。2010-2012年,县总会同县安监局,为企业和广大职工提供劳动保护咨询服务,并与南通现代远 程培训中心合作,安装远程培训接受终端583个,覆盖职工11.40万人次。组织第二轮职工安全生产知识在线培训11.20万人次。2013年,全县被授予全国、省、市"安康杯"竞赛优胜企业4个、省"安康杯"竞赛优秀班组1个、市"安康杯"竞赛示范企业1个、"安康企业家"1人。2014年,县总与相关部门联系开展"安全生产月"系列活动,在县总五一广场举办安全生产知识和安全生产法规咨询宣传活动。同时在现场组织消防安全技能演示、电子屏幕安全宣传等活动,营造浓烈的安全文化氛围。

第三节　劳动保护监督检查

一、劳动保护与安全生产检查

1956年,掘港新光电厂因安全制度不健全,发电设备陈旧,全年发生事故9起。1957年,该厂开展百日无事故竞赛,外线工人主动检查线路缺陷,及时调换8只破裂瓷瓶。发电车间工人认真检查设备,及时处理发电机隐患,调换机件,全年发生设备故障4次。1959年,各企业重视职工安全操作教育,改进安全设施。县交通局木船保修厂各车间都订立安全公约,建立检查小组,同时在外场工地备有吊重10吨以上大葫芦、钢丝绳、铅丝缆等安全设施,纠正盲目蛮干、拼体力、拼设备、不按客观规律办事等做法。同时在仓库与车间要道设置太平缸，防止火灾。

1961年，县建筑公司行政、工会将国务院《建筑安装工程安全技术规程》和《工人职员伤亡事故报告规程》，分层贯彻落实到工程队、施工组、施工员。该公司第三工程队加强安全操作和施工管理，坚持"严、细、实"，数年未发生重大事故。1974年，岔河轧花厂认真执行"安全第一、预防为主"方针，在安全生产上做到"三落实"：一是组织落实。厂部建有安全消防领导组，班设安全检查员，建立两支业余消防队，定期和不定期开展演习。二是设施落实。配备消防机两台、灭火机226架、太平缸80只、消防桶200只、50吨水塔一座。同时对消防器材实行专人管理，检查保养，确保拉得出、打得响。三是制度落实。实行干部轮值制、安全生产自查互查制和安全保卫回报制。

1979年，根据《中共中央关于认真做好劳动保护工作的通知》地区行署关于《开展安全生产检查的通知》，县革委会专题召开县局负责人会议进行部署。从7月29日至8月16日，工业、第二工业、粮食、商业、供销、交通、建筑、卫生、水电、物资、农机、水产、供电13个系统开展大检查。共检查全民工厂37个、集体工厂21个、手工业生产社55个、社镇办企业687个，其他生产单位2个。检查中发现某些单位安全宣传不力、制度松弛、有章不循、防护措施不落实、职工伤亡事故时有发生等状况，进行批评、告诫。同年，县化工厂召开第五届职工代表大会，会上决定每年7月7日为厂安全日。

1980年，全县工交系统继续贯彻中共中央文件精神，进一步健全安全生产组织，落实以岗位责任制为中心的安全生产制度。县化工厂坚持安全、生产"五同时"，警钟常鸣，严格安全管理。县化肥厂认真吸取教训，深入开展安全生产教育。县供电局职工3年中共检查维修110千伏以下主变19台、10千伏和35千伏开关465台次、110千伏以下高压输配电线路250次，创安全运行400天记录，为此《新华日报》专栏报道，市供电局发来贺电和奖金。次年县供电局被省电力工业局评为安全运行先进集体。

1981年，县劳动局、县总联合组织专业技术人员，对全县锅炉逐台检查，登记归档。确定5月1日起，全县锅炉一律凭证使用，共有85台运行锅炉获合格证。自1982年起，全县运行锅炉正常年检。同年，县总会同有关部门，分别在春季和夏季，组织两次全县安全生产检查，对查出的薄弱环节和事故隐患，及时与相关单位制定改进措施。1982年，县经委、县总、县劳动局在全县开展"安全月"活动。县总建立《职工死亡、重伤事故概况卡片》档案。发生职工伤亡事故，按规定参与事故调查，处理并逐级上报。

1983年8月开始，全县进行企业安全生产整顿。县组织安全生产验收小组，按照《南通市企业安全生产整顿验收标准》，对各工厂企业（全民和县属集体企业）安全整顿，进行复查、验收和发证。至1985年底，全县14个系统、106个工厂企业取得验收合格证。1984年3月，市总等部门召开全市冲床、木工平刨、圆锯安全防护装置座谈会，要求进行安全整治，预防与控制事故。9月,由县总、县劳动局组织专业技术人员,对全县13个系统所属企业的冲床、木工平刨和圆锯安全防护装置,进行全面调查。据查,冲床177台,其中有防护166台,无防护11台;平刨41台,其中有防护33台,无防护8台;圆锯88台,其中有防护67台,无防护21台。对未按规定生产单位,限期安装防护设施。同年12月,省、市、县总工会、经委、劳动局等部门,到县化工厂检查安全生产。12月,县化工厂通过"无泄漏工厂"验收,被市化工局、市医药管理局授予"无泄漏工厂"称号。

1985年,全总颁布工会劳动保护监督检查工作"三个条例",全县各基层(车间)、工会小组均相应建立劳动保护监督检查组织,工会小组配齐劳动保护检查员。部分工厂逐步健全四本台账①。全县规模较大的工厂做到资料齐全,数据准确,管理有力。1987年3月,县总、县经委、劳动局联合发文,"安全生产先进单位"表彰20个、"先进集体"70个和"先进个人"131名。

1988年,《采用多种方式,提高职工自身防护能力》材料,在南通市工会劳动保护研讨会议上交流。1989年,县总生产保护工作获市总表彰。1993年《关于工会劳动保护监督检查员工作状况的调查》一文,在省工会劳动保护工作经验交流会上交流。报告中提出六点建议,要求国家在机构改革中强化工会劳动保护职权:一是《中华人民共和国劳动法》中应明确工会劳动保护职权,二是机构改革中县级工会应配专职劳动保护干部,三是高危行业工会应重点抓好劳动保护工作,四是支持工会劳动保护干部发挥作用,五是对工会劳动保护干部实行考核,六是为工会劳动保护干部评聘安全技术职称。1997年根据省、市要求,县总会同县劳动局、乡镇企业局、化工公司,对乡镇化工企业安全专项治理开展检查,重点检查生产苯及其衍生物、氯和有机氯化物产品的小化工企业,同时提出治理办法。1999年,县总牵头以4个施工现场为重点,会同县建工局、劳动局,组织推广全总"建筑企业安全检查表"和互查论证工作,在此基础上对通州市建工企业3个施工现场进行安全检查,同时接受启东市对如东检查。

2000年,县总制定《如东县企业劳动保护集体协商工作意见》,与县劳动局联合下发,在全县企业推行,此项工作在全省起步早并运行规范。各企业职工代表与企业法人代表,依法就安全卫生目标、劳动保护技措、作业条件改善、定期健康体检、劳保用品发放、安全监督检查、女职工特殊保护等事项进行集体协商,达成一致后签约并经劳动部门鉴证施行。2002年,全县推行劳动保护集体协商企业42家。县总坚持从源头开展劳动保护监督、抓住政府加大项目投入时机,对新办企业和新上项目,开展劳动保护设施与主体工程"三同时"工作年内实行"三同时"项目11个,检查验收中查找问题,督促整改,把好安全卫生关。同年,根据上级工会和卫生部门通知要求,会同卫生部门,对制鞋、箱包等行业违法使用苯及

①"四本台账":事故管理台账、尘毒危害和职业病台账、要害设备台账、安全检查和重大事故整改台账。

其化合物专项整治,通过一查(现场抽查、勘查和仪器检测)、二看(查看规程、培训资料和监测报告)、三问(向职工询问作业与防护状况)等方式,查出隐患,督促企业落实防毒措施。经体检,4名职工列入观察对象。

2004年7月,县总对10家企业100名职工劳动保护权益进行调查,内容涉及安全管理、防护设备、现场检查、事故调处、安措经费、作业条件、培训教育、工伤保险、工会监督、权益落实等9大类49项内容,覆盖面4094人。调查后形成报告,并提出7点看法和6点建议,上报政府和工会决策参考。这6点建议是:企业应强化监控,消除隐患;企业应加强培训,提高职工安全意识与技能;企业应以法治厂,为职工提供安全可靠作业条件;工会应敢于和善于维权;工会、行政应密切协作;职工应自觉遵章守纪共保安全。2004年邀请县人大,对基层落实《中华人民共和国工会法》《中华人民共和国劳动法》《中华人民共和国安全生产法》等安全法规情况开展考察,同时联合新闻媒体,对企业劳动保护状况开展舆论监督。2005年4月,县总对全县化工、纺织、机械、建材、轻工等行业10家工厂,开展工会劳动保护监督落实情况专题调查。调查报告中提出革新设施与工艺、增加科技含量、提高安全可靠性等8项建议,供政府与工厂企业会参考。同年,会同县有关部门,对一批新上工业项目开展劳动、安全、卫生"三同时"工作。2005年,县总连续第6年在全县工厂企业中推行劳动保护集体协商工作,签定协议企业240家,其中百人以上生产型企业签约率92%。2006年8月,县总在全市工会劳动保护工作推进大会上,作《努力推行专项协议制度,强化职工劳动保护工作》多媒体发言。

2006年,县总发动基层,针对企业生产实际,开展安全合理化建议、技术创新活动,查出隐患1702项,提出整改建议1721项,其中采纳1638项,监督企业整改职业危害606项。南通大东有限公司发动职工年提安全建议240多条,并得到及时评审和实施,工会在厂报《大东人》上刊登建议内容,激励职工立足岗位出点子、除隐患。江苏黄海汽配股份有限公司阀系车间数控机床组,设备精密、加工高转速、大切削量,一旦出现事故后果严重。该组全体职工积极排查隐患,以书面形式提出45条安全合理化建议和革新措施,得到企业采纳和表彰。南通海天建材有限公司尘害一度较严重,企业下决心技改,连续投入200多万元开展消烟除尘、设备更新,原来的"黑龙"现象消失。如东通用机械有限公司原有抛丸处理设备陈旧落后,工人劳动强度大,灰尘飞扬,企业专门拨款20多万元,购置一套先进的抛丸清理机,治尘效率高,受到职工欢迎。同年,县总、县安监局召开联席会议。对组织职工安全培训、工伤事故调查、安全信息共享、"安康杯"竞赛表彰等事项,进行协商并形成纪要。高温季节对如东东凌风力发电工程等12个高温作业企业,开展暑期慰问和现场安全检查。参加江苏快达农化股份有限公司璜酰脲项目、异菌脲项目和黄海汽配股份有限公司汽配生产线项目竣工安全验收。同年,县总获市总和县政府表彰。

2007年,县总发动全县工会和广大职工,广泛开展合理化建议活动,提出一大批治理污染、减少毒害的安全金点子,经企业评审,得到采纳实施。县总组织专家对建议逐条鉴定,专门对优秀金点子表彰并颁发证书和奖金。2009年,县总、县安监局两次召开联席会议,就加强全县安全生产、劳动保护工作,进行充分沟通与协商,形成合力。2011年,县总认真督查劳动保护专项协议签订工作,签约企业410多家。2014年,县总要求企业全面签订劳动保护协议并规范化。至年底,签约企业达456家。

2009年,县总工会、县安监局召开联席会议共商加强职工劳动保护的措施　(县技协提供)

二、事故和职业病预防

20世纪50年代初,工厂企业生产设备陈旧、安全防护设施不周密,规章制度不健全,生产过程中职工伤亡事故。1953年,全县因工致伤职工17人,致死14人,直接经济损失1920万元(时币)。损坏机器事故3起,其中白蒲私营永丰机米坊司机不遵守操作规程和检修制度,导致机器炸坏,造成经济损失700万元(时币)。海员死亡事故时有发生,县总派员前往调查,追查事故责任,进行严肃处理。对"只重海船不重人"的船主,组织工人开展说理斗争,保障国家法规贯彻落实,切实维护海员作业安全。县总会同有关部门对5个公营工厂、12个私营工厂、1个建筑工地进行安全检查,发现问题,立即与行政或资方磋商,订立整改方案并限期落实。1954年,全县各合作系统工厂均建立安全检查制度,确保分工负责、落实到人。

随着工业生产发展,特别是化工工业兴起,尘毒污染、损害职工健康现象日趋严重,引起工会对职业病防治高度重视。1956年,县总认真贯彻"安全第一、预防为主"劳动保护方针,会同县科普协会组织职工学习科学常识,做好防尘、防毒、防病工作。先后为掘港印刷厂工人举办"防止铅中毒""地球与月亮"专题讲座,让大家懂得地球与月亮的物理关系,引起印刷工人对铅尘重视。为掘港油米厂、岔河油米厂工人举办"工业卫生"和"预防感冒"讲座;为掘港轧花厂女工举办"安全避孕知识"讲座,受到广大职工欢迎。

1957年,县商业工会根据6个单位职工健康状况调查,发现职工患慢性疾病现象严重。据统计,6个单位患肺病12人、胃病26人、高血压3人、气管炎4人、关节炎7人、滴虫病1人,特别是神经衰弱患者较多。经医生分析,工作条件差、人员负担重,积劳成疾是主要病因。对此工会与行政积极采取措施,改善职工劳动环境和生活条件。县商业局与有关单位协同建立职工疗养所,收住慢性病职工短期疗养。每月约15人在营养食堂就膳,此外还新建职工宿舍,改善110多名职工居住条件。

1960年,县总组织医务人员对掘港通用机械厂、掘港砖瓦厂、掘港轧花厂等10家工厂职工进行体检。受检1238名职工中,患各种疾病职工141人,其中浮肿42人、肝炎23人、肺结核27人、子宫下垂3人、其他病46人。厂工会配合行政,积极采取防护、治疗措施,恢复职工健康。1961年,县建筑公司行政与工会将国务院《建筑安装工程安全技术规程》《工人职员伤亡事故报告规程》,认真贯彻落实到工程队、施工组、施工员。该公司第三工程队对安全操作和施工管理坚持"严、细、实",数年未出重大事故。

1960年至1962年,国家遭受自然灾害,县总要求各基层工会积极配合行政,做好防暑降温、防寒保暖工作,严格制止加班加点。1961年夏季,各工厂企业高温车间和职工集体宿舍,都普遍开气楼和窗户,增建凉棚,提供清凉饮料和防暑药品等。冬季,县总会同劳动部门,对工厂企业安全生产、防寒保暖工作进行调查。配合商业部门,为职工解决劳保用品和生活必需品,克服部分职工缺衣少被等实际困难,全县未因酷暑、严寒、饥饿而伤亡一名职工。

1963年1月,国营马塘化工厂氯碱电解槽发生爆炸事故,事故主要原因为当班职工未做好交接班工作。同年,县总按照国务院《关于加强企业生产中安全工作的几项规定》,要求各工厂企业建立健全 安全生产责任制,对新工人实行三级安全教育(即入厂教育、车间教育和现场操作教育)。

1979年1至8月,工业、建筑两行业发生伤亡事故39起,死亡1人、伤48人。其中建筑系统发生群伤事故3起、伤11人;掘港农机厂事故隐患多,圆料车间工作面拥挤,5台机械传动设备缺少防护设施;县轧钢厂安全管理不严,一职工违章操作,被轧身亡;县农药厂一职工擅自处理气框贮水,造成气框中罩负压变形,直接经济损失6000余元;掘港油米厂轧料车间粉尘超过国家标准23.1倍;县黄油枪厂镀铬车间中,酪酸氰化物、硫酸、硝酸等排放有害气体未有效治理;新窑公社7大队有色金属冶炼厂,生产工人长期受铅毒危害,经对33名职工体验,其中20人小便含铅量超过国家标准,最高达5.5倍。针对查出的一系列问题,县计委、经委、县总与各主管部门督促工厂拿出整改方案,限期实施。

1979年至1980年,为贯彻落实各级党委、政府关于职业病普查要求,县总与县劳动局、县卫生局组织专业队伍,配合地区劳动卫生与职业病调查组工作。一是对全民和集体所有制企业中铅、苯、汞作业场所全面登记并建档,共有尘毒危害企业63个、有毒有害作业场所

128个、接触有毒有害作业职工3000人左右,全部登记建档;二是对马塘化工厂、沿南仪表厂、岔河灯泡厂、掘港油米厂等重点企业进行毒害物测定;三是对125名长期从事铅、苯、汞作业职工进行体检;四是对粮食系统7个油米厂进行粉尘浓度检测;五是对其他工业污染状况作分项调查。根据以上调查情况和测定数据,制定职业病防治工作方案。

1980年9月,县总在全县集镇和工厂巡回放映《工厂防尘》科教片,全县基层工会组织职工观看和讨论,督促工厂落实防尘防毒措施。县交通水泥厂利用现有设备,改建7个大型密封吸尘项目,使车间粉尘浓度大幅度下降。1982年,县总会同县卫生局、劳动局等部门开展工业卫生普查,对全县176个企业(含乡村办企业)逐个登记、建档。同年,经调查,全县全民和集体所有制企业中有119个尘毒作业点(包括物理因素)、接触尘毒职工5571人,占职工总数22%。其中粉尘作业点78个、接尘职工1862人。高温、噪声、紫外线等作业点36处,接触职工901人。在检查中,测定县化肥厂等5个工厂粉尘浓度,并对18个工厂从事粉尘作业的127名工人体检,未发现矽肺病人。1983年,县卫生局、劳动局、县总等部门联合对487名从事铅、汞和粉尘作业职工及5名X射线操作职工分别体检,对其中异常者及时治疗。1984年,县总会同劳动、卫生部门,再次进行全县工业卫生调查,经调查接尘职工535人,其中患尘肺病3人、疑似尘肺病5人;接毒职工761人,其中急性中毒12人、慢性中毒6人、中毒死亡1人。1984年11月30日,县农药厂一职工维修设备时,未切断光气源且未配戴防毒面具,吸入高浓度光气导致窒息。县总、县劳动局相关人员赶赴现场调查,通过查原因、排隐患,提出严格安全规程、加强毒物管理、制定事故紧急处置预案、与职业卫生机构密切协作等措施,使干部职工受到深刻教育。

1985年,县经委、劳动局、乡镇企业管理局、县总联合发文,要求全县乡镇企业,牢固树立“安全第一、预防为主”思想,坚持“管生产必须管安全”原则。并规定“凡有尘毒危害企业,须从更新改造资金中提出10%~20%经费用于改善劳动条件,解决企业尘毒危害问题。”1985年8月,县劳动局、县总等部门在县黄油枪厂召开“中小型企业喷漆防护现场推广会”,有5个单位推广使用“水帘式净化喷漆柜”防护装置。

1987年4月30日,马塘包装厂一台酒精蒸发锅,因设备陈旧,又无操作规程,操作工在出气阀门未打开情况下,起火加热升温发生爆炸,造成1人死亡、1人烧伤重大事故。县总会同相关工厂组织职工,从马塘包装厂爆炸事故中吸取教训,加强压力容器安全管理。要求干部不得违章指挥,工人不得违章操作,生产工人必须考核合格,持证上岗。

1991年12月,在全县进行安全检查,并对22个系统安全生产开展检查考核。据统计,全县企业中因公死亡1人、重伤4人,与上年相比,事故率有较大幅度下降。1995年按照市总4部门《关于进行乡镇、村办化工企业情况调查的紧急通知》,会同县劳动局、乡镇企业局、化工公司,对全县11家重点“乡镇小化工”进行调查、分析,帮助整改各类事故隐患。县总还指导企业针对安全生产薄弱环节，研究和制定重大灾害性事故处理预案，控制各类事故发生。联合县劳动局、县经委、县公安局，对南通东昇长毛绒制品有限公司进行现场安全检查与分析，制定安全防火责任制及紧急处置作战计划。1995年3月11日，县化肥厂1名工人检修时被防爆板爆炸气浪冲击，从平台上跌落地面不治身亡。县总、县劳动局等部门到场勘察后，从现场指挥、防护设施、多工种作业协调等多方面进行研究与分析，帮助企业制定事故紧急处置技措。

1998年，县总牵头，会同县计经委、劳动局，在全县化工、轻工、乡镇企业中，推行中国与国际劳工局合作项目——有毒有害化学物质信息卡工作，同时列入县年度考核目标。8月召开"推广应用有毒有害化学物质信息卡"工作会议，县政府领导和来自全县化工企业的65名负责人，参加会议并参观县化工厂推广现场。会后，一大批企业认真迅速地推广此项工作。同年，县总组织部分工厂参加"全国化学品安全卫生知识竞赛"。

2000年，县总牵头，会同县计经委、劳动局，在全县企业中推行"事故隐患、职业危害监控法"，要求对事故隐患、职业危害逐一评估分类，实施A、B、C三级监控管理，明确危险源、部位、责任人、监控方法及整改要求，严格防控事故。至年底，全县已有50家企业实行"监控法"管理。2002年开展尘毒检查，全县有尘害企业130家、接尘职工1317名。有毒害企业121家、接毒职工1040名、轻度中毒职工8名、患职业病职工2名。2003年6月，按市总要求，县总牵头，会同县安监局、卫生局，集中安全技术人员，对一批尘毒企业调查检测。在调查的8家企业中共有粉尘作业点28个、其中合格点25个、合格率89.3%；有毒作业点32个，其中合格点31个、合格率96.8%；这8家企业改制前劳动保护经费应提25.60万元、实提25.60万元。改制后应提27.08万元、实提109.32万元。通过调查分析，从管理、设备、技术、教育、经费等方面，督促企业对尘毒危害源和事故隐患及时整改。

2005年8月24日，如东兴丰化工厂2名职工在操作中，被存在严重隐患的离心机内桶及外壳飞出击中身亡。县总、县安监局等部门经现场调查后，严肃指出企业存在干部违章指挥、职工违章作业、设备缺陷严重、安全管理不严等问题，并就分清相关责任、落实整改措施、为职工提供安全可靠作业条件，提出处理意见。

2009年，县总依法参与"3·11"曹埠跃进金属制品厂死亡事故、"5·5"苏225改线岔河段拆除工程触电死亡事故、"5·18"如东县教育设备供应站铲车坠压死亡事故、"6·16"中石油储罐在建钢筋网滑落伤亡事故等8起事故调查，按"四不放过"原则提出调查处理意见。

2013—2014年，县总会同县安监局、县职业卫生监督所等，联合开展化工、冶金、铅酸蓄电池、木质加工制造业等6大行业职业危害专项整治，在相关140多家单位中，对涉及职业危害岗位职工，全部进行健康体检，对职业危害场所全部进行现场监测。工会依法参与调查处理安全生产和职业危害事故，2013年参与18起，2014年参与10起。

[illegible]

[illegible]

[illegible]

[illegible]

[illegible]

[illegible]

[illegible]

[illegible]

第八章　民主管理

20世纪50年代初，县总开始推行职工参与工厂管理，组织职工参加民主改革运动。1956年后，试行中国共产党基层党组织领导下的职工代表大会制度。1997年，全县企业、学校均建立职代会制度，企业职代会审议企业和涉及职工利益的重大事项。2000年后，逐步在非公企业实行职代会制度。至2013年全县企业和村（社区）均实行职代会制度。

1986年始，县总针对如东改革发展中出现的新情况、新问题，鼓励各基层工会为各级中共党的组织提供信息，撰写调查报告向决策部门进言献策，参与政府中心活动。2000年后，实行县总和乡（镇）工会分别与县人大、政府和乡（镇）人大、政府，县总与县政协建立联席会议制度。

1988年，县总开始推行“双保合同”制度，1995年试行“集体合同”制度。至2006年底，全县25人以上职工的企业单独签订劳动报酬集体合同585家，1486家小型企业与村工会签订区域性集体合同，覆盖率超过90%。2007年后，县总开展“工资协商要约”活动，深化工资协商制度，以保企业、保就业、保收入，维护和谐稳定劳动关系。

1998年后，县总启动厂务公开制度的宣传和试点工作。至2014年全县实行厂务公开民主管理制度的企业有2766个。

第一节 民主管理

一、职工参与工厂管理

1950年2月28日,政务院财金委员会发出《关于国、公营工厂建立管理委员会的指示》后,县总确定公营掘港油米厂为工厂管理委员会试点单位。试点工作中,组织干部、职工学习上级有关指示、文件,讨论如何民主管理、办好企业、搞好生产等问题。在统一认识的基础上,召开职工会议,建立由职员代表、工人代表各3人,行政干部1人组成工厂管理委员会。下半年,马塘公营油米厂在县总帮助下建立工厂管理委员会。2家油米厂建立工厂管理委员会后,废除陋规,围绕生产中的关键问题,发动职工开展合理化建议活动,共同找窍门、挖潜力;修订劳动竞赛办法;推广先进生产经验,学习李川江先进榨油与安全操作规程。同时,协助厂行政加强计划管理和技术领导。

1956年3月,全县工业系统整风运动在各工厂企业普遍展开。经整风,工业系统普遍建立"两参一改"①制度。

二、劳资协商签订合同

中华人民共和国成立后,出现部分私营工商业者不明中共政策而抽逃资金、消极经营等情况。一些商店、作坊以大改小或停业闭歇,资方对职工采用解雇、减薪、欠薪等手段。1950年1—5月,掘港镇43家私营商店64名职工遭解雇,135名职工被减薪。其他各镇亦发生多起劳资纠纷,解雇、减薪为劳资关系紧张的突出反映。

1950年3月,县工会第一次代表大会工作报告,劳资关系紧张局面进行分析,并就解决劳资纠纷问题提交与会代表专题讨论,会议形成劳资协调和发动职工签订劳资合同以解决劳资关系的统一意见。大会后,县总和县工商行政部门在掘港、马塘、白蒲、丁埝、岔河、栟茶、丰利7个较大市镇先后建立有商业职工参加的劳资关系研究委员会,委员共53人。协助当地政府调查处理劳资纠纷,全县24名被解雇职工问题得到妥善解决。各镇基层工会组织发动职工在公私合营和私营工厂、企业订立劳资集体合同13个。10月,掘港协成油米厂老板借口税收与公债并进,原料缺乏,工厂生产不好,要解雇4名工人。劳资关系研究

①"两参一改":干部参加劳动、工人参加管理,改革不合理的规章制度。

委员会先后4次召开劳资协会议进行调查处理,结果工人未解雇还新收11名工人。

1951年8月,中国店员工会第一次全国代表大会通过的《关于中国店员工会当前任务决议案》中指出:“在私营商店中,应建立和健全劳资协商会议。未订立集体合同的,要把订立集体合同作为工会中心任务,要定期检查合同执行情况。”县工会于12月召开第二次职工代表大会提出贯彻意见:各镇劳资关系研究委员会要认真开展工作,调查处理解雇、减少工资、打骂徒工等劳资纠纷;在私营商店中,要把业务计划、经营管理、职工福利问题,用劳资集体合同的形式固定下来。1952年春,县总到丁埝镇调查,了解到该镇私营商店解雇职工59人,占全镇私营企业职工总数113人的50%以上。其他集镇亦有类似情况。县店员工会配合有关部门进行劳资纠纷调查处理。通过劳资协商,掘港镇西永升酱槽业、裕康南货店,白蒲镇裕源南货店等企业的劳资矛盾得到较好解决。1953年春,全县私营企业和公私合营企业共解雇和辞退职工156人,尤以掘港、白蒲、栟茶市镇为最,其他各镇亦有发生。北坎港口海员工会因工人报酬不合理而发生劳资纠纷。县总与海员工会根据县委指示,统一干部思想,通过劳资协商问题得到解决。南渔港口的春汛生产,全港工人应得工资16.10万元,其中15条渔船老板将工人工资归还资方的银行贷款。因上一年南港灾荒严重,春汛前部分职工家中断炊。15条船近200名工人,连同家属有500多人生活发生重大困难。经劳资协商,由银行转贷各船老板,工人工资得到解决。同年6月,县总派员调查掘港、白蒲两镇私营商店劳资关系状况,处理劳资纠纷35起。10月下旬,县总对掘港文工印刷社所签劳资合同执行情况检查,发现该社对签订的劳资合同流于形式。为此,县总召开劳资关系研究委员会委员和劳资双方代表、工商代表劳资协商会议,修订劳资合同草案,送县劳动部门审批,并研究督促检查具体办法。11月,公私合营通通窑瓦厂因盲目生产,产品滞销,资金积压,导致142名职工失业。经20多天劳资协商,对被遣散职工按工龄长短分发遣散费。当年,劳资关系研究会协助政府先后调处解雇未成职工74人(店员41人、手工业工人33人),解决经济纠纷13起、虐待学徒案例10起、工资纠纷64起,订立劳资合同35个。

随着对私营工商业的社会主义改造,1956年,全县实现公私合营,劳资关系研究委员会不再存在。

三、民主改革运动

1950年12月,县总确定掘港利民、马塘大生、栟茶民主、岔河永生4家油米厂为重点进行民主改革和生产改革的工厂。4家工厂130多名职工参加两项改革运动。1951年初,县总提出30人以上公营、公私合营企业单位均进行民主改革。开展运动的有搬运工会8个基层单位19个小组246人;建筑工会4个基层单位17个小组366人;原棉加工厂工会18个小组206人;两个油米厂6个小组68人。1952年6月,苏北总工会发出《在建筑、运输、搬运系统贯彻“三反”“五反”,完成民主改革迎接经济建设新高潮(草案)》文件。为此,县总重新分析建筑、运输、搬运行业政治情况,部署民主改革运动。7月中旬,召开第二届二次执委(扩大)会,对建筑、搬运两个行业的民主改革工作提出具体要求。11月上旬,召开第二届第三次执委(扩大)会,对民主改革工作进行检查总结。1953年春,县总把运动的重点转到海员工会。如东3个港口海船107艘,海员1797人,分布在100多公里沿海地区,政治情况极为复杂,人员中隐藏着海匪、渔霸、逃亡地主、国民党特务、反革命分子。县总组织工作组,深入港口调查,发动海员工人投入民主改革运动。

民主改革运动分4个步骤:准备工作(组织准备:主要是训练骨干、积极分子,发动群众,在群众中广泛进行阶级教育;材料准备:从镇压反革命运动中和公安部门、工人群众中掌握了解该单位的人员情况,特别是封建霸头以及反革命分子的情况)开展民主斗争(在充分发动群众、掌握充分材料之后,开展揭发控诉活动,打击封建霸头,清除反革命分子)忠诚交代问题(在对敌斗争胜利的基础上,进行思想发动,在广大职工群众中以批评与自我批评精神,开展向组织忠诚老实交待问题,自觉革命,清理职工队伍)民主建设工作(总结斗争经验,进一步提高职工的思想觉悟,树立新的劳动态度,建立新的民主秩序,整顿党、政、工、团组织)。1953年上半年,全县民主改革运动结束。

第二节 职工代表大会制度

一、制度的建立与完善

1956年9月,党的第八次代表大会上,提出在企业实行党委领导下的厂长负责制的同时,试行党委领导下的职工代表大会制。县工会联合会在《整顿基层工会的若干意见》中,确定工会组织:监督和协助行政认真贯彻执行职工代表大会的决议;组织和指导职工代表小组进行经常性活动;深入群众,广泛听取职工的意见和要求,维护职工的民主权利;对企业中的好人好事进行表扬,对坏人坏事开展批评或斗争;定期召开工会小组会和车间职工大会,活跃民主生活。

1957年4月,中共中央在《关于研究有关工人阶级的几个重要问题的通知》中规定:把企业中现行的由工会主持的职工代表会议改为常任制的职工代表大会,并且适当地扩大它的权力。5月初,县工会联合会在掘港油米厂试行建立职工代表大会制工作。先后用30天时间摸清工会组织、人员思想和企业管理方面情况,讨论制订以增产节约为中心,改善领导作风、实行民主管理为重点的工作计划；召开职工会议，由工会主席作关于建立职工代表大会的报告，厂长作工作报告，职工提合理化建议和民主选举代表；召开职工代表大会，正式通过增产节效方案。此后，县工会联合会向各单位推广掘港油米厂实行职代会制试点经验。7～9月，工业、商业、供销3个系统4个单位推行职工代表大会制。职工群众对改善生产经营、改进领导作风和工会工作方面提出建议和批评592条。掘港砖瓦厂领导接受职工代表批评，改进领导作风，瓦坯车间日产量由8200片提高到8650片，损失率由29%降至20%左右，煤耗也由每千片0.48吨降为0.41吨。

1958年5月，《人民日报》发表“两参一改三结合”①的工作经验。为此，县工会联合会作出决定：专职干部保证三分之二以上时间深入基层，每人一块“三结合”的“试验田”，全年参加体力劳动25个工作日以上；每次下基层做到与工人同吃、同住、同劳动，学会一项专门技术。县工会联合会机关6名干部分别到掘港油米厂、掘东棉场、财贸部门、学校参加劳动锻炼。掘港油米厂实行“两参一改三结合”，5名厂部干部到车间劳动，党支部书记、厂长带头跟班到榨油车间劳动，同工人、技术员一起研究生产技术问题，开展赶、超王庄(王庄油厂设备条件差出油率高)竞赛活动，干饼残油率由3.43%降到3.2%。开发利用棉油脚制肥皂、棉壳炼制糠醛、活性炭试制等。1960年，县总在各工厂企业相继推行“三结合”制度。潮桥油米厂工会干部同工人一起研究出提高出米率管理制度，当年出米率比上一年增长3.2%，全年为国家多出大米5.50余吨。

1962年9月下旬，县工会第六届代表大会作出“职工代表大会要经常了解和听取职工意见和要求，如实反映情况，对于确有困难的职工要热情关怀，根据具体情况给予必要的困难补助”的决议。1965年上半年，掘港农具厂、马塘油米厂、掘东盐场等单位召开职工代表大会，普遍行使职工民主权利。掘港农具厂职代大会围绕改善经营管理，提出批评和建议52条。10月上旬，县总召开第六届五次执委(扩大)会议，进一步推行职工代表大会制，指导基层开好职代会。提出由群众民主选举职工代表(代表中工人应占五分之四左右)；组织职工代表在会前全面检查企业生产、工作情况，对发现的问题研究解决办法；上下结合，民主确定会议中心议题；大会要以大部分时间让代表充分发表意见，并做出决议，责成有关方面执行。

“文化大革命”期间，企业民主管理制度遭到破坏，工厂企业职代会停止活动。

1978年5月，中共中央制定《关于加快工业发展若干问题的决定(草案)》，重新规定企业要定期举行职工代表大会或职工大会。1979年，县化肥厂召开首届职工代表大会。县化工厂、农药厂、航运公司、掘东盐场、供销社、邮电局等20个单位先后召开职工代表大会。

---

①“两参一改三结合”：干部参加劳动、工人参加管理，改革不合理的规章制度，领导干部、工人、技术人员一起研究解决企业生产管理和技术上的问题。

1980年11月,县委批转县总《关于推行职工代表大会制意见的报告》,要求各级党组织加强领导,进一步推广和完善职代会制度,未恢复和建立的企业单位、国营企业今冬明春普遍恢复和建好;已恢复和建立的要进一步巩固提高。1981年7月,县总召开200人以上工厂、单位负责人会议,推进职工代表大会制工作。省企业民主管理会议结束后,县总又协助县委就搞好企业民主管理召开会议。下半年,推广县化肥厂、交通水泥制品厂召开职代会的做法。年底,全县已建立职代会制的单位54个,定期召开职代会的40个。1982年,采用宣传、学习、检查、评比的方法,促使职代会制度在全县迅速推开。5月,对县化肥厂等10个200人以上单位重点检查。7月下旬,召开基层工会主席座谈会,推进和完善职代会制,加强企业民主管理。11月,如东推行职代制情况接受南通地区工会组织的检查。至此,全县建职代会73个(全民所有制单位41个,集体所有制单位32个)。当年,县总提出:企业整顿验收时,凡不认真实行职代会制企业不能验收合格;条件具备的单位实行评议企业领导干部和民主选举干部的制度;职代会的决议必须得到尊重和实施;发挥职代会在职工中自我教育方面的作用,增强职工群众主人翁责任感。同时,协助县教育工会在马塘小学、县教师进修学校试点,并召开全县推行教代会制的经验交流会。县教育工会、马塘小学工会的经验在南通地区教育工作会议上作介绍。丰利小学、栟茶小学、兵房中学和桐本乡教育工会先后召开教职工代表大会。1983年,全县200人以上工厂企业47个,建立职代会的45个;其中职代会制执行好的13个,差的5个。34个召开过职代大会或职工大会。

1984年11月,县总召开企业厂长、书记座谈会,着重讨论按照《中共中央关于经济体制改革的决定》精神,搞好厂长负责制的同时,充分调动厂长、书记、工会三方面积极性。会后,县总举办一期54人参加的"民主管理工作班组长学习班"。1985年2月,县工会第十次代表大会《工作报告》提出,各级工会在经济体制改革中充分发挥职代会的作用,完善企业民主管理制度,认真落实职代会的职权,保障和维护广大职工的合法权益,对企业实行三级民主管理。同年掘港轧花厂做到:厂长定期向职代会报告工作,生产经营接受群众检查,重要决策征求群众意见,有关奖金分配和福利方案经职代会讨论决定,中共中央和国家的有关政策、企业困难、工厂规划、奋斗目标向职工交底。县经编厂正确处理厂长负责与职工民主管理之间(一人负责与群众做主,一人动脑筋与众人想办法,厂长拍板与大家举手,发挥厂长个人的积极性与调动广大职工积极性)的关系。1987年,组织民主管理研讨活动,遴选17篇论文参加市总召开的企业民主管理理论研讨会,有7篇论文获奖。

1990年,全县各基层工会认真召开职代会,全年72个基层工会按章程进行换届改选。1991年,各级工会致力于职代会职权的全面落实。掘港轧花厂、县化工厂、县生物化学总厂等单位,在进一步修订职代会实施细则基础上,坚持职代会预备会超前审议制度。12月,掘港轧花厂获"江苏省职工民主管理先进单位"称号。1992年,县总着力于提高厂级职代会水平，普及车间级职代会，推广班组民主管理。年底，全县95%以上的工业企业建有职代会制度。1995年，全县建有职代会270个。1996年，全县企业建立职代会制度254个，召开职代会236个。1997年，全县所有学校均建立职代会制度。至2000年，全县国有、集体和公有资产占主体公司制企业100%坚持职代会制度，其中90%以上的企业改制方案、职工下岗分流方案经职代会审议通过；90%以上的企业实行职代会民主企业领导干部、企业业务招待费使用情况和个人廉洁自律情况向职代会报告制度。2001年，县总制定《关于在新建企业建立职工代表大会制度的意见》（以县厂务公开领导组名义下发），全县60个试点非公企业全部推行职代会制度。2002年，县总发出《给全县企业法定代表人的一封信》，制定《非公企业职代会指南》，组织20个镇工会主席现场观摩南通燎原羊毛衫厂、南通越洋公司及洋口镇耿庄村等非公企业的做法和经验。全县各级工会边推进边规范，探索非公企业职代会制度建设的有效途径。至年底，150家非公企业建立职代会制度。2003年，全县325家非公建立职代会制度，完成市总指标108%。当年，印发《如东县区域集群职代会制度》，31个村推行这一制度。2004年后，印发《关于推行非公有制企业职工代表大会制度的意见》，制定《如东县企事业职工代表大会运行规程》和《如东县村（居）区域职工代表大会操作指南》，召开全县村域职工代表大会现场观摩推进会，经典型引路、加强指导等途径，着力推进基层民主管理工作。至2005年底，全县1889个非公企业建立职代会制度，其中单独建会企业建制590个，百人以上企业建制面为100%。当年，南通市燎原针织有限公司等16个单位被市总授予“南通市非公有制企业民主管理示范单位”，县总及河口镇等7个镇区工会为“南通市民主管理优秀组织单位”。2006年，县总依据非公企业实行职代会制度典型单位的成功经验和企业不同特点，探索其组织体系、工作内容、职权范围、工作制度，对职工民主管理制度进行完善，创新工作运行机制、活动方式。2007年，全县2515个非公企业建立职代会制度，其中单独建会企业建制807个，百人以上企业全部建立职代会制度。255个村（社区）均建立区域职代会制度。2011年，全县按规范化要求建立职代会制度企业1188个。2013年，县总在全县系统推广南通大东有限公司、南通正大有限公司、江苏宇迪光学股份有限公司等企业职工代表巡视制度的经验。当年获南通市推进工资集体协商工作先进单位。

2014年，县总广泛开展学习贯彻中纪委、中组部、国家国资委、监察部、全总、全国工商联联合发出的《企业民主管理规定》和全省职代会制度规范化建设经验交流会会议精神，特别对企业职代会制度重要意义和相关要求，结合发放《劳动关系和谐企业评价规范》及《细则》至各级党政领导、工会干部和企业负责人，对各企业主和广大职工全方位宣传。结合举办职工文化艺术节，探讨加强《如东县企业（职工）文化建设示范单位创建评价规范》组织职代会制度建设评价内容的宣传学习，增进企业和职工对企业民主管理建设的深层次理解，推进民主管理，促进劳资关系和谐，发展企业生产和改善职工生活。同时，县总和镇（区）工会主动向县委、县人大、县政府、县政协和镇(区)党政领导汇报沟通,努力争取各级党政对推动职代会规范化建设工作的支持;坚持"职代会和工资协商月报制度",全面准确把握基层职代会动态情况。县总与县人社局沟通协调,特别是加强集体合同、工资协议职代会审议程序落实方面的审核检查,指导各镇(区)工会和人社所开展集体合同、工资协议职代会审议程序的审核。

二、职工代表大会职权

1961年,中共中央颁发《国营工业企业工作条例(草案)》,明确企业的职工代表大会制是吸收广大职工群众参加企业管理的重要问题,要讨论和解决职工群众最关心的问题,要保证大会决议的实行,切实避免形式主义。9月,县总经召开会议,学习贯彻、统一组织落实执行。年内掘港轧花厂、油米厂、砖瓦厂,掘东盐场和县邮电局等单位在召开的职工代表大会或职工大会,均审议企业行政工作报告,讨论生产和完成国家计划问题,职工教育、生活福利和劳动保护问题。

1981年7月,中共中央、国务院24号文件批转的《国营工业企业职工代表大会暂行条例》中指出,"职工代表大会(或职工大会)是企业民主管理的基本形式,是职工群众参加决策和管理、监督干部的权力和机构"。当年,县交通水泥厂、岔河油米厂职工代表审议厂长行政工作报告和财务报告,讨论生产经营上重大问题。丰利、栟茶轧花厂和县经编厂职工代表在福利基金使用、住房分配、职工奖惩等参与讨论和决定。同年,县总协同县有关主管部门,指导和帮助基层工会民主选举企业领导干部。全县6个工厂企业民主选举11名车间主任,4个单位民主选举7名班组长,28个单位试行民主选举52名经理、副经理。1983年9月,县总配合主管部门以掘港油米厂为民选厂长试点(该厂多年来由党支部书记兼厂长)。通过学习文件、统一认识,基层考察、座谈会听取职工意见和职工大会动员及小组推荐厂长任选人等准备工作。同月23日,召开厂二届四次职工代表大会,采取无记名投票方法,选举产生新厂长。10月,县总总结推广掘港油米厂做法后,岔河油米厂、双甸油米厂、丰利轧花厂等相继召开职工代表大会,民主选举厂级领导干部。嗣后,民主选举干部在各工厂企业逐步推开。1986年,全县37个工厂企业民主选举行政领导干部。1987年,增加24个企业单位民主选举产生行政领导人。此后逐渐形成制度。

1983年7月底,县委组织部、县总联合转发南通市委组织部、市总《关于由职代会民主评议干部的实施意见》后,县化肥厂召开第三届一次职工代表会议,开展民主评议工作。在统一思想认识基础上,职工代表严肃认真地对全厂59名中层以上领导干部进行评议,共提出意见149条(厂级领导干部91条,车间及科室干部58条),其中反映优点方面41条,占27.5%;缺点方面93条,占62%;建设性意见15条,占10.5%。评议结束后抓整改措施的落实,并定期考核。通过此次评议,出现化肥生产新局面,日产量由原来250吨上下,提高到300多吨。继县化肥厂、掘港轧花厂对中层以上干部由职工代表大会无记名考评(并将考评意见作为干部奖惩、任免的重要依据之一),新光砖瓦厂和丰利轧花厂、棉织厂等单位职代会对厂领导进行民主评议。马塘小学教代会组织教职工民主评议学校领导,制定评议标准,实行半年初评、年终总评,并由教职工大会主席团作出评议决议。此做法先后在省、市、县教育工会研讨会上交流。1986年,全县302个企事业单位开展民主评议干部工作。1987年,全县98个基层职代会对975名领导干部进行民主评议。掘港轧花厂采用"干部工作实绩公开、上级有关政策公开、干部分配水平公开"方法,把民主评议干部制度落到实处。该厂多年无一干部违法乱纪、私拿回扣和贪污渎职等现象发生。

各基层职代会1990年负责审议通过承包方案和分配方案。1991年,各基层工会着力于职代会职权全面落实,逐步把民主管理向规范化、制度化发展,县化工厂、生化总厂、掘港轧花厂等单位,进一步修订职代会实施细则,坚持职代会预备会议超前审议制度。在审议企业重大决策的同时开展民主评议干部。1992年,县总强调厂级职代会对于重大方案和改革的每项措施,都必须经职代会超前审议,开展评选依靠职工民主管理优秀厂长(经理)活动。1993年,各基层工会发动职工围绕改革方案提建议,以职代会审议改革方案的关键环节,落实职工在改革中民主权利的落实。1994年,县总制定《关于加强股份制企业职工民主管理工作的试行意见》,由县委、县政府转发全县,试行股份制企业工会参与改制全过程并进入监事会。组织开展职工民主管理状况自查,总结南黄海实业有限公司工会等一批在转换机制中的先进典型在面上推广。1995年,全县企业职代会民主评议企业领导干部1955人,其中被免职31人,奖励253人,工会主席进入董事会25人、监事会20人。建立董事会273个。职代会提案5231件,实现提案3534件。1996年,各基层企业的改制方案、募股说明等均提交职代会审议;实行民主选举董事会、监事会。10月,县总发出的《关于加强改制工会工作的意见》中提出:建立职工董事、职工监事制度。明确"公司制企业董事会、监事会成员中必须有一定比例的由工会组织职工代表提名、经职工代表大会选举产生的职工代表。公司工会主席和1名副主席应经过民主程序以职工代表身份分别依法进入董事会、监事会。在国家和集体不参股的股份制企业中,工会主席应尽量代表职工参加董事会、监事会。"当年,县总对企业业务招待费使用向职代会报告制度情况进行检查,其中12家国有企业坚持执行制度9家。职代会民主评议企业领导干部1553人(其中被免职20人,奖励536人),工会主席进入董事会18人,进入监事会25人。提案总数5408件,采纳提案意见3488件。

1997年4月,县委组织部、县计经委、监察局、县总联合发出南通市委组织部、市经委、监察局、市总《关于加强民主评议企业领导干部工作的通知》,要求全县所有建立职代会的企业,每年至少要对企业领导干部进行一次民主评议和测评,对他们的德、能、勤、绩等进行全面评议(其中突出工作实绩),评议结果经职代会主席团同意后转入有关干部管理部门。县总对改制企业民主管理情况发出300份调查问卷,对存在问题和建议,撰写调查报告为改制企业提供民主决策方面资料。坚决、严格贯彻“企业职工分流方案和程序必须经过职代会审议”制度。会同县委组织部转发上级《关于加强民主评议企业领导干部工作的通知》,部署各级工会发动职工对企业领导干部在生产经营活动中的作为进行民主评议,并跟踪督查了解。当年,全县国有、集体企业民主评议领导干部达已建工会企业数的85%以上。1998年8月,县监察局、计经委、县总联合转发的省监察厅、计经委、省总《关于加强企业民主监督制度建设的意见》,要求本着透明、公开的办事原则,建立、完善企业重要问题向职代会报告制度,加强民主监督。9月,如东大多数企业组织职工代表审议职工下岗、分流、安置方案,以及职工下岗程序是否规范、特殊职工的利益是否得到保护等问题。公司制企业在坚持职代会同时,建立职工董事、监事制度,职工代表和工会负责人经选举进入董事会和监事会,依法参与决策。改制后的中小企业、股份合作制企业通过股东会与职代会结合召开,讨论决定企业重大问题。当年,平等协商签订集体合同200多份。1999年,全县建职代会企业民主评议干部占建职代会总数75%,业务招待费向职代会报告占85%。

2000年,全县国有、县属大集体和公有资产占主体的公司制企业65家100%建立和坚持职代会制度。其中90%以上企业改制方案、职工下岗分流方案经职代会审议通过,90%以上企业实行职代会民主评议企业领导干部、企业业务招待费使用情况和领导干部个人廉洁自律情况向职代会报告制度。当年4月,县委、县政府发出《关于印发〈如东县关于规范完善公司法人治理结构工作的意见〉的通知》,要求“董事会、监事会都要有职工代表参加。”5月,县委组织部、县计经委、乡镇企业局、县总联合发出《认真贯彻党的十五届四中全会精神,建立健全职工董事、监事制度的通知》,提出“国有企业、集体企业和公有资产控股的公司制企业的董事会、监事会中都要有职工代表。股份合作制企业、职工持股控股的公司制企业的董事会、监事会中也应有职工代表。董事会、监事会的职工代表人数或所占比例由公司章程规定。”至2000年,全县18个公有资产占主体公司制企业100%建立职工董事、监事制度。其中工会负责人或工会代表担任职工董事94.4%,担任职工监事100%。40%以上企业均有女职工代表进入董事、监事会。如东执行职工董事、监事制度做法在省刊物上作专题报道。2001年,县总获市总2000年度民主管理工作先进单位一等奖。2002年,全县现代化企业制度试点企业建立职工董事、监事制度比例分别为92%和96%。

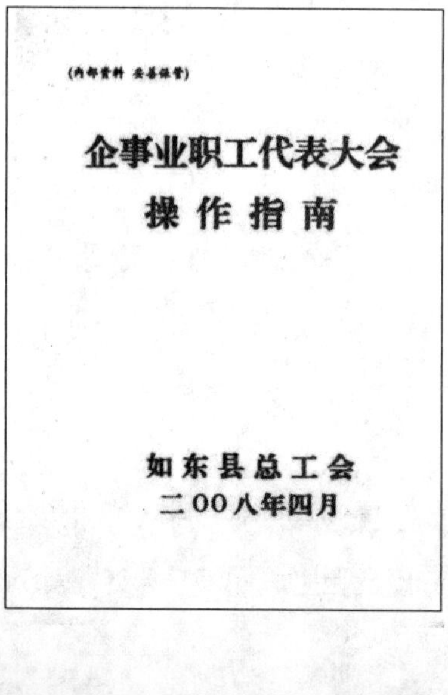
(内部资料 妥善保管)

企事业职工代表大会

操作指南

如东县总工会

二〇〇八年四月

2003年，全县建立厂务公开制度的131个非公企业中39个建立职工董事和监事制度。县总及南通燎原羊毛衫厂分别在省、市非公企业民主管理工作推进会上作经验介绍。2008年后，县总修订《如东县企事业职工代表大会操作指南》，以健全、完善职工代会、集体协商、职工董事监事会、厂务公开等民主管理制度，重点落实职代会讨论涉及职工切实利益的规章制度和重大事项、审议通过集体合同(工资协商)草案等职权。开展检查、督查、交流活动，引导、支持企事业单位职代会发挥职能作用。

三、建立民主管理网络

1982年，县总提出各基层工会要主动承担职代会日常工作机构的任务，使职代会制度经常化、制度化；加强职工代表与职工群众的联系，并指导车间和班组开展民主管理活动，建立完整的三级民主管理网络。1983年，县农药厂在企业整顿中，订立主席团活动、决议的实施和检查等制度。主席团下设教育、生活、监改3个专门工作机构。

1985年下半年，县总《工作要点》中提出，要努力提高民主管理水平，进一步健全以职代会为基本形式的民主管理网络，使民主管理真正做到经常化、网络化、制度化。在部分企业中试行职代会与工会会员代表大会、职代会主席团与工会委员会、职代会专门工作委员会与工会部门工作委员会、职工代表与工会小组长合一的民主管理体制。1987年，县总《工作意见》提出，要逐步完善民主管理体系，在建立健全厂级职代会制度的基础上，推行三级民主管理。在车间建立职工代表会议或职工代表团，在班组设立民主管理员，开展车间、班组的民主管理工作，使民主管理网络化。200人以上企业年内要达到多级民主管理。同年，县生化厂推行现代化管理，增设企业管理办公室、生产调度室、保卫科和动力设备科。完善以厂长室为中枢的管理系统和卫生、安全、信息、质量管理网络。企管办作为定期检查、指导、督促管理网络活动的常设机构。1989年，通用机械厂职工依照法律规定参加企业管理。全厂职工代表66人，其中中层以上干部22人，科技管理人员13人，生产一线工人31人。职代会主席团下设提案审查、劳动保护安全监督、生产福利等8个代表组，以正常活动行使民主管理权力。掘港轧花厂，根据行政机构设置实际情况，建立健全总厂、分厂、车间三级职代会(车间实行职工大会)分级建制的企业民主管理，形成三级职代会、四级(总厂、分厂、车间、班组)民主管理网络。建立和健全主席团、工厂管理委员会和经济管理、工资奖励、生活福利、评议干部、合理化建议等专门工作委员会，实行专门工作委员会的结构与专业管理相匹配。

1990年，县总对县化肥厂、纺织厂等企业三级民主管理工作进行调查。全县各基层工会按照《中华人民共和国企业法》要求，认真召开职代会，审议重大决策。当年，民主评议企业干部，行使工会监督职能，企业民主管理工作的日趋制度化、规范化。1991年，县总动员职工积极参与和推动企业各项改革。对于企业大政方针、劳动用工、工资制度、社会保障制度、住房制度等涉及职工利益的各项重要改革,各级工会积极参与。不少单位推行车间职代会或职工大会制,以三级民主管理网络重点审议通过承包方案和分配方案。掘港轧花厂从实强化三级民主管理,被评为江苏省民主管理先进单位。1992年,县总注重普及车间级职代会,推广班组民主管理。县化工厂、化肥厂、纺织厂等党总支以上单位车间职代会正常化、规范化。县缫丝厂班组民主管理经验在南通市民主管理经验交流会上作专题发言,受到与会代表一致好评。同年7月中旬,县总召开民主管理工作座谈会,县缫丝厂、无线电厂、缸套厂等单位交流改革中企业民主管理的经验;对提高车间、班组民主管理水平进行座谈和探讨。当年,县总通过试点,推行《南通市车间(分厂)民主管理工作暂行办法》《南通市班组民主管理工作暂行规定》,全县大中型骨干企业普遍实行车间职代会制,部分企业开始班组民主管理试点工作,初步形成三级民主管理网络。少数基层工会试行职代会审议重大问题票决制。7月,县总召开民主管理工作座谈会。县缫丝厂、无线电厂、缸套厂等单位就改革中企业民主管理、三级民主管理网络和提高车间(班组)民主管理水平等问题进行座谈、研讨交流。县化工厂、化肥厂、纺织厂等企业实现车间职代会正常化、规范化,县缫丝厂班组民主管理经验在南通市总工会民主管理经验交流会上作专题交流介绍。

第三节 工会组织参政议政

1986年1月16日,中共江苏省委办公厅《关于工会参加党和政府有关会议和工作机构的通知》指出,基层工会组织除参加企业管理委员会,参与研究讨论企业各项重大问题外,还要参政议政,充分发挥工会组织和职工代表大会作用。嗣后,县总发出〔1986〕3号文件,对基层工会参政议政提出具体内容。(1)参与讨论、审议、制定本企业事业发展计划、增产节约计划、技术改革计划和财务预算;(2)讨论通过企事业经济责任制方案、职工培训计划、奖惩条件和其他重要规章制度;(3)讨论决定本企事业工资改革方案、福利基金使用方案、职工住房分配方案和其他有关职工生活福利事项;(4)代表职工同企事业行政领导签订集体合同和其他有关协议;(5)监督企事业领导正确贯彻执行党的路线、方针、政策,抵制损害国家利益的不正之风;(6)通过召开职代会评议、推荐和选举行政领导人。9月,中共中央、国务院颁发全民所有制工业企业“三个条例”①。工厂企业依据新条例,全民和大集体企业大

①“三个条例”:《全民所有制工业企业厂长工作条例》《中国共产党全民所有制工业企业基层组织工作条例》《全民所有制工业企业职工代表大会条例》。

多实行厂长(经理)负责制,任期目标责任制和任期总结审计制,突出厂长(经理)在企业中地位和作用。县黄油枪厂实行厂长任期目标责任制后,厂工会引导职工服从厂长统一指挥,支持和保证厂长任期目标实现。同时组织职工参加企业民主管理,坚持工会目标管理与厂长任期目标管理同步;参加目标管理的职工与实行目标管理的厂长同心;支持厂长集中统一指挥与发挥职代会监督作用同轨。当年,县化肥厂、纺织厂、农药厂、经编厂、缫丝厂、农机修配厂、轻工机械厂、丰利棉纺厂、新光砖瓦厂、石油机械厂等基层工会在组织职工代表审议企业重大决策过程中,坚持把好初审、审议、通过、落实"四关"。县供电局召开第二届职代会,审议通过《第二届职工代表大会暂行条例》《关于加强企业管理的若干规定》《安全生产奖惩办法》和《职工住房分配条例》。建立纪检、奖惩、提案审查、劳动工资、经营财务、生产技术、生活福利和住房分配等专门小组。据统计,全县各基层职代会对企业经营管理方面的重大问题3000余件提案和建议,其中被采纳1811件。

1987年,县总在大力支持企业领导体制改革、实行厂长(经理)负责制的同时,帮助和指导基层工会参政议政。各企业不断健全职代会制,60%的职代会形成工作规范化、活动制度化;逐步完善民主管理体制,200人以上单位实行多级民主管理;普遍重视职工代表培训,增强民主管理意识和参政议政能力。12月21~23日,县总分3组调查停产、半停产企业。26日,县总主席参加县政府召开的停产、半停产企业会议。27日,县总负责人列席县长办公会,讨论针织厂恢复生产问题。28日,县总负责人参加县政府召开的停产、半停产企业会议。会上县总负责人提出停产、半停产企业职工医药费按现行规定不变,对特困户给予特殊照顾,离退休人员工资和医药费全付等建议均被采纳。

在推进民主管理、实行厂长(经理)负责制中,各基层工会不断探索、总结,撰写有一批有价值的论文。1986年,全县17篇论文参加市总召开的企业民主管理探讨发布会,其中7篇论文获奖。栟茶染织厂论文《民主管理的自然属性与企业领导的促成因素》获优秀论文奖。1988年4月,县总对县化肥厂等15个工厂企业进行民主管理现状调查后,撰写《职工代表的素质与职代会质量》《一个值得重视的问题》2篇论文,获南通市企业民主管理优秀论文奖。12月,县黄油枪厂厂长刘振声被评为1988年度江苏省民主管理优秀厂长。1989年12月,县总表彰1989年度民主管理优秀厂长。

1990年,县总抽出人员参加县妥善处置停产、半停产企业办公室工作外,组织机关人员会同各区镇工会主席调查摸底,帮助解决停产、半停产企业一些实际问题,并及时向县政府及有关方面提出自筹资金、主管部门调剂和银行贷款相结合解决困难等建议得到县政府和有关方面采纳。1990—1992年,全县工会组织形成信息、统计、调研"三位一体"的格局,针对改革和建设中出现的新情况、新问题进行调研的成果及其转化工作取得进展,为各级党委、政府、决策提供一定的依据。全县工会系统提供的200多条各种信息被党政和工会采用,各级工会干部撰写调查报告100多篇,引起各级党政的重视。其间,1991年县总组织对企业民主管理工作进行调查研究,充分征求听取党政的意见,密切工会与企业党政的关系,成为“打不脱的连柄斧头”。1993—2001年,县总多次会同县纪检、县委组织部、宣传部、县计经委、监察局、劳动局、物价局、工商行政管理局、对外经贸委、司法局等部门分别联合发文、或会商、检查相关工作。企业改革中,县总为县改革机构中的成员单位,具体参与改革。向县委、县人大、县政府提出的充分发挥好职工群众在改革和发展的作用、配备乡镇专职工会干部、坚持职工董事监事制度、加大厂务公开考核力度、企业为职工缴纳养老保险金情况必须每年向职工公布写进集体合同条款,工会组建和争当文明职工活动列入年终综合考核等一系列的建议均被采纳。为县委策划起草《关于在深化改革中进一步全心全意依靠工人阶级和加强工会工作的意见》(东委〔1999〕9号)《关于进一步加强新经济组织工会组织建设的意见》(东办发〔2000〕56号)等文件。2000年,向县委提出各级人大、政府、政协分别与同级工会建立联系制度的建议得到采纳,全县26个乡镇全部建立联系制度。由此,工会的各项工作尤其是基层工会组建、厂务公开、职工维权等重点工作得到各方的有力支持和推动。为此,全国、省、市人大和全总,省、市总的刊物进行宣传报道。2001年,研究起草的《关于新建企业建立职工代表大会制度的意见》,由县厂务公开领导组名义下发。2002年,县总拟订的《如东县改制企业计提、剥离资金(资产)管理办法》《关于继续做好领导干部与特困职工结对帮扶的通知》由县委办、政府办下发执行。从而使职工的经济补偿金等经济权益和开展对困难职工帮扶工作得到有效保障。此做法得到南通市领导充分肯定和新闻媒体关注。《工人日报》《江苏工人报》均在头版报道,江苏卫视在《职工之音》栏目中播出。当年,县人大与县总召开第三次联席会议,创新联系制度,实行完善一个机制、围绕一个中心、定出一个重点、把握一个适度、实现一个提高“五个一”工程。9月,省人大副主任、省总主席张艳对如东工会与人大联系制作出指示,着重强调在新形势下联系制度是依法督查《中华人民共和国工会法》及《江苏省实施〈中华人民共和国劳动法〉办法》的有效措施并在全省推广。

2003—2013年,县总与县人大召开7次(共12次)联席会议,每次的联席会议,县总交流工会工作和依法维护职工权益的重点、难点问题后,共同商定工作方案,联合开展考察检查和执法检查活动。此举先后获市、省工会工作“创新成果”奖。与县政府召开多次联席会议,通过联席会共同研究重点工作,议定具体措施。第4次联席会上,对职工工资集体协商等7个问题进行共同研究并妥善解决。县总先后建议或起草(制订)并由县政府下发《关于进一步推进企业劳动报酬集体协商工作的意见》《关于建立完善如东县特困职工帮扶救助机制暂行规定》等文件,由县委办、县政府办下发《关于继续做好领导干部与特困职工结对帮扶的通知》《关于全面开展和谐劳动关系企业创建工作的实施意见》《在全县开展向薛济平等劳动模范学习活动的通知》等文件。与县政协召开的联席会议上,县总通报工会工作情况,听取建议意见,参与政协开展职工“献良策、展才华、创新业”主题活动自主创业先进人物评选,围绕清欠农民工工资、缴纳社会保险等联合开展调查研究和考察检查等活动。其间,2009年县总机关人员分片深入各镇,对55个停产、半停产企业下岗人员、欠薪情况调查摸底,向县政府提供金融危机企业造成的影响及对策;建立信息反馈机制,发放《企业工会调查问题》;及时汇总上报苗头性、敏感性、群体性等重点信息以及各级工会工作情况和职工工资福利情况,形成调查报告,给县政府和上级工会决策参考。2013年7月,县总劳动法律监督委员会通过基层监督委员会,调研400多个企业了解企业遵守劳动法律法规、保障劳动者合法权益的情况,对工会信访工作和区域劳动争议调解组织建设情况调研,发现部分企业生产环境不达标,安全防护不到位,安全培训不坚持,工伤事故多,劳动争议发生率高和职业病及疑似职业病人数量上升态势。对此,及时向县有关部门反映,并提出建议意见,得到有关方面的重视。

2014年7月,根据上级工会要求,县总劳动法律监督委员会组织基层监督委员会,对400多个企业采取职工座谈会、无记名职工和工会干部问卷调查,了解企业遵守劳动法律法规、保障劳动者合法权益的情况,以及对工会信访工作和区域劳动争议调解组织建设情况调研。调研后对企业遵守劳动法律法规存在的共性问题进行归纳,其中突出的问题是企业生产环境不达标,安全防护不到位,安全培训不坚持,工伤事故多,全县每月工伤案件15起;由工伤事故多带来的劳动争议发生率高;企业职工职业病及疑似职业病的人数也呈上升态势。对此向县委、县政府及有关方面提出建议意见,为党政提供县域劳动关系的基础性资料,供县委、县政府决策参考。

第四节　推行“共保合同”制度

1988年7月,县总与县体改办转发市总、市体改办《关于在企业推行“双保合同”的意见》,要求各企业在实行经济承包责任制的同时,有计划地推行“双保合同”制度。把企业的生产经营目标或厂长任期目标作为共保目标,把经营者承担的责任转化为全体职工共同奋斗目标,形成经营者和劳动者共担风险、共负责任、共享利益,使经营者的利益和职工主人翁地位相统一,双方建立起互相依靠,密切合作的新型关系,并确定县黄油枪厂为试点单位。县黄油枪厂经宣传发动,组织干部、职工学习有关文件,形成基本共识。职代会上,由厂长刘振声代表行政、工会主席孙炳荣代表职工签订全县第一个“共保合同”。年底,县黄油枪厂按“共保合同”所规定内容,除受国家宏观控制外,其余的项目均得到实现。稍后,掘港轧花厂起草“共保合同”方案过程中,召开有关人员座谈会,广泛听取职工意见。合同初稿形成后,发动职工充分讨论,形成正式方案,经职工代表大会审议通过。会上,厂长代表行政、工会代表职工、中共支部见证,举行庄严的签字仪式。1989年1月,省委、省政府办公厅转发省总、体改办、计经委《关于从实行承包经营的企业中推行共保合同的意见》后,石油机械厂、食品机械厂、栟茶轧花厂等实行承包经营的企业实施共保合同制。8月上旬,县总转发县黄油枪厂《推行“共保合同”的方法和体会》后,至年底先后20个企业签订“共保合同”。掘港轧花厂强化“共保合同”签订后的管理,围绕企业发展的难点、重点,把“共保合同”的管理过程变为依靠职工群众的努力,提高产品质量和经济效益,振兴企业的过程。结合完善责任制,将共保目标、任务、职责分解到车间。并通过党、政、工联席会议,对“共保合同”落实情况进行检查督促。该企业连续两年圆满实现“共保合同”并严格按“共保合同”兑现。

1990年,县总会同县体改办等部门总结县纺织厂、掘港油米厂实行“共保合同”经验,推广到全县所有基层工会。同年3月,市总召开维护职工合法权益表彰大会,县农药厂、岔河油米厂及县染织厂宗惠芳受到表彰。7月上旬,县总会同县经委、体改办到丰利棉织厂、县缸套厂商讨二轮承包及“共保合同”试点方案。10月,与县体改办、经委联合发出《关于承包企业中进一步推行“共保合同”的意见》,明确提出年内全县所有承包企业必须全面推行“共保合同”工作。县缸套厂二轮承包(试点单位)举行签字仪式。当年,组织全县区镇工会和200人以上单位工会主席听取“二轮承包企业中如何推进共保合同制”专题辅导。1991年初,各基层工会主动协助行政,努力做好上年“共保合同”的兑现。对于一些停产、半停产企业和亏损大户,落实对策和措施,加强“共保合同”中期管理和年终兑现工作。全年二轮承包的160个全民、大集体企业签订“共保合同”130个,占80.5%。1992年底,全县216个企业签订“共保合同”,县化工厂二轮承包的“共保合同”,把各项任务指标分解落实到各责任部门,层层签订到人,形成利益共享、责任共担的格局。1993年后,签订企业数未有大的突破。至1995年后,逐渐由集体合同所取代。

第五节　推广集体合同制度

1994年,《中华人民共和国劳动法》正式颁布。《劳动法》规定:企业职工一方与企业可以就劳动报酬、工作时间、休息休假、劳动安全卫生、保险福利等事项,签订集体合同。

1995年初,县总在继续开展“共保合同”工作的同时,根据上级总工会要求,在外商投资企业、私营企业和有条件的国有大中型企业进行签订集体合同试点工作。4月,会同县经济体制改革委员会、劳动局联合提出《关于在全县企业中推行“集体合同”制度的意见》,明确凡县境内属于《劳动法》第二条第一款规定的用人单位,均应推行集体合同制度。遵循合法、平等合作和协商一致;权利与义务相结合;维护正常的生产、工作秩序的原则。内容包括劳动报酬、工作时间、休息休假、保险福利、劳动安全与卫生、女职工特殊保护等12项及订立的程序。5月,县总与县劳动局举办“集体合同签订培训班”,全县55个基层工会主席和企业行政领导参加培训。当年,经试点、培训指导,至年底,20个企业签订集体合同,计签订集体合同41个,实现集体合同37个。同时139个企业继续履行“共保合同”。自1995年进行平等协商签订集体合同以后,根据企业性质、经营状况,分别采取综合性集体合同、单项性集体合同、区域性集体合同等形式进行平等协商签订集体合同。

1996年,全县全面实施“先售后股”为主要形式的企业改制,企业签订“共保合同”逐步向集体合同接轨,签订集体合同作为企业制度固定。10月,县总在《关于加强改制企业工会工作的意见》中提出:要“建立集体协商和签订集体合同制度,工会应与企业建立平等协商制度。”当年,49个企业通过平等协商正式签订集体合同,实现集体合同兑现44个。改制企业把平等协商、签订集体合同写入公司章程。1997年,县总实行目标管理、分类指导、明确责任、严格考核等措施,平等协商签订集体合同企业131个,完成市总下达任务。南坎乡工会除完成份内指标任务外,发动县第一水泥厂等3个未建工会组织的乡办企业签订集体合同。1998年4月,市总转发全总《工会参加工资集体协商的指导意见》的通知。提出工资集体协商签订工资合同的定义、适用范围、遵循的原则、内容、应考虑的影响因素等问题。明确“上级工会对企业工会参加工资集体协商,签订工资集体合同的工作负有帮助、指导和监督检查的责任。”7月,全县168个企业签订集体合同,涉及职工2.33万人(其中含20个外资企业和3个私营企业)。县总针对推行平等协商和集体合同制度工作在乡镇和有关行业之间发展不平衡,部分改制企业、外商投资企业、私营企业推行缓慢的现状,发出《关于进一步建立健全平等协商和集体合同制度工作的意见》的通知，指出生产经营正常稳定、经济效益较好的企业就应工资、工时等内容进行平等协商，签订全面的综合性集体合同，其具体劳动标准一般应高于《劳动法》的基本规定。并对生产经营和经济效益不太稳定的企业、生产经营很不正常的停产半停产企业、长期严重亏损的特困企业、外商投资企业等新经济组织分别提出要求。1999年底，全县累计签订集体合同78个，其中集团公司含17个分公司；区域覆盖215个企业。南坎乡、双甸镇、掘港镇、马塘镇、丰利镇和建工局等单位进展较顺利。

2000年，县总把提高集体合同的质量列入"建家"(建职工之家)活动的主要内容，把平等协商、签订集体合同作为"三个代表"[①]重要思想的基本要求。7月，会同县劳动局、计经委、县企业家协会发出《关于积极推行平等协商和集体合同的通知》。提出国有、集体企业和公有控股公司制企业的集体合同签约率(含续签)达到95%以上，外商投资企业、私营企业、乡镇企业签约率(含续签)85%以上，各新建企业75%以上的要求。指出改制企业要本着"企业改到哪里，集体合同就要新建、重建到哪里"。10月，县总又发出《关于加强工资集体协商工作的通知》，强调在实际工资协商工作中要坚持有利于促进企业的改革、发展和稳定，职工的长远利益与具体利益相结合等6条原则及4个注意点。与县劳动局仲裁科及劳动监察科联合成立集体合同检查监督组，不定期组织督查。各乡镇建立的劳动争议调解委指导委员会也被赋予劳动监督检查职能，对集体合同履行情况检查监督。县总健全集体合同台帐的同时，对集体合同到期的企业，下发《如东县基层企业集体合同签订(续签)通知单》。12月上旬，县总开展对集体合同进行检查活动，由基层工会自查，县总组织抽查。检查内容为平等协商的程序、集体合同的内容和履行情况。截至12月，全县143个企业签订集体合同，26个乡镇中22个乡镇工会工作委员会和镇企业管理站，21个乡镇私营企业工会联合会和镇私营企业协会(机电、建工)签订区域性集体合同，覆盖企业943个，累计1086个。全县建工会企业集体合同签约率为89%。所签集体合同经职代会通过后，劳动部门审查登记，报送审查登记率100%。当年10个到期企业100%完成续签工作。同时，17个不同类型的工资协商协议签订试点企业，13个已签订，4个进入协商阶段。当年，县外商投资企业协会、县外商投资企业工会联合发出《关于执行〈如东县外商投资企业区域性集体合同〉的通知》。2001年，全县工资集体协商的非公企业115个，签订劳动保护集体协议34份，区域集体合同71份，覆盖企业1427个，覆盖职工5.05万人。全县集体合同到期续签率、改制企业修订或重签率、报送劳动部门审核登记率均达100%。集体合同的履约，职工满意率为90%以上。至2002年8月，全县累计1470个企业签订集体合同，140个非公企业签订工资集体协议。

①"三个代表"：代表中国先进生产力的发展要求、代表中国先进文化的前进方向、代表中国最广大人民的根本利益。

2003年,以全省开展维权年和工资集体协商推进年活动为载体,突出建制、扩面和规范运作,全县建立集体协商、集体合同制度企业1400个,占建会总数100%。498个企业开展工资集体协商、签订集体协议工作,完成市总总指标249%。同时,签订劳动保护集体协议68份,改制企业计提、剥离资金专项集体合同13份,女职工特殊权益保护协议32份。2004年,全县签订集体合同覆盖企业1466个,其中单独签订集体合同649份;签订区域性集体合同215份,覆盖企业817个。建立工资协商制度企业累计1466个。同年4月,在掘港镇余荡村试点,由村工会联合会代表外出务工人员,与劳务输出承包者就外出务工人员的劳动报酬、分配等相关问题进行充分协商,签订劳动输出人员工资保障协议。2005年,县成立企业工资集体协商工作领导组,县政府下发《关于进一步推进企业劳动报酬集体协商工作的意见》。县总专题召开村工会联合会会议,推广余荡村签订外出务工人员工资保障协议的做法。举办全县工资协商指导员培训班,发放《关于开展"工资协商月"活动的实施意见》,印发工资协商建议卡。经1年多努力,4个规模较大的劳务公司以及分布在各镇、村的劳务输出公司与劳务工均签订劳动合同,为劳务工办理养老和工伤保障。全县签订外出务工人员工资保障协议23份。845名劳务工办理失业保险,155名女工办理生育保险,175名办理医疗保险。未参加医保的实行定额补贴,每人每月不少于30元(随工资发放),劳务工资不少于500元。《江苏工人报》为此连续3次报道。2006年5月起,全县包括农民工在内各类人员纳入城乡居民医疗保障,实行城乡居民医疗保障全覆盖,全县5万多农民工得到医疗保障和救助。同时,县总与县政府召开第5次联席会议,研究并落实劳动报酬集体协商工作考核办法。至年底,全县25人以上职工的企业已有585个与职工单独签订劳动报酬集体合同,1486个小型企业与村工会签订区域性集体合同,覆盖率超过90%。

2007年,县总开展"工资协商要约"活动,指导企业根据生产经营的实际,确立工资协商内容和重点,科学提出要约。当年全县单独签订工资协商协议807份,其中百人以上企业签订率100%。2008年起,开展要约行动,推广工资协商"一函六书"[①]制度,推动企业充分落实农民工同工同酬,探索企业落实带薪年休假工作的协商。与政府召开第6次联席会议,由县政府下发《关于深化工资协商制度的意见》。制作工资协商宣传片,在县电视台播放。会同县人力资源和社会保障局在全县以镇为单位,召开工资协商人员观摩培训会。通过观看模拟录像、讲授谈判技巧、典型单位交流经验等方法,对1200多名基层工会干部、工资协商人员进行工资协商集体培训。发放《开展工资集体协商要约月活动的通知》,加强督促、检查、指导。2009年,县总、劳动和社会保障局、发改委等部门和单位联合发出《关于开展共同约定行动的通知》,在全县企业和职工推行"共同约定行动"。全年共发出要约书115份,

①"一函六书":上级部门对基层企业行政或工会的特别提示函、集体协商要约书、回复书、限期改正书〈工会〉、限期改正指令书〈劳动〉、审查意见书、履约情况报告书。

经集体协商签订工资协议52份,累计签订工资协议335份。14个镇、4个区结合企业生产经营实际,分别组织推动420家受金融危机影响较大的企业,开展以“保企业、保就业、保收入,维护和谐稳定劳动关系”为主要内容的“共同约定行动”,覆盖职工4.32万人。2010年,县总起草由县政府发出《关于进一步推进企业工资集体协商工作的意见》,全县931个企业工会向企业行政要约,并签订工资专项集体合同。2011年初,工资协商工作纳入县政府“十二五”发展规划。5月,县总组织人员先后分赴各镇、经济园区典型企业签订集体协商合同。9月20日,县人大专题召开关于企业工资集体协商工作情况汇报会,督查全县工资协商工作。县总会同县工商联邀请省总干校工资协商专家到如东为企业专题授课,阐述开展工资协商的法律要求和双赢意义。各镇(区)分别以典型企业组织所属基层企业现场观摩。当年全县50人以上建会企业共签订工资协商协议632份。2013年,确定以50强企业工会协商工作为重点,以1000人以上龙头企业为典型抓手,推进面上工资协商工作。整理出50人以上企业工资协商集体为必报单位;全县12个镇(区)人力和社会保障所所长兼任镇(区)工会副主席。当年,全县50人以下企业协商通过镇(区)工会与企业代表或商会协商实行全覆盖。50人以上建会企业(集体合同)工资协商协议签订950多份,实现“50人以上企业的工资集体协商建制率达95%以上”目标。全县单独签订女职工专项合同562份、区域合同20份,覆盖女职工8.17万人,签订率达98%。

2010年9月20日,县人大召开企业工资协商工作情况汇报会
(县总办提供)

2014年,县总与县人社局、工商联等部门(单位)互相沟通协调,准确确认50人以上企业工资协商集体合同必报单位;在全县12个镇(区)实行人社所所长兼任镇(区)工会副主席,增强基层企业工资集体协商工作的统一组织领导。县总联合南通仲裁委员会如东办事处等单位,组建如东县职工维权中心,建立工资集体协商专家指导组。确立以县50强企业工会协商工作和1000人以上县龙头企业为重点,完善工资协商工作推动计划,开展企业工资协商的指导和服务。按加强要约提醒、法规政策告知、程序监督和职代会讨论旁听等要求,促进劳资间的沟通交流和职工队伍与社会的稳定,推动县域社会重大劳资关系的稳

定。在全县开展工资集体协商春、秋两季“要约月行动”,向基层发放各类宣传资料500余份,“要约月行动”中采取单独要约、集中要约、分片要约等形式,共发出工资集体协商要约书600份,收回450份;开展工资集体协商企业450家,签订工资集体专项合同415份,覆盖企业450个,并收集、整理基层工资协商典型案例15篇,职工的合法权益得到有力地维护职工劳动积极性得到发挥,企业与职工达到互利共赢。

第六节　推进厂务公开制度

1998年,县总对厂务公开在小范围内进行宣传动员后,部分企业工会正式向单位党组织提出厂务公开具体方案。1999年,启动厂务公开试点工作。当年,县委、县政府建立县厂务公开领导组(领导组办公室设在县总工会)。县总与县委组织部、县计经委、监察局联合制定《关于推广厂务公开的实施办法》。县总按“办法”开展县级试点和乡镇的试点工作,组织全面的宣传活动和调研指导、总结推广活动。至年底,国有、集体和公有资产控股企业厂务公开初步推行率80%以上。省委、省总调查组两次到如东专题调研,均给予好评。2000年3月,县总第十三届三次全委会上,提出“厂务公开要全面推广,年内在国有和国有控股企业中达100%”的要求;把企业的难点和职工关心的热点作为厂务公开的重点,让职工知厂情、议厂事,群策群力、共谋发展。后又安排县供电局、如东农药厂、南通东方明珠粮油饲料实业有限公司、如东通用机械有限公司、南通大东有限公司等单位在县工会工作会议上专题作厂务公开做法交流介绍。县农药厂制订《厂务公开实施细则》,规定将物资采购供应、基建项目预算、业务招待费、职工收入分配、干部廉洁自律等内容,采用公开栏、厂情通报会等形式,定期向全厂职工公开。如东通用机械有限公司厂务公开做到组织机构与职责和公开程序、内容、形式、时间5个明确,正常、及时向职工亮家底、讲厂情。县供电局突出热点,公开企业领导廉政建设情况;抓住焦点,公开企业用人制度;围绕难点,公开职工切身利益问题,以职代会、公开栏、办公自动化系统等形式作为厂务公开的主要载体。县总先后制订《关于推行厂务公开、民主管理的实施意见》《如东县厂务公开、民主管理考核办法》,并列入“建家”活动的主要内容。相继制定《关于推行厂务公开民主管理的实施意见》《如东县厂务公开、民主管理考核办法》,将厂务公开作为“一把手”工程、考核结果列入考核对象工作实绩。至年底,全县国有、县属集体和公有资产占主体的公司制企业厂务公开推行率达100%,其中70%达规范化标准。全县企业厂务公开率为88%。为此,《南通日报》以《整体联动抓重点,落实责任出重拳——如东推行厂务公开求实效》为题进行报道。同时,县教育、卫生、金融系统公开机制也全面建立,县工商银行行务公开经验被省厂务公开协调小组转发推广;县总被南通市厂务公开协调小组评为先进单位。2001年,深化厂务公开,力求提高质量、完善机制、规范运作、讲究实效,并向非公企业推广。2002年,全县国有、集体和控股企业100%实行厂务公开,事业单位推行事务公开的面占95%,已建工会非公企业厂务公开建立面占应建总数50%。至2006年,全县692个独立建会的非公企业全部实行厂务公开制度。2008年后,县总依法推进厂务公开民主制度建设,深入企业宣传贯彻《江苏省企业民主管理条例》等法规,加强厂务公开民主管理制度的落实。2010年,全县有3个单位被省总评为民主管理工作先进集体。全国第六次厂务公开民主管理工作调研检查组到如东调研检查后,对如东积极开展厂务公开民主管理工作所取得的成果给予充分肯定。当年,全县实行厂务公开民主管理制度的企业单位2766个。

2014年,县总倡导"企业依靠职工发展、职工依托企业成长"的工作理念,坚持厂务公开民主管理促进企业与职工共同发展。针对一些企业经济下行的趋势,发动各企业工会组织职工参与广泛开展多种形式的建功立业活动,教育引导职工积极主动献计出力,与企业共同应对困难,与企业增进和谐共谋发展。县总引导企业以发展和谐劳动关系为主线,充实和丰富厂务公开民主管理的内容和手段;以贯彻省总《关于进一步加强全省厂务公开意见》为抓手,推进劳资沟通正常化、经常化、制度化;把建设创新型企业的目的要求、工作措施、落实责任和绩效考核,以及实施"协商薪酬制度、激励职工创新计划"等方面工作,列为厂务公务公开的重要内容,引导和激励职工主动参与民主管理的热情。

第九章 生活保障

中华人民共和国成立之初，国民党反动政府留下的如东工业是一片烂摊子，工厂停产倒闭，大批工人失业。如东工会组织面对百废待举的局面，积极配合人民政府做好失业工人安置和救济工作，并协调好劳资关系，使资方拖欠工资、无理解雇工人等问题得到妥善处理。对蓄意解雇工人的不法资本家，县总工会组织职工与其展开说理斗争，以保障职工合法权益。职工生活得到保障，以主人翁姿态投入经济恢复和社会主义改造运动，促进了如东经济发展。

20世纪50年代末、60年代初，由于经济工作出现失误，加之遇上三年严重自然灾害。在“三年国民经济困难时期”及以后的经济调整中，全县有大批职工精简下放。做好精简下放职工安置与救济，成为当时全县各级工会组织职工生活保障工作的主要任务。工会配合政府做好下放、退职、退休职工的政策处理，解决下放户缺少房屋、衣被的困难，并经常派人与下放人员取得联系，为他们办实事。直到70年代中期，全县精简下放职工全部落实政策，工会对这一时期的职工生活保障工作做得善始善终。

1986年，全县各企事业全面推行劳动合同制。劳动制度改革后，工会职工生活保障工作是这一章的重点。从送温暖工程、促进再就业、推行集体合同制开展工资集体协商等方面，县总所组织的重大活动、争取政府制定出台的重点政策、各项措施所取得的实际成效、困难职工所受到的有效帮扶等等，本章逐年各有侧重地进行了记述。

第一节 失业职工以及精简下放职工的安置与救济

一、失业职工的安置与救济

1949年,掘港、马塘、栟茶、丁埝、白蒲、岔河、丰利等集镇的一些工商户出现解雇职工的现象。1950年,全县大小集镇失业与半失业工人共331人。县总配合地方政府组织工人生产自救,渡过灾荒。其中介绍回乡生产72人,介绍转业57人,介绍其他工作16人。并向180余名失业工人发放贷款粮4850公斤大米。县政府发放5期贷款计3094万元(时币)。全县有3个港口,98条海船,船工1386人,其中失业411人。经过劳资协商,动员70%有土地的失业船工回乡参加农业生产;没有土地的仍随船主下海捕捞,维持生计。

1951年,各大集镇成立劳资关系研究会,在民主、平等、自愿、两利的基础上建立劳资关系。各基层工会监督资方遵守和执行政府有关保护职工利益的政策、法令,制止虐待,废除陋规,爱护学徒,调整不合理的工资。1952年,全县共发生劳资纠纷83件,资方无理解雇工人156人。经过劳资关系研究会的工作,使资方拖欠工资、无理解雇工人等问题得到妥善处理。对蓄意解雇工人的不法资本家,县总组织职工与其展开说理斗争,以保障职工合法权益。

1953年起,如东按照中央《救济失业工人的暂行办法》,向工商业联合会和基层供销合作社等单位征收失业基金。当年一季度,县劳动科就利用征收的2660万元(时币)失业基金,救济472户失业工人家庭。县总配合做好失业工人安置工作。对失去劳动力的老人,县政府拨出一定数量救济费,安排好他们晚年生活。

二、精简下放职工的安置与救济

1960—1962年,连续遭受严重自然灾害的"三年国民经济困难时期"。遵照中共中央关于"缩短战线、保证重点、整顿劳动力,加强农业第一线"和减少城镇人口的指示精神,如东于1960年初开始压缩城镇人口,精简部分职工。到1961年底,精简全民所有制职工2402人。1962年,根据南通地委要求,到年底实际精简全民所有制职工1130人。次年又精简全民所有制职工1712人。此后,至1970年春,又下放部分职工。

对于精简、下放的职工,县总及时与政府有关部门做好安置与生活救助工作。1964年,县总与有关部门配合栟茶、双甸、丰利区以及一些集镇、农村公社组织66人,先后对这3个区1961年以后的下放人员进行调查访问,帮助264户下放人员解决木材22立方米,毛竹644支,布票775米,尿素袋555条,棉絮55条,救济款5964元,基本解决下放户缺少房屋衣被的困难。

在精简职工运动中,各地工会组织主动配合行政做好下放、退职、退休职工的政策处理,帮助回乡人员办理粮油户口转移手续,解决生产、生活中必需解决的问题,并经常派人与下放人员取得联系,为他们办实事。

1973年春,县建立下放人员办公室,先后对下放职工进行3次全县性调查和登记,并由县劳动部门对这部分人员给予统筹安排。县总组织参与配合这项工作。原全民所有制职工和1966年底之前参加工作的全民计内工仍回全民所有制单位。1978年,根据上级通知,将1969—1970年下放的职工全部迁回城镇,转为定量户口,在下放期间工龄连续计算。在职工工作和户口中的问题,得到彻底解决。

第二节　送温暖与促就业

一、大力实施送温暖工程

1999年,全县各级工会干部深入班组、走访家庭,调查、核实困难职工生活状况,提出解困建议,并开展“领导干部与困难职工家庭结对帮扶”活动,发动各层面力量实施送温暖工程,引导全社会关心困难职工。县级机关96个单位领导与116户特困职工结对帮扶,并积极开展捐款、赠物、建房、助学、就业等各类帮扶活动,年内脱贫率达33%。县总被省总评为“实施送温暖工程先进单位”。

2000年,积极争取政府支持和社会各界捐助,全年筹集送温暖工程基金30多万元,至年底,基金结余63.54万元。创新开展“四帮三化”①结对帮扶活动。2001年,健全帮困救助机制,全县确认特困职工77户,困难职工40户,按规定享受有关优惠政策。89个党政部门领导与77户特困职工、12户低保及困难职工结对帮扶,帮扶解困资金近6万元。全县开展“献爱心一日捐”活动,收到捐款4.92万元。各级工会春节送温暖,走访慰问困难职工1690人次。2002年,在县总争取下成立以县长为组长、县级机关相关部门领导为成员的县送温暖工程领导小组。同时,协助县委办公室和县政府办公室起草下发《如东县改制企业计提、

①“四帮三化”:党委政府联手帮、工会领导带头帮、运用政策依法帮、抓好培训技术帮,帮困管理制度化、帮困措施多样化、帮困考核指标化,有效推进职工生活保障事业发展。

2004年3月24日，县总召开特困职工帮扶工作座谈会　（县总办提供）

剥离资金(资产)管理办法》,参与企业改制和验收,维护职工合法权益。加强与民政部门联系,使符合低保条件的特困职工实现应保尽保。继续做好领导干部与特困职工结对帮扶工作,广泛开展为困难职工"献爱心、献政策、献点子、献资金、献岗位"的"五献"活动,全年帮扶资金、物品25万元。强生(江苏)手套有限公司连续4年捐款共40万元。全县各级工会在元旦、春节期间走访慰问困难职工1810人次。

2003年,建立如东县困难职工援助中心,健全规章制度和工作机制。继续做好领导干部与特困职工结对帮扶工作,全年结对帮扶特困职工84户,帮扶资金12.40万元。帮扶困难职工1.40万多人,资金288万元,其中工会补助困难职工4181人,资金88.70万元。协助政府将42名特困职工纳入低保,实现应保尽保。完善困难劳模档案,对全县168名全国、省部级劳模进行慰问。继续开展"献爱心一日捐"活动,收到捐款11.60万元。2004年,探索送温暖工程新路子,构建送温暖工程的生活帮扶、教育援助、医疗救助、就业帮扶、临时应急帮扶五大援助机制,保障特困职工基本生活。继续以县"两办"名义下发《关于继续做好领导干部与特困职工结对帮扶的通知》,结对帮扶困难职工73户,走访慰问困难职工361人,发放慰问金32万元。继续开展"献爱心一日捐"活动,收到捐款8.60万元。2005年,县总起草《关于建立完善如东县特困职工救助帮扶机制暂行办法》,由县政府办公室转发。《办法》共有18条政策,涵盖对特困职工卫生、教育、就业、住房、水电、有线电视等方面扶助内容,并明确相关单位做好督促落实的工作职责。年底,专题召开领导干部与特困职工结对帮扶工作会议,80个结对帮扶单位分管领导参加,强调致力于扶贫帮困长效机制的健全和完善。2006年，县总督促相关部门认真落实《如东县特困职工救助帮扶机制暂行办法》，深入开展领导干部与特困职工结对帮扶工作，筹集送温暖基金20万元，慰问特困职工8000余人。2007年，继续做好结对帮扶工作，组织77个单位与94个特困户结成帮扶对子，帮扶金额达18.80万元。筹集送温暖基金76.80万元，慰问困难职工1万多人。深入开展"金秋助学"活动，县总筹集资金37.70万元，发放助学款33.50万元，资助特困职工、困难职工和困难农民工子女1340名。2008年，对全县包括农民工在内的所有困难职工进行调查，确定233户困难职工，并制定出台《如东县困难职工帮扶救助办法》。从233户困难职工中选出20名特困职工，邀请参加机关文化节，现场接受县委、县人大、县政府、县政协主要领导慰问。2009年，依据困难职工帮扶救助办法，县总从日常生活帮扶、教育援助、医疗救助、就业帮扶、临时应急帮扶等多方面入手，共资助困难职工家庭在学子女172名，一次性资助款16.50万元，生活救助13.60万元，医疗救助10万元；"两节"[①]送温暖、临时性应急救助近400人，救助金额40多万元。全年帮扶救助资金达80.10万元。同时，为特困职工家庭争取政府优惠政策，为53户患重大疾病特困职工家庭办理红十字会医疗救助证，其中14户特困职工享受红十字会救助款5万元。2010年，全县核定特困职工、困难职工、困难劳模和困难工会主席共240人，困难学生141人，按照标准共发放困难家庭学生助学金15.30万元。为23名患大病的困难职工实施医疗救助，共发放救助金8.20万元。为42名患重大疾病的特困职工家庭办理红十字会医疗救助证，12名特困职工享受医疗救助金4.20万元。春节慰问226户，发放慰问金14.18万元。县总给特困职工家庭每户每月发放生活补贴100元，全年共发放15.12万元。2011年，以县困难职工帮扶中心为平台，健全完善县、镇（区）、基层3级帮扶网络，开通帮扶热线，对所有困难职工在第一时间内实行帮扶，并建立帮扶职工动态档案，实现困难职工帮扶全覆盖。2012年，全县核实确定特困职工147户、困难职工57户、特殊困难职工25户、困难劳模10户、困难工会主席15人。按照每户每月150元标准发放特困职工生活补助计26.28万元。春节期间送温暖、临时性应急救助300人，支付救助金额15万元。在"金秋助学"活动中，为134户特困职工、困难职工、特殊困难职工子女发放助学金计16.16万元。一年中，县总共帮扶605人次，帮扶金额75万元。同时，争取县红十字会支持，有8名困难患病职工享受红十字会医疗救助5.60万元。2013年，全县核实确定特困职工133户、困难职工45户、特殊困难职工19户、困难劳模10户、困难工会主席15名。春节送温暖、临时性应急救助200名，支付救助金额15.14万元。按照每户每月150元的标准发放特困职工生活补助23.94万元。开展"秋季助学"活动。当年，县总在助学上又确定新的标准：学前教育阶段每人每年400元，义务教育阶段每人每年600元，高中（含中专、职高、技

①"两节"：元旦、春节。

校)阶段每人每年1000元,大学阶段(含大专)每人每年2000元,研究生阶段每人每年4000元。全县共发放助学金额15.82万元。另外,医疗救助17人,救助金额5万元。一年中,县总共帮扶682人次,发放帮扶资金总额达60万元。同时,争取县红十字会支持,有6名困难患病职工享受红十字会医疗救助3.2万元。2014年,县总进一步加强职工服务站(点)建设,截至年底,全县建成镇区(系统)职工服务中心14家,社区、企业服务站(点)226家。实现工会帮扶工作走向常态化、长效化。全县年初核定特困职工家庭134户,年中脱贫2户,新增5户。县总全年帮扶682人次,帮扶金额71.57万元。其中,春节送温暖、临时应急救助256人,支付资金13.1万元;发放生活补助30.87万元;发放医疗救助21人次,6.72万元;为103名特困职工、困难职工子女发放助学金20.84万元。

二、促进就业再就业

1999年,县总认真做好再就业职工培训工作,全县共培训3218人次。县总获江苏省"再就业爱心奉献奖",2人被评为江苏省"促进再就业工作先进个人"。2000年,县总深入调查下岗职工情况,建立促进再就业工程领导小组,积极参与政府相关部门制定再就业政策。通过职工学校和基层工会办班及委托办班等方式,共培训下岗职工680人;参与劳动部门联手,为失业职工举办12期职业指导和转岗转业培训班。2001年,县总通过办班或协助组织办班,对355名下岗失业人员进行岗位技术培训,并多渠道推荐就业。2002年,为全县改制攻坚年,49家县属企业全面改制为民营企业,职工下岗分流和再就业面广量大。县总多方协调,争取改制企业职工二次就业,全县下岗分流职工重新就业6689人。同时协助县政府完善再就业政策,改制企业特困职工凭特困证,一律不得下岗分流。实施大龄下岗失业职工再就业援助行动,全县各级工会安置下岗失业人员再就业560多人。2003年,县总促进再就业工作领导小组制订促进再就业计划,并分解落实到各级工会组织。通过全县各级工会推荐安置下岗失业人员再就业,全年共推荐再就业583人,完成市总指标116.50%。

1999年,县总获得的再就业"爱心奉献奖"奖牌 (县总办提供)

2004年,县总树立南通久和药业、如东振兴化工和南通燎原针织3个创业示范基地,扶持一批下岗失业人员实现自主创业。完成下岗失业人员转岗培训1868人,职业介绍612人,安置就业565人。2005年,建立如东县总工会创业就业服务中心,各镇工会认真收集各类用工信息,及时推荐到"中心",全年共推荐就业724人。同时,注重发挥工会实体和再就业示范基地的作用，全县工会实体共吸纳下岗失业职工186人。2006年，继续完善创业就业服务中心，为下岗失业职工提供免费培训、政策咨询、创业指导、推荐就业及小额贷款一条龙服务，先后为601人免费培训并推荐就业，新增小额贷款14人，贷款金额32万元。2007年，进一步完善创业就业服务中心，举办创业就业招聘会，组织22家招聘单位，为求职人员提供31个工种、2400个名额的就业机会，先后为86人免费培训并推荐就业。2008年，通过多渠道收集63家用人单位用工信息，采集2034个就业岗位，举办2008年秋季人力资源招聘洽谈会，266人达成就业意向。2010年，县总联合县人社局举办下岗失业人员大型招聘会，组织80多家用人单位进场，现场达成就业意向215人。落实“技能培训促就业”行动，全年共培训在职职工、农民工、城镇下岗失业人员等532人，培训工种包括电工、车工、钳工等10多个，介绍安排就业468人。当年，县总根据家庭、单位对保安、保姆、保洁等家政服务快速增长的需求，大力实施“家政服务工程”。经过调查研究和各项准备工作，并在第一期培训班取得成功的基础上，于年底，县总与商贸、财政、人社部门在县第一职教中心举办全县“家政服务工程”启动仪式，第二期家政服务培训班同时开班。此次为期15天的培训班，共培训学员103名，除培训费用全免外，每人每天还得到20元补贴和1份快餐。参训的103人全部就业。“家政服务工程”的实施，给全县大批下岗失业人员、“4050”（女40岁、男50岁以上）人员等就业弱势群体创造再就业机会。2011年，县总扎实开展“技能培训促就业”行动，根据企业和职工所需，制订计划、精心组织，进行职工职业技能和就业培训，积极实施农民工和下岗失业职工就业援助行动。全年共培训在职职工、农民工、城镇下岗失业人员以及社会其他人员720人次，培训工种包括电脑、缝纫、电工、车工、钳工等10余个，介绍安排就业512人，形成“技能培训、职业介绍、安置就业”一条龙服务。2012年，县总举办4期家政报务培训班，对105名就业困难人员进行免费就业技能培训；与县人社局及社会培训机构联合组织技能培训。全年共培训在职职工、农民工、城镇下岗失业人员及其他社会人员806人次，介绍安排就业582人。2013年，县总结合如东实际，下大力气，倾注人力和财力，持续扎实开展全县技能培训促就业行动。全县共培训在职

2010年县总举办的“家政服务培训”　（县总办提供）

职工、农民工、城镇下岗失业人员以及社会其他人员1520人次,培训工种增加到包括电工、车工、钳工在内的15个,介绍安排就业460人;与县职业培训中心联手,积极实施家政服务工程,共培训200人,全部实现就业。2014年,县总切实推进“技能培训促就业”行动,为全县1600多名职工、农民工、城镇下岗失业人员以及社会其他人员提供电工、车工、钳工、数控、服装CAD等工种的培训,并提供就业指导,介绍安排就业560人。还通过开展培植树立“创业示范基地”和“创业带头人”活动,全年安置就业130人。如东南天农科化工有限公司被评为“南通市十佳创业基地”。

第三节 建立劳动关系协调机制

2000年,县总根据企业性质、经营状况,分别采取综合性集体合同、单项性集体合同、区域性集体合同等形式进行平等协商签订集体合同。并与县劳动局联合,对企业劳动合同签订情况进行劳动法律执法大检查。积极开展工资集体协商试点工作,17家试点企业,有12家签订工资协议,5家进入协商阶段。与县劳动局、计经委、企业家协会建立了劳动关系三方协调机制,制定工作制度,明确三方的工作责职。2001年,全县推行工资集体协商的非公企业115家,签订劳动保护集体协议34份,区域集体合同71份,覆盖企业1427家,覆盖职工5.05万人。全县集体合同到期续签率、报送劳动行政部门审核登记率均达100%,集体合同履约职工满意率达90%以上。进一步巩固完善劳动关系三方协调机制,认真预防和处理群体性、突发性事件,各镇劳动关系协调机制逐步推开。2002年,县总开展“集体合同和劳动合同管理年”活动。通过整体联动,强化宣传,分类指导,联合督查,实现合同管理规范建制。全县签订集体合同的企业377家,覆盖职工2.71万人。深化协商内容,签订劳动保护集体协议59份;改制企业签订计提、剥离资金(资产)管理专项集体合同13份。建立工资集体协商制度企业402家。当年,进一步健全劳动法律法规监督保障机制。加强《工会法》《江苏省实施〈工会法〉办法》宣传贯彻力度;健全劳动关系三方协调机制,完善工作制度,全县镇级三方协调机制建制面达到100%;建立健全劳动关系预警机制和劳动争议调解、仲裁机制,企业劳动争议调解委员会与企业工会同步组建。2003年,以全省开展维权年和工资集体协商推进年活动为载体,突出建制、扩面和规范运作。全县建立集体协商、集体合同制度的企业1400家,占建会企业总数100%。全县498家企业开展工资集体协商签订集体协议工作,完成市总指标249%。同时签订劳动保护协议68份,改制企业计提、剥离资金专项集体合同13份,女职工特殊权益保护协议32份。2004年,全县签订集体合同覆盖企业1466家;签订区域性集体合同215份,覆盖企业817家;建立工资协商制度企业累计1466家。召开全县劳动关系三方协调会议,对农民工工资支付情况开展专项检查。各镇建立劳动关系三方协调机制。全县非公企业劳动协调会组建率达100%。当年,县总与县人大联合开展非公企业欠薪情况考察检查,并力促县政府出台《如东县企业欠薪预警机制》。县总聘请常年法律顾问,为困难职工提供法律援助。2005年,县成立企业工资集体协商工作领导组,县政府下发《关于进一步推进企业劳动报酬集体协商工作的意见》。县总举办全县工资协商指导员培训班,下发《关于开展"工资协商月"活动的实施意见》,印发工资协商建议卡,加大推进指导力度。全县百人以上企业开展工资协商面达100%。非公企业建立劳调组织573个,占应建数100%;建立村级劳调组织236个,占应建数83.70%。探索建立外出务工人员签订劳动保障协议制度,维护农民工合法权益,此项工作获市总优秀创新成果奖。2006年,建立县劳动关系和谐企业领导小组,全县有22家企业被确认为县级劳动关系和谐企业,10家企业被确认为市级劳动关系和谐企业。所有镇都建立劳动争议调解指导委员会,镇工会主席均为镇仲裁办组成人员。2007年,会同县劳动和社会保障局、公安局、建工局等部门组成联合执法检查组,深入推进以农民工工资为主体的工资清欠专项检查行动,有效维护农民工合法权益。2008年,加强劳动关系巡视制度建设,新建立工会的企业劳调组织建制率达90%以上,区域性劳调组织建制率达100%。2010年,争取县政府出台《关于进一步推进企业工资集体协商工作的意见》。县总会同县人力资源和社会保障局在全县以镇(区)为单位,组织召开工资协商人员观摩培训会,对全县1200多名基层工会干部、工资协商人员进行培训。加大检查指导力度,全县共有931家企业工会向企业行政提出要约,并签订工资专项集体合同。下发《关于做好欠薪预警企业职工稳定工作的通知》,对全县45家欠缴社会保险费的企业建立工会预警联系点,实行每月报告制度。健全完善以县人社局、县总工会和县企业家协会为成员单位的劳动关系三方协调会议制度,利用三方协商平台,将涉及职工劳动权益的问题递交三方协商联席会议讨论决定。2011年,争取县政府将工资协商工作纳入"十二五"发展规划。争取县人大把工资协商工作纳入年初督查工作计划,县人大9月20日专题召开关于企业工资集体协商工作情况汇报会,督查全县工资协商工作。

第四节 职工互助互济

1994年9月,县总建立关心患特殊疾病职工康复互助储金会,发展会员4.37万人,储金额达95.44万元,对患特殊疾病职工,根据其入会年限给予800~1200元生活补助。2000年,全县建立职工互助补充保险,会员入会率达83.20%。2001年,职工互助补充保险事业健康有序发展,为40名患病会员办理鉴定,支付保险补助金4.56万元。2002年,全县职工互助补充保险事业有序发展,为39名患病职工支付保险补助金4.41万元(由于帮扶工作力度加大和保险事业的发展,2002年后全县工会系统不再组织职工互助互济工作)。

第十章　法律服务

1950年，县总通过基层工会对广大职工宣传、贯彻《中华人民共和国劳动法》《中华人民共和国婚姻法》等法律法规。20世纪80年代后，与县相关部门联合举办培训班、组织法制宣传员，发动基层工会利用广播、宣传栏、橱窗、黑板报、印发宣传册、举办法律知识竞赛等多形式和手段普及法律知识。

1986年，县总以维护职工合法权益为己任，参与县劳动争议仲裁委员会的调解、仲裁工作。2000年，全县企业劳动争议调解组织在国有、县属集体、公有控股企业组建率为100%，新建企业为82%。2002年，全县各镇建立三方（政府、企业、职工）调解机制率为100%，2005年，全县非公企业建立劳动关系协调组织573个，占应建数100%，村级236个，占应建数83.70%。2008年，全县新建工会企业建劳动争议协议组织占90%以上。

1988年，县总设法律顾问组，全县8个区镇相继设立法律咨询组。至1998年6月，全县企业工会建立劳动法律服务组织112个，为职工维权提供服务。2004年后，县总与县相关部门开展为进城务工人员维权活动，开展劳动保护专项协议签订工作，对权益受侵害职工群众实现法律维权全覆盖。

1995年，如东企业开始建立劳动法律监督小组。1999年后，县总每年会同县相关部门联合组织劳动保护监督检查；与县人大、政府、政协建立联席会议制度，形成维护职工权益的合力。2006，全县各级工会开展劳动保护监督检查625次。

第一节 法规宣传教育

1950年7月,县总召开执委和各镇工会主席联席会,学习、贯彻《中华人民共和国工会法》。当年,开始实施《中华人民共和国劳动保护法》,县总为此动员基层工会在各工厂企业中组织宣传、学习、贯彻。1951年,中央人民政府颁布《中华人民共和国婚姻法》后,县总配合县妇联在企业对女职工宣传《婚姻法》。1956年1月,县工会联合会发动基层工会组织、学习、贯彻全总《女工委员会组织条例》和《劳动保护委员会组织通则(试行草案)》。5月,全县各工厂企业广泛宣传国务院下发的《工厂安全卫生规程》《建筑安装工程安全技术规程》《工人职员伤亡事故报告规程》。

1980年起,县总动员各工厂企业利用橱窗、黑板、专栏、广播等宣传形式,宣传法律常识,对职工群众进行普法教育。同时,提出各级工会干部带头学法、守法、护法、用法,依法办事。当年,县工人文化宫举办以《刑法图解》为主要内容的宣传栏15期,用具体形象的案例,向广大职工和青少年进行法制教育。1981年,省总发出关于宣传新修订的《中华人民共和国婚姻法》通知后,县总提出各基层工会要运用各种宣传阵地,采取群众喜闻乐见的形式进行宣传。经一段时间的宣传、传播,新《婚姻法》中有关婚姻自由、一夫一妻、男女平等、保护妇女儿童和老人合法权益、计划生育等基本内容,在职工中家喻户晓。1982年5月,根据全总《关于动员广大职工认真学习和讨论宪法修改草案的通知》精神,布置各基层工会把组织职工学习和讨论宪法草案作为当时的重要工作。在县委统一部署下,召开不同类型座谈会,组织广大职工以国家主人翁姿态,认真学习讨论宪法修改草案,对全县职工进行社会主义民主和法制教育,增强主人翁责任感;提高对社会主义民主认识;强化法制观念,自觉遵守宪法和法律,同一切违反宪法行为作斗争。1984年4月,结合女工工作座谈会,邀请专家讲授女工应掌握的法律知识。当年,县总与县司法局在县职工学校连续举办9期法律知识训练班,为全县22个系统培训691名法制宣讲员。1985年,县总举办普法讲座,听讲职工300多人。

1987年,县总根据省总要求,在全县职工中开展普法教育活动。各基层工会干部和普法宣讲员向职工宣传《中华人民共和国宪法》《中华人民共和国刑法》《中华人民共和国婚姻法》《中华人民共和国继承法》《中华人民共和国经济合同法》和《中华人民共和国治安管理处罚条例》。1988年9月,县总组织职工代表学习贯彻《中华人民共和国企业法》,围绕职工主人翁地位、享有法定的权利和义务，向广大职工群众宣传《企业法》。

1990年，县总和县女职工委员会发动基层学习贯彻、认真执行国务院颁发的《女职工劳动保护条例》。1991年，县总会同县劳动局举办50多人参加的劳动争议调解干部培训班。1992年，县总制订学习宣传计划，贯彻修订的《中华人民共和国工会法》。与县委宣传部、县司法局联合举办学习、宣传、贯彻《工会法》培训班，对全县各级工会专职干部进行轮训。县总、团县委、县妇联、县人武部联合举办“联合杯”法律知识竞赛。县总组织2万多名干部、职工参加省总工会举办的《工会法》知识竞赛。各基层工会采用广播、标语、黑板报、知识竞赛等形式，广泛开展学习贯彻《工会法》活动。1993年12月，县工商局、司法局、县总联合举办“工商实用新法”学习培训班。1994年，县总与县人大法工委、司法局、法制局等联合举办劳动法培训班，组织各企业法人代表和工会主席学习，各区镇工会采用讲座培训等形式宣传《劳动法》主要精神。掘港镇工会组织各基层工会开展以宣传《劳动法》为主要内容的黑板报竞赛活动，于县职工学校展出。当年，组织数千名职工参加全国《劳动法》知识竞赛活动；举办工会干部劳动法培训班。1995年1月，县劳动局组织全民、集体、“三资”企业《劳动法》知识竞赛，各基层工会共发动1.80万名职工参加，参赛率占职工总数25%。11月，县总会同县经委、财办举办实施《劳动法》配套的法律法规培训班，县各局（公司）负责人、企业单位分管领导、工会主席、劳资科长参加培训。1996年，组织工会干部学习《中华人民共和国公司法》等法律法规。1998年，通过《如东日报》报社“法制园地”、县电台

1995年11月，县《劳动法》配套法规培训班学员合影　（县总办提供）

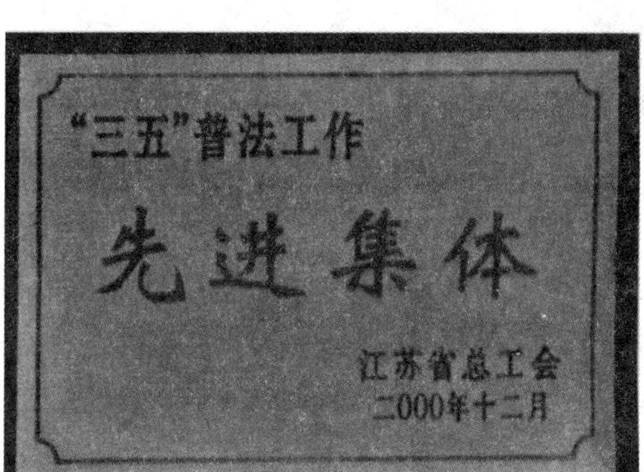

县总获省总颁发的普法工作先进集体奖牌
（县总办提供）

"普法之声"宣传《劳动法》,并通过会议、板报、竞赛、演讲等多种形式,开展法律宣传。3月8日,组织妇女节法律知识问答竞赛。8月,组织的近1000名职工参加市女职工合法权益知识竞赛,受到市总的表彰。2000年4—6月,县总开展法律知识宣传月活动。结合县"三五"普法,宣传《工会法》《劳动法》及相关涉及职工和工会权益的有关法规,利用广播、宣传栏、黑板报等宣传阵地广泛宣传。6月,组织法律知识竞赛,全县基层工会组织1.03万人参加。9月,县总被市总评为"三五"普法知识竞赛优秀组织奖;12月获省总"'三五'普法工作先进集体"称号。

2001年,组织各级工会学习、宣传修改后的《工会法》;与县人大联合举办学习《工会法》座谈会;与县委宣传部、县人大法工委、司法局、劳动局、法制办等部门举行《工会法》街头宣传咨询活动;举办基层工会干部培训班;印制《工会法》1万册,发至各基层工会。2002年,县总通过发通知、印宣传册、电视讲话、录音报道、培训学习、举办比赛等活动,宣传《工会法》《江苏省实施"工会法"办法》。2004年10月,在第三届企业文化节期间,举办职工法律知识竞赛活动。2006年,把"一法五条例"①作为全年宣传培训工作的重点。5月,开展宣传月活动,与县劳动和社会保障局联合组织街头宣传咨询,发放材料220余册,接待咨询群众260人。建立督查组,负责对各镇区(系统)督查指导。各基层工会运用板报、橱窗、公开栏等进行宣传。举办"一法五条例"培训,培训镇区(系统)工会干部。全年共培训6期,597人(次),各镇区(系统)工会分别对所属基层工会委员培训,各基层工会利用上班前或午间以班组为单位学习"一法五条例"。县总通过各级工会向基层职工发放"一法五条例"7000册,发动全县职工参加县总举办的法律知识竞赛。10月,在基层工会组织学习宣传基础上,以镇组成代表队,参加县总举办的"第三届企业文化节'一法五条例'职工法律知识竞赛"。当年,县总被市总评为"四五"普法先进集体。2007年,以贯彻落实全总《企业工会工作条例试行》,创和谐企业、实施劳动合同3年行动计划,汉化宣传贯彻《劳动法》,组织各镇(系统)对基层工会主席培训学习《中华人民共和国劳动合同法》。2008年,结合县普法宣传活动,宣传《劳动合同法》《中华人民共和国劳动争议调解仲裁法》《江苏省企业民主管理条例》等法律法规,设立咨询点,接受职工法律咨询。

2010年,《工会法》纳入全县"五五"普法规划,列入工会干部和企事业职工学习培训内容。县总以推进工资协商工作作为宣传的重点,通过制作宣传短片,在县电视台3个频道循环播出一周,送电影到企业亦将专题片播放。5月29日至6月23日,会同县人社局以工资集体协商为主要内容,通过观摩培训(观看模拟录像、讲授谈判技巧、典型单位交流等),

---

①"一法五条例":《江苏省实施"工会法"办法》《江苏省劳动合同条例》《江苏省社会保险费征缴条例》《江苏省工资支付条例》《江苏省集体合同条例》《江苏省安全生产条例》。

以区为单位对1200多名基层工会干部和工资协商人员培训。2011年，县总制订《如东县工会2011—2015年普法教育依法治会规划》。2012年，组织传达学习中纪委、中组部，国家国省资产监督管理委员会、监察部，全国总工会、工商联联合发出的国家《企业民主管理规定》和省总职代会制度规范化建设交流会精神，发放《劳动关系和谐企业评价规范》及“细则”1000余份。当年，县总获南通市推进工资集体协商工作先进单位和工资集体协商案例评选优秀组织奖，掘港镇沙南村劳务工协商案例成为南通市工资集体协商优秀案例，入选《协商工资在江苏——基层案例选‘四’》。

2013年，依据《依法治会规划》，把“法律进企业”作为重点开展法制宣传，深化《江苏省工会劳动法律监督条例》的学习。其间，县总以县、镇两级监督员和50强企业监督员为重点对象，举办为期10天的集中培训，各镇(区)也分别组织企业监督员的培训活动，以提高依法监督的能力和水平。2014年，县总对照《如东县工会2011—2015年普法教育依法治会规划》和县依法治县办公室普法、依法治理文件要求，制订2014年全县工会法制宣传工作计划，明确基本要求、重点工作、实施步骤和工作目标。把“法律进企业”作为工作重点，开展法制宣传工作。继续深化开展《江苏省工会劳动法律监督条例》的学习贯彻，强化工会自身建设，提高开展工会劳动法律监督工作的能力。结合县第三届职工文化艺术节，以文艺的多种形式，进行职工维权法律服务宣传；举办职工法律知识竞赛活动。

如东经济开发区工资集体协商推进会现场　　(如东经济开发区提供)

第二节　调解处理劳动争议

1986年,建立如东县劳动争议仲裁委员会,委员会成员由县劳动局、县总、县经委负责人组成,下设办公室。其职能是依法处理企业与职工间因履行劳动合同和因开除、除名、辞退违纪职工发生的争议;依照法律规定对县境内各类企业、事业、人民团体、个体工商户与职工签订(变更的)劳动合同进行审查、签订,并予以证明;监督企业和职工严格执行国家劳动法规和政策,帮助企业制定和完善厂规厂纪;对企业劳动争议调解委员会工作进行指导,定期对调解委员会成员进行培训。县总与县劳动局联合发文至各基层工会,提出凡建立工会委员会的企业都应建立劳动争议调解委员会。至1989年,全县已建基层劳动争议调解委员会112个,担任调解委员会工作人员735人,其中企业行政人员195人,职工代表354人,工会代表176人。其主要任务是调解企业行政与职工之间发生的劳动争议;因履行劳动合同发生的争议;因开除、除名、辞退违纪职工发生的争议。

1986年9月下旬,南通市司法局、经委、市总组成31人检查组,到如东检查工厂企业人民调解委员会工作情况。经检查评议,全市工厂企业属一类人民调解委员会33家,如东的县轻工业机械厂、第二石油机械厂、化工厂、服装厂为一类工厂企业人民调解委员会。1987～1988年初,县总与县劳动局联合举办3期企业劳动争议调解工作干部培训班,250人参加。学习国家《国营企业劳动争议处理暂行规定》《国营企业辞退违纪职工暂行规定》以及《南通市劳动争议处理试行办法》等文件。1988年10月16—30日,县劳动局与县总联合组织有关部门和单位对全县基层调解委员会工作抽查验收。按组织、制度、业务三方面建设情况进行评议。至1989年,县总与县劳动局劳动争议仲裁1起,调解8起。丰利区工会调解职工之间纠纷30起,劳动争议4起。丰利镇集体商业工会副主席季本立多次被评为省、市人民调解先进个人,受到市、县司法局通报表扬。1988年,县总建立法律顾问组,参与调解、仲裁工作。当年,获司法部"防止民间纠纷激化"一等

1988年,季本立获奖证书　　(乐成提供)

奖。县农药厂工会被评为南通市依法维护职工权益先进工会。

1995年,全县各企业开展创建合格企业劳动争议调解委员会活动,县总参与劳动争议仲裁委员会工作。当年,各镇工会参加工伤事故处理21件。建劳动争议调解委员会99个(合格调解的委员会22个)。调解委员会受理劳动争议44件,调解35件,调解成功32件。1996年,全县企业建立劳动争议调解委员会116个(其中合格35个),调解委员会受理劳动争议76件(其中集体劳动争议21件)、涉及职工285人;调解70件,调解成功64件(其中集体争议18件),涉及职工298人(其中集体争议240人)。1998年6月,全县112基层工会建有劳动争议调解委员会,每年调处劳动争议20多起,调解成功率85%以上。年均提供咨询服务200多人次、参与案件仲裁10多起。12月,印发《南通市劳动争议调解暂行规定》《南通市工会劳动法律监督实施意见》。1999年,全县27个乡镇和135个单位的调解组织合格。

2000年5月,县劳动局、县总、计经委、县企业家协会联合发出《关于建立劳动关系协调会议制的通知》,提出"劳动关系协调会议由县劳动局代表政府,县总代表职工,县计经委和县企业家协会代表企业,各方单位的分管领导担任首席代表。"协调会的职责:研究讨论劳动关系方面涉及全局性的重大问题;对劳动法律、法规的执行情况实施监督检查;协调处理劳动关系中严重违法侵权案件;对企业推行平等协商签订集体合同制度进行指导、提供服务;通报各方在劳动关系变化中遇到的问题,提出意见和建议。此后,三方进行多次具体协商,统一认识,形成会议纪要。年底,全县企业劳动争议调解委员会在国有、县属集体、公有控股企业组建率为100%,新建企业中为82%。县总派出代表参与劳动争议仲裁7起,结案7起,被省总评为"三五"普法先进集体。2002年,建立健全劳动关系三方协调机制,完善工作制度,全县镇级三方协调机制面达100%。同时建立健全劳动关系预警机制和劳动争议调解、仲裁合同制。2004年,建立改制企业计提剥离资金专项集体合同监督机制,明确成员单位职责,并对签订专项合同的13家改制企业进行督查。通过劳动关系三方会议,发放《会议纪要》,对全县农民工工资支付情况开展专项检查。各镇建立劳动关系三方协调机制,并召开协调会议。全年参与劳动争议仲裁8起。2005年,全县非公企业建立劳动关系协调组织573个,占应建数100%;建立村级劳动关系协调组织236个,占应建数的83.7%,县总参与20起劳动争议仲裁。

2006年,建立县创建劳动关系和谐企业领导小组,通过申报审核、评选推荐、公示确认等程序,确认22家企业为县级劳动关系和谐企业,10家企业为市级。当年,全县非公企业建立劳动争议协调组织546个,占应建数100%;所有镇均建有劳动争议调解指导委员会,镇工会主席任镇仲裁办公室成员;建立村级劳动争议协调组织236个,占应建数的83.70%。全年参与25起劳动争议仲裁。当年县总被省总评为"劳动关系三方协调机制先进集体"。2007年后,与劳动等部门共同开展"劳动关系和谐企业"创建活动。修订《如东县和谐关系企业评选细则》,严把评审关。全县评出县级和谐劳动关系企业18个,12个企业被评为市级。2个企业被评为省级和谐劳动关系模范企业。同时,妥善处理外来务工人员劳动纠纷,维护外来务工人员合法权益。2008年,加强劳动关系巡视制度建设,新建工会企业劳动争议协议组织建制率90%以上,区域性劳动争议协调组织建制率为100%。当年,会同县发改委、劳动局、工商局等部门开展和谐劳动关系企业评选,全县被评为市劳动关系和谐企业9个,县级11个。

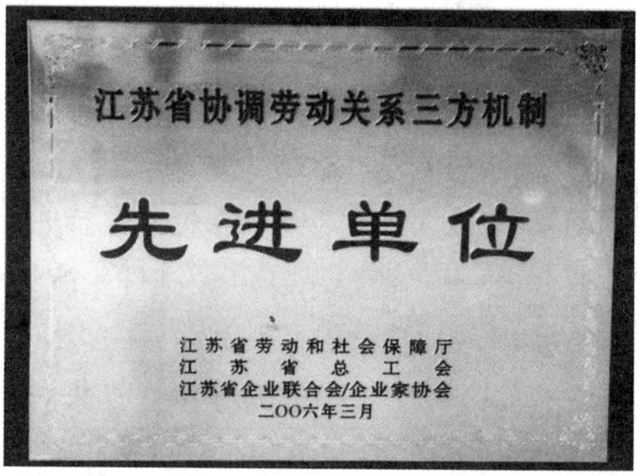

2006年,县总获得省总奖牌 (县总办提供)

2009年,县总与县政府召开第六次联席会议,以县政府名义发出《关于全面开展和谐劳动关系企业创建工作的意见》,实行全面参与构建新型劳动关系和开展评选活动,15个企业被评为市劳动关系和谐企业。2010年,县委办、县政府办下发《关于全面开展和谐关系企业创建工作的实施意见》,县总联合县人社局、县企业家协会发出《关于组织参与如东县和谐劳动关系企业申报工作的通知》,对创建工作进行部署和安排,同时指导企业参与创建活动。全县参与创建企业935个,如东文峰大世界有限公司等7个企业被市总、劳保局、企业家联合会、企业家协会、工商局、工商业联合会联合评为市劳动关系和谐企业。同时评出县级7个。累计市级和谐企业50个,县级58个。并发放《关于做好欠薪预算企业职工稳定工作的通知》,对全县45个欠缴社会保险费的企业建立工会预警联系点,实行每月报告制度。参与劳动争议仲裁30起,安全事故调查处理13起。健全完善以县人社局、县总和县企业家协会为成员单位的劳动关系三方协调会议制度,对涉及职工劳动权益的问题由三方协商联席会议讨论决定。江苏东方明珠粮油食品公司在退城进区中,厂区职工因住房补偿到县、市、省集访。县总接访后,与三方协调机制成员单位以及县信访局、粮食局和掘港镇协商,商讨拆迁补偿安置方案,多次与上访职工沟通。最后,22户职工共得补偿款150万元并妥善安置。

2013年,县总聘请专职律师妥善化解南通某饲料公司经济性裁员劳动争议,成功调处某建筑公司和某生物公司拖欠34名职工工资40余万元劳资争议,为某针织企业25名职工追讨工资38.24万元提供法律服务。县总被省总评为"职工法律援助维权服务示范单位"。2014年,元旦、春节前后,县总与县人社局劳动监察大队组织针对农民工工资举报案件为重点的工资支付情况专项检查和维权维稳监测预警与排查化解活动。先后接待、处理拖欠农民工工资及保险费的群体性突发事件6起,为劳动者追回工资200多万元,县总职工

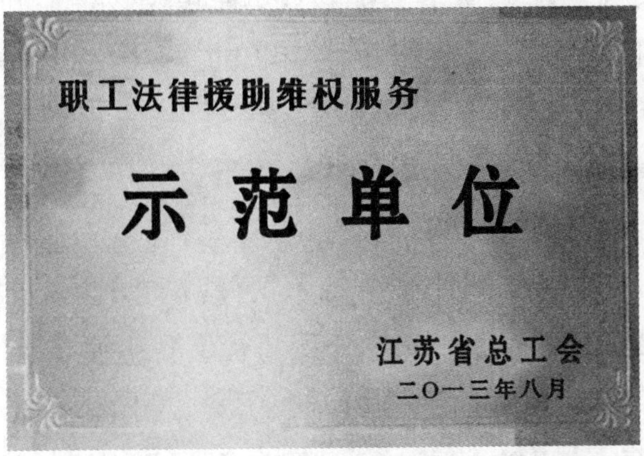

2013年，县总获省总授予的“职工法律援助维权服务示范单位” （县总办提供）

维权中心组织并参与调解劳动资纠纷252起，调解成功率93.3%；女职工的纠纷调解28起，成功28起，依法胜诉4起，帮助女职工追讨经济损失15多万元，矛盾得到有效化解。同年，县人社局、经信、工商和县总联合发放《关于申报如东县2014年度劳动有关系和谐企业（示范区）工作的通知》，对创建工作进行布置和安排，后在各镇（区）申报的基础上，征求县安监、工商、环保、卫生、地税和经信等部门的意见，通过组织对申报参与创建的单位的指导、培训和审核，全县参与创建活动的700多个企业，在坚持质量的前提下，确定申报县和谐劳动关系的企业（示范区）31个，并复核南通市劳动关系和谐企业38个。

第三节 法律援助

1984年5月，县总聘请县法律顾问处律师担任县总法律顾问，每逢周一下午驻会办公，接受职工的法律咨询；协助工会广泛深入开展法制宣传教育、增强职工法制观念，做到知法、守法、护法、执法；对于因运用法律不当或受处分过重而导致合法权益受到侵害的职工提供法律帮助。1988年3月，根据《中国工会章程》第十三条“县和县以上各级工会设立法律顾问组”规定，设立“如东县总工会法律顾问组”。其顾问组工作主要是：接待职工来信来访，提供法律咨询和必要的法律帮助；从职工信访中筛选信息、反映职工的意愿和要求，为党和政府制订政策、法规提供依据；受同级工会委派参政、议政；调处劳动争议；协同有关部门开展普法教育；上级或同级工会交办的其他法律事务。

1984年后，全县8个区、镇相继设立法律咨询组。咨询组成员由职工代表、当地法庭司法人员、法律服务所律师等组成。全县全民、大集体200人以上企业亦相继设立基层职工业余法律咨询小组52个。1989年4月，县总制订出《如东县基层工会职工业余法律咨询组工作简则（暂行）》，明确职工业余法律咨询组性质、职能、工作制度等内容。同年，丰利区法律咨询组代职工书写法律文书10余起，代理职工出庭4起。发放《基层工会职工业余法律咨询组工作简则(暂行)》。成立县女职工委员会。受法庭邀请参加会议庭4起。这年丰利振丰商场从海安农场购进一批乙炔气瓶,发现钢质量不符合标准拒绝结账付款。供货方向法庭起诉,振丰商场请求法律咨询组代理进货方出庭,最终供货方赔偿进货方经济损失。县染织厂法律咨询员被评为南通市先进工会法律咨询员。

1988—1989年,县总共接待来访507人次,收到来信301封,内容涉及劳动保险、生活福利、工资待遇、劳动争议及民事纠纷等方面,县总法律顾问组协同劳动争议仲裁委员会及时处理信访案件,受到职工的欢迎。县经编厂少数车间一度对按劳分配与社会保障概念混淆,把职工生、老、病、伤等福利待遇自行修改。对此,县总组织人员调查了解,经做细致思想工作,问题得到解决。1990年,各区镇工会工作委员会相继建立"职工业余法律咨询中心组",全县200人以上企业中有30家建立"职工业余法律咨询小组"。全年接待和处理来信31件,来访63件、140余人次,结案率为95%,对一些较为棘手的问题,依法给予调解。1991年,全县所建51家企业"职工业余法律咨询小组"活动趋于正常。1989—1993年,共接待来信来访1000余件(次),结案率、自办案件率分别80%。1995年,全县企业工会建职工法律咨询小组40个,为职工提供咨询服务118件,代理、诉讼6件。为企业解决经济纠纷12起,挽回经济损失41.30万元。1996年,全县企业工会职工法律咨询小组25个,为职工提供咨询145件,为职工代理诉讼7件。为企业解决经济纠纷81件、挽回经济损失242.40万元。至1998年6月,全县企业工会建劳动法律组织112家。其中国有企业29家,集体企业59家,股份制企业18家,合资企业6家。职工法律咨询小组30个。当年,因改革步步推进、市场经济体制逐步建立,劳动关系随之日益复杂,维权力量尚未充分显示。一次县仲裁委员会上仲裁案件中,具体讨论新店商业总店职工要求全部补足退休工资一案,县总根据实际情况提出妥善办法,让单位和职工都能接受,职工权益得到保障。

1998—1999年,接待来信182件、来访2000多人次,自办率85%,多为要求解决生活困难、工资问题、企业改制职工投股问题,均给予答复和解决。2000年9月,县总设立援助中心。中心设正、副主任各1名,成员由县城掘港镇有关律师事务所6名律师担任。为经济困难的特困职工和因维护职工合法权益受到不公正对待的工会干部提供减免收费法律服务。同月,县总工会印发《如东县职工法律援助办法》,提出职工法律援助机构的主要职能、援助范围和形式、条件及对象和援助程序。2002年,实行"首办负责制",全年接待上访职工40多批近200人次。

2004—2006年,接待处理来信来访536人次。其间,2004年县、镇、村分别建立进城务工人员工作领导组或工作站,县政府发文《关于进城务工人员入会和维权工作的指导意见》。县总与县有关部门联合发出《关于加强建筑业进城务工人员入会与维权的工作意见》,组织开展进城务工人员情况集中调查月活动,与县劳动监察部门联合开展进城务工人员工资支付专项检查。2005年，全县签订劳动保护专项协议240份；女职工专项保护协议320份，占比50%以上。2007年，推进劳动保护专项协议工作，全县签订劳动保护专项协议280份；女职工专项保护协议408份，签订率为100%。2008年，设立法律咨询服务点，接受职工《劳动合同法》《劳动争议仲裁法》《江苏省企业民主管理条例》等法律法规的咨询，并健全和规范工会信访、热线服务制度。2009年，江西省务工人员丁焕全等在袁庄镇一建设工程打工，该工程拖欠农民工工资36万元左右，涉及40余人。县总接到省、市转来信访后，与县建工局(清欠办)、袁庄镇党委政府、县法律援助中心、县劳动仲裁院、县法院及甲、乙双方当事人、农民工代表(丁焕全)等沟通。于7月20日召开协调会，达成一致意见。从7月27日起，甲、乙双方按原合同销售房屋。房款优先付给农民工工资，确保支付参加该工程所有农民工应得工资。全年接待来信来访168人次。

2011年，联合县司法局制订《如东县工会法律服务实施办法》，聘请专职律师为全县职工涉及劳动权益争议案件提供法律服务，实施政府无偿法律援助和工会组织协商调解、代理仲裁、代理诉讼等法律服务方式，对权益受侵害职工、群众法律维权全覆盖。当年，为丰利镇某公司张敦如等15名农民工追讨工资62.82万元；某有限责任公司徐梅等77名农民工追讨2010年7月—2011年1月欠薪46.18万元等劳动争议案件提供法律援助服务。在县劳动力市场开市期间提供22场法律咨询服务，接待咨询职工320人(次)。同时，在县劳动力市场开市期间，设立“工会法律服务咨询处”，由县总工会法律顾问处工作人员和专职律师现场接待职工法律咨询。全年共开设法律咨询32场，接待咨询职工320人(次)；接待来信9件，来电咨询208人(次)，来访50人次。2013年，在职工服务中心开设律师咨询窗口。全年接待职工来信9件、来访76人次(24案次)、来电咨询350余人次，发放法治宣传材料2000余份。

2014年，县总与县人社局、司法局、南通市仲裁委员会等单位合作，建立如东县总工会职工维权中心。中心具有法律援助、工资集体协商指导、劳动保护与安全监督、女职工劳动保护等4项主要服务功能。中心配备专职工作人员6人、兼职工作人员12人。至年末，通过中心申请办理援助案件164件，结案132件，胜诉率80%。成立的专职律师团，并在县职工服务中开设律师咨询窗口，为全县职工涉及劳动权益的争议案件提供法律服务，全年共接待来信17件、来访225人(次)、来电咨询25人(次)。

第四节　法律监督

1991年,县总贯彻国务院颁发的《女职工劳动保护条例》,组织对6个区镇、12个企业落实女职工劳动保护规定等情况进行检查。举办职工代表培训班25个,1120名职工代表参加培训。1992年,完成3470名职工代表的培训。1995年,部分基层工会根据《劳动法》建立劳动法律监督小组36个,提出监督意见135条,维护职工的基本权益。1996年,全县企业建立法律监督小组45个,提出监督意见178条。1998年,国务院《女职工劳动保护规定》颁布10周年之际,县总与县劳动局、妇联、妇幼保健所联合对女职工劳动保护情况进行检查、评估。当年12月,市总印发《南通市工会劳动法律监督与政府劳动监督工作协作办法(试行)》,明确县级工会劳动法律监督委员会和同级劳动行政部门的劳动监察机构,每年至少联合组织一次劳动法律法规执行情况的检查。县总会同县劳动局对全县40多家企业进行劳动执法大检查,对查出的问题就地纠正。1999年8月,县总与县劳动局组织对非公有制企业女职工劳动保护监督检查。先由各工会工作委员会、有关基层工会、劳动行政部门对所辖的非公有制企业女职工劳动保护情况进行自查。在自查基础上,县总与县劳动局组织抽查(主要对象为"三资"①企业和私营企业)。年底,75个单位建立劳动法律监督组织。

2000年,全县企业劳动法律监督委员会(小组)在国有、县属集体、公有控股企业组建率为100%,新建企业87.3%。县总与县劳动局联合对基层企业先后3次劳动法律监督专题检查。各乡镇成立的劳动争议调解指导委员会被赋予劳动监督检查职能,对集体合同履行检查监督。同年3月,县总与县人大建立联席会议制度。举行第一次联席会议。会议统一对联系制度的认识,并形成县、乡镇人大与同级工会每年至少召开一次联席会议、互相通报有关工作情况、

2000年3月,县总与人大第一次联席会　县总办提供

①"三资":中外合资、中外合作、外商独资。

2000年6月，如东县政协与县总第一次联席会　　（县总办提供）

听取和研究工会提出的有关职工权益保护的意见及建议等4项决定，由县人大形成主任会议纪要。全县26个乡镇工会先后与同级人大建立工作联系制度。联系制度建立后，工会与人大联合调查研究、考察指导、执法检查，共同维护职工合法权益。4月，县总与县政府办公室建立政府（行政）与工会联席会议制度，县政府办公室发出通知，提出“各级政府（行政）都要与同级工会联席会议制度”等7项决定。5月，县政协、县总召开第一次联席会议，由此，县总与县政协实行工作联系制度。12月，县人大与县总分成两个组，对全县厂务公开和工会组建工作联合考察检查。在各镇自查基础上，对6个镇和4个工业主管部门、14个企业进行联合考察检查。至2005年12月，共召开7次联席会议，先后确定的非公企业工资集体协商、职代会制度建设、进城务工人员权益保障等议题，围绕监督《工会法》《劳动法》等法律法规贯彻实施情况，县人大、县总对乡镇和工业主管部门、企业单位多次开展联合考察检查和联合执法检查。各镇工会与镇人大普遍召开联席会议，根据联席会议商定的专题进行联合考察检查。2006年，县总与县人大召开第8次联席会议。会后，对全县企业贯彻执行《江苏省工资支付条例》《江苏省集体合同条例》情况开展联合执法检查。会同县劳动和社会保障局、公安局、建工局等组成联合执法检查组，推进以农民工工资为主体的工资清欠专项检查行动。当年，全县各级工会开展劳动保护监督检查600多次。

2007年，县总结合组织的送安全、送知识、送法律、送清凉等活动，全县各级工会开展劳动保护监督检查625次。2008年，县总联合劳动保障部门开展工资支付情况执法检查，并签订女职工特殊权益保护协议307份。2013年，推进落实女职工特殊保护专项合同集体合同的签订，会同县人社部门定期开展监督检查活动。当年，全县单独签订女职工专项合同签订率达98%，并与县相关部门联合开展农民工工资支付情况执法检查。经县总排查和联合专项检查，累计排查用人单位285个，涉及职工1.94万人。全县认真执行工资管理规定的用工单位占97.5%；欠薪或存在欠薪隐患单位18个，涉及职工3258人，拖欠工资2701.46万元。专项执法检查中，责令支付工资626.70万元，涉及职工1672人；对一时清欠未到位的单位,督促、指导用工单位确定还款计划。当年,基层工会监督员有2000余人。

2014年,县总编印《工会劳动法律监督条例实务手册》发至全县2000多名监督员。《手册》内容包括《江苏省工会劳动法律监督条例》原文、要点解读、实施细则、管理登记表、约谈笔录、处理情况表、监督意见书、建议书、监督员名册、监督工作档案目录等,提高基层监督员监督能力。积极开展执法检查和参与县部门联合执法检查,在联合开展的农民工工资支付情况的执法检查,通过工会系统排查和联合专项检查,累计排查用人单位250个,涉及职工1.30万多人。全县97.5%以上的用工单位认真执行工资管理规定,按时足额支付劳动者工资,一些存在历史性拖欠农民工工资的单位或镇(区),通过自查与集中治理,解决欠薪遗留问题,排查出当年发生拖欠工资用工单位占总单位的1.2%左右,发现欠薪或隐患欠薪单位13个,涉及职工678人,拖欠工资300多万元,县总督促、指导用工单位制订还款计划,并明确清欠的具体日期。对重点欠薪单位组织专门工作组进驻实施协调落实,确保农民工工资。11月,县人大常委会听取县总贯彻《劳动法》情况汇报后,重点考察全县《江苏省工会劳动法律监督条例》贯彻实施情况。县政协、县总联席会上,县总汇报了工会劳动监督的相关情况后,县政协全体领导和县政协社会法制组全体委员开展调研工会法律服务工作。

第十一章　女职工工作

20世纪50年代，随着国民经济恢复和各类产业发展，全县女职工队伍逐步壮大。1953年，县总设置女职工部，全县企事业女职工组织逐步建立健全。1962年，县总贯彻省工会代表大会精神，向各级工会提出加强女职工工作要求。1981年，全县女职工增加到1.55万人。1989年3月，为适应工作需要，县总女职工委员会成立，全县企事业女职工工作进一步规范化。

上世纪八十年代，全县女职工组织动员广大女职工，积极投身劳动竞赛、技能培训、操作比武和技术创新等活动，开展女职工"四自"①教育、"为四化立功、争当三八红旗手""女职工振兴中华读书"等竞赛，组织女职工培训和女职工劳动保护检查，进一步提升女职工队伍素质，激发女职工劳动热情。进入90年代后，县总女职工委员会号召全县女职工开展"巾帼建功巧手奉献""女职工五大行动"②等富有特色的活动，引导女职工爱岗敬业争奉献。1993年，县总经过认真细致的调研，代县政府起草《如东县企业女职工生育保险暂行办法》，于1994年由县政府发文在全县施行，有效均衡企业生育负担。

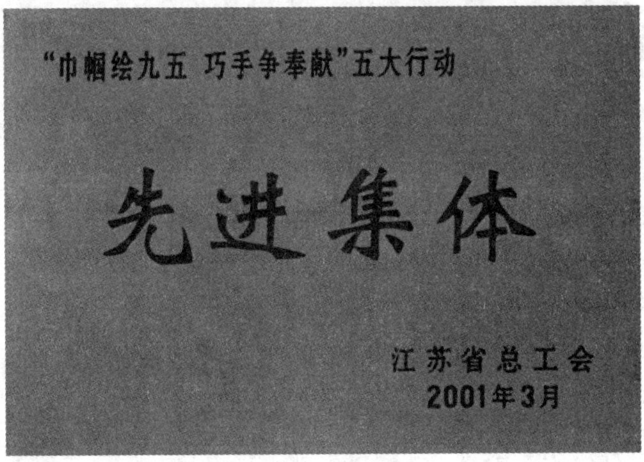

2001年，县总获省总表彰奖牌　（县总办提供）

2000年后，县总女职工委员会组织"巾帼绘九五、创新展风采"系列活动，推行签订"女职工特殊保护专项协议"和"女职工周末大讲堂"。2007年以来，县总女职工委员会组织全县女职工实施"三大工程"③。2014年，县总女职工委员会帮助女职工解决工作、生活、就医、子女就学等方面困难。由于在推进社会经济发展、维护女职工合法权益等方面发挥积极作用，工会女职工工作多次获省、市表彰。

①"四自"：自尊、自重、自立、自强。

②"女职工五大行动"：女职工素质强化行动、创业立功行动、自主创业行动、爱心助困行动、家庭文明行动。

③"三大工程"：建功立业工程、爱心帮困工程、素质建设工程。

第一节 女职工组织

1953年,县总设置女职工部,由吴志高兼任部长,王秀英任副部长,负责女职工及生活后勤工作。全县基层工会组织中有女职工委员41名,女小组长31名,全县女职工801人,1956年1月5日,江苏省工会联合会组织部转发全总制定的《女职工委员会组织条例》。县总按《条例》规定,要求女职工在50人以上基层工会建立女职工委员会,50人以下配备女职工委员。

随着女职工队伍不断壮大,女职工组织也得到相应加强。1981年,全县女职工增加到1.55万人,基层女职工委员会21个。县总大力开展女职工组织建设,按规定在基层单位建立和健全女职工委员会,同时组成一支兼职女职工干部和女职工工作积极分子队伍。1987年全县女职工2.32万人,基层女职工委员会55个,女职工干部19人,兼职干部及积极分子1045人。

1981—1989年如东基层女职工工作组织发展情况一览表

表11-1　　　　单位:人

年度＼人数＼名称	女职工	基层女职工委员会	专职干部	兼职干部及积极分子
1981	15514	21	10	516
1982	14967	27	9	365
1983	16560	31	14	765
1984	18195	40	14	837
1985	20382	48	16	1011
1986	25730	50	12	1422
1987	23201	55	19	1045
1988	不详	不详	不详	不详
1989	29721	130	36	1099

为更好地维护女职工合法权益,充分发挥广大女职工在经济建设中的积极作用,1989年3月,县总根据上级要求,决定建立如东县总女职工委员会,经3个月筹备,于6月8日在县工人文化宫召开成立大会。会上,刘红秀作筹备工作报告。同时,通过《如东县女职工委员会条例(讨论稿)》,经民主协商,产生由21人组成的县总第一届女职工委员会。

如东县总第一届女职工委员会组成如下：

顾　　问 张桂英 县委常委、纪委书记
　　　　 陶爱平 县委常委、组织部长
　　　　 何文林 县人大副主任
　　　　 张佐荣 县政协副主席
　　　　 施东辉 县政府办公室主任
名誉主任 顾旦生 原县政府副县长
　　　　 叶　明 原县人大副主任
主　　任 刘红秀 县总副主席
副 主 任 吴爱华 县经委副主任
　　　　 袁永祥 县劳动局副局长
　　　　 曹莲芳 县总生活女工部副部长
委　　员 樊志瑾 县中党支部书记
　　　　 陆琴芳 县纺织丝绸工业公司副经理
　　　　 吴亚平 县计划生育委员会副主任
　　　　 李金秀 县人民医院工会副主席、护理部副主任
　　　　 仰剑雄 县妇幼保健所所长
　　　　 龚菊生 县机电工业公司副经理
　　　　 程雪梅 县妇联生产福利部部长
　　　　 韩淑平 丰利棉织厂厂长
　　　　 王沙丽 县人民广播电台播音员
　　　　 季美云 县化肥厂工会副主席
　　　　 王新美 县印刷厂工会主席
　　　　 朱尔英 县百货公司党支部副书记
　　　　 蒋卫红 县法院刑庭副庭长
　　　　 殷克平 掘港缫丝厂工会主席
　　　　 黄文华 县建材工业公司团委书记
　　　　 金　辉 县粮食局人秘股副股长
　　　　 丛建梅 县纺织厂工人

1991年，省总发出文件《关于进一步加强工会女职工工作的意见》，县总及时转发并提出贯彻意见。县总坚持在工会工作中，体现女职工工作群众化、民主化，同时加强各级女职工委员会组建和定期改选工作，做到基层女职工委员会换届与工会委员会、经费审查委员

会换届“三同步”,并将女职工委员会组建及作用发挥情况列入“职工之家”建设考核内容。1991年全县建立女职工委员会企业147个,占应建数95%。至1994年,全县应建女职工组织的152个单位已全部建立,组建率达100%。县总专题发文,要求基层工会按规定配备好女职工委员会主任,明确民主选举产生的女职工委员会主任享受企业中层正职待遇。同年,县总配合市总女职工部,总结掘港轧花厂女职工委员会参加企业民主管理经验,通过市总《工会工作情况》,转发各县(市)、区、局推广。

1995年3月,县总召开庆祝“三八”节暨县第二届女职工代表会议,表彰1994年度“文明新风家庭”25个,经民主协商,选举产生由25人组成的县总第二届女职工委员会,刘红秀任主任,吴爱华、缪德华、顾锦红任副主任。聘请县领导人张桂英、何文林、吴剑坤、施东辉为顾问,顾旦生、叶明为名誉主任。2000年,县总女职工委员会针对企业改制后,新建企业女职工组织组建率降低的状况,紧紧抓住争创省“工会工作十强县”“工会组建年”“工会规范年”以及争创“百强示范乡镇工会”“星级乡镇工会”等时机,全力加强女职工组织建设,坚持女职工委员会与工会实行“三同时”①,至2004年全县已建女职工组织479个,其中女职工委员会252个,女职工小组(或委员)227个,全县有女会员3.40万人,女职工入会率100%。明确规定企业女职工委员会组建后的任务与职责,着力构建多层次、多形式、广覆盖、有活力的女职工组织体系。

2004年3月,县总女职工委员会三届一次全委会暨纪念“三八”节会议召开,经选举产生由26人组成的县总第三届女职工委员会,刘红秀任主任,丁越、王晓晴、汤晓燕、吴晓红、顾溯溯、季新娟、曹达琴任副主任,聘请县领导人张桂英、翁士豪、单晓鸣、顾淑英为顾问,刘红秀代表上届女职工委员会作工作报告,县纪检委书记葛维先讲话。同年,县总领导分工变动,尤建鸿任县总女职工委员会主任。2006年,适逢全县乡镇工会全面换届选举,县总以此为契机,重新调整镇级女职工委员会。同时,结合基层工会换届及新建工会,积极推进女职工委员会与工会同步换届,最大限度地把女职工组织到工会中来,全县新建工会女职工组织82家。2008年,全县组建女职工委员会960个,其中单独组建718个,联合组建242个。

2009年3月,县总第四届女职工委员会召开,选举产生由28人组成的县总第四届女职工委员会,邓华任主任,姜梅、曹达琴任副主任。会上,中国工商银行如东支行营业部理财中心等14家单位被表彰为“如东县五一巾帼标兵岗”,沈亚平等16人被表彰为“如东县五一巾帼标兵”。2010年,县总切实加强自身建设,为女职工工作夯实基础,全县新组建女职工委员会214个,其中单独组建135个,联合组建79个。2012年,县总进一步加强工会女职工组织的规范化建设,特别是加大非公企业的组建力度,至2012年,全县建立非公企业工

①“三同时”:同时组建、同时选举、同时报批。

会女职工组织1230个，基本实现建会单位女职工组织全覆盖。

2013年10月，县总第五届女职工委员会召开，选举产生由9人组成的县总第五届女职工委员会，邓华任主任，曹达琴、吴晓莉任副主任。

第二节　女职工培训

一、女职工干部培训

1953年9月，县总生活女职工部部长王秀英去南通地区干部学校学习文化，为期一年。1980年12月，县总在县工人文化宫召开女职工工作会议，对各区镇工会和基层的35名女职工干部进行培训，听取《如何开展女职工工作》专题报告并开展讨论，交流女职工工作经验。1982年3月，县总举办女职工干部知识讲座，内容为女职工工作重点；女职工工作具体任务和开展女职工工作方法。4月，县总委托县职工学校举办女职工干部培训班，来自企事业单位的40名女职工委员会主任、副主任、女职工委员参加。内容为女职工特殊保护、妇幼卫生、计划生育、婴儿早期教育、交流工作经验等。6月，南通地区工会办事处在如皋丁埝纺织厂召开生活女职工工作座谈会，县棉纺织厂、县经编厂、栟茶染织厂、丰利棉纺厂、县缫丝厂、县丝织厂等6个单位女职工干部参加学习交流。9月，县总召开区镇工会主席、女职工委员会议，传达贯彻中共中央11号文件和省委38号文件精神，落实计划生育工作。

1984年3月，县总，县妇联联合在县棉纺织厂召开女职工工作座谈会。该厂介绍加强女职工“四自”教育经验。5月，县总在县职工学校举办基层工会女职工干部学习班，参加学习65人、教学49课时。内容为“女职工工作业务知识”“女职工生活工作的意义、方法、目标和要求”“女职工法律知识”，学习结束进行测验。5月，县总召开生活女职工工作座谈会，60名女职工干部听取县化肥厂、县缫丝厂等9个单位经验介绍，同时邀请专家讲授妇幼卫生、幼儿家庭教育等方面知识。1986年9月，县总举办女职工干部培训班，学习卫生保健、婴幼儿保健、营养与健康等知识。经过培训，全县配备18名女职工干部担任女职工工作信息员。1989年至1995年，县总女职工委员会先后举办女职工委员会主任培训班22期，参加培训3721人次。同时还选派30多名女职工干部参加省、市工会举办的培训班，选派5名女职工干部去全总工运学院学习。

2000年，县总女职工委员会致力提高全县女职工干部的理论水平和理性思考能力，积

2001年8月2日,县女职工干部培训班合影留念　　(县总办提供)

极探索女职工工作规律,开展女职工干部培训与达标工作,先后举办女职工干部电脑培训班、法律培训班、公共关系培训班、高新技术发展与前景培训班等等。县总在“三八节”纪念活动和工作经验交流会上开展女职工工作业务培训,同时县、镇和基层工会组织女职工干部培训班50期。2000年县总开展“面向新世纪的工会女职工工作”优秀论文征集评选活动,共收到70余篇论文,其中获市总一、二等奖各1篇,获县总一、二、三等奖共15篇。

2001年8月,县总女职工委员会要求女职工干部,在全县女职工“巾帼绘十五、创新展风采”和“新世纪女职工素质自我达标”活动中先学一步,做好表率,努力在工作中体现时代性,把握规律性,富于创造性,真心诚意为女职工服务。县总专门举办100多人参加的女职工干部培训班,邀请县委党校高级讲师作“知识经济与科技革命”专题讲座,开拓女职工干部视野。2001年,县总女职工委员会在女职工比较集中的企业和教育系统,建立3个素质教育基地。2002年,“三八”节期间,县教育工会女职工委员会精心举办200多名女职工参加的大型韵律操比赛,受到广大观众好评。2003年县总女职工委员会着重抓好女职工干部的培训与达标,举办了50多人的培训班,就“如何当好新形势下的女职工干部”主题进行研讨交流,大家“带着问题上来研讨,带着答案回去实践”。江苏快达农化股份有限公司女职工委员会主任吴理梅,坚持终身学习理念,自中专毕业到公司以来,一直自强不息,刻苦钻研,先后通过自学拿到大专、本科文凭。江苏东升艾克股份有限公司女职工委员会主任杨晓梅等公司18名女职工参加电大经济管理大专函授班,她们克服工作忙、家务劳累等困难,坚持晚上和双休日学习,取得好成绩。

2004年,县总女职工委员会加强对女职工教育与理论研究,组织女职工工作论文竞赛,鼓励女职工撰写论文。县供电公司女职工委员会主任方蓓《浅谈如何提升女职工的学习力》一文被省、市评为二等奖并被多家刊物采用，兵房镇工会主席管霖《非公企业女职工工作亟待加强》一文被省总选中入围。2007年，全县各级工会有计划、有针对性地组织女职工干部参加“一办法五条例”“企业工会工作条例”为主要内容的培训班，共举办18期，参加女职工干部724人，有29名女职工干部还参加了县总举办的企业文化节、职工法律知识培训和竞赛活动，7名决赛选手在赛场上展示风采。

2009年后，各级工会女职工干部队伍建设进一步加强，通过业务培训、知识讲座、以会代训等方式，不断提升女职工干部素质和服务能力。各级工会女职工委员会共举办女职工干部培训班30期，培训女职工干部及骨干400多人次。2010年，县总女职工委员会组织基层工会女职工委员会主任，就“如何做好工会女职工工作”进行专题培训，共有250多人参加。2014年，县总女职工委员会举办女职工干部培训，倡导“谋事在人、事在人为、志在有为”工作理念，使女职工干部成为组织动员女职工的能手、协调劳动关系的行家，关心服务女职工的模范，综合素质不断提高。

1980年12月15日，县总在县工人文化宫召开女职工工作会议　（县总办提供）

二、女职工培训

1951年,中央人民政府颁布《婚姻法》后,县总配合县妇联对女职工进行婚姻法教育,提高女职工思想觉悟,帮助她们摆脱封建婚姻制度的束缚,求得婚姻自由和婚姻自主。1953年,县总积极动员女职工学习文化科学知识。全县有245名女职工参加学习,接受文化科学知识教育。4月3日,县店员工会发出通知,要求各镇商业职工参加婚姻法宣传,解决青年树立正确恋爱观等问题。1957年,县总根据上级"节制生育"号召,在女职工中开展宣传教育工作,并会同掘港镇有关部门在鞋帽缝纫厂进行"节制生育"试点工作。1958年,县总在女职工中开展加强工农联盟、支援农业生产的宣传教育。夏收时,掘港轧花厂工会组织一支80人的女职工突击队,支援农业社抢收抢种工作,计316个劳动日。

1979年,国家提出"控制人口数量,提高人口素质""晚婚、晚育、少生、优育"方针,县总及基层工会干部协同有关部门,对优生优育工作进行宣传教育。1981年,县总在女职工中组织"三项教育三个活动"①。6月,县总贯彻省总女职工会议精神,在女职工中开展"四自"教育。12月20日,县总与县妇联联合发出《关于广泛开展婚事新办的宣传教育活动》通知,要求各地采取多种形式,围绕婚姻、家庭问题,倡导共产主义风尚,刹住大操大办歪风,提倡移风易俗,婚事新办。同年,县总在女职工中开展"为四化只生一个孩子"的教育活动。

1982年3月,县总在《关于如何搞好女职工工作的意见》中提出,向广大女职工进行新《婚姻法》和计划生育的宣传教育,要求她们以高尚的情操,正确处理婚姻家庭问题,提倡晚婚晚育,婚事新办俭办。3月,县总发出通知,要求在两个文明建设中,组织女职工开展"学雷锋、树新风"活动,做到在厂做个好工人,在社会做个好公民,在邻里做个好邻居,在家做个好女儿、好妻子、好媳妇、好母亲、好婆母。1983年1月,根据中共中央宣传部等23个部门通知精神,县总对工厂企业女职工进行"四提倡四反对"宣传教育,即:提倡节约,反对大办婚事;提倡男女平等,赡养老人,反对歧视虐待老人;提倡相信科学,反对封建迷信;提倡健康的文化娱乐,反对赌博。

1984年,为动员女职工参加"振兴中华"读书活动,县总于3月5日举行女职工"振兴中华"读书知识竞赛,共有21个单位的女职工参加。3月8日,在庆祝"三八"妇女节大会上,县总向获得优胜的3个单位、22名个人颁发了奖状和奖品。1985年,县总组织女职工认真学习法律知识,掌握法律武器,引导女职工珍惜法律赋予的各种权利,做有理想、有道德、有文化、守纪律的80年代新型女职工。"三八"妇女节期间举行女职工法律知识竞赛,90多名女职工参加笔试预赛,12个队(每队3名)进行决赛,马塘小学、如东县中学、邮政局、县进修学

---

①"三项教育三个活动":组织当家作主、艰苦奋斗、干好本职工作教育,开展为四化立功、争当"三八红旗手"活动;组织革命理想前途教育,开展"五讲四美"活动;组织法制教育,开展五好家庭活动。

校分别获团体奖,杨莉娟等9人获个人奖。9月,县总转发全总《基层女职工工作条例》,要求各基层工会组织女职工干部学习贯彻,按《条例》开展女职工工作。

1987年1月,县总按照省妇联等13个单位联合通知精神,在女职工中开展"一教四普及"(开展思想政治教育,普及文化科学知识,普及法律常识,普及科学育儿知识,普及妇女卫生常识)活动。1988年,县总发出《关于开展商品经济中如何正确认识女职工生育价值大讨论的意见》,要求各单位开展大讨论并撰写论文。县总生活女工部部长曹莲芳和县棉纺厂等7单位女职工干部,去南通市听取女职工生育价值专题报告。在大讨论基础上,全县收集论文15篇、向市推荐7篇,掘港轧花厂工会主席陈建泉论文被市录用。4月19日,县工会第十一次代表大会上,丰利棉纺厂作《我们是怎样做好女职工系列教育工作的》介绍。

1989年3月,县总举办"如东县首届女职工书画展",共收到作品150幅。经评选,获奖作品22幅,展出作品78幅,县委书记徐相林等县领导为书画展题词。3月8日,县总举行书画展开幕式,县有关领导及女职工委员会名誉主席顾旦生、叶明参加开幕式。4月10日,县总举行"我与企业共命运"演讲竞赛,38名女职工参加,掘港缫丝厂王玲芳、县化工厂缪亚平、县棉纺厂徐虹获一等奖,县纺织厂刘爱华等4人获二等奖,县生化总厂李娟等18人获三等奖。4月28日,县化工厂缪亚平、县纺织厂徐虹赴市演出,分获市二、三等奖。9月11日,县总女职工委员会响应省女职工委员会倡议,发出《关于在全县女职工中开展"三讲五个一"活动的通知》。"三讲五个一"是:讲"四自",讲奉献,讲艰苦创业;坚持四项基本原则、反对资产阶级自由化、参加一系列教育活动,对下一代进行一次革命传统教育,提一条合理化建议,双增双节一百元,做一件有意义的事。

1989年3月,举办的"如东县首届女职工书画展"展厅一角
(县总办提供)

1990年全县工会努力提升全县女职工队伍素质,举办各类培训207期、7251人次。1995年至2004年,全县基层工会根据女职工需求,共建立职工读书小组近600个、组织女职工法律知识竞赛活动60多次。开展《婚姻法》等法律法规培训,参加女职工近2万人。2002年,县总女职工委员会组织全县女职工法律知识竞赛,获市总优秀组织奖。各基层女职工委员会广泛动员女职工,制定"十五"期间素质自我达标计划。至2002年,全县80%的女职工,参加素质达标和岗位创新立功活动,共建立女职工读书小组600个。县中医院女职工委

员会积极参加县总等部门发起的“劳模工程”，一方面发动女职工开展优质医疗服务，一方面邀请两名女劳模为全院女职工上课，激励女职工培养良好职业道德，爱岗敬业争奉献。

2004年，全县建立基层女职工素质教育基地24个、开展素质自我达标企业31个，选树市级女职工工作示范单位2个、参与素质自我达标活动女职工5800人。为激励女职工学习自强，县总表彰“巾帼建功标兵”6人、“巾帼创新标兵”10人、学习成才先进个人12人、“文明新风家庭”40户。江苏如东通用机械有限公司女职工委员会积极建立女职工学习型小组，开展各类学习培训活动。关键岗位、管理岗位的女职工，结合自身实际制订自学成才计划。该厂广大女职工刻苦学习，有力提升自身竞争能力，企业改制2年中，没有发生一个女职工下岗淘汰情况，每年公司评比先进，女性比例均达35%以上。

2009年后，全县各级女职工组织积极发挥工会培训阵地作用，举办各类主题教育培训、适合女性工作领域培训和专业技术岗位培训。县总女职工委员会在全县各级工会和企事业单位，开设“女职工周末大讲堂”，促进女职工素质提升。如定期组织女职工集中进城学，先后邀请南通大学、南通职大、上海华山医院、县人社局、县中医院的专家教授，开展下岗女职工创业就业培训、女职工心理健康培训10多场。组建宣讲团送学习到基层，联合司法局、卫生局、第一职中专业人员，先后到江苏快达农化股份有限公司、江苏九九久科技有限公司、如东宇迪光学仪器厂有限公司等企业，宣讲法律、职业病防治、光学仪器等专业知识。县总女职工委员会积极搭建女职工学习和技能升级平台，先后开办心理学、社会学、教育学、管理学等专业课程，帮助女职工开阔视野，保持身心健康，提高女职工自主创业和再就业能力。2014年，县总女职工委员会以女职工周末大讲堂为载体，采用专题讲座、自主培训和网络教学等形式，为广大女职工提供“做现代智慧型女性”系列培训活动，普及礼仪形象、健康养生、心理调适、家庭理财、子女教育等方面知识，全年举办周末大讲堂5场次，参加女职工500多人。2010年至2014年，全县共举办女职工技能培训班435期，2万多名女职工掌握两门以上技能，1.50万名女职工的学历和技术等级得到提升。

2013年，县总举办女职工周末大讲堂现场　　（卫亮 摄）

第三节 女职工活动

1963年10月24日，县总发出《关于工厂企业发动职工积极开展比学赶帮的劳动竞赛运动的意见》，要求各基层工会充分发动女职工参加竞赛，争当"五好"职工。在一些女职工比较集中的工厂，迅速掀起劳动竞赛热潮。1976年上半年，栟茶纺织厂工会在开展工业学大庆竞赛活动中，要求女职工"出大劲，流大汗，苦干加巧干，努力完成生产任务"，激发女职工生产热情，全年完成指标180万元，棉布茶巾产量创最高记录。1978年3月16日开始，该厂又开展学大庆，赶韩桥"百日红"劳动竞赛，通过竞赛考核评比，全厂共评出先进生产（工作）者115人。

1981年，县总在女职工中开展"艰苦奋斗、献身四化、干好本职工作、争当'三八'红旗手"活动。1982年3月24日，县总发出通知，要求各工厂企业在两个文明建设中积极开展社会主义劳动竞赛，在女职工集中的单位，组织"姐妹赛""师徒赛"技术表演等活动，人人争当"三八"红旗手，激励女职工劳动热情，为国家多创造财富。1986年2月25日，为推进女职工工作，开拓新局面，县总发出《关于开展创"四好"女职工委员会活动的通知》，提出在全县开展创"四好"女职工委员会评比条件。

1987年，丰利棉纺厂重视发挥女职工作用，结合创"四好"开展"四比"①活动。女职工干部杨祝兰、杨桂琴既抓生产，又抓女职工思想工作，连续两年被评为县、市先进工作者。挡车工曹建平、沈清芬创造台时产量4.5米的工厂历史最好水平。

1988年3月12日，县总发文要求，全县基层工会开展创"四好"女职工委员会、优秀女职工干部、优秀女职工竞赛活动，并于"三八"妇女节前夕，邀请全县女书记、女劳模、女职工干部座谈，研究探讨改革之年女职工工作新内容、新课题，把竞赛活动引向深入。1989年9月，县总女职工委员会积极响应省总女职工委员会《倡议书》，在女职工中开展"三讲五个一"活动。同年，县农药厂女职工委员会获省总表彰。

1990年3月县总女职工工作会议上，县总副主席刘红秀总结部署全县女职工工作，县总生活女工部部长曹莲芳传达市总女职工工作会议精神，县化肥厂季美云等4个企业的女职工委员会主任介绍经验，丰利棉织厂厂长韩淑平介绍支持女职工工作、争当"女职工之

---

①"四比"：比产品质量，看谁完成任务好；比技术操作，看谁业务水平高；比勤俭节约，看谁"双增双节"成绩好；比献计献策，看谁提合理化建议多。

友”的成功做法，县劳动局副局长袁永祥宣读县总女职工委员会表彰决定，县服装厂等19个女职工委员会、掘港轧花厂葛金霞等18名女职工干部、县农药厂季建云等6名女职工获表彰。同年，县缫丝厂等3个企业的女职工委员会、县石油机械二厂郭美珍等3名女职工干部获市表彰。据不完全统计，1990年全县1.05万名女职工参加“双增双节”活动，节约费用178.80万元、提出合理化建议4632条、采纳2233条、产生效益145万元。

1990年3月，曹莲芳传达市总女职工工作会议精神
（县总办提供）

1991年，县总女职工委员会向全县女职工发出倡议，号召广泛深入地开展“巾帼建功，巧手奉献”系列活动，得到踊跃参与。3月召开全县女职工“巧手奉献”成果发布会，现场操作表演20多个项目，县委领导和全县500多名女职工观摩。丰利棉纺织厂千名女职工投身“人人参加巧手奉献，月月考核奖励先进”活动，促进产品质量明显提高。县教育工会女职工委员会针对女职工特点，开展“一学、二看、三谈、四比”学习陶行知系列活动，不断提升教书育人自觉性。掘港轧花厂、县生化厂等企业在女职工中开展“围绕经济献良策”“设计最佳方案”等活动，得到企业党政大力支持。9月，举办“巾帼建功、巧手奉献”经验交流会和女职工论文征集评选活动，共选出优秀论文25篇并报省市。县实验幼儿园“教玩具”和县化工厂“R酸攻关”两项目，参加省女职工“巧手奉献”成果发布会并获奖。

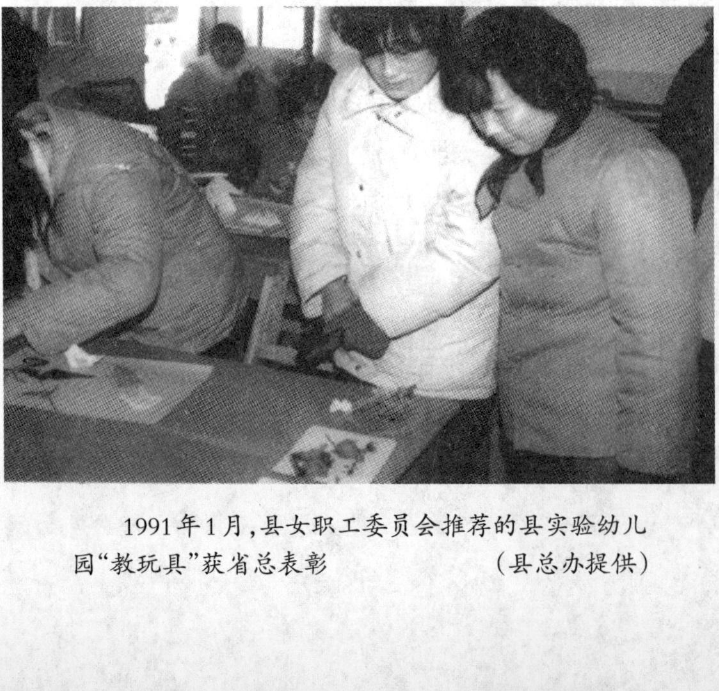

1991年1月，县女职工委员会推荐的县实验幼儿园“教玩具”获省总表彰（县总办提供）

1994年，县总女职工委员会充分发挥女职工在经济建设中的积极作用，努力提高女职工思想道德和文化科技素质。组织全县女职工，开展“学习一本书、组织一次技术比赛、提一条合理化建议、做一件好事”的“四个一”活动；结合“四德”教育，开展“文明新风家庭”竞赛活动；把迎“九五”列入女职工工作重点，组织女职工开展“巾帼迎九五、巧手再奉献”五大行动（女职工素质强化

行动、创新主动行动、自主创业行动、爱心助困行动、家庭文明行动)、第四次世界妇女大会知识有奖竞赛和“五大行动”报告会等系列活动。县针织总厂专门召开文明新风家庭研讨会,县纺织厂举办家庭文化建设演唱会。通过各类活动,全县评出“文明新风家庭”25户。

1995年5月,第四次世界妇女大会(以下简称“四大”)在北京召开,县总女职工委员会大力宣传会议宗旨和《中国妇女发展纲要》。2月,在县总全委扩大会上作“抓住机遇、加大力度、推动如东女职工工作全面发展”专题发言。县总女职工委员会大力营造迎“四大”声势,举办“巾帼迎‘四大’、巧手再奉献”图片展,充分展示全县女职工在劳动竞赛、技术攻关、革新挖潜、献计献策、家庭文化建设等方面的时代风貌,全县52个女职工委员会举办“迎九五”知识竞赛,参加女职工2.10万人(次)。县总女职工委员会精心制作题为“奉献终无悔”“硕果展风采”“巾帼竞风流”三组展板和26项工艺品、新产品及革新成果,参加市职工“巾帼迎九五、巧手再奉献”成果展,其中13个项目推荐送省参展。同年,县总女职工委员会会同县妇联,组织“庆三八、迎九五”女子环城长跑、彩车表演、文艺演出等活动。县邮电局女职工委员会开展“每人制作一件手工艺品,向‘三八’‘九五’献厚礼”活动,全局制作181件并进行评比。县缫丝厂女职工委员会召开女职工代表座谈会和女职工书画比赛。县啤酒厂女职工委员会向全厂360名女职工发出《迎接第四次世界妇女大会行动倡议书》,号召全厂女职工投身企业“想300万、讲300万、干300万”奋斗活动,为夺取高产优质和降本增效目标做贡献。1995年,县委、县政府提出全县“人均产值超万元”奋斗目标,县总女职工委员会瞄准目标,充分发挥广大营销人员作用,在全县开展争当“先进女营销人员”“营销人员贤内助”竞赛活动。由于内容切合实际,考核目标明确,涌现一大批先进典型。

1995年,女职工巧手奉献成果发布会　　（县技协提供）

1996年9月后,县女职工人才培训中心正式挂牌。全县各级女职工委员会组织女职工参加省总“姐妹情、献爱心、每人节约一元钱”活动,筹集女职工再就业发展基金,同时争取省总的帮助，成功扶持首批下岗女职工自谋职业。广泛开展女职工“五大行动”，拓宽女职工民主参与渠道。1996年，县总表彰一批女职工工作先进集体与先进个人，县总顾锦红获省总表彰。

2001年，县总下发《如东县女职工开展“巾帼绘九五、创新展风采”活动实施意见》，要求以五大行动和两项重点（加强女职工组织建设、建立适应市场经济发展的女职工维权机制）为主要内容，共同构建“十五”期间女职工组织发展总目标。《意见》对活动提出十个方面要求。县总专门成立活动领导小组，蔡瑞平任组长。县邮政局女职工委员会组织女职工苦练业务，提高本领，为客户提供优质服务，连续3年被评为县“巾帼示范岗”。2002年，被评为省“巾帼建功示范单位”，同时有10多名女职工被表彰为“文明服务标兵”，2名女职工被表彰为省、市“服务标兵”和“女职工工作先进个人”。2002年，县总女职工委员会围绕“学法律、强素质、展风采”主题，深入组织2000多名女职工，参加庆“三八”暨维护女职工权益法律法规竞赛，县总获市总“优秀组织奖”。同年，县总表彰7个“先进女职工委员会”、9名“先进女职工工作者”和6名“岗位女明星”。

2003年，为进一步推动女职工素质自我达标活动，市、县总开展“如何当好新形势下的女职工干部”研讨活动。2003年8月经市总评选，江苏东升艾克科技股份有限公司杨晓梅《与时俱进，在创新中求突破》一文获一等奖，南通市苏通化肥有限公司陆友莲《做好新形势下工会女职工工作的实践与思考》一文获三等奖。全县各级女职工委员会积极开展“巾帼绘十五、创新展风采”活动，2003年江苏如东通用机械有限公司生产任务一直处于饱满状态，公司根据企业发展要求，发出“大干夺高产”号召，得到广大女职工踊跃响应，不少女职工克服困难，实现自我超越，用实际行动塑造新时期女职工新形象，得到公司党政与广大职工称赞。江苏快达农化股份有限公司女职工委员会，积极组织女职工投身劳动竞赛、技能培训、操作比武、科技创新等活动，女职工素质不断提升。江苏东升艾克股份有限公司海派生产线女职工，积极探索岗位降耗增收新路子，提出回收利用废毛合理化建议，一年为企业节约成本10多万元，同时大幅度提高工效。同年，江苏快达农化股份有限公司和县总刘红秀获省总表彰。

2004年后，县总女职工委员会将女职工素质工程，作为重要工作来推进。一方面组织女职工认清改革发展大局，增强竞争意识和责任意识，另一方面组织女职工开展以“学政治、学法律、学道德、学文化、学业务、学技术，强化体魄”为主要内容的“素质自我达标”活动。通过引导，使女职工所学知识相互渗透，相互促进，努力成为新世纪复合型人才。县教育工会女职工委员会重点抓青年教师队伍建设，深入开展“青蓝工程”、教坛新秀大比武、优秀教师巡回示教等活动，为加强基层女教工素质教育提供良好平台。县电信局、江苏快达农化股份有限公司、南通大东有限公司等单位女职工委员会，激励女职工紧贴岗位，实际开

2004年10月，县总举办的全县职业模特大赛现场　　（县技协提供）

展"精一招、会两招、学三招"活动，激发聪明才智，为企业发展献计出力。县供电公司女职工以练兵强素质，以素质促工作，以工作树形象，在市公司8个项目业务技能比赛中，荣获2个团体第一名、3个团体第二名优异成绩，蔡玉梅、杭琳俐、沈燕还分获电表校修、物资管理、团务比赛个人第一名。接着，女职工们又再接再励，在省公司技能比赛中荣获团体第二名。同年，县总女职工委员会在全县大力开展"女职工工作示范单位"争创活动，促进女职工工作整体上水平。当年，江苏快达农化股份有限公司和如东县新东丝织有限责任公司女职工委员会，被市总表彰为"南通市女职工工作示范单位"。在市总女职工委员会四届二次全委会暨"三八"节庆祝会议上，如东县白云工艺编织品有限公司蔡红，作了题为《无悔编织创业路》发言，介绍自己离开机关投身创业浪潮、吸纳下岗职工、成功创办企业的奋斗历程。县总女职工委员会三届一次全委会和"三八"庆祝会上，组织部分杰出创业女性开展经验交流。如东大富士服饰有限公司耿雪梅介绍带领姐妹们创业创新、积极实施外销高档精品策略的经历。南通日升服饰有限公司吴小燕介绍依靠职工群众，通过诚信竞争，三年翻三番的发展历史。同年，县总举办的县职业服装模特大赛，展示广大女职工钻研技艺、进取向上的精神风貌。共有8支代表队、50名女职工登台表演，并评出一、二、三等奖。

2005年，县总女职工委员会在全县女职工中，开展"争创五一巾帼标兵岗、争当五一巾帼标兵"的"双争"活动，团结广大女职工投身"创业创新创优"大潮。活动要求用5年左右时间，使70%的女职工，在思想素质、技术等级、文化程度上提升一个档次。全县参加劳动竞赛女职工11.04万人,参加各类培训1.89万人(次),参加各类技术比赛0.84万人次,为如东跨越发展建功立业。三八节期间,县总表彰江苏如东通用机械有限公司等10个“女职工工作示范单位”、王晓晴等12名“先进女职工工作者”、杨文秀等8名“巾帼创新业带头人”。江苏如东通用机械有限公司获省总表彰。县总女职工委员会先后获省、市总表彰。

2007年,县总女职工委员会组织实施“三大工程”①,充分发挥女职工的积极性与聪明才智。全县女职工委员会以“树立新理念、学习新知识、掌握新技能、创造新业绩、迎接新挑战、实现新跨越”为目标,展示女职工风采。全县参加劳动竞赛女职工2.29万人,提出合理化建议5805条,创效益98.70万元。完成较大技术革新项目202项,推广先进操作法127项,参加各类技术比赛1.54万人(次)。着力智力提升,开展素质建设工程。以“争创学习型组织、争当知识型职工”为载体,不断提高广大女职工学习力和创造力,为拓展女职工参与经济发展能力,提供坚强支撑与保障。

2009年后,县总积极引导女职工,树立终身学习观点,切实提高女职工队伍整体素质。至2012年,全县各级女职工委员会共组织6.80万名女职工参加建功立业活动,提出合理化建议1.70万条,采纳实施6340条,实现经济效益6050万元。通过“争创五一巾帼标兵岗、争当五一巾帼标兵”“巾帼建功展风采”等活动,全县60个车间班组和100名女职工受到上级工会表彰。2014年,县总女职工委员会发动女职工书画作品、读书征文、摄影作品、“五一巾帼标兵”“五一巾帼标兵岗”等竞赛评比活动,展示女职工风采,彰显女职工阳光、健康形象,努力引导全县女职工争做智慧型现代女性。

第四节 女职工特殊权益保障

一、劳动保护

1956年10月29日,县商业工会在《工作任务的意见》中要求所属11个基层工会,努力保护女职工身心健康,协助行政订立保护女职工措施,对女职工怀孕适当调整轻体力工作或减轻工作量,怀孕3个月以上减少夜间会议和活动,避免值班站岗,切实保胎防流产。同年,为解决国营企业、合作社和工厂女职工洗澡问题,在县总积极倡议下,掘港镇新建女浴室。

1962年12月12日,县总在传达省总代表大会精神会议上,向各级工会提出加强女职工工作要求:“工会必须经常关心女职工利益,解决女职工特殊问题,帮助女职工过好恋爱、婚姻、分娩‘三关’，切实做好女职工经期、孕期、产期、哺乳期‘四期’保护工作。”1963年11月，掘港镇医院对掘港福利厂312名女职工，进行阴道滴虫普查普治工作。对52名患者用PP坐浴与卡巴申杀虫治疗，每月对患有妇女病职工进行2至3次诊治。通过治疗、营养、休息三结合方法，使该厂妇女病患病率比上年同期下降30%。

1973年，全县推广女职工经期、孕期、产期、哺乳期劳动保护，实行“四一”“三改”“三分开”妇女卫生制度，即一人一盆一汤一巾；改革月经带，改革厕所，改坐浴为淋擦浴，妇女洗浴用温开水；洗浴实行男女分开、老少分开、有病无病分开”，不少企业设立女职工卫生室和冲洗室。在县总和各部门帮助下，掘港黄油枪厂工会、妇委会在计划生育、妇幼卫生方面取得效果：全厂138对育龄夫妇采取节育措施，80名未婚青年落实晚婚计划，工厂办托儿所、妇女卫生室，建立计划生育、妇女经期等台账，定期检查妇女病，组织儿童防疫注射，有效保护妇女儿童健康。1975年11月，南通地区工会组织6县女职工干部，参观学习该厂妇幼保健工作。县缫丝厂建立后，坚持每年开展妇女病普查，据1976年统计，共查治1245人次，女职工健康水平显著提高，发病率从1971年18.9%下降到5.8%。1977年11月，全国妇幼卫生工作现场会在如东召开，卫生部副部长钱信忠和省、地领导及会议代表，考察掘港镇相关单位妇幼保健工作。1978年，县缫丝厂解除女职工后顾之忧，建立招待所，接待女职工探亲家属。办母子宿舍，便于女工产后照顾小孩。同时建成280平方米幼托园，让100多名婴幼儿入托入园。

1980年8月，县劳动局和县总联合转发省劳动局、省总《关于切实解决女职工卫生室的通知》，各工厂企业遵照执行，凡有条件均设置卫生室。1981年10月24日，县总对幼托、女工、食堂、卫生、劳动保险、生活福利等工作进行全面检查，以区镇建立检查组。各检查组在1个月时间里，采取听介绍、看现场、召开座谈会、民主评议等方法，了解相关情况后并总结汇报。1982年，县总根据女职工生理特点，要求各基层加强女职工特殊保护，广泛进行妇女病普查治疗工作。全县普查3379人，占应查人数81%。3月，县总发文《关于如何搞好女工工作的意见》，提出加强女职工劳动保护应抓好四个重点：一是宣传党和政府保护女职工政策规定，侵权做法敢于批评替女工说话；二是配合行政调查研究，对女职工作业中严重影响身心健康情况，采取切实措施解决；三是督促行政，将女职工劳动保护纳入生产管理，女职工在怀孕期、生育期和哺乳期，必须减轻劳动强度或调整工种；四是根据女职工劳动保护规定，协助行政制定保护措施。经过各部门、各企业共同努力，全县对孕妇的管理形成系列化，主要内容包括：早孕诊断、产前检查、住院分娩、产后探访。

1983年5月，县总转发全国总工会《关于坚决保护女职工合法权益，反对迫害妇女的通知》，要求各级工会发挥女职工委员会及女职工委员作用，坚决维护女职工合法权益。1984年3月，县总召开的先进代表大会上，县棉纺厂作题为《维护女职工合法权益，做女工贴心人》介绍。6月，市总女职工部转发全总女职工工作委员会“维护女职工合法权益调查提纲”，县总女职工部在县通用机械厂、化肥厂、缫丝厂、农机修造厂、县酒厂等单位，对维护女职工合法权益方面情况抽样调查，汇总上报。

1987年5月，县卫生局、劳动局、县总、县妇联联合转发卫生部、劳动人事部、全总、全国妇联《关于印发〈女职工保健工作暂行规定〉的通知》，要求各单位结合实际情况，认真贯彻执行。11月，市劳动人事局、市总《关于女职工保胎休息和疾病超过6个月后生育待遇问题的通知》指出：可按国家劳动保险福利司《关于女职工保胎休息和疾病超过6个月后生育时间的待遇问题给上海市劳动局的复函》文件执行，县总按照《复函》精神贯彻各基层。1988年10月，县总召开女职工干部会议，贯彻国务院《女职工劳动保护规定》和南通市人民政府《女职工劳动保护暂行办法》，传达上级会议精神，部署全县女职工工作。11月，县政府办公室《关于转发“南通市女职工劳动保护暂行办法”通知》中，要求县劳动局、卫生局、县总、县妇联认真履行职责，互相配合，共同做好女职工劳动保护工作，切实抓好女职工“四期”保护，不得安排女职工从事禁忌劳动，努力改善条件，添置必要的保护设备，保障女职工安全健康。同年，全县新建女职工冲洗室6个。

1989年2月，省政府发出《关于印发“江苏省女职工劳动保护办法”的通知》。上半年，县劳动局、县总、县经委、县妇联等单位对企业执行国务院《女职工劳动保护规定》（以下简称《规定》）的情况进行检查。年底，县总生活女职工部到各镇，分别听取250多名女职工干部的汇报。1990年上半年，县总会同县劳动局、经委、县妇联等单位，对14个单位贯彻“规定”情况组织调查。通过对6个区镇、14家企业和659名女职工的调查统计，全县80%左右企业对“规定”执行较好，县染织厂、县生化总厂、县化肥厂、县化工厂、县农药厂等企业及时制定《规定》实施细则并认真落实，有效维护女职工特殊权益。县染织厂漂染车间长期以来女职工在冷水中操作，影响女职工身体健康。厂女职工委员会主任多次在职代会上，提出漂染岗位不适宜女职工操作，这一建议得到厂领导重视，及时将女职工更换岗位。县纺织厂不断完善女职工保护措施，受到女职工欢迎。县化肥厂、化工厂为孕妇、哺乳女职工及身体不好的“三班倒”女职工调换工种。县农药厂制定实施细则14条并新建女职工冲洗室和卫生室。县酒厂把“规定”翻印成小册子，供职工们学习、对照和检查。

在《女职工劳动保护规定》执行情况检查中，查出一些问题，主要是部分企业存在怀孕7个月以上及哺乳女职工上夜班或加班加点现象；部分企业未执行“有困难的孕期、哺乳期女职工可休产前假、哺乳假且工资不低于80%”规定；女职工保护设施不健全或有设施无专人管理；部分企业妇女病发病率较高等。针对上述情况，县总有针对性地提出加强和改进女职工劳动保护六项建议，要求将女职工保护纳入全县劳动保护工作，做到同步布置、检查、总结、评比、考核并报省、市总和县领导及相关部门，供制定政策时参考。县总及相关部门及时向相关企业提出整改要求,得到企业认真采纳,不少问题得到有效纠正或改进。

1995年,县总女职工委员会帮助总结南通东纺纺织有限公司做法,《我们是怎样开展女职工劳动保护工作的》材料,在市女职工劳动保护会议上交流。为贯彻落实女职工劳动保护规定,配合该公司制作"春风白云皆有情"录像片,在全县进行宣传。南通东升长毛绒制品有限公司女职工保护制度完善,待遇宽松,各类保护措施到位,医务室、托儿所、哺乳室、卫生室、孕妇休息室、女浴室等硬件设施一应俱全。1997年上半年,一名女职工严重违反劳动纪律,车间报告拟辞退处理,公司了解该职工怀孕,便决定延期处理并严肃教育,这位女职工深受感动,以实际行动改正,后来一直在公司工作。县电信局领导高度重视和关心女职工劳动保护,想方设法为女职工创造安全舒心的工作环境,定期组织女职工疗休养,促进女职工身心健康。

1997年,为纪念《中华人民共和国劳动法》颁布3周年,进一步推动《劳动法》《妇女权益保障法》贯彻落实,县总会同县劳动局下发文件,并开展非公有制企业女职工劳动保护检查。检查内容主要是依法签订劳动合同、女职工不得从事禁忌劳动、依法享受女职工待遇等。经企业自查、部门抽查、接受举报、发整改意见书、情况反馈等方式,督促企业纠正改进,促进企业重视女职工保护、规范女职工相关待遇落实。

2000年6月后,县劳动局、卫生局、县总、县妇联四部门认真贯彻省、市《关于切实加强女职工劳动保护工作的通知》,联合转发省市通知文件;对女工集中或群众意见较大的工业企业,逐家进行重点部位检查并提出整改要求;对当年申报"女职工劳动保护合格单位",同步考核验收。县四部门于8月、9月两个月,分两组到全县16家企业,对照创建女职工劳动保护合格单位标准与必备条件,进行检查验收。其中验收合格8家企业,全部建立工会和女职工组织,女职工劳动保护得到企业领导关心和重视,具体工作由工会分管,负责宣传学习、制订措施、监督检查,切实维护女职工合法权益。特别是"四期"保护措施落实,如怀孕7个月以上可休息并享受病假,生产后至少有3个月产假且工资照发;晚婚晚育并领取独生子女证,产假4个月,工资照发;哺乳期送奶时间扣除相应劳动定额或定额不变另发补贴;女职工妇女病正常普查等。这8家企业的女职工劳动保护被纳入企业集体合同。另8家企业不合格,主要问题是有关法律法规仅部分落实,女职工生产可休假4个月至1年,但不发工资;产前检查、哺乳期送奶不减劳动定额;少数企业劳动用工不规范,仅与班组长以上管理人员、大中专毕业生及老职工签订劳动合同,签约面较小。这次检查对8家验收不合格企业,产生明显的促进作用,企业领导表示将按照国家规定,尽快整改到位。

2001年,县总发出通知,要求工会女职工委员会,应参与企业集体协商工作,从源头上依法维护女职工特殊利益。对女职工较多企业,要订立女职工劳动保护集体合同。县总在这方面作出一系列努力:推进监督保障机制建立,会同劳动保障部门,定期对女职工保护情况监督检查;充分发挥集体合同监督小组和女职工委员会监督履约作用,建立有效的联系反馈制度;开展集体协商培训时将女职工代表吸收为骨干;加强对基层调研和女职工信访接待处理,及时提供帮助和服务。2002年,市县总组织“女职工保健知识送基层”活动,邀请陕西省妇幼保健院专家,到基层免费宣讲女职工保健知识。

2003年,县总根据省市要求,针对集体合同文本中女职工保护条款比较原则、缺乏明确规定等问题,提出在企业中推行签订女职工保护专项协议,要求各级女职工委员会因企制宜,分类指导。同时提出文本内容要有男女同工同酬、女工“四期”保护、劳动卫生、生育待遇、妇女病查治、女职工素质提升等保障措施,得到企业支持。2003年6月,县总针对职业病和职业中毒多发状况,加大源头参与力度,会同安监、卫生等部门,对全县12家尘毒企业进行职业危害调查,涉及化工、机械、建材、纺织、轻工等行业。调查采取现场检查、发调查问卷、开座谈会等方式,涉及女职工1039人,其中接尘女职工261人、接毒女职工226人、在尘毒岗位合同制女职工350人。经调查,12家企业尘肺和中毒人数均为零。大部分企业能认真执行国家女职工劳动保护法规,较好地维护女职工合法权益,但有少数企业对女职工劳动保护不够重视,未建立女职工健康档案,有的企业女职工在岗前、岗中和离岗时未进行健康检查,这给准确掌握女职工健康状况带来影响。通过检查,对查出的问题,及时督促企业认真整改,形成调查报告,向县人大、县政府提交提案和建议,促进政府和企业切实贯彻女职工劳动保护法规。

2004年,县总坚持突出维护职能,根据发展要求,将维权重点放在源头参与和监督机制上,切实保护女职工合法权益。县总组织266个企业女职工委员会,参与企业平等协商签订集体合同工作,年内与企业签订女职工权益专项协议48份。同时,坚持一手抓扩面,一手抓质量,不断增强专项协议的针对性和有效性,使女职工权益落到实处。上半年对南通东升长毛绒有限公司、江苏快达农化股份有限公司、南通苏通化肥有限公司、南通新东丝织有限公司4家非公企业进行女职工权益状况调查,发放调查表120份,满意率90%以上。县总注重维护女职工民主参与权利,坚持职代会代表中女职工比例与女职工数相适应。全县企业女职工委员会主动参与工资协商和集体合同签订全过程,同时参加企业劳动保护检查委员会、劳动争议调解委员会等民主监督组织,切实发挥女职工组织依法维权、参政议政作用,参与率达90%。

同年5月,县总在全县开展“‘五一’女职工维权月”活动,通过问卷、宣传、检查、培训等多种方法,集中关注女职工权益落实中的突出问题,切实帮助女职工学法、用法,增强自我维护意识和能力,形成全社会关爱女职工良好氛围。县总采取几项措施,一是继续深入女职工权益法律知识宣传普及,送《女职工权益知识读本》到基层;二是为女职工“送知识、送健康”服务,先后邀请西安医学院、第四军医大学等富有女职工保健经验的专家教授,举办卫生保健义务讲座和咨询解答，受到广大企业和女职工欢迎与参与，确保女职工身心健康；三是参与涉及女职工权益的执法监督和检查，解决一批侵害女职工权益的典型问题；四是总结基层富有创新的女职工维权经验并宣传推广。同年，县总针对女职工自身保护意识低、妇女病发病率高等状况，积极开展“送知识，送健康”服务活动。

如东县供电公司女职工参加安全知识竞赛活动

2005年10月，为提高企业女职工保护集体合同签约率，县总结合实际，重新起草《企业女职工特殊权益保护专项集体合同》样本，下发各镇（系统）和基层工会，要求女职工25人以上企业都要结合企业实际，做好专项合同签订工作，把女职工权益保护真正落到实处。县供电公司工会与行政严格履行女职工保护专项合同，为减轻怀孕女职工操作微机对身体影响，专门为她们调换工种或装上电脑保护屏，尽量减少辐射伤害。至2005年，全县共签订女职工权益保护专项协议171份。

2006年，全县各级工会把女职工特殊保护列入集体合同，并着力在提高集体合同履约率上下功夫。经努力，全县25人以上女职工的357家企业都签订女职工特殊保护专项协议，签约率达100%。10月，县总女职工委员会对25家企业，展开女职工特殊保护协议签订、履约专项检查，各项条款均得到较好履行。县总女职工委员会在规范、细化女职工特殊保护协议的同时，坚持“三突出”：一是突出签约“三同步”（女职工特殊保护协议、工资平等协商协议、劳动保护协议同时签订）；二是突出协议内容个性化，如在规范化的同时，对化工、印染、建材等有毒有害行业，增加特殊保护要求，针对企业实际分类指导，对特困女职工、患慢性病女职工和军属女职工提出特殊要求；三是突出推广、协调和监督，强化督查整改工作。同年，县总女职工委员会举办女职工心理、生理、卫生健康知识讲座，连续3年请西安大学教授，组织“送知识送健康下乡”活动，共组织8场，参加听课、咨询女职工1000多人。此外，还举办“艾滋病预防控制、禁毒知识”培训班，并组织1886名女职工参加知识竞赛,提高女职工自我保护意识,受到省、市总表彰。

2007年,县总女职工委员会开展“关爱女职工健康行”活动,县总与县卫生局免费为困难企业女职工、女农民工、下岗失业女职工、单亲特困女职工,进行妇科检查,共查2000多人。2008年,县总不仅把女职工特殊保护内容列入企业集体合同之中,同时着力在提高合同履约率上下功夫,促进女职工各项权益落到实处,全县25人以上女职工企业均签订女职工特殊保护协议,年内共签订665份。

2013年3月“女职工关爱行动月”中,县总女职工委员会与专业医疗机构联手,开展一系列活动:深入规模企业开展女职工健康讲座10场次,听课女职工1000多人次;为2000多名女职免费提供妇科检查;为175名特困女职工提供免费“两癌”检查;采用网络、热线电话、面对面咨询、女职工心理健康讲座等形式,为大批女职工提供心理咨询和疏导服务。同年,县总联合人社、妇联、卫生等部门,于10月在全县开展女职工劳动保护专项检查,共检查电子、化工、皮革制品类用工单位85家、涉及劳动用工1.46万人,其中女职工2920人。检查中发现350名女职工未依法签订劳动合同、262名女职工补签劳动合同、312名女职工未参加社会保险,当场督促企业对违规行为及时整改纠正。2014年,县总女职工委员会利用《女职工劳动保护规定》《妇女权益保障法》修订契机,深入15家非公企业开展调研,发放调查问卷并召开座谈会,形成专题调研报告上报。县总推动落实女职工特殊保护专项合同,坚持与签订集体合同“四同步”,并联合县人社部门定期开展监督检查。同年全县单独签订女职工专项合同652份、区域性专项合同17份、覆盖女职工8.52万名、签订率达98.5%。

二、爱心帮困

20世纪90年代后,随着企业改制逐步推行,部分职工中出现下岗失业状况,家庭面临困难。1995年,全县广大女职工积极响应县总号召,1.23万名女职工无私奉献伸援手,参加职工特殊疾病康复互助会。1997年,县总通过各种方式安置下岗职工150多人,其中女职工100人。县总女职工委员会筹集女职工再就业发展互助金5050元,重点帮助下岗特困女职工解决再就业问题。同时号召效益好的企业女职工委员会,发动女职工向特困企业困难女职工捐款。2001年,丰利纺织公司女职工委员会发动捐款4000多元,资助长年停产企业困难女职工,解决子女上学等困难。南通大东有限公司女职工委员会发动女职工捐款6000多元,帮助一名遭遇车祸女职工解决突发生活困难。县新华书店女职工委员会组织女职工开展“献爱心一日捐”活动,每年捐款全部用于资助特困女职工丁琴子女上学。全县各级女职工委员会协助工会建立送温暖帮扶制度,开展爱心帮困行动。通过增强社会责任感和团结互助的姐妹情谊,与困难女职工特别是单亲特困女职工建立联系制度,落实结对帮扶,做到不让一个姐妹因生活困难而发生意外,不让一个子女因生活困难而辍学,各级女职工委员会每年帮扶困难女职工家庭100多户。

2004年，全县女职工委员会大力推动“母爱助学”活动社会化，健全单亲困难女职工子女助学档案，资助单亲女职工子女18户、资助困难女职工子女上学63人、与教育部门联手帮扶贫困生1000多人。南通庄明精细陶瓷女职工委员会致力增强女职工凝聚力，了解到女职工周桂梅夫妇身体不好、家庭困难、孩子考上大学后准备弃学的情况，及时发动全公司职工爱心帮困，解决燃眉之急，让孩子圆上大学梦。同年，县总与县劳动局对全县建筑、服务、加工行业的单位，开展农民工工资支付专项检查，重点抽查被举报的24个用人单位，涉及职工4583人，其中女职工2201人，共补缴社会保险费92万元，清欠农民工工资126万元。

2006年，为县总鼓励和帮助下岗失业女职工自主创业、自谋职业，与县劳动局、团县委、县信用联社等单位，共同设立创业就业扶持金、小额贷款项目，为7名下岗女职工小额贷款20万元，帮助他们办起纺织、服装等小企业。全年帮扶单亲困难女职工124人，特困女职工子女助学率达100%，助学金额2.99万元。同年县总与县政协等8家单位，共同筹集扶持基金奖励，自主创业的典型。南通桂兰乳腐厂厂长陈桂兰、马塘兴马服装厂厂长沈美平、如东华源色织厂厂长戎洁玉、南通天鑫健身器材公司总经理王霞等一批下岗职工，艰苦创业，同舟共济，真情吸纳和关爱下岗失业职工，取得显著成绩，被评为县自强自立先进个人，每人获奖金2000元。

2010年后，县总进一步加强对贫困单亲女职工这一特殊群体帮扶，号召各级工会加强关心帮助力度，在健全困难女职工动态档案基础上，健全困难女职工帮扶机制，制定并完善相关帮扶措施。一是采取实行领导干部结对帮扶制度，对帮扶对象每年上门慰问不少于2次，每年不少于1200元，并帮助其子女介绍就业。二是通过“两节”送温暖“金秋助学”“日常救助”“医疗救助”和“法律救助”，解决困难女职工的生产、生活、就医、子女就学等实际问题。三是认真做好女职工来信来访，听取女职工诉求，切实为女职工排忧解难。成立县职工体检中心，为全县女职工免费体检。2014年，县总女职工委员会进一步建立健全困难女职工帮扶机制，全年共慰问困难女职工子女96人(次)，其中，慰问单亲困难女职工子女22人次，慰问款6.40万多元。

三、生育保险

1988年前，全县实行政务院《劳动保险条例》《关于女工作人员生育假期规定的通知》，对国家机关、事业单位女职工生育假期进行规范：女职工生育享受产假56天；难产或双生、增加产假14天。产假期间工资和女职工孕产期检查费、生育医疗费由用人单位负担。1988年，国务院发布《女职工劳动保护规定》：不得在女职工怀孕期、产期、哺乳期降低其基本工资，或者解除劳动合同；将正常产假由56天延长到90天，难产增加产假15天。县总一直重视女职工生育保险探索。为正确认识和评价女职工在社会生活中特殊作用,使女职工生育价值得到社会合理补偿,均衡企业生育负担并解决女性就业难题,1988年后,根据上级工会要求,县总组织开展女职工生育价值研讨的同时,积极争取全县生育保险政策出台,先后开展3次调查测算。

1993年底,根据国务院关于女职工生育保险规定,县总代政府起草《如东县企业职工生育保险暂行办法》,经县政府审议发文,于1994年1月1日起在全县施行。《办法》按照社会保险方式对企业生育保险制度进行改革,对生育保险制度内容、标准、形式等方面进行规范。按企业工资总额0.80%收取保险费,建立生育保险基金;按计划内生育女职工人数,以每人1000元标准一次性补偿给企业;保险管理模式也由用人单位管理逐步转变为实行社会统筹,由社会保障机构负责管理生育保险工作。

2000年,县政府制定《如东县城镇企业职工生育保险办法》,根据“以支定收,收支基本平衡”和属地管理原则,按照企业工资总额1%收取生育保险费,按月结算;女职工产假期间生育津贴以及检查费、接生费、手术费、住院费和药费由生育保险基金支付;超出规定范围和标准医疗服务费和药费由职工个人负担;生育津贴按每人1000元标准补偿给企业,生育医疗费按标准1200元补偿企业,一次性营养费不低于上年职工年均工资1%;参保男职工其配偶无生育保险者,按生育医疗费50%一次性补偿。

2002年8月,县总对南通市如东化肥有限公司、江苏黄海汽配股份有限公司等9家企业26名生育女职工进行调查了解。在女职工生育医疗费方面,受调查女职工均可从企业报销大部分费用;在产假工资方面,65.4%的受调查女职工可领取生育前在岗工资,34.6%的女职工可领取本人档案工资或企业基本工资。在一次性营养费方面,近50%受调查女职工可从企业领取几十元至一百元营养费。调查中部分企业提出相关意见与建议,例如返还的生育补偿金虽有所提高,但生育医疗费用逐步上升,补偿金难以补偿实际发生费用,要求适当提高补偿金标准,也有企业建议调整企业上缴保险基数。县总将基层反映的建议及时向市、县汇报,供政策调整时作参考。

随着生育保险政策日趋科学和完善,生育保险工作得到有序推进。2010年,全县生育保险新增7439人,累计参保4.59万人。2014年,全县生育保险新增1.53万人,累计参保8.03万人。

第十二章 财务与经审

1950年11月，县总工会根据《中华人民共和国工会法》规定，由企业行政或资方按月拨交本单位职工工资总额的2%作工会经费，工会会员按规定每月缴纳本人工资的1%为会费。从此，县总启动财务工作，并逐步建立健全会计制度、财务管理制度、经费预决算制度，以及县总向会员代表大会报告工会财务工作的制度。从1950年开始收缴工会经费时，县总就要求各级工会组织明确专人管理财务。1953年，县总设立财务部，加强对基层工会的财务管理，组织工会财务账目检查。1954年，在县工会第三次代表大会上成立县总经费审查委员会。1955年，县总制定"关于整顿财务工作验收的十条标准"。1984年，县总制定"财务工作岗位责任制"。1987年，县总认真贯彻执行工会财务"为职工群众服务，为工会建设服务，为两个文明建设服务"的方针，坚持勤俭节约的原则，合理使用经费。1993年，县总制定《关于开展基层工会财务工作竞赛评比办法》，激励基层工会进一步收好、管好、用好工会经费。进入21世纪，县总围绕工会工作中心，依法收缴工会经费，进一步强化财务、资产管理。为适应形势发展，县总推进会计工作信息化、电子化，至2002年，有一批单位实行微机记账，工会财会人员工作效率得到提高。2008年，县总学习贯彻《中华人民共和国物权法》和全总有关规定，把工会资产监管工作摆上重要议事日程，建立健全组织制度，落实人员，切实管好用好工会资产。2011年，县总制定并印发《如东县总财务会计管理规范化考核实施办法(试行)》，进行工会财务规范化管理达标建设。2013年，实现县级工会财务规范化建设达标。在全省工会财务会计工作竞赛中，县总获一等奖，被市总评为工会财务工作先进集体。

2014年，县总贯彻落实中共中央《党政机关厉行节约，反对浪费条例》以及中华全国总工会《关于加强工会经费财务管理和审计监督，切实管理工会的通知》等文件精神，坚持服务大局、服务基层、服务职工群众的方向，组织开展工会财务理论研讨活动，先后征集财务研讨文章12篇。其中，有9篇获市以上奖项，有2篇被《中国工会财会》录用，被市总工会评为财务研讨论文优秀组织单位，并被省总、市总评为工会财会杂志征订发行先进单位。

第一节　经费收缴与使用

一、经费收缴

1950年6月29日,中央人民政府颁布《中华人民共和国工会法》。根据《工会法》规定,县总从11月开始,由企业行政或资方按月拨交单位职工工资总额的2%作工会经费,其中工作费0.5%,文教经费1.5%;工会会员按规定每月缴纳本人工资的1%为会费。各基层工会由工资委员与组织委员负责统计职工人数、工资总额,收缴工会经费。

1952年9月25日,苏北总工会通知:“各县所属基层工会组织1951年剩余文教费、会费(50%工作费)由县统一集中使用,以免分散和积压各基层,而影响到文化卫生事业的开展。”县总按照通知精神执行。

1953年3月,政务院颁布《劳动保险条例和实施细则》,明确规定劳动保险金的交纳、使用、调剂等办法。如东县各工厂单位先后实行劳动保险,工会向行政征收职工工资总额的3%作劳动保险基金,其中30%为总基金,70%为劳动保险金。

1955年,为进一步贯彻中央“增加生产,增加收入,厉行节约,紧缩开支”的指示,加强征收,挖掘潜力,争取工会经费早日自给,以减少政府补助。县总规定:各级工会组织自1月份起,凡征收行政或资方拨交的工会经费和职工缴纳的会费全部上解县总集中管理。工会经费:40%上解全总,10%上解省总;会费20%上解全总,10%上解省总,50%的经费、70%的会费,由县总集中管理。

1957年,全国总工会根据“统一领导,分级管理”的原则,改变集中统一管理经费的办法,调整各级组织管理财务的职权,增加基层工会会费和经费的留成比例。12月19日,县总《关于改变经费管理办法的通知》中规定经费比例划分:

会费总额中,基层留80%,上解20%。留基层的80%,其中20%为会员困难补助费,20%为工会行政费;40%用于基层专职工会干部人事费,如无专职设置,亦可考虑用于会员困难补助。上解县总20%,其中县总留10%用于调剂基层行政费不足和举办训练班,代印刷账表,如有结余可适当用于会员困难补助费之不足,另有10%上解省总。

经费总额中,基层留60%,上解40%。留基层的60%,其中以22.5%作为文娱活动、宣传鼓动、图书阅览、体育活动、积极分子培训费;以37.5%为职工业余教育费(教育系统内县教育工会掌握10%作教工集体活动费)。上解县总40%,其中县总留25%,以10%作为事业费，以15%作为县总行政费；另有15%上解省总。

1959年5月14日，县财政局、县总在《关于全县实现人民公社化后县属国营企业和工会组织拨交劳动保险金、工会经费的意见》中提出：劳动保险金和月剩余经费仍按过去规定，于次月10日前全部上解县总。经费仍按原规定上解县总40%，60%留基层使用。对前一时期个别单位所欠缴的工会经费，应在5月底以前全部补缴，免交滞纳金。6月以后仍按原规定，过期不缴，必须交滞纳金，否则由银行代为扣缴。工会经费的比例仍按原规定不变，企事业单位为工资总数的2%，行政单位为工资总数的1%。

当年7月7日，县总根据省总《关于工会财务、事业方面若干问题的处理意见》，对工会各项经费留解比例作出如下规定：1.会费：全部留于基层组织，不予上缴。2.经费：留基层60%。上缴县总40%，其中10%上解省总，县总留20%，还有5%自7月份起上缴专区办事处，作为行政费。3.劳动保险金：全部留县和基层，不上缴省总和全总。

1962年10月15日，县总作出的《基层工会经费开支原则，开支范围和开支标准的暂行规定》提出：1.凡已建立工会组织的企业、事业以及学校行政均应按月按职工工资总额的2%拨交工会经费。粮食局机关按1%拨交机关工会，此项经费基层留60%，上解县总40%。教育基层留用50%，上解县总50%（小学由教育局统交），其中县总留用20%。2.各教育基层工会须在行政拨交的工会经费总数中提取10%上交县教育工会，作为统筹经费。3.工会会员每月向工会缴纳会费的标准，职工按其当月所得工资1%计算，学徒每月缴纳人民币0.05元。4.基层工会应于企业行政发工资后7天内完成会费征收工作，所收会费要全部存入银行，留基层使用。

1963年2月18日，省总下发《关于财务工作的补充规定》，县总按规定执行：1.收交会费工作。全总规定收交会费时，不得从会员工资中直接扣收会费，应坚决遵照执行。2.行政拨交的工会经费40%部分由基层工会于当月20日之前上解县总，15%部分由县总于当月底之前上解省总。劳动保险金30%的总基金部分，基层每月10日之前上交县总，县总于当月20日之前上解省总；基层70%的剩余，于下月10日之前交县总，县总于季度终了后15日内上解省总。3.工会各项经费的存款，均按规定由银行计付利息。各级工会的各项经费均应在当地人民银行设立存户，接受现金管理。“文化大革命”期间，工会组织被迫停止活动，工会各项经费停止收缴。

1977年9月29日，省总、省人民银行联合发出《关于恢复收缴工会会费的通知》后，县总、县人民银行联合发文，要求各基层工会和银行营业所配合，从10月起，在全县恢复收缴会费工作。收缴标准为正式职工每人每月缴纳会费0.10元；学徒期间，工会会员每人每月缴纳会费0.05元。会员要做到自觉缴纳会费。各基层工会将收到的会费留用70%，30%于每季度最后1个月10日前由当地银行转人民银行如东支行营业部如东县总工会费户。

1978年11月13日，全总发出《关于收交工会会费的通知》，根据《中国工会章程》的规定，工会会员每月应向工会组织交纳每月工资收入0.50%会费，学徒工会员每月交纳会费0.05元，无固定收入的会员按本人上月所得工资额计算交纳会费。收交的会费，暂时全部留基层工会掌握使用。12月22日，财政部、全总《关于恢复企业、事业、机关的行政方面拨交工会经费的通知》下达后，县财政局、县总联合转发《通知》，从1979年1月起执行。行政按月工资总额的2%拨给。基层工会留60%，上交县总40%(县总25%、省总10%、全总5%)。

1984年2月8日，县总转发全总财务部《关于劳动竞赛奖和增收节支奖应计提工会经费的答复》，要求基层工会按规定执行。"企业的劳动竞赛奖和行政单位的增收节支奖，均应包括在工资组成以内，应按规定计提工会经费"。企业单位调资按规定应从1983年10月起，补提工资增加部分的工会经费。10月8日，县总根据省总意见发出《关于乡、镇企业工会组织上解工会经费的通知》规定：1.凡建立工会基层组织的单位，都应按规定提拨工会经费；2.在1984年7月1日后新建的企业基层工会，在应上解经费的40%中，暂留取15%给乡、镇工会，上解25%给县总；3.凡在1985年6月30日前建立的乡、镇企业基层工会，其经费仍应按工会财务规定上解县总40%(包括上解省总、全总部分)。

1985年2月7日，县总副主席耿文亮在如东县工会第十次会员代表大会上所作的《关于工会财务工作的报告》中，阐述了工会经费的组成与留解比例：工会经费是由工会按照中国工会章程规定所交的会费、行政方面按全部职工工资2%按月拨交的经费，工会举办的文化、体育等事业的收入和各级政府的补助组成。会员交纳的会费全部留在基层工会使用。行政方面拨交的工会经费留60%(含工会职工教育统筹经费)，上交县总40%，其中县总上解省总15%，自留25%。

1985—1987年县十届工会期间，县总在改革开放形势的推动下，积极探索工会财务工作的改革，工会经费收入实现较大幅度增长。三年总收入105.29万元。其中：1.拨交收入89.57万元；2.事业活动收入2.74万元；3.省、市总工会补助8.34万元；4.其他收入3.36万元；5.上届结余经费1.28万元。

1988年8月2日，县总发出《关于催交工会经费的通知》，要求有关基层工会于8月15日将历年欠缴的工会经费如数补交上解，如逾期仍不补缴工会经费，县总8月15日将按规定正式通知银行扣缴并处罚滞纳金。

1997年1月，县总发出文件，对1996年度工会财务工作和工会经审工作总结提出具体要求。1996年，全县开展企业改制工作。每个基层工会都按照县总要求，重点总结各自在企业改制中认真学习、宣传、执行《工会法》，依法及时足额拨缴工会经费，严格执行财务制度，规范管理好工会财务工作的经验。各工会工作委员会并组织交流、评比。

1998—2002年，县十三届工会期间，由于大量企业改制和部分企业经济效益较差，工会经费收缴工作遇到前所未有的困难和问题。县总完善征收机制,依法落实按职工人数、工资总额规定收缴经费,并与财政、审计、银行、法院、监察等部门联合制定文件,委托工商、税务代征,保证了经费收入增长。五年总收入856.89万元,其中:1.拨交经费收入594.07万元,占总收入的69.33%;2.上级工会补助收入97.55万元,占总收入的11.38%;3.事业收入30.25万元,占总收入的3.53%;4.其他收入135.02万元,占总收入的15.67%。

上届经费结余18.70万元,本届滚存经费结余19.62万元。

2003—2007年,县十四届工会期间,县总认真学习贯彻《工会法》,努力构建工会为主、税务代收和财政代扣、镇级工会协助收缴工会经费新机制,全面推进委托税务部门代收工会经费,破解长期难题,促进工会经费快速增长。五年中,县总本级工会收入1468.61万元,比上届增加611.72万元,增幅为71.39%,其中拨交经费收入年平均递增28.40%。

2008年,经济体制改革的深入和产业结构的调整,非公有制经济迅猛发展,传统的经费收缴方式难以适应新的形势。面对困难,县总全力迎难而上,坚持依法收缴,创新运作,调动社会相关部门积极性,保持工会经费收入稳步增长。当年工会经费收入443.04万元,完成全年预算的110.76%,比上年增长29.74%;上解经费120万元,完成省总核定指标的101.69%,比上年增长8.11%。

2010年,县总继续完善财政代扣、税务代征的经费收缴机制,扩大经费收缴面,财务、经审部门密切配合,加大对经费收缴大户、重点户的经费计拨审计力度。从4月起,县总组织开展基层工会2009年度工会经费清查。清查分两个阶段进行。第一阶段,企业自行年度经费清查,自行补交漏缴、欠缴的经费;第二阶段,县总根据养老保险缴费数、统计部门的工资总额、工会组织年报以及税务部门提供的部分汇算清缴数据进行清查和分析,并选取欠缴经费数额较大的84家大户、重点户进行催缴,全方位保证工会经费收缴任务的完成。当年,工会经费收缴705.63万元,比上年增长30.34%;上解省总191.25万元,增长30.10%。

经过多年坚持不懈的努力,2011年度县部门预算编制总体方案中明确:“工会经费根据《工会法》的要求,按照工资总额的2%编制”。县总加强与财政部门沟通和协调,落实纳入财政预算的行政事业单位工会经费由财政统一划拨、统一代扣。当年工会经费收缴841.28万元,比上年增长19.33%;上解省总216.58万元,增长13.24%。

2012年,县总经费收缴实现2个突破:1.县级部门行政事业单位工会经费足额列入预算并实现统一划拨代扣。全年纳入财政预算的行政事业单位缴纳工会经费214.97万元,比上年的33.97万元增长541.32%;2.镇(区)行政事业单位工会经费足额列入预算并催缴到位。多年中,全县14个镇(区)的行政事业单位工会经费每年仅能收取2万元左右。2012年,县总经过调取实发工资数据进行分析摸底,抓住镇(区)财政预算时机促使列入预算和加强宣传催缴等一系列工作,至年底,县总收到镇(区)行政事业单位工会经费148.38万元,比上年的2.40万元增长620%。

2013年,县总进一步加强与财政部门的沟通和协调,完善行政事业单位工会经费收缴机制。全年取得纳入财政预算的行政事业单位工会经费收入268.47万元,比上年增长33.23%;收取镇(区)行政事业单位工会经费182.73万元,在比2012年增长620%的基础上又增长23.15%。县总被省总评为经费收缴优胜单位。

2014年,县总取得纳入财政预算的行政事业单位工会经费收入328.04万元,比上年增长14.50%;收取镇(区)行政事业单位工会经费194万元,比上年增长6.20%。当年,工会其他收入取得长足增长,收取房屋租金401.47万元,取得投资分成91万元。

二、经费使用

1950年—1951年,县总共支出经费4179万元(时币),其中文教费318.6万元(时币),文娱费1093万元(时币)。

1952年,县教育工会经费收解使用情况。文教经费:教育行政费每月按教工总数拨交2%的文教费,其中四分之一上解县总;四分之三的20%上解省总;10%上解全总。下余的70%由县教育工会掌握,为教工学习和康乐费用。会费:教工按工资总数1%的原则自动缴纳,按比例分别上解全总及县总30%,70%由区教育办事处掌握,其中20%为会员困难补助金,50%为会议费、主任办公费。

1955年,县总贯彻"增加生产,增加收入,厉行节约,紧缩开支"的指示,对工会经费使用作出规定:1.县总根据单位大小、产业性质,各项经费收入情况确定支出标准,各单位应根据规定指标范围按季度编造预算送县总审批。2.各项经费使用指标暂以教育费、文娱费、办公费、困难补助费4类制订。3.会员困难补助费暂不确定指标,县总根据各单位的会员人数及会费收入情况,在每季初拨给各单位相当于一个季度会费收入的20%作为会员困难补助。4.如本季度会员困难补助费不敷支出,可说明原因另行申请补助。

1956年,由于上年财务工作计划性不强,使用经费缩手缩脚,该举办的事业没举办,年终经费大量结余,职工批评财务工作人员是"不关心工人生活疾苦的官僚主义",从而使财务人员进一步明确收好管好与用好工会经费的一致性。该年用于基层文化教育、集体福利事业、文体活动方面的经费2.05万元,对改善职工物质文化生活,提高劳动生产率起到重要作用。

1957年,县总贯彻"统一领导,分级管理"的原则,为使财务工作达到"用得适当,没有浪费,群众满意"的要求,在经费使用上多征求群众意见,充分发扬民主,请职工参加民主理财。同时为教育、商业2个行业工会经费垂直管理,举办一期学习班。

1958—1959年,2年内共使用各项经费16.,0万元。其中用于支持大办地方工业6.03万元,用于职工业余教育6.75万元,用于会员困难补助1.14万元,用于职工文体活动2.06万元,用于劳动保险9191元。

1961年,根据省总指示,县总运用1960年基层工会解冻经费8933元和行政福利费,解决59个基层,1566个职工的生活困难问题。商业、粮食、银行3个系统,给职工生活困难补助,治疗疾病、修理宿舍等共支出经费8221元,417人次得到救济。

1962年第四季度共补助困难职工2097人次,占职工总数的20.20%,补助总金额4.97万元,平均每人次补助23.72元。

1963年1月5日,县计委、县总、县财政局联合发出《关于做好当前职工困难补助工作和解冻经费的通知》指出:“各基层组织除按规定从福利费、奖金、会费中提取职工补助费外,决定将解冻经费款7886.60元分配各基层用于困难补助,必须保证专款专用。”当年共补助5235人,占职工总数的13.20%,补助总金额11.44万元,平均每人补助21.86元。当年上半年,县总组织人力分片分系统对全县105个基层单位,从1961年1月至1962年3月5个季度的工会财务进行互审,审查出有97个单位在开支范围和使用经费上存在着程度不同的问题,共动用工会经费1847.84元,其中购置费1005.83元,买物品分送给个人开支348.08元,不合理开支493.91元。另掘港轧花厂、掘东盐场、双甸供销社3个单位擅自将工会经费移作伙食周转金共2600元。县总及时向党委汇报,并通报全县,分别对不同情况提出处理意见。

1981年1月10日,根据全总和劳动总局的通知精神,县劳动局、县总联合行文,要求县政府相关局和国营企业单位,根据劳动保险条例和实施细则的规定,对1980年第四季度的劳动保险费使用情况做一次调查,提出具体意见,希望财会人员做好调查工作。同年9月1日,县总、财政局联合转发南通地区工会、财政局《关于职工教育经费有关开支范围的通知》的通知指出,基层工会每月必须在工会经费用于职工教育的经费中提取25%交所在地工会系统所办的县、区、镇职工学校集中使用。

1975—1988年部分年份如东县工会基本建设费支出情况

表12—1 单位:元

年份	使用单位	名称	结构	建筑面积(平方米)	金额(元)
1975	工人文化宫	平房	砖木	542	10000
1979	职工学校丰利分校	校舍	简易	213	11000
1980	工人文化宫	业务用房	砖混	2014	24000
1981	职工学校掘东分校	校舍	简易	355	19880
1982	县总	业务用房	砖混	500	50000
	职工学校分校	业务用房	砖混	451	45000
	职工学校分校	宿舍	砖混	308	30000
1983	县总	住宿用房	砖混	2114	568564
	县总	宾山中路宿舍楼	砖混	590	76600

年　份	使　用　单　位	名　　称	结构	建筑面积(平方米)	金额(元)
1984	职工学校双甸分校	教室、办公室	砖木	152	11700
	职工学校双甸分校	宿舍及其它	砖木	68	5100
1985	县总	新光南路8号东楼	砖混	616	71746
	县总	职工宿舍	砖混	235	20000
	职工学校掘港分校	职工宿舍	砖混	700	65000
1988	县总	桃园小区5－5		85	18860
	县总	桃园小区16－3		93	21564

注:同期基建征用土地费和室内设备购置费除外

1988年4月1日,县总转发南通市总工会《关于基层工会经费使用原则、开支范围和开支标准的细则(试行)》,要求各基层工会按《细则》规定贯彻执行,上半年建立健全经费审查委员会(小组),要将《细则》的执行情况列入当年开展工会财务工作竞赛的内容进行评分。

1998—2002年,县十三届工会坚持“为职工群众服务,为基层服务,为工运事业服务”的方针,合理使用工会经费。5年总支出855.97万元。其中:1.按规定比例上解省总经费179.68万元,占总支出20.99%;2.县总本级支出676.29万元,占总支出79.01%,其中:(1)职工活动费7.26万元,占县总实际支出的1.07%;(2)事业支出66.37万元,占县总实际支出的9.81%;(3)工会业务费106.96万元,占县总实际支出的15.82%;(4)工会行政费197.51万元,占县总实际支出的29.21%;(5)专项资金支出227.64万元,占县总实际支出的33.66%(主要用于县总大楼投资,文化阵地建设拨款);(6)对下服务支出37.33万元,占县总实际支出的5.58%;(7)其他支出32.78万元,占县总实际支出的4.85%。

2003—2007年,县十四届工会期间,财务坚持以服务职工、服务基层为本,并把关爱农民工列为“三服务”的新对象。县总5年经费支出的1454.90万元中,用于职工维权、对下回拨、送温暖、关爱农民工等重点工作占11.09%。

2008年,县总制定《如东县困难职工援助中心帮扶资金管理办法》,把工会经费更多地用于为职工群众办实事、解难事,保障重点工作。当年,县总筹措帮扶专项资金90万元,其中:中央财政10万元、省财政18万元、省总8万元、县财政拨款25万元、县总自身投入29万元。帮扶资金共支出88.34万元,其中医疗救助23.05万元、教育援助15.87万元、生活救助23.61万元、培训补贴4.87万元,向灾区捐款15.94万元,为新疆伊宁市艾滋病孤儿捐款5万元。

2009年,县总坚持保证重点统筹兼顾的经费使用方向,把资金用在刀刃上。在机关进一步厉行节约,压缩行政、事业经费的同时,突出依法维权,办好实事。把有限的工会经费拨出一部分用于“十运会”“建立职工之家”和“困难职工帮扶中心”等,在保证固本强基、帮扶解困等重点工作经费的基础上，进一步加大送温暖工程和困难职工帮扶资金的投入，县总除省总下拨帮扶资金外，还争取到县政府解困资金30万元。

2012年，县总通过多渠道争取和筹措新综合大楼建设资金，保障工程按时序进度顺利进行。

2014年，县总严格坚持工会经费的正确使用方向。多方筹措资金，加大“两节”①送温暖、金秋助学、困难职工帮扶、困难劳模工作力度。在经费使用上坚持向基层倾斜，向维护职工权益倾斜。压缩行政经费和一般性支出，厉行节约，合理开支。

第二节 经费管理与审查

一、经费管理

1950年，县总开始收交会费时，财务工作由一名干部兼管。基层工会收交会费，由工资委员、组织委员共同负责。1951年，县总财务工作配备专职干部，由朱震山任会计。各镇国营工厂企业基层委员会建立财务委员会，并进行清理资财、整顿财务工作。

1952年，县总财务工作由应汾兼管，刘润任会计。10月5—20日，举办财务工作培训班，参加培训的基层工会财务委员共30名，其中来自各镇工会18名，来自公营工厂、企业9名，3个海员工会各1名。学习内容：第一阶段，县委的时政报告，县总关于财务工作问题及下半年工作任务的报告；第二阶段，由县总会计上课，学习财务工作的具体业务。

1953年，中国工会第七次代表大会结束后，县总贯彻工会财务工作“为工会建设服务，为生产服务，为群众服务”的方针。为了加强财务工作的领导，县总内部设置财务部，由朱震山任副部长余长庚任会计。当年，县总两次召开镇工会和县属企业工会财务委员会议，对基层工会的账目进行检查。

1954年，为了适应工会新的财务管理办法，执行新的金库合同，县总规定：金库合同要集中镇工会建立联合基层库。100人以上的单位可以单独建库。教育工会以校建库，统一划并，归区管理。基层及支库只开两个户头：工作费户、劳保金户。教育基层应用的20%文娱、体育费不再拨现金，由县总统一购置实物，一年两次分发到区办事处。

1955年，县总财务部由朱震山任部长，王正明任副部长。规定各基层工会从1月1日起

---

①“两节”：元旦、春节。

执行财务预、决算制度:1.按季度编制预算,区教育工会办事处(按学期)、镇工会和单独建库的国营企业、合作社、工厂基层建立预算制度。凡建立预算制度的单位,根据经费使用指标,在每季度终了10日之前编造下一季度预算。2.各级工会的预算应由工会委员会讨论通过,经审查委员会审核同意,并加盖章戳后,方得送县总审批。凡无预算的开支,财务委员会有权拒绝支付。3.预算应按规定指标编造,一般不得追加。如要追加应详细审述理由。编造追加预算,经县总批准方可动用。当年,根据上级工会对经费统一集中管理的要求,县总制定了《基层各项经费使用指标试行办法》,规定使用指标比例。办公费:镇工会12%~14%;海员工会6%~8%;国营企业、工厂、合作社12%~26%;教育工会26%~40%。文娱费:镇工会8%~15%;国营企业、工厂、合作社20%;教育工会22%~32%。政治文化教育费:职工夜校灯油费每月平均每盏灯25个工资分,办公费35人以下班级6个工资分,35人以上班级8个工资分。机关学校按参加人数每人每月0.50元。

1956年6月,县总先后分批召开工厂、商业、合作社、教育工会财务会议,贯彻省工会财务会议精神。并通过对上半年财务收支的结算,发现少数基层单位长期不缴会费和经费的现象颇为严重,截至5月会费仅完成上半年任务的68.31%,经费完成上半年任务的77.42%;还有不专款专用、积压会员困难补助费等问题。会议就发现的问题进行批评和处理。会后,情况有所好转,上半年的会费完成任务数的107.52%,经费完成任务数的121.21%。违反财务制度的现象仍有发生。

1957年12月20日,县总、县人民银行联合发出《关于工会金库制度的通知》,自1958年1月起实行新的《工会经费管理办法》:工会基层组织应在每月发放工资后7日内将会费收齐,填制会费交款书连同会费送交基层库,其中80%存入"基层工作户",其余20%应由基层库上解如东县支库的上解会费集中户。行政方面应在每月5日至15日以内将拨交的工会经费与缴款书,交基层组织复核签章后送交基层库,以60%存入基层工作户,其余40%应由基层库上解如东县支库的上解经费集中户。

1958年,根据全国总工会指示精神,调整了财务工作方针,将原"三服务"内容改为"为政治服务,为生产服务,为群众服务"。工会财务工作权力下放,实行以同级党委领导为主的4级管理制。

1962年12月13日,全国总工会第八届执行委员会第四次会议通过《关于加强财务工作的决定》。尔后,相继颁布《关于工会财务工作纪律的规定》《基层工会财务条例》《基层工会经费审查委员会试行工作条例》等一系列决定和规定,县总及时提出贯彻执行意见。

1964年2月,县总制定《关于整顿财务工会验收的10条标准》,《标准》包括:小组长以上干部对全总《关于加强财务工作的决定》已认真学习,会员对整顿财务的要求已了解;工会经管一切账目逐笔审查清楚并全面公布,核对到人,笔笔落实;会费、经费、劳保金、福利费、企业奖金等已经按规定收齐收足，并且按时上解；经费使用不合理现象已经纠正，挪用、欠借的款项、物资已经全部归还或约期归还、处理；对已经制订的具体办法和制度，已经开始执行，并有专人负责；贪污、盗窃、投机倒把事件，已查核并立案处理；财务、劳保、事业经费审查等组织已经调整充实，财务工作出现新气象。

1965年，县总财务工作做到及时编制预、决算，按照标准节约使用经费，全年收支有余。基层工会半年一次的自查互审工作基本形成制度化。实行民主管理财务，定期公布账目。财务工作发生"三多""三少"的变化。即：民主管理的多，群众监督的多，执行制度的多；胡乱花钱的少，铺张浪费的少，私自挪用的少。"文化大革命"期间，工会财务停止活动。

1973年，全县各级工会组织在整顿中逐步恢复活动，县总和各基层工会重新建立财务组织机构。1979年10月6日，县总下发《关于提取职工业余教育经费的通知》，要求基层工会"工会经费中的业余教育经费仍按过去比例提取，并及时交给所在地职工业余学校"。1984年9月，县总制定《财务工作岗位责任制》：宣传、贯彻执行全国总工会统一规定的财务方针、政策、制度、纪律。收好、管好、用好各项经费，按规定上解经费，合理分配经费。编制预、决算，并按规定审批和汇总所属下级工会及事业单位的预决算。领导并督促检查下级工会及直属单位的财务工作，加强调查研究，总结交流经验，培训财务干部。接受经费审查委员会的审查，定期向工会全委会或代表大会汇报财务工作。

1986年起，县总组织基层财务工作开展竞赛评比活动，采取平时记分、年终总评比的办法，对收好、管好、用好工会经费的基层工会组织和财务人员给予奖励，调动财务人员的积极性，推动财务工作开展。当年，受县总表彰的先进集体有：服装厂工会经费审查小组、船舶修造厂工会经费审查小组、橡胶厂工会财务小组。

1987年，县总认真贯彻执行党和国家的财务政策和"为职工群众服务，为工会建设服务，为两个文明建设服务"的方针，坚持勤俭节约的原则，合理使用经费。在县十届工会期间，县总进一步加强财务管理，严格财务制度，保证用好、用活工会经费。县总和各工会工作委员会每年组织一次工会经费的抽查和互查，及时制止和纠正违反财务纪律的不正之风。并充分发扬财务民主，严格执行年度预、决算制度，重大财务问题坚持集体讨论决定，切实保证财务工作"三服务"方针的落实。

1988年度，县总表彰的先进工会集体有：县交通水泥厂工会财务小组、县粮机厂工会理财小组、丰利针织厂工会理财小组。

1993年，县总制定《关于开展基层工会财务工作竞赛评比办法》，激励基层工会认真贯彻工会财务工作方针、政策，进一步收好、管好、用好工会经费。

1998年，县总制定《如东县基层工会财务工作竞赛考评细则》，《细则》规定竞赛内容与评分标准。对照《细则》组织竞赛，进一步调动工会组织和财务人员积极性，认真贯彻工会财务工作方针政策,收好、管好、用好工会经费。

1998—2002年,县总围绕工会工作中心,依法收缴工会经费,强化财务、资产管理,较好地完成县总十三大提出的财务工作任务。县总获省总财务竞赛一等奖,多次被省总评为“双过半”先进单位。

2008年9月12日,县总主席陈斌、财务部长仲如到基层调研
(县总办提供)

2008年,县总制定镇工会、非公企业工会财务管理办法,规范、完善基层工会的财务管理,并把财务工作纳入整个工会工作的评先创优体系,形成激励、约束的联动机制。

2009年,县总财务部对《如东县总财务管理规定》进行了修改补充,使工会财务管理工作逐步走上制度化、规范化轨道。从11月起,对全县工会财务人员进行分批次、分地区培训。

2010年,县总对7月1日开始废止的《工会经费拨缴款专用收据》进行清理,启用由财政部统一印制的《工会经费收入专用收据》。并根据全总财务部的通知精神,进一步建立健全收据领购、保管、缴验和销毁制度,严格按规定使用,严禁超标准、超范围使用新收据。

2011年,县总制定并印发《如东县总工会财务会计管理规范化考核实施办法(试行)》,要求镇(区、系统)工会和基层工会认真贯彻落实文件精神,根据上级工会的统一部署,于2012年底完成工会财务规范化管理达标建设,2013年上半年接受上级工会的考核验收。县总对本级工会的财务管理进行梳理和整改,健全和完善部分财务管理制度,进一步加强经费开支的管理,确保更多的经费用于职工帮扶、职工权益维护、职工宣传教育等方面,实现县级工会财务规范化建设年底前达标。

2012年,县总继续推进工会财务规范化建设,根据上级工会财务规范化建设的要求,制定印发《如东县总工会财务会计管理规范化考核实施办法(试行)》《如东县镇级工会财务管理制度》,对全县镇(区)工会的财务管理实行"统一管理、集中记账、分户核算、收支分离"的办法,实行代管。

2013年,县总在进一步促进工会财务管理规范化建设中,加强本级财务管理。对照《江苏省工会财务会计规范化考核实施办法》的要求和相关制度,县总开展自查自纠,进行整改落实。先后接受了县审计局的专项审计、市总的年审、全省工会的财务互审。加强帮扶资金、劳模资金等专项资金的管理,进一步规范专项资金的核算,坚持专款专用,接受了省、市总工会的专项检查和审计。县总对历年的财务会计档案资料重新整理,交档案室归档,规范财务会计档案的保管。

同年,加强下属事业单位、镇级工会、基层工会的财务管理。通过开展基层工会财务规范化建设、年度经费清算、工会财务工作评比等活动,推动基层工会加强工会财务核算和资产管理,促进工会经济活动规范运行。中国电信等8家单位被市总评为财务工作先进集体,朱新华等8人获评市财务工作先进个人。

2014年,县总对本级财务加强预算管理,规范财务行为,注重加强对经费收支的监督和控制,开展自查自纠,进行整改落实。先后接受市总经审办审计、县财政局财监大队和县解困办的专项审计和市总工会的年审。同时,对工会经费管理和使用等财务问题开展理论研讨活动,有9篇文章获市以上奖项,2篇文章被《中国工会财务》等杂志采用。县总财务部被市总评为财务研讨论文优秀组织单位。

二、经费审查

1953年8月,县总召开各镇工会及直属国营企业单位的财务工作会议。会议通报通过对基层财务检查,发现掘港、白蒲、丁埝、栟茶、苴镇等工会的少数干部、财务人员有挪用公款、贪污浪费、公款借给私人做生意、征收的经费不上解、现金不及时入库、被人窃走空白支票到银行兑款等违反财务制度、财务管理混乱的种种现象。会后,县总立即采取措施,对各镇工会财务进行一次全面检查清理。全县清查出仅工会干部、财务人员挪用公款和公款借贷给私人的总金额达1700万元(时币)。为严肃财务纪律,整顿少数工会干部、财务人员的不良作风,对财务检查出的种种问题汇总上报,经南通专区工会办事处示覆批准,分别作出处理。

1954年11月,在县总第三次代表大会上组建县总经费审查委员会,经选举产生委员5人,缪东升当选主席。县总根据中国工会第七次大会的决定及省总工会的工作要求,在整顿工会组织的同时,结合整顿工会财务。通过整顿,清理贪污挪用事件,建立健全财务组织机构和各项制度。

1955年2月23日,县总研究制定《工会经费审查与公布办法》,具体要求是:1.各级工会一切经费(包括会费、经费、劳保金)须经各级经费审查委员会按月进行审查;同级工会委员会应提供财务账表、收支单据、银行存款、现金和其他一切有关资料。2.经费审查委员会除定期检查同级工会财务工作外,并有权临时抽查财务账目、报表、财产状况和各项经费收支制度的执行情况。3.各级工会应按月或按季度将经费收支账目向会员大会报告或放大账表公布一次。区教育工会办事处、镇工会和较大的国营企业工会须印发公布账目至所属基层小组。4.各级工会上报和公布各项报表,须经同级经费审查委员会签署意见盖章方为有效。5.经费审查委员会如发现有贪污浪费、挪用公款等违反财务纪律的情况,应立即向县总报告,并进行查处。

1957年2月,县工会第四次代表大会上,改选经费审查委员会,由5名委员组成,主席王正明。

1958年7月25日,县总发出《关于掘港轧花厂施××,县商业局龚××贪污工会经费情况的通报》,提请各基层工会组织结合整风对工会财务作一次全面检查。

1962年6月12日,县工会第六次代表大会审议财务工作报告。代表们对县教育工会20%的统筹经费没有支用提出疑问。并要求县总再次明确财务使用范围,以便掌握使用。

1963年,在县级机关"五反"运动中,县组织财务清理小组审查县总1961年以后的各项经费收支账据。从8月2日开始,经过半个月的内查外调核实对账,基本查清各项数据。确认账账、账表、账据、账款相符。当年6月,在县总执委扩大会议上传达贯彻全总《关于加强工会财务工作的决定》。会后,各级工会组织在党委统一领导下,进行财务清理,对基层工会1961~1962年两年的账目组织互审。参加互审的共88个基层单位,其中问题较大的17个,占19.10%;有一般问题的34个,占38.60%;比较好的37个,占42.10%。经互审发现,贪污11起,挪用8起,总金额701.57元,铺张浪费33起,乱支乱用130起,总金额3392.54元。互审中查出的问题,在当地党委领导下进行处理。

1964年6月23日,县总将栟茶供销社基层工会胡花乱用、请客吃喝、违反财务纪律的问题通报全县工会系统。《通报》严肃指出栟茶供销社基层工会在"五反"运动中所发生问题的严重性,要求深刻检查,吸取教训,坚决整改。

1950-1964年度如东县工会经费收入、支出、上解一览表

表12-2 单位:元

年度	财务收入		财务支出		结余	附注
	经费、会费	上级拨款及其他	费用支出	上解经费		
1950至1951	91335774	—	41790000	—	49545774	时币
1952	468779000	—	42794420	—	425984580	时币
1953	888006257	—	665010923	—	222995334	时币
1954	70356	—	27930	—	—	—
1955	78687	—	33157	—	—	—
1956	83082	5887	78481	100855	43125	包括1954年以前累计结余
1957	34873	1037	10774	—	—	—
1958	32934	1934	63604	11032	—	—
1959	29557	1830	18066	10582	34430	包括1956年以前累计结余
1960	36145.73	76565.35	10101.94	36032.26	58760.27	包括1959年以前累计结余
1961	28913.99	89545.78	62537.90	13433.41	—	—
1962	36500.11	4116.97	30104.71	15143.68	—	—
1963	19113.07	526.95	13874.02	4130.73	67556.72	包括1960年以前累计结余
1964	45984	—	28917	—	17057	收支有余

1980年9月7日,为使工会财务更好地为"四化"建设服务,县总召开经费审查委员会议,组织有关财务人员进行为期4天的工会财务审查和对职工业余学校的财务互审。

1985年,县总第十次代表大会选举产生经费审查委员会,主任李先余、副主任刘俊。

1985—1987年,县十届工会期间,县总在建立健全本级工会经费审查组织的同时,全县有257个基层工会建立经费审查组织。县总经费审查委员会每年对县总及所属事业单位、基层工会的财务进行审查,及时提出意见;基层工会经审组织按规定向会员公布账目,接受群众监督。

1989年8月16日,县总、县审计局联合转发省总、省审计局《关于对工会经费进行审计的通知》,并提出具体贯彻意见:

1.坚决贯彻执行工会经费“统一领导,分级管理”的原则,按全总有关规定精神,任何一级工会组织都不得截留、挪用上级工会经费;

2.各级工会经费分成比例,坚决按规定执行,即:基层工会留用60%,上解县总40%;

3.各级基层工会应积极组织自查,采取积极补救办法,严格按照工会经费分成比例上解。对于1988年度和1989年上半年工会经费计提和拨交情况,将于10月份开始审计。

1979-1989年度如东县工会经费收入、支出、上解一览表

表12—3　　单位:(元)

年度	工会经费收入	上级补助收入	工会经费支出	上解经费	当年结存金额
1979	82026.37	—	46202.46	39000.00	-3176.09
1980	127711.78	30000.00	103348.29	478920.00	6471.49
1981	179028.59	60000.00	175930.97	67135.00	-4037.38
1982	196143.17	—	147342.63	73553.00	-24752.46
1983	204319.42	30000.00	163355.98	76610.00	-5646.56
1984	230362.47	36300.00	152006.64	86385.00	28270.83
1985	260256.99	—	234201.17	97596.00	-71540.18
1986	327930.45	34370.86	230265.76	122973.00	9062.55
1987	337397.95	42712.08	117129.10	126524.00	136396.93
1988	540788.85	37247.03	373413.07	183524.00	21098.81
1989	555911.44	54600.00	268498.81	203260.00	138752.70

1993年,县总经审会制定《如东县基层工会经审工作“争先创优竞赛”活动考评细则》,激励经审工作实现经常化、制度化、规范化,发挥经审会对工会经费的监督作用。

1998年,县总制定《如东县基层工会经审工作“争先创优竞赛”活动考评细则》,对经审工作的组织建设、制度建设、业务建设,提出具体的考评办法。各基层工会按照《细则》组织经审工作人员开展“争先创优”活动,进一步促进全总《基层工会经费审查委员会工作条例》在全县基层工会的贯彻执行。

在1998—2002年,县工会十三届经审会适应新的形势,突出工作重点。此间,全县工业企业普遍实行转换机制、资产重组、优化资本结构,在企业进一步深化改革的形势下,县经审会为防止工会资产流失,对破产、兼并企业的工会资产逐一进行清查审计,先后对县化工厂、县纺织厂、丰利纺织厂、县茧丝绸总公司、快达农化、县剿丝厂、栟茶染织厂等改制企业工会资产的审计都收到较好的效果,确保工会资产不流失。

2003—2007年,县工会十四届经审会全面推进经审工作规范化建设,健全经审监督制约机制，经审工作再上新水平：1.全县基层工会经审组织组建率由98%上升到100%；2.制定下发《如东县（区、系统）工会经费审查工作规范化建设标准》《如东县镇级工会经审工作考核办法》《工会计拨工会经费审计暂行办法》和《如东县总工会对下级工会经费审计监督暂行办法》等14项制度和办法；3.5年催缴漏欠工会经费及陈欠往来共16.85万元；4.在2004、2005年，县总经审会连续2年获市总年度考核一等奖，2006年被评为全省工会经审工作先进集体。

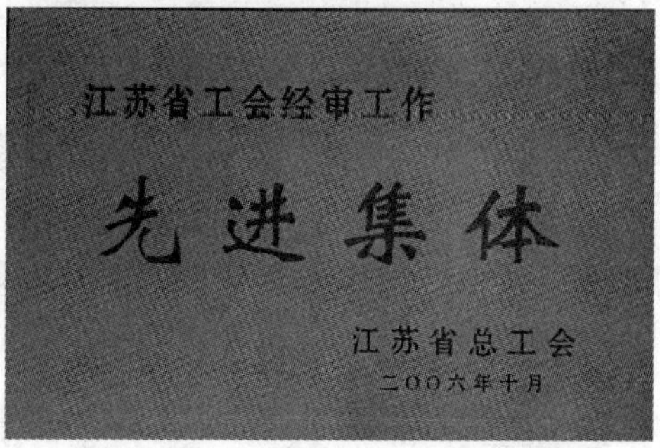

2006年，县总经审会获省总表彰
（县总办提供）

2008年，县总印发《基层工会财务管理暂行办法》，推动企业建立工会经费的独立账户。截至当年，全县有基层工会委员会850个，单独建立银行账户755个，建账率88.82%。基层工会健全了经费结报、财务管理、资产管理等制度，做到用制度规范基层工会财务行为。

2010年，县总财务部联合经审会对全县所有镇（区、系统）工会的经费收支管理进行审查。经审查发现，镇级工会经费管理中存在审批手续不符合财务制度、会计处理不规范、部分支出不合理等现象。为此，县总研究制订规范镇级工会财务管理实施方案，加强镇级工会经费收支的监管力度。

2013年，县总经审会联合财务部组织举办首届全县50强企业工会及各镇（区）工会财务经审干部培训班。邀请上海工运学院教授，就《中国工会审计条例》和工会财务规范化建设两方面工作进行了详细讲解，帮助基层工会经审会理清工作思路，提高业务水平；根据中央厉行节约、提高效能的工作要求，采取集中进行、随机抽样、送达审计的方式，县总经审会组建审查小组，随机抽取44家企、事业单位，对各单位送达的工会财务账册等资料进行集中审查，并召开专题会议，通报审查结果、落实整改措施；县总经审会坚持以《工会经费审查工作规范化建设标准》为指导，把加强基层工会经审工作规范化管理作为重点工作来抓，及时修定经审信息、规范档案管理和加强廉洁自律，从思想建设、组织建设、制度建设等方面不断规范经审工作，提高审计工作质量。加大审计回访力度，逐步形成审计意见的整改合力。全年有4篇文章在《中国工会财会》上刊登。县总经审会被市总评为经审工作规范化建设一等奖、经审信息工作先进集体。

2014年，县总经审会围绕县总工作重心，服务大局，严格按照中央八项和省委十项规定，坚持全面审计、突出审计审查重点，在做好对本级经费预、决算的审查监督，促进工会经费合理使用的基础上，不断完善审查审计监督机制，拓展审计领域和范围，把工会所有经济活动都纳入审计监督范围。认真开展专项抽查和专项资金审计审查，严控“三公经费”和会议经费的使用情况，开展专项抽查。随机抽取34家企、事业单位，对工会经费的使用情况进行审计审查，提出针对性、可操作性的建议意见10条。同时加大对帮扶资金、劳模资金的审计力度，保证专项资金专款专用，提高经审工作实效。全年基层企业工会新增开户10家。另外，办理14名特约工会经费审查员续聘手续，配合省、市总经审委及苏中片经审委员首次到如东调研工作。督促财务部针对市总审计小组就本级工会财务审计整改意见进行落实。县总经审会被市总评为经审工作规范化建设先进集体。

第三节 资产管理

一、整合工会资产

县总财务部长吉仲如在《南通工人》2007年第3期发表《浅谈盘活工会资产》的理论文章，标志着县总对社会主义市场经济条件下搞好工会资产管理有了新的认识。文章认为，工会资产是工会组织生存和发展的物质基础，也是工会成为社团法人的必要条件。同时提出有关清产核资、优化结构、走向市场、依法管理等一系列工会资产管理措施。

2008年，县总学习贯彻《中华人民共和国物权法》和全总有关规定，把工会资产监管工作摆上重要议事日程，建立健全资产监管组织，以经审会为主，落实管理人员，制定管理制度，规范资产的处置和管理，切实管好用好工会资产。县总履行职责，解决工会资产所有权、土地使用权变更问题，防止工会资产流失。通过组织开展全县工会资产普查，狠抓工会资产房屋产权证、土地使用权证的办理，已办土地证面积5024.40平方米，其中城镇改造应拆3592.80平方米；已办房产证面积8008.40平方米，其中城镇改造应拆4907.30平方米。县总准备整合新建一栋综合楼。

由于历史原因，县总下属事业单位分布在全县八大集镇的房屋大都年久失修。为整合资源，实现资产保值增值，2009年，县总决定对此类资产进行处置，并着手做好下一年处置前的有关房屋产权证明及出租合同等方面的资料准备工作。

2010年9月，县总向下属单位房产承租户发出要求结清房租，腾空房屋的律师函，并与承租户逐一商谈，做好腾房清房的思想工作，为资产顺利处置做好准备。

2012年，县总在前期对职工培训中心的房产进行评估、收集整理相关权属资料和清理的基础上，对岔河、双甸、马塘、栟茶等分校的资产进行处置和整合。

二、易地兴建综合楼

2009年2月，县总报请县委、县政府研究批准，易地新建工人文化宫项目(含县总机关、县工人文化宫影院、职工教育培训中心、帮扶中心、健身娱乐阵地）。因掘港旧城改造和县行政中心北迁，县总决定将位于县城四号街区的总工会综合楼和3号街区的县工人文化宫、职工培训中心迁至县人民北路西侧、珠江路南侧，县行政中心区域南部，以资产置换等方法筹措资金，新建1栋集职工培训教育、文化娱乐活动、困难职工帮扶和工会机关办公为一体的综合大楼。项目占地面积1.15公顷，用地由政府划拨，计划建筑面积2.30万平方米，总资金匡算6500万元。获得全总和省总批复。

2010年4月，县总综合大楼基建项目启动。为科学进行项目决策，提高项目管理水平，充分发挥竞争机制，确保施工效率和工程质量，以及规范基建的财务核算和资金管理，县总将综合大楼基建项目纳入政府代建部门管理，签订建设项目代建合同，办理建设资金移交手续。当年，县总对下属事业单位的房产继续进行调查摸底，进行资产评估，收集整理相关权属资料，准备采取公开拍卖、整体出让的方式进行处置。同年11月30日，县政府常务会议研究决定，免除县职工服务中心建筑工程的人防费、建筑配套设施费、新材料专项基金，减半征缴白蚁防治费，总计减免费用320万元；同时对原工会办公楼、文化宫、职工培训中心等资产处置给予政策倾斜，使之最大限度保值增值。

2011年，县总对零散、使用效益差的资产加以整合，并多方争取和筹措工程建设资金，保障工程建设，使综合大楼工程按序时进度进行。当年，主体工程和外部装修结束，进入扫尾阶段。综合大楼建成后市场评估总值达1.5亿元（含土地价值），是原资产33.33倍。

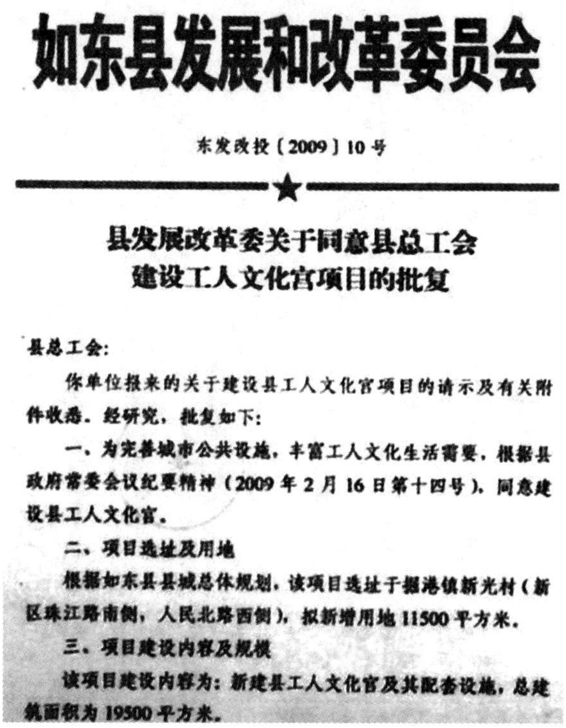

如东县发展和改革委员会

东发改投〔2009〕10号

县发展改革委关于同意县总工会建设工人文化宫项目的批复

县总工会：

你单位报来的关于建设县工人文化宫项目的请示及有关附件收悉。经研究，批复如下：

一、为完善城市公共设施，丰富工人文化生活需要，根据县政府常委会议纪要精神（2009年2月16日第十四号），同意建设县工人文化宫。

二、项目选址及用地

根据如东县县城总体规划，该项目选址于掘港镇新光村（新区珠江路南侧，人民北路西侧），拟新增用地11500平方米。

三、项目建设内容及规模

该项目建设内容为：新建县工人文化宫及其配套设施，总建筑面积为19500平方米。

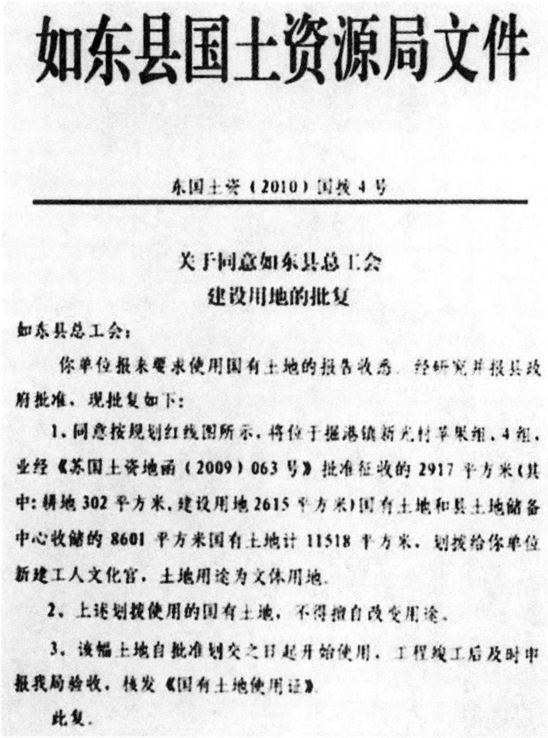

如东县国土资源局文件

东国土资（2010）国拨4号

关于同意如东县总工会建设用地的批复

如东县总工会：

你单位报来要求使用国有土地的报告收悉，经研究并报县政府批准，现批复如下：

1、同意按规划红线图所示，将位于掘港镇新光村苹果组、4组，业经《苏国土资地函（2009）063号》批准征收的2917平方米（其中：耕地302平方米，建设用地2615平方米）国有土地和县土地储备中心收储的8601平方米国有土地计11518平方米，划拨给你单位新建工人文化宫，土地用途为文体用地。

2、上述划拨使用的国有土地，不得擅自改变用途。

3、该幅土地自批准划交之日起开始使用，工程竣工后及时申报我局验收，核发《国有土地使用证》。

此复。

县政府相关部门关于同意县总建立工人文化宫项目和用地的批复　　（县总办提供）

第十三章 人物·荣誉

第一节 人 物

一、传 略

如东工人队伍出现于民国初期。自从工人阶级诞生后，尤其是中国共产党在如东地区建立组织后，工人运动连续不断，为了自身解放和国家命运，一批批的工人前仆后继进行了不屈不挠的斗争，有的甚至牺牲了自己的生命。全县解放后，工人当家做主，以主人翁姿态投身社会主义革命和社会主义建设，在各自岗位上忘我劳动，无私奉献，成为全县广大干部和人民群众学习的榜样、赶超的目标，他们的先进思想和模范事迹，对社会主义物质文明和精神文明建设起到重大推动作用。对此，本志特选录中华人民共和国成立前后全县代表性人物宣传，曾为如东工人运动和工会工作做出努力、担任县总副职以上负责人予以简介。在社会主义革命和社会主义建设中以及改革开放后评选出市以上先进模范人物则以名录排列。

刘君霞（1901—1928）又名俊遐，双甸镇人。16岁在粮行当学徒，后考入无锡测量局，结业后分配如皋清丈局丈量田亩。在“五四”运动影响下，开始接触进步书刊，并在双甸进步青年中传播革命思想。民国15年（1926），加入中国共产党，成为如东地区早期共产党人之一。次年初，刘君霞和任百川主持成立中共双甸支部，在双甸地区撒播革命火种。国民党发动“四·一二”反革命政变后，刘君霞接受党的指示，到如皋县城，挂名担任如皋地方出版委员会总务工作，筹建如皋总工会。当选为如皋县总工会主席，并负责掩护江苏省委派驻如皋城的吴亚枫等5人开展工作。与工会干部周惠吾等分别在16年5月和17年4月，组织领导两次黄包车工人大罢工，数次领导市民抗捐斗争，都取得胜利。17年，中共领导的如泰“五一”农民暴动前夕，刘

君霞担任城中区委书记，奉命留守如皋城，协同徐家瑾负责组织城里工人、店员、贫民等响应暴动。暴动失败，因内奸告密，刘君霞、周惠吾等不幸被捕。刘君霞在狱中受尽酷刑，始终不屈。5月9日上午10时，临刑时，高呼口号，慷慨就义。

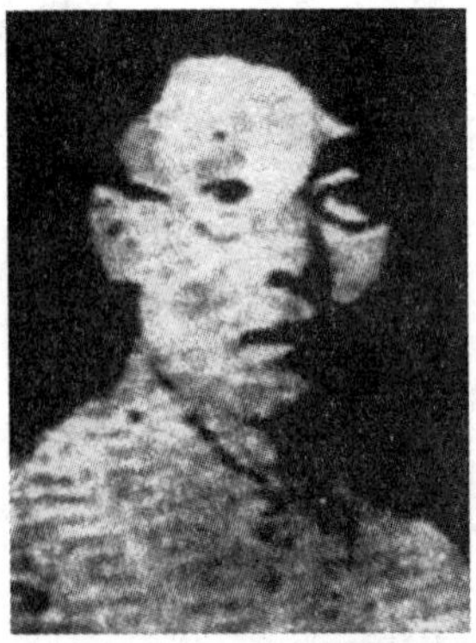

任百川(1898—1934) 字为淦，出生于双甸一个市镇贫民家庭。毕业于双甸小学。从小勤奋好学，博览群书，坚持每天写日记，具有丰富的文史知识。民国3年(1914)，刚满16岁便到丛坝小学任教。民国8年(1919)"五四"反帝反封建运动，使任百川逐步树立起爱国反帝思想。于民国10年(1921)3月与徐香谷等发起组织"教责社"，其宗旨为"修养个人之人格，进而尽力于地方之事业"。在学生中开展新文化运动，积极传播民主与科学思想。要求加入"教责社"的每个教员首先从自身做起，为人师表，以便更好地改造社会。但一些教员并未真心实意地履行自己的职责，"教责社"不久解散。民国11年(1922)，身为双甸民众教育馆职员的任百川，积极组织双甸青年学习进步刊物，提倡科学和民主，讨论国家大事，以唤醒民众、扶正祛邪。民国13年(1924)10月，他发动双甸青年及一部分小学教师成立"人社"，出版《晨钟》半月刊，经常为《晨钟》及其他进步报刊撰写抨击贪官污吏、土豪劣绅的文章。民国14年(1925)1月3日，恽代英主编的《中国青年》第60期上介绍了"人社"及其半月刊《晨钟》。同时，他还在双甸发起组织商民协会，开展抵制日货活动；举办妇女识字班，教育妇女识字明理，谋求自身解放；组织养鱼合作社，增加群众收入。任百川在双甸各阶层群众中享有崇高的威望。

民国15年(1926)，任百川加入中国共产党和中国国民党。此后，经常与刘君霞一起到马塘、沙村等地，同共产党人王盈朝、叶胥朝等共商开展反帝反封建宣传、发动群众运动等事项。民国16年(1927)初，他与刘君霞在双甸地区发展党员，创建双甸地区第一个党支部。"四一二"反革命政变发生后，任百川遵照党的指示，在国民党如皋县党部任宣传总干事，并任如皋县总工会常务委员，与王盈朝、苏德馨、叶胥朝等互相配合，一起担负着保卫党组织、掩护同事及抵制国民党右派发动的反共逆流的任务。为争得工人自由和生活改善，反对反动政府各种限制，任百川还与刘君霞、周惠吾等人组织领导如城民国16年(1927)5月、民国17年(1928)4月两次声势浩大的黄包车工人罢工，取得胜利，还配合四乡农民运动。

民国17年(1928)，如泰"五一"暴动时，任百川负责在如皋城内配合总工会主席刘君霞进行暴动策应工作。暴动失败后，因坏人告密，任百川、刘君霞等数十人被捕并被关押在国民党县政府大院里。任百川始终未暴露共产党员真实身份，国民党当局亦未获得有关他参与暴动的任何证据。后经有关人士担保获释。

任百川从小患有肺病，体质一直虚弱。获释后，尽管贫病交加，终年咳血，但他仍坚持党的地下活动，战斗到生命的最后一刻。民国23年(1934)，任百川病故，时年37岁。

陈光裕(1905—1981) 如东人。中共党员。1923年在上海码头汽车行做工。解放后，历任南京汽车运输处、镇江营业处汽车站驾驶副站长、客车二队副队长等职。在驾驶实践中，他摸索和积累了一整套安全行车经验，连续安全行车47万多公里。1953年至1959年，超额完成行车任务200多万公里，为企业增加营业收入5万多元，单车成本逐年下降。1956年4月、1959年10月，先后两次由中共中央、国务院授予“全国先进生产者”称号。

杨玉林(1917.9—1987.11) 如东掘港人。民国35年(1946)3月加入中国共产党，次年参加革命工作，初中文化程度。

1947年起，历任掘港镇民兵大队副队长、南通九分区后勤司令部侦察员、掘港镇镇长、党支部副书记。1964年后，历任县多种经营管理局、交通局、农水局副局长。1979年3月离职休养。

1949年11月任如东县工会筹备委员会副主任。如东县工会第一届、第二届、第三届委员会副主席，第四届、第五届委员会主席。

陈永贵(1928—1985) 如东苴镇镇(原新光乡)冯荡村人。小学文化程度。1949年加入中国共产党。1954年任福亮乡光明初级社社长。1956年4月出席全国先进生产者代表会议，由中共中央、国务院授予“全国先进生产者”称号。

陆金和(1912—1989) 如东掘港镇(原掘郊乡)庆丰村人。小学文化程度。1950年6月任如东县掘港油米厂榨油工。1958年被评为江苏省工交、基建、财贸社会主义建设先进生产者，并出席江苏省社会主义建设先进代表会议，受到江苏省人民委员会表彰。1959年10月出席全国工交基建财贸社会主义建设先进集体、先进生产者代表大会，由中共中央、国务院授予“全国先进生产者”称号，受到朱德总

司令、周恩来总理等中央首长亲切接见,并参加了周恩来总理在北京人民大会堂举行的宴会。1960年9月加入中国共产党。1973年9月退休。

高镜湖(1932—1994) 如东新店镇北新桥村人。高中文化程度。1950年8月任汤园区张桥小学教师。1951年9月任汤园区中心农校教导主任。1956年4月任岔河区中心农校副校长。1958年5月任新店人民公社业务教育辅导员。1960年出席全国文教群英会,由中共中央、国务院授予全国先进工作者称号。1962年5月任如东县文教局人事股、业余教育股股长。1964年10月任南通专员公署文教局耕读科科员。1966年5月任南通地区电影公司经理兼党支部书记。1976年5月任中共南通地委宣传部宣传科副科长。1978年5月任南通地区广播管理站党支部书记。1983年5月任南通市广播电视局宣传科科长。1984年11月任中共如东县岔河区委副书记。1986年2月任中共如东县岔河区委副书记、区指导组副组长。1992年12月退休。

陈定开(1925—1995) 如东长沙镇(原北渔乡)黄海村人。小学文化程度。1950年组织建立黄海初级社。1956年加入中国共产党。历任初级社社长,生产大队大队长、党支部书记。1958年12月出席全国农业先进集体和先进个人表彰大会,荣获周恩来总理亲笔签署的先进集体奖状。1960年10月1日参加北京国庆观礼,受到毛泽东、周恩来等党和国家领导人亲切接见,并合影留念。同年出席谭震林副总理召开的全国农牧渔业会议。1963年2月出席华东农业劳动模范代表大会。1964年2月后,连续当选为如东县第五届、第六届、第八届人民代表大会常务委员会委员。1980年2月,由江苏省人民政府授予"江苏省劳动模范"称号。

徐长辉(1916.3—1999.8) 如东岔河镇(原丰西乡)人。民国33年(1944)参加革命工作,民国35年(1946)8月加入中国共产党。

参加革命工作后,历任双德乡乡政府优抚主任、双德小学教师、古坳小学校长、县警卫团政治部干事、栟茶区教育股长。新中国建立后,历任县教育工会主席,县委经济工作部部长,县工业局局长,县科学技术委员会副主任,县委工业部第一副部长、部长,县工业交通部部长。县计划委员会主任、党组书记,地方国营江苏省如东县马塘化工厂革命委员会主任、厂长。县计划委员会副主任、党的核心小组副组长、党组副书记等职。中共如东县第一、二、三、四届委员会委员；如东县第一届人民委员会委员；政协如东县第六届常务委员会委员。1983年4月离休。

1953年1月，由上级任命为县总副主席。同年4月主持工会工作。1954年12月，当选为县工会联合会第三届委员会主席。

樊志明(1932—2002.3) 如东县大豫镇(原丁店乡协和村)人。1951年参加工作，1954年2月加入中国共产党。

1955年由部队转业回乡，历任南通三余拖拉机站驾驶员、队长；如东县掘港镇机修厂、县通用机械厂、马塘机械修理厂工人、车间副主任、党支部副书记、副厂长。中共如东县第五届委员会委员。

1968年9月，任县工会(工代会)第七届委员会主任、第八届委员会副主任。

陆修根(1913—2006) 洋口镇(原光荣乡)甜港村人。高中文化程度。1938年9月参加八路军。1941年3月，由韩念龙、王珍介绍加入中国共产党。在抗日战争、解放战争中，曾转战华北、华东、中南、西南战场，先后参加淮海战役、渡江战役，并荣获淮海战役、渡江战役、解放全中国纪念章。新中国建立后，转业地方，于1952年4月组建南通市建筑公司，并任公司经理。1953年5月起，任南通市建工局副局长、党委副书记兼建筑公司经理。1958年3月，出席国家建筑工程部代表会议，受到中共中央副主席朱德表扬。3月27日，《人民日报》为此发表了《政治精神是勤俭办企业的保证》社论，号召向陆修根同志学习。1959年，率400多名“南通铁军”参加北京人民大会堂、中国人民解放军军事博物馆、民族文化宫、华侨饭店、陆军司令部办公大楼建筑施工。同年5月，出席全国烈军属和残疾复员退休转业军人社会主义积极分子代表大会。10月26日至11月6日，出席全国工业、交通运输、基本建设、财贸方面社会主义建设先进集体和先进生产者代表大会，并当选为大会主席团成员、大会执行主席。曾多次受到刘少奇、朱德、周恩来、董必武、陈毅、李富春等党和国家领导人亲切接见，并合影留念。1982年11月，出席全国施工先进企业、先进集体、先进个人代表大会。1983年6月离休。2004年被评为江苏省老干部先进个人。陆修根的业绩曾入编《风采》《永不忘却的纪念》《永驻辉煌——如东县先进模范人物》《老八路晋京——周恩来接见南通越剧团五十周年》《老同志通讯录》《军旅英雄志》等书。

石瑞祥(1936—2006) 如东丰利镇人。初中文化程度。高级经济师。1954年任丰利油米厂熔油工。1963年任马塘粮管所加工员。1972年任潮桥面粉厂管理员。1974年后,任丰利油米厂副主任、厂长,江苏凯亨生化实业集团公司董事长、总经理兼党委书记。1985年8月被评为全国商业系统劳动模范。1987年12月当选为中共如东县委第八届委员会候补委员。1989年9月,由国务院授予“全国劳动模范”称号。1993年2月当选为如东县第十届政协副主席,并当选为江苏省第七届、第八届人民代表大会代表。1996年6月退休。

唐国法(1917.9—2009.11) 如东丰利镇(原凌河乡)人。民国30年5月加入中国共产党,同年3月参加革命工作,初中文化。

民国30年(1941)3月起,历任山市乡五保农抗会会长,丰利区区委会组织科长。苴镇、桐本、苴丰区委书记、区长。民国37年(1948)12月起历任中共如东县委委员、民运部部长、三野担运第一团政委、中共如东县委组织部部长、县委副书记、书记。如东县第一、二、三、四届各界人民代表会议常务委员会委员,第四届各界人民代表会议主席。1954年9月起,历任中共南通地委合作部副部长、部长;南通专区农科所党委书记、南通专区科委、农办党组副组长、副主任、顾问。1982年12月离休。

如东县工会第一届委员会主席(兼)。

唐连生(1914.12—2010.11) 江苏省丹徒县人。民国36年(1947)11月参加革命工作,同年7月加入中国共产党,高中文化程度。

民国36年起历任长沙工人纠察队班长、长沙乡党支部委员、青年主任,九分区掘港办事处工作组组长、掘港镇党支部书记。1953年6月,任江苏省工会建筑工会生产科科长、副主任。1958年5月起连续当选为如东县第三、四、五、六届人民委员会委员。1959年4月,任中共如东县委劳动工资部副部长。1959年8月后连续当选为如东县第二、三、四、五、六届政协如东县委员会委员。1981年5月,在如东县第八届人民代表大会第一次会议上当选如东县人大常委会委员。1982年1月离休。

曾任县工会筹备委员会主任,如东县工会第一届委员会副主席;第二届委员会第一次会议当选为主席、第四届第一主席和第六、八、九届主席。

二、简 介

(一)县总工会历任领导班子成员

吴义华 1945年7月生,汉族,如东河口镇(原景安乡)人。1971年7月加入中国共产党,1968年12月参加工作。大学学历。

1968年12月至1977年3月,任安徽省蚌埠卷烟厂办公室秘书、副主任。1977年4月至1982年6月,历任如东县岔河区委宣传委员、如东县委办公室统战组成员、如东县栟茶区委委员、宣传委员。1982年6月—1984年6月,任如东县委党史办公室秘书、副主任。1998年1月任中共如东县委统战部副部长。中共如东县委第七、八、九届委员会委员,如东县第十、十一、十二人民代表大会常务委员会委员。

1984年6月10日,县总工会第九届七次全委(扩大)会议,增补为县工会第九届委员会委员、常委、主席。如东县工会第十届、第十一届、第十二届委员会主席。

蔡瑞平 1953年6月生,汉族,如东洋口镇人。1977年1月参加工作,1984年11月加入中国共产党。大学学历。

1977年1月,任县制药厂技术员、基建科科长。1979年6月,任如东县工业局助理工程师。1983年1月,任县建筑设计院助理工程师。1983年3月调至如东县计划委员会工作;1984年3月,任县计划委员会基建组组长;1985年3月,任县计划委员会副主任、党组成员。1989年2月,任如东县建设委员会主任、党组书记兼县计划委员会副主任。1990年3月,任如东县人民政府党组成员,县建设委员会主任、党组书记、党总支书记。2001年1月,当选为中共如东县委第十一、十二届委员会委员,县人民代表大会第十三、十四届常务委员会委员。2001年7月享受副处级待遇。2007年12月29日第十五届一次会议当选为县人大常委会副主任。

1997年12月12日,如东县工会第十二届六次全委(扩大)会议,增补为县工会第十二届委员会委员、常委、主席;第十三届、第十四届委员会主席。

陈 斌 1957年9月生,汉族,如东苴镇镇人。1975年3月加入中国共产党,1976年11月参加工作。大专学历。

1976年5月—1982年12月,任县苴镇镇冯曹村党支部副书记、书记。1982年12月—1987年3月,任苴镇乡团委书记。1987年3月—1996年12月,任新光乡乡长、党委副书记、书记。1996年12月—2001年9月,任县建工局局长、党组副书记、局党总支副书记。2001年9月—2002年12月,任县交通局局长、党委副书记。2002年12月—2007年12月,任县建设局、城管局、建工局局长、党组副书记。中共如东县委第十三届委员会委员，如东县人大常委会第十五、十六届常务委员会委员。2008年12月享受副处级待遇。

2008年2月后，历任县工会第十四届九次全委(扩大)会议，增补为县工会第十四届委员会委员、常委、主席。县第十五届委员会主席。

陶卫忠 1961年12月生，汉族，如东掘港镇(原丁店乡)人。1986年9月加入中国共产党。华东政法学院函授大专法律专业毕业，大学学历。北京师范大学管理系行政管理专业研究生。

1980年12月至1983年7月，任小学教师。1983年7月至1984年8月，供职于中共如东县委组织部、县人事局。1984年8月—1991年9月，任县人民检察院书记员、助理检察员、办公室副主任、检察员。1991年10月—1993年8月，任县法制局秘书。1993年8月～2001年3月，任县政府办公室秘书、副主任。2001年3月—2012年1月，任掘港镇镇长、党委副书记、书记，掘港工业园区党工委书记。中共如东县委第十三届委员会委员，如东县人民代表大会第十五届常务委员会委员，2013年12月享受副处级待遇。

2012年2月9日，如东县工会第十五届五次全委(扩大)会议，增补为县工会第十五届委员会委员、常委、主席。第十六届委员会代表大会第一次全体委员会选举为县总主席。

王正明 原名王善才。1922年7月生，汉族，如东县马塘镇人。民国34年(1945)8月参加革命工作，1947年11月加入中国共产党。

抗日战争时期，在华东野战军四旅特务连担任文书。解放战争时期，任华野一纵一师三团特务连文书。淮海战役负伤疗休后，担任鲁中南军医院附属医疗所党支部书记。新中国成立后，历任南通荣军休养队文书，马塘镇镇政府民政主任，马塘镇工会主席，兼任县总工会生产部副部长。1955年起，历任县食品公司、木材公司、县农具厂、机修厂、马塘税务所等单位人秘股股长、秘书等职。1982年离休。

如东县工会第二届委员会副主席(兼)。

邬海涛 1917年2月生，汉族，通州区五窑人。民国31年(1942)7月加入中国共产党，同年参加革命工作。

民国37年(1948)7月起，任白蒲区公安股长、白蒲镇派出所所长(兼镇长)、县人民法院审判员，县总劳保部部长、组织部部长(兼任县搬运工会筹委会主任)，县人民委员会劳动科科长、副科长。如东县第二届人民委员会委员、政协如东县第一届委员会常务委员。1970年9月离休。

1953年1月，由上级任命为县总副主席。如东县总工会第二、三、四、六届委员会当选为县总副主席。

吴志高（1919—1986）汉族，如东双甸镇人。1949年11月加入中国共产党，1950年6月参加工作。初中文化程度。

民国38年(1949)4月，在白蒲镇从事镇工会工作。1950年6月，任县总工会组织部部长，兼任女工部部长。1954年5月，调省干校学习文化。1956年8月，任掘港轧花厂厂长、党支部书记。1965年任栟茶轧花厂厂长、党支部书记。1984年6月退休，1986年10月逝世。

如东县工会第二届委员会副主席(兼)。

唐　进　女，1930年12月生，汉族，海安县曲塘章郭人。民国33年(1944)参加革命工作。民国36年(1947)4月加入中国共产党。

民国33年(1944)任海安县曲塘区章部乡妇抗会委员、村长、区人民政府办事员。1948年历任海安县土改工作队党支部委员、县妇联组织科长；南通地区妇联科长、中共南通地委整党工作团组长。1955年5月，掘港轧花厂党支部书记兼厂长。1957年3月，历任团县委副书记，镇江市财政局人秘科长、镇江市罐头厂，运输公司党组书记、革委会副主任，南京市鼓楼医院党委办公室主任、南京市红十字中心输血站书记等职。1980年5月，离职休养。

如东县工会第三、四届委员会副主席。

姚乃强（1928—1997）曾用名姚龙。如东双甸镇人。民国38年(1949)4月参加革命工作，1959年5月加入中国共产党。初中文化程度。

民国38年(1949)4月起，先后担任白蒲镇工会委员、工人纠察队队长、县店员工会副主席、县总工会劳保部副部长、县百货公司工会主席、县商业工会主席、县水泥厂政工科科员、县委精简办公室副主任。1962年12月起，历任县委城工委秘书、"四清"工作队副队长、县城工委秘书、社教队副队长、县委城工部秘书、县革会机关党委工作人员、县革委会生产指挥组财贸组组长、马塘镇工作队队长、马塘镇党委副书记(主持全面工作)。政协如东县第七届委员会常务委员。

如东县工会第五届委员会副主席(1960年12月至1962年8月主持县总工作)。

赵玉珍（1935—2002）女，曾用名赵兰芳。汉族，如东掘港镇人。1952年参加工作，1955年5月加入中国共产党。初中文化程度。

1952年9月，掘港轧花厂工作。1955年5月任厂工会主席。1960年10月，借用掘港镇委、县供销合作总社负责档案整理。1980年5月起,任厂棉籽保管员。1987年4月退休。

如东县工会第五、六届委员会副主席(兼)。

蔡锦友 (1931—1989) 汉族,如东曹埠镇(原饮泉乡)人。1948年5月参加革命工作,民国37年8月加入中国共产党。初中文化程度。

民国38年(1949)5月起,历任上漫初小、银杏、港南小学教师、校长。1955年11月,任掘郊区教育工会办事处主任、掘郊区区公所文卫助理。1956年11月,任县教育工会主席。1969年5月起,历任县人民医院、县中医院革委会副主任、主任,花丰、饮泉公社革委会副主任,掘东区组织委员、饮泉乡宣传委员、乡经联会副主任。1985年离休。

如东县工会第六届委员会副主席。

何瑞虎 1939年8月生,汉族,上海市人。1958年参加工作。大专文化程度。

1958—1989年,历任县内燃机厂、县通用机械厂、县修造厂技术员、副厂长,县机电公司副经理、经理等职;政协如东县第十、十一届委员会副主席。县工商业联合会(商会)第七届执委会常委、会长,如东驻深圳办事处主任。

如东县工会(工人代表大会)第七届委员会副主任。

王大海 1940年10月生,汉族。如东马塘镇人。1955年参加工作,1960年加入中国共产党。大专文化程度。经济师。

1955—1959年,历任马塘五金社、潮桥砖瓦水泥厂、马塘手工业联社、县手工业局马塘区、掘港区办事处会计、辅导员、统计员等职务,县工业局、县第二工业局副主任、副局长,县轧钢厂、县通用厂副厂长、厂长、党总支副书记等职。中共如东县第五届委员会候补委员。

如东县工会(工人代表大会)第七届委员会副主任。

徐 刚 (1933—2014) 汉族,通州区人。1948年参加中国人民解放军,1954年12月加入中国共产党。中专文化程度。

民国37年(1948)1月起,部队历任战士、学员、机械师。1958年5月,任安徽省芜湖农机公司副股长。1966年6月,任江苏省如东县农机局股长、县工业局副局长。1982年7月任县白蚁防治站站长。

如东县工会第八届、九届委员会副主席。

周爱珠 女,1951年6月生,汉族,如东岔河镇(原岔北乡)人。1974年加入中国共产党,

1970年8月参加工作。小学文化程度。

1970年后,任县缫丝厂车间副主任、工会副主席。

如东县工会第八届委员会副主任(兼)。

李先余 1929年10月生,汉族,如东县洋口镇(原新林乡)人。民国36年12月参加中国人民解放军,1月加入中国共产党。初中文化程度。

民国36年(1947)入伍后,历任战士、机枪手、正副班长、正副指导员、正副教导员、协理员、团政治处主任、团副政委、空军基地后勤党委副书记等职。1978年8月转业如东。如东县第九届人大常委会委员。1989年11月,离休。

1978年8月,增补为如东县工会第八届委员会副主席。县工会第八、九届委员会副主席、党组成员(1982年1月—1984年6月主持县总工作),并兼任党支部副书记、书记。

耿文亮 1932年7月生,汉族,如东苴镇人。民国36年(1947)6月参加革命工作,民国37年(1948)12月加入中国共产党。

民国36年(1947)6月参加中国人民解放军,历任副班长、班长,副排长、副连长。1959年入炮兵学校学习,毕业后历任副营长、营长,副团长。1979年12月转业如东。1992年9月离职休养。

如东县工会第八、九、十届委员会副主席。1988年4月起,任县总经费审查委员会主任。

陈锦荣 (1925—2013) 汉族,如东新店镇(原汤园乡)人。民国35年(1946)10月加入中国共产党,民国36年(1947)10月参加革命工作。

民国36年(1947)10月,参加中国人民解放军历任战士、副班长、班长、副排长、排长、连长、部队机关科长。1973年,任福建省寿宁县人武部副部长。1979年,任县经委会副主任。1987年3月离休。

如东县工会第九届委员会副主席。

王学高 (1937—1996) 汉族,如东掘港镇(原九总乡)人。1956年参加工作,1958年9月加入中国共产党。

1956年12月参加中国人民解放军,历任部队保管员、见习助理员、助理员、部队机关副科长、科长、处长。

1985年3月28日,由中共如东县委提名为县总副主席;如东县工会第十届、第十一届委员会副主席。

刘红秀 女,1952年7月生,如东岔河镇(原岔北乡)人。1970年10月参加工作,1973年12月加入中国共产党。南京大学政治学系毕业,大专学历。

1970年10月—1974年7月,历任如东县奋发学校教师兼团支部书记、乡团委副书记、少先队总辅导员、乡妇联副主任。1974年7月—1988年7月,历任团县委秘书、组织部部长、副书记。其间,先后任县整党试点工作队队员、党总支委员,兼新光公社六大队党支部副书记;任新林公社革委会副主任。1985年3月—1988年4月任县妇联副主任。政协南通市第六、七、八、九届委员会委员。如东县总主任科员。

1988年4月7日,如东县工会第十届五次全委(扩大)会议,增补为县工会第十届委员会委员、常委、副主席。如东县工会第十一届、第十二届、第十三届委员会副主席。

陈嘉山 1942年9月生,汉族,如东大豫镇人。1960年8月参加工作,1965年2月加入中国共产党。高中学历。

1960年8月参加中国人民解放军,历任班长,分队长、副队长、队长,副政委、政委、教导员。1983年12月任武警学校副政委(副团职)。

1988年4月7日,县工会第十届五次全委(扩大)会议,增补为县工会第十届委员会委员、常委、副主席,如东县工会第十一、十二届委员会副主席。

华子裕 1940年12月生,汉族,无锡市人。1961年8月参加工作,1974年8月加入中国共产党。南通师范专科学校毕业,大专学历。

1961年8月—1962年9月,任县四明中学教师。1962年9月—1969年8月,任栟茶小学教师、革委会副主任。1969年9月—1976年6月,任如东县栟茶镇职工教育辅导员;1979年6月—1988年8月,任县电大管理站副站长(主持工作)兼任党支部副书记。1988年8月—1992年6月,任县职工教育办公室主任。1992年6月—1993年11月,任中共苴镇区委委员、指导组副组长。1993年11月至1995年5月任丰利镇党委书记。

1995年2月24日,如东县工会第十二届三次全委(扩大)会议,增补为县工会第十二届委员会委员、常委、副主席。

王鹤声 1944年7月生,汉族,如东丰利镇(原石屏乡)人。1962年11月加入中国共产主义青年团,1964年10月参加工作,1966年1月加入中国共产党。中共江苏省委党校党政管理专业毕业。在职大专学历。

1963年5月,选为石屏公社团委副书记。1964年10月—1966年12月,任中共南通地委社教工作队队员、副队长。1967年3月—1970年7月,任石屏公社卫生院革命领导组组长。1970年10月—1986年1月,任县委、县人民政府办公室秘书、秘书组副组长。1986年2月至1989年1月,任丰西乡党委副书记。1989年2月—1996年3月,任丰利区指导组副组长、中共丰利区委委员。1996年4月,任凌河乡党委副书记。1996年12月—1997年12月,任中共如东县委党史工作办公室副主任。政协如东县第十一届委员会委员。

1997年12月12日,如东县工会十二届六次全委(扩大)会议,增补为县工会第十二届委员会委员、常委、副主席。如东县工会第十三届委员会副主席,并当选为县工会经费审查委员会主任。

张文山 1955年8月生,汉族,如东洋口镇(原新林乡)人。1974年12月参加工作,1978年1月加入中国共产党。第二炮兵工程学院指挥系毕业,大专学历。

1974年12月参加中国人民解放军。历任战士、副排长、排长,支队副中队长、中队长,旅发射营连长,旅装技部特装科助工、科长,旅发射营营长,旅司令部副参谋长。政协如东县第十二、十三届委员。

1998年2月26日,如东县工会第十二届七次全委(扩大)会议,增补为县工会第十二届委员会委员、常委、副主席。如东县工会第十三届、第十四届委员会副主席。

王新华 1956年生,汉族,如东县曹埠镇(原饮泉乡)人。1974年12月参加工作,1977年5月加入中国共产党。空军第一航空学院机械系毕业,大专学历。

1974年12月参加中国人民解放军,历任空军29师机务教导队学员,85团机务4中队机械员、机械师,分队分队长、副中队长、中队长,副大队长、大队长,29师技术部主任、副部长。

2000年3月13日,如东县工会第十三届三次全委(扩大)会议,增补为县总工会第十三届委员会委员、常委、副主席。2002年3月7日,如东县工会第十三届五次全委(扩大)会议当选为县工会第十三届经费审查委员会委员、主任。县工会第十四届委员会副主席兼经费审查委员会主任。

尤建鸿 女,1958年6月生,汉族,如东县曹埠镇人。1976年9月参加工作,1986年8月加入中国共产党。上海华东师范学院政治法律系毕业,大学学历。

1976年9月—1978年12月,任孙窑小学代课教师。1978年12月—1980年2月,江苏省供销学校学习。1980年2月—1986年11月任掘港轧花厂棉检员。1986年11月—1987年12月,任如东县体制改革办公室秘书。1987年12月—1993年3月,任县政府办公室秘书、信息查办科科长。1995年7月—1997年11月,任如东县妇女联合会副主席。1997年11月

—2004年3月,任如东报社副社长。

2004年4月6日,如东县工会第十四届三次全委(扩大)会议,增补为县工会第十四届委员会委员、常委、副主席。如东县工会第十五届委员会第一次全委会当选为副主席。

邓 华 女,1967年2月生,汉族,如东县岔河镇人。1989年8月参加工作,苏州大学经济学专业毕业,1998年6月加入中国共产党。大学学历。

1986年9月—1989年7月,江苏商业专科学校学习。1989年8月—1995年3月,供职如东县统计委。1995年4月—1998年10月,任如东县统计局农村社会经济调查队副队长。1998年11月—2001年9月,任如东县苴镇镇副镇长。2001年9月—2007年11月,任如东县文化局党组成员、旅游局副局长兼如东沿海旅游开发区管理委员会副主任。

2008年2月15日,如东县工会第十四届九次全委(扩大)会议增补为县工会委员会委员、常委、副主席。2008年10月17日,如东县工会第十五届委员会第一次全委会当选为县副主席、女职工委员会主任、经费审查委员会主任。如东县工会第十六届委员会副主席、女职工委员会主任。

汤九海 1964年2月生,汉族,如东县新店镇(原汤园乡)人。1988年8月参加工作,1995年12月加入中国共产党。扬州师范学院中文系汉语言文学毕业,大学学历。

1988年8月—1998年7月,任如东县岔河中学教师、团委书记。1998年7月后,历任如东县总工会秘书、法律顾问组组长、县职工学校管理委员会主任并负责县总工会组织部工作。政协如东县第十四届委员会委员。

2001年7月27日,如东县工会第十三届四次全委(扩大)会议,增补为县总工会第十三届委员会常务委员。2008年10月17日,如东县工会第十五届一次全委会上当选为县工会第十五届委员会副主席。如东县工会第十六届委员会副主席。

尹德利 1970年11月生,汉族,如东县掘港镇(原环镇乡)人。1991年8月参加工作,1999年7月加入中国共产党。扬州大学工学院电气技术大专及中央党校党政管理专业本科毕业,大学学历。

1991年8月—1996年9月,任县海岸带第一职业中学教师。1996年9月—1998年10月,任县第一职业高级中学教师。1998年10月后,历任县党员电教中心干事、县干部档案管理中心科员、县党员电教中心副主任、岔河镇科员,县党员电教中心副主任、县委组织部组织员办公室副主任、党员电化教育中心主任,党员干部现代远程教育办公室副主任、县委组织部组织员办公室(党员教育科)主任(科长)、党员干部现代化远程教育办公室副主任。

2009年1月8日，如东县工会第十五届二次全委(扩大)会议，增补为如东县工会第十五届委员会委员、常委、副主席。如东县工会第十六届委员会副主席。

葛亚华 女，1964年10月生，汉族，如东双甸镇人。1983年4月参加工作，1991年5月加入中国共产党。中央党校法律专业本科函授，大学学历。

1983年4月—1986年5月，县栟茶石油机械厂职工。1986年5月—1988年6月，县燃料公司职工。1988年7月后，任中共如东县委纪律检查委员会办公室办事员、监察员、副主任，县纪委信访室主任、干部管理室主任、县纪委常委，县纪委、监察局派驻县级机关第一纪检监察室主任；县监察局副局长、党风廉政建设教育中心主任；如东县食品药品监督管理局副局长、党组副书记。

2013年3月15日，如东县工会第十五届第七次全委(扩大)会议，增补为县工会第十五届委员会委员、常委副主席。如东县工会第十六届委员会副主席。

张芙蓉 女，1975年11月生，汉族，如东县双甸镇人。1995年8月参加工作，1999年6月加入中国共产党。扬州大学师范学院中文系文秘专业毕业，大学学历。

1995年8月—1998年3月，任兵房镇政府办公室秘书。1998年3月—2004年1月，历任掘港镇政府计划生育助理、招商项目助理、司法助理。其间，参加中央党校函授学院经济管理专业大学函授学习并毕业。2004年1月—2007年11月，历任如东县司法局政工科办事员、副科长、科长。2007年11月—2011年1月，任洋口镇副镇长。2011年1月—2012年1月，任马塘镇副镇长。2012年1月—2013年10月，任如东县总副主任科员、经费审查委员会办公室主任。

如东县工会第十六届代表大会第一次全体委员会当选为如东县工会经费审查委员会主任。

(二)全国劳动模范、先进生产(工作)者简介

刘长庆 1936年8月生。黑龙江省齐齐哈尔人。1975年8月加入中国共产党。大专文化程度。机械工程师。

1953年8月，任海南岛14拖拉机站技术员。1955年，历任江苏南通拖拉机站、南通农场、掘港农场机耕队驾驶员、队长。其驾驶捷克进口的拖拉机，年作业量居全国同型号机车之首。捷克、波兰专家三次来三余考察考核，对其机件保养、操作表演、田间作业，表示满意。1986年—1988年6月作为专家技术组副组长援助坦桑尼亚，在异国他乡历时两年半，为友好国家农业机械化做出贡献。1989年—1993年先后担任县无线电厂厂长助理、深圳百花集团负责人、县轧钢厂党总支副书记、县无线电元件一厂副厂长等职。

1956年4月,出席农业水利系统全国先进生产代表大会,5月又出席由中共中央、国务院主持召开的全国先进生产者代表会议,并由中共中央、国务院授予"全国先进生产者"称号。

缪德龙 1932年3月生,江苏如东人。大专文化程度。1961年7月加入中国共产党。

1950年参加工作,历任如东县人民医院外科医生、主治医师、主任、副院长,中华医学会会员,南通医学会分会理事,胸外科学组组长,南通市计划生育协会会员,咨询工作委员会委员,县计划生育技术指导组副组长。1961年7月,与本科室医务人员为一名女患者切除腹膜后82斤巨大纤维瘤,创南通地区首例。1964年带领科室人员开展骨科方面业务,施行脑外伤颅内血肿消除等手术,填补县人民医院业务空白。

1960年5月和6月,先后出席省教育和文化、卫生、体育、新闻、广播等方面社会主义建设先进工作者会议(又称"文教群英会")和全国教育和文化、卫生、体育、新闻方面社会主义建设先进单位和先进工作者代表大会,分别由中共江苏省委、省人委授予"江苏省先进工作者"称号和中共中央、国务院授予"全国先进工作者"称号。1978年4月出席江苏省卫生工作先进集体、先进工作者代表大会,由江苏省革命委员会授予"江苏省先进工作者"称号。

季方珍 1949年3月生,女,江苏如东人。高中文化程度。1975年1月加入中国共产党。

1970年2月参加工作,任大队会计、妇女主任、团支部书记。自1974年以来,一直担当计划生育工作。在平凡的工作岗位上为党的计划生育事业做出贡献。全大队计划生育率、一胎率、独生子女领证率、节育率、男女晚婚率均达到100%,为全县计划生育工作开创新路子。1980年后任岔北乡妇联主任、组织委员、纪委副书记。1981年5月在县第八届人民代表大会第一次会议上当选为常务委员会委员。1983年3月、1987年11月连续当选为南通市第八、九届人民代表大会代表。1983年6月当选第六届全国人民代表大会代表。1988年1月当选为江苏省第七届人民代表大会代表。

1979年12月,出席全国农业、财贸、教育、卫生、科研战线先进单位和劳动模范大会,由国务院授予"全国劳动模范"称号。1983年2月出席江苏省农业战线先进表彰大会,由江苏省人民政府授予"江苏省劳动模范"称号。

蔡正勤 1948年7月生,江苏如东人。中专文化程度。1984年12月加入中国共产党。

1964年9月入东方红农技学校学习。1968年10月,任岔河油米厂工人。进厂20多年,先后成功实施40多个技术革新项目,1991年被全国总工会评为"全国技术能手"。1997年1月,任江苏省金太阳油脂公司副总经理。2002年3月,任江苏东方明珠粮油实业有限责任公司副总经理。

1988年4月,出席江苏省先进集体、劳动模范表彰大会,由江苏省人民政府授予“江苏省劳动模范”称号。1991年5月,荣获由中华全国总工会颁发的“全国五一劳动奖章”。1995年4月,出席全国劳动模范和先进工作者表彰大会,由国务院授予“全国劳动模范”称号。

吴建华 1961年1月生,江苏如东人。高中文化程度。2004年4月加入中国共产党。华丰乡天星村农民。

1978年7月,高中毕业后回乡务农,一直从事蔬菜大棚生产。作为身患疾病几乎丧失劳动能力的农民,凭着自己与命运抗争的顽强意志,潜心钻研蔬菜种植技术并带动周边乡镇群众种菜致富。1993年3月起,连续当选为政协如东县委员会第十、十一届委员。1998年3月后,相续当选为南通市第十一、十二届人民代表大会代表。

1996年12月,出席由中共江苏省委、省政府主持召开的江苏省先进集体、劳动模范表彰大会,由省政府授予“江苏省劳动模范”称号。2000年4月,出席全国劳动模范和先进工作者表彰大会,由国务院授予“全国劳动模范”称号。

卞俊泉 1955年2月生,江苏如东人。初中文化程度。1992年2月加入中国共产党。高级技师。

1971年5月于北坎铁木竹生产社学徒。1976年12月任县通用机械厂镗工。2009年后任车间副主任、厂工会四分会工会主席、监察室主任。参加工作后,干过多个工种,都愉快服从分工,而且干一行、爱一行、钻一行、成一行,每年出勤率达100%,所负责的质控点,主件主项合格率达100%。

1996年12月,出席由中共江苏省委、省政府主持召开的江苏省先进集体、劳动模范表彰大会,由省政府授予“江苏省劳动模范”称号。1999年4月,荣获由中华全国总工会颁发的“全国五一劳动奖章”。2005年4月,出席全国劳动模范和先进工作者表彰大会,由国务院授予“全国劳动模范”称号。

戴俊明 1969年9月生,吉林松原人。大学文化程度。工程师。中石油江苏液化天然气有限公司检维修中心副主任。1992年毕业于兰州石油学校,2005年毕业于长春工程学院。1992年在中国石油前郭石化公司工作,2008年11月在中石油江苏液化天然气有限公司工作。

戴俊明在工作中对电气技术细中求精,大胆创新。2002年,前郭石化公司总变大修改造,44面高压柜的继电保护器要全部改成先进微机综合保护器,时间紧,任务重,交叉作业多,设备陈旧老化,戴俊明精心设计,创新改造,解决几代技术人员未能改造的工程,彻底消除隐患,保证安全运行。2003年,重整加氢装置工程,戴俊明担任电气工程专业技术负责人,不仅向工人进行交底,指导施工;同时亲自动手,和工人一道奋战,在施工过程中提出许多技术改进措施,均被主管部门认可,为重整加氢装置按期、优质、高效的竣工做出突出贡献。

2005年4月,出席全国劳动模范和先进工作者表彰大会,由国务院授予全国劳动模范称号。

薛济平 1951年3月生。江苏如东人。大学文化程度。高级经济师。中天科技集团有限公司董事长、总经理。

薛济平从接手一家亏损数十万元社办厂起家,经过30年努力,把企业发展成为一家拥有1个上市公司和16个子公司,年销售额70多亿元、年上交税费逾2亿的现代化企业集团。先后创造我国:深海光缆、光纤复合架空地线、全介质自承式光缆、铝包股钢芯耐热铝合金倍容量导线等首根五类电缆,打破了跨国巨头的技术封锁和垄断局面,节约国家大量资金和外汇,为电信、电力、海洋经济、交通运输、国防等领域的信息安全做出重大贡献。薛济平主持开发14个国家重点新产品、22个江苏省高新技术产品,承担18项国家火炬项目,申请获得130项国家专利和18项部、省、市级科技进步奖。

2003年,由国家信息产业部授予"全国信息产业系统劳动模范"称号。2008年,获得由中华全国总工会颁发的"全国五一劳动奖章"。2010年4月,出席全国劳动模范和先进工作者表彰大会,由国务院授予"全国劳动模范"称号。

周 杨 1979年12月生,江苏如东人。中专文化程度。中共党员。助理工程师、技师。南通大东有限公司设备科长。

周杨从校门跨进厂门的16年中,立足本职,爱岗敬业,刻苦自学,勤奋钻研,在实践中摸索提高,在苦干中激发创新,使自己的业务技能,尤其是高端疑难电气的维修技术和进口高档设备的国产化配套能力取得一系列成绩。由周杨潜心钻研的进口电路板维修、数十台进口设备疑难杂症排查和多项填补国内空白、获国家专利的自制设备等重大革新项目,共为公司节约费用近千万元。周杨被工友和同行业人士称为"电器疑难杂症医疗的点穴手"和"进口设备维修的主治医师"。周杨先后被公司评为开业二十年来"十大优秀员工",如东县"十佳有突出贡献人才"、"南通市劳动模范"、"江苏省劳动模范"等光荣称号。

2015年4月,出席全国劳动模范和先进工作者表彰大会,由中共中央和国务院授予"全国劳动模范"称号。

三、名 录

(一)省劳动模范、先进生产(工作)者名录

表13—1

表彰年份	姓名	性别	工作单位
1951	吴凤池	男	如东县岔河油米厂
	陈景植	男	如东县马塘小学
	钱广太	男	如东县马塘油米厂
	虞 华	男	如东县马塘油米厂
	万玉余	男	如东县靖海乡姜埭村
1952	季邦英	女	如东县汤园区红星农业生产合作社
1956	钱广才	男	如东县岔河油米厂
	周建新	男	如东县王荃小学
	陆永生	男	如东县马塘小学
	蔡克仁	男	如东县马塘小学
	刘文明	男	如东县利群小学
	刘秀华	女	如东县双甸小学
	李俊杰	男	如东县袁庄小学
	黄龙英	女	如东县先锋小学
	汪尊三	男	如东县古坳小学
	余宝珠	女	如东县掘港小学
	高镜湖	男	如东县岔河区中心农校
	张祥风	男	如东县栟茶初级中学
	陈邦彦	男	如东县中学
1959	佘其松	男	如东县掘港供销社
	朱秀芳	女	如东县百货公司
	刘应奎	男	如东县农机修造厂
	赵如山	男	如东县丰利供销社
	缪海跃	男	如东县袁庄粮库
	陆金和	男	如东县掘港油米厂
	邬海波	女	如东县掘港轧花厂
	李正祥	男	如东县栟茶木船社
	陈 景	男	如东县兵房轧花厂
	冯祖发	男	如东县石甸信用社
	徐宗凡	男	南通建桥队
	张从善	男	如东县掘港黄油枪厂
	朱锦林	男	如东县苴镇手工业社
	刘克生	男	如东县新光公社二十一大队
	陈锦元	男	上海市邑庙区房屋修建公司

续表13—1—1

表彰年份	姓 名	性别	工 作 单 位
1960	张国磬	男	如东县中学
	季林宝	男	如东县惕安初级中学
	丁忠佐	男	如东县马塘中学
	陶友田	男	如东县海辰小学
	姜在云	男	如东县东屏小学
	顾祝祥	男	如东县大同第二初级小学
	臧兰芳	女	如东县袁庄小学
	张森高	男	如东县人民医院
	黄道六	男	如东县袁庄公社卫生所
	王成凤	女	如东县浒澪公社乡村医生
	沈培元	女	如东县丰利初级中学
	顾国卿	男	如东县光荣小学
	陆洁芳	女	如东县光荣公社民办小学
	高镜湖	男	如东县岔河区中心农校
	缪德龙	男	如东县人民医院
1964	陆金和	男	如东县掘港油米厂
	张士明	男	如东盐场
	朱学和	男	如东县岔河轧花厂
1965	顾桂生	男	如东县食品公司
	镇 元	男	如东县双甸供销社
	陶金标	男	如东县掘港农机修配厂
1977	朱学和	男	如东县岔河轧花厂
	钱炳泉	男	如东县水泥制品厂
	汤正阳	男	如东县栟茶农机修配厂
	葛新如	男	如东县丰利阀门厂
	曹国昌	男	如东县运输公司403船队
	徐加祥	男	如东县船舶修造厂
	黄六圣	男	如东县岔河运输社
	李恒德	男	如东县邮电局
	姚世同	男	如东县邮电局
	刘加寿	男	如东县栟茶轧花厂
	杨国奎	男	如东县化肥厂
	吕福骏	男	如东县无线电厂
	祝建华	男	如东县农机修造厂

续表13—1—2

表彰年份	姓名	性别	工作单位
1977	张荣华	男	如东县古坝铁木竹生产社
	胡廼昌	男	如东县掘港黄油枪厂
	刘金泉	男	如东县掘港农机修配厂
	张敬之	男	南通地区养路段如东工区
	陈洪海	男	如东县酱制品厂
	吴石林	男	如东县建筑工程公司第一工区
	李丹	男	如东县供电局
	王圣云	男	如东县兵房轧花厂
	倪裕宏	男	如东县邮电局
	李福龙	男	如东县化工厂
	樊仁礼	男	如东县潮埠铁木竹生产社
	冯冬生	男	如东县掘港黄油枪厂
	张正邦	男	如东县栟茶纺织厂
	刘清修	女	如东县掘港服装厂
	崔宝林	男	如东县运输公司8号拖轮
	丁林	男	如东县丰利轧花厂
	汤夕九	男	如东县双甸轧花厂
	缪玉光	男	如东县花丰轧花厂
	钱炳元	男	如东县马塘油米厂
	鲍云岩	男	如东县栟茶油米厂
	钱金银	男	如东县交通水泥厂
	张鸣皋	男	国营永康配件厂
	袁加如	男	如东县岔河油米厂
	张水英	女	如东县水泥制品厂
	高如海	男	如东县建筑工程公司第二工区
	沈华新	男	如东县渔船机械修造厂
	陈余德	男	如东县拖拉机修配厂
	冯绍友	男	如东县红旗铁木竹生产社
	孙学鹏	男	如东县掘港轧花厂
	彭广连	男	如东县运输公司406船队
	许海朋	男	如东县粮食机械厂
	潘长林	男	如东县马塘农机修配厂
	郭武存	男	如东县新光砖瓦厂
	张士泉	男	如东县九总铁木竹生产社

续表13—1—3

表彰年份	姓名	性别	工作单位
1977	於佩玲	女	江苏省掘港农场纺织器材厂
	万爱琴	女	如东县缫丝厂
	张丛善	男	如东县掘港黄油枪厂
	张士明	男	如东县盐场
1978	朱寿泉	男	广东省海口市海南汽车修配厂
	缪德龙	男	如东县人民医院
	仲树芳	男	如东县人民医院
	范崇珍	女	如东县人民医院
	姚九江	男	如东县中医院
	王咸和	男	如东县环镇公社卫生院
	章　奇	男	如东县岔河区卫生所
	张玉宽	男	如东县九总公社卫生院
	郑远如	男	如东县双甸公社卫生院
	陈昌凤	女	如东县妇幼保健所
	朱兆英	女	如东县光荣公社卫生院
	陈友山	男	如东县丰西公社卫生院
	韩恩荣	男	如东县北坎公社卫生院
	杨锡林	男	如东县新窑公社卫生院
	胡碧英	女	如东县丰利区医院
	葛正平	男	如东县洋口公社卫生院
	李淑萍	女	如东县南坎公社卫生院
	吴庆高	男	如东县凌民公社乡村医生
	胡敦芳	女	如东县新光公社乡村医生
1979	张士明	男	如东县盐场
1980	阚兴高	男	如东县化肥厂
	朱剑钊	男	如东县财政局马塘税务所
	吴光焘	男	如东县马塘中学
	张冠斌	女	如东县掘港小学
	江　静	女	如东县人民医院
	吴玉根	男	如东县河口信用社
	袁德明	男	如东县对外贸易公司蚕茧总站
	陈定开	男	如东县北渔公社黄海大队
	盛国林	男	如东县岔南公社党委
	季敦才	男	如东县苴镇公社八大队

续表13—1—4

表彰年份	姓名	性别	工作单位
1980	魏志发	男	如东县袁庄公社二十大队
	吴恩田	男	如东县环镇公社农技站
	张士明	男	如东县盐场
	吕福骏	男	如东县电子研究所
	李恒德	男	如东县邮电局
1982	徐 康	男	如东县五金公司栟茶批发部
	顾希贵	男	如东县棉纺厂
	吴锦标	男	如东县化肥厂
	赵建秋	女	如东县马塘旅社
	陈玉宏	男	如东县河口供销社
1983	季方珍	女	如东县岔北乡土山村
	王洪生	男	如东县童甸乡双川村
	徐永铜	男	如东县新光乡农经站
	康贻泽	男	如东县丰利区农技站
	陈 娟	女	如东县环北乡多种经营服务公司
	翁朋贵	男	如东县华丰乡晒盐场村
	丁成法	男	如东县南渔乡港头村
	朱国新	男	如东县兵房镇兵北村
	魏志发	男	如东县袁庄乡小袁庄村
	吴恩田	男	如东县环镇乡农技站
1985	陈学厚	男	如东县栟茶中学
	万爱琴	女	如东县缫丝厂
	姜云翔	男	如东县供电公司
	徐新林	男	如东县丰利工商所
	杨锦涛	男	如东县岔南乡东窑村
	林国梁	男	如东县于港乡党委
	罗春生	男	如东县南渔乡新洋村
	杨广林	男	如东县桐本乡盐东村
	顾兆明	男	如东县兵房镇三港村
	朱新华	男	如东县新店乡卫生院
	陈毓森	男	如东县石甸多种经营技术学校
	张学斌	男	如东县机械配件厂
	徐 康	男	如东县栟茶国营商业批发公司
	陈 娟	女	如东县环北多种经营服务公司

续表13—1—5

表彰年份	姓名	性别	工作单位
1985	陈宗源	男	如东县农业局
1988	刘振声	男	如东县黄油枪厂
	吴勋	男	如东县景安职业中学
	王庭娥	女	如东县饮泉乡上漫村
	陈达	男	如东县华丰乡农经站
	张松林	男	如东县北坎乡垦牧场
	钱金贵	男	如东县凌河乡双灰山村窑厂
	管怀仁	男	如东县双南乡白庙村
	朱丽娟	女	如东县新光乡夏庄村
	吴晓林	男	如东县新店乡深河村
	曹玉兰	女	如东县马塘小学
	徐新林	男	如东县丰利工商所
	吴锦标	男	如东县化肥厂
	徐康	男	如东县栟茶国营商业批发公司
	蔡正勤	男	如东县岔河油米厂
	施文明	男	如东县水利局
1991	赵一广	男	如东县浒澪渔场
	杨幸	男	如东县靖海乡姜北村
	张继忠	男	如东县于港乡人民政府
	龚佩英	女	如东县环农乡当家村
	桑盛华	男	如东县针织服装厂
	陆亚萍	女	如东县新光乡人民政府
	胡苍松	男	南通大东有限公司
	徐德明	男	如东县桐本乡张湾村
	缪四贵	男	如东县邮电局
	韩桂银	女	如东县缫丝厂
	石淑玉	女	如东县制鞋总厂
	陈美兰	女	如东县化工厂
	詹守余	男	如东县蠙山小学
1996	卞俊泉	男	如东县通用机械厂
	周青	男	如东县化肥厂
	吴建华	男	江苏南黄海实业总公司
	陆如兵	男	南通华通鳗业有限公司
	时兴福	男	如东县东昇树脂厂
	陈宝田	男	如东县凌民乡葛庄村
	张秀清	男	如东县公安局石甸派出所

续表13—1—6

表彰年份	姓名	性别	工作单位
1996	仲树芳	男	如东县人民医院
	何达山	男	如东县农业局
	张国梅	女	如东县畜牧兽医站
	洪祖仁	男	如东县文化馆
	吴建华	男	如东县华丰乡天星村
2001	周明仁	男	江苏省电信公司如东县电信局
	王伟兵	男	江苏黄海汽配股份有限公司
	于金莲	女	如东县供电局
	张忠裕	男	如东县国家税务局
	马如山	男	如东县地方税务局
	陈小林	男	如东县公安局
	王沙丽	女	如东县广播电视局
	曹国祥	男	南通市顺通建筑安装工程公司
	翟耀忠	男	如东县大豫镇新兴养鸡场
	周红梅	女	江苏中天科技股份有限公司
	张 旭	男	如东县岔河镇张堡村
	葛建国	男	如东县凌河镇月河村
2006	马卫星	男	如东县邮政局长沙邮政所
	费乃泉	男	如东县马塘镇草绳业协会
	袁新安	男	江苏省洋口港经济开发区管委会
	吕德斌	男	如东县交通工程有限责任公司
	徐海承	男	如东天承玻璃纤维有限公司
	曹彩红	女	江苏如东通用机械有限公司
	丛建梅	女	南通世纪天虹纺织有限公司
	戴世群	男	如东县河口镇禽业协会
	于春山	男	如东县洋口镇双灶村
	姚止平	男	江苏省栟茶高级中学
2011	蔡爱平	女	英瑞纤维(南通)有限公司
	周 杨	男	南通大东有限公司
	高新俊	男	中国邮政储蓄银行如东县马塘镇支行
	施永平	男	江苏快达农化股份有限公司
	黄继石	男	江苏世纪燎原针织有限公司
	戴 杰	男	如东县富强针织印染有限公司
	吴友林	男	如东县苴镇镇晓桥社区居委会
	周建飞	男	江苏省洋口港经济开发区管委会
	陈卫兵	男	如东县公安局巡防大队
	葛家君	男	如东县建筑工程管理局

(二)部劳动模范、先进生产(工作)者名录

表13—2

表彰年份	姓 名	性别	工 作 单 位	荣誉称号
1951	俞振元	男	中国人民解放军东海舰队	一等功臣
1956	顾颜章	男	如东县掘港粮站	全国粮食系统先进工作者
1956	缪祖贵	男	南通市天生港粮油转运站	全国粮食系统先进工作者
1956	戴福祥	男	如东县邮电局	全国邮电系统先进生产者
1956	赵妙兰	女	如东县人民法院	全国公安检察司法先进工作者
1965	刘启明	男	中国人民解放军东海舰队	一等功臣
1984	周柏林	男	如东县农业银行丰西营业所	全国金融劳动模范
1985	徐 康	男	如东县栟茶国营商业批发公司	全国商业系统劳动模范
1985	石瑞祥	男	江苏凯亨生化实业集团公司	全国商业系统劳动模范
1986	施文明	男	如东县水利局	全国抗洪劳动模范
1989	吴锡生	男	如东县供销学校	全国优秀教育工作者
1989	严仲清	男	如东县教育局	全国优秀教育工作者
1989	娄群红	男	如东县中学	全国优秀教育工作者
1989	丛 琏	女	如东县石甸多种经营技术学校	全国优秀教育工作者
1989	姚 智	男	如东县栟茶中学	全国教育系统劳动模范
1989	陈昌祥	男	如东县工商银行	全国金融系统劳动模范
1990	袁 新	男	如东县物价局	全国物价系统劳动模范
1991	冷书法	男	如东县多种经营管理局	全国造林绿化劳动模范
1991	詹寿余	女	如东县蟠山小学	全国教育系统劳动模范
1991	孙德贵	男	南通德大建材有限公司	全国建材行业劳动模范
1992	潘金生	男	如东县信用联社	全国金融系统劳动模范
1993	丛心泉	男	如东县教师进修学校	全国教育系统劳动模范
1994	丛海燕	女	南通东纺纺织有限公司	全国纺织工业劳动模范
1997	范迪安	男	如东县长沙供销社	全国供销合作总社系统劳动模范
1998	周俊美	女	如东县靖海中学	全国教育系统劳动模范
2000	姚 红	女	如东县工商银行	全国金融系统劳动模范
2000	张恒山	男	江苏东升艾克科技股份有限公司	全国纺织工业劳动模范
2001	马 蔚	男	江苏如东高级中学	全国模范教师
2002	张玉泉	男	如东县民政局	全国民政系统先进工作者
2003	薛济平	男	中天科技集团有限公司	全国信息产业系统劳动模范
2006	黄雪红	女	江苏东升艾克科技股份有限公司	全国纺织工业劳动模范
2007	樊志瑾	女	江苏如东高级中学	全国教育系统劳动模范
2009	刘允华	男	南通辉煌彩色钢板有限公司	全国钢铁工业劳动模范
2009	葛纪军	男	南通汽运集团如东分公司	全国交通运输系统劳动模范
2010	高 军	男	南通大东有限公司	全国纺织工业劳动模范
2013	周新基	男	江苏九九久科技股份有限公司	全国石油和化学工业劳动模范
2013	张本田	男	江苏利田科技有限公司	全国石油和化学工业劳动模范

(三)南通市劳动模范、先进工作者名录

表13—3

表彰年份	姓名	性别	工作单位
1983	徐晓萍	女	如东县邮电局
	章桂芳	女	如东县棉纺厂
	万爱琴	女	如东县缫丝厂
	张国宏	男	如东县汽车站
	沈金华	男	如东县通用机械厂
	王玉和	男	如东县砖瓦厂
	马云凡	男	如东县通用机械厂
	张　祥	男	如东县丰利油米厂
	曹国如	男	如东县酒厂
	陆凤奎	男	如东盐场
	陈玉宏	男	如东县河口供销社
	石兆元	男	如东县新店食品发酵厂
	赵永福	男	如东县栟茶中心供销社
	赵建秋	女	如东县马塘旅社
	徐　康	男	如东县五金公司栟茶批发部
	韩锡荣	男	如东县掘港镇清管所
	朱剑钊	男	如东县财政局马塘税务所
	吴庆明	男	中国农业银行如东县支行
	朱　祥	男	如东县煤炭石油公司
	蔡　萍	女	如东县中医院
	仲树芳	男	如东县人民医院
	吴光焘	男	如东县马塘中学
	张冠斌	女	如东县掘港小学
	沈佰生	男	如东县栟茶油米厂
	康承芝	男	如东县袁庄乡濮桥村
	李芝才	男	如东县供电局
1986	刘国珍	男	如东县兵房粮站
	徐　康	男	如东县栟茶国营商业公司五金批发部
	于宝元	男	如东县靖海商业总店
	朱剑钊	男	如东县马塘税务所
	朱汉昌	男	如东县财政局
	吴永盛	男	如东县桐本信用社
	凌合鑫	男	如东县岔河区工商行政管理所
	张应星	男	如东县栟茶中学

续表 13—3—1

表彰年份	姓 名	性别	工 作 单 位
1986	曹玉兰	女	如东县马塘小学
	蔡明珍	女	如东县岔北乡卫生院
	万爱琴	女	如东县缫丝厂
	许凤英	女	如东县丰利棉织厂
	刘振声	男	如东县黄油枪厂
	徐宝友	男	如东县农药厂
	王玉兰	女	如东县邮电局
	丛 琏	女	如东县石甸多种经营技术学校
	蔡 萍	女	如东县中医院
	范文明	男	如东县建筑安装工程总公司第二工程队
	徐子平	男	如东县化工厂
	陈伦泉	男	如东县建材机械厂
	茅永平	男	如东县汽车运输联营公司85车队
	周铭盛	男	如东县有机化工厂
	薛志高	男	如东县加弹针织厂
	罗恩世	男	如东县医药公司
	徐忠元	男	如东盐场
1988	於 进	男	如东县财政局
	高景昭	男	如东县人民医院
	丛建梅	女	如东县纺织厂
	陈昌祥	男	中国工商银行如东支行
	周为荣	男	如东县多种经营管理局
	邱洪振	男	如东县岔河医院
	蔡正勤	男	如东县岔河油米厂
	薛志贵	男	如东县化工厂
	刘 勇	男	如东县双甸税务所
	郑宝余	男	如东县轻工业公司
	陈绍林	男	如东县人民武装部
	黄洪宝	女	如东县无线电厂
	何学贵	男	如东县航运公司
	沈华平	男	如东县水利局
	万 勤	女	如东县掘港小学
	吴 勋	男	如东县景安职业中学
	丁文华	男	如东县人民检察院

续表13—3—2

表彰年份	姓名	性别	工作单位
1988	徐国明	男	如东县栟茶镇环卫所
	王香成	男	如东县制革厂
	杨其智	男	如东县计划生育委员会
	邱荣伦	男	如东县广播电视局
	姚智	男	如东县栟茶中学
	施永旭	男	如东县童甸乡六引村
	陈达	男	如东县华丰乡农经站
	沈铁琴	女	如东县九总毛巾厂
	王新远	男	南通金枫化工总厂
	李安康	男	如东县兵房海鸥皮件厂
	葛一芬	女	如东县石屏乡钱庄村
	袁励忠	男	如东县植绒厂
	朱丽娟	女	如东县苴镇镇夏庄村
	姜胜清	男	如东县环渔乡海防村
	周铭盛	男	如东县有机化工厂
	黄素平	女	如东县羊毛衫厂
	刘佩友	男	如东县河口乡吴埝村
	康晓英	女	如东县浒澪织布厂
	石柱剑	男	如东县景安棉织厂
	徐相存	男	如东县河口乡农技站
	朱建梅	女	如东县双甸镇玩具厂
	彭仁杰	男	如东县石甸乡香火庄村
	夏玉明	男	如东县岔河区委
	吴晓林	男	如东县新店乡深河村
	张康华	男	如东县古坝供销社
	吴淑萍	女	如东县新店乡郭庄村
	曹德芳	男	不详
	曹瑞庭	男	如东县新店水利站
	桑盛华	男	如东县针织服装厂
	朱松泉	男	如东县马塘镇高乐村
	陈大稳	男	如东县洋口乡通海村
	高尔保	男	如东县马塘自来水厂
	季国兴	男	如东县曹埠农机站
	王春荣	男	如东县潮桥农机站

续表13—3—3

表彰年份	姓　名	性别	工　作　单　位
1988	李光明	男	如东县棉花原种场
	徐长才	男	如东县南港渔网厂
	周朝佺	男	如东县北渔乡政府
	沈一林	男	如东县东凌乡东凌村
	徐耀明	男	如东县海岸带职业中学
	李可存	男	如东县浒澪派出所
	丁美云	女	如东县桐本信用社
	陈兰芳	女	如东县岔河镇敬老院
1991	石瑞祥	男	如东县生物化学总厂
	赵一广	男	如东县浒澪渔场
	陆亚萍	女	如东县新光乡人民政府
	桑盛华	男	如东县针织服装厂
	陶艳芬	女	如东县乡镇企业管理局
	王　冶	男	江苏省如东县针织总厂
	丛国华	男	如东县纺织厂
	孙宝玉	男	南通缸套厂
	卞俊泉	男	江苏省如东县通用机械厂
	朱庭付	男	如东化肥厂
	陈美兰	女	如东县化工厂
	杨什贵	男	南通市盐业公司如东盐场
	石淑玉	女	如东制鞋总厂
	唐　华	女	如东县缫丝厂
	丁文华	男	如东县人民检察院
	樊　荣	男	如东县建筑装璜综合经营公司
	徐如发	男	如东县掘港镇环境卫生管理所
	叶　明	男	如东县公安局
	王明祥	男	如东县岔河物资公司
	缪德兴	男	如东县供电局
	韩桂银	女	如东县缫丝厂
	凌德泉	男	如东县岔河容器厂
	陈永田	男	如东县水产局渔政指导船队
	徐长才	男	如东县南港渔网厂
	周维发	男	江苏省如东县砖瓦厂
	季建泉	男	江苏省如东县航运公司

续表13—3—4

表彰年份	姓 名	性别	工 作 单 位
1991	缪四贵	男	如东县邮电局
	张建群	女	如东县交通局
	洪祖仁	男	如东县文化馆
	刘瑞平	男	如东县科学技术委员会
	王沙丽	女	如东县广播电视局
	徐定山	男	如东县第三人民医院
	陈 洁	女	如东县教师进修学校
	江 静	女	如东县人民医院
	张忠裕	男	如东县税务局栟茶税务所
	季敦福	男	如东县食品公司长沙食品站
	孙道明	男	中国人民建设银行如东县支行
	潘金生	男	中国农业银行如东县支行
	潘吟江	男	如东县岔河油米厂
	朱丛根	男	如东县粮食机械厂
	缪小文	女	中国工商银行如东支行
	季三民	男	如东县苴镇中心供销社
	丛昌华	男	如东县工商行政管理局双甸工商所
	胡苍松	男	南通大东有限公司
	施友竹	男	中共如东县委农村工作部
	陆忠秀	女	如东县第二纺织厂
	蒋金泉	男	如东县南坎乡新建村
	杨 幸	男	如东县靖海乡姜北村
	马吴彬	男	如东县岔北乡解洼村
	陈建兰	女	如东县潮桥乡潮北村
	葛立贤	男	如东县卫海乡贫垦村
	张春涛	男	如东县桐本乡丁河村
	张爱群	女	如东县桐本乡马南村
	张继忠	男	如东县于港乡道士庄村
	黄甫伦	男	如东县袁庄乡草场头村
	彭仁杰	男	如东县石甸乡香火庄村
	胡敦明	男	如东县新光乡九巷村
	龚佩英	女	如东县环农乡当家村
	吴来英	女	如东县童甸乡竣中村
	吴光福	男	如东县丰利镇古丰村

续表13—3—5

表彰年份	姓 名	性别	工 作 单 位
1991	陈祥勇	男	如东县掘港镇掘西村
	詹寿余	女	如东县蟠山小学
1995	韩淑平	女	南通丰利纺织有限责任公司
	孙德贵	男	南通德大建材有限公司
	周 青	男	如东县化工厂
	陈宏宇	男	如东盐场
	桂东升	男	如东县邮电局
	刘承海	男	如东县船舶修造厂
	姜桂兰	女	南通东升长毛绒制品有限公司
	丛海燕	女	南通东纺纺织有限公司
	于金莲	女	如东县供电局
	李可林	男	如东县工商行政管理局岔河工商所
	彭建国	男	如东县糖烟酒公司
	徐海承	男	如东县市政工程公司
	缪苏兰	女	中国农业银行如东县支行
	刘 斌	男	如东县工业设备安装公司
	张秀清	男	如东县公安局石甸派出所
	曹妙丰	男	如东县药品检验所
	陆如兵	男	南通华通鳗业有限公司
	吴建华	男	江苏南黄海实业总公司
	张 旭	男	如东县岔河镇金堡村
	葛建国	男	如东县凌河乡月河村
	陈福寿	男	如东县石甸乡香火庄村
	陈祥勇	男	如东县掘港镇掘西村
	时兴福	男	如东县孙窑乡冯桥村
	陈宝田	男	如东县凌民乡葛庄村
	杨 幸	男	如东县栟茶镇姜北村
	沈宝宏	男	如东县浒澪毛巾厂
	张国梅	女	如东县畜牧兽医站
	葛玉华	女	如东县栟茶中学
	冷强华	男	如东县总工会
1998	万十平	男	如东县人民法院
	马如山	男	如东县地方税务局
	王协作	男	如东县中学

续表13—3—6

表彰年份	姓 名	性别	工 作 单 位
1998	王伟兵	男	江苏黄海汽配股份有限公司
	冯万富	男	如东县广播电视局
	吕德斌	男	如东县交通建设工程公司
	朱富云	男	如东县供电局
	杨桂琴	女	南通丰利纺织有限责任公司
	吴益华	男	如东啤酒厂
	汪佩新	男	如东县水产局
	沈觉康	男	如东县种子公司
	张国涛	男	如东县自来水公司
	陈建康	男	如东县黄海大酒店
	周小红	女	如东县缫丝厂
	周红梅	女	江苏中天光缆集团
	周明仁	男	如东县邮电局
	胡连华	男	如东县计划与经济委员会
	施志聪	男	如东县马塘镇丁家渡村
	姚 红	女	中国工商银行如东支行
	顾 毅	男	南通东升长毛绒制品有限公司
	顾立一	男	如东县浒澪供销合作社
	钱忠权	男	如东县中医院
	徐 宁	男	如东县新光乡管家园村
	徐 跃	男	如东县农药厂
	徐建华	男	南通德大建材有限公司
	徐海频	男	如东县凌河乡政府
	黄永兰	女	如东县水利物资服务公司
	盛 平	女	中国农业银行如东县支行
	翟跃忠	男	如东县南坎乡新兴村
2002	周庆如	男	如东县邮政局
	杨 兵	男	如东县供电局
	吴 春	男	江苏健桥医药总公司
	施永平	男	江苏快达农化股份有限公司
	王亚云	女	南通英青服装有限公司
	王 军	女	江苏黄海汽配股份有限公司
	康拥军	女	南通大东有限公司
	林爱建	女	江苏如东通用机械有限公司

续表13—3—7

表彰年份	姓 名	性别	工 作 单 位
2002	缪海波	女	中石化江苏南通如东石油公司
	蔡瑞平	女	如东县总工会
	顾瑞泉	女	江苏东方明珠粮油实业有限公司
	徐功全	女	南通市如东化肥有限公司
	陈昌钰	女	南通光华水产品有限公司
	朱 明	女	如东县掘港镇农村经济服务站
	钱祝瑛	女	南通五建顺通建筑安装公司
	王建泉	女	如东县掘港镇虹南村
	戴世群	女	如东县景安镇烈士陵村
	徐桂山	女	如东县新林镇楼窑村
	钱红梅	女	如东县环港镇临海村
	姚祥富	男	如东县岔河镇玉林村
	张松美	女	中国建设银行如东支行
	韩跃进	男	中国工商银行如东支行
	黄 程	男	如东县地方税务局
	陈建华	男	中国银行如东支行
	陈 建	男	江苏省如东高级中学
	丁 蔚	女	如东县中医院
	张一峰	男	如东县人民检察院
	沙晓林	男	强生（江苏）手套有限公司
	蔡爱平	女	台化纤维（南通）有限公司
	陈素兰	女	如东县纪律检查委员会
2005	袁 军	男	江苏黄海汽配股份有限公司
	季学林	男	如东县水利电力建筑工程有限责任公司
	黄继石	男	南通市燎原针织有限公司
	印 均	男	江苏省如东县国家税务局
	沈南森	男	如东县人民医院
	于春山	男	如东县洋口镇双灶村
	蒋玉美	女	南通红蚁王鞋业有限公司
	费乃泉	男	如东县马塘镇草绳业协会
	周 杨	男	南通大东有限公司
	高新俊	男	如东县邮政局
	葛坤山	男	如东县计划生育委员会
	缪建忠	男	如东县潮桥国家直属储备库

续表13—3—8

表彰年份	姓 名	性别	工 作 单 位
2005	戴志勤	女	中国农业银行如东县支行
	陈 杰	男	江苏如石机械有限公司
	马金龙	男	如东县岔河镇财政所
	刘允华	男	南通辉煌彩色钢板有限公司
	刘克泉	男	南通五建金诚建筑安装工程有限公司
	李文建	男	南通市苏通化肥有限公司
	王正美	女	南通利田化工有限公司
	杨广胜	男	南通振新颜料有限公司
	陈 斌	男	如东县公安局岔河派出所
	陈德明	男	如东县铁链厂有限公司
	周春林	男	江苏省如东第一职业高级中学
	季 峰	男	中共如东县委宣传部
	姚止平	男	如东县栟茶中学
	徐 建	男	南通市如东工商行政管理局
	袁建梅	女	南通世纪天虹纺织有限公司
	袁新安	男	南通市洋口港开发办公室
	曹彩红	女	江苏如东通用机械有限公司
2008	沈美英	女	江苏省如东县国家税务局
	王清益	男	如东县畜牧兽医站
	陈维秀	女	南通海达水产食品有限公司
	朱蔚然	女	中国人民银行如东县支行
	邵 华	男	南通华洋链条有限公司
	余元原	男	如东县地方税务局
	何海滨	男	中共如东县委农村工作办公室
	葛家梅	女	如东县马塘中学
	杨卫娟	女	南通市燎原针织有限公司
	周 秀	女	江苏新象股份有限公司
	冯智龙	男	江苏如东通用机械有限公司
	陈小琴	女	如东县华艳茧丝绸有限公司
	陈卫兵	男	如东县公安局交巡警中队
	吴 勇	男	南通久艳服饰有限公司
	戴 杰	男	如东富强针织印染有限公司
	孙维学	男	如东县宇迪光学仪器厂有限公司
	何志军	男	南通振新颜料有限公司

续表13—3—9

表彰年份	姓名	性别	工作单位
2008	朱留建	男	江苏如石机械有限公司
	康小平	男	如东县人民医院
	周　祥	男	如东县长沙镇卫海村
	吴友林	男	如东县苴镇镇金凤村
	黄东升	男	江苏省如东县公路管理站
	张桂清	男	江苏省电力公司如东县供电公司
	马　陈	男	如东县铁链厂有限公司
	陶坤山	男	南通市东昌化工有限公司
	高　军	男	南通大东有限公司
	姚建军	男	中华人民共和国南通如东海事处
	张志泉	男	南通万得纺器有限公司
2011	宋志良	男	江苏中天科技股份有限公司
	吴　艳	女	江苏盾王劳保用品有限公司
	钱海强	男	江苏亚振家具有限公司
	杨　玲	女	江苏苏通茧丝绸有限公司
	徐秀兰	女	江苏振通门业有限公司
	陈世龙	男	江苏如东通用机械有限公司
	朱成龙	男	南通强生光电科技有限公司
	周坤良	男	南通辉煌彩色钢板有限公司
	陆　燕	女	中国银行股份有限公司如东支行
	管建华	男	江苏省如东高级中学
	卞进平	女	南通泰禾化工有限公司
	周新基	男	江苏九九久科技股份有限公司
	张本田	男	江苏利田科技有限公司
	胡　斌	男	南通五建建设工程有限公司
	蔡　锋	男	南通辉禾食品有限公司
	缪凤群	男	如东县拼茶镇港头村
	季雪峰	男	如东县新店镇生态农业示范园区
	薛加林	男	如东县马塘镇马东村
	纪海兵	男	如东县长沙镇富盐村
	吴迪富	男	江苏宇迪光学股份有限公司
	陶卫忠	男	中共如东县掘港镇党委
	奚金岩	男	如东县信访局
	范词军	男	中共如东县委组织部

续表13—3—10

表彰年份	姓 名	性别	工 作 单 位
2011	邱瑞满	男	如东县卫生局
	唐继光	男	如东县人民检察院
	许晓琴	女	如东县发展和改革委员会
	潘 君	男	如东县环境保护局
	王永芳	女	如东县作物栽培指导站
	徐 斌	男	如东县地方税务局
2014年	陈志华	男	江苏省电力公司如东县供电公司
	王建霞	女	江苏省如东中等专业学校
	陈佳平	女	中国银行股份有限公司如东马塘网点
	冯建军	男	如东县铁链厂有限公司
	印宗山	男	南通科赛尔机械有限公司
	丁小燕	女	如东鸿杰纺织时装有限公司
	曹 旭	男	南通东洋时装有限公司
	秦卫东	女	江苏九九久科技股份有限公司
	吕国锋	男	中石油江苏液化天然气有限公司
	毕晓马	男	江苏振通门业有限公司
	冒国平	男	南通纬纶纺织有限公司
	张志坚	男	江苏兴国气体有限公司
	吴理梅	女	江苏快达农化股份有限公司
	冯志云	女	江苏宇迪光学股份有限公司
	袁晔华	女	如东县宾山老年公寓
	黄 勤	女	江苏世纪燎原针织有限公司
	康宜林	男	江苏中天科技股份有限公司
	杨红梅	女	南通东晨服饰有限公司
	薛建明	男	如东县双甸镇高前村
	姚福军	男	南通外向型农业综合开发区
	李九江	男	如东县栟茶镇大窑村
	任先军	男	南通东苴建筑工程有限责任公司
	张宏斌	男	如东县家畜改良站
	杨成东	男	如东县劳动保障监察大队
	汪菊明	女	如东县第四人民医院
	马小强	男	如东县洋口镇建设服务中心
	储开森	男	江苏省如东县国家税务局
	郑建荣	男	如东县公安局曹埠派出所
	陈 斌	男	如东县住房和城乡建设局

(四)全国五一劳动奖章获得者名录

表13—4

表彰年份	姓 名	性别	工 作 单 位
1987	徐 康	男	如东县拼茶国营商业公司
1991	蔡正勤	男	如东县岔河油米厂
1993	胡苍松	男	南通大东有限公司
1999	卞俊泉	男	如东县通用机械厂
2002	于金莲	女	如东县供电公司
2006	蔡瑞平	男	如东县总工会
2008	薛济平	男	江苏中天科技股份有限公司
2012	蔡爱平	女	英瑞纤维(南通)有限公司

(五)江苏省五一劳动奖章(江苏省立功奖章)获得者名录

表13—5

表彰年份	姓 名	性别	工 作 单 位
1988	刘振声	男	如东县黄油枪厂
1992	冷强华	男	如东县总工会
1995	吴建华	男	江苏南黄海实业总公司
1998	许 军	男	江苏新象股份有限公司
2000	王伟兵	男	江苏黄海汽配股份有限公司
2001	蔡瑞平	男	如东县总工会
2002	马月山	男	如东县洋口镇政府
2003	施 霞	女	江苏东升艾克科技股份有限公司
2004	戴亚华	男	南通大东有限公司
2005	徐 毅	男	如东县自来水公司
2007	汤晓燕	女	如东县医疗保险管理中心
2009	姚炳荣	男	如东县人民医院
2010	葛家君	男	如东县建筑工程管理局
2010	吴文贵	男	江苏英瑞集团南通大东有限公司
2012	郭维达	男	江苏快达农化股份有限公司
2013	陈 斌	男	如东县总工会
2014	李爱明	男	如东县住房和城乡建设局
2015	江有荣	男	如东县掘港镇总工会
	尹秀红	女	如东县环卫处

（六）南通市五一劳动奖章（南通市五一奖章）获得者名录

表13—6

表彰年份	姓 名	性别	工 作 单 位
1993	叶 明	男	如东县公安局浒澪派出所
	姜宏林	男	如东县水泥厂
	徐如发	男	如东县掘港环卫所
	姚金泉	男	如东县百货公司
	邱洪振	男	如东县第二人民医院
	凌继忠	男	如东县农业局
1994	陈建泉	女	如东县掘港轧花厂
	季学林	男	如东县水利电力建设工程有限公司
	季日华	男	如东县燃料公司
	刘以银	男	如东县公安局
	周元涛	男	江苏省如东县中学
	陆友章	男	江苏省新象股份有限公司
1996	袁 军	男	江苏黄海汽配股份有限公司
	朱宝华	男	如东县掘港轧花厂
	朱克元	男	如东农药厂
1997	葛红兵	男	南通海发实业有限公司
	马 蔚	男	江苏省如东县中学
	王友明	男	如东县五金交电化工总公司
	许 军	男	江苏新象股份有限公司
	吉仲如	男	如东县总工会
2000	钱 旭	男	如东县雄鹰纺织有限公司
	蔡瑞平	男	如东县总工会
	袁海泉	男	江苏新象股份有限公司
	秦爱堂	男	如东农药厂
2003	顾建国	男	江苏如东通用机械有限公司
	薛 宁	女	南通市苏通化肥有限公司
	陈 杰	男	江苏如石机械有限公司
	沙竹山	男	如东县国家税务局
	顾亚兵	男	南通华德纺织有限公司
2004	印 均	男	如东县国家税务局
	沈南森	男	如东县人民医院
	徐 毅	男	如东县自来水公司
	黄继石	男	南通市燎原针织有限公司

续表13—6—1

表彰年份	姓 名	性别	工 作 单 位
2004	陈新明	男	如东县供电公司
2005	刘晓林	男	江苏南黄海实业股份有限公司
	张荣勋	女	如东县中医院
	郭维达	男	江苏快达农化股份有限公司
	周春林	男	江苏省如东第一职业高级中学
	章玲红	女	如东县宇迪光学仪器厂有限公司
	陈德明	男	如东铁链厂有限公司
2006	蒋广慧	男	上海大众汽车如东销售服务有限公司
	秦 勇	男	如东县供电公司
	郑家运	男	强生(江苏)手套有限公司
	汤晓燕	女	如东县医疗保险管理中心
	曹爱明	男	如东县发展和改革委员会
	王钦峰	男	南通联丰石油机械有限公司
2007	李强战	男	南通威尔斯服装有限公司
	朱晓华	男	江苏省如东第一职业高级中学
	韩文彬	男	如东县金蓝领职业培训学校
	缪爱琴	女	如东文峰大世界有限公司
	周新基	男	江苏海通化工有限责任公司
	苏亚东	男	如东县金蓝领职业培训学校
	余振泉	男	如东洋口兴盛化工有限公司
	倪春林	男	南通林德特种包装材料有限公司
2008	陆尔东	男	江苏新海花啤酒有限公司
	王孔长	男	南通东日钢铁有限公司
	徐守林	男	江苏快达农化股份有限公司
2009	徐建和	男	如东县潮桥国家直属粮食储备库
	张国建	男	如东县水利电力建设工程有限公司
	张志坚	男	如东县兴国气体有限公司
	邱海兵	男	如东县地方税务局四分局
	孙宝延	男	如东县自来水公司
	谢忠琴	女	南通市燎原针织有限公司
2010	孙文静	男	南通宇迪光学仪器股份有限公司
	杨镜吾	男	江苏洋口港经济开发区
	桑 正	男	南通博耐机械有限公司
2011	姚丽华	女	如东县环境保护局

续表13—6—2

表彰年份	姓 名	性别	工 作 单 位
2011	冯克山	男	南通海鑫建材有限公司
	陈健康	男	如东县国家税务局二分局
	魏金强	男	如东金奥美轻纺制品有限公司
	胡春桃	女	江苏燎原针织有限公司
2012	丁居兵	男	南通锐阳纺织有限公司
	江有荣	男	如东县掘港镇总工会
	曾 炜	男	南通江舟投资有限公司
	徐 娟	女	南通大东有限公司
	王 兵	男	如东县双甸高级中学
2013	蔡丙忠	男	如东县东盟纺织印染有限公司
	储开森	男	江苏省如东县国家税务局
	李爱民	男	如东沿海经济开发区公租房建设办公室
	陈志华	男	如东县供电公司
	石 斌	男	南通市洋口港旅游开发有限公司
	姚瑞翔	男	如东县岔河镇农业服务中心
2014	熊光辉	男	如东南天农科化工有限公司
2015	朱 梅	女	江苏利田科技股份有限公司
	缪文畏	男	如东县马塘中学
	陈泓任	男	迈克斯(如东)化工有限公司
	魏培培	女	南通金黄海国际旅行社
	沈强兵	男	如东县畜牧兽医站兽医师
	徐朝晖	男	如东县人民医院主治医师
	石玲玲	女	如东县实验幼儿园团支部书记
	陈周丽	女	如东县栟茶小学教导处主任

※陈永贵、高镜湖、陆金和、石瑞祥等4位全国劳动模范和先进工作者的简介详见本节人物中“传略”。

第二节 当选全国、省、市工会代表大会代表、委员

一、中华全国总工会代表大会代表

中国工会第十一次代表大会(1988年10月22日—28日)

蒋 健

二、江苏省工会代表大会代表

第一次代表大会(1954年7月1—9日)

徐长辉 朱友如 朱同义

第二次代表大会(1958年3月17—20日)

唐连生 朱哲卿 陆炳千 钱广才 周 鑫

第三次代表大会(1962年10月25—11月7日)

唐连生 唐 璧 胡 光 许秀柏 钱广才

第四次代表大会(1968年10月25—29日)

(缺)

第五次代表大会(1973年6月28—7月3日)

(缺)

第六次代表大会(1977年10月20—24日)

唐连生 冯冬生 倪裕宏 范本道 万爱琴(女) 张秀兰(女)
刘奇飞 秦淑华 沈维新 张士明 冯如礼

第七次代表大会(1982年4月20—24日)

李先余 丁 林 周远连 袁秀兰(女) 赵剑秋(女) 张冠斌(女)
姚作仁 张昌福 俞祖颜 虞建宣

第八次代表大会(1987年12月3—7日)

吴义华 周远连 徐 康 凤秀梅(女) 杨建芳(女) 徐殿康 王祖逊

第九次代表大会(1992年12月21—24日)

吴义华 徐 斌 陈美兰(女) 戴亚华 张昌福 刘德冠

第十次代表大会(1997年12月21—)

吴义华 陈建泉(女) 蔡正勤 陈凤林 张永芬(女) 蔡瑞平

第十一次代表大会(2003年3月—)

蔡 萍(女) 蔡瑞平 张桂清 施 霞(女) 刘 丽(女)

第十二次代表大会(2008年3月—)

陈 斌 佘江虹(女) 沈南森

第十三次代表大会(2013年4月14–17日)

陶卫忠 江有荣 邵海泉 王小群(女) 周 杨 徐志轩

张向军 刘亚琴(女)

三、南通市工会代表大会代表、委员

民国38年(1949年)6月8日至15日,南通地区(专区)办事处曾在南通如师一附礼堂召开南通区职工代表大会,1950年初设苏北总工会南通专区办事处,1953年1月为省总工会南通专区办事处。1954年改称江苏省工会联合会南通专区办事处。1966年因"文化大革命"开始被迫停止工作。1979年3月恢复省总南通地区办事处称谓。1983年3月江苏省实行市领导县的新体制,办事处与南通市工会总合并成为具有市领导县职能的南通市总工会。此前,南通市工会召开过七次代表大会。

1987年9月27日至30日召开的南通市工会第八次代表大会,是在1983年实行市管县新的领导体制以后第一次代表大会。

南通市工会第八次代表大会(1987年9月)

吴义华 冷强华 徐沛然 陈 诞 宋桂山 尤福仁 徐燕君 章孔宣

季本立 田道明 徐正芳 孙同礼 孙炳荣 张晓云 王玉兰 曹国如

万爱琴(女) 季翠兰(女) 钱 斌 陆志忠 张福银 张国霞 康祝银

钱玉淮 陈金鳌

南通市工会第八届委员会

委　员:吴义华

候补委员:宋桂山

南通市工会第九次代表大会(1992年10月)

吴义华 金世德 郑和山 顾裕丰 王新美(女) 骆 骅 陈昌银
周进海 吴永祥 沈冲祥 张育祝 董智侠 周俊良(女) 徐宝友
朱丛根 范文明 陈伦泉 季本立 殷克萍(女) 张福银 陈建泉(女)
周德山 丛龙尤 武幼影(女) 王学政

南通市工会第九届委员会

委　员:吴义华 徐 康

南通市工会第十次代表大会(1997年9月)

吴义华 金世德 江有荣 张月璜 施建新 赵桂琴(女) 夏秋冬
陶爱新 曹达德 方 蓓(女) 伊宗耀 严晓敏(女) 王玉兰(女)
陈宏宇 徐如发 缪小文(女) 翟金凤(女) 王家乐 於 军 姚治权

南通市工会第十届委员会

委　员:吴义华 戴亚华

南通市工会第十一次代表大会(2002年10)

蔡瑞平 马月山 江有荣 於永建 张桂清 戴亚华 施建新 张国均
曹达德 徐晓曙(女) 姚百川 施永平 许 军 王 军 蔡 萍(女)
陈锦云(女) 施 霞(女) 曹春燕(女) 李 敏 刘加强
何红梅(女) 王小群(女)

南通市工会第十一届委员会

委　员:蔡瑞平 马月山 江有荣(递补)

南通市工会第十二次代表大会(2008年3月)

陈 斌 蔡瑞平 张文山 江有荣 马福军 许新林 周根山
陈晓晴 李 敏 张剑华 黄 勤 罗美新 康拥军 王亚云
王伟兵 施 霞(女) 林爱建 沈南森 王雨卉 林 霞 王小群
缪祝平 武峻峰(女)

南通市工会第十二届委员会

委　员:陈 斌 江有荣

南通市工会第十三次代表大会(2013年)

陶卫忠 汤九海 丛佰军 丛建梅(女) 刘玲玲(女) 刘道军
李 伟 杨志平 吴 勇 吴理梅(女) 何邱林 陆剑兵 武峻峰(女)
林爱建 森 霞(女) 单蔡薇蓉(女) 冒 军 姚丽华(女)
秦 勇 黄 峰 黄 勤(女) 蔡亚梅(女) 蔡 锋 管震亚

南通市工会第十三届委员会

委　员:陶卫忠

第三节 荣 誉

一、县总工会获全国荣誉

全国职工教育先进单位(1989年11月)

江苏省如东县职工学校

全国工会先进办学单位(1994年9月10日)

江苏省如东县职工学校

全国职工技协先进集体(1996年11月14日)

如东县职工技术协会

全国新建企业工会组建工作先进单位(2003年12月)

如东县总工会

全国工会宣传通讯工作先进集体(2003年12月)
如东县总工会

全国职工技协工作先进集体(2004年12月)
如东县职工技术协作办公室

全国职工知识竞赛活动一等奖(2004年)
如东县总工会

全国工会宣传通讯工作先进集体(2004年)
如东县总工会

全国职工安全生产知识电视培训优秀组织单位(2006年2月)
如东县总工会

全国工会宣传通讯工作先进集体(2006年)
如东县总工会

《工人日报》(工会信息)发行先进单位(2006年)
如东县总工会

全国工会财务工作先进单位(2007年)
如东县总工会

2007年度全国工会基层组织建设创新成果奖(2007年12月)
江苏如东总工会

全国工会财会工作先进单位(2008年6月)
如东县总工会

全国工会宣传通讯工作先进集体(2008年)
如东县总工会

全国《工会信息》发行工作一等奖(2008年)

如东县总工会

中国技术市场协会"金桥奖"(2009年8月)

如东县职工技术协会

2009年度全国市级工会财务工作先进单位(2010年)

如东县总工会

2010年度全国市级工会财务工作先进单位(2011年7月)

如东县总工会

全国工会宣传通讯工作先进集体(2011年)

如东县总工会

中华全国总工会授予工人文化宫"职工书屋"(2012年6月)

如东县工人文化宫

2011年度全国市级工会财务工作先进单位(2012年)

如东县总工会

二、各级工会和单位获全国荣誉

全国科学大会获奖单位、项目、产品(1977年3月)

江苏省如东县农药厂 研制滴滴涕农药新型剂——固体二三乳剂

全国机械工业"大庆式企业""大寨式企业"(1978年)

江苏省如东县黄油枪厂

江苏省如东县化工厂

国务院科学大会获奖单位、产品(1978年)

江苏省如东县农药厂 滴滴涕农药新型固体乳剂

国家机械工业部科技成果奖获奖单位、产品(1982年)

江苏省如东县石油机械厂 Q10r-m型液压大钳

国家对外经济贸易部科技成果奖获奖单位、产品(1983年)

江苏省如东县化工厂 r酸·R盐粉状干品新剂型

R盐C2-萘-3.6-二磺酸-钠盐

国家轻工业部重大科技成果奖获奖单位、产品(1983年)

江苏省如东县丰利油米厂 利用味精废物液研制饲料酵母

国家商业部科技成果奖获奖单位、产品(1983年)

江苏省如东县丰利油米厂 利用味精废物液研制饮料酵母

国家机械工业部重要科技成果奖获奖单位、产品(1984)

江苏省如东县石油机械厂 Q200气动旋扣钳

国家教委、全国教育工会:全国教育先进集体(1986年9月)

江苏省如东县石甸多种经营技术学校

全国星火计划成果展览交流会获奖单位、项目、产品(1988年)

江苏省如东县生化总厂 饲料酵母

江苏省如东县有机化工厂 1·1·1三氯乙烷

江苏省如东县容器厂 内涂聚乙烯三重咬合七层卷边系列钢桶

江苏省如东县食品罐头厂 水产方便系列食品开发

江苏省如东县达康蜂乳厂 强烈花粉系列产品

全国星火计划成果展览交易会获奖单位、产品(1989年)

江苏省如东县利民食品厂 乳酸饮料

江苏省如东县环镇生物制品厂 复合氨基酸

江苏省如东县生化总厂 饲料酵母

江苏省如东县酒厂 啤酒渣工厂化生产金针菇

全国“模范职工之家”(1993年1月)

如东县马塘小学

全国五一劳动奖状(1997年4月)

如东县通用机械厂热处理车间综合组

全国“模范职工之家”(1999年)

如东县马塘小学

全国职工技协先进集体(1999年11月)

南通市东昌化工有限公司

全国职工重大技术成果奖(1999年11月)

南通东昌化工有限公司“甘氨基酸乙脂盐酸盐”

全国“模范职工之家”(2000年)

如东县马塘小学工会

全国金融“五一劳动奖章”(2001年)

建设银行如东支行

全国“模范职工之家”(2002年)

如东县马塘小学工会

全国百家示范乡镇工会(2007年)

如东县掘港镇工会

全国工人先锋号(2008年8月)

如东县建设局

南通援建大队如东中队

南通辉煌彩钢有限公司彩涂车间

全国“模范职工之家”(2011年)

江苏宇迪光学仪器股份有限公司

全国“模范职工小家”(2013年8月)

江苏九九久科技股份有限公司生产部工会小组

江苏省先进集体

一、县总工会获省荣誉

江苏省人民政府:江苏省职工教育先进单位(1983年3月)

如东县总工会

江苏省职工技协先进集体(1991年1月)

如东县职工技术协作交流站

江苏省合格工人文化宫(1994年11月)

如东县工人文化宫

江苏省工会财会工作先进单位(1995年6月)

如东县总工会

江苏省班组培训先进单位(1995年6月)

如东县总工会生产保护部

江苏省班组建设组织管理先进单位(1995年12月)

如东县总工会

如东县职工学校

江苏省工会职工互助补充保险工作先进单位(1996年6月)

如东县总工会

江苏省八五立功竞赛先进组织单位(1997年7月)

如东县总工会生产保护部

江苏省第二次合理化建议和技术改造工作先进集体(1998年4月)

如东县总工会

江苏省职工技协先进集体(1998年5月)

如东县总工会

江苏省工会财务会计工作二等奖(1998年12月)

如东县总工会

江苏省"澳门回归"知识竞赛优秀组织奖(1999年7月)

如东县总工会

江苏省工会实施送温暖工程先进单位(1999年12月)

如东县总工会

江苏省女职工再就业爱心奉献奖(1999年12月)

如东县总工会

江苏省工会财务会计工作二等奖(1999年12月)

如东县总工会

江苏省工会劳动保护先进集体(2000年3月)

如东县总工会

江苏省"九五"跨世纪奉献杯立功竞赛先进单位(2000年11月)

如东县总工会

江苏省职工技协工作先进集体(2000年11月)

如东县总工会职工技协办公室

江苏省工会财务会计工作二等奖(2000年12月)
如东县总工会

江苏省“致富思源,富而思进”教育活动进行集体(2000年12月)
如东县总工会

江苏省工会工作十强县(市)(2001年5月)
如东县总工会

江苏省工会信息十强县(市)(2001年5月)
如东县总工会

江苏省工会“巾帼绘九五,巧手争奉献”五大行动先进单位(2001年5月)
如东县总工会

江苏省新建企业工会工作先进单位(2001年5月)
如东县总工会

江苏省工会系统“三五”普法先进集体(2001年5月)
如东县总工会

江苏省“致富思源,富而思进”教育活动先进集体(2001年5月)
如东县总工会

江苏省工会财会工作竞赛一等奖(2001年5月)
如东县总工会

江苏省工会干部教育先进集体(2001年9月)
如东县总工会

江苏省“厂务公开”先进集体(2001年10月)
如东县总工会

江苏省职工计算机普及应用先进单位(2001年11月)

如东县总工会

江苏省第二届职工计算机比赛团体二等奖(2001年11月)

如东县总工会

江苏省工会实施送温暖工程先进单位(2001年)

如东县总工会

全省争创工会十强县(市)研讨会研讨文章"'全面提高'是开展争创'十强'活的根本目的"获奖(2002年6月)

如东县总工会

江苏省"党建带工建,工建促党建"先进单位(2002年9月)

如东县总工会

江苏省群众性经济技术创新工程先进集体(2002年9月)

如东县总工会

江苏省工会经费"双过半"先进集体(2002年9月)

如东县总工会

江苏省工会信息工作十强县(市)(2002年9月)

如东县总工会

江苏省工会财务工作先进集体(2002年9月)

如东县总工会

江苏省工会财务工作先进集体(2002年9月)

如东县总工会

江苏省群众性经济技术创新工程先进单位(2003年2月)

如东县总工会

江苏省学习党的“十六大”精神知识竞赛优秀组织奖(2003年4月)
如东县总工会

2002年度全省工会信息工作十强县(市)总工会(2003年5月)
如东县总工会

1999年—2002年度江苏省工会财会工作先进集体(2003年10月)
如东县总工会

江苏省劳动模范管理工作先进单位(2003年12月)
如东县总工会

2002年—2003年度“江苏省工会工作创新成果”先进单位(2004年4月)
如东县总工会

2003年度全省工会信息工作先进单位(2004年7月)
如东县总工会

江苏省工会新闻舆论宣传工作先进单位(2004年9月)
如东县总工会

江苏省工会信息工作十强县(市)(2004年)
如东县总工会

江苏省协调劳动关系三方机制先进单位(2004年)
如东县总工会

江苏省协调劳动关系三方机制先进单位(2006年3月)
如东县总工会

江苏省工会信息工作先进单位(2006年)
如东县总工会

江苏省工会推进工资协商先进单位(2006年)
如东县总工会

江苏省农民工入会工作先进单位(2006年5月)
如东县总工会

江苏省工会推进工资协商先进单位(2006年12月)
如东县总工会

江苏省工会新闻舆论宣传工作先进单位(2006年)
如东县总工会

江苏省职工安全生产知识普及教育培训优秀组织单位(2006年)
如东县总工会

江苏省女职工工作先进集体(2006年)
如东县总工会女职工委员会

江苏省职工安全生产知识普及教育优秀组织单位(2007年3月)
如东县总工会

江苏省群众性经济技术创新工程优秀组织奖(2007年4月)
如东县总工会

江苏省工会工作模范县(2007年6月)
如东县总工会

江苏省工会信息工作十强县(市)(2007年)
如东县总工会

江苏省职工技协工作先进集体(2007年9月)
如东县总工会

江苏省工会新闻舆论宣传工作先进单位(2007年)

如东县总工会

江苏省实施女职工"五大行动"先进集体(2008年3月)

如东县总工会女职工委员会

2007年度全省工会信息工作先进单位(2008年6月)

如东县总工会

2008年度江苏省工会新闻舆论宣传先进集体(2008年7月)

如东县总工会

2003年—2007年江苏省工会财务工作先进集体(2008年11月)

如东县总工会

2009年度江苏省工会新闻舆论宣传先进集体(2009年7月)

如东县总工会

江苏省工会新闻舆论宣传工作先进集体(2011年1月)

如东县总工会

江苏省工会经审工作先进集体(2011年12月)

如东县总工会经费审查委员会

江苏省工会培训工作先进集体(2011年)

如东县总工会

江苏省工会财务工作先进集体(2011年)

如东县总工会

江苏省工会"模范职工小家"(2011年)

如东县供电公司城区共产党员服务队(机关)

南通辉煌彩色钢板有限公司彩涂一班(掘港)

二、各级工会和单位获省荣誉

江苏省科学大会获奖单位、产品、项目(1978年)

如东县石油机械厂　YQ1-1000公斤液压钳

如东县农药厂　光气生产新工艺

如东县丰利标准件厂　JK-2激光单晶晶轴定向仪

南通地区养路段如东工区　纯砂石黑色路面基层

江苏省“大庆式企业”(1980年)

如东县化肥厂

江苏省人民政府科技成果奖获奖单位、产品(1982年)

如东县第三化工厂　NSZ早强复合减水剂

江苏省人民政府科技成果奖获奖单位、产品、项目(1984年)

如东县丰利油米厂　利用味精研制饲料酵母中间试验

如东县塑料建筑材料厂　软质聚氯乙烯组合塑料地板

江苏省人民政府科技成果奖获奖单位、产品、项目(1984年)

如东县石油机械厂　Q200气动旋扣钳

江苏省人民政府科技进步奖获奖单位、产品、项目(1986年)

如东县有机化工厂　1·1·1—三氯乙烷

如东县化肥厂　小合成氨造气工段微机自动控制系统

如东县生化总厂　酶发生产麦芽糊精中型试验

江苏省“金牛奖”获奖单位、产品(1987年)

如东县有机化工厂　1·1·1—三氯乙烷

江苏省工会系统职工教育先进集体(1987年)

如东县职工学校

江苏省粮食局科技进步奖获奖单位、项目(1988年)

如东县岔河油米厂　平转式浸出法取油

江苏省人民政府科技进步奖、星火技术奖获奖单位、产品(1989年)

如东县无线电厂　QT-ZS型气象警报接受机

如东县生化总厂　味精废液制单细胞蛋白

江苏省先进科技经济实体(1993年10月)

如东县星晨实业公司

江苏省班组培训先进单位(1995年6月)

如东县丰利工会工作委员会

如东县黄油枪厂工会

如东县生化总厂工会

江苏省先进班组(1995年12月)

如东县纺织厂细纱车间甲班

江苏省标兵班组(1995年12月)

南通海发实业有限公司热处理组

江苏省第二次百家企业“创业精神”先进单位(1996年5月)

如东县掘港轧花厂

江苏省工会先进基层俱乐部(1996年12月)

如东县农药厂工会俱乐部

江苏省工会劳动保护先进集体(1996年12月)

江苏新象股份有限公司工会

江苏省人民政府:江苏省职工教育工作先进单位(1997年6月)

江苏新象股份有限公司

江苏省"一品梅杯"香港回归读报知识竞赛获奖企业和单位(1997年6月)

如东县通用机械厂

江苏省工会明星企业(1998年12月)

南通市东昌化工实业公司工会

江苏省交通事业建功立业有功集体(1999年　月)

如东县公路管理站工会

江苏省工会财务工作先进集体(1999年　月)

如东县公路管理站工会

江苏省工会经审工作先进集体(1999年)

南通正大有限公司工会经费审查委员会

江苏省女职工工作先进集体(1999年)

如东县啤酒厂女职工委员会

江苏省职工技协先进集体(2000年11月)

如东县银海化工技术服务公司

江苏省创建文明行业示范点(2000年)

如东县马塘港航监督站

江苏省工会经审工作先进集体(2001年7月)

南通正大有限公司工会经审会

江苏省职工计算机知识普及应用先进单位(2001年)

如东县供电公司

江苏省百强示范乡镇工会(2001年)

如东县掘港镇工会

江苏省教育工会女职工工作先进集体（2001 年）

如东县女教职工委员会

实施《江苏省教育工会事业发展三年规划先进集体》（2001 年）

如东县教育工会

江苏省厂务公开工作先进单位（2001 年）

江苏如东通用机械有限公司

江苏省 2001 年度"安康杯"竞赛优胜企业（2001 年）

江苏东方明珠粮油实业有限公司

江苏省群众性经济技术创新工程先进单位（2001 年）

江苏快达农化股份有限公司

江苏省职工计算机普及应用先进单位（2002 年）

如东县国税局

如东县电信局

江苏省合格乡镇工会（2002 年 4 月）

丰利镇　苴镇镇　兵房镇　掘港镇　洋口镇

岔河镇　双甸镇　曹埠镇　大豫镇

江苏省"模范职工之家"（2003 年 3 月）

如东县供电公司工会

江苏快达农化股份有限公司工会

南通市第四建筑安装工程有限公司工会

江苏省"模范职工家"（2003 年 3 月）

如东县铁链厂十车间工会小组

江苏如石机械有限公司一车间工会小组

2001—2003年度江苏省文明班组(2003年12月)

江苏如东通用机械有限公司技术开发中心

江苏省推行"事故隐患和职业危害监控法"先进集体(2003年)

南通市如东化肥有限公司

江苏省百强示范乡镇工会(2004年4月)

兵房镇工会　苴镇镇工会

江苏省探索非公企业职代会建设先进单位(2004年12月)

江苏如东通用机械有限公司

江苏省百强示范乡镇工会(2005年3月)

如东县河口镇工会委员会

2004年度江苏省"安康杯"竞赛优胜企业(2005年3月)

如东县供电公司

2004年度江苏省"安康杯"竞赛优秀班组(2005年3月)

江苏黄海汽配股份有限公司阀系车间数控车床组

江苏省"模范职工之家"2005年5月

南通市苏通化肥厂有限公司工会

江苏如东通用机械有限公司工会

江苏省工会劳动保护先进集体(2005年7月)

南通市苏通化肥有限公司工会

2005年度江苏省百强示范乡镇工会(2005年12月)

如东县双甸镇工会委员会

江苏省女职工工作先进集体(2005年)

江苏如东通用机械有限公司

江苏省群众性经济技术创新工程先进单位（2006年3月）
江苏快达农化股份有限公司

江苏省群众性经济技术创新工程示范岗（2006年3月）
如东县人民医院三病区

江苏省外商和台港澳侨投资企业“双爱双评”先进单位（2006年11月）
江苏东升艾克科技股份有限公司

江苏省“安康杯”竞赛优胜企业（2007年3月）
如东县水利电力建筑工程有限责任公司

江苏省先进女职工组织（2007年3月）
如东县供电公司工会女职工委员会

江苏省学习型组织标兵单位（2007年10月）
如东县地方税务局

江苏省邮政系统“星级班组”（2007年）
如东县掘港镇人民路邮政储汇组

江苏省邮政系统“百优班组”（2007年）
如东县邮政局袁庄邮电所

江苏省“安康杯”竞赛优胜企业（2008年2月）
如东县水利电力建筑工程有限责任公司

江苏省五一巾帼标兵岗（2008年2月）
334省道环镇收费站收费三班

江苏省女职工特殊保护专项合同工作先进集体（2008年6月）
江苏快达农化股份有限公司

江苏省“五一”劳动奖(2008年)

洋口港建设发展有限公司

江苏省工会工作模范乡镇工会(2009年3月)

如东县兵房镇工会委员会

如东县掘港镇工会委员会

如东县马塘镇工会委员会

江苏省模范劳动关系和谐工业园区(2011年)

如东县经济开发区工会

江苏省“模范职工之家”(2011年)

如东县地方税务局工会

江苏省厂务公开民主管理先进单位(2012年9月)

南通大东有限公司

南通正大有限公司

江苏省推动厂务公开民主管理工作先进单位(2012年9月)

如东县厂务公开领导组办公室

江苏省“模范职工之家”(2013年4月)

如东县掘港镇总工会

南通龙腾机械有限责任公司工会委员会

如东县实验小学工会委员会

江苏利田科技股份有限公司工会委员会

南通爱普医疗器械有限公司工会

亚振家具股份有限公司工会委员会

江苏省“模范职工家”(2013年4月)

如东县国家税务局第五税务分局工会小组

南通六和药业有限公司质量部工会小组

如东县丰利中学高三年级工会小组
江苏盾王劳保用品有限公司制帮车间工会小组

南通市先进集体

一、县总工会获市荣誉

南通市工会工作竞赛单项先进（1989年2月）
如东县总工会生产保护部

1988年度南通市职工技协先进集体（1989年4月）
如东县职工技术协作交流站

南通市“工人阶级、工会在改革和建设中的地位作用大家谈”组织工作优秀集体（1989年6月）
如东县总工会

南通市“双庆”文艺演出组织奖，创作二等奖，演出一、三等奖获得者（1989年9月）
如东县总工会

南通市工会工作竞赛群众生产工作单项先进（1991年3月）
如东县总工会

1989—1990年度南通市职工技协先进集体（1991年4月）
如东县职工技术协作交流站

南通市总“党在我心中”演讲比赛获奖单位（1991年6月）
如东县总工会

南通市工会工作竞赛奖（1994年5月）
如东县总工会

南通市职工技协先进集体(1994年8月)

如东县职工技术协作交流站

南通市工会统计工作先进单位(1998年4月)

如东县总工会

南通市职工技协先进集体(1998年8月)

如东县职工技术协作交流站

南通市女职工合法权益知识竞赛优秀组织奖(1998年10月)

如东县总工会

1998年度南通市工会生产保护工作优胜单位(1998年12月)

如东县总工会

南通市工会信息工作先进单位(1999年3月)

如东县总工会

南通市工会统计工作先进单位(1999年5月)

如东县总工会

南通市厂务公开先进单位(1999年10月)

如东县总工会

南通市“安康杯”竞赛先进单位(2000年1月)

如东县总工会

南通市经济组织工会组建工作先进单位(2000年2月)

如东县总工会

南通市“爱岗敬业”社会主义劳动竞赛优秀组织奖(2000年3月)

如东县总工会生产保护部

南通市1999年度县(市)工会企事业工作二等奖(2000年3月)
如东县总工会

南通市工会劳动保护组织建设优秀管理奖(2000年3月)
如东县总工会生产保护部

1999年南通市职工技协优秀组织奖(2000年3月)
如东县职工技术协作办公室

南通市劳模管理工作优秀组织奖(2000年3月)
如东县总工会生产保护部

南通市工会法律工作先进集体(2000年4月)
如东县总工会

南通市“三五”普法知识竞赛优秀组织单位(2000年9月)
如东县总工会

南通市工会经审工作竞赛活动二等奖(2000年12月)
如东县总工会

南通市工会民主管理工作先进单位(2001年3月)
如东县总工会

南通市工会法律工作先进集体(2001年4月)
如东县总工会

2000年度南通市工会信息工作先进集体(2001年5月)
如东县总工会

2000年度南通市工会统计工作先进集体(2001年5月)
如东县总工会

南通市新建企业工会组织工作先进单位(2001年6月)

如东县总工会

南通市职工劳福事业统计工作一等奖(2001年10月)

如东县总工会

南通市“供电杯”乒乓球赛体育道德风尚奖(2001年11月)

如东县总工会

南通市女职工权益法律法规知识竞赛优秀组织单位(2002年4月)

如东县总工会

南通市“安康杯”竞赛优秀组织奖(2002年5月)

如东县“安康杯”竞赛活动办公室

南通市工会工作先进集体(2002年10月)

如东县总工会

南通市送温暖工程先进单位(2002年11月)

如东县总工会

南通市“争创文明职工”活动先进集体(2003年4月)

如东县总工会

南通市工会工作先进集体(2003年4月)

如东县总工会

2001—2002年度工会信息工作先进集体(2003年4月)

如东县总工会

2001—2002年度南通市工会月报工作先进集体(2003年4月)

如东县总工会

南通市"安康杯"竞赛优秀组织奖(2003年4月)

如东县总工会

南通市"小灵通杯"职工技能大赛优秀组织单位(2003年7月)

如东县总工会

南通市"建立工会与人大联系制度"最佳成果奖(2003年7月)

如东县总工会

南通市"实施劳模工程"优秀创新成果奖(2003年7月)

如东县总工会

南通市"改制企业计提剥离资金管理办法"优秀创新成果奖(2003年7月)

如东县总工会

"苏中杯"唱响南通第一城声乐大赛优秀组织奖(2003年8月)

如东县总工会

南通市"供电杯"安全生产演讲比赛优秀组织奖(2003年9月)

如东县总工会

南通市工会财务工作先进集体(2003年10月)

如东县总工会

南通市职工技协优秀组织奖(2003年)

如东县总工会职工技协办公室

如东县安全生产先进集体(2004年1月)

如东县总工会

南通市职工经济技术创新工程多媒体片编制优秀奖(2004年3月)

如东县总工会

南通市工会促进再就业先进集体(2004年4月)

如东县总工会

南通市工会统计、月报工作先进集体(2004年5月)

如东县总工会

南通市“安全在我心中”曲艺小品赛优秀组织奖(2004年6月)

如东县总工会

南通市开展“五一”宣传活动先进集体(2004年10月)

如东县总工会

南通市维修电工职业技能大赛优秀组织单位(2004年11月)

如东县总工会

南通市民主管理优秀组织单位(2005年1月)

如东县总工会

南通市“争当文明职工”活动先进集体(2005年4月)

如东县总工会

2003年—2004年度南通市工会创新工作成果奖(2005年6月)

如东县总工会“签订工资保障协议,维护农民工合法权益”(优秀创新成果奖)、“依法落实非公企业工会干部兼职补贴”、“开展创新　‘四好’企业活动,努力促进企业和职工双赢”(创新成果奖)

南通市开展“五一”宣传活动先进集体(2005年9月)

如东县总工会

南通市首届劳模乒乓球比赛团体亚军(2005年10月)

如东县总工会

南通市首届劳模乒乓球比赛优秀组织奖(2005年10月)

如东县总工会

南通市工会系统“四五”普法先进单位(2006年1月)

如东县总工会

2005年度南通市工会信息、统计、月报工作先进集体(2006年5月)

如东县总工会

2005年度南通市“安康杯”竞赛优秀组织单位(2006年7月)

如东县总工会

南通市“一封安全家书”活动优秀组织单位(2006年9月)

如东县总工会

2005—2006年度南通市工会保障工作专题调研先进集体(2006年11月)

如东县总工会

南通市职工科技创新活动优秀组织单位(2006年11月)

如东县总工会

2006年南通市职工职业技能大比武优秀组织单位(2006年12月)

如东县总工会

南通市工会劳动保护工作先进集体(2006年)

如东县总工会

南通市女职工工作先进集体(2006年)

如东县总工会女职工委员会

南通市人民政府:南通市职工安全电视培训工作先进集体(2007年3月)

如东县总工会

南通市“文明职工标兵”和“创争”活动先进集体(2007年4月)

如东县总工会

南通市“安全在我心中”漫画征集活动优秀组织单位(2007年5月)

如东县总工会

南通市“弘扬劳模精神,讴歌劳动创造,建设和谐南通”宣传月活动先进集体(2007年7月)

如东县总工会

南通市工会财务工作先进集体(2007年9月)

如东县总工会

南通市工会生活保障专项调研工作先进单位(2007年12月)

如东县总工会

南通市“安康杯”竞赛优秀组织单位(2008年1月)

如东县总工会

南通市《劳动合同法》知识竞赛活动优秀组织单位(2008年1月)

如东县总工会

2007年度南通市组建工会和发展会员工作先进单位(2008年2月)

如东县总工会

2007年度南通市外商投资企业工会组建工作先进单位(2008年2月)

如东县总工会

2007年度南通市工会干部教育培训调训工作先进单位(2008年2月)

如东县总工会

南通市职工安全生产知识电视培训工作先进单位(2008年5月)

如东县总工会

南通市“安康论坛”优秀组织奖(2008年)

如东县总工会

南通市“安全在我心中”警句征集活动优秀组织单位(2008年)

如东县总工会

南通市职工技协工作先进集体(2009年3月)

如东县职工技术协会

南通市工会信息、统计工作先进单位(2009年7月)

如东县总工会

南通市工会信息、统计工作先进单位(2010年6月)

如东县总工会

南通市“五一宣传、读书月”活动优秀组织单位(2010年7月)

如东县总工会

2010年度财务工作优秀论文优秀组织单位、财会杂志征订先进发行单位(2011年3月)

如东县苴镇工会

如东县总工会财务部

南通市工会工作创新成果奖(2011年10月)

如东县总工会《积极参与社会管理创新建设一流职工服务中心》

2011年度南通市工会经审信息工作先进集体(2012年5月)

如东县总工会经审会

2011年度南通市工会信息、统计、月报工作先进集体(2012年9月)

如东县总工会

2012年度南通市工会工作优秀创新成果奖(2012年11月)

如东县总工会(如东县职工体验中心)

二、各级工会和单位获市荣誉

南通市“工人阶级、工会改革和建设中心地位作用大家谈”组织工作优秀集(1989年6月)

如东县教育工会

如东县机电工业公司工会

南通市“依法维护职工合法权益”先进集体(1990年3月)

如东县农药厂工会

如东县岔河油米厂工会

南通市女职工工作先进集体(1990年3月)

如东县缫丝厂女职工委员会

如东县纺织厂女职工委员会

如东县化肥厂女职工委员会

南通市工会“三讲五个一”先进集体(1990年3月)

如东县服装厂女职工委员会

如东县掘港轧花厂女职工委员会

南通市“改革中的女职工工作与女职工问题研究”论文奖(1991年3月)

如东县化肥厂女职工委员会

1989—1990年度南通市职工技协先进集体(1991年4月)

如东县职工技术协作交流站

南通市一九九一年度重点企业“八五奉献杯”立功竞赛先进集体(1992年3月)

如东县农药厂

如东县化工厂

如东县缫丝厂

如东县化肥厂

南通市一九九三年度县(市)、区、局(公司)职工技协先进集体(1994年8月)

如东县粮油化工技术服务站

如东县星辰实业公司

南通东昌化工实业公司

1994年度南通市“四优班组”(1995年5月)

如东县黄油枪厂气筒车间装配组

如东县黄油枪厂机修车间车床组

如东县黄油枪厂油枪车间装配组

如东县黄油枪厂冲压车间冲压组

如东县黄油枪厂汽配车间金工甲班

南通海发实业有限公司金工(2)刨铣组

南通海发实业有限公司热处理综合组

南通海发实业有限公司金工大铣床组

如东县化肥厂碳铵合成丙班

如东县化肥厂尿素车间丁班

南通市工会劳动保护先进集体(1996年3月)

江苏新象股份有限公司工会

江苏雄鹰实业有限公司工会

1995年度南通市“四优班组”(1996年4月)

如东农药厂绿麦隆车间一工段

如东农药厂硫丹车间204工段

如东农药厂造气车间光气工段

江苏黄海汽配股份有限公司机修车床组

江苏黄海汽配股份有限公司冲压组

江苏黄海汽配股份有限公司油枪装配组

江苏黄海汽配股份有限公司气筒车间装配组

如东县机械配件厂橡胶制品组

南通东方明珠粮油公司饲料实业有限公司饲料分厂第二班组

南通海发实业有限公司金工大车间铣工组

南通海发实业有限公司热处理车间热处理组
南通海发实业有限公司金工二车间刨铣组

1996年度南通市"四优班组"(1997年4月)

如东农药厂稻无草车间105工段
如东县交通局工程队一分队
南通市华劲实业总公司锯齿轧花组
南通丰利纺织有限责任公司后纺车间丙班
南通东升长毛绒制品有限公司印花台板组
江苏新象股份有限公司石油机械二车间钳磨组
江苏新象股份有限公司维修车间金工切削组
如东县机械配件厂橡胶硫化组
江苏黄海汽配股份有限公司冲压组
南通海发实业有限公司热处理综合组
南通东纺纺织有限责任公司细纱车间丙班

南通市"模范职工之家"(1997年)

南通东纺纺织有限责任公司工会
南通华劲实业总公司工会
马塘小学工会

南通市职工技协工作先进集体(1998年6月)

如东县职工技术协作交流站
如东县化肥厂职工技术协会
南通华劲实业总公司职工技术协会
江苏新象股份有限公司职工技术协会
如东农药厂职工技术协会
江苏雄鹰实业股份有限公司职工技术协会
如东县轻工机械厂职工技术协会
如东县供电局职工技术协会
南通海发实业有限公司职工技术协会
如东县兵房轧花厂职工技术协会

如东县双甸轧花厂职工技术协会
南通东纺纺织有限责任公司职工技术协会
南通市黄海液压真空设备厂职工技术协会

南通市工会劳动保护先进集体(1998年12月)
江苏雄鹰实业股份有限公司工会
如东农药厂工会

南通市“模范职工之家”(1998年 月)
马塘小学

南通市“争当文明职工活动”示范单位(1999年3月)
如东啤酒厂工会
如东县供电局工会
南通市华劲实业总公司工会

南通市“模范职工之家”(1999年10月)
如东县马塘小学工会
南通东纺纺织有限责任公司工会
如东县通用机械厂有限公司工会
如东农药厂工会

南通市“安康杯”竞赛优胜企业(2000年1月)
如东县水利电力建筑工程公司

南通市职工技协工作先进单位(2000年12月)
如东县供电局
如东县雄鹰纺织有限公司
如东县银花服务公司
南通市华劲实业总公司
如东县天地实业公司
南通市东昌化工有限公司
如东县银海化工技术服务公司

南通市实施“送温暖工程”先进集体(2000年)

强生(江苏)轻工有限公司

江苏快达农化股份有限公司

如东县雄鹰纺织有限公司

南通市实施“五大行动”先进集体(2000年)

南通东升长毛绒制品有限公司

南通丰利纺织有限责任公司

南通市工会系统“三五”普法工作先进集体(2001年4月)

如东县供电局工会

南通市“安康杯”竞赛优胜企业(2001年5月)

江苏快达农化股份有限公司工会

如东县雄鹰纺织有限公司工会

江苏如东啤酒厂工会

南通海天建材有限公司工会

江苏如东通用机械有限公司工会

如东县电信局工会

南通市新企业工会组建工作先进单位(2001年6月)

苴镇镇工会

南通市五星级乡镇工会(2001年12月)

掘港镇 洋口镇 岔河镇

南通市厂务公开先进企业(2001年)

江苏黄海汽配股份有限公司

江苏快达农化股份有限公司

江苏如东通用机械有限公司

南通东方明珠粮油饲料实业有限公司

如东县电信局

如东县供电局
如东县邮政局
中国工商银行如东县支行

南通市"九五创业杯"立功竞赛先进单位（2001年）

江苏新象股份有限公司
江苏如东通用机械有限公司
江苏东升艾克科技有限公司
如东县交通建设工程有限公司
江苏快达农化股份有限公司

南通市最佳创新班组（2001年）

江苏雄鹰公司色漆车间调合组
如东县交通建设工程公司道路七队
南通丰利纺织有限责任公司技术创新中心
江苏快达农化股份有限公司3.5二氯苯胺工段
如东县石油机械厂产品开发科
如东县通用机械公司热处理综合组
如东县供电局调度室
江苏黄海汽配股份有限公司技术中心开发一科
如东雄鹰纺织有限公司细纱车间丙班
如东县工行掘港人民路分理处

南通市"模范职工之家"（2002年10月）

江苏如东通用机械有限公司工会
江苏快达农化股份有限公司工会
南通大东有限公司工会

南通市送温暖工程先进单位（2002年）

如东县供电公司

南通市劳动关系预警机制示范企业（2002年）

南通大东有限公司

如东县升辉化工有限公司

南通市模范职工小家(2002年)

如东通用机械有限公司铸造公司工会

南通市如东化肥有限公司造气车间工会

如东盐场一工区分会

南通市优秀劳动争议调解委员会(2002年)

江苏如东通用机械有限公司

南通丰利纺织有限责任公司

南通市如东化肥有限公司

南通市职工读书自学先进集体(2002年)

如东县供电公司

如东县中医院

南通市2001年度安康杯竞赛优胜企业(2002年)

如东县通用机械公司

如东县雄鹰纺织公司

江苏快达农化股份有限公司

南通海天建材有限公司

如东县交通建设工程公司

如东县电信公司

如东县啤酒厂

南通市2002年度“安康杯”和推广“事故隐患、职业危害监控法”竞赛优胜单位(2002年)

如东县供电公司

南通市五星级乡镇工会(2003年3月)

丰利镇　岔河镇　苴镇镇　河口镇

南通市四星级乡镇工会(2003年3月)

双甸镇　曹埠镇

南通市工会经审工作先进集体(2003年10月)

如东县麦芽厂工会经费审查委员会

南通市苏通化肥有限公司工会经费审查委员会

江苏东升艾克科技公司工会经费审查委员会

南通市2003年度"安康杯"和推广"事故隐患、职业危害监控法"竞赛优胜单位(2003年)

如东县电信公司

南通市"先进女职工委员会"(2003年)

江苏快达农化股份有限公司女职工委员会

县邮政局女职工委员会

南通市"争当文明职工"活动先进集体(2003年)

如东通用机械有限公司

如东县供电局

南通市女职工工作先进集体(2003年)

如东县通用机械有限公司女职工委员会

南通市群众性经济技术创新工程示范岗(2004年3月)

江苏快达农化股份有限公司异菌脲合成工段

南通市苏通化肥公司生产技术部

如东县人民医院检验科

如东县中医院五官科

中国工商银行如东县支行营业部

南通市女职工工作示范单位(2004年3月)

江苏快达农化股份有限公司女职工委员会

如东县新东丝织有限责任公司女职工委员会

南通市工会促进再就业先进集体(2004年4月)

如东掘港镇工会

南通市第二次创业示范基地(2004年4月)

南通顺通机电汽配有限公司工会

南通市“非公有制企业民主管理示范单位”(2005年1月)

南通市燎原针织有限公司工会

江苏如东通用机械有限公司

南通庄明精细陶瓷有限公司

南通纬纶纺织有限公司

如东县振新化工厂

如东县铁链厂有限公司

南通辉禾食品有限公司

南京医药南通健桥有限公司

江苏如石机械有限公司

如东县新光棉花实业有限责任公司

南通东驰纺织有限公司

南通市苏通化肥有限公司

南通久和针纺织品有限公司

如东双马针业有限公司

江苏新象股份有限公司

南通世纪天虹纺织有限公司

南通市工会民主管理优秀组织单位(2005年1月)

如东县河口镇工会

江苏省如东经济开发区工会

如东县苴镇工会

如东县洋口镇工会

如东县丰利镇工会

如东县兵房镇工会

如东县掘港镇工会

南通市民主管理先进单位(2005年1月)

如东县供电公司

如东县栟茶中学

如东县人民医院

南通市“争当文明职工”活动先进集体(2005年1月)

南通苏源渗锌开关有限公司

南通市“建设合格工会、争创示范工会”先进集体(2005年7月)

如东县高级中学

南通白云工艺纺织品有限公司工会

南通东驰纺织有限公司工会

如东新光棉花实业有限责任公司工会

南通辉禾食品有限公司工会

南通久和针纺织有限公司工会

南通庄明精细陶瓷有限公司工会

如东双马针业有限公司工会

南京医药南通健桥有限公司工会

334省道环镇收费站工会

2005年南通市职工“双弘杯·安全在我心中”知识竞赛优秀组织奖(2005年9月)

如东县总工会

南通市工会优秀学习型组织(2005年12月)

江苏如东通用机械有限公司技术开发中心

如东县供电公司电力营业厅

南通大东有限公司生产技术部产品开发处

江苏东升艾克科技股份有限公司信息中心

南通市苏通化肥有限公司合成车间丙班

南通市丰田助剂厂销售科

如东县第四人民医院精神科

南通市工会系统“四五”普法先进单位(2006年1月)

如东县苴镇镇工会

南通市工会劳动保护工作先进集体(2006年7月)

如东县供电公司工会

南通市苏通化肥有限公司工会

江苏如东通用机械有限公司工会

南通市职工安全生产知识教育培训先进单位(2006年7月)

江苏快达农化股份有限公司

如东县铁链厂有限公司

2005年度南通市"安康杯"竞赛优胜企业(2006年7月)

如东县水利电力建筑工程有限责任公司

南通振新颜料有限公司

南通大东有限公司

南通雄鹰涂料有限公司

南通丰田助剂厂

如东县振兴机床有限公司

如东县宇迪光学仪器厂

南通庄明精细陶瓷有限公司

2005年度南通市"安康杯"竞赛优秀班组(2006年7月)

如东顺通机电汽配有限公司钳工组

南通市劳动关系和谐企业(2006年12月)

江苏如石机械有限公司

江苏海通化工有限责任公司

江苏黄海汽配股份有限公司

江苏电力公司如东供电公司

如东县铁链厂有限公司

江苏如东通用机械有限公司

江苏东升艾克科技股份有限公司

南通大东有限公司

江苏中天科技股份有限公司

南通振新颜料有限公司

南通市十佳创业示范基地(2007年4月)

如东洋口兴盛化工有限公司

2005—2006年度“创争”活动先进单位(2007年4月)

如东县地税局第六税务分局征收股

南通市工会财务工作先进集体(2007年9月)

江苏如东通用机械有限公司工会

如东文大世界工会

如东县代电公司工会

江苏南通化工有限责任公司工会

如东县丰利镇工会

南通市燎原针织有限公司工会

南通市工会经审工作先进集体(2007年9月)

如东县兵房镇工会经费审查委员会

如东县铁链厂有限公司工会经费审查委员会

南通市节约型班组(2007年12月)

如东县自来水公司供水中心

江苏海通化工有限责任公司天时生产部

南通大东有限公司漂染车间煮漂班组

南通市劳动保护示范工会(2007年)

如东县供电公司工会

如东县通用机械有限公司工会

2006—2007年度南通市“安康杯”竞赛优胜企业(2008年1月)

如东县水利电力建筑工程有限责任公司

江苏省电力公司如东县供电公司

江苏省电信有限公司如东县分公司
江苏快达农化股份有限公司
江苏新源建筑工程有限公司

2006—2007年度南通市“安康杯”竞赛优胜班组（2008年1月）

江苏海通化工有限责任公司电仪车间电工组
江苏乐升艾克科技股份有限公司烫剪班组
如东县交通工程有限责任公司第七分队
南通世纪天虹纺织有限公司前纺车间运转班
如东通用化工有限公司丙二腈二班
南通强生轻工集团进口13针电脑手套车间

南通市五一巾帼标兵岗（2008年3月）

如东县宇迪光学仪器厂有限公司生产部
如东县丰利机械厂包装车间

南通市职工安全生产知识电视培训工作先进单位（2008年5月）

如东县安全生产监督管理局
如东县掘港镇安全生产监督管理所
如东县马塘镇安全生产监督管理所
如东县苴镇镇安全生产监督管理所
如东县双甸镇安全生产监督管理所

2005—2007年度省级开发区工会组建工作优胜单位（2008年9月）

如东经济开发区工会

江苏洋口港一期工程劳动竞赛先进集体—南通市工人先锋号（2008年12月）

中交二航局江苏洋口港黄海大桥项目部
中交二航局江苏洋口港人工岛项目部
中交四航局江苏洋口港接岛引堤项目部

南通市劳动关系和谐企业（2008年12月）

如东县农村信用合作联社

如东县协鑫环保热电有限公司
南通华德纺织有限公司
南通五建建设工程有限公司
如东县黄海汽配橡胶制品有限公司
南通风船兔时装有限公司

南通市劳动关系和谐企业(2009年12月)

南通光学建筑工程有限公司
南通六和药业有限公司
南通海尔斯医药有限公司
南通瑞通纺织品有限公司
南京医药南通健桥有限公司
如东县烟草专卖局(营销部)
江苏盾王劳保用品有限公司
南通万泰电子有限公司
南通巴大饲料有限公司
南通龙腾机械有限责任公司
南通市东昌化工有限公司
江苏亚振家具有限公司
如东振丰奕洋化工有限公司
江苏利田科技有限公司

南通市五一巾帼标兵岗(2010年2月)

南通楠桥纹织有限公司刺绣车间
南通世纪天虹纺织有限公司细纱改支队

南通市工会工作模范开发区(2010年3月)

如东经济开发区工会

南通市首批三星"安全合格班组"(2010年11月)

南通东日钢铁有限公司制氧车间
江苏黄海汽配股份有限公司喷涂车间

江苏如石机械有限公司四车间装配钳工班组
如东县交通工程有限公司责任公司沥青拌和场
江苏盾王劳保用品有限公司制帮车间
江苏苏中电池科技发展有限公司铸板车间
江苏苏中电池科技发展有限公司胶合车间
南通振新颜料有限公司溶剂二
如东通园化工有限公司丙二腈车间
如东振丰奕洋化工有限公司锅炉车间
如东振丰奕洋化工有限公司亚磷酸车间
江苏九九久科技股份有限公司(洋口厂区)7—ADCA丙班
江苏九九久科技股份有限公司(洋口厂区)7—ADCA丁班
江苏九九久科技股份有限公司(洋口厂区)北区维修车间二组
江苏九九久科技股份有限公司(洋口厂区)电工组
江苏九九久科技股份有限公司(洋口厂区)公用工程丁班
江苏九九久科技股份有限公司(洋口厂区)化工一车间乙班
江苏九九久科技股份有限公司(洋口厂区)化工一车间丙班
江苏九九久科技股份有限公司维修二组
江苏九九久科技股份有限公司建装筛煤
江苏九九久科技股份有限公司合成甲班
江苏九九久科技股份有限公司合成乙班
江苏九九久科技股份有限公司合成丁班
江苏九九久科技股份有限公司海因乙班
江苏九九久科技股份有限公司海因丙班
江苏九九久科技股份有限公司电仪仪表组
江苏九九久科技股份有限公司电仪电工组
江苏九九久科技股份有限公司天时甲班
江苏九九久科技股份有限公司天时丙班
江苏九九久科技股份有限公司造气丙班
江苏九九久科技股份有限公司造气丁班
江苏九九久科技股份有限公司农药一车间合成工段
江苏九九久科技股份有限公司农药二车间绿麦隆工段
江苏九九久科技股份有限公司农药三车间光化工段

江苏九九久科技股份有限公司农药四车间3,5—二氯苯胺工段
江苏九九久科技股份有限公司农药六车间105工段
江苏九九久科技股份有限公司农药七车间酯化工段
江苏九九久科技股份有限公司公用工程车间电工工段
江苏九九久科技股份有限公司氯碱车间液氯工段
江苏九九久科技股份有限公司制剂车间包装工段
江苏九九久科技股份有限公司造气车间光气工段
南通市东昌化工有限公司分析室
南通市东昌化工有限公司甘氨酸车间甲班
南通市东昌化工有限公司甘氨酸车间乙班
南通市东昌化工有限公司甘氨酸车间丙班
南通市东昌化工有限公司氯乙酸车间甲班
南通市东昌化工有限公司氯乙酸车间丙班
南通市东昌化工有限公司甘盐车间甲班
南通市东昌化工有限公司甘盐车间乙班
南通市东昌化工有限公司甘盐车间丙班
南通市东昌化工有限公司对三车间甲班
南通市东昌化工有限公司对三车间丙班
南通市东昌化工有限公司供销仓库
南通雄鹰涂料有限公司树脂
南通雄鹰涂料有限公司计量化验
南通雄鹰涂料有限公司色漆包装
南通雄鹰涂料有限公司公用工程

南通市劳动关系和谐企业(2010年12月)
如东文峰大世界有限公司
英瑞纤维(南通)有限公司
南通辉煌彩色钢板有限公司
南通正大有限公司
如东双马针业有限公司
中天科技集团
南通爱普医疗器械有限公司

南通市十佳创业示范基地(2011年5月)

如东金奥美轻纺制品有限公司

2012年度南通市工会工作优秀创新成果奖、创新成果奖(2012年11月)

如东县掘港镇总工会(基层工会主席直选)

2012年度南通市"模范职工之家"(2013年3月)

如东县丰利医院工会

江苏兴国气体有限公司工会

南通恒辉手套有限公司工会

南通纬纶纺织有限公司工会

如东县掘港镇童店初中工会

江苏国信如东生物质发电有限公司工会

如东县自来水公司工会

南通久艳服饰有限公司工会

2013年度南通市"模范职工小家"(2013年3月)

如东协鑫环体热电有限公司生产管理部检修机务班工会小组

赛立特(南通)安全用品有限公司缝制线包装车间工会小组

南通市如东地方税务局第三税务分局工会分会

南通市十佳模范职工之家

南通大东有限公司工会委员会

江苏宇迪光学股份有限公司工会委员会

县委、县政府先进集体

如东县1999—2000年度文明单位(2000年11月)

如东县总工会

如东县县级机关整体目标考核先进集体(2001年2月)
如东县总工会

如东县老干部“三保持”主题教育工作先进单位(2001年3月)
如东县总工会

如东县县级机关整体目标考核先进集体(2002年2月)
如东县总工会

如东县“树、求、创”活动先进单位(2003年2月)
如东县总工会

如东县2001至2002年文明单位(2003年2月)
如东县总工会

2004年度如东县安全生产工作先进单位(2005年1月)
如东县总工会

2005年度如东县安全生产工作先进单位(2006年1月)
如东县总工会

2001—2005年全县法制宣传教育工作先进单位(2006年10月)
如东县总工会

如东县2006年度安全生产先进集体(2007年1月)
如东县总工会

2007年度如东县平安建设先进集体(2008年2月)
如东县总工会

2007年度如东县普法工作先进集体(2008年2月)
如东县总工会

如东县2007年度企业文化建设“十百千”工程先进集体(2008年2月)
如东县总工会

如东县2007年度安全生产先进集体(2008年1月)
如东县总工会

如东县2008年度安全生产先进集体(2009年1月)
如东县总工会

2007—2008年度如东县文明单位(2009年3月)
如东县总工会

2008年度全县机关整体目标考核先进单位(2009年2月)
如东县总工会

2009年度全县安全生产先进单位(2010年1月)
如东县总工会

2011年度如东县安全生产工作先进单位(2012年1月)
如东县总工会

2011年洋口港开发建设工作先进集体(2012年2月)
如东县总工会

2012年度全县精神文明建设先进集体(2013年2月)
如东县总工会

个人荣誉

在工会各项活动中,涌现出许多先进的工会干部和积极分子,他们热心于工会工作,善于围绕中心工作,独立自主开展工会活动,团结、教育和组织广大职工投身于改革开放和经济建设事业,善于维护职工合法权益和为职工群众办实事,他们的先进事迹受到各级工会的表彰。

国家先进个人

一、中华全国总工会表彰名录

全国优秀工会工作者(1983年10月)
周远连 如东县化肥厂工会

全国优秀工会积极分子(1983年10月)
任国庆 如东县职工学校
洪善国 如东县水泥制品厂工会
徐正芳 如东县栟茶轧花厂工会
季本立 如东县丰利集体商业工会

全国优秀工会积极分子(1988年10月)
孙小平 如东县橡胶厂

全国工会职工教育先进工作者(1994年10月)
黄世雄 如东县总工会

全国工会优秀民主管理工作者(1995年10月)
金世德 如东县总工会

全国优秀工会工作者(1998年10月)
陈建泉 南通华劲实业总公司

全国优秀工会工作者(2002年)
蔡瑞平 如东县总工会

全国钳工技能大赛优秀选手(2003年)
周春林 如东县第一职业高级中学

全国职工节能减排优秀合理化建议获奖者(2008年4月)

高梅芳(第一建议人) 江苏快达农化股份有限公司

于海军(第一建议人) 南通市东昌化工有限公司

齐 寒(第一建议人) 如东协鑫环保热电有限公司

全国工会系统"五五"普法教育先进个人(2010年)

黄 陈 如东县总工会

全国优秀工会工作者(2013年8月)

单蔡薇蓉 如东县马塘镇工会

全国优秀工会工作者(2013年12月)

王松林 如东县丰利镇工会

二、全国总工会及部门表彰名录

全总"宝钢杯"京剧演唱银奖(2002年)

颜伯庆 如东县邮政局

全国工会宣传通讯工作先进个人(2003年)

何志勇 如东县总工会

《中国工运》通讯工作先进个人(2011年)

何志勇 如东县总工会

江苏省先进个人

一、江苏省总工会表彰名录

江苏省优秀工会工作者(1983年3月)

季本立 徐正芳 周远连 洪善国 徐为林 任国庆 许逸江 顾永道

江苏省优秀工会工作者（1985年12月）

周远连

江苏省工会劳动保护先进个人（1988年）

冷强华 如东县总工会

江苏省职工技协先进个人（1988年）

高尔保 如东化工设备厂

江苏省工会群众生产理论探讨会优秀论文获奖者（1989年10月）

冷强华 如东县总工会

江苏省职工技协先进个人（1991年10月）

陈建泉 如东县掘港轧花厂

江苏省工会先进女职工工作者（1993年7月）

刘红秀 如东县总工会

江苏省总工会干部培训工作先进个人（1993年12月）

金世德 如东县总工会

江苏省工会先进女职工工作者（1994年2月）

刘红秀 如东县总工会

江苏省县（市）工会修志先进工作者（1995年12月）

刘红秀 如东县总工会

江苏省职工互助补充保险工作先进工作者（1996年6月）

顾锦红 如东县总工会

江苏省工会送温暖工程先进个人（1996年12月）

顾锦红 如东县总工会

江苏省优秀职工思想政治工作者(1996年12月)

王汉祥 如东县总工会

江苏省劳动保护工作先进个人(1996年12月)

冷强华 如东县总工会

江苏省推行集体合同工作先进工作者(1997年3月)

金世德 如东县总工会

江苏省职工技协先进个人(1997年3月)

周远连 如东化肥厂

江苏省"一品梅杯"香港回归读报知识竞赛奖(1997年6月)

高梅芳 如东县农药厂

江苏省合理化建议和技术改进最佳能手(1998年4月)

徐 跃 如东农药厂

蔡秉余 江苏新象股份有限公司

宋光亭 如东县轻工机械厂

江苏省工会促进再就业工作先进个人(1998年12月)

顾锦红 如东县总工会

江苏省先进女职工工作者(1999年3月)

顾锦红 如东县总工会

江苏省读书自学活动积极分子(1999年)

陈德华 如东县职业高级中学

江苏省工会财务工作先进个人(1999年)

戴亚华 南通大东有限公司

江苏省工会经审工作先进个人(1999年)

徐宝仁 南通五建集团有限公司

江苏省女职工工作先进个人(1999年)

徐晓曙 如东县邮政局

江苏省文明职工(1999年)

赵桂兰 如东啤酒厂

江苏省教育工会"全心全意依靠教职工办学的好校长"(1999年)

肖锦山 如东县第一职业高级中学

江苏省优秀工会工作者(1999年)

冯 健 如东教育局工会

江苏省工会优秀工会积极分子(1999年)

瞿金凤 如东县马塘小学工会

江苏省优秀工会劳动保护监督检查员(2000年5月)

冷强华 如东县总工会

江苏省工会职工教育先进工作者(2000年9月)

任国庆 如东县职工学校

江苏省职工技协先进个人(2000年11月)

秦爱堂 如东县农药厂工会

江苏省职工技协优秀组织者(2000年11月)

冷强华 如东县总工会

江苏省九五跨世纪奉献杯立功竞赛优秀组织者(2000年12月)

高炳华 江苏新象股份有限公司

江苏省教育工会“优秀工会工作者”(2000年)

季新娟 如东教育工会

江苏省教育工会“优秀工会积极分子”(2000年)

张丽君 江苏如东第一职业高级中学工会

江苏省优秀工会信息员(2001年3月)

汤九海 如东县总工会

江苏省优秀工会信息员(2001年3月)

汤九海 如东县总工会

江苏省工会先进经审工作领导干部(2001年7月)

王鹤声 如东县总工会

江苏省工会经审工作先进个人(2001年7月)

徐宝仁 南通五建集团有限公司工会联合会

江苏省职工技协先进工作者(2001年12月)

高炳华 江苏新象股份有限公司

江苏省文明职工(2001年)

周晓峰 如东通用机械有限公司

江苏省非公有制经济组织“党建带工建,工建促党建”工作先进个人(2002年11月)

马月山 洋口镇工会

陈 斌 南通燎原羊毛衫厂

江苏省先进女职工工作者(2002年)

刘红秀 如东县总工会

江苏省“岗位女明星”(2002年)

张小红 如东县染织厂

江苏省群众性经济技术创新能手(2002年)

张爱明 南通大东有限公司

江苏省重点工程劳动竞赛功臣个人(2003年2月)

徐群山 如东县交通建设有限公司

江苏省优秀工会工作者(2003年3月)

蔡瑞平 如东县总工会

江有荣 如东县掘港镇工会

江苏省优秀工会积极分子(2003年3月)

姚金泉 如东县公路管理站工会

戴亚华 南通大东有限公司工会

江苏省荣誉工会积极分子(2003年3月)

陆伯新 中共如东县委

江苏省工会先进女职工工作者(2003年7月)

刘红秀 如东县总工会

江苏省工会财会工作先进工作者(2003年10月)

吉仲如 如东县总工会

江苏省钳工技能大赛优秀选手(2003年)

周春林 如东县第一职业高级中学

江苏省"自学成才"先进个人(2003年)

曹彩红 江苏如东通用机械有限公司

江苏省工会促进再就业工作先进个人(2003年)

秦爱堂 江苏快达农化股份有限公司

江苏省优秀工会积极分子(2003年)

戴亚华 南通大东有限公司工会

姚金泉 如东县公路管理站工会

江苏省群众性经济技术创新能手(2003年)

周春林 如东县第一职中

江苏省优秀工会劳动保护监督检查员(2005年7月)

冷强华 如东县总工会

江苏省优秀工会小组劳动保护检查员(2005年7月)

花桂林 江苏黄海汽配股份有限公司工会

江苏省协调劳动关系三方机制工作先进个人(2006年3月)

缪德华 如东县劳动和社会保障局

江苏省群众性经济技术创新能手(2006年3月)

葛红兵 江苏如东通用机械有限公司

江苏省工会经审工作先进工作者(2006年11月)

王新华 如东县总工会

江苏省职工十大科技创新成果获奖者(2006年12月)

薛如根(第一完成人) 江苏中天科技股份有限公司

江苏省职工十佳合理化建议提名奖获奖者(2006年12月)

于海军(第一建议人) 南通市东昌化工有限公司

江苏省职工技协先进个人(2007年9月)

冷强华 如东县总工会

江苏省知识型职工标兵(2007年10月)

何云华 江苏如东通用机械有限公司

陈　震 如东县教育局
徐守林 江苏快达农化股份有限公司
曹爱明 如东县发展和改革委员会
秦　勇 江苏省如东县供电公司
祁　新 南通大东有限公司
徐　军 江苏黄海汽配股份有限公司
王晓晴 如东县文学艺术界联合会
管亚红 331省道环镇收费站
缪晓彬 江苏海通化工有限责任公司

江苏省五一创新能手(2007年)

杨　俊 如东县交通建设工程公司职工

江苏省五一巾帼标兵(2008年2月)

薛　亚 如东县掘港镇工会

江苏省五一创新能手(2008年4月)

苏亚东 如东县金蓝领培训学校

江苏省重点工程建设劳动竞赛功臣个人(2008年4月)

韩邦友 江苏快达农化股份有限公司

2007年度全省工会信息工作先进个人(2008年6月)

何志勇 如东县总工会

江苏省优秀工会工作者(2008年)

张文山 如东县总工会
王新华 如东县总工会
管　霖 如东县兵房镇工会

2009年度江苏省工会新闻舆论宣传先进工作者(2009年7月)

冯建楠 如东县总工会

江苏省优秀工会工作者(2013年4月)

陈　斌 如东县总工会

王松林 如东县丰利镇工会

李小泉 江苏省电力公司如东县供电公司工会

黄　勤 江苏世纪燎原针织有限公司工会

王小群 江苏宇迪光学股份有限公司工会

吴东安 南通大东有限公司工会

江苏省优秀工会积极分子(2013年4月)

周爱武 如东县教育局

郑志一 如东县住房和城乡建设局

陈志华 如东县供电公司

刘玲玲 江苏如东农村商业银行股份有限公司

郑志东 江苏九九久科技股份有限公司

江苏省优秀工会工作者(2015年12月)

邵海泉 江苏久久科技股份有限公司工会

二、江苏省总工会及省部门联合表彰名录

江苏省职工计算机比赛优胜选手三等奖(2000年11月)

王尹华 江苏快达农化股份有限公司

马　讯 如东县供电局

江苏省职工计算机比赛优胜选手三等奖(2001年11月)

石劲松 如东化肥有限公司

时　玮 如东县电信局

张颖忠 如东啤酒厂

冷明洁 如东县职工学校

秦晓琴 江苏新象股份有限公司

江苏省非公有制经济组织“党建带工建,工建促党建”工作先进个人(2002年11月)

马月山 如东县洋口镇工会

陈 斌 南通燎原羊毛衫厂工会

江苏省“安康杯”竞赛优秀组织个人(2006年1月)

冷强华 如东县总工会

江苏省协调劳动关系三方机制工作先进个人(2006年3月)

缪德华 如东县劳动和社会保障局

江苏省“诉调对接”工作先进个人(2007年9月)

张文山 如东县总工会

江苏省公路职业技能竞赛项目个人获奖者(2007年)

杨 俊 如东县交通建设工程公司

江苏省先进劳动争议仲裁员(2008年)

黄 陈 如东县总工会

江苏省“安康杯”竞赛组织工作优秀个人(2008年2月)

冷强华 如东县总工会

第二届江苏省职工十大技术创新成果(2008年11月)

陈昌泉 南通兴辰礼艺品有限公司

第二届江苏省职工十佳合理化建议(2008年11月)

缪桂荣(第一建议人) 江苏快达农化股份有限公司

江苏省十佳科技之星(2008年)

葛家君 如东县建筑学会

江苏省道德模范(2008年)

葛纪军 如东县汽车公司

南通市先进个人

一、南通市(专区)总工会(办事处)表彰名录

苏中四分区第一届群英大会三等劳动英雄(1942年)

陈顺源

苏中四分区群英大会三等模范工作者(1945年3月)

薛子贵

南通市优秀工会工作者(1984年)

李先余 周远东 刘奇飞 尤福仁 任国庆 田道明 吴宗余 于树元

南通市优秀工会积极分子(1984年)

宋 超 戴建平 纪耀华 顾道英 袁荣生 程 裕 张玉树 施再华
姚尤兵 缪淑华 张秀华 韩佩元 张桂国 丁 林 孙同礼 龚亚伟

南通市特邀工会积极分子(1984年)

杨德君 缪宏林 吴益守

南通市优秀工会工作者(1987年)

周远连 徐正芳 孙炳荣 徐燕君 宋桂山 尤福仁 张昌福 田道明
唐如玉

南通市优秀工会积极分子(1987年)

沙学祥 姚家初 耿建喜 刘克常 赵尊培 於淑平 缪群友 刘玉珍
胡和珍 陈 健 陈金鳌 王明庚 李葆华 钱玉淮 吴功道 洪莲英
曹新民 赵 璧 缪福全 包海泉 曹荣生 宋光亭 朱少峰 吴光涛
郭润生 徐喜平 蒋宝雄 杨庭芳 徐光轩 蔡 平 孙小平 唐如玉

南通市特邀工会积极分子（1987年）

缪宏林

南通市职工技协先进工作者（1988年）

孙同礼 如东县纺织厂工会

周凤圣 如东县化工厂工会

王福永 如东县石油机械厂工会

姚德富 如东县石油机械二厂工会

南通市职工技协先进会员（1988年）

冯继生 如东县化工厂党委

高尔保 如东县化工设备厂

孙宝玉 如东县石油机械二厂

吉春荣 如东县石油机械厂

卞兰富 如东县轻工机械厂工会

周松友 如东丰利棉织厂工会

尤福仁 如东县针织总厂工会

许秀涛 如东县化工设备厂

南通市职工读书自学成才先进个人（1989年2月）

陈有清 中共如东县委党史工作委员会

南通市“我与企业共命运”演讲比赛获奖者（1989年4月）

缪亚平 徐 虹

南通市“工人阶级、工会在改革和建设中的地位作用大家谈”活动组织工作优秀个人（1989年6月）

吴义华 如东县总工会

徐殿康 如东县掘港镇工会

南通市“工人阶级、工会在改革和建设中的地位作用大赛谈”征文奖（1989年6月）

陈 泽 如东县马塘小学

徐耀明　如东县海岸带开发公司

南通市优秀工会工作者(1989年10月)

周远东　孙同礼　孙炳荣　徐为林　徐殿康　陈　诞

南通市优秀工会积极分子(1989年10月)

戴亚华　殷克萍　陶登义　吴光涛　陈祥高　顾　平　缪叔华　季本立
缪福全　孙小平　徐　康　王祖逊　陈　健　居建国　缪永龙　王学政
曹荣生　钱玉淮　季敦明　朱云芳　丁伯云　顾益冲　徐永轩　严广涛
金海炎　张　毅　蒋科峰　程　裕　刘长强　戴　丽

南通市特邀工会积极分子(1989年10月)

缪宏林　如东县化肥厂工会

南通市工人操作技能大比武优秀组织者(1990年)

冷强华　如东县总工会

南通市先进女职工干部、女职工工作积极分子(1990年3月)

宋锦芳　如东县农药厂工会女职工委员会
郭美英　如东县石油机械厂女职工委员会
季美云　如东县化肥厂工会

南通市总工会"三讲五个一"先进个人(1990年3月)

杨兰兰　如东县第三人民医院
季建云　如东县农药厂
赵　萍　如东县农机修造厂

南通市依法维护职工合法权益先进个人(1990年3月)

宋惠芳　如东县染织厂

南通市"主人翁赞"演讲比赛获奖者(1990年9月)

吴亚萍　如东县马塘小学

王爱民　如东县邮电局

南通市职工技协先进个人(1991年4月)

茅建泉　如东县石油机械二厂

朱宝华　如东县掘港轧花厂

周凤圣　如东县化工厂

陈昌银　如东县生化总厂

周远连　如东县化肥厂

高尔保　如东县化工设备厂

南通市“改革中女职工工作与女职工问题研究”征文奖(1991年11月)

徐建生　如东县缫丝厂工会

周　彬　如东县丰利棉织厂工会

陈建泉　如东县掘港轧花厂工会

南通市一九九一年度重点企业“八五奉献杯”竞赛先进个人、优秀组织者(1992年3月)

仇跃康　如东县农药厂

陈秀芳　如东县缫丝厂

缪亚平　如东县化工厂

蒋耀明　如东县生物化学总厂

缪锦凤　如东县农药厂

石瑞祥　如东县生物化学总厂

郭必胜

朱　迪

南通市职工技协工作先进个人(1994年5月)

丁慰祖　如东县人民政府

吴义华　如东县总工会

陈昌银　如东县生化总厂

南通市优秀工会劳动保护监督检查员(1996年3月)

丛正环　周进海　丛国均

南通市优秀工会工作者(1997年)

董智侠 如东县邮电局工会

刘德冠 如东县马塘镇工会

陈建泉 南通华劲实业总公司工会

南通市工会信息优秀信息员(1998年4月)

王汉祥 如东县总工会

南通市职工技协工作先进个人(1998年6月)

陈嘉山 如东县总工会

冷强华 如东县总工会

陈 平 如东县职工技术协作交流站

南通市工会劳动保护先进个人(1998年12月)

朱绍银 沙德剑 王 萍 张宏坤 周进海

南通市工会优秀统计工作者(1999年3月)

汤九海 如东县总工会

南通市文明职工(1999年3月)

陈 进 如东县供电局

成文均 南通五建集团有限公司

蔡尧伯 南通海利针织有限公司

王 平 南通华劲实业总公司

赵桂兰 如东啤酒厂

南通市争当文明职工活动优秀组织者(1999年3月)

王汉祥 如东县总工会

顾一平 如东县教育工会

南通市优秀工会工作者(1999年10月)

刘红秀 如东县总工会

夏秋冬 如东县南坎乡工会
徐晓曙 如东县邮政局工会
赵桂琴 南通东纺纺织有限责任公司工会
陶爱新 如东县雄鹰实业股份有限公司工会
戴亚华 南通大东有限公司工会
张宏坤 如东县供电局工会
顾一平 如东县教育工会

南通市“女职工工作”先进个人(1999年)

管银芳 如东万邦中介公司
罗志兰 如东万邦中介公司
吴理梅 江苏快达农化股份有限公司

南通市工会统计工作先进个人(2000年3月)

汤九海 如东县总工会

南通市职工技协工作先进个人(2000年12月)

蔡瑞平 如东县总工会
张文山 如东县总工会
张桂清 如东县供电局
周进海 江苏金太阳油脂公司
周远连 如东化肥厂
陈建明 如东农药厂
秦爱堂 如东农药厂
孔令华 江苏雄鹰股份有限公司
陶爱新 江苏雄鹰股份有限公司
王　萍 江苏黄海汽配股份有限公司
陈建泉 南通市华劲实业总公司
赵桂琴 如东县雄鹰纺织有限公司
丛达明 江苏新象股份有限公司
高炳华 江苏新象股份有限公司
施建新 如东通用机械有限公司

耿建平 南通市黄海液压真空设备厂

南通市职工技协之友(2000年12月)

朱宝华 南通市华劲实业总公司

汤人仪 如东县供电局

李秀顺 江苏雄鹰实业股份有限公司

杨祝兰 如东县雄鹰纺织有限公司

施永平 如东农药厂

潘世明 江苏新象股份有限公司

南通市技协奖章获得者(2000年12月)

冷强华 如东县总工会

南通市"先进女职工工作者"(2000年)

蔡 萍 如东县中医院

管要武 如东啤酒厂

南通市职工计算机知识竞赛一等奖(2000年)

王尹华 江苏快达农化股份有限公司

马 迅 如东县供电局

南通市职工计算机知识竞赛优胜奖(2000年)

石劲松 如东化肥厂

罗小杰 如东县供电局

张颖忠 如东啤酒厂

南通市工会法律工作先进个人(2001年4月)

黄 陈 如东县总工会

南通市工会系统"三五"普法先进个人(2001年4月)

程水根 如东县电信局

江有荣 掘港镇工会

1999年—2000年度南通市文明职工(2001年4月)

沙金泉 南通德大建材有限公司
张建军 南通丰利纺织有限责任公司
马凤祥 江苏如东啤酒厂
丁枚枚 如东雄鹰纺织有限公司
周晓峰 江苏如东通用机械有限公司

南通市最佳女明星、先进女职工(2001年)

韩淑平 如东雄鹰纺织有限公司
丁枚枚 如东雄鹰纺织有限公司

南通市优秀工会工作者(2001年)

卞兰富 如东县轻工机械厂工会
陆身山 如东县丰利镇工会
秦爱堂 江苏快达农化股份有限公司工会
江有荣 如东县掘港镇工会
曹达德 南通丰利纺织有限责任公司
郝新建 如东县双甸轧花厂工会

南通市"优秀创新项目"获奖者(2001年)

鲍林华 姜 涛 周剑锋 如东县啤酒厂
姚 骥 朱明祥 钱 彬 如东县轻工机械厂
吴功勋 缪 龙 徐新海 陶俊才 管新泉 顾松林 江苏东升艾克有限公司
周钱军 郭维达 桑 仁 江苏快达农化股份有限公司
沈觉康 顾 群 刘维康 如东县种子公司
阚李斌 周 勇 陈迎春 如东县植保站
王 军 陆建军 刘振声 江苏黄海汽配股份有限公司
管怀明 付国泉 陈伦忠 南通德大建材有限公司
黄晓晨 施 坚 施永东 如东县供电局
周德宏 李向东 缪薛建 江苏新象股份有限公司

南通市最佳创新能手(2001年)

王尹华 江苏快达公司

马　迅　如东县供电局
陈周群　南通正大公司
王　军　江苏黄海汽配股份有限公司
阚李斌　如东县植保站
周　霞　如东县雄鹰纺织公司
顾　毅　江苏东升艾克有限公司
李向东　江苏新象股份有限公司
陆建君　南通丰利纺织有限公司
殷志高　如东通用机械有限公司
付国泉　南通德大建材有限公司

南通市"九五创业杯"立功竞赛优秀组织者(2001年)

张桂清　如东县供电局
赵桂琴　如东县雄鹰纺织有限公司
姚金泉　如东县公路管理站
曹　权　如东县交通建设工程有限公司
程水根　如东县电信局
杨建芳　南通德大建材有限公司

南通市优秀工会工作者(2002年10月)

刘红秀　如东县总工会

南通市实施送温暖工程先进个人(2002年)

张桂清　如东县供电公司

南通市优秀工会工作者(2002年)

蔡　萍　如东县中医院
程水根　如东县电信局
马月山　如东县洋口镇
施建新　如东县通用机械有限公司
施永建　如东县岔河镇

南通市优秀工会之友(2002 年)

宋杏玲 中共岔河镇委员会
张正权 中共掘港镇委员会
周玉兵 中共洋口镇委员会

南通市职工读书自学成才者(2002 年)

顾瑞芳 如东县档案馆

南通市职工读书自觉活动积极分子(2002 年)

付国泉 南通海王建材公司
傅冬梅 如东县农药厂
顾 毅 江苏东升艾克有限公司
季新国 如东县供电局
昝小平 如东啤酒厂
杨春秀 如东县雄鹰纺织有限公司
虞建斌 南通丰利纺织有限公司

南通市职工读书自学活动优秀组织者(2002 年)

蔡 萍 如东县中医院
张桂清 如东县供电局

2001—2002 年度南通市文明职工(2003 年 4 月)

陈汉军 缪晓彬 郭维达 刘松柏 马卫星 魏建辉

2001—2002 年度南通市“争当文明职工”优秀组织者(2003 年 4 月)

姚金泉 如东县公路管理站
陈 兵 南通市苏通化肥有限公司

南通市工会信息优秀信息员(2003 年 4 月)

何志勇 如东县总工会

南通市“小灵通杯”职工技能大赛获奖个人(2003 年 7 月)

周春林 如东县第一职业高级中学

葛红兵 江苏如东通用机械有限公司
高建驰 江苏如东通用机械有限公司
邵新峰 如东县第一职业高级中学
季春松 如东县大豫镇止马洼村
沈卫华 江苏如石机械有限公司
张建军 江苏如石机械有限公司
潘克元 如东县洋口镇楼窑村

南通市“钳工技术状元”(2003年7月)

周春林 如东县第一职业高级中学

南通市“供电杯”生产演讲比赛优秀奖(2003年9月)

王晓莉 如东县交通局

南通市工会财会工作先进个人(2003年10月)

吉仲如 如东县总工会
陆建华 江苏如东通用机械有限公司
奚爱红 如东盐场
高炳华 新象股份有限公司
韩海峰 如东升辉化工有限公司
蔡　建 317省道环镇收费站
赵　力 南通第四建筑安装工程有限公司

南通市工会经审工作先进个人(2003年10月)

王建新 南通正大公司
施建新 南通大东有限公司
王松林 如东县丰利镇工会

南通市“苏中建设杯”声乐大赛二等奖(2003年)

李　剑 如东县岔河中学
顾　剑 如东县蠙山小学
缪　娥 如东县马塘小学

孙　陈　如东县港南小学

南通市“先进女职工工作者”（2003年）

陆友莲　南通市苏通化肥有限公司

南通市“再就业新女性”（2003年）

吉　利　如东县测绘队

南通市“建设合格工会，争创示范工会”活动先进工作者（2004年3月）

陈良秀　苴镇镇工会

南通市群众性经济技术创新能手（2004年3月）

陈　杰　江苏如石机械有限公司

陈世龙　江苏如东通用机械有限公司

王海山　南通亚邦化工有限公司

金亚东　如东县供电公司

喻　军　江苏电信公司如东分公司

南通市工会信息工作先进个人（2004年5月）

何志勇　如东县总工会

南通市优秀工会工作者（2004年9月）

江有荣　掘港镇工会

王松林　丰利镇工会

管　霖　兵房镇工会

陈良秀　苴镇镇工会

蔡秉忠　河口镇工会

南通市丝绸行业技术能手（2004年12月）

张德美　如东苏通茧丝绸有限公司

南通市文明职工（2005年4月）

徐　锋　南通市苏通化肥有限公司
孙　娅　如东县人民医院
顾　颖　如东县供电公司
万小萌　南通大东有限公司
沈旭之　334省道环镇收费站
冯智龙　江苏如东通用机械有限公司

南通市争当“文明职工”活动优秀组织者(2005年4月)

蔡瑞平　如东县总工会

南通市创新业女带头人(2005年6月)

蔡　虹　南通白云工艺品编织有限公司
吴小燕　南通日升服饰有限公司

南通市支持工会工作特别奖(2005年7月)

周建飞　中共如东县委
谢振东　如东县人大常委会办公室
陈宝来　如东县人民政府
徐志平　中共如东县委组织部
徐虹铃　如东县洋口镇

南通市知识型职工标兵“创争”活动优秀组织者(2005年12月)

江有荣　如东县掘港镇工会
王松林　如东县丰利镇工会

南通市“十佳建设功臣”(2006年3月)

曹爱明　如东县发改委

2005年度南通市工会信息工作先进个人(2006年5月)

何志勇　如东县总工会

南通市“安康杯”竞赛活动优秀组织个人(2006年7月)

符勤龙　如东县安全生产监督管理局

李　祥 如东县马塘镇工会

南通市职工安全生产知识教育培训先进个人(2006年7月)

江有荣 如东县掘港镇工会

王松林 如东县丰利镇工会

管　霖 如东县兵房镇工会

何爱兵 如东电信分公司

张佩华 如东县建设局

南通市群众性经济技术创新能手(2006年8月)

桑建国 江苏黄海汽配股份有限公司

朱晓华 江苏省如东第一职业高级中学

苏亚东 韩文彬 如东县金蓝领培训学校

2006年南通市"十佳金点子"、"十佳科技创新成果"、"优秀合理化建议"、"优秀科技创新成果"获奖者(2006年11月)

曹镜明 陈连庆 明建华 江苏宝宝集团公司

韩邦友 高梅芳 姚　军 何　翔 张国平 缪桂荣 江苏快达农化股份有限公司

齐　寒 杨　龙 候永禄 如东协鑫环保热电有限公司

刘　彪 何永峰 张红波 江苏亚振家具有限公司

朱仁俊 刘　明 南通大东有限公司

于海军 杨建明 徐守华 刘继亮 马德一 南通市东昌化工有限公司

梁守仁 南通巴大饲料有限公司

薛如根 江苏中天科技股份有限公司

符爱清 南通海尔斯药业有限公司

张本田 刘建华 黄加银 张　华 郭　彬 南通市丰田助剂厂有限公司

许波兵 陈益良 韩国建 吴　兵 如东通用机械有限公司

桑煦阳 秦卫东 缪红梅 朱卫忠 江苏海通化工有限责任公司

左美芳 徐相兵 蔡　宁 顾汉民 江苏黄海汽配股份有限公司

吴爱军 如东县岔河镇成人教育中心学校

刘志刚 江苏如石机械有限公司

钱忠权 如东县中医院

吴迪富 如东县宇迪光学仪器厂有限公司
朱建军 南通市天时化工有限公司

南通市送温暖工程先进个人(2007年2月)

陈良秀 如东县苴镇镇工会

南通市技术能手(2007年2月)

曹苏红 朱小军 刘先国 江苏如石机械有限公司
冯建军 江苏新象股份有限公司
马　剑 江苏如东第一职业高级中学
吴功俊 江苏中天科技股份有限公司
杨新凤 江苏如东通用机械有限公司
陈秀山 江苏黄海汽配股份有限公司

南通市十佳进城务工人员、十佳创业带头人、十佳用户满意服务明星(2007年4月)

李强战 南通威尔斯服装有限公司
余振泉 洋口兴盛化工有限公司

南通市工会财务、经审工作先进个人,重视财务、经审工作优秀领导干部(2007年9月)

吉仲如 如东县总工会
方　平 如东县建设局
蔡　锋 南通辉禾食品有限公司
陈玉泉 南通海达水产食品有限公司
周建彬 江苏如石机械有限公司
张书堂 南通市第二兽药厂有限公司
於维建 如东县苴镇人民政府
王新华 如东县总工会
何志勇 如东县总工会
王松林 如东县丰利镇工会
蔡瑞平 如东县总工会

南通市职工节约标兵(2007年12月)

戴卫东 如东县供电公司

张　忠 江苏东升艾克科技股份有限公司
钱圣利 江苏快达农化股份有限公司
李　兵 南通世纪天虹纺织有限公司
薛　冬 江苏如东通用机械有限公司
徐新华 南通丰田助剂厂有限公司

南通市“安康杯”竞赛优秀组织先进个人(2008年1月)

江有荣 如东县掘港镇工会
许松林 如东县安全生产监督管理局
冷强华 如东县总工会

南通市五一巾帼标兵(2008年3月)

吴理梅 江苏快达农化股份有限公司
贾　伟 南通东洋时装有限公司

南通市职工技协工作优秀成果获奖者(2009年4月)

张荣勋 钱忠权 蔡 萍 陈伟东 陈福林 丛远高 陈立新 如东县中医院

南通市工会信息工作先进个人(2009年7月)

何志勇 如东县总工会

南通市五一巾帼标兵(2010年2月)

张占芳 陆 燕

南通市优秀女工干部(2010年2月)

黄　勤 罗美新

南通市工会信息、统计工作先进个人(2010年6月)

何志勇 如东县总工会
袁　忠 如东县总工会

南通市士佳劳模创新能手、十佳劳模爱心使者(2012年3月)

周　杨 南通大东有限公司

刘允华 南通辉煌彩钢板有限公司

南通市"未成年人零犯罪社区(村)"创建工作先进个人(2012年3月)

黄　陈 如东县总工会

南通市工会信息、统计、月报工作先进个人(2012年9月)

何志勇 如东县总工会

吴征才 如东县总工会

李卫亮 如东县总工会

南通市优秀工会工作者(2013年3月)

吴征才 如东县总工会

许新林 如东县总工会

应晓亮 如东县岔河镇工会

冒　军 如东县袁庄镇工会

石　斌 江苏省洋口港经济开发区(长沙镇)工会

龚云霞 南京医药南通健桥有限公司工会

邵海泉 江苏九九久科技股份有限公司工会

张向军 如东县铁链厂有限公司工会

曹　旭 南通东洋时装有限公司工会

南通市优秀工会积极分子(2013年3月)

陆建明 如东县岔河镇

沈　燕 如东县卫生局卫协会

刘秀琴 南通五建建设工程有限公司

邬虹晔 南通英青服装有限公司

蒋建云 江苏宇迪光学股份有限公司

沙美芳 如东县丰利医院

王继英 万通建设集团有限公司

南通市优秀工会之友(2013年3月)

周　勇 张志泉

南通市“十佳”职工代表（2013年3月）

徐相军 江苏新象股份有限公司

南通市优秀工会工作者（2014年）

陈兰兰 双甸镇工会

钱宏彬 沿海经济开发区总工会

吴力平 如东天承玻璃纤维有限公司

杨金福 南通瑶华纤维有限公司

冯亚林 如东经济开发区

曹达琴 如东县总工会

袁 忠 如东县总工会

於 宏 如东县总工会

南通市十佳优秀工会工作者（2014年）

冯亚林 如东经济开发区总工会

陈兰兰 如东县双甸镇工会

二、市委、市政府及相关部门联合表彰的先进个人

南通市工会技协工作先进个人（1998年6月）

周远东 陈建国 秦建军 徐守华 如东县化肥厂

朱宝华 陈建泉 刘 静 葛锦霞 南通市华劲实业总公司

高炳华 蒋爱民 江苏新象股份有限公司

秦爱堂 如东农药厂

陶爱新 江苏雄鹰实业股份有限公司

卞兰富 如东县轻工机械厂

丁伯云 如东县兵房轧花厂

郝新建 如东县双甸轧花厂

吴永祥 南通东纺纺织有限责任公司

耿建平 南通市黄海液压真空设备厂

王 萍 江苏黄海汽配股份有限公司

朱国良 江苏金太阳油脂公司

邱 峰

南通市“文明职工”“争当文明职工”活动优秀组织者(1999年3月)

陈　进　如东县供电局
成文均　南通五建集团有限公司
蔡尧伯　南通海利针织有限公司
王　平　南通华劲实业总公司
赵桂兰　如东啤酒厂
王汉祥　如东县总工会
顾一平　如东县教育工会

1999—2000年度南通市文明职工(2001年4月)

沙金泉　南通德大建材有限公司
张建华　南通丰纺有限责任公司
马凤祥　江苏如东啤酒厂
丁枚枚　如东雄鹰纺织有限公司
周晓峰　江苏如东通用机械有限公司

南通市新建企业工会组建工作先进个人(2001年6月)

严长俊　中共如东县委
张桂英　如东县人大常委会
谢振东　如东县人大常委会
徐志平　中共如东县委组织部
卜其银　中共如东县委办公室
缪德华　如东县劳动局
曹俊荣　如东县工商行政管理局
张秀凤　如东县掘港镇党委
曹国杰　如东县曹埠镇党委

南通市最佳创新能手(2001年)

周　霞　如东雄鹰纺织有限公司

南通市文明职工(2003年4月)

陆汉军　缪晓彬　郭维达　刘松柏　马卫星　魏建辉　姚金泉　陈　兵

南通市职工技术能手(2003年7月)

周春林 高建驰 葛红兵 季春松 潘克元 邵新峰 沈卫华 张建军

南通市"供电杯"安全生产演讲比赛先进个人(2003年9月)

王晓莉 如东县交通局

南通市促进再就业先进个人(2004年4月)

薛　亚 如东县掘港镇工会

陈良秀 如东县苴镇镇工会

任兴国 南通顺通机电汽配有限公司

南通市第七届"五一新闻奖"获奖作者、作品(2004年4月)

谢淑军 如东广播电台:《五个女人创业的故事》

南通市丝绸行业技术能手(2004年10月)

张德美 如东苏通茧丝绸有限公司

南通市十佳进城服务者、十佳关爱进城务工人员经营者(2005年3月)

章玲红 如东县宇迪光学仪器有限公司

陈德明 如东县铁链厂

南通市文明职工、争当文明职工活动优秀组织者(2005年4月)

徐　峰 孙 亚 顾 颖 万小萌 沈旭之 冯智龙

南通市第八届"五一新闻奖"获奖作者、作品(2005年4月)

姚玉华 如东广播电台:《春风温暖民工心》

袁金泉 桑晓梅 如东广电局信息中心:《一枝一叶总关情》

王必春 张　海 如东广电局《今日如东》:"市劳模丛建梅默默无闻奉献在岗位"

南通市知识型职工标兵(2005年12月)

秦　勇 如东县供电公司

南通市优秀知识型职工(2005年12月)

陈　震　如东县教育局
缪晓彬　南通市苏通化肥有限公司
於　华　强生(江苏)手套有限公司
祁　新　南通大东有限公司
徐　军　江苏黄海汽配股份有限公司
王晓晴　如东县县级机关党工委
宦亚红　334省道环镇收费站

南通市工会系统"四五"普法先进个人(2006年1月)

卓如斌　如东供电公司电力营销工会
薛　亚　如东县掘港镇工会

2005年度南通市十佳用户满意服务明星(2006年4月)

汤晓燕　如东县医疗保险管理中心

南通市支持工会劳动保护工作优秀领导干部(2006年7月)

李　敏　南通市苏通化肥有限公司

南通市职工安全生产知识教育培训先进个人(2006年7月)

江有荣　如东县掘港镇工会
王松林　如东县丰利镇工会
管　霖　如东县兵房镇工会
何爱兵　如东电信分公司
张佩华　如东县建设局

南通市优秀工会劳动保护监督检查员(2006年7月)

王新华　如东县总工会
冷强华　如东县总工会
胡玉珍　南通市双甸建筑安装工程公司
姚　霞　南通楠桥纹织有限公司
黄书琴　中铁二十局南通公司一处

南通市优秀工会小组劳动保护检查员(2006年7月)

王将新　南通辉煌彩色钢板有限公司

陆书平　如东升辉化工有限公司

曾海林　南通富强针织印染有限公司

严永兵　如东县大宇水泥厂

周永宏　如东县黄海汽配橡胶制品有限公司

2005年度南通市"安康杯"竞赛优秀组织个人(2006年7月)

符勤龙　如东县安全生产监督管理局

李　祥　如东县马塘镇工会

陶玲玲　中共如东县委宣传部

蔡瑞平　如东县总工会

2006年度南通市十佳技术能手(2007年4月)

朱晓华　江苏省如东第一职业高级中学

南通市十佳建设功臣(2007年4月)

周新基　江苏海通化工有限责任公司

南通市十佳用户满意服务明星(2007年4月)

缪爱琴　如东文峰大世界有限公司

南通市文明职工标兵、"创争"活动优秀组织者(2007年4月)

吴理梅　江苏快达农化股份有限公司

施建新　江苏如东通用机械有限公司工会

蔡瑞平　如东县总工会

第三届"南通市十佳进城务工人员"(2007年4月)

李强战　南通威尔斯服装有限公司

南通市职工安全生产知识电视培训工作先进个人(2008年5月)

冷强华　顾　钧　高徐连　曹　宇　马本如

南通市“十佳科技创新成果”“十佳金点子”“十佳操作法”“优秀科技创新成果”“优秀合理化建议”“优秀操作法”获奖者(2008年8月)

郑晓兵 江苏九九久科技股份有限公司
于海军 徐长泉 杨建明 南通东昌化工有限公司
缪淑华 瞿学云 顾继东 南通巴大饲料有限公司
缪桂荣 周　峰 江苏快达农化股份有限公司
汪旺来 何晓宏 张国余 江苏金太阳油脂有限责任公司
张国涛 孙宝延 张陈义 如东县自来水公司
吴维华 如东县畜牧兽医站
高　军 南通大东有限公司
蒋宝华 薛建国 邵新良 南通市清淤疏浚机械有限公司
陈昌泉 南通兴辰礼艺品有限公司
顾　鹏 南通通轮模具有限公司
陈　杰 江苏汇动汽车电子有限公司
张恒山 江苏东升艾克科技股份有限公司
仲建军 江苏如石机械有限公司
陈尔金 吴名圣 如东县宇迪光学仪器厂有限公司
杨广圣 南通振新颜料有限公司
杨国强 张向军 曹建忠 如东县铁链厂有限公司
曹迎春 缪建华 朱明亮 江苏九九久科技股份有限公司
丛建梅 陈正兰 南通世纪天虹纺织有限公司
蔡爱平 周小芹 蒋新莲 英瑞纤维(南通)有限公司

南通市“厂务公开民主管理理论与实践”获奖征文及优秀组织者(2009年3月)

桑　蔚 如东县自来水公司
黄　陈 如东县总工会

南通市职工技协工作先进个人(2009年3月)

王新华 如东县总工会

南通市文明职工标兵、“创争”活动优秀组织者(2009年4月)

邱海兵 如东县地税局四分局
冯建楠 如东县总工会

南通市第十二届“五一新闻奖”获奖作者、作品(2009年4月)

王必春　如东广电局:《抗震有功辉煌彩钢获“工人先锋号”》

徐继康　如东电视台:《王志忠的老兵新传》

何志勇　如东县总工会:《在平凡岗位上展现风采——记环镇信用社女职工张占芳》

第五届“南通市十佳进城务工人员”(2009年4月)

谢忠琴　南通市燎原针织有限公司

2010年度优秀论文获奖作者(2011年3月)

吉海燕　如东县总工会:关于征收纳税企业工会经费的设想

管煜霖　如东县大豫镇工会:关于依法开展工会经费普查的建议

翁亚芳　如东县马塘镇工会:关于基层工会财务管理规范化建议的思考

张　锋　如东县曹埠镇工会:关于乡镇工会经费来源的调查与探讨

管　霖　如东县大豫镇工会:关于对村以下小型非公企业工会经费委托代管的建议

江有荣　如东县掘港镇总工会:加强工会经审工作,推进乡镇工会建设

潘晓鸣　如东县新店镇工会:关于加强乡镇工会财务会计规范化建设的调查与思考

徐管均　如东县长沙镇工会:小规范企业工会经费管理

孙萍萍　如东县洋口镇教育工会:规范工会财经管理,发挥凝心聚力交通

朱新华　如东县教育工会:推行学校财务民主监督,发挥教育工会职能作用

柏松江　如东县河口镇工会:关于乡镇工会财务管理体制的调查

张建军　如东县栟茶镇工会:做好乡镇工会财务工作的几点思考

应晓亮　如东县岔河镇工会:浅淡乡镇工会经费的审查监督

张加庆　如东县袁庄镇工会:基层工会经审工作存在问题及对策

2009—2010年度“南通市文明职工标兵”(2011年4月)

陈健康　如东县国税局第二分局

2009—2010年度南通市“创争”活动优秀组织者(2011年4月)

尹德利　如东县总工会

2010年度南通市工会经审信息工作先进个人(2011年5月)

管　霖　如东县大豫镇工会

南通市长十四届“五一新闻奖”获奖者及作品(2011年5月)

毛　茜　如东广播电台:《“亚振”员工家门口上大学》

冯志明　如东文广传媒集团:《企业,你拿什么吸引和留住人才》

陈　斌　冯建楠　袁金泉　如东县总工会:《厚德笃行耀江海》

南通市十佳创业带头人(2011年5月)

魏金强　如东金奥美轻纺制品有限公司

2011年度南通市工会经审、信息工作先进个人(2012年8月)

管　霖　如东县大豫镇工会

南通市十佳优秀工会工作者(2015年)

冯亚林　如东经济开发区

四、县委、县政府先进个人

县委、县政府三等功获得者(1984年)

李先余　如东县总工会副主席

县委、县政府表彰先进工作者(1986年)

李先余　如东县总工会

县委、县政府表彰先进工作者(1990年3月)

金世德　如东县总工会

县委、县政府表彰先进工作者(1992年2月)

金世德　如东县总工会

县级机关岗位责任制考核先进个人(1996年2月)

冷强华　如东县总工会

县委、县政府三等功获得者(1996年3月)

冷强华　如东县总工会

县委、县政府嘉奖(1996年3月)
何志勇 如东县工人文化宫

县委、县政府嘉奖(1997年2月)
刘红秀 如东县总工会

县委、县政府嘉奖(1997年2月)
何志勇 如东县工人文化宫

县委、县政府嘉奖(1999年2月)
何志勇 如东县工人文化宫

县委、县政府嘉奖(2000年2月)
何志勇 如东县工人文化宫

县委、县政府嘉奖(2001年2月)
刘红秀 如东县总工会

县委、县政府嘉奖(2002年2月)
刘红秀 如东县总工会
汤九梅 如东县总工会
何志勇 如东县工人文化宫

县委、县政府三等功获得者(2003年2月)
刘红秀 如东县总工会

县委、县政府嘉奖(2003年2月)
汤九海 如东县总工会

县委、县政府“改革工作先进个人”(2003年2月)
刘红秀 如东县总工会

2001年度县安全生产先进个人(2002年1月)
张文山 如东县总工会

如东县2002年度“共富共建”挂钩活动先进个人(2003年2月)

王新华　如东县总工会

县委、县政府嘉奖(2004年2月)

何志勇　如东县工人文化宫

如东县安全生产先进个人(2006年1月)

蔡瑞平　如东县总工会

县委、县政府表彰优秀工作者、先进个人(2006年2月)

蔡瑞平　如东县总工会

吉仲如　如东县总工会

全县拥军优属先进个人(2006年4月)

尤建鸿　如东县总工会

2006年度县安全生产先进个人(2007年1月)

吴征才　如东县总工会

2006年度县委表彰先进个人(2007年2月)

张文山　如东县总工会

县信访工作先进工作者(2007年2月)

张文山　如东县总工会

2007年度县安全生产先进个人(2008年1月)

蔡瑞平　如东县总工会

县委、县政府嘉奖(2008年2月)

邓　华　如东县总工会

2007年度县、镇机关和事业单位先进个人(2008年2月)

张文山　如东县总工会

2007年度县环境革命先进个人(2008年2月)

陈　斌 如东县总工会

2007年度县“双百双帮”先进个人(2008年2月)

尤建鸿 如东县总工会

2007年度县宣传思想工作先进个人(2008年2月)

王新华 如东县总工会

2007年度县安全生产工作先进个人(2008年2月)

蔡瑞平 如东县总工会

2008年度县安全生产先进个人(2009年1月)

吴征才 如东县总工会

县委、县政府嘉奖(2009年2月)

汤九海 如东县总工会

邓　华 如东县总工会

曹达琴 如东县总工会

袁　忠 如东县总工会

2008年度县级机关先进个人(2009年2月)

陈 斌 如东县总工会

2009年度安全生产先进个人(2010年1月)

许新林 如东县总工会

县委、县政府嘉奖(2010年2月)

尹德利 如东县总工会

许新林 如东县总工会

吴征才 如东县总工会

何志勇 如东县总工会

县“三五”普法先进个人(2010年10月)

蔡瑞平　如东县总工会

县“十佳助廉标兵”(2010年)

冒　军　袁庄镇工会

县委、县政府嘉奖(2011年2月)

邓　华　如东县总工会
尹德利　如东县总工会
许新林　如东县总工会
冷明洁　如东县总工会

县信访工作先进工作者(2011年5月)

汤九海　如东县总工会

2011年度县安全生产工作先进个人(2012年1月)

尹德利　如东县总工会

县委、县政府三等功获得者(2012年2月)

尹德利　如东县总工会

2012年度县社会管理创新先进个人(2013年2月)

陶卫忠　如东县总工会

县委、县政府嘉奖(2013年)

邓　华　如东县总工会
尹德利　如东县总工会
单晓祥　如东县总工会
李卫亮　如东县总工会
冷明洁　如东县总工会

县委、县政府嘉奖(2014年)

尹德利　如东县总工会

县委、县政府三等功获得者(2014年)

李卫亮 如东县总工会

县委、县政府嘉奖(2015年)

邓　华 如东县总工会

李卫亮 如东县总工会

於　宏 如东县总工会

五、县总工会表彰名录

如东县工会表彰的优秀工会工作者、优秀工会积极分子,1983年前,由于资料散失,名单已无法查全。现只收编1984年以后的优秀工会工作者、优秀工会积极分子名录。

如皋(东)第三次交通工作人员"模范组长"(1944年6月)

薛　宾

如皋(东)县第一次群英大会"交通英雄"(1945年2月)

薛子贵

1984年度

优秀工会工作者(18名)

尤福仁　黄庆余　张桂林　顾道明　石如林　于在国　缪志民　徐为林　喻国柱

徐殿康　王新美　周远连　许逸江　丛茂昌　丁　林　刘奇飞　田道明　朱志明

优秀工会积极分子(302)名

县　直

单晓鸣　朱维生　冒穗平　俞祖颜　丁正浩　刘际新　邱　明　刘　健　马秋明

顾　蔷　曹志冲　王来琴　徐金山　陈井田　戴日升　仇树林　唐步松　张建中

陈汉山　马如俊　徐梅生　李　毅　张小平　龚剑秋　花国富　包秀新　程正子

厉家斌　黄启祥　陈忠平　桑宏林　殷　洪　张玉树　周加然　邵铁猴　顾　洛

缪　静　何勇强　杨永风　徐　贤　张德元　马如松　刘蓉珍　张　华　孙桂芬

杨元庆　兰淑芬　仇宝如　杨再孝　陆芬英　佘锦平

掘港镇

陈志山 贾联芳 朱 葵 王锦炎 秦义高 戴相勤 戴建平 顾 圻 季从庆
邵亚洲 戴志涛 徐庆华 余荣根 宋敬华 卞云兰 丛永根 顾道英 纪跃华
陈惠明 张大春 李金兰 潘玉成 徐正基 张宏珍 唐学俊 韩德祥 吴炳泉
薛文高 张翠平 卓宗根 王京铭 季丛耸 彭家槐 郭 坚 马桂芝 郭春泽
韩继安 冯 谦 龚瑞元 沈 斌 兰 刚 张祝英 陈星荣

马塘镇

康 宋 秦建军 黄小冬 丛鹤高 徐可成 徐 枫 孟美娟 龚亚伟 张桂国
周星华 桑圣发 王国兴 张正中 潘汉山 徐可庭 朱玲玲 石金泉 戴桂琴
徐乃余 吴兄星 李怀如 姜炳春 施鹤庆 陈福如 杨林福 盛学如 陈引莲
朱维祖 钱开华 刘思智 顾冠成 刘锦峰 赵迈林 赵建华 钱冯育 朱广剑
周俊良 何道付 凌明晨 黄以林 张明芳 赵尊林 施瑞珍 赵荣苏 张永堂
陆修来

岔河镇

王爱英 王卫平 朱镜明 阚汉新 金福山 孙铁祥 李筱湖 石国山 蒋亚军
吴松林 周顺保 何德林 王金泉 缪淑华 宗序明 缪儒生 马友群 陈 连
朱德海 佘翠兰 蒋明德 石兆元 朱文胜 段长荣 佘武泉 丁庆如

丰利镇

褚俊生 许永寿 章 林 钱枫林 张美琴 郭必安 季本立 崔焕泉 蔡尧伯
吴维礼 佘泰臻 朱松林 陈昌银 葛 宏 狄金泉 佘洪远 姚尤兵 李同香
姜春山 刘克昌 于在明 王 岳 周荣根 吴宗余

栟茶镇

于树元 徐长庆 康视明 刘守文 葛亚华 冒福明 姚 沛 杨群山 徐 康
包海泉 朱正龙 周 涛 黄东生 缪祝明 王学惠 陈玉宏 彭声华 王学政
蔡兰秀 成家声 周新民 缪永龙 陈亚芹

双甸镇

康云娟 丛峥荣 杨松林 程 宏 刘克芳 赵桂琴 陈翔生 苏学仁 吴功平
徐益齐 杨玉城 刘 旭 俞仁和 康贻胜 缪国祥 李炳书 张建民 施石斌
徐国贤 金国良

苴镇镇

张秀华 许春明 王有才 李 林 潘 勇 杨慧霞 陈忠仁 桑芝礼 陆道清
金钟艺 马旭东 陆立明 顾亚泉

掘　东

何万山　季　浩　刘海涛　宋　超　施金绥　杨平平　刘卫华　施伯涛　沈素珍
张父群　黄绥祥　陆　兵　胡玉章　施卫冲　宋惠德　顾建明　张宏金

教　育

施再华　苏　娅　朱华臣　王云卿　胡德昌　庄中和　冒　煜　严世复　袁荣生
缪新生　缪　坤　徐　军　周绍明　赵　明　徐远文　祝祖荣　李　广　张国磐
曹佩勋　唐锦生　黄兴成　杨家燧　盛大启　沈庆银　潘茂璜　陈国全　李筱儒

工人文化宫

丁觉非　张　明

职工学校

徐沛然　任国庆　刘明兰　黄　勇　唐风娣　马家琪　唐如玉　管维兰　吴桂琴
黄　斌

生活后勤服务先进个人（67名）

葛伯权　陈　德　刁正建　秦义高　王建华　曹月生　王学海　葛苏云　王小勤
蒋长美　吴立珍　叶俊生　周桂华　王能贤　袁普英　黄士林　陆春富　陈德义
张意泉　单宗贤　潘夕桐　丁佐华　骆　俊　王桂银　薛　芬　周　谨　刘秀兰
杨广山　周　勇　黄燕芬　王咸荣　石明国　沈云龙　潘德英　王桂珍　陈美如
吴　昊　郭永华　苏政东　桑　燃　陈明华　罗敦如　阚德玲　张广平　徐兴宇
石九田　缪云甫　花明来　冯志成　任崇善　陈德林　张小波　刘建萍　朱　平
王德云　李福明　冯　华　仲三宝　华宗荣　高永林　吕士庆　秦惠丰　刘　薇
杨萍萍　王振刚　刘长祥

“两个一”活动积极分子（19名）

王玉和　王　猛　徐中建　季建云　陆宏卿　陈思源　茅建泉　汪继元　阚汉新
俞新杰　朱明亮　吴　建　杨国明　蔡　生　周俊才　高建峰　肖永林　龚　义
娄正国

特邀工会积极分子（8名）

杨德君　缪宏林　范玉贤　韩淑平　吴益守　袁秀兰　郭武存　刘克勤

1985年度

优秀工会工作者（32名）

尤福仁　徐为林　于在国　顾道明　张小平　尹玉明　王新美　蔡纯贵　陈秀义
张金秀　陈惠明　肖　锋　徐燕君　郭　坚　顾　圻　孙炳荣　刘建明　王锦炎

周远连　蔡　勤　宋锦芳　龚亚伟　郭美珍　章孔宣　丁　林　田道明　孙炳林
徐正芳　朱志明　蔡念生　孙同礼　张福银

优秀工会积极分子(290名)

县　直

邱　明　程正子　陈明新　刘建华　姚　鑫　卢德春　刘　健　佘锦平　花国符
邵铁候　沈怀珍　马如俊　陈　华　孙桂芬　张　华　施亚南　丁金荣　缪　静
包秀新　杨元庆　周加然　吴剑煌　徐梅生　黄　杰　童井屏　王国俊　兰淑芬
钱艳娟　姜苏毅　唐玉銮　刘克常　顾　洛　陶友珍　朱维生　管亚萍　单晓鸣
黄长华　夏玉奎　汪新亚　戴海旭　何　凝　马秋明　沈彩娟　陈讲田　陈忠平
吴新华

掘港镇

陆金玉　卓宗根　秦义高　顾红星　沈　兵　徐正基　卞云兰　施晓华　周庆泉
刘玉珍　刘仲林　杨建芳　顾道英　彭家槐　谌建兰　陈　标　王旭都　张卫东
张素珍　贾连芳　陈志山　周　琪　徐喜平　赵恩柯　顾　军　徐秀英　张连泉
陈录祥　殷克萍　江福如　马桂芝　钱志兵

马塘镇

赵迈林　徐希才　刘锦锋　李　昕　商劲松　万其良　骆　骅　徐　枫　赵　萍
张桂国　宋桂风　韩佩元　叶　松　杨荫兰　孙正华　于志英　潘汉山　周贤斌
吴晓云　秦旭峰　陆修发　邵应泉　吴集飞　吴光涛　刘鹤余　顾冠成　汪　浩
马　洵　朱维祖　于新民　吴　战　黄以林　石金泉　黄亚中　刘克俊　王德珍
何道付　周　瑞　周俊良

岔河镇

徐炜琴　蔡　雷　潘成国　王宝纯　唐铁坤　万锡成　朱晓惠　曹新明　秦玉武
汪　洋　吴同厚　洪莲英　季建美　陈福祥　陶立江　蒋亚斌　佘翠兰　缪淑华
沈美云　陈进华　崔光明　赵　壁　顾　君　丁庆如

丰利镇

葛　宏　周松友　崔汉泉　许永寿　郭银妹　徐家模　李昌文　姚尤兵　冯益民
纪承萍　郑建兰　严　正　季本立　缪福全　钱桂英　朱加林　王　岳　於玉发
李国泉　潘松元　郭　勇　吴宗余　欧阳正生

栟茶镇

包海泉　吉桂林　康视明　张春林　王学政　缪旭明　徐锦生　王学惠　缪祝明
孙小平　胡惠玲　蔡秉余　缪立芳　缪永龙　徐国明　张广平　缪庄林　徐建秋

缪美华　孙进泉　于树元

双甸镇

范　靖　刘克芳　王永龙　赵桂琴　方　杰　康云娟　郝新建　陈翔生　缪国祥
朱张春　丛昌文　姚家初　薛克明　吉启玉　王德泉　张　泽　顾建华　周明正
徐益壮　唐如玉

苴镇镇

蔡　慧　仇雪梅　钱玉淮　朱锦坤　赵广清　李葆华　吴云芳　刘小健　田发儒
刘　政　朱云芳　毛新华　陆永昌　李连常

掘　东

范锦贤　胡伯清　宋　平　陈金鳌　施金绥　黄　城　杨萍萍　季　浩　徐允轩
刘海涛　王明庚　顾　朴　张宏金　顾益冲　施建平

教　育

蔡　云　徐　兴　冯建华　徐松年　张学举　张淑玲　陈　泽　刘秉嘉　黄　毅
赵尊培　张必思　韩亚莉　吴永圣　杨学金　顾　余　袁金华　许松林　徐善源
缪尔康　徐友三　葛　进　陈　健　蔡秉山　缪文耕　缪永华　李　健　张明发
徐功文　王　彦　戴国远　邱鹤松　徐正儒　黄汉升　冒　煜　施建冲　胡德昌
任德仁　沈　泉　杨建道

桐　本

马宏山　王春会　石新权　薛桂华　林广泉

工人文化宫

张　明　冷　辉　刘建平

职工学校

任国庆　吴春华　徐沛然　黄　斌　赵新权　吴桂岑　铁冬庆　马家琪　唐凤娣

特邀工会积极分子(7名)

杨德君　缪宏林　张盛举　韩淑萍　吴益守　吴昼平　徐艮才

1986年度

优秀工会工作者(51名)

尤福仁　徐为林　刘福泉　陆太林　缪　静　于在国　徐建鸣　吴剑煌　宋　彪
张小平　孙炳荣　陈秀义　赵树清　王福永　郭春景　肖　锋　郭　坚　陈惠明
卞敬强　冯玉林　张金秀　顾　圻　徐燕君　宋锦芳　秦爱堂　张昌福　徐卫勤
朱镜明　章孔宣　田道明　孙炳林　李国泉　丁　林　钱桂英　冯益明　於玉发

汤俊生　缪金泉　徐正芳　朱志明　缪美华　朱秀兰　蔡念生　徐希美　朱家元
陈祥高　左建亚　刘克芳　丁伯云　尹玉明　宋桂山

优秀工会积极分子(310名)

掘港镇

黄翠云　管德明　杨建芳　黄建华　宋士祥　丁桂彬　刘毓清　卓宗根　钮建杰
徐喜平　秦义高　戴建平　陈　坤　戴炎珠　陈祥华　彭家槐　陈国材　沈　斌
徐正基　江福如　洪育英　崔金泉　陶海芳　殷克萍　丁舜斌　高　云　张祝英
佘文明　王美正　金海燕　魏玉才　孙永惠　方　红　钱志兵　项　敬　郭润生
章祥林　徐秀英　何永祥

马塘镇

骆　骅　秦宏文　叶守安　李　昕　高劲松　徐　枫　陆小华　陈　亮　吴祥珊
杨福余　赵迈林　宋光亭　韩佩元　朱少峰　周　旭　秦旭峰　吴光涛　石金泉
陈晓燕　朱广钊　周贤斌　高昱昭　吴集飞　蒋宝雄　于志英　严汝明　许　建
俞一辉　于新民　朱玲玲　马瑞华　蒋春华　徐宝生　虞春盛　吴庆林　汪　浩
季根保　倪向奎　周晓燕　凌明哲　朱维祖　张永堂　王广明　徐宝元　陆　军
许应泉　黄以林

岔河镇

周　林　万锡成　凌凤珠　周克成　缪克芬　梅　荣　李晓湖　曹新民　季建美
潘成国　洪莲英　孙铁祥　唐铁坤　蔡平娟　方定国　秦玉武　吴同厚　葛政福
潘桂恂　吴美萍　陶立江　朱文胜

丰利镇

季本立　于在明　崔焕泉　郑建兰　钱正松　缪福全　任莹芳　张万明　虞兰芳
顾　剑　朱加林　李翠华　许凤英　葛政祥　汪太群　朱松林　姚尤兵　张海泉

栟茶镇

徐达生　陈　美　蔡桂芳　胡惠玲　包海泉　沈　杰　曹荣生　缪庆林　缪祝明
于庆生　吉桂林　沈宏彬　王德萍　沈勤约　孙小平　姚　沛　缪永龙　康视银
王学政　石召焕　于莉娟

双甸镇

赵桂琴　徐超华　程　宏　范　靖　吴功道　吉启玉　蔡炳忠　缪国祥　徐正炎
姚家初　蔡连芳　丛昌文　陈翔生　郝新建　朱加成　钱广林　徐益壮　王金福
张　泽

苴镇镇

张秀华　冯如忠　钱玉淮　徐宝明　缪　升　何文华　李葆华　刘　瑛　王如俊
张建明　季佩武　李　枢　金钟艺　张学明　张燕华

掘　东

陈金鳌　倪汉冲　施金绥　徐允轩　刘海涛　许晓燕　王明庚　顾　朴　杨范祖
张丕祥　胡玉章　胡伯清　宋　平　范锦贤

桐　本

张福银　李庆华　石新泉　林广泉　高志龙

机　电

刘玉珍　刘桂华　陈志山　姚建国　蔡炳余　赵　萍　郭美珍　单思齐　陈勇波
施建平

县　直

朱维生　王　冶　邱　明　吴瑞林　华　进　王良才　熊文亮　吴志宏　张昌琪
徐　明　沈怀珍　沈松仁　杨新元　许青翔　姜苏毅　薛艳秋　黄　杰　吴祖贤
姚治泉　陈邦国　兰淑芬　花国富　朱乃轩　施亚男　郑建华　经　纯　童井屏
杨元庆　郭美英　高鑫昭　刘克常　李德群　程　裕　俞光武　邵铁候　张正莲
孙桂芬　石金春　耿建喜　盛日华　马如俊　季林珍　王国俊　王赞如

教　育

陈　杰　胡和珍　徐正儒　李　广　王祖荪　施再华　李维辑　吴以贵　赵尊培
吴坤杰　邱鹤松　祝祖荣　唐安娴　陈茂权　咎德尖　缪　硕　王春银　苏　娅
陆步田　曹延岑　蔡秉山　徐　兴　戴铭南　童秀兰　陈国全　顾　余　蒋　建
赵永清　徐宗武　张　汉　吴锡聪　沈之乐　徐松年　张学银　陈建华　缪　云
沈　泉　缪新生　孙熙宇　沈建明　张愚智　郭明贵　蔡　华　陈　健　胡德昌
李桂兰　吉春琴　施建冲　郝辉军　郝遂良

县工会事业单位

张　明　蒋秀英　刘建平　徐沛然　唐如玉　周俊良

生活后勤服务先进个人(37名)

王学银　顾道英　王登银　顾良玉　张桂香　吴立珍　姜民美　朱　华　曹品良
耿　捷　陈德义　申志春　何广龙　朱秉奇　仲　明　吴春山　王　云　薛　芬
王长发　季小英　蒋旭宝　桑盛林　顾国元　钱爱情　张广平　缪云甫　缪瑞鸣
万九田　仲惠明　任崇先　陈淑美　秦卫丰　周金荣　俞召良　刘　微　葛　进
姚维深

特邀工会积极分子23名

杨德君　缪宏林　张盛举　曹玉兰　张承基　张　蔚　蒋征山　施国庆　蔡　勤
颜茂泉　佘义昌　耿亚华　韩淑平　邱　亚　朱志祥　吴益守　赵永福　徐长庆
陆镜山　徐银才　陈　健　朱荣华　汪星富

1987年度

优秀工会工作者(49名)

陈　诞　郑和山　宋桂山　尤福仁　徐为林　于在国　程永和　林春勇　缪　静
潘荣富　王新美　夏金元　刘毓清　顾　圻　管园园　魏玉才　柳如英　肖　锋
徐燕君　郭　坚　张祝英　秦爱堂　宋锦芳　周富钧　汪　浩　王志云　宋　彪
佐建亚　张昌福　章孔宣　孙炳林　田道明　李国泉　朱加林　汤俊生　徐正芳
周　秀　缪美华　吴功田　蔡念生　朱秀兰　孙同礼　何文华　孙炳荣　郭春景
陈秀义　王福义　赵树清　李　敏

优秀工会积极分子(294名)

掘港镇

戴建平　洪　霞　刘国华　於永芳　喻志高　丁　斌　钱开山　张小芹　陈国琴
周　琦　徐喜平　郭润生　韩德祥　周松明　唐学俊　沈文余　钱志兵　黄翠云
殷克萍　顾玉珍　戴荣华　杨建芳　佘文朋　郭美英　王国俊　江福如　李家翠
高　云　方　红　李翠莲　戴亚华　项　敬　孙如蓉　高建华　俞秀祥

马塘镇

骆　骅　叶守安　殷　祥　于领芳　李　昕　黄悦华　陈晓东　顾雨华　徐　枫
蒋宝雄　张义凤　王咸乐　顾　萍　周明芳　宋桂凤　顾冠成　朱广钊　黄以林
于新民　朱玲玲　吴光涛　沙金华　凌明哲　何道付　施学银　周贤斌　蔡玉芳
曹学斌　叶宏莲　周桂兰　张新才　陈兆华　石金泉　施瑞珍　许　建　陆　军
韩佩元　陈　刚　朱少峰　杨振华　顾绳飞　施宝楼　陈秀虎

岔河镇

徐卫琴　蒋亚斌　洪莲英　秦玉武　缪克芬　顾　君　陶立江　曹　伟　朱桂英
曹兴泉　卢金泉　张向军　万正林　何　剑　曹新民　张居国　缪　林　缪淑华
季建美　晁忠林　吴同厚　缪桂林

丰利镇

刘建永　张祖乐　缪福全　姚尤兵　徐家模　崔焕泉　季本立　花　云　唐宝玉
任莹芬　葛政祥　许凤英　朱松林　张海泉　王永荣　张元道　缪素珍　刘　宏

钱正松　徐　健

栟茶镇

孙小平　包海泉　曹荣生　王学政　胡惠玲　高　飞　缪祝明　缪　根　缪永龙
康视银　于莉娟　沈　杰　陈　美　陈　明　石召焕　王德平　罗守银　徐守如
缪庆林　徐希美　于树元

双甸镇

吴功道　范　靖　马秋林　徐超华　赵桂琴　陈翔生　张新民　潘建华　郝新建
丛昌文　李丙书　张　泽　丛玉梅　魏银秀　钱秀梅　王敬生　缪国祥　丛远铁
徐正炎

苴镇镇

钱玉淮　陈忠仁　张秀华　杨慧霞　周银根　朱云芳　李　娅　季敦明　张建明
於世迎　季佩武　徐承富　刘元松　缪　升

兵房镇

胡玉章　姜如林　王鹤成　胡伯清　宋　平　陈金鳌　王明庚　顾益冲　李丙留
陈丕祥　吴维俊　张　莉　刘士辉　张彩霞　施决心

桐　本

张福银　王春会　林广泉

机　电

单思齐　蔡秉余　黄　成　杨文达　郭必军　张桂国　朱美莲　金海炎　赵国贤
刘玉珍

教　育

胡和珍　何树基　蔡　云　杨建忠　潘玉香　徐功文　曹锦娥　沈庚山　李　广
潘　浩　曹　俊　葛可山　管怀纲　杨少冲　施建冲　王培成　朱玉琳　施建阳
陈国全　徐允浩　张新楠　徐　兴　顾　余　郭明贵　缪新生　张学银　许志明
陈　平　陆生才　周　翔　杨　兵　陈洪江　张振民　孙熙宇　顾林荣　花寿龄
丁秀凤　陈文灿　孙德斌　王祖荪　韩长明　俞　明　赵尊培　镇　云　王春银
蔡秉富　陈　健　姜玉林　李　锐　赵月峰　杨　霞　缪进发　杨国玺

县　直

严　格　刘长强　程　裕　汤奎祥　王钟信　沙学祥　夏金银　季国祥　杨元庆
陈帮国　张昌琪　郑建华　兰淑芬　薛艳秋　姚治权　沈达华　徐剑霞　顾　洛
曹之松　徐允轩　黄　明　邱维新　花国富　许青翔　石金春　孙桂芬　孙庭佑
贾爱华　徐椿林　黄　杰　朱银华　张正连　马秋明　刘克平

县工会事业单位

任国庆　陈文选　唐如玉　冷　晖　刘建平

特邀工会积极分子(23名)

武德宽　徐　镜　缪宏林　冯继森　余义昌　韩淑平　顾陈如　丛鹤年　邱　亚
吴益守　徐长庆　陆进山　黄　辉　朱荣华　汪星富　葛　坚　曹玉兰　张应星
张承基　徐耀明　张盛举　冯　文　唐　华

1988年度

优秀工会工作者(57名)

尤福仁　徐为林　林春勇　王新美　徐燕君　郭　坚　肖　锋　潘荣富　夏金元
章祥林　陈建泉　刘毓清　冯玉林　张　娟　魏玉才　顾　圻　朱维德　周俊美
丛远华　周远连　汪　浩　卞兰富　秦爱堂　宋金芳　周富钧　张昌福　徐炜琴
章孔宣　丛学昌　丛茂昌　陈昌银　汤俊生　朱加林　李国泉　周松友　许凤英
徐正芳　徐长纳　蔡念生　高　飞　吴功田　周　秀　缪美华　孙同礼　刘克芳
龚祖芳　孙炳荣　郭春景　王福永　施建平　于在国　夏玉奎　高夕杰　陈　诞
吴克安　徐殿康　刘仲林

优秀工会积极分子(267名)

掘港镇

方兰珍　戴建平　宋锦秀　陈　坤　许少英　江福如　缪晓明　周　祥　高　云
卞敬强　张正平　张祝英　杨建芳　钱志兵　戴亚华　钮建杰　江晓华　方　虹
胡汉文　徐秀英　韩德祥　殷克萍　曹子琴　管怀英　朴爱珍　王国俊　徐正基
管德明　孟和平

马塘镇

于领芳　蒋　建　凌明哲　李　昕　徐相云　黄晓枫　缪亚平　陈福如　朱少峰
顾官玲　郭步荣　王笃明　于新民　杨　剑　周贤斌　陆　军　施学银　顾　萍
周凤圣　倪象奎　顾冠成　王慧如　黄以林　陶登义　朱玲玲　陈祥高　陈筱燕
石金泉　周晓燕　吴光涛　许　建　凌明康　吴光星　虞春盛　郭春建　杨建平
许冬明　杨　明　张克飞　徐宝元

岔河镇

赵　彻　陈海涛　刘翠英　朱红波　张宏丽　周德林　洪莲英　陆　伟　徐松如
邱建华　丁庆如　秦玉武　蔡平娟　吴建华　缪淑华　蒋亚斌　汤聿进　沈美云
万正林　张居国

丰利镇

缪福全 王　岳 王晓梅 葛政祥 刘　宏 钱正松 陆身泉 季本立 郭银妹
崔焕泉 唐宝玉 王永贵 郑建兰 於　秦 丛鹤鸣 徐　健

栟茶镇

朱秀兰 缪祝明 缪建珍 王学政 康视银 缪永龙 赵庚炎 包海泉 徐　康
吉桂林 叶桂琴 沈宏彬 徐守如 缪　铁 孙小平 曹荣生 孙建华 于树元

双甸镇

范　靖 冒松泉 徐超华 仇名荣 郝新建 周明正 高金陵 王敬生 潘建华
钱广林 姚家祚 徐正炎 李德华 张　泽 戴国兵 李可明

苴镇镇

钱玉淮 季敦明 李葆华 何文华 季佩武 季晓云 王建祥 王有才 陈忠仁
张秀华 李生明 陈志龙 张学明 杨慧霞

兵房镇

季　浩 徐允轩 雷　勤 丁伯云 胡伯清 王鹤成 秦德贤 张学成 顾益冲
邢惠丰 杨桂林 陈丕祥 李丙留 顾　朴

机　电

张　毅 金海炎 陈志山 陆金玉 蔡秉余 缪根山 陈国兴 朱美莲 赵国贤
邱瑞祥 严广涛

建　筑

于康泉

教　育

桑芝瑞 胡和珍 盛文哉 蔡　云 陈玉才 刘之祜 徐鼎元 徐　兴 陈茂权
吴世林 邓　骏 丛兰英 方定民 徐家荣 丁秀凤 邹美恒 丁永赤 李　广
王明贵 李炳江 唐兴梅 葛　进 张桂珍 沈宝明 王之动 李　锐 陈茂良
缪新生 孙文正 陈　平 张学银 郭明贵 顾　余 陆进新 袁瑞康 胡德昌
龚施冲 陈郁新 王剑峰 路联英 刘富兵 李孝华 昝德炎 杨国生 王祖荪
潘茂璜 江志勇 韩长明 赵尊培

县　直

管亚萍 刘长强 王钟信 戴　建 沙学祥 单庆荣 张如成 高兴林 俞新美
李　健 彭素珍 兰淑芬 孙桂芬 张石英 曹兆泉 朱小元 童井屏 沈怀珍
严学华 陆海清 万宝云 黄　杰 许青翔 王　竑 姚治泉 赵闽兰 单金权
蔡炳奎 石金春 姚福林 耿新民 王学群 孙庭佑 季小武

县工会事业单位

张　明　冷　晖　周俊良　马家琪　祝　平

特邀工会积极分子(25名)

周　林　刘振声　武德宽　徐　镜　沈竹明　孙德贵　许继福　缪宏林　冯继森
高尔保　石瑞祥　韩淑平　叶相年　徐长庆　吴益守　陆进山　朱荣华　汪星富
季三明　陆学兵　季能超　刘士辉　冯　文　许德明　陈春涛

1988年度如东县职工技协先进工作者(7名)

尤福仁　杨美华　凌明哲　周凤圣　陈学科　王　晶　周松友

1988年度如东县职工技协先进会员(12名)

娄振国　高尔保　吴维生　钱德森　吴镜昌　徐长清　杨国民　张永泽　茅建泉
赵　战　蒋宝雄　张　康

1989年度

优秀工会工作者(53名)

陈　诞　徐殿康　郑和山　徐为林　林春勇　潘荣富　王新美　张　娟　顾　圻
刘毓清　陈建泉　肖　锋　章祥林　张祝英　魏玉才　顾玉珍　郭　坚　夏金元
周远连　秦爱堂　宋锦芳　周凤圣　陈学科　卞兰富　汪　浩　马　洵　王赞如
张昌福　丛学昌　章孔宣　陈昌银　许凤英　汤俊生　朱加林　徐正芳　周　秀
缪美华　高　飞　蔡念生　吴功田　朱秀兰　周　林　孙炳荣　郭春景　王福永
赵树清　宗序明　于在国　夏玉奎　朱　杰　刘志学　夏　俊　黄　明

优秀工会积极分子(277名)

掘港镇

方兰珍　戴建平　张宗祥　张永珍　周维贤　江晓华　孙爱芹　胡汉文　徐正基
陈国琴　张连泉　朱丙涛　徐秀英　沈文余　许少英　黄建华　杨建芳　丁舜斌
唐桂芳　陈松谷　戴亚华　张洁平　殷克萍　张其安　孙　健　葛　斌　项　芹
钮建杰　周　祥　高建华　王国俊

马塘镇

骆　骅　沈加兵　陈福林　杨福余　任乃泉　花美芳　高新民　施学银　陶登义
杨军益　周贤斌　王志云　倪象奎　陈筱燕　石金泉　杨　剑　吴光涛　许　建
吴晓平　顾官玲　顾　平　于新民　杨美华　凌民哲　徐先平　黄以林　朱玲玲
周桂兰　陈余聪　周新萍　王开福　吴金芳　余海林　喻志华　赵尊山　张福银
王春会　钱　梅　朱少峰　杨林福

岔河镇

赵　璧　周克成　邱建华　张居国　张向军　梅　荣　蒋明德　陈海涛　潘桂恂
顾锡祥　桑明秀　管维凤　徐纬琴　朱红波　朱家萱　徐松华　陆方涛　王金泉
秦玉斌　张宏丽

丰利镇

季本立　崔焕泉　于新华　郭银妹　孙　祥　徐善根　唐宝玉　郑建兰　张万明
李国泉　张祖乐　缪福全　朱松林　於　秦　刘建永　杨桂琴　杨祝兰　刘　宏
钱正松

栟茶镇

于树元　孙小平　耿建平　丁文秀　缪永龙　缪祝明　缪　根　王学政　包海泉
曹荣生　徐必宁　缪　铁　胡惠玲　康视银　叶桂琴　缪庄林　吉桂林　沈宏彬
康缪辉

双甸镇

张　泽　陈翔生　郝新建　张国靖　冯　健　徐　谟　周井凤　潘建华　丛玉梅
徐正炎　李德华　王敬生　江玉林　昌松泉　步向俊　陈亚平　赵桂琴　王德云
范　靖　李可明

苴镇镇

钱玉淮　张秀华　孙荣忠　李兆生　季佩武　毛新华　刘学书　李葆华　张学明
张燕华　陈亚舟　张建明　徐燕华　秦秀兰

掘　东

胡伯清　顾德云　胡玉章　徐允轩　邢惠丰　曹国歧　张学成　范锦贤　王鹤成
宋　超　丁伯云　王允平　杨范祖　李丙留　张蕴如

机　电

陈志山　章　林　缪立芳　陆金玉　张　毅　朱美莲　朱启良　赵　萍　郭美珍
张亚洲

建　筑

徐春明　周贤友　陈桂泉　缪永山　蔡　进　高夕杰

教　育

桑芝瑞　居建国　徐　兴　贾汝才　陈国全　陈　燕　徐鼎元　张学举　蔡　云
宣渭贤　方定民　邓　骏　陈文灿　包锡安　王云卿　胡德昌　陈郁新　朱乃珍
郭明贵　孙文正　徐　筠　王成高　缪新生　邓纟孛　康承田　周　勤　张桂珍
沈建明　陈茂良　缪四连　李　晖　路联英　徐维民　邱鹤松　徐可余　徐远文

王明贵　李炳江　李　广　曹　俊　管永龙　周旺东　王祖荪　王春银　陈志刚
赵尊培　杨国生　汤锡泉

县　直

王钟信　邱　明　戴　建　丁祥圣　陶秀芳　陈昌琪　万宝云　季光明　高兴林
张继成　李　健　仇宝林　俞绍章　毛立夫　兰淑芬　陈　萍　王学群　沈昌华
李　芳　孙桂芬　王家乐　程正子　徐美荣　石金春　曹　虹　童井屏　张　骏
黄　杰　赵　如　陈汉山

县工会事业单位

姜洪坤　刘建平　唐如玉　周俊良　铁冬庆

特邀工会积极分子(25名)

周　林　曹玉兰　张承基　黄召兵　李志康　武德宽　葛金荣　徐　镜　沈竹明
孙德贵　缪宏林　范一洪　陈金山　徐可庭　佘义昌　韩淑平　丛鹤年　叶相年
吴益守　姜福余　徐定山　季三明　葛　坚　杨玉山　陈春涛

民主管理优秀厂长(9名)

刘振声　朱宝华　黄邱林　姜建北　袁锦标　马旭东　唐　华　徐长庆　严志平

1989年度如东县职工技协先进个人(36名)

钱　康　杨栋梁　李　丹　储国和　王　辉　姜云翔　周凤圣　陈学科　徐子平
范一洪　孙同礼　王　晶　钱德森　徐长清　吉春荣　王福永　严志平　孙宝玉
钱培本　茅建泉　陶登义　高尔保　刘邦宣　杨美华　石瑞祥　陈昌银　唐学俊
杨长楹　郭春景　陈　斌　潘荣富　朱广如　张　康　赵树清　吉仲如　陈　平

1990年度如东县职工技协先进个人(42名)

吴锦标　周远连　朱蔚轩　罗春发　刘克余　秦建军　陈永桐　周凤圣　陈学科
徐子平　石瑞祥　李连泉　陆亚芳　张笃成　唐学俊　杨长楹　朱宝华　陈建泉
孙宝玉　茅建泉　钱培本　高尔保　凌明哲　许秀涛　王福永　吉春荣　宋志飞
郭春景　张　康　卞兰富　孙同礼　夏建宝　钱　康　李　丹　杨栋梁　吴　泽
陈　斌　葛卫彬　陶登义　黄邱林　吉仲如　陈　平

1991年度

优秀工会工作者(75名)

徐殿康　陈建泉　葛金霞　潘荣富　夏金源　张　娟　张毓清　钱忠育　肖　锋
张祝英　章祥林　顾　圻　刘德冠　周远连　骆　驿　季美云　徐子平　陈学科
徐宗广　汤成宇　杨　明　宋锦芳　卞兰富　汪　浩　张昌福　朱晓明　章孔宣

周进海　陈福祥　胡国亮　陆身山　陈昌银　许凤英　付宝珍　汤俊生　朱加林
郑和山　周　秀　徐正芳　吴功田　高　飞　朱秀兰　刘克平　蔡念生　徐希美
曹文华　曹　玉　顾裕丰　沈仲祥　王岐光　王福永　张育祝　徐长荣　姚德富
郭春景　杨锦枢　王　萍　张国贵　朱美莲　於建平　张　萍　张海荣　秦瑞如
于在国　李　华　陈　诞　吴克安　蔡　云　刘志学　徐维林　林春勇　张　建
朱　杰　冷强华　吉仲如

优秀工会积极分子(283名)

掘港镇(35名)

张连泉　唐学俊　李　军　胡汉文　丁　斌　戴建平　方兰珍　葛宝兰　张洁平
戴亚华　王国俊　龚华燕　项　芹　张其安　顾玉珍　殷克萍　管永泉　张永珍
张宗强　高建华　窦汉良　沈文余　杨建芳　黄建华　江晓华　张翠平　沈祖浩
朱明星　陈　坤　方　红　周　祥　徐正基　马建泉　陈明珠　汤德华

马塘镇(37名)

孙建国　陈永桐　花美芳　朱　迪　缪亚平　宋光亭　朱加新　吴光涛　许　建
吴晓萍　徐可成　徐志如　丁戈平　李　昕　方平富　沈如山　秦建军　刘忠平
王鸿飞　陈建康　任乃权　陈松华　吴祥福　洪　莉　周富钧　张延森　王志云
袁维林　施学良　陆修发　沙德剑　陈筱燕　杨林福　顾官玲　朱少峰　沈新华
张福银

岔河镇(20名)

桑明秀　李芍芬　刘悦琴　管维凤　朱红波　杨聿进　梅　荣　王金泉　汤聿贤
丁寅芳　秦玉武　徐松如　陈福生　陈　键　蒋明德　刘　建　万正林　洪莲英
陆方涛　张居国

丰利镇(18名)

芦新林　张元道　孙　祥　崔焕泉　季本立　郭银妹　丛鹤鸣　石明奎　陈先达
郑建兰　缪福全　柳建树　刘　宏　陈四林　杨祝兰　唐宝玉　徐善根　管维兰

栟茶镇(17名)

包海泉　缪　根　胡惠玲　叶桂琴　于庆生　缪祝明　曹荣生　符学剑　方淑云
杜圣华　刘俊生　康祝银　吉桂林　赵庚炎　沈宏彬　丁文秀　于树元

双甸镇(17名)

许国庆　步向俊　康树英　姚加桂　蔡正明　汤庭忠　丛玉梅　李德华　周　勇
郝新建　张　泽　缪国祥　张国靖　徐正炎　李可明　赵桂芹　唐如玉

苴镇镇(15名)

季敦明　祁亚南　张秀华　吴云芳　李兆生　李　娅　季晓云　季佩吾　张建明
田发儒　李生明　李葆华　郑连才　陆道清　王　燕

兵房镇(18名)

丁伯云　施金绥　宋　超　胡伯清　范锦贤　姚锦冲　胡玉章　张仁俊　王允平
陈丕祥　李丙留　施决心　张永新　刘海涛　张学成　邢惠丰　黄建英　张志忠

机　电(8名)

孔建祥　徐前峰　单思齐　朱庆林　黄　成　陈国兴　施建新　缪立芳

建　筑(9名)

林春如　杨炳恒　樊　荣　刘跃进　徐春明　程　裕　杨新元　徐学成　汤银国

教　育(49名)

桑芝瑞　郭印平　贾汝才　陈茂权　李忠余　管怀虎　徐鼎元　陈国全　徐　兴
陆进新　胡德昌　龚施冲　王兴昌　王培成　李闻出　张振民　徐耀明　徐加福
李旭东　邱鹤松　郭明贵　徐　筠　孙文正　邓　綍　缪新生　陈五元　周　勤
武传凤　陈　祥　缪德才　赵永清　林春山　李　广　贾宗敏　张玉华　李秉江
张　铉　刘　峰　丛兰英　姚尤华　汤锡泉　陈文灿　花宝如　张美凤　王祖荪
赵尊培　季作钧　杨国玺　姚　达

县　直(35名)

周学英　季　华　高启华　马国荣　吴瑞林　经晓梅　王　竑　季克明　石金春
刘维康　刘宝俊　徐金泉　陈素琴　于　澄　李芳云　林秀华　赵　如　王晓东
王学群　王家乐　程正子　姚　宇　陈淑林　孙桂芬　康　伟　童井屏　杨国华
姚治泉　钱福贵　李继瑞　徐椿林　张　骏　周德山　陶登义　冒穗萍

县总事业单位(5名)

沈　英　刘建平　马家骐　赵新权　孙良玉

特邀工会积极分子(28名)

周　林　朱宝华　黄邱林　徐　镜　孙德贵　吴锦标　秦爱堂　徐善标　唐　华
陈德明　邱洪振　石瑞祥　许　俊　韩淑萍　丛鹤年　陈德泉　缪永龙　姜福余
孙小平　王学政　吴益守　吴兴祝　沈　阳　朱荣华　汪星富　徐银才　季三民
陆学斌

1991年度如东县职工技协先进个人(41名)

黄振生　韩崇东　纪宝庆　陈昌银　周远连　缪亚楠　朱蔚轩　朱宝生　杨　旭
秦建军　冒　冰　陈尔金　沈如英　王爱民　郭春景　顾宏亮　徐子平　徐宗广

陈学科　朱广如　唐学俊　杨长楹　朱宝华　陈建泉　钱培本　茅建泉　姚德富
缪立芳　吉春荣　王福永　许凤英　高尔保　许秀涛　张　康　董建平　潘吟江
朱国良　钱　康　李　丹　黄启尧　陈　平

1992年度

职工技协先进个人(61名)

张育祝　马云凡　董建平　黄锡昌　张文信　周远连　沈十锦　缪新华　严志平
赵根炎　张笃成　周再群　纪宝庆　陈昌银　吴永祥　丛国钧　缪亚平　孙建国
吴功荣　陈学科　丁伯云　钱　刚　陈金山　茅建泉　钱培本　汤振中　沈如英
刘锦秀　朱锦明　陈建泉　葛金霞　管永旭　朱宝华　周亚军　张　军　郝新建
冒福明　卞兰富　张　康　朱明祥　俞明月　曹江闽　朱美莲　高尔保　凌明哲
潘吟江　滕　忠　朱国良　张国余　周进海　缪立芳　王福永　王　萍　朱广如
江晓华　缪四德　许玉冲　林春勇　狄锦泉　董智侠　陈　平

"八五奉献杯"立功竞赛先进个人(29名)

唐　华　潘吟江　张育祝　李金文　鲍锦珍　顾月美　徐秀生　谢新华　陈兴红
朱宝华　徐　宗　徐子平　张国贵　陈国泉　金玉明　黄桂泉　张　建　沈保生
佘国泉　缪四贵　彭魏魏　张卫东　朱家元　刘志刚　朱跃飞　周载群　王　晏
刘清玲　石淑玉

先进女职工干部(29名)

管要武　葛金霞　唐桂芳　顾道英　于领芳　宋锦芳　花美芳　张锦芳　薛爱华
石秀莲　傅宝珍　鞠春秀　宗惠芳　刘翠平　许晓莺　缪立芳　孙祝英　郭美珍
季新娟　吴　庆　顾国芳　徐建鸣　冒穗萍　蒋　英　李金秀　李林珍　徐晓曙
刘玉珍　周凤英

先进女职工(40名)

冯建霞　周桂红　朱美如　徐庆华　陆翠兰　马桂华　许荣珍　王　玲　周惠英
吴晓云　左建华　丁　茹　张淑平　张庆芳　刘桂萍　管桂兰　尹　红　李　萍
王亚丽　郑建兰　郭银妹　於维兰　夏美连　徐　梅　周丽凤　张　琴　徐爱平
徐菊平　朱振英　郭金梅　贾连芳　陆金玉　唐学兰　陈翔美　周汝凤　冯志英
冷明娟　丁淑云　葛玉兰　洪素英

女职工之友(18名)

唐启兰　季　斌　赵志和　邱洪振　王能玉　张圣华　韩淑平　许　俊　胡建福
杨宏珍　刘振声　张　蔚　周　渠　樊志瑾　张荣海　林秀华　凌德泉　朱尔英

1992年度如东县职工技协先进个人(61名)

张育祝　马云凡　董建平　黄锡昌　张文信　周远连　沈十锦　缪新华　严志平
赵根炎　张笃成　周再群　纪宝庆　陈昌银　吴永祥　丛国钧　缪亚军　孙建国
吴功荣　陈学科　丁伯云　钱　刚　陈金山　茅建泉　钱培本　汤振中　沈如英
刘锦秀　朱锦明　陈建泉　葛金霞　管永旭　朱宝华　周亚军　张　军　郝新建
冒福明　卞兰富　张　康　朱明祥　俞月明　曹江闽　朱美莲　高尔保　凌明哲
潘吟江　滕　忠　朱国良　张国余　周进海　缪立芳　王福永　王　萍　朱广如
江晓华　缪四德　许玉冲　林春勇　狄锦泉　董智侠　陈　平

1992年如东县电焊工操作技术比赛获奖者(1992年6月)

崔振国　王　峰　施亚泉　邵慧林　钱亚坤　钱维江　赵　建　沈鸿飞　邢海军
於维兵　曹启尧　曹文发

1993年度

优秀工会工作者(63名)

陈建泉　肖　锋　张　娟　魏玉才　郭　坚　顾　圻　唐志平　刘毓清　钱忠育
夏金元　周远连　季美云　杨　明　卞兰富　陈学科　汤成宇　张昌福　朱镜明
周进海　陈福祥　胡国亮　陈昌银　曹达德　许凤英　汤俊生　朱加林　周　秀
朱秀兰　徐希美　蔡念生　赵桂琴　吴永祥　丛国钧　李可明　沈冲祥　陈　诞
吴克安　杨国生　严政行　刘志学　王　萍　黄　成　缪则容　於建平　宗序明
张　萍　张国贵　朱美莲　张育祝　高炳华　高兴林　陆昌凤　朱绍银　郑建明
邵金田　高锡杰　周贤友　张玉湖　陆身山　曹　玉　王歧光　徐殿康　刘德冠

优秀工会积极分子(244名)

掘港镇(30名)

管永泉　任学军　江晓华　胡汉文　邵志叶　符玉林　朱明星　项　芹　吴锦康
朱维德　何勋国　周松明　沈文余　吴月华　马建泉　殷克萍　顾玉珍　杨建芳
樊汉良　王国俊　江福如　李家翠　张建发　谌建兰　仇惠云　缪昌俊　洪祖浩
任建华　潘荣富　王海岳

马塘镇(34名)

管伟程　施永红　张锦芳　徐六和　石金泉　丁福华　管德如　陈福如　郭步荣
袁同如　陈兴发　夏培涛　施永平　任乃泉　朱晓松　秦宝林　洪　璇　杨军益
钱　彬　宋桂凤　徐宝华　顾　萍　吴光涛　吴晓萍　沙德剑　姚宝林　朱长俊
王赞如　周桂兰　杨　剑　徐相云　王青雅　凌明哲　周俊良

岔河镇(19名)

赵　璧　缪克芬　陈福生　汤聿进　梅　荣　鲍启智　唐铁坤　桑　红　管维凤
李芍芬　王爱英　朱家萱　吴德圣　於金凤　蒋明德　王德泉　洪莲英　朱国良
东广泉

丰利镇(19名)

缪福全　张祖乐　刘　宏　杨桂琴　钱丰庆　唐宝玉　陆生明　徐善根　李　建
纪宝庆　花勇谋　崔焕泉　张万峰　季本立　杨祝兰　朱松林　桑福兰　冯益民
叶相山

栟茶镇(24名)

曹文华　曹荣生　符学剑　张昌俊　包海泉　钱兴仁　刘克平　徐达生　耿建平
刘俊生　丁文秀　缪祝明　沈如山　缪　铁　吉桂林　龚德成　沈宏彬　胡惠玲
徐　康　吴建平　缪建珍　叶桂琴　周玉文　于树元

双甸镇(10名)

丛远铁　潘建华　周明正　钱广林　郝新建　周　勇　李德华　张永新　徐正炎
高金陵

苴镇镇(8名)

许春明　季敦明　张秀华　高启凤　郑连才　陈忠仁
陈敦圣　祁亚南

兵房镇(13名)

丁伯云　张学成　顾品祥　胡玉章　邢惠丰　范锦贤　王允平　刘海涛　李丙留
刘炳泉　胡伯清　沈组琴　朱维斌

教　育(40名)

吴　庆　冯小临　赵可文　郭印平　徐远文　石玉芹　张桂珍　顾兴才　朱正群
张玉华　李　广　潘　健　浦振东　陆步田　施雨舟　管永春　翟金凤　徐维忠
赵尊培　石德鑫　王炳仁　陆进新　潘介云　王遵椝　胡德昌　陈五元　缪新生
桑志立　徐　筠　骆质君　周　勤　郭明贵　孙德斌　丁秀凤　高爱民　郭林宝
徐　兴　徐鼎元　张学举　贾汝才

机　电(4名)

宋　俊　蒋福泉　倪建军　徐前峰

建　筑(6名)

徐　征　于绍华　胡玉珍　石朗银　顾宗如　管维群

县　直(33名)

姚嘉宁　张　勤　李继瑞　童井屏　陈素琴　吴功才　鲍锦珍　吴明忠　姚治泉
周德山　吴光泉　冒穗萍　孙桂芬　林秀华　管维玲　马松茹　姚福林　毛立夫
许亚祥　姚维泉　张　骏　张福祥　黄国富　高启华　王　竑　季光明　王学群
于　澄　彭魏魏　徐金泉　许青翔　丁兰兰　吴建明

县总事业单位(4名)

丁觉非　蒋秀英　任国庆　黄　明

工会之友(17名)

周　林　缪汝梅　周明仁　朱宝华　徐　镜　徐子平　缪锦凤　唐　华　陈德明
从鹤年　郭先祥　姜福余　吴兴祝　汪星富　徐银才　张连泉　郭金梅

工会先进财务工作者(32名)

杨发明　张美琴　沙桂苏　姚德富　季建萍　张书堂　朱　杰　姚乃根　王亚丽
童美娟　于莉娟　郑洁平　施金绥　王小和　吴云芳　周永忠　陈世俊　周再群
陈　彬　徐伯林　陆修发　杨林福　万正林　朱国良　张淑萍　黄美华　季新娟
张翠平　陈明珠　朱永平　卞敬强　章晓慧

工会优秀经审委员(23名)

陈德林　冯　君　马天翼　袁亚泉　桑圣山　任莹芳　夏美莲　吴之兰　管德如
朱加新　许　俊　韩德祥　包银亮　张金华　徐美华　徐菊平　陈　哲　姚尤华
陈义元　吴衍澄　吴晓云　杨智能　肖季全

先进女职工干部(18名)

管要武　宋锦芳　薛爱华　李　平　宗惠芳　傅宝珍　郭美珍　陈　燕　陈　洁
葛金霞　花美芳　石秀莲　刘翠平　鞠春秀　周翠娥　陆金玉　冒兰芳　周凤英

先进女职工(33名)

张义凤　夏春花　张新如　夏　红　叶美琴　张庆芳　蒋玉萍　徐　梅　郑建兰
石　钰　李松莲　刘晓兰　严正平　吕冰玉　冯建霞　宋锦秀　朱晓明　汪莉丽
符卫华　蔡秀英　郭银美　蔡顺兰　贾联芳　吴秀萍　吴翠兰　蒋桂珍　姜苏华
秦宝玉　张彩珍　蔡顾华　缪美兰　施忠萍　徐建芳

女职工之友(9名)

王能玉　赵志和　朱荣华　韩淑平　马云凡　刘宏哉　徐志远　杨宏珍　徐春茵

职工生活先进个人(18名)

顾　明　顾建琪　花松林　朱国华　许国庆　张广平　沈海霞　罗敦如　肖玉祥
朱明俊　桑乃兵　朱勇庆　王金明　管永荣　缪伍林　张爱梅　丛建华　桑兰礼

1993年度县职工技协先进个人(63名)

曹继兴　管永旭　夏忠泉　葛金霞　朱宝华　陈建泉　王　萍　沈达林　张镜兰
施秀飞　徐长荣　朱美莲　顾　刚　徐守华　阙兴高　洪　璇　周远连　管伟程
缪亚平　汤成宇　陈学科　杨美华　凌明哲　高尔保　卞兰富　张仪凤　张　康
卢锦荣　郑励闽　钱培本　高炳华　蔡炳洋　陈秀芳　陈小平　张昌福　周进海
张国余　朱国良　滕　忠　潘吟江　汪星富　郝新健　冒福明　夏建宝　吴永祥
刘学兵　季　彐　纪宝庆　周载群　陈昌银　严志平　耿建平　张连泉　丁伯云
施金绥　江金辉　狄锦泉　金单平　缪四德　许玉冲　缪则荣　李廷荣　蒋　英

1994年度

优秀工会工作者(66名)

陈建泉　葛金霞　肖　锋　魏玉才　季本余　刘毓清　顾　圻　张　娟　管要武
夏金源　郭　坚　周远连　陈学科　汤成宇　杨　明　宋锦芳　卞兰富　张昌福
朱镜明　周进海　胡国亮　曹达德　汤俊生　朱加林　冯益民　周　斌　周　秀
曹文华　朱秀兰　蔡念生　徐希美　赵桂琴　吴永祥　丛国钧　李可明　沈仲祥
季新娟　刘志学　朱春祥　姜玉林　张育祝　徐长荣　於建平　张国贵　姚德富
王　萍　缪则荣　宗序明　周顺友　邵金田　郑建明　周贤友　朱绍银　蒋　英
高兴林　季林珍　方　蓓　江有荣　刘德冠　陆身山　郑和山　曹　玉　张月璜
陈昌银　顾锦红　金世德

优秀工会积极分子(247名)

掘港镇(30名)

江晓华　高建华　洪祖浩　钱忠育　项　芹　戴亚华　张洁平　夏松莲　陈松谷
汤国建　黄建华　杨建芳　江福如　任建华　胡汉文　韩锦华　周　祥　樊汉良
周松明　符玉林　李家翠　陈国琴　卞敬强　张永珍　马建泉　殷克萍　曹建泉
王国俊　朱维德　张雪松

马塘镇(34名)

管伟程　尤　海　沈　健　宋银泉　尤文武　丁戈平　施永平　徐宝成　方定明
吴晓平　石金泉　王赞如　周桂兰　王青雅　沙德剑　顾　平　徐宝华　宋光亭
杨军益　姚宝林　陆修发　袁同如　丁福华　朱长俊　陈福如　郭步荣　徐六和
管德如　王旭东　杨　剑　吴光涛　黄继凤　王　玲　周俊良

岔河镇(20名)

王爱英　朱家萱　管维凤　李芍芬　桑明秀　桑　红　吴德圣　蔡正勤　石兆元
卢金泉　陈福生　陈福祥　张向军　汤聿奎　花介芳　缪　林　顾德泉　朱　进

赵　璧　缪克芬

丰利镇(18名)

周再群　杨祝兰　姚尤华　朱松林　缪福全　顾宛九　陆生明　唐宝玉　陈新林
刘　宏　姚新华　郭银妹　崔焕泉　季本立　徐善根　孙　祥　耿翠平　季福林

栟茶镇(21名)

徐　康　徐达生　符学剑　龚德成　罗守银　沈宏彬　蒋志来　钱兴仁　徐长林
徐必宁　耿建平　吴建平　刘俊生　缪祝明　丁文秀　曹荣生　张昌俊　包海泉
胡惠玲　叶桂芹　于树元

双甸镇(11名)

周明正　朱张春　钱广林　潘建华　郝新建　徐正炎　周　勇　李德华　张永新
丛铁远　高金陵

苴镇镇(8名)

张秀华　许春明　郑连才　季郭明　顾秀美　管爱国　张建明　张克俭

兵房镇(13名)

丁伯云　顾品祥　陈启连　范锦贤　邢惠丰　王允平　张学成　刘炳泉　罗恩杰
李丙留　沈祖琴　陈丕祥　张兰萍

教　育(41名)

王锌正　周敦科　张学举　徐鼎元　张丽君　郭印平　赵可文　桑志立　缪新生
郭明贵　孙文正　许映琪　吴永圣　祝聪明　郭林金　施德俊　潘志工　邱鹤松
李维辑　王祖荪　赵尊培　吴锦江　卢福兰　季作均　许　旭　戴五松　张宏洲
梅从玉　王明贵　周　勤　缪　云　张灵芝　蔡秉华　张平华　张大发　徐正璜
李德本　陆洪涛　陆进新　潘介云　王遵渠

机　电(6名)

倪建军　徐前锋　邓　潜　黄先培　管永林　徐成才

县　直(35名)

娄家驹　王德正　陶登义　吴光泉　冒穗萍　曹国均　陈明新　林景云　王　竑
钱福贵　蔡建林　毛继东　吴功才　季光明　童井屏　张永康　毛立夫　潘友兵
丛　勇　张　勤　马松茹　顾培根　李继瑞　林秀华　孙桂芬　吴祖贤　张　骏
陈素琴　徐金泉　王学群　陈　训　孙如平　陈燕秋　高启华　刘宏云

建　筑(6名)

杨　建　仲　苏　胡玉珍　石朗银　杨炳恒　陈春涛

县总事业单位(4名)

丁觉非　张　明　孙良玉　任国庆

工会之友(23名)

严仲清　曹玉兰　吴洁云　周　渠　肖锦山　张　政　周明仁　孙宝玉　朱宝华
孙德贵　姚　骥　唐　华　潘吟江　黄正国　杨裕斌　顾兴祥　缪永龙　曹显明
朱荣华　赵兴友　汪星富　庄子凤　张连泉

十佳"主人翁"(10名)

戴晓飞　高德余　姜松林　石　钰　季宜梅　葛玉华　钱开涛　卞俊泉　杨建飞
陈宏宇

财务先进工作者(31名)

童锦屏　罗美新　郑洁平　凌　云　凌　红　朱　杰　杨发明　翁美如　孙永惠
朱永平　葛宝兰　赵小平　徐小燕　王亚丽　吴永祥　陈金山　徐桂玲　季建萍
张义凤　顾官玲　万正林　施爱芳　张淑萍　朱国良　黄美华　吴　卫　陶启琴
毛新华　吴云芳　张万峰　任莹芳

优秀经审委员(12名)

陈卫明　陈明珠　顾小莹　张金华　陆金玉　张　坤　吴晓云　朱镜明　李仲明
张惠兰　桑圣山　施建国

职工生活先进个人(19名)

钱方许　姚建兰　石志军　徐超群　刘爱华　冯培泉　徐加模　陈小明　许国庆
张广平　沈海霞　马如山　张海山　管永荣　王金明　陈小建　刘亚琴　祁亚南
赵玉富

1994年度县职工技协先进个人(69名)

朱宝华　陈建泉　葛金霞　刘　静　管永旭　夏忠泉　周远莲　郭金煌　马德一
陈建国　秦建军　管伟程　陈学科　汤成宇　周达华　潘吟江　滕　忠　张国余
朱国良　周进海　吴桂安　张育祝　杨新泉　高炳华　陈国兴　卢锦荣　钱培本
江星富　张　弘　郝新建　冒福明　王亚丽　张　康　卞兰富　朱明祥　刘　尤
张仪凤　陈昌银　纪宝庆　陈玉香　刘学兵　耿建平　康宜福　曹长君　张连泉
丁伯云　苏　新　张昌福　康国兰　陈秀芳　蔡炳洋　潘新明　王　萍　高尔保
凌明哲　杨美华　陈尔金　王国庆　陶登义　徐晓标　许玉冲　杨　明　蒋　英
程水根　缪则荣　陈　平　江晓华　张国贵　狄锦泉

1995年度

优秀工会工作者(66名)

陈建泉 王新美 刘毓清 张 娟 肖 锋 李金文 管要武 郭 坚 顾 圻
葛金霞 王如俊 管伟程 陈学科 秦爱堂 周富钧 季美云 卞兰富 胡国亮
陈福祥 周进海 曹达德 周 彬 鞠春秀 周再群 汤俊生 朱家林 唐宝玉
李 建 陆永珍 王 荣 徐希美 吴功田 吉平华 蔡念生 赵桂琴 吴永祥
丛国钧 李可明 沈冲祥 季新娟 刘志学 罗敦砚 高炳华 王 萍 施建新
藏元根 张 萍 於建平 蒋 英 杨旭华 郑建明 邵金田 徐训亮 尹 琪
薛 峰 高兴林 江有荣 刘德冠 张玉湖 陆身山 郑和山 曹 玉 顾裕丰
张月璜 张海荣 王歧光

优秀工会积极分子(220名)

掘港镇

王海岳 殷克萍 戴亚华 张永珍 吴东安 汤国建 杨建芳 符玉林 江福如
赵晓萍 钮建杰 刁金泉 罗美琴 胡汉文 高建华 陈开英 江晓华 戴新泉
李家翠 马健泉 任建华 樊汉良 张秀华 王若华 许春明 孙露霞 郑连才
张国明 张克俭 汪利华

马塘镇

杨 明 任乃权 张焕新 王志坚 秦建军 徐家庆 朱长俊 沙德剑 何维明
王赞如 姚宝林 徐宝华 杨 剑 周桂兰 吴光涛 吴晓平 黄继凤 杨军益
管德如 顾官玲 丁福华 陈 彬 郭步荣 顾宏泉 凌民哲 顾 萍 王旭东
张福银 周俊良

岔河镇

李芍芬 管维凤 管维新 刘悦琴 王爱英 桑 红 缪 林 王德泉 何建均
洪连英 陈福生 赵 璧 肖季全 吴德圣 石兆元 东广泉 朱国良 梅 荣
张向军 花介芳 汤聿奎 周福如

丰利镇

徐思进 刘志云 杨祝兰 于新华 顾国兰 郑建兰 陈四林 朱松林 崔焕泉
刘 宏 缪福全 王美珍 徐 军 张明浩 季正明 徐善根 张万峰

栟茶镇

符学剑 沈宏彬 胡惠玲 包海泉 吴建平 龚德成 曹荣生 罗守根 马如俊
周远胜 徐长林 徐 宏 张昌俊 于丽娟 孙晓萍 丁文秀 张春林 刘俊生
于树元

双甸镇

周明正 郝新建 丛铁远 徐正炎 周 勇 潘建华 高金陵 张永新 李德华

钱广林　朱张春

兵房镇

丁伯云　顾品祥　张学成　范锦贤　罗恩杰　陈启连　沈祖琴　胡伯清　袁亚泉
李丙留　曾　景

教　育

何汉新　蔡秉富　缪卫民　蔡玉林　周　勤　丁国瑞　陈云山　胡德昌　潘介云
王遵渠　戴五松　姜宝均　王明贵　徐远文　李　广　郭明贵　缪新生　陈五元
孙文正　吴兴富　翟金凤　潘吉祥　郭　淑　季林保　赵尊培　缪铁凤　胡吉发
丁秀凤　吴　庆　周敦科　张武英　赵可文　顾文锐　张学举　邱鹤松　陈茂权
吴美云

机　电

徐桂玲　朱　俊　陈国兴　赵　战　徐前锋　贾　均　杨正泉　施秀飞

金　融

倪锡泉　缪亚萍　马松茹　李继瑞

建　筑

冯林如　胡玉珍　张顺成　杨　建　仲　甦

县　直

高启华　周夕林　吴功才　钱福贵　姚治泉　林秀华　王家乐　毛立夫　张晔萍
王　竑　季光明　凡天妹　姚福林　张正文　张德华　张　骏　张石英　康　炜
严晓敏　陈素琴　陈明新　石明芳

县总事业单位

蒋秀英　张　明　任国庆　黄　勇　赵新权

先进女职工工作者(15名)

宋锦芳　花美芳　宗惠芳　洪利华　傅宝珍　张洁平　杨建芳　陈国琴　花介芳
周汝凤　吴秀萍　朱夏梅　贾联芳　徐晓曙　方　蓓

岗位女明星(21名)

赵荣芳　胡玉珍　宋桂平　杨桂萍　施菊萍　邢　平　管永泉　郭志凤　钱素平
於　琴　缪玉红　朱文娟　郭美珍　沈秀英　管桂兰　施　宏　曹海平　卞新秀
张桂珍　陈炳慧　陈　燕

先进女营销员(5名)

徐爱平　朱佩荣　陆　卉　陈明芳　薛云霞

营销员贤内助(2名)

时建梅　花正凤

女职工之友(8名)

朱荣华　徐希俊　张昌福　郭金梅　王大海　赵国安　王家乐　蔡学清

1995年如东县细纱挡车工操作技术比赛获奖者(1995年10月)

丛海燕　孙　红　仇金玲　许利梅　周晓琴　丛亚云

1995年度县职工技协先进个人(56名)

周远连　陈建国　秦建军　缪新华　崔鸿彬　朱宝华　陈建泉　唐启兰　葛金霞
夏忠泉　刘　静　阚林泉　张　康　朱明祥　刘　尤　高炳华　蒋爱民　倪建军
管伟程　陈学科　王金泉　陈昌银　纪宝庆　周载群　潘吟江　腾　忠　卞兰富
张义凤　张国余　朱国良　严志平　耿建平　丁建平　汪星富　郝新建　冒福明
王亚丽　张连泉　丁伯云　苏　新　赵桂琴　吴永祥　王　萍　沙桂苏　曹彩虹
赵　斌　余新明　陈　率　张国贵　张昌福　朱镜明　陈小平　高尔保　杨美华
蒋　英　陈　平

1996年度

财务先进工作者(38名)

陶启琴　奚爱红　冯晓兰　范淑兰　杨发明　马　健　赵小红　方　蓓　陶其书
徐晓曙　钱维红　朱　杰　顾官玲　周贤斌　徐伯林　陆修发　张俊如　凌　红
徐美华　沙桂林　徐晓燕　王亚丽　沙桂芬　陈金山　张美琴　蔡亚梅　钱丰如
夏美莲　刘志云　万正林　朱国良　张淑萍　赵小平　高翠萍　江福如　张翠萍
钱忠育　沈　军

优秀经审委员(11名)

范静芳　许　俊　朱加兴　于建兰　冯　君　戴　俊　陈义元　沈美云　仇惠云
韩德祥　赵小平

1996年度县“九五创业杯”立功竞赛“创业功臣”(1997年3月)

许　军　刘振声　葛红兵　王友明　蔡正勤　孙同仁　马　蔚　宋爱珠

1996年度县“九五创业杯”立功竞赛优秀组织者(1997年3月)

吴永祥　吴亚萍　姚金泉　沈达林

1996年度县职工技协先进个人(52名)

周远连　谢　明　秦建军　陈建国　顾卫权　高继业　朱宝华　陈建泉　唐启兰
刘　静　夏忠泉　葛金霞　张　康　卞兰富　宋光亭　刘　尤　朱明祥　高炳华
张　蔚　蒋爱民　邱金明　管伟程　汤成宇　周达华　王金明　施永平　秦爱堂

邓　驹　陈昌银　王志荣　周进海　朱国良　严志平　杨群山　丁建平　耿建平
汪星富　郝新建　冒福明　张连泉　丁伯云　苏　新　赵桂琴　王　萍　赵　斌
朱马华　张宏坤　苏俊宗　於新民　张昌福　蒋　英　陈　平

1997年度

优秀工会工作者(44名)

陈建泉　王新美　张　娟　刘毓清　管要武　肖　锋　郭　坚　陶爱新　周远连
秦爱堂　卞兰富　陈学科　汤成宇　沙德剑　周进海　朱镜明　陈福祥　曹达德
汤俊生　冯益民　唐宝玉　朱家林　陆永珍　朱家元　赵桂琴　郝新建　沈冲祥
王如俊　季良群　马松茹　施建新　王　萍　杨锦枢　季新娟　朱绍银　吴美华
蔡念生　翟秉泽　蔡正明　夏秋冬　江有荣　张月璜　刘德冠　陆身山

优秀工会积极分子(166名)

掘港镇

王海岳　戴亚华　张洁平　江晓华　潘向东　殷克萍　汤国建　高建华　赵子平
朱学贤　顾洪新　张　苏　杨建芳　李金文　翟忠杰　马健泉　江福如

马塘镇

沈　健　丁戈平　韦向东　杨　明　马逢俊　陈晓冬　徐加庆　顾　萍　周桂兰
杨军益　吴光涛　姚宝林　吴晓平　杨　剑　朱长俊　管德如　王赞如　黄继凤
缪新华

岔河镇

蔡正勤　管维凤　李芍芬　陈福生　徐松如　洪连英　潘成国　肖季全　施爱芳
王德泉　万正林　吴德圣

丰利镇

郭先祥　徐加驹　刘建平　徐善根　马家驹　沈八龙　李正明　刘　宏　陈四林
崔焕泉　郑建功　朱松林　姚新华　徐思进　金新林

栟茶镇

徐　宏　张昌俊　符学剑　刘俊生　耿建平　丁文秀　曹荣生　胡惠玲　包海泉
沈如山　沈宏彬　王学惠　孙晓萍　张春霖　叶桂琴　王　荣　孙良玉　于树元

双甸镇

汤万梅　周明正　张建明　丛远铁　朱张春　潘建华　钱广林

兵房镇

刘海涛　曾　景　胡伯清　季　祥　张海山　张连泉　丁伯云　范锦贤　龚国芳

直镇镇

徐可均 郑连才 周银根 张秀华 陈建忠

有关乡镇

缪旭明 缪四平 戴健全 李丙留 刁炳渠 汤聿进 季建华

建 筑

冯林如 张如海 王 丽 胡玉珍 周昌田 石朗银 薛建华 钱桂凤

金 融

杨旭华 丁福良 缪亚萍

机 电

张 蔚 丁友贵 蒋爱民 徐前锋 徐长荣 章 林

教 育

缪立新 张桂珍 周 勤 张正余 曹 俊 邱鹤松 潘介云 胡德昌 娄 梅 张海荣 高 洁 张丽君 韩继武 陈国全 翟金凤 邵守英 周爱萍 郭玉原 吴正清 张玉华 桑利华 赵庆林 袁维辑 张 健 陈 鸿 吴兴富 盛振祥 张 翱 李秉仁

县 直

周长元 施 霞 李金秀 石守智 姚治权 严晓敏 冯晓兰 魏金才 马佑基 胡金萍 刘北生

工会之友(14名)

朱宝华 罗文华 张礼林 顾先祥 符 建 朱荣华 汪星富 曹彩红 施东辉 陈毓明 昌 煜 黄 均 周明仁 徐 毅

优秀工会劳动保护监督检查员(11名)

徐训山 周富均 丛正环 陆身山 韩艮泉 喻国栋 钱方许 赵锡冲 洪丽华 杨家田 万 达

“创、树”主题教育先进个人(13名)

季美云 刘 勇 李荣贵 花 勇 施秀飞 康云娟 冯 健 杨桂龙 顾培银 吴建设 缪克芬 秦建丽 凌亚标

生活保障工作先进个人(15名)

邵忠叶 张征华 管奎林 倪天德 周继红 成自强 桑怀仁 蔡尧伯 汤金萍 朱国华 王家乐 林春男 徐希林 汤瑞英 施亦农

工会财务先进工作者(37名)

高翠萍 施建国 缪 琴 刘志云 朱国良 吴 卫 沈美云 陶启琴 陈建光

鞠亚辉　徐晓曙　钱　斌　朱　杰　张福林　陈金山　陆修发　贾连芳　周贤斌
江玉林　郭锡成　王亚丽　张绍明　吴永祥　黄建华　杨发明　沈　军　刘伟平
洪育英　马　健　张翠萍　陈明珠　夏美莲　张红云　张俊和　凌　红　徐美华
范淑兰

工会优秀经审委员(10名)

姚春华　沙桂苏　张国清　陈义元　许　俊　范静芳　管怀兵　施建新　张永珍
蔡锦连

1997年如东县轧花剥绒机排肋条操作技术比赛获奖者(1997年7月)

杨发祥　季本志　徐　兵　郭必傲　黄鹤泉　蔡志新　杨宝江　汪　勇　冒汉才
唐　斌

1997年度县职工技协先进个人(55名)

周远连　陈建国　秦建军　王国康　徐守华　刘国民　朱宝华　陈建泉　刘　静
唐启兰　葛金霞　夏忠泉　高炳华　蒋爱民　孙小平　丛达明　陶爱新　陈学科
孔令华　汪兴国　施永平　秦爱堂　陈建明　鞠友泉　赵　峰　卞兰富　张　康
刘　尤　朱明祥　宋光亭　郝新建　冒福明　陈福银　纪雪祥　丁伯云　苏　新
陈福生　张宏坤　金善平　方　蓓　董智侠　王志荣　朱国良　周进海　严志平
耿建平　丁建平　杨群山　施建新　戴　俊　王　萍　赵桂琴　吴永祥　陈昌银
陈　平

1998年度

优秀工会工作者(23名)

陈建泉　戴亚华　刘毓清　管要武　王新美　杨建芳　陶爱新　秦爱堂　卞兰富
曹达德　汤俊生　张昌俊　郝新建　赵桂琴　施建新　陈　彬　张宏坤　徐晓曙
尹　琪　顾一平　江有荣　刘德冠　陆身山

优秀工会积极分子(142名)

掘港镇

王海岳　张　娟　郭　坚　肖　锋　任学军　殷克萍　姚　霞　唐学俊　谌建兰
李金文　葛金荣　马健泉　张　甦　高建华　潘向东　江福如　陈小华　王国俊
刘丰生

马塘镇

葛惠明　杨　明　凌明哲　姚宝林　杨军益　陆修发　杨　剑　朱长俊　周桂兰
陈学科　管德如　吴光涛　顾　萍　吴小明　黄小冬　顾　兵　黄继凤　秦怀志

吴晓平

岔河镇

管维凤　凌　云　陈福祥　万正林　朱国良　缪克芬　潘成国　洪莲英　王德泉
吴德圣　徐松如

丰利镇

叶相山　郑建功　刘　宏　桑芝林　丛玉兰　陈四林　张建军　郭先祥　张昌银
徐善根　丛鹤鸣　马本驹　刘中恒　徐思进

栟茶镇

刘俊生　徐　宏　耿建平　丁文秀　符学剑　胡惠玲　曹荣生　周　涛　包海泉
王学惠　叶桂琴　孙良玉　于树元

双甸镇

周明正　丛远铁　汪新龙　汤万梅　朱张春　孙同标　刘德先

兵房镇

陈金鳌　曾　景　胡伯清　范锦贤　朱惠忠　张兰萍　张海山

苴镇镇

王如俊　周银根　孙露霞

教　育

马健萍　徐汉良　张丽君　张建军　孙　建　朱长林　金明理　於维成　陈翠平
吴兴富　陈文正　缪立新　张　翱　蔡丽华　张桂珍　孙德斌　姜宝均　祝聪明
桑利华

机　电

杨锦枢　贾连芳　徐前锋　王玉华　徐桂玲　季建萍　丛昌斌

建　筑

韦连明　刘玉泉　阚爱军　王　丽　刘秀琴　李赵杰
朱介山

金　融

李继瑞　朱　彤　顾亚英　倪晓峰

有关乡镇

翟秉泽　吴　红　梅　荣　蔡念生

县　直

李金秀　严晓敏　吴光泉　娄家驹　程水根　徐　越　刘志奎　姚治泉

工会之友(12名)

朱宝华 罗文峰 张礼林 顾兴祥 曹彩红 施东辉 周明仁 徐 毅 顾桂林
曹俊荣 施永平 汤建新

“争当文明职工”活动优秀组织者（9名）

徐加庆 花 勇 杨群山 吴永祥 奚爱红 邵金田 翟金凤 孙维正 姚金泉

如东县文明职工（19名）

管忠明 高宝国 张锦芳 顾 兴 汪 楠 王近山 王莹莹 姜松林 杨 兵
张建忠 杨松林 韩登峰 沈轶科 徐秀珍 顾建国 成文均 张素华 杨 俊
刘玲玲

职工生活保障工作先进个人（15名）

缪杏元 姜丛贵 许承德 曾奎林 陈义元 张建林 秦怀仁 葛亚军 徐美华
施亦农 陈明新 陈金连 徐长荣 缪 中 倪天德

再就业先进个人（8名）

童万德 高广如 房爱莲 周海燕 王宏平 黄耀权 周长军 唐惠菊

先进女职工工作者（10名）

季美云 杨晓梅 顾爱华 陆永珍 季卫琴 周爱萍 薛爱华 王德云 陈金玲
郭美珍

文明新风家庭（10户）

刘亚梅 季美华 崔焕泉 陈子风 周素娟 缪卫华 吴宏兰 张金桃 王祖光
毛凤兰

岗位女明星（10名）

杨永霞 宋桂平 吴爱梅 缪 琴 李小琴 陈红梅 张小红 徐亚祥 李 凤
郭金梅

工会财务先进工作者（20名）

张俊和 陶启琴 丁桂珠 白 赟 卞敬强 张翠萍 鞠亚辉 沙玲琳 徐爱鸾
沙桂苏 杨发明 王鼎臣 马 健 范淑兰 钱维红 王亚丽 沈美云 吴云芳
夏美连 张炳泉

1998年如东县职工计算机操作技术比赛获奖者（1998年5月）

石劲松 王 舟 秦晓琴 张颖忠 陈 建 刘 筱 桑王勇 陈 烨 崔广祝
唐仕明

1998年度县职工技协先进个人（50名）

周远连 徐守华 缪新华 于海军 张 煜 曹小刚 朱宝华 陈建泉 唐启兰
刘 静 葛锦霞 陈 泉 施永平 秦爱堂 鞠友泉 陈建明 赵 峰 高炳华

从达明 蒋爱民 丁友贵 李秀顺 陶爱新 张 坤 孔令华 王志荣 蔡正勤
周进海 朱国良 王 萍 何 健 张宏坤 方 蓓 徐 越 郝新建 冒福明
陈福银 纪雪祥 丁伯云 苏 新 赵桂琴 吴永祥 严志平 耿建平 丁建平
卞兰富 朱明祥 施建新 张金兰 朱马华

1999年度

优秀工会工作者(27名)

杨建芳 谌建兰 管要武 戴亚华 刘毓清 潘向东 王新美 葛锦荣 秦爱堂
高新民 陶爱斯 赵桂琴 曹达德 高炳华 施建新 唐宝华 谢振东 卢维兢
张宏坤 程水根 姚金泉 江有荣 陆身山 刘德冠 夏秋冬 王歧光 顾一平

工会之友(20名)

曹俊荣 顾桂林 周明仁 陈 杰 汤建新 张秀凤 吴向阳 王志荣 孙同礼
罗文峰 朱宝华 施永平 曹彩红 徐建华 黄邱林 姚 骥 成家声 花 勇
徐 毅 徐新林

优秀工会积极分子(146名)

掘港镇

管怀泉 高建华 高晓明 王建兵 姚 霞 洪 霞 王海岳 曹 刚 张洁平
王国俊 葛锦霞 唐学俊 李家翠 卞敬祥 江福如 张德华 殷克萍 张 忠
马建泉 傅长贵 郭 坚 张 娟

马塘镇

姚宝林 杨 剑 汤成宁 胡汉文 宋桂萍 曹长建 顾建忠 黄小冬 丁戈萍
徐加庆 秦怀志 顾 萍 凌明昃 周桂兰 吴光涛 朱长俊 管德如 顾 兵
杨军益

岔河镇

吴德金 潘成国 陈福祥 缪克芬 洪莲英 徐松如 王德泉 万正林 李素珍
晁忠林

丰利镇

石静宏 刘 宏 陈四林 周进元 朱家林 徐善根 马建华 张建军 杨桂琴
朱松林 郑建功 金新林 郭先祥 马本驹

栟茶镇

丁文秀 王学惠 包海泉 徐 宏 符学剑 胡惠玲 周 涛 叶桂琴 耿建平
张春霖 曹荣生 刘俊生 符玉山 孙良玉 于树元

双甸镇

丛远铁 朱张春 潘建华 郝新建 王永龙 徐晓燕

直镇镇

毛新华 郑连才 季本法

兵房镇

范锦贤 朱善志 曾 京 郭忠富 胡伯清 丁伯云 张兰萍

机 电

徐前锋 杨正泉 季建萍 丁友贵 徐桂玲 杨锦枢

建 筑

张顺成 万爱红 张宗华 曾奎林 于在国 刘玉泉 汪发余

金 融

顾家鑫 刘承业 缪亚萍 顾端祥

教 育

韩登峰 韩继武 翟金凤 张丽君 吴建忠 张武英 高 洁 徐平海 陈汉章 周爱萍 金明理 张德祥 刘元江 周 勤 张 翱 缪立新 曹 俊 缪铁凤 丁旭东 姜宝均

县 直

张国均 王晓晴 刘宗陈 祝宗国 马加庆 高启华 曹 权 姚治泉 王家乐

乡 镇

蔡念生(于港) 梅 荣(岔南) 石姚元(新店)

文明职工

姜 涛 刘 建 郭维达 花美芳 王跃成 刘亚平 许文新 吴东林 周 良 秦定阳 徐 美 曹海东 朱惠忠 魏 武 张亚洲 成文均 李丹如 冯秋玲 田国琴 徐晓飞

争当文明职工活动优秀组织者

王学政 朱国良 陈学科 张勤兵 桑乃山 奚爱红 贾连芳 季本明 马健萍 张正文

财务工作先进个人

沈 军 丁桂林 施桂英 钱 彬 许 俊 鞠亚辉 于国才 王亚丽 施宝庆 张俊和 施建国 陶启琴 陈 峰 沙桂苏 钱维红 马 健 杨发明 邢巨星 王鼎臣 陈 华 黄建华

职工生活保障工作先进个人

季　云　秦海涛　蔡正勤　左延林　徐美华　徐思进　赵锡冲　徐长荣　於一山
赵庆林　金淑梅　姜丛贵

再就业先进个人

苏海云　徐守兰　薛宏兵　孙同标　曹雪芹　沙　季　周海燕　张玉华

先进女职工工作者

邱建华　季美云　程雪梅　王德云　于素兰　顾爱华　陆永珍　郭美珍　刘秀琴
马银梅　冷明娟　蔡　萍

岗位女明星

陈国英　周红梅　周素娟　王荧荧　孙　红　林树云　盛春香　刘晓兰　张　琴
周　婷　成　娟

文明新风家庭

陈建泉　武银花　陈学凤　张秀梅　徐　康　崔焕泉　徐安平　李国华　戴建成
鲁志明

合理化建议先进个人

张翠萍　厉　华　吴维亚　宋光亭　徐　健　穆友军　丛　平　严志平　於绪元
黄水银　花桂林　陶建成　陈昌华　王爱东

优秀工会劳动保护监督检查员

钱方许　林　潜　张卫华　周进海　吴永祥　丛正环　韩银泉　王如俊　戎炳松
程春林　孙小平

1999年度县职工技协先进个人

周远连　秦建军　于海军　朱建军　郭金煌　曹小刚　徐守华　施永平　秦爱堂
陈建明　鞠友泉　曹长建　邓　驹　朱宝华　陈建泉　唐学俊　刘　静　袁慎山
张建春　潘世明　高炳华　丛达明　王玉华　石承宏　陶爱新　陈学科　汤成宇
孔令华　张桂清　张宏坤　方　蓓　徐　越　赵桂琴　吴永祥　王　萍　严志平
耿建平　施建新　郝新建　丁伯云　周进海　朱国良　陈淑林　高新民　曹达德

2000年度

工会之友

张秀凤　徐建华　罗文峰　黄邱林　花　勇　张礼林　韩淑平　花亚平　曹彩红
汤建新　沙德斌　施永平　顾才群

优秀工会工作者

杨建芳　戴亚华　王海兵　葛锦荣　谌建兰　刘毓清　曹达德　朱家林　徐思进

王　军　赵桂琴　施建新　王　萍　高炳华　缪祝生　姚宝林　秦爱堂　陶爱新
方　蓓　姚金泉　徐晓曙　张国均　程水根　康传礼　王歧光　江有荣　刘卫华
缪广银　周继红　丛建美　施圣明　陆身山　顾一平　徐宝仁　王晓晴

“工会组织建设年”活动先进个人

马月山　钱德森　季　红　吴林新　余卫东　周群群　薛　亚

优秀工会积极分子

掘港镇

殷克平　高建华　张海霞　江福如　曹　刚　张德华　钱桂兰　王新美　张　甦
王国俊　唐学俊　张　娟　张　忠　郭　坚　姚　霞　潘向东　陈晓晴　马建泉
张圣海　何同森

丰利镇

郭先祥　周进元　王安明　冯克桂　陈四林　季　欣　马本驹　金新林　郑建功
张昌艮　刘　宏　丛鹤鸣　桑芝林

苴镇镇

王如俊　季本法　郑连方

双甸镇

张建明　潘建华　郭夕成　石祥杰　穆圣余　曹　玉　丛昌华

岔河镇

周进海　陈国银　吴德圣　徐桂兰　朱镜明　缪克芬

栟茶镇

刘俊生　徐　宏　胡惠玲　符玉山　符学剑　叶桂琴　王学惠　耿建平　周　涛
于树元　龚德成

机　电

丛昌斌　金海泉　丛远芳　张亚洲　徐前锋　郭美珍　张卫兵　徐桂玲　杨正泉
丛达明　殷建国

兵房镇

陈　斌　曾　景　范锦贤　丁伯云　胡伯清　郭忠富

建　筑

张乃兵　曾奎林　缪伍林　陈爱华　庄保群　于在国

教　育

张学平　陈秀明　邱品高　江爱华　邢士林　吴文俊　秦玉萍　陈敦邦　李旭东
周秀萍　戴祥云　刘建华　佘　旭　徐　康　石玉芹　周远国　赵庆林　朱松彪

徐剑飞　陈翠娥

乡　镇

徐建兵(大豫)　戴健全(长沙)　顾福新(饮泉)　蔡　斌(丁店)
杨宝贵(洋口)　徐　健(洋口)　符学山(洋口)　王旭东(孙窑)

县直、机关

马晶晶　王　为　苏　铁　邹振希　曹　权　顾家鑫　石　磊　厉家兵　严晓敏
吴　昊　邓素明　杨晓梅　顾培银　施仲斌　苏　萌　高　萍　蔡　振　陶其书
王　弘　陈锦云　刘建军

马塘镇

汤成宇　陈学科　陈桂新　沈　飞　徐宝华　周桂兰　张卫华　顾　兵　朱焕林
卢海蓉　吴晓平　钱宏林　方　云　朱　煜　郭福建　朱加如　张淋淋

文明职工活动优秀组织者

管要武　桑乃山　孙露露　孙同礼　王学政　窦爱九　施秀飞　邵金田　王尊山
陶登义

文明职工

张翠萍　张爱芳　於维平　张建军　徐建兵　刘德先　吴冬林　姚云珍　陈　娟
周贤成　张秀峰　龚　兵　吴庆元　孙叶峰　钱薇薇　严正平　徐小林　杨晓春

财务工作先进个人

丁桂珠　洪　霞　黄建华　白　斌　沈　军　卞敬强　施建国　陈义元　刘　萍
吴永祥　吴　美　张俊和　陶启琴　季建萍　沙桂苏　马　健　李燕琴　张福林
朱国良　王鼎臣　张　平　祝宗国　钱维红　陈於桂

生活保障先进个人

朱晓明　曹天锡　季　杨　徐　康　徐长荣　季晓春　徐善贵　金淑梅　冒穗萍
尹　琪

再就业先进个人

赵智江　陈　健　季　云　钱生如　金　群　朱家莹　康　涛　陈志斌　俞晶明
丁红梅　张玉华

先进女职工工作者

张洁平　刘洁云　刘志云　顾爱华　陆永珍　丁德美　贾连芳　缪晓红　陈　晶
陈　燕　季美云　花美芳　刘玲玲

岗位女明星

陆　卉　桑小美　周　霞　陈素芳　彭晓天　葛福如　王　艳　宋桂平　倪　明

杨小群

文明新风家庭

周勤美　周桂红　吴国华　蒋宏波　顾宗泽　王建华　沙玲琳　崔焕泉　杨　标　徐建忠

合理化建议先进个人

刘　建　徐　超　纪　华　倪玉春　施爱芳　杨群山　陈若飞　石承宏　万爱红　翟金凤　徐伯林　胡汉文　顾　征

优秀工会劳动保护监督检查员

喻国栋　许明丰　江　琪　张书堂　赵　武　超锡中　程春林　徐守林　张万银　秦怀忠　徐　越

2001年度

优秀工会工作者

徐宝仁　邵金田　陶爱新　李　敏　秦爱堂　高炳华　姚宝林　曹达德　戴亚华　杨建芳　施建新　姚　霞　王　洋　王海岳　谌建兰　葛锦荣　骆世平　张向军　姚金泉　曹　权　施　霞　徐晓曙　张桂清　程水根　蔡　萍　张国均　陆书平　赵桂琴　郭忠富　江有荣　马月山　於永建　王松林　陈良秀　丛建美　管　霖　顾一平

优秀工会积极分子

陈国材　石建林　潘永康　马红军　殷克萍　陈晓晴　沈祥兵　钱桂兰　阮如林　江福如　唐学俊　曹跃其　何同森　顾亚兵　薛　亚　胡汉文　王尊山　丛达明　吴理梅　宋卫红　秦怀志　于美娟　高新明　张福林　徐加庆　韦新华　冒本珊　邵正荣　肖根荣　顾连成　周进海　丁秋成　彭正泉　朱家林　陈向红　周进元　崔焕泉　朱松林　徐思进　陈金鸣　于树元　缪银生　符玉山　杨春秀　吴银福　吴国华　钱来兵　石祚杰　张建明　郑连才　王如俊　季　扬　陈　斌　奚爱红　马晶晶　桑拥军　陈吾梅　戴剑龙　张继红　张金堂　陈　建　刘宏云　刘玲玲　徐守斌　陶登义　李　燕　曹春燕　郝　凯　倪锡泉　孙志华　蔡建军　王晓晴　陈锦云　杨桂荣　樊　建　朱明山　桑合铭　陈五华　凌忠余　佘　旭　周　勤　张武英　汪剑强　张丽君　张学平　顾永祥　冒　煜　宫　勇　赵庆林　徐剑飞　郭玉原　朱松彪　翟金凤　张　勇　万爱红　徐建兵　吴功远　于　磊　李道祥　吴明华　许　琴　季　军　沈九俊　傅宏祥　张乃泉　徐　勇　符学山　陈昌贵　季　玲　姜志明　陈维松　吴林新　施圣明　钱德森

争当文明职工活动优秀组织者

孙露霞　吴晓平　唐爱明　陶冬余　陈素芳　张勤兵　王建兵　刘毓清　陈昌荣

生活保障先进个人

王　浩　刘　宏　杨群山　朱晓明　朱镜明

再就业先进个人

张克俭　许波山　陆永珍　张　娟　陈福生

先进女职工工作者

徐善英　胡玉珍　顾爱华　胡惠玲　陈亚玉　洪　霞　丛远芳　刘洁云　缪铁风

岗位女明星

周美兰　陆水萍　陈晓琴　许　丹　杨　丽　吴丛铎

财务工作先进个人

吴玉兵　严晓敏　季晓云　李燕琴　祝宗国　管怀兵　吴新如　张　平　穆圣余
施建国　陈於桂　顾　征　张俊和　倪志兵　钱维红　丁桂珠　黄建华　陆建华
张红云　沙桂苏　丛昌斌　王鼎臣

劳动保护工作先进监督员

徐训山　郭夕成　肖吉如　丁德美　赵　武　喻国栋　许明丰　吴德圣　缪思泉
曹　刚

劳动竞赛合理化建议先进个人

贾继东　汤成宇　潘建华　王安明　严志平　曾　景　陶建成　张翠平　王永华
周远国　陈建荣

文明职工

朱亚东　薛松林　徐守华　倪菊美　缪亚梅　王兴余　徐　智　刘国兰　吴爱梅
何红梅　秦定扬　秦洪斌　于素兰　张兰平　周金霞　陈国英　刘　建　丛昌华
陈　燕　刘爱民

2002—2003年度

工会之友

吴鼎高　吴忠灿　王瑞庆　翁士英　周新基　黄继石　沙晓林　张秀凤　曹彩红
徐守泉　王祝银　张桂清　张恒山　张贵陈　印　均　陈昌荣　曹星晖　汤晓燕

优秀工会工作者

王松林　徐　斌　蔡正明　陈良秀　曹卫东　吴林新　陈　兵　管　霖　蔡炳龙
陈锦云　房福才　江有荣　薛　亚　季　红　王永华　丛建美　蔡秉忠　蔡　萍

顾永祥　陈延芳　顾秀芳　林德兰　龚维国　金　辉

优秀工会积极分子

刘丹梅　於　建　徐　勇　于　磊　於维山　李兴民　刘俊生　吴俊如　徐　斌
叶桂琴　于树元　丛达明　曹敦明　张育明　葛　军　周银松　杨德泉　陈晓峰
顾海兵　杨新荣　穆桂华　朱家林　朱松林　周进元　张昌银　崔焕泉　陶冬余
许波山　周九珍　缪苏元　张国如　杨美霞　徐葛华　李志荣　庄学涛　张沛华
桑乃仁　王尊山　赵　斌　潘兰芳　李祥美　许冬梅　于美娟　徐守华　严亚芳
陈亚玉　彭建飞　陈达兵　奚爱红　徐玉萍　万国庆　金光荣　刘秀琴　顾　伟
黄　林　张跃东　杨建芳　戴亚华　施建新　王　萍　刘毓清　殷克萍　姚　霞
何同森　李道祥　陈建荣　石建林　徐爱林　陈国材　潘永康　陶宏云　钱桂兰
周文斌　阮如林　蔡凤琴　韩红梅　吴蓓蓓　杨云霞　韦新华　冒本珊　宋道华
陈建华　骆世平　肖根荣　刘克泉　殷建国　邵正荣　石祚杰　郭夕成　穆圣余
钱来兵　殷建美　张嘉祥　邱银生　张　勇　缪国庆　林锦铎　吴美军　吴明华
施　建　刘宏云　曹春燕　何　镔　张国均　曹　权　戴剑龙　姜苏敏　吴彩红
唐宝华　徐剑飞　丁　林　朱明山　陈汉章　缪铁凤　张建军　张　翱　陈　健
桑合铭　马丽华　石丽华　吴明华　沈宏林　郭　磊　陈美菊　徐永军　沈红梅
仇卫权　佘　健　吴　昊　王苏永　崔　鹏　丁志东　朱筱玲　杨建民　李　军

民主管理工作先进个人

陈　斌　陆书平　李松明　陈秀林　吴新明　肖吉如　陈向红　何红梅　徐加庆
顾亚兵　丛远芳　花登高　彭正泉　吴功田

宣传教育工作先进个人

邵　华　孙露霞　陆永明　顾　兴　陈　斌　郁宏飞　王建华　胡玉玲　缪爱余
季新娟

经济技术创新先进个人

沈九俊　严志平　王银华　徐守林　佘小颉　朱　斌　蔡念生　冯　剑

财务经审工作先进个人

沈　琴　王如俊　朱海燕　佘海如　陈金鸣　江金标　傅亚琴　吴　卫　沈　军
何锦斌　丛昌斌　陶　旭　彭文山　严晓敏　杨亚林

送温暖工程先进个人

王学政　徐　岗　王安明　陈维松　陈忠凯　周进海　朱镜明　吴迪富　吴银富
沈南森　周剑波　袁乃新　薛伯华　吴晓林　陈志华　周宝明　严怀新　邵永才
唐　燕

女职工工作先进个人

周　媛　翁亚芳　张惠兰　杨晓梅　吴美霞

群众性经济技术创新能手

王成俊　陈金发　陈卫东　奚加贵　袁　宁　徐泽民　周卫权　杨忠军　孙卫东　王建兵　管建军　曹松海　朱宗建　周小冬　黄小青　阚德俊　陈　浩　周桂东　李明徐　孙业兵　殷明成　顾　军　左　钢　周维维　陈小波　俞鸿春

2004年度

先进女职工工作者

王晓晴　汤晓燕　陈锦云　徐晓曙　方　蓓　蒋　萍　陈良秀　刘玲玲　周　媛　吴明华　姚　霞　杨美霞

巾帼创业带头人

杨文秀　胡玉珍　耿雪梅　蔡　虹　顾晓燕　王志坚　吴晓燕　曹彩红

2005年度

五一巾帼标兵

吴理梅　陈素芳　钱国平　严淑如　陈维秀　朱小建　于　梅　陈美茹　吴晓燕　沈建美

优秀知识型职工

秦　勇　陈　震　缪晓彬　於　华　祁　新　徐　军　王晓晴　宦亚红

"两争一树"活动优秀组织者

江有荣　王松林

参加全国职工预防控制艾滋病知识竞赛活动先进个人

江有荣　刘道军　许新林　吴玉梅　管宏图　何恒国　於维建　冯开圣　缪福仁　蔡　锋　吴林新　葛海燕　管　霖　方海健　王松林　徐海荣　陈锦云　马　林　钱　兵　周爱琴　顾　军　张大银　余　健　沈旭之

2006年度

县技术状元

黄　莹

县技术能手

蔡星华　吴文俊　张玉明　许瑞建　时　杰　黄小卫　张国君　殷建春　孙云云

优秀组织者

柏秀梅　江有荣　王晓晴　施　霞　刘道军　施建新　吴理梅

县技术状元

曹苏红

县技术能手

冯建军　马　剑　吴功俊　刘先国　杨新凤　陈秀山　朱小军

优秀组织者

江有荣　许金林　吴明华　施建新　刘道军

2007年度

如东县先进女职工工作者(2007年3月)

吴铭珍　徐红霞　吴美霞　杨小梅　尹亚芳

贾　伟　杨文秀　赵闽兰　陈维秀　管永玲

如东县女职工之友(2007年3月)

蔡守山　刘秀琴　周　媛　唐启红　夏一飞　康永军

2008年度

优秀工会工作者

栟茶镇

佘江虹　杨群山　俞　旭　缪　明　蔡亚梅　周永宏　蔡守华　杨蔡正

洋口镇

蔡　锋　于陆林　蔡　平　徐　华　沈　健　严爱萍

苴镇镇

徐学本　蔡青松　冯开圣　张育群　徐　岗　吴　兵　季远征

长沙镇

沈葛明

大豫镇

郭　磊　严永兵

掘港镇

施　霞　刘道军　康拥军　樊　兵　张更生　殷克萍　陈晓兵　徐长俊　陈晓晴

钱　进　徐海军　杨晓梅　丛远芳　王继英

兵房镇

黄　勤　倪菊萍　曾　景　杨春霞　陈亚玉　陈渭淙　施建华　季红霞　张兰萍

马塘镇

李　敏　缪晓彬　陈　伟　吴理梅　张沛华　缪根山　刘　亚　缪健全　王尊山
缪　静

丰利镇

周啸华　王苏慧　徐云霞　周红美　顾爱华　韩拥军　陈四林　陆永明　陈正坤
刘明德　金新林　肖吉如　徐海洲　石高福　王银华　林　霞　桑芝林　唐海建

曹埠镇

陈维松　曾海林　姜志明　徐建军　黄志明　何邱林

新店镇

顾海兵　吴宏成　石兆元　曹　旭

岔河镇

丛昌斌　王永华　丛　飞　陈曙燕　张向军

双甸镇

胡玉珍　蒋建云　张书堂　徐福明　潘建华

河口镇

吴功田　林井托　汤杰兵

袁庄镇

张　平　钟继良　俞　成　万小存

机　关

蒋剑泉　朱尔修　汪炳山　黄　艳　唐李红

教　育

陈五林　周海华　傅国成　陈　健　邱彦刚　吴彩红　范跃忠　吴忠微　赵庆林
崔敬忠　陆如彬　朱长林　丁旭东　康传礼　朱正权　于进盖　杨国庆　缪延林
桑季梅　张宝平　陈娉婷　陈延春　陈　风　陈恩亲　朱明山　符海燕　陈伦红

建　设

周根山

如东县五一巾帼标兵(2009年3月)

沈亚萍　轩玉梅　张海红　陶　红　陆　燕　徐海燕
张占芳　于　梅　於海风　邵建群　郁　香　王　芳
徐亚琴　陈维秀　吴爱琴　徐　锋

如东县技术状元(2009年7月)

倪长发　蔡正群　缪光跃　吴杜群　黄燕燕　张莉莉

如东县五一创新能手(2009年7月)

周拥军　宋鹤林　缪　阳　陈炜炜　徐海清　王　建　戴亚军　曹小东　钱金苏
杨卫东　周一华　缪裕山　陈海波　薛　华　赵小存　薛海峰　陈燕梅　王晓旭
张　舰　陈晓波　黄晓丽　钱亚云　陈书梅　顾文娟　吴　娟　肖慧敏　李新美

2009年县职工职业技能比赛优秀组织者(2009年7月)

刘道军　施建新　李　敏　薛华平　朱贤

2013年度

优秀工会工作者

洋口港经济开发区(长沙镇)

蔡中兵

经济开发区(苴镇镇)

袁新康　马　林　马　勤

沿海经济开发区(洋口镇)

丛远林　陈　华　陶丽华

如东循环经济产业园区(大豫镇)

黄　勤　陆渭淙　严永兵

南通外向型农业综合开发区

周庆生

栟茶镇

周爱国　佘江红

丰利镇

陆红英　金新林　王银华

掘港镇

张如萍　吴东安　刘道军　鲍宛伶　管震亚　徐海军

马塘镇

黄先培　缪晓彬　徐守华　曹克婷

曹埠镇

王　娟　姜志明

岔河镇

张向军　丛　飞　丛昌斌

新店镇

蔡晓洋　徐建忠

双甸镇

陈姚华　冯亚君

河口镇

崔　鸿　汤杰兵　范从美

袁庄镇

李　真　刘　建

如东县机关工会联合会

缪亚红　许波涛　施学辉　李　明

如东县建设工会联合会

汤爱军　张国成

如东县教育工会

邵　琴　周　云

优秀工会积极分子

洋口港经济开发区(长沙镇)

季丹丹　虞一甜

经济开发区(苴镇镇)

阮泽泉　宫卫红

沿海经济开发区(洋口镇)

吴卫波　沈　鸽

如东循环经济产业园(大豫镇)

陈亚玉　陈小卫　施建华

南通外向型农业综合开发区()

何家辉

栟茶镇

周永宏　徐军辉

丰利镇

陈四林　顾爱华

掘港镇

徐坚荣　王美俊　张勤兵　沈亚秋　丛远明

马塘镇

张海峰　王雨峰　缪根山

曹埠镇

顾新红　吴小卫

岔河镇

印学荣　蒋亚斌

新店镇

花玉才　张程成

双甸镇

佘智勇　陈　明

河口镇

彭文山　吴功田

袁庄镇

冒乃建　吴正标

如东县机关工会联合会

吴美华　郁宏飞

如东县建设工会联合会

吴　顺　卢丁丽

如东县教育工会

马爱华　崔敬忠

优秀工会之友

谢　林　徐志祥　曹彩红　沈维新　徐敏燕　冯　健　黄继石　陆忠跃　陈德新　季跟兵　刘志刚　徐　伟　於世桂　翁　祥　高　军　施永平　周新基　张益峰　王校尉　陈春建　王小峰　陈五霞　陈霞光　钱　设　袁宗建　江　兵　王　云　冯志兵　吴青青　柏　杨　陈　新　徐东俊　曹佩森　康红兵　曹爱东

优秀工会积极分子

季丹丹　虞一甜　阮泽泉　宫卫红　吴卫波　沈　鸽　陈亚玉　陈小卫　施建华　何家辉　周永红　徐军辉　陈四林　顾爱华　徐坚荣　王美俊　张勤兵　沈亚秋　丛远明　张海峰　王雨峰　缪根山　顾新红　吴小卫　印学荣　蒋亚斌　花玉才　张程成　佘智勇　陈　明　彭文山　吴功田　冒乃建　吴正标　吴美华　郁宏飞　吴　顺　卢丁丽　马爱华　崔敬忠

附 录

上世纪80年代和90年代，工会从企业改制、改革的实际情况出发，先后确立维护、建设、参与、教育的新时期工会四项社会职能，明确维护职工合法权益是工会的基本职责等，对从计划经济向市场经济过渡中的工会发展道路积极探索。进入全面建设小康社会、加快推进社会主义现代化的新的发展阶段，在过去提出的突出工会维护职能的基础上，又鲜明地提出把维护职工的合法权益贯穿于推动改革、促进发展、积极参与、大力帮扶全过程的工作思路。同时，各级工会按照中央的要求，围绕中心、服务大局，开展工作，创造出许多成功做法和新鲜经验。

一、文件辑要

“要文辑存”主要选辑各个时期县委、县政府和县总及县政府相关部门(单位)印发的具有重要指导作用的通知、条例、简则、规定、意见。

如东县总工会工作人员岗位责任制(摘要)

总要求:

在县委和上级工会领导下，认真贯彻党的路线、方针、政策和工会十大精神，按照“议事、懂全局、管本行”的要求，围绕城市经济改革的中心任务，改进县工会机关工作作风，充分发挥机关全体人员工作积极性，深入改革实际，争创“职工之家”，争当职工之友，为提高职工两个素质，开创如东工会工作新局面做出贡献。

县工会工作人员岗位责任制:

主席职责:

1.贯彻党的路线、方针、政策和工会十大精神，遵循县委和上级工会的要求，听取职工群众正确意见,为广大职工办事、讲话。努力开创工会工作新局面。

2.做好县工会干部政治思想工作,带动工会一班人投身改革,大胆创新,做改革的促进派,围绕党的中心,服务于中心,加强职工队伍,提高职工队伍素质,努力完成县委和上级工会交给的各项任务。

3.加强县工会干部和基层工会干部的政治思想工作,以干部"四化"要求,逐步配备好各给工会主要领导干部,对取得显著成绩的工会干部给予表彰和奖励。

4.帮助、督促各级工会创"职工之家"。关心工会干部,切实为工会干部解决一些力所能及的具体问题,争做职工之友的表率。

5.加强县工会自身建设,按照工会章程开好县工会第十次代表大会,领导成员争做坚持原则、按章办事、不谋私利,团结同志的模范。

一名副主席职责(分管组织、宣教):

在工会主席领导下,协助工会主席工作。按分工抓好工会组织、宣教工作。

1.认真贯彻上级有关组织和宣教工作的方针、政策,并根据县总全委和澡委决议办事,经常了解掌握组织部、宣教部工作情况,参与研究工作计划,协助解决工作的难题。

2.检查督促两部工作计划的落实,定期深入文化宫、职工学校、基层工会调查研究,协助安排工作,抓好典型,推动工作。

3.按整顿基层工会规划要求,坚持"职工之家"验收标准,组织各方面力量进行验收,并组织基层工会交流建"家"经验。

4.经常了解基层工会干部配备情况,协助有关部门尽快配齐工会干部。

5.尊重集体领导和分工负责的原则。县工会的重大问题及时汇报,提请集体研究决定。分工的工作积极主动做好。

一名副主席职责(分管生产保护、生活女工):

1.在工会主席领导下,认真贯彻党的路线、方针、政策和工会工作的任务,同时协助工会主席的工作,努力开创工会工作的新局面。

2.按工会工作的分工,根据生产保护部、生活女工部的工作要求,与部门同志共同研究抓好工作。

3.深入基层(每月10-15天左右)。做好宣传发动工作,了解生产和生活女工的先进事迹,协助有关部门组织劳动竞赛、总结经验,表扬先进,帮助解决一些具体问题。

4.大胆处理职责范围内的各种问题,按规定时间争取提前处理完毕。

秘书职责:

1.做好领导的助手,搞好县工会工作计划、总结、典型经验、综合汇报、起草文稿、文件审核、上报下发、文件传阅、归档,做好保卫保密工作。

2.组织机关工作人员的政治、业务、文化学习，搞好单位文明建设。

3.热情接待和妥善处理人民来信来访。重大问题请示领导决定，涉及到其他部门，主动联系协同解决。

4.搞好机关生活福利，做好办公室内部工作。

组织部职责：

工会基层组织是工会的基础，是工会工作的方针、任务和各项工作的落脚点，是实现各项工作任务的组织保证，因此，必须重视工会基层组织建设。

1.在县总和分管主席的领导下，认真做好县总协管范围内工会干部的管理和考察，调配好各级工会干部。

做好县总机关、事业单位的干部、职工的考察、任免等组织管理工作。

2.负责县工会代表大会的组织、筹备工作，做好检查、督促基层工会委员会换届选举工作，及时讨论、批复、下发基层工会委员会人员名单。

3.搞好基层工会，联合委员会建设和组织、筹备乡办企业的建会工作，帮助基层工会建立健全各种工作委员会。

4.做好基层工会干部和工会积极分子的培训工作，协助基层和各区镇工会办好各种工会干部集训班，按照革命化、年轻化、知识化、专业化的要求，建设一支密切联系群众，全心全意为职工群众服务的工会干部队伍。

5.积极开展工会工作竞赛，推动基层工会工作的开展，负责工会系统竞赛的组织发动，总结评比工作，搞好基层工会验收，按六条验收标准，把基层工会建成“职工之家”，工会干部成为“职工之友”。

还要搞好各种工会组织年报，建立健全和妥善保管组织档案、资料。

宣教部职责：

1.贯彻党的十二大和工会十大精神，贯彻马列主义、毛泽东思想，开展共产主义教育、形势任务教育。针对职工队伍的现状，进一步加强对职工的思想政治教育和文化技术教育，努力提高职工的两个素质，加强职工队伍的建设，树立八十年代工人阶级主人翁的新观念。

2.以青工为主体举办各级各类政治学校，开展振兴中华读书活动、兴趣小组活动，发动职工积极参加“五讲四美三热爱”活动，切实贯彻执行《职工守则》，加强职工道德教育，做好职工思想政治工作。

3.开展和抓好基层工会俱乐部的建设，组织俱乐部一条龙竞赛，总结、交流，推广先进俱乐部活动经验，活跃职工文化生活。加强县文化宫、电影院组织建设和思想建设，发挥好宣传、辅导等阵地作用。

4.县和基层运用一切阵地,采取各种形式,大力宣传先进人物的先进思想和先进事迹,使更多的职工跨入先进行列。

5.发动和组织职工参加体育锻炼,开展体疗活动,增强职工体质,促进文明生产。

6.参与职工教育管理,会同有关部门制定职工教育规划、措施,发挥县、区、镇基层工会职工教育管理委员会作用,指导基层开展各项活动,充分发挥维护、监督作用,多形式、多层次搞好自身办学,以教学工作为中心,开展教学研究活动,提高教学质量,交流经验,表彰先进。

生产保护部职责:

1.发动基层工会,协助行政完成生产任务,开展社会主义劳动竞赛活动,参加企业整顿和验收工作。

2.抓好劳模的培养、选树和管理工作,健全劳模档案,密切同先进模范人物联系,及时发现和总结先进典型,组织"双先"活动。

3.参与和监督工厂企业行政,加强对职工的劳动保护工作,认真参加伤亡事故的调查处理,开展群众性的劳动保护和职业病防治活动,切实保障职工的安全和健康。

4.以职工技协和技术交流站为阵地,组织技术攻关、技术协作和技术革新活动,大力推广和交流先进技术,促进企业技术进步,提高经济效益。

5.有计划地抓好生产、保护、技协等方面的业务培训和总结交流工作,不断提高基层工会干部的素质。

生活女工部职责:

生活女工工作是整个工会工作的部分,生活女工工作针对群众生活及女工的特点和要求,着重做好几项工作。

1.维护职工的合法权益,努力为职工办好事。

努力宣传贯彻党的关心群众生活的方针政策,深入基层,了解职工生活中的存在问题及群众意见和要求,向有关部门和上级领导反映,维护妇女儿童的合法权益,同歧视、迫害妇女儿童的不法行为作坚决斗争。

2.积极开展群众性的互助互济和生活后勤服务工作一条龙的竞赛活动,并组织检查、交流、评比、表彰、督促基层办好互助储金及走访、慰问、疗养工作。

3.贯彻国家的劳动保险政策规定及女工劳动保护的方针、检查基层职工福利待遇执行情况,督促基层,切实做好女工的特殊保护工作。

4.抓好基层女工工作,业务上给予指导及培训。组织开展创"四好女工委员会"及争当"五好家庭""三八红旗手"竞赛,抓典型,进行交流、评比、表彰。

5.负责抓好县工会自身的计划生育及检查各基层协助行政做好计划生育工作的情况。

财务职责：

1.宣传、贯彻、执行全国总工会统一规定的财务方针、政策、制度、纪律。

2.收好、管好、用好各项经费，按规定上解经费，合理分配经费。

3.编制预算、决算。并按规定审批和汇总所属下级工会及事业单位的预、决算。

4.领导并督促检查下级工会直属单位财务工作，加强调查研究，总结交流经验，培训财务干部。

5.接受经费审查委员会的审查，定期向工会全委或代表大会汇报财务工作。

如东县总工会制订
1984年9月

关于工会参加党、政府有关会议和工作机构的通知

中共江苏省委办公厅、江苏省人民政府办公厅根据中办发(1985)55号文件，发出《关于工会参加党和政府有关会议和工作机构的通知》要求党和政府为工会组织在国家和社会生活及经济体制改革中更好地发挥作用，进一步创造必要的条件。现根据县委、县政府的意见，通知如下：

一、县委、县政府及有关部门在研究制定和实施全县经济、社会发展计划及重大方针政策时，凡涉及职工切身利益问题时，通知县总工会的负责同志参加会议或工作；凡涉及职工利益的各项重大改革的领导机构，吸收县总工会的同志参加。各区、镇和有关部门也可以参照以上精神办理。

二、基层工会组织除了参加企业管理委员会，参与研究讨论企业和各项重大问题外，要搞好企业民主管理，使工会组织和职工代表大会在审议企业重大决策、监督行政领导和维护职工合法权益等方面的权力和作用得到充分发挥。

三、各部门、各单位要按照干部四化的要求，认真检查一下基层工会领导班子的情况，对人员配备不全或不适应工会工作的，应按工会章程、抓紧调整、选配好。

以上各点，请认真贯彻执行。

中共如东县委办公室
如东县人民政府办公室
1986年3月4日

如东县工人运动研究会章程(暂行)

第一条 如东县工人运动研究会(以下简称本会)是一个自愿结合的群众性学术团体。

第二条 本会的宗旨是:研究工人运动和工会工作理论与实践中的问题,加强工会建设,发展工人运动和工会工作,为社会主义物质文明和精神文明建设服务。

第三条 本会以马列主义、毛泽东思想和党的工作方针为指导,坚持四项基本原则,贯彻理论联系实际,解放思想,实事求是,百家争鸣方针。

第四条 本会的主要任务是:组织会员与工会工作者研究、总结如东工人运动和工会工作的历史经验。探索社会主义条件下工人运动和工会工作的基本规律,推动工会理论和实践的不断发展。

1.组织学习和研究马、恩、列、斯、毛泽东同志和党中央其他有关领导同志关于工人运动和工会工作的理论,党中央关于工人运动的决议、指示等文献,研究我国工会的历史经验教训。

2.组织社会调查,对工会实际工作中的新问题进行马克思主义的分析和阐述,并提出建议。

3.研究和介绍国内各工会工作的经验、情况,探索具有中国特色的工会建设道路。

4.紧紧围绕工会工作,举办年会和各种专题讨论会,开展学术性活动,以加强如东工会理论研究工作。

5.配合工会建设和工会工作实践,总结工会建设和工会工作的经验。

6.组织撰写学术论文,编印研究资料和向有关刊物推荐研究成果。

第五条 会员

1.凡承认本会章程的如东各级工会干部、工会积极分子和有志研究工人运动与工会工作的同志以及各级工运研究会(小组)均可申请参加本研究会。

2.会员享有以下的权利:

1)优先参加本会举办的学术和集体活动;

2)有会内的选举权和被选举权;

3)讨论本会工作,提出批评建议;

4)优先取得本会编印的有关图书、资料。

3.会员应尽的义务:

1)遵守本会章程,执行本会决议,完成本会委托的工作任务;

2)经常学习、研究有关工人运动和工会工作的理论,关心研究工会实际工作;

3)积极参加本会组织的学术研究活动,每年至少为本会撰写一篇以上学术文章或经验总结和调查报告。

4.凡一年内不向本会提交论文、经验总结或调查报告,无故不参加本会活动等,视为自动退会。

5.本会聘请离(退)休的老工会工作者担任顾问。

第六条 组织机构

本会的会员大会是本会的最高权力机构。它的任务是讨论并决定工作方针任务,听取并批准本会理事会的工作报告,制定和修改章程,选举产生理事会。

本会由会员大会选举理事若干人,组成理事会。它是研究会的执行机构,每年召开一次事事会(有特殊情况临时召开),由理事会推选会长一人、常务副会长一人、副会长若干人,负责日常的会务工作。

本会设秘书长一人,副秘书长一至二人,负责办理日常的具体工作。

理事会的任务是:

1.主持召开年会报告工作,审定优秀论文并组织评选,给予奖励。

2.配合全县工会工作组织召开的专题讨论会,撰写对实践有指导意义的调查报告和其他文章。

3.编印会刊和资料。

4.负责研究会各种会议和活动的组织工作。

第七条 经费

1.研究会所需经费,由县总工会拨款,团体会员缴纳和有关方面资助。

2.研究会经费用于购买学习材料,聘请专家讲学,召开会议,编印资料,付给论文奖酬等。

第八条 附则

本章程从研究会会员大会通过之日起执行。

如东县工人运动研究会筹建领导组制订

1988年10月20日

如东县基层工会职工业余法律咨询组工作简则(暂行)

第一条 工会法律顾问工作是一项运用法律武器、教育职工、维护工会组织和会员合法权益的工作。为了进一步加强工会法律顾问工作,切实履行工会的维护参与职能。根据如东实际情况,特制订本工作简则。

第二条 职工业余法律咨询组是在基层工会组织领导下,为工会会员提供法律咨询服务,依法维护工会组织和工会会员合法权益的群众性法律咨询组织。

第三条 职工业余法律咨询组成员由本单位职工中有志于从事法律宣传、咨询工作,并具有一定业务知识的积极分子组成。

第四条 职工业余法律咨询组职能范围:

(一)受本单位工会组织委派,参与审议提交职工代表大会的有关职工切身利益提案,参与审议厂长(经理)向职代会提出的奖惩办法等规章制度;

(二)受劳动争议职工当事人委托,担任代理人和做好工会调处劳动争议的参谋;

(三)开展法律咨询活动,为职工提供必要的法律帮助;

(四)筛选信息,向本单位工会和上级工会法律顾问组织反映职工意愿;

(五)利用工会宣传阵地,开展法制宣传活动;

(六)职代会和工会委派的其他工作。

第五条 职工业余法律咨询组工作制度:

(一)为方便工作,咨询组织机构设在本企业工会委员会;

(二)咨询组成员不脱离本职工作,并在单位支持下参与法律咨询服务工作;

(三)咨询组成员采取企业内部聘任制,每聘期一年,可连聘连任;

(四)定期和不定期的进行法律咨询服务活动,每月不少于一次;

(五)业余法律咨询组成员定期碰头,进行业务知识学习,对一些疑难问题共同研究解决或请示上级工会法律顾问组织;

(六)咨询组建立档案制度,妥善保存有关文书资料,凡经咨询组处理的案件,其处理情况和结果均整理归档,解答咨询也应登记保存;

(七)对咨询组成员的工作,在年终给予正确的评价,对其中的优先者给予奖励。

第六条 本工作简则由如东县总工会法律顾问处理解释。

如东县总工会制订
1989年4月17日

如东县女职工委员会工作条例(暂行)

为努力实现工会组织群众化、民主化的要求,增强工会女职工组织的活力,改进女职工组织的体制和活动方式,在治理、整顿、改革中,使女职工组织真正成为代表和维护女职工利益的、广大群众信任的群众组织,提高女职工在我国经济、政治、文化和社会生活中的地位,充分发挥女职工在建设具有中国特色的社会主义伟大事业中的重要作用。根据《中华人民共和国工会法》和《中国工会章程》的基本精神,特制定本条例。

第一章　性　质

第一条 如东县女职工委员会是由工会干部、女职工代表以及关心、支持如东女职工工作的有关方面领导和社会各界知名人士,通过民主协商产生的、代表和维护女职工特殊利益的群众组织,接受同级工会和上级女职工委员会的领导。

第二章　任　务

第二条 如东县女职工委员会坚持以马列主义、毛泽东思想为指导,遵循党在社会主义初级阶段的基本路线、为治理、整顿、改革服务,为全县女职工服务。

如东县女职工委员会认真贯彻落实上级有关女职工工作的方针政策,研究确定全县女职工工作计划、任务、组织领导和协调全县女职工工作。对下进行业务指导和服务。

第三条 如东县女职工委员会把代表和维护女职工的特殊利益作为自己的主要任务,认真做好维护女职工具体利益的各项工作。

在涉及如东女职工切身利益的重大问题上,代表女职工充分发表意见,保护女职工的权益和特殊利益,代表和组织女职工监督有关方面正确执行国家和地方有关女职工劳动保护等方面的政策、法规,反对各种歧视女职工的现象,坚决与少数歧视、侮辱、残害女职工的行为作斗争。

第四条 加强和改进女职工的思想政治工作,在女职工中开展以自尊、自信、自立、自强为主要内容的“四自”教育,树立共产主义理想和道德观念,正确处理恋爱、婚姻、家庭问题;克服自卑和依赖思想,增强改革的心理承受能力,提高竞争意识和应变能力。引导她们成为有理想、有道德、有文化、有纪律的职工。

第五条 组织女职工以主人翁姿态投身现代化建设。女职工委员会要协助有关部门提高女职工的素质,为她们参与平等竞争创造条件。帮助女职工努力学习经济、文化、科学技术,提高女职工的思想、文化、技术业务素质。

第六条 从实际出发,调查研究如东女职工在深化改革中面临的新情况、新问题。加强女职工工作的理论研究,以发展生产力为标准,探索新形势下女职工工作的内容、方法、途径。

女职工委员会下设女职工工作学组,作为团体会员加入如东县工人运动研究会,接受其业务指导。

第七条 利用各种宣传工具、运用多种形式宣传女职工和女职工工作先进典型,总结推广先进经验,指导全县女职工工作的开展。

第三章 组 织

第八条 如东县女职工委员会由二十至二十五人组成,委员经民主协商产生,并经县工会全委会通过。委员会设主任一名,副主任三名,其中一名副主任为专职。委员会设名誉主任若干名,由社会上有名望并热心于女职工工作的老领导担任,聘请若干名领导同志为顾问。

女职工委员会的办事机构为生活女工部,负责处理女职工委员会的日常工作,生活女工部同时又是县工会的一个职能部门,保证女职工组织在工会的领导下,更好地代表和维护女职工的合法权益,积极主动,独立负责地开展工作。

女职工委员会每届任期与县工会委员会任期相同。

第四章 工作制度与工作方法

第九条 如东县女职工委员会委员会议一般半年召开一次。主要讨论决定以下内容:

(1)确定委员会调查研究课题。

(2)研究有关女职工权益的重要问题。

(3)讨论女职工工作计划和工作总结。

(4)商定女职工工作经验交流,评比表彰的有关事项。

(5)商定女职工委员会所要开展的重要活动。

第十条 如东县女职工委员会实行集体领导、民主协商制度,重要问题经过全体委员会协商讨论作出决定。主任或副主任负责和主持全体委员会会议,日常工作由专职副主任主持和处理。

第十一条 如东县女职工委员会的工作方法是调查研究,了解情况、向工会组织和社会提出有关女职工利益的意见和建议,解决她们的实际问题。

第十二条 全体委员会议闭会期间,所需开展的重要活动,也可由主任会议临时商定。

第十三条 如东县女职工委员会必须依靠广大女职工工作积极分子做好工作,要经常深入到女职工群众中去调查研究,了解女职工的意见和要求,切实维护女职工的特殊利益和具体利益,使如东县女职工委员会真正成为广大女职工所欢迎的"女职工之家"。

第五章　附　则

第十四条 本条例生效、废止、解释权属如东县总工会。

如东县女职工委员会制订

1989年6月

如东县工会系统职工技协有偿技术服务暂行规定

一、总则

第一条 为贯彻中华全国总工会工总经字〔1987〕38号文件《关于颁发(工会系统职工技协有偿技术服务暂行规定)的通知》和财政部〔1987〕财税字267号文件《关于对工会系统有偿技术服务机构的所得税征免所得问题的通知》以及省、市财政局、总工会有关规定,结合本县情况,特制定本规定。

第二条 在开展职工技协活动中,要实行有偿和无偿相结合的技术服务,以体现发扬共产主义风格同执行现行经济政策相结合的原则。

第三条 工会系统职工技协实行有偿技术服务，要坚持以业余为主，要坚持为经济建设服务，为技术进步服务，为振兴如东经济服务，为提高职工技术素质服务。

第四条 职工技协开展有偿技术服务活动的机构是工会的事业单位，开展有偿服务活动，要兼顾国家、单位和个人三者利益。

第五条 企业工会技协组织开展有偿技术服务活动，要与企业行政组织的技术服务划分开，企业在职职工利用工作时间参加工会技协组织的有偿技术服务活动，要经企业行政同意，收入要合理分配。

二、服务范围

第六条 职工技协开展有偿技术服务的范围是：

1.为解决厂矿企业技术难题进行的技术攻关；

2.为厂矿企业的技术改造，开发新产品以及消化、吸收引进技术等，提供技术服务；

3.为企事业单位进行技术咨询、技术论证，提供技术信息；

4.推广新技术、新工艺、新材料；

5.为提高职工技术素质开展技术培训；

6.科技成果转让及中介服务；

7.为企业单位进行项目的修配、安装及咨询服务；

8.技术承包、技术入股和技术出口。

第七条 下列业务不列为职工技协服务范围：

1.企业行政正常经营的和已在经营的项目；

2.企业正常的产品推销；

3.企业正常生产的产品和批量生产的零部件加工；

4.企业承包的土建工程；

5.其它未经企业行政同意列入职工技协服务范围的项目。

三、收费原则及标准

第八条 科技成果及中介服务，按国务院国发〔1985〕7号文件《关于技术转让的暂行规定》的有关规定执行。

第九条 技术服务收费标准由开展技术协作的双方商定，对亏损企业、贫困地区的乡镇企业和经济有困难的中小型企业，可暂缓、减免收费。

第十条 对可计算经济效益的项目(例如提高质量、增加产量、降低消耗、节约费用、增加利润等)，按受益单位年实际增收节支效益大小，在增收节支效益的10-20%内商定收费。

第十一条 对不易计算或不能直接体现经济效益的项目(例如：改善劳动条件、消除环境污染、技术测试、质量分析、故障排除、技术指导等)可根据工作量大小、技术复杂程度、完成项目实际所需费用由双方商定。

第十二条 县、基层工会系统职工技协组织所属的经营机构，在技术协作中充当中介方，按有关规定由双方商定收取适当的费用。

第十三条 技术培训，按培训内容、课时、实验原材料及劳务实际消耗等，统筹核算，按有关规定收费或双方商定收费。

四、税收及收益的分配

第十四条 职要技协有偿服务收入的税收，按照财政部、国家税务局，省税务局有关规定执行。

第十五条 按江苏省总工会苏工财〔1989〕第1号文件等规定的精神，各基层技协，应按季根据自身和下属有偿技术服务分支机构从事有偿技术服务活动取得技术服务或成交额的5%，向县职工技协交纳团体会费，县职工技协按规定向市职工技协上交团体会费。

第十六条 职工技协有偿技术服务在税后留用的净收入中，15%用于支付直接参加有偿服务活动人员的劳务报酬，对纯属业余或确有困难的单位而贡献较大的，可放宽到30%。

第十七条 按第十六条规定分配后的剩余收入按下列比例分配：

1.发展基金：57%，用于发展职工技协事业，更新设备、设施维修及开展各项活动；

2.集体福利基金：25%用于开展有偿服务活动的集体福利；

3.奖励基金：15%用于开展有偿技术服务活动的各种表彰、奖励；

4.主任基金：3%用于以上各项专用基金开支范围以外，需在业务活动中必须开支的其它费用。

五、机构和管理

第十八条 各基层职工技协开展有偿服务需经同意工会审查，上报县职工技协批准备案，并按以下情况管理：

1.各职工技协有偿技术服务机构要加强财务管理工作，遵守财政纪律，统一使用《江苏省如东县职工技协技术服务统一发票》。

2.根据财政部〔1987〕财税字267号文件，有偿技术服务机构（包括企业工会技协组织）应在工商行政管理部门办理工商登记，在银行开设结算帐户，财务上应与行政脱钩，独立核算，自收自支，要建立帐簿和编制财务会计报表，并设专人管理。具备上述条件，方能享受规定的减免税照顾。严禁将企事业和经营单位的各种所得纳入有偿技术服务所得中偷漏税款。所使用发票，一律使用有“税务机关监制章”的发票，并由税务机关发放管理，凡基层技协领用发票必须先经县技协签证，才可领用发放。

3.尚未建立职工技协组织的单位，工会应积极组织职工开展技术协作活动。将要建立的技协专业交流队或正在建立的专业交流队、特约人员、挂钩团体等开展技术服务的收费，由县职工技术协作交流站统一办理。

六、附则

第十九条 各基层职工技协组织,可结合本单位的具体情况,制定本单位的具体细则,以便备案可查。

第二十条 本规定自公布之日起执行。

如东县总工会 如东县财政局 如东县税务局
如东县审计局 如东县工商行政管理局制订
1989年8月18日

关于在全县实施群众性经济技术创新工程并开展“十五创新工程杯”立功竞赛的意见(摘要)

“十五”计划是我国进入二十一世纪实施的第一个五年计划,也是我国现代化建设第三步战略部署的伟大开端,对我国经济和社会的长远发展意义重大。实现“十五”计划,把建设有中国特色社会主义伟大事业推向前进,离不开发挥工人阶级的主人翁积极性和创造性。面对科技进步日新月异的形势,为了加快如东经济、社会的新发展,促进全县“十五”计划和“一兴三化”战略目标的顺利实现,决定在全县企事业和职工中,实施群众性经济技术创新工程(以下简称“创新工程”),并开展“十五创新工程杯”立功竞赛。

二、实施创新工程的范围与内容:

(一)范围:凡如东企事业单位及其在职职工均属参加对象,范围包括工业、交通、财贸、金融、科技、文化、教育、卫生、建设、邮电、供电等行业。

(二)内容:

工交企业:重点围绕产品、质量、成本、效益来实施技术、工艺、设备、材料上的创新。即针对生产经营上的难点和薄弱环节,解决生产技术关键,努力扭亏增盈;调整产品结构,推动企业用高新技术和先进适用技术改造提升传统产品,不断开发新品;加快科技创新与技术改造,提高科技附加值,实施名牌战略;实行企业管理创新与机制创新,应用现代企业管理手段,努力降本增效;积极创先进记录、先进经验、先进指标,确保优质高产。

窗口服务行业:重点围绕服务规范、服务知识、服务项目、服务功能来实施创新。即坚持苦练基本功并大力提倡挖掘、学习和推广绝招、绝活，熟练掌握并创新岗位服务技能；拓宽服务渠道，不断提高服务水平，为经济建设和人民生活提供最佳服务；创新经营管理模式，不断改善和优化服务环境，争创最佳社会效益和经济效益。

科教文卫等行业：重点围绕进一步贯彻科学技术是第一生产力的战略方针，加快科技进步，积极创造科技成果努力教书育人，创造科学的现代化教育方法，努力提高教育质量，精心培育各类人才；加强医德医风建设，学习应用先进医疗手段，不断提高医疗科技水平；努力组织各类文化科技活动，大力普及科普知识提高全民科技素质，丰富城乡人民精神生活。

三、实施创新工程的方法与形式：

实施创新工程，以开展“十五创新工程杯”立功竞赛等活动为载体。

各单位要组织广大职工，深入开展劳动竞赛、合理化建议、技术革新、技术协作、发明创造等多种形式的群众性经济技术创新活动。

全县重点抓好以下竞赛；

（一）“科技创新杯”竞赛。在各企事业中进行，主要是：赛新品开发，调整产品结构，加速产品升级换代；赛名牌产品的设计和生产，通过创优夺牌，形成名、特、优、新产品，不断加强市场竞争能力；赛高新技术的消化吸收和应用，提升产品科技含量。

（二）“重点工程杯”竞赛。在县重点工程（项目）实施单位中进行，主要是：赛质量，高标准保证质量，验收优良；赛创新，坚持开发创新，技术、工艺等方面具有较高科技含量；赛管理，管理科学、严格，制度和台帐健全，经济效益最佳；赛速度，依靠群体智慧和力量，保证按期或提前竣工；赛安全，现场文明整洁，作业有序，无伤亡、火灾爆炸、质量、交通等方面事故。

（三）“技能开发杯”竞赛。在企事业中进行，主要是企事业大力组织广大职工开展以提高职工科技素质为内容的竞赛，主要是：赛科技培训活动的开展，不断提高职工创新意识和职业技能水平；赛岗位练兵、技能比赛的发动，总结推广先进工作法，开展“精一招会两招学三招”活动，搞好传、帮、带；赛小改小革、发明创造、招标揭榜攻关、技术难题会诊等活动的组织。当前，企事业要有计划、有步骤地组织职工开展“两普及”活动，即“计算机学习应用普及”和“创造学推广普及”活动。

（四）“优质服务杯”竞赛。在各窗口服务行业中进行，主要是：赛服务规范的制定，赛服务质量的提高，赛服务环境的改善，赛服务品牌的创建，赛服务产生的社会效益和经济效益。

（五）“群策群力杯”竞赛。在企事业中进行，主要是：赛群众性合理化建议、技术改进活动的开展，赛评审组织的建立与正常运作，赛单位职工的建议件数、参与率和采纳实施率，赛奖励兑现情况和实现的经济效益。

（六）个人立功竞赛。在企事业职工中进行，主要是以“学习新知识，掌握新技能，创造新业绩，争当新型劳动者”为主题，开展“三创”、“三新”活动。“三创”即：每个职工努力做到“思维创新，技能创新，岗位创新”。“三新”即：每个职工都要争当“创新能手”，争出“创新成果”，班组争创“创新工程示范岗”。

（七）优秀组织者竞赛。在各级党政领导和竞赛工作人员中进行，主要是：赛本部门、本企业、本岗位竞赛组织方案的合理制订，赛竞赛各环节的科学组织与协调，赛竞赛过程中认真开展检查、评比与考核，赛竞赛所创造的实际效益。

四、评比表彰办法：

实施“创新工程”和“十五创新工程杯”立功竞赛立功单位和个人，在各主管部门和扎口部门择优推荐上报的基础上，由县劳动竞赛委员会审定，予以表彰。县级立功单位奖杯、奖状，先进班组授予“创新工程示范岗”称号，先进个人授予“创新明星”、“创新能手”或“优秀组织者”称号，对富有价值、效益显著的科技成果授予“创新成果”称号，或以职工名字命名的“×××先进工作法”。对有突出贡献的先进个人，将按规定程序，推荐劳模和五一奖章等荣誉称号的表彰。

如东县总工会　中共如东县委宣传部
如东县计划与经济委员会　如东县科学技术委员会
如东县财经贸易委员会　如东县建设委员会

2001年6月15日

关于在全县职工中开展“十佳金点子”、“十佳科技创新成果”评选活动的通知(摘要)

东工生〔2006〕8号

各镇(系统)工会、各基层工会:

为进一步贯彻落实十六届五中全会和县科技创新大会精神,推动自主创新和创新型城市建设,进一步激发广大职工科技创新创业的热情,进一步动员和组织广大职工投身“当好主力军,建功‘十一五’,建设新如东”的竞赛活动,县总工会、县职工技术协会决定在全县职工中开展“十佳金点子”、“十佳科技创新成果”评选活动,表彰一批为增强自主创新能力、发展循环经济、建设创新型城市中作出突出贡献的职工。现将有关评选事项通知如下:

一、“十佳金点子”的评选

(一)评选的范围:主要是2004年以来全县企事业单位职工围绕“节能、降耗、创新、发展”主题,开展节能、节水、节材和提高资源综合利用率等方面提出的优秀合理化建议及成果。近几年受到如东县表彰的科技进步奖、创新成果奖等不再列入评选范围。

(二)评选的条件:凡具备下列条件之一者,均可申报“十佳金点子”:

(1)合理化建议被单位采纳,且已付诸实施,取得实效,经相关部门鉴定具有先进性、可行性和效益性,并具有一定推广价值。

(2)经济效益经过科学计算,年节约或创造效益20万元以上。

(3)推荐的“十佳金点子”须具备原始建议表,奖励审批表,效益计算准确,经主管部门同意。

二、“十佳科技创新成果”的评选

(一)评选的范围:2002年以来,全县各企事业单位职工在科技研究、科技攻关、技术开发、技术创新、发展创造和科技成果转化等方面取得的重要科技成果,以及开展职工经济技术创新活动中总结和推广的先进操作法、教学方法等均可推荐申报。已经获得如东县科技进步奖的项目不再申报。

(二)评选条件:具备下列条件之一者,均可申报“十佳科技创新成果”。

(1)围绕企业技术改造和新技术、新产品、新材料的开发、应用以及通过引进、消化和吸收进行二次创新过程中取得的成果,并在实施中取得一定经济效益和社会效益的;

（2）围绕建设节约型、创新型企业，在节能、节材、降耗等方面取得显著成效，在行业有推广应用价值的，并取得一定的经济效益和社会效益的；

（3）在立功竞赛中，围绕产品、质量、成本、效益等方面取得的成果；在各类重点工程劳动竞赛中，围绕工程建设的质量、工期、效益、安全等方面取得的成果；在各类优质服务竞赛中，围绕改善服务质量，塑造窗口行业品牌取得的成果，并在本行业具有推广应用价值的。

（4）在"小革新、小发明、小创造、小设计、小建议、小核算"活动和QC小组攻关等群众性创新活动中取得的成果并被采纳应用，有一定经济效益和社会效益的；

（5）在职工经济技术创新活动中，创造出的先进操作法和绝技高招（含 科技文卫等行业新的技术和教学方法）具有独创、高效、实用的特点；经过总结、提炼已上升为工艺要领，易于掌握，具有推广和应用价值，在同行中处于领先地位；且使劳动生产率、产品质量显著提高。

（6）创新技术，在职业安全卫生和环境保护等方面作用显著；

（7）其他方面的创新成果、发明创造或符合全国总工会《职工技术成果奖励暂行办法》和《职工技术成果奖励暂行办法实施细则》相应规定条件的。

三、评选办法和程序

如东县职工"十佳金点子"、"十佳科技创新成果"的评选，首先在各基层单位广泛开展职工合理化建议、立功竞赛、"六小"活动等创新创业活动基础上，对优秀合理化建议和科技创新成果加以梳理，对实际应用中的效果作出科学评价，确定初评项目。然后由各镇、系统工会及直属企业工会将本地区、本单位初评结果上报至县总工会。再由县总工会组织专家评审。整个评选采取自主申报、逐级推荐、专家评定相结合的方法。

各镇（系统）在初评的基础上，推荐申报的"十佳金点子"建议不少于3项，"十佳科技创新成果"不少于6项；产业（系统）、集团公司上报的"十佳金点子"不少于3项，"十佳科技创新成果"不少于2项；县直属企事业单位直接报县总工会。

四、表彰奖励

根据推荐上报材料，经专家论证评审后，评选出"十佳金点子"和"优秀合理化建议"若干及"十佳科技创新成果"和"优秀创新成果"若干，并发给奖状、荣誉证书，并对第一完成人优先推荐市"技术能手"和"市五一劳动奖章"。

关于进一步推行事故隐患危险源点和职业危害监控办法的通知(节选)

为了减少事故和职业危害,推动安全生产和劳动保护工作,经研究,决定在全县工业企业中,进一步推行事故隐患危险源点和职业危害监控法(以下简称监控法)。现提出以下要求:

一、指导思想与要求:

通过推行监控法,进一步落实“安全第一,预防为主”的方针,促进安全生产、劳动保护工作规范化、制定化,不断提高广大职工的安全意识和自我保护能力,确保生产安全和职工身体健康。

推行监控法,要求对事故隐患、职业危害在逐一评估、分类的基础上(含可能发生事故的具体部位)实施分级监控管理,即厂级、车间、班组三级管理,并采用图表的形式展示在作业现场。图表中应明确危险源点名称、地点、部位、监控部门、责任人、监控方法与要求。责任部门或责任人都要规定每天不少于几次到监控点上巡查,及时发现问题,及时整改,以达到预防和控制事故发生。

二、实施办法:

(一)事故隐患危险源点和职业危害确定的依据:

(1)有爆炸、易发生火灾危险的场所;

(2)有触电伤害危险的场所;

(3)有中毒和窒息危险的场所;

(4)有高空坠落危险的场所;

(5)有机械绞、碾、碰、挤、压、撞危险的场所;

(6)有落物、崩块危险的场所;

(7)有灼烫、淹溺、坍塌等危险的场所;

(8)粉尘超标和环境污染的场所;

(9)存在噪音、低温、高温、振动、辐射、生物毒性危害危险的场所;

(10)其他容易致人伤害、重复发生事故频率高的岗位、场所。

(二)事故隐患危险源点和职业危害控制级别划分依据:

厂(公司)级:危险性、危害性很大,一旦发生事故,将造成严重的人员伤亡和设备财产损失。

车间(分厂)级:危险性较大,易导致重伤或一般设备事故发生。

班组(工段)级:有一定危险性,但其伤害程度较轻。

(三)事故隐患危险源点和职业危害监控点的确认、建档:

各单位应成立由干部、工人和科技人员参加的"三结合"小组,依靠广大职工群众,深入现场分析排查,确认事故隐患危险源点及其级别,最后登记建档。厂级控制点报县备案。

(四)事故隐患危险源点和职业危害的监控管理:

(1)厂级事故隐患危险源点由工厂定期检查控制;车间级事故隐患危险源点由车间安全领导小组负责经常性的检查控制;班组级事故隐患危险源点由班组长和班组安全员负责检查控制。不管那一级事故隐患危险源点,所在班组都要有专人负责、专人监控。

工会要发动广大职工,开展群众性的安全管理和监督。按照全总劳动保护三个条例,认真开展工会劳动保护监督检查活动,要组织职工代表进行安全生产巡查,推行企业检查活动,要组织职工代表进行安全生产巡查,推行企业劳动保护集体协商工作,把劳动保护纳入职代会的重要工作内容。

(2)凡列为事故隐患危险源点和职业危害监控点的,应统一设置标志牌(信息卡),标明监控点名称、级别、危害、控制要求、责任人和检查周期等,以图表的形式展示在作业现场。

(3)要做好检查记录工作,对发现的问题,要及时发出《整改通知书》,督促整改。

(4)当事故隐患危险源点通过技改或工艺改进等措施消除或降低危险程度时,所在单位应申报撤销控制点或降低控制级别;当出现新的事故隐患危险源点时,要及时确定级别,采取监控措施。

(5)建立事故防灾预案。对一些危险程度大,有可能发生重大事故的控制占,要建立防灾预案,防灾预案的主要内容应包括:①单位概况;②事故形式,可能造成的危害、影响范围和经济损失;③救灾组织领导机构,包括指挥、通讯、后勤保障、医疗救护、效能运输、接待、善后工作等;④救灾力量的调集和外部协作要求;⑤救灾技术方案;⑥紧急疏散方案。

如东县计划与经济委员会

如 东 县 劳 动 局

如 东 县 总 工 会

2000年11月10日

中共如东县委关于进一步加强和改进新时期工会工作的意见

为深入贯彻“三个代表”重要思想，全面落实科学发展观，更好地坚持党的全心全意依靠工人阶级的根本指导方针，充分发挥工会作为党联系职工群众的桥梁纽带作用，组织动员全县广大职工为全面建设小康如东建功立业，现就进一步加强和改进新时期工会工作提出如下意见。

一、坚持全心全意依靠工人阶级的根本指导方针，充分认识加强新时期工会工作的重要意义

中国工会是中国共产党领导的工人阶级群众组织，工会工作是党的群众工作的重要组成部分。加强和改善党对工会工作的领导，是发挥工人阶级主力军作用、建立和谐劳动关系、维护职工群众合法权益、促进社会稳定的客观需要，是增强党的阶级基础、扩大党的群众基础、巩固党的执政地位的根本要求，是坚持“立党为公、执政为民”的具体体现。随着改革开放的不断深入和社会主义市场经济体制的日益完善，我国社会经济结构、劳动关系和职工队伍发生了较大变化，工会工作面临着许多新情况、新问题，新形势对工会工作提出了一系列新的要求。在履行职能上，要求工会组织全面履行各项社会职能，把维护职工合法权益作为工会一切工作的出发点和归宿；在工作目标上，要求最广泛地把职工组织到工会中来，建立稳定协调的劳动关系，引导职工正确认识和对待改革、发展过程中利益关系和利益格局的调整，理顺情绪、化解矛盾；在工作对象上，非公有制企业职工和进城务工人员的合法权益更需要工会来维护，他们已成为工会工作的重点对象。

各级党委要通过加强和改进党对工会工作的领导，保证党的全心全意依靠工人阶级的根本指导方针落到实处，支持工会组织更好地履行社会职能，最大限度地把职工群众组织起来，最大限度地维护好职工群众的合法权益，最大限度地调动职工群众的积极性、主动性和创造性，在推进如东“三个文明”建设中做出积极的贡献。

二、加强基层工会组织建设，不断扩大工会组织的覆盖面

加快基层工会组织建设步伐，是加强工会工作的前提和基础。各级党委要切实把加强基层工会组织建设纳入党建工作目标任务，以党建带工建、工建促党建，加强领导，统一部署。各级政府及有关部门要大力支持基层工会组织建设，共同推动这项工作深入开展。各级工会组织要按照哪里有职工哪里就要建立工会组织的要求，坚决抓好组建工作。要重点抓好镇工会(及开发区工会)这一关键环节,重点抓好建筑、纺织服装等职工多、维权难的行业。各类企业开业之日起一年内仍未建立工会的,从期满后的第一个月起,由税务部门按工资总额2%代收工会筹备金。

要积极探索适应企业特点、适合职工需要、方便简洁的入会形式,努力建立起有利于各类职工及时入会的工作机制。通过全面建立村(社区)工会把广大职工组织起来。凡是与用人单位建立劳动关系(含事实劳动关系)的职工,不论是否在编、工作时间长短和户籍在何处,都要依法把他们吸纳到工会中来。各镇基层工会组织的组建率和职工入会率要确保在95%以上,并力争通过1–2年时间使大部分基层工会达到组织健全、制度完善、活动规范、职工满意的要求。

三、突出工会维权职能,切实维护职工合法权益

各级党委和政府要支持工会依法维护职工合法权益,在研究涉及职工切身利益及工会工作等方面问题时,要吸收工会参加,认真听取工会意见。各级人大要坚持和完善与同级工会联系制度,做好维护职工合法权益的监督工作。

进一步贯彻《工会法》、《劳动法》等法律法规,建立和完善以职工代表大会为基本形式的企事业单位民主管理制度。根据市场经济发展的新要求,进一步丰富职代会的内容,充实和完善职代会职权,保障职工民主选举、民主决策、民主管理、民主监督等各项民主政治权利的落实。对小型非公企业积极推行集群职代会制度,探索适合如东非公企业特点的民主管理形式和途径。

进一步坚持集体协商和集体合同制度,各类企业、民办非企业单位和实行企业化管理的事业单位要在强化协商机制、增强集体合同的可操作性和实效性上下功夫,不断提高集体合同的签订率和履行率。进一步完善和深化工资集体协商制度,在小型非公企业中大力推行"1+2"集体合同制度(即基层工会在签订集体合同的同时,签订工资、安全保护单项协议)。各类用人单位都必须依法与职工签订劳动合同。劳动和社会保障部门要切实加强劳动执法监察,对不依法签订集体合同、劳动合同、工资协议或不履行合同内容的,要依法严肃处理。

进一步健全政府、企业和职工三方会议协商制度,及时解决劳动关系中存在的矛盾和问题。进一步完善劳动关系预警机制,有效预防和调处劳动争议。有关部门要支持工会依法参与劳动争议调解、仲裁活动,为职工提供法律援助。积极推进"四好企业"评审活动,以此强化企业的社会责任感,维护职工的合法权益。继续加大帮扶困难职工力度,千方百计帮助他们解决基本生活上的困难。各级党委政府及有关部门要支持工会实施"送温暖工程"和困难职工援助计划,发挥工会组织在推动就业和再就业工作中的积极作用。

四、加强和改进党对新时期工会工作的领导

各级党委要把工会工作列入重要议事日程，纳入党建目标责任制进行管理。坚持和完善定期研究工会工作制度，县委至少每两年召开一次工会工作会议，县委常委会每年要听取工会1–2次工作汇报，研究解决重大问题。坚持和完善各级政府与工会联席会议制度，及时通报政府有关政策及重要工作部署，听取工会反映职工群众的意见和要求。各级政府要明确一名领导联系工会工作。凡涉及职工切身利益的重要改革，有关工作机构要有工会参加。各级党委政府在研究制订涉及职工切身利益的有关规章、文件及政策措施时要认真听取工会的意见和建议。

各镇党委要按照干部队伍"四化"方针和德才兼备原则，选好配强工会领导班子。把政治上可靠、思想上解放、敢于和善于为职工说话办事，职工群众拥护和依赖的优秀干部，选配和充实到工会领导岗位上来。要进一步落实中央关于工会主要领导职务高配的要求，各镇（开发区）应按照同级党政副职配备专职工会主席，也可由分管副书记兼任工会主席，并配备专职副主席。基层工会达到100家以上，或职工总数达到10000人以上的镇（开发区），应当增配一名专职工会副主席。县委组织部、县总工会要按照工会协管干部的规定，对镇党委选配的工会领导干部人选，应进行联合考察。镇党委确因工作需要调整任期内的工会负责人，应征得县总工会的同意；镇党委要与县总工会共同做好工会干部的人选确定、离任审计、选举批复、新老交接等工作。镇工会委员会门牌与党委政府门牌并列悬挂。镇工会的办公经费由镇政府负担，上级工会按有关规定回拨部分经费用为补充。镇党委在分配中心工作时，要确保镇工会专职干部的精力主要用于工会工作。镇工会专职干部的考核工作由镇党委和县总工会共同负责。

各类单位应按照《工会法》和《中国工会章程》规定选举产生工会干部；企业主要行政负责人和配偶以及他们的近亲属不得作为本企业工会委员会成员的人选。企业工会主席、副主席任期内不得任意被解除劳动合同。稳步推行基层工会主席直选制度，积极探索由上级工会向非公企业单位选派工会主席候选人的做法。企业党组织的负责人可以通过选举兼任工会主席。各类单位应按《工会法》的规定，通过税务代征、财政代扣等途径，按时足额拔交工会经费；基层工会应单独开设工会专用帐户，留成的经费应交基层工会独立掌握使用。工会的经费和财产，任何组织和个人不得侵占、挪用和任意调拨。

各级工会组织要努力加强自身建设，认真践行"三个代表"重要思想，牢固树立科学发展观，进一步强化政治意识、大局意识、服务意识、群众意识和创新意识，不断改进工作作风，求真务实、真抓实干，努力开创工会工作新局面，为全面建设小康如东作出新的更大的贡献。

各镇党委、政府及基层单位要根据本《意见》制定切实可行的实施办法。

中共如东县委员会

2005年4月20日

如东县工会工资集体协商工作指导意见

东工[2011]24号

为了建立企业内部工资分配的自主决定机制，保障企业和职工的合法权益，促进劳动关系的和谐稳定，按照我国企业工资制度改革“市场机制调节、企业自主分配、职工民主参与，政府监督调控”的目标要求，根据劳动和社会保障部2000年9号令《工资集体协商试行办法》、江苏省人民政府2000年173号令《江苏省企业集体协商和集体合同规定》及市、县有关工资集体协商的文件精神。在全县开展行业、区域企业工资集体协商和签订工资协议工作提出如下指导意见。

一、工资集体协商的概念

工资集体协商是指行业、区域、企业工会组织或职工民主选举的职工代表与相应的行政组织代表，依据有关法律、法规和政策，参照当地政府制定和颁布的工资指导及其它相关指标，就企业内部工资分配制度、工资分配形式、工资水平、支付办法、工资资金津贴的调整分配办法，以及其它与工资分配相关的内容进行集体协商，签订工资协议的行为。工资协议是工资集体协商的结果，既可以作为集体协商签订的集体合同中的一项内容，也可以作为工资专项合同。原集体合同中关于劳动报酬条款的内容与工资协议不一致的以当年新签订的工资协议内容为准。工资协议对其所覆盖的企业和全体职工具有同等约束力。

二、工资集体协商的适用范围

工资集体协商是集体合同工作的核心内容，适用于全县行政区域的所有企业（含企业化管理的事业单位）。全县各行业、区域、企业工会和相应的行政组织，要把开展工资集体协商工作作为深化集体协商和集体合同制度的重要内容，认真开展工作。同时要加强对职工个人劳动合同中劳动报酬条款的指导工作。

三、工资集体协商需要遵循的原则

1.合法原则。集体谈判双方应自觉遵守国家和地方政府颁发的有关法律、法规和规章制度，接受劳动行政部门和上级工会的监督、协调、指导。集体协商代表的产生，协商的程序、内容，合同的签订、登记、变更、解除等必须合法。

2.坚持以按劳分配为主体和效率优先，兼顾公平的原则。把按劳分配与按生产要素分配相结合，既要打破平均主义，又要防止收入分配的过分悬殊，充分调动和保护各方面的积极性。

3. 协商一致原则。集体协商双方的法律地位平等，享有平等的知情权、陈述权、建议权和表决权，双方代表应充分尊重和考虑双方意见，对每一协商题要谈深谈透，取得双方的一致同意。任何一方都不得采取过激行为迫使对方接受自己的意见。

4. 实事求是原则。集体协商双方应本着实事求是的精神，认真进行协商。协商议题既要反映职工群众的意见，又要切合企业实际情况，力争使协议条款内容切实可行，维护工资集体协商的可行性和严肃性。

5. 利益兼顾原则。要正确处理国家、企业和职工之间的利益关系，依法维护三方的合法权益，体现三方利益的协调统一，职工实际工资水平应在企业发展的同时合理适度增长。

6. 坚持公平、公开、公正的原则。工资集体协商工作，事关职工群众的切身利益，是职工最希望参与、最关心的焦点，争取职工群众的理解与支持，使职工群众能够充分参与和监督，以促进工资集体协商机制的建立和工作的顺利开展。

四、工资集体协商内容

1. 企业基本工资制度和工资分配形式。

2. 职工工资支付办法和发放时间。

3. 职工工资水平及调整办法。

4. 企业最低工资标准及新招用人员的起始工资标准。

5. 资金、津贴、补贴等分配形式。

6. 职工加班加点工资标准的计算及支付办法。

7. 职工的保障、福利待遇标准及职工补充保障待遇。

8. 职工年休假、法宝休假日、婚丧假、病假、探亲假，依法参加社会活动期间和特殊情况下的工资支付办法。

9. 职工倒班、转岗或重新分派工作的工资支付办法。

10. 企业税后利润分配中，公积金、公益金、按劳分红、按生产要素分红基金的撮比例及分配办法。

11. 双方认为需要协商的与工资分配有关的其它事项。

12. 双方的权利、义务、违约责任以及工资协议的修订、变更文件、有效期限和起止时间。

13. 困难企业或条件不具备的企业、要因企制宜，讲求实效，可参照上述内容，签订多项、单项工资协议，也可签订集体协商会议纪要。

14. 行业性、区域性工资协议的内容，根据具体情况在上述范围内确定。

五、工资集体协商应考虑的重要因素和相关指标

工资集体协商是一项技术性、专业性很强的工作,必须做到有理有据,这不仅要求集体协商代表要有较高的业务素质,同时要做好周密的准备工作,掌握准确全面的企业内部资料。在不泄露国家机密和企业商业秘密的前提下,协商双方应主动向对方提供有关情况和资料。

(一)企业内部因素

1. 企业工资分配现状(工资制度、工资水平、工资结构)。

2. 企业工资支付能力(盈亏保本点……)

3. 劳动生产率水平(人均销售收入增长率,人均增加值增长率……)

4. 企业人工成本水平(劳动分配率、人事费用率……)

5. 企业主要经济效益指标(产量、产值、年销售收入总额、利税总额、工资利税额、资本收益率……)

6. 企业资产负债表、损益表、财务状况变动表及现金流量表的变动情况。

7. 职工的年龄结构、技能结构、岗位构成、企业内部职工就业状况与工资分配的关系。

8、历年职工工资总额、年人均工资变动情况和工资外收入情况。

(二)企业外部因素

1. 国家及地方政府发布的社会经济和收入分配方面的法律、法规、政策和信息。

2. 劳动行政部门发布的工资指导线。

3. 当地居民消费价格指数。

4. 本地区、本行业的经济增长水平和职工平均工资水平。

5. 本地区、本行业的人工成本水平。

6. 利率、税率、汇率等财税政策的变动情况。

7. 劳动力市场供求状况及劳动力市场指导价位。

8. 国民经济的发展趋势以及本企业在社会经济结构中的地位。

六、开展工资集体协商工作必须解决的几个问题

影响工资集体协商的因素较多,并且经常处于变化之中。为了把握集体协商的主动权,应当做好工资集体协商计划,掌握工资调整的一般测算方法,灵活运用集体协商的策略和技巧。

(一)制订工资集体协商计划

主要包括以下内容:

1. 确定工资集体协商目标。在充分占有资料和认真分析的基础上,广泛征求职工群众对工资集体协商的建议和要求,从不同的角度,用不同的方法进行测算,整理出工资集体协商的目标要求和基本立场。

2. 确定工资集体协商的措施、办法。工资集体协商涉及内容较多，集体协商代表要进行明确的人员分工，在对资料分析比较的基础上，确定工资集体协商的依据、观点，对可能出现的情况进行分析，拟定出具体措施。

3. 确定集体协商工作日程。包括对资料收集、比较、谈判目标的确定等，在开展工作前必须作出具体的安排、事先约定谈判日期，可使整个工作有序进行。

4. 确定工资集体协商的论据。归纳整理工资集体协商的依据、理由等条款，为集体协商准备充分的论据。同时在进行协商前，还要充分考虑各种不利因素并提出相应的解决对策，如果在谈判中出现不利情况，则可以应付自如；针对对方可能提出的问题，要进行事先分析制定相应的对策。

(二)掌握工资集体协商的策略技巧

工资集体协商是一项操作性强，技术复杂的工作，协商代表既要掌握丰富的知识还要有驾驭协商会议的能力、营造诚恳热情，亲切友善、文雅礼貌的集体协商气氛；坚持原则性与灵活性的统一，运用不同的集体协商技巧，讲求工作实效。

(三)掌握工资调整的测算方法

开展工资集体协商工作，必须有理有据，确定的目标要切实可行。在确定集体协商目标时，要掌握和运用多种测算方法，进行认真测算。

1. 劳动分配率法

2. 综合因素分析法

3. 风险分担法

4. 劳动效率法

5. 减亏增资法

6. 物价指数法

7. 对比法

(四)正确处理六个关系

1. 正确处理职工工资水平与劳动生产率、企业经济效益水平的关系。

2. 正确处理企业人工成本指标与同行业、同规模其它企业工人成本指标的关系，企业人工成本指标应控制在同行业人工成本指标的预警线之下。

3. 正确处理名义工资与实际工资的关系。

4. 正确处理不同工作岗位人员的工资差别，根据贡献大小合理拉开工资差距，特别要对高技术、关键岗位进行倾斜，以保护和调动职工的生产积极性。

5. 正确处理按劳分配与按生产要素分配的关系，坚持以按劳分配为主体，按生产要素分配要以职工按劳分配工资收入不低于当地社会同行业平均工资为前提，防止按资分红，按股分红侵蚀按劳分配。

6. 正确处理企业生产、职工就业与工资增长的关系。

七、工资集体协商签订工资协议的程序

参见《工资集体协商试行办法》及如东县企业工资集体协商程序流程图。

八、工资协议的期限及修订

工资协议一般在每年三月份签订，工资协议有效期一般为一年，凡有效期超过一年的在第二年初，双方应就工资协议内容进行重新协商，对原工资协议进行修订。

在工资协议有效期内双方必须依法严格履行工资协议。遇有不可抗力或企业生产经济状况发生重大变化，致使工资协议无法履行和必须变更的，双方可协商修订，修订工资协议必须双方协商一致。

工资协议期满或双方约定的终止条件出现时，工资协议即行终止。在工资协议到期前三个月，双方代表应提前筹备进行协商签订新的工资协议，保护工作的连续性。

九、工资协议的监督检查

为了保证工资协议的全面履行，行业、区域、企业工会组织和相应的行政组织要按对等的原则组成工资协议监督检查小组，在每年十一月份对工资协议履行兑现情况进行全面检查，督促双方切实有效履行工资协议。

对监督检查发现问题，要采取得力措施整改；协议到期而未能全面履行协议义务一方，按照有关规定，要求承担相应责任和接受处罚。

工资协议履行期间发生争议，在同级党委协调下由争议双方协商解决；协商不能解决的，可以提请劳动行政部门和上级工会进行调解，也可按集体争议的有关规定处理。

十、上级工会的责任

上级工会组织对基层工会工资集体协商代表负有教育、培训的职责，为集体协商代表提供有关经济、物价、劳动力供求、收入分配等方面的政策、信息和资料，帮助、指导工会工资集体协商代表认真开展工作，并对工资集体协商和工资协议执行情况进行监督检查，参与有关争议的协调处理工作，为工会工资集体协商代表提供必要的保护措施。

关于在全县非公有制经济组织中实施党、工、团共建工作的意见(节选)

为了切实加强党对非公有制经济组织的政治领导,不断提高非公有制经济组织党建工作水平,促进非公有制经济持续快速健康发展,经研究决定,在全县非公有制经济组织中实施党、工、团共建。现提出如下意见:

一、指导思想

以江泽民总书记“七一”讲话精神为指导,以“扩大覆盖面,增强影响力”为目标,坚持党要管党,从严治党的方针,紧紧围绕党的中心任务和企业生产经营活动,积极探索发挥非公有制经济组织党组织作用的新途径、新方法,充分发挥工会、团组织在非公有制经济组织发展中的独特优势和应有作用,以党建带动工建、团建,以工建、团建促进党建,推动非公有制经济组织党建工作与工会、共青团工作的协调运行,为非公有制经济组织的健康发展提供政治保证。

二、主要目标

党工团共建要实现“五建一创”的目标,具体为:

1. 建组织。凡生产经营正常、有3名以上正式党员、团员的非公有制经济组织,都必须根据《中国共产党章程》和《中国共产主义青年团章程》规定及时建立党组织和共青团组织,确保每个党员、团员都能正常参加组织生活;凡依法注册登记,并已开业投产的非公有制经济组织,必须根据《工会法》等规定建立工会组织,确保非公有制经济组织工会组建率达到100%。职工入会率达到100%。

2. 建班子。有健全的党、工、团领导班子。班子成员政治坚定,党性强,能自学贯彻执行党的路线、方针政策,适应市场经济新形势,具有现代企业管理的理念和技能,熟悉企业生产经营活动,热心党、工、团工作,有较强的事业心、责任感,善于与业主沟通,协调能力强。

3. 建队伍。党员、团员发展有计划,质量高;党员、团员教育管理措施实、效果好;党员的先锋模范作用、团员的突击队作用和职工主人翁作用显著,企业关键岗位上的党员不少于职工人数的3%,业主党、团员带头参加组织活动,带头守法经营,带头依法纳税;党群关系密切,每个党员都有固定的联系对象,与若干职工组成互助共进小组,及时了解联系对象的工作、思想、学习、生活情况,帮助他们解决一些实际问题,职工思想观念新,政治素质好,劳动技能高。

4. 建阵地。有较固定的党、团组织和工会活动室,设有党员、团员、职工活动专栏,活动制度健全,电视机、录像机等电教设备齐全,实现活动场地(阵地)共同。活动经费按照规定,列入企业财务计划,确保党、工、团活动的正常开展。

5. 建机制。建立健全党、团组织生活制度,民主议事制度,党员、团员思想汇报制度,党员联系群众制度,党、工、团经费收缴及使用管理制度,党员、团员转进转出制度,定期听取业主和党员、团员、职工意见制度及党员岗位目标责任制等一系列党、工、团工作制度,保证党、工、团组织活动有章可循、扎实有效。

6. 创佳绩。企业物质文明与精神文明协调发展,企业文化健康向上、充满活力;从业人员无违法违纪行为;企业守法经营,按章纳税、节约资源、保护环境,无损害职工合法权益的现象;企业产值、利税逐年增长,职工收入良性递增。

三、工作措施

(一)组织联建

建立健全党、工、团基层组织,是开展非公有制经济组织党工团共建的基础。要按照《党章》、《团章》、《工会法》的有关规定,根据党员、团员及职工人数和实际需要,区别情况,因地制宜,及时建立、健全党、工、团的基层组织。具体方式有:独立式,凡符合建立党支部、工会、团支部条件的都要单独组建党、工、团组织,未建立党组织但符合建工会和团组织条件的,应先建好工会和团组织,为建立党组织创造条件;联合式,对一些规模较小、不具备单独建立党、工、团组织条件的非公经济组织,可按地域相邻或行业相近的原则建立联合党支部、团支部和工会;委派式,对不建立党组织条件的非公有制企业,所在地基层党委要通过专门选派党建工作指导员以及党政班子成员联系非公有制经济组织等办法,扩大党建工作的覆盖面;改制式,国有、集体企业改制为非公有制企业,或者非公有制企业进行组织结构调整时,应根据企业规模、党员、团员、职工人数和工作需要,同步改建或组建党组织、团组织和工会。新非公有制企业要与党、工、团组织建制同步酝酿、同步到位。

在负责人的配备上,可采用交叉兼职的办法,加强党、工、团领导班子建设。党员业主符合条件的原则上可任党支部书记;非业主的党支部书记原则上可兼任工会主席;工会主席不是党员的,党支部书记可兼任工会副主席;企业的团委(支部)书记由企业党支部成员或工会委员兼任。私营业主及基直系亲属不得担任工会主席。

(二)工作联动。

党组织要紧紧依靠工会、共青团组织,充分发挥工会、共青团的优势开展工作。工会、团组织要自觉服从和服务于党的领导,积极宣传党的主张,体现党的意志,贯彻党的决议,团结和组织青年、职工,为实现党的工作目标和任务而努力。

要充分发挥党员、团员的模范带头作用。切实加强党员、团员的教育管理,正常组织生活,组织党团员在企业急、难、险、重任务中起好突击队的作用。积极做好党员、团员的发展工作,注意在优秀青年知识分子,特别是专业技术骨干中吸收优秀积极分子入党。工会、共青团组织要积极开展"推优荐才"工作,推荐优秀团员、职工作为党的发展对象,为党组织增添新鲜血液。

党组织要领导工会、共青团组织发挥好思想教育作用。不断提高党员、团员、职工队伍的整体素质。正常对他们进行社会主义、爱国主义、集体主义教育,引导他们学习科技、经济、法律等方面的知识。党组织要建立党员联系团员、职工制度,每个党员都有固定的联系对象,使党组织的作用通过职工、团员发挥出来,扩大党的影响力。要把对党员、团员、职工的教育管理同企业生产经营紧密结合起来,根据企业不同岗位特点,组织党员、团员、职工进行技术难题攻关、开展劳动竞赛等活动,教育党员、团员、职工立足本职、爱岗敬业。

党组织要支持工会维护好职工的合法权益,切实抓好非公有制经济组织的养老保险、医疗保险工作,协调解决劳资双方在工伤事故、妇女特殊权益保护等方面的矛盾冲突。及时掌握和了解职工群众的思想动态和工作生活状况,关心他们的工作和生活,力所能及地帮助他们解决一些实际问题和困难。注意搞好协高,在维护好职工合法权益的同时,注意保护企业主的正当合法权益。

党组织要通过工会采取民主协商、交换意见、达成共识等方式,充分发挥党、工、团组织维护职工民主权利的保障作用,发动广大职工自觉行使民主参与、民主管理、民主评议、民主监督的权利,保证职工能够了解和参与企业的改革和经营管理、民主决策。要团结、教育、引导和监督业主合法经营,照章纳税,维护国家利益和经营企业的合法效益,起好保证和监督作用,使企业健康发展。

(三)活动联创

非公有制经济党组织要善于把工会、共青团组织作为党的活动舞台,创新活动方式,形成党、工、团组织相互渗透、相互促进的工作格局,切实提高非公有制经济组织的党建工作实效。

在活动内容上,要本着实际、实效和实用的原则,紧紧围绕企业生产经营这个中心,积极开展对党的政策、政治理论和业务知识的学习,提高党员、团员和职工的政治素质、业务水平和工作能力,教育和引导党员、团员和职工爱岗敬业,立足本职,支持业主搞好生产经营,提高经济效益。

在活动形式上,要采取"小型、灵活、实效"的活动方式,创设新的活动载体。注重将非公有制经济组织中的党组织创建活动与开展职工劳动竞赛及技术革新、挖潜增效、争先创优活动有机结合;将开展企业党、团员的理想信念教育与强化职工民主法制教育、职业道德教育有机结合;将开展党员、团员科技学用示范活动与工会工作的业务培训、岗位培训有机结合。

在活动时间上,采取班上与班下相结合的办法灵活安排,可以利用工余间隙时间、节假日和企业停工停产期间开展活动。

中共如东县委组织部
如 东 县 总 工 会
共青团如东县委员会
2002年5月17日

如东县兼职工会干部补贴暂行办法

第一条 为切实加强新时期基层工会工作,落实基层工会干部的政治经济待遇,根据本县实际,制定本办法。

第二条 法律依据。《江苏省实施〈中华人民共和国工会法〉办法》第二十六条规定,非专职工会工作人员可以由企业、事业、机关给予适当补贴。

第三条 现实需要。本县基层工会干部95%以上为兼职。基层工会特别是企业工会,为协调劳动关系、营造劳资双赢局面、促进企业健康发展,肩负着重要职责和繁重任务。兼职工会干部为此常常占用休息时间、加班加点。

第四条 补贴对象。本县各类企业、事业、机关单位的兼职工会干部。

第五条 补贴标准。以所在单位的工会会员人数乘以相应补贴系数计算补贴标准,工会主席补贴系数为1,工会副主席补贴系数为0.5,工会委员会其他委员补贴系数为0.25。工会主席补贴标准最低为每月20元,最高为每月200元;工会副主席补贴标准最低为每月10元,最高为每月100元;工会委员会其他委员补贴标准最低为每月5元,最高为每月50元。

第六条 经费来源。工会干部兼职补贴从各单位行政经费或工会经费自留部分(即《工会法》规定的2%中60%部分)中列支。

第七条 发放方式。在单位工资表中增加"工会补贴"项目,按月与工资同时发放;在单位工会经费帐目上列出"工会行政费"之"人事费"。

第八条 相关条件。经镇(系统)工会年度考核验收,基层工会被确认为合格工会的方可享受。合格工会标准由县总工会制定。镇(系统)工会每年以文件形式确认合格工会。

第九条 本办法自发文之日起施行。

中共如东县委办公室
如东县人民政府办公室
2005年7月7日

关于进一步开展创建和谐劳动关系企业活动的意见(节选)

为深入贯彻落实党的十六大和十六届六中全会、《中共中央关于构建社会主义和谐社会若干重大问题的决定》、中华全国总工会《关于加强协调劳动关系,切实维护职工合法权益,推动构建社会主义和谐社会的决定》精神,结合如东实际,现就在全县企业及实行企业化管理的事业单位进一步开展创建和谐劳动关系企业活动提出如下意见:

三、"和谐劳动关系企业"的标准

1. 认真贯彻执行党和国家的路线、方针、政策,模范遵守《劳动法》《工会法》《安全生产法》《企业工会工作条例》等法律法规,依法经营,按章纳税,企业规章制度健全合法,财务管理清晰、有效、积极承担社会责任;
2. 健全劳动合同制度;
3. 完善集体合同制度;
4. 工会组织健全、活动正常;
5. 建立以职代会为基本形式的民主管理制度;
6. 实行工资集体协商,建立健全工资分配决定机制;
7. 依法参加社会保险;
8. 重视安全生产;
9. 具有良好的管理理念和企业文化;
10. 加强企业内部机制建设。

四、"和谐劳动关系企业"的评选命名

每年评选命名县级"和谐劳动关系企业",并从中择优申报市级"和谐劳动关系企业"。

县级“和谐劳动关系企业”评审程序如下：

1. 自查。申报“和谐劳动关系企业”，应对照标准进行自查。自查情况应向职工代表大会(或职工大会)报告，并经公示五个工作日后无异议的，方视为自查合格。

2. 申报。各镇、区申报“和谐劳动关系企业”，由企业先行向所在镇、区评审办公室申报，经初审认可后，由各镇、区评审办公室向县评审办公室申报。

3. 考查。对申报的企业，由各镇、区评审办公室抽调人员进行实地考查，县评审办公室根据各地申报情况进行抽查。考(抽)查采取听汇报、查资料、召开座谈会、填写调查问卷等方法进行。

4. 评审。每年，县评审办公室对申报的企业审核一次，并初步确定“和谐劳动关系企业”名单。

5. 公示。县评审办公室适时将“和谐劳动关系企业”初步名单通过一定方式进行公示。

6. 命名。根据公示情况，经县创建活动领导小组共同审定后，由县相关部门进行联合命名，并颁发“和谐劳动关系企业”牌匾。

“和谐劳动关系企业”不搞“终身制”，如企业在获得命名后出现与“和谐劳动关系企业”标准严重不符情况的，则取消荣誉称号。

五、开展创建活动的工作要求

1. 加强舆论宣传，营造创建氛围。和谐劳动关系企业创建活动是一项全新的工作，需要全社会的理解和支持，必须把宣传工作贯穿于创建活动始终。各镇、区要高度重视创建活动的宣传发动，充分利用多种形式向企业经营者、广大职工进行广泛深入的宣传，提高全社会的认同度、参与度和支持度。要通过广泛深入宣传，让社会各界真正了解并主动支持创建活动，让更多的企业真正重视并积极开展创建活动，让广大职工群众真正认识并积极参与创建活动。

2. 精心组织实施，强化监督管理。各镇、区要根据本意见，结合实际，制订具体的实施方案，规范运作，注重实效。各有关部门要高标准、严要求，创造性地开展工作，真正把创建工作落到实处。对创建活动中发现的共性问题和劳动关系问题突出的企业，要加强监督检查，有针对性地提出加强和改进的意见措施，督促企业整改。对有法不依、严重侵害职工合法权益的，要严肃查处，责令其整改。要始终坚持把提高创建质量和取得实效放在首位，通过创建活动，切实加强劳动关系协调机制建设、企业科学管理和现代企业制度建设，最终达到劳动关系和谐稳定，企业发展和职工受益双赢的目标。

3. 不断总结创新，完善长效机制。各镇、区创建活动领导小组要加强对各地创建活动的检查指导，及时总结经验，建立健全促进企业劳动关系和谐的长效机制。要全面推行劳动合同和集体合同制度，进一步夯实构建和谐劳动关系的基础。要大力推进协调劳动关系三方机制建设,建立协调劳动关系的网络体系。要着力加强劳动保障监察执法机制建设,切实维护劳动者的合法权益。要不断创新农民工工作机制,切实维护农民工合法权益。要加快健全劳动争议调解和仲裁机制,调解处置好劳资纠纷,切实维护社会稳定。

附:如东县"和谐劳动关系企业"评选细则

附件:

如东县"和谐劳动关系企业"评选细则

一、健全劳动合同制度

1. 依法订立劳动合同,劳动合同签订率达100%。

2. 劳动合同文本规范,报当地劳动和社会保障局备案。

3. 单位和职工认真履行义务,无违反劳动合同现象,无招用童工和损害女职工及未成年人特殊权益的行为。

二、完善集体合同制度

4. 建立平等协商、集体合同制度,按规定开展集体协商要约。

5. 职代会讨论通过集体合同草案,合同文本经劳动部门审核,并向职工公示。

6. 认真履行集体合同,落实兑现率达到95%以上,职工满意率达80%以上。

三、工会组织健全,活动正常

7. 依法建立工会组织,达到"有班子、有牌子、有制度、有活动、有场所、有经费"的规范标准,职工入会率达95%以上。

8. 企业支持工会依法维护职工合法权益,为工会开展活动提供必要的物质条件和人员、时间保证。

9. 依法按时足额拨解工会经费。

10. 工会工作有成效,会员满意率高。

四、建立了以职代会为基本形式的民主管理制度

11. 建立了职工(代表)大会制度,每年召开职工(代表)大会,认真执行职工(代表)大会决议的事项,决议和职工代表提案得到落实。

12. 职工代表依法选举产生,职工代表的职权得到保证,职工代表切实履行职责。

13. 推行厂务公开制度,组织健全,有公开栏或其它公开形式,公开效果良好,职工满意率达到90%以上。

五、实行工资集体协商,建立健全工资分配决定机制

14. 开展工资协商,签订专项工资合同,合同经职工(代表)大会审议通过,劳动部门审核,及时向职工公布。

15. 按月足额发放工资,按规定支付加班工资。

16. 建立工资分配支付制度和协商后职工工资正常增长办法,职工工资依法随企业效益的增长合理增长。

六、依法参加社会保险

17. 五项社会保险及住房公积金参保率达96%。

18. 按规定及时、足额缴纳社会保险费及住房公积金,无少缴、瞒报社会保险费行为。

七、重视安全生产

19. 严格执行国家和省有关安全生产的法律法规,劳动安全设施、劳动保护条件符合安全质量标准化企业标准。

20. 从事特殊工种人员持证上岗。

21. 作业场所符合安全生产要求。有毒有害岗位职工定期进行健康检查,尘毒浓度指标不超过国家有关规定。

八、具有良好的管理理念和企业文化

22. 企业文化氛围浓厚,关爱职工,以人为本,积极承担社会责任,职工对劳动关系状况满意度高,企业社会形象好。

23. 依法经营,按章纳税,各项规章制度健全合法,职工遵章守纪,在发生矛盾和纠纷时,能通过正当的手段和合法的途径进行处理和解决。

24. 有健全的员工发展和培训工作制度。按规定提足用好职工教育经费,开展学习型组织、知识型职工创建活动,职工科学文化素质、专业技能水平不断提高。

九、加强企业内部机制建设

25. 按贷款合同约定的用途使用贷款,从未发生贷款逾期和欠息,且企业内部管理制度健全,财务管理清晰、有效。

26. 经营者素质良好,有显著的经营业绩和较强的社会责任感,并能够吸纳一定数量的下岗失业人员。

27. 无劳动争议企业败诉案件和因劳动关系纠纷引起的职工集访等群体性事件。

十、积极参加企业劳动保障信用等级评定活动

28. 积极参加企业劳动保障信用等级评定活动,有详细的工作计划和措施,劳动保障信用等级在"A"级以上。

中共如东县委办公室　如东县人民政府办公室
2007年　月　日

关于开展创建"工人先锋号"活动的实施意见(节选)

为贯彻党的十七大精神,全面落实全心全意依靠工人阶级的根本方针,充分发挥广大职工在实现全县经济社会全面腾飞和构建和谐如东中的主力军作用,根据《省总工会关于深入开展创建"工人先锋号"活动的实施意见》,现就在全县职工中广泛开展创建"工人先锋号"活动,提出以下实施意见:

二、"工人先锋号"的授予对象和基本条件

"工人先锋号"的授予对象是:全县各类企事业单位中为推动经济社会发展做出突出贡献,并具有时代性、先进性和示范性的车间、科室、工段、班组。

基本条件是:

(一)具有一流素质。坚持以科学理论为指导,认真执行党的路线方针政策,遵守国家法律法规和各项规章制度,注重加强思想作风和业务素质建设,大力弘扬劳模的时代精神,有强烈的主人翁责任意识、良好的职业道德和较高的技能水平。

(二)创造一流工作。坚持与时俱进、开拓创建、工作深入扎实,管理科学民主,牢固树立科技创新意识和节能减排意识,积极总结推广先进经验,工作效率、管理水平和创新能力居同行领先水平。

(三)提供一流服务。坚持文明、优质、诚信的服务理念,积极开展服务创新,不断提高服务质量,努力为客户提供热情周到、规范满意的服务,社会满意度和公众认可度高,服务技能和服务质量居同行业领先水平。

(四)取得一流业绩。坚持开展各项争先创优活动,工作成绩突出,经济效益和社会效益显著,无重大安全事故,在发展先进生产力、促进社会进步、服务人民群众等方面做出突出贡献。

(五)建设一流团队。坚持以人为本,科学发展,具有积极进取、奋勇争先、团结协作、和谐共进的团队精神,充分发挥职工积极性,积极献计献策,团结凝聚力强、影响力大、职工信赖、公众认可。

三、“工人先锋号”的授予和管理

“工人先锋号”是全国统一的一项基层集体荣誉。如东县“工人先锋号”的申报，坚持自下而上、逐级推荐、群众认可、严格考查的原则由基层工会根据“工人先锋号”的基本条件，在充分听取职工意见的基础上推荐申报，经县总工会考核审查并在媒体公示后，进行命名表彰，颁发奖牌和证书。每年10月份申报，同时推选一定名额向全国、省、市级工会申报命名表彰。

对“工人先锋号”实行动态管理。凡获得“工人先锋号”的集体，要在工作场所醒目位置悬挂“工人先锋号”奖牌，接受公众监督。县总工会将定期或不定期对其工作进行考核检查，不符合条件的限期整改，如果达不到要求的取消称号，收回奖牌。

如东县总工会

2008年2月26日

关于如东县总工会资产置换易地建设的请示

东工〔2010〕11号

江苏省总工会并呈全国总工会：

如东县工人文化宫(以下简称县工人文化宫)和如东县职工培训指导服务中心(以下简称县职培中心)是如东县总工会直属事业单位。县工人文化宫和职培中心(掘港镇校舍)位于县城掘港镇人民北路36号，建于1978年，2008年列入县城四号街区拆迁计划。县职培中心在我县大豫、栟茶、双甸、岔河、马塘、苴镇、掘港等镇有八处校舍，先后于上世纪八、九十年代购建。以上资产经江苏金土地房地产评估测绘咨询有限公司评估，建筑面积共6063.19平方米，评估价1500.10万元，详见《房地产评估报告书》。

一、资产置换易地重建的原因

县工人文化宫和县职培中心建成以来，充分发挥了工会活动阵地的作用，为工会事业发展作出了重要贡献。然而，由于城市规划建设和自身发展的要求，易地重建已比较迫切，主要有以下二个原因：

首先，是工会活动阵地自身建设发展的需要。经过三十多年的运行，县工人文化宫和县职培中心的建筑阵旧，设施普遍老化落后，虽经多次内部改造，仍然不适应工会事业发展的要求,不能满足广大职工和工会干部教育培训及文化生活的需要。因此,需要尽早进行脱胎换骨式的改造。

第二,是城市新一轮规划发展的需要。2006年,如东县委、县政府决定,加快县行政中心建设,实行向北发展战略,用三到五年时间将新区打造成全县新的政治、文化、金融中心,新的市民居住中心,要求县级所有机关单位陆续迁入,县总工会也不例外。2007年位于县城四号街区的县总工会综合楼因旧城改造被实施拆迁,现工会机关办公租用商用写字楼。2008年位于县城三号街区的县工人文化宫和县职培中心也被列入拆迁改造计划。因此,迫切需要选址重建新的工会活动阵地。

鉴于以上情况,如东县总从2007年开始酝酿新工会活动阵地建设,2008年底决定县总工会机关、县工人文化宫和县职培中心一并建设,新建一栋集职工培训教育、文化娱乐活动、困难职工帮扶和工会机关办公为一体的综合大楼。

2009年2月,如东县总工会报请如东县委、县政府研究批准,新建工人文化宫项目(含县总工会机关、县工人文化宫影院、职工教育培训中心、帮扶中心、健身娱乐)。

二、新工人文化宫选址和规划

在如东县委、县政府领导的关心和县有关部门大力支持下,项目确定在县城人民北路西侧、珠江路南侧核心地段选址易地重建。该地块位于县城新老城区结合部,北侧为县委、县政府行政中心和县商务中心,东北侧为中坤苑大型住宅小区,东侧为县教育局和双语小学。项目毗邻人民北路、珠江路转盘,区位优势明显,地理位置好,交通便捷,出行方便,具有良好的规划空间和发展前景。建成后的工人文化宫项目具备大型群众性娱乐广场,能够满足职工群众丰富业余文化生活的需要。

工人文化宫项目占地面积约11518平方米,为政府划拨用地。设计建筑面积约22965平方米,其中,地上建筑约19477平方米,地下建筑约3488平方米。包括环境整治在内的建设总资金匡算约6500万元人民币。建筑方案通过招标,选用江苏南通建筑设计院有限公司设计方案,工人文化宫项目按工人文化宫影院、职工文化活动中心、体育健身活动中心,职工、工会干部教育培训、职工服务中心和县总机关、职工技协等机构办公场地及地下大型停车场功能配套建设,项目初步设计建筑密度33.60%,容积率1.69,绿地率25.20%,停车位108吨(地上59辆,地下49辆)。

三、资产处置和资金落实

工人文化宫建设项目于2009年2月正式申报立项。如东县委、县政府领导十分重视工人文化宫项目的建设和发展,县政府批复给予了项目政策性规费免优惠。

为了筹措和平衡建设资金,推动工人文化 宫工程项目早日全面实施,拟将现县工人文化宫和县职培中心的资产通过市场化运作,在评估的基础上公开拍卖处置,预计可得资金

1500万元左右,原县总办公楼拆迁补偿资金1300万元,江苏银行如东支行承租一次性支付租金2000万元,计划自筹1100万元,不足部分由地方政府和上级工会补助支持解决。目前,拆迁工作正在大力推进,土建工程招标工作基本结束,工程建设的前期工作正在有序展开。按照全总、省总关于对工会资产处置的规定,建成后的县工人文化宫资产全部为工会所有。

四、资产处置后的人员安置

(一)人员基本情况

县工人文化宫和县职培中心现有在册人员共20名,其中:在岗人员5名,待岗人员14名,退养人员1名;离退休人员37名,离退休经费列入财政预算的33名,由养老保险机构发放养老金的4名。

(二)人员安置方案。离退休人员经费,由财政经费开支的,仍然每年列入财政预算,由财政支付;未列入财政预算,交纳社会养老保险的,由养老保险机构统筹支付。待岗人员经费暂由县总工会承担,待新建综合大楼建成后,由物业公司根据自愿的原则,因人制宜选择岗位上岗。建设方案和人员安置方案已经2009年7月29日县总工会机关和直属事业单位全体人员讨论认同。

对照全国总工会《工会企事业单位资产处置暂行办法》,我们认为县职培中心和县工人文化宫的资产处置方案,条件成熟,方案可行,特此请示,盼复。

如东县发展和改革委员会关于同意县总工会建设工人文化宫项目的批复(节选)

东发改投〔2009〕10号

县总工会:

你单位报来的关于建设县工人文化宫项目的请示及有关附件收悉。经研究,批复如下:

一、为完善城市公共设施,丰富工人文化生活需要,根据县政府常委会议纪要精神(2009年2月16日第十四号),同意建设县工人文化宫。

二、项目选址及用地

根据如东县县城总体规划,该项目选址于掘港镇新光村(新区珠江路南侧,人民北路西侧),拟新增用地11500平方米。

三、项目建设内容及规模

该项目建设内容为:新建县工人文化宫及其配套设施,总建筑面积为19500平方米。

如东县国土资源局关于同意如东县总工会建设用地的批复(节选)

东国土资〔2010〕国拨4号

如东县总工会:

你单位报来要求使用国有土地的报告收悉。经研究并报县政府批准,现批复如下:

(一)同意按规划红线图所示,将位于掘港镇新光村苹果组、4组,批准征收的2917平方米(其中:耕地302平方米,建设用地2615平方米)国有土地和县土地储备中心收储的8601平方米国有土地计11518平方米,划拨给你单位新建工人文化宫,土地用途为文体用地。

(二)上述划拨使用的国有土地,不得擅自改变用途。

(三)该幅土地自批准划交之日起开始使用,工程竣工后及时申报我局验收,核发《国有土地使用证》。

江苏省总工会关于如东县总工会资产置换易地建设的请示批复

(2011年3月12日)

如东县总工会:

你会《关于如东县总工会资产置换易地建设的请示》(东工〔2010〕11号)已经全总资产监管部批复同意(附后)。请严格按照批准的请示方案实施,并根据全总《工会企事业单位资产处置暂行办法》的要求,认真做好相关后续工作。该项目的进展和落实情况请及时书面报省总财务部。

此复

江苏省总工会

2011年1月12日

附:

中华全国总工会
关于江苏省如东县总工会资产置换的批复

江苏省总工会:

你会《关于上报〈关于如东县总工会资产置换易地建设的请示〉的报告》(苏工财〔2010〕69号)收悉。经2010年12月20日全总第十五届书记处第六十一次会议研究,同意你会关于江苏省如东县总工会资产置换的意见。

接到批复后,请督促如东县总工会严格按照批准的请示方案实施,依照《工会企事业单位资产处置暂行办法》(工资字〔2009〕25号)的规定,认真做好后续各项工作。你会要根据工会企事业资产监督管理的有关规定和《工会企事业单位资产处置暂行办法》要求,做好该资产处置事项实施情况的监督检查工作,并将该事项进展和落实情况书面报送我部。

此复

中华全国总工会资产监督管理部

2010年12月30日

二、成果选载

新中国建立后,全县各级工会在党正确领导下,认真研究新形势下经济关系、劳动关系和职工队伍发生的变化,以积极进取、奋发有为的精神状态,解放思想,更新观点,勇于探索,敢于创新,在实践中创造了一大批具有时代特色,行业特点,社会影响的工会工作成果,有力地推动和促进了全县工会工作水平的提高。

适应改革需要,开展工会干部岗位培训

——全国县(市)工会工作第四次研讨会交流材料

如东县总工会

我们如东县共有全民、集体所有制企业的职工7.50万多人,基层工会正副主席600余人。近几年来,为了帮助基层工会干部明确工作职责,熟悉和掌握工会业务知识,提高工会干部的素质,适应经济改革的需要,县工会从本县的实际情况出发,积极开展基层工会干部的岗位培训,初步形成了从县、镇到基层工会的干部培训网络,先后培训基层工会主席1200多人次,培训工会小组长、女工委员、劳动保护干部以及其他工会活动积极分子3000多人次。尤其从1987年开始,随着开放形势的深入和工会自身改革的发展,加快了工会干部岗位职务培训工作的步伐,采取业余分散学习和定期集中辅导相结合的办法。既有计划系统地学习《工会学》《劳动法学》《工业企业管理》《企业民主管理》以及党在社会主义初级阶段的基本路线等理论知识,同时又根据工会工作的实际需要,缺什么,补什么,有针对性的学习。培训了基层工会干部近600余人,使全县的基层工会干部的素质有了不同程度的提高,促进了全县工会工作的发展。

我们的具体做法有以下三点:

一、转变思想观念,增强培训工会干部的自觉性

在实践中,我们认识到整个工会改革是一个巨大的总体工程,而大力培训工会干部,就是这个总体工程的基础工程。只有积极主动地培训大批基层工会干部,造就一支思想、业务素质比较高,作风过硬的工会干部队伍,才能充满信心地迎接和参与经济体制的深化改革,推进工会自身的改革,才能在整个改革中更好地发挥基层工会组织的作用,更好地为物质文明和精神文明建设服务。

然而,我们的这个认识不是一下子形成的,有一个逐步形成、逐步深化的过程。

为了统一思想,提高认识,我们组织县总机关工作人员和镇工会干部,采取了抽样调查,座谈会,深入基层走访等多种形式对全县600多名基层干部的思想、业务素质和实际工作情况进行了调查分析。在如东基层工会干部中,存在着“三多”“三少”的情况,即:(1)兼职的多,专职的少。全县600多名基层工会正、副主席中,专职工会主席只有60人,占10%,

兼职工会主席540人，占90%；(2)新任工会干部多，老工会干部少。1973年工会工作恢复以来，一直从事工会工作的“老工会”，不到10%，多数是近两、三年内才从事工会工作的新同志，一般来说都缺乏工会业务知识；(3)没有系统受过工会岗位培训的多，参加过系统培训的少。多数基层工会干部的业务素质比较低，有的工会主席甚至对职代会怎样召开都不懂。通过分析基层干部队伍的状况，我们看到了培训工会干部的必要性和迫切性，如果不能尽快地培训工会干部，提高广大工会干部的业务素质，就不能适应企业深化改革和工会自身改革的需要，就不能富有成效地为职工群众说话、办事。我们还组织干部原原本本的学习党的十三大政治报告和上级工会的有关文件，认真探讨工会组织在经济体制和政治体制改革中所面临的许多新课题，逐步提高对培训干部的重要意义的认识，使各级工会干部的思想基本达到统一。县总精心部署安排了工会干部培训工作计划，县总负责人和各部门干部分别担任教师，他们认真备课，认真讲课。镇工会干部积极配合，安排好各学习小组的活动，基层工会干部学习积极性比较高，从而保证了全县培训工作的顺利开展。

二、从改革需要出发开展工会干部岗位培训

为了使如东工会干部系统学习工会理论，我们制订了从1987-1988年的工会干部培训计划，学习《工会学》《劳动法学习》《工业企业管理》《企业民主管理》以及党的基本路线等内容，每一年都根据不同的情况，确定培训内容，既有系统性，又有灵活性，在正常培训的同时，从深化改革的需要出发，从基层工会的需要出发，灵活安排其它的培训内容。例如，随着劳动制度的改革和厂长负责制的推行，劳动争议事件不可避免地出现了。去年，如东就先后出现了几起不讲政策随便处理职工、侵犯职工合法权益的事件，我们一方面及时会同有关部门与企业进行交涉协商，制止和纠正侵犯职工利益的错误做法。与此同时，我们根据国务院《国营企业劳动争议处理暂行规定》的要求，连续多次举办了劳动争议调解业务培训班，组织工会干部学习党和国家劳动制度改革的方针、政策，并通过具体事例的剖析，帮助基层工会干部弄懂在积极参加、积极支持深化企业改革的同时，怎样在维护国家总体利益的前提下表达职工具体利益，县总负责同志还在这个培训班上和学员进行“对话”，当场回答基层工会干部提出的有关问题。又如，党的十三大召开后，为了组织广大职工和工会干部学好党的十三大报告，开展社会主义初级阶段理论和基本路线的教育，我们及时举办了工会干部十三大文件学习辅导班。为了帮助刚走上工会工作岗位的新同志学会“参政、议政”，我们举办了企业民主管理专题讲座等等培训班。总之，为改革服务，为基层工会建设服务是我们培训工作的宗旨。

如东工业企业分布在全县八个集镇，职工和基层工会也分布在各集镇上，最远的集镇距离县城有100多里，近的也有30多里，企业非常分散，给基层工会干部的培训工作带来了一定的困难，为了妥善解决工学矛盾，不给基层工会干部带来困难，我们改变了过去那种把工会干部从“基层”集中到“上面”来培训的做法，实行“到基层办班，送课上门”的方法，在培训方法上，从实际情况出发，采取灵活多样的培训形式，概括起来说，做到三个“结合”，这就是：业余分散自学和定期集中辅导相结合，小组讨论和大组答题相结合，长班和短训相结合，在整个培训过程中，基层工会干部按照县工会的统一安排和指定的学习内容，以业余自学为主，定期到所在地的辅导点听辅导课，每一个集镇都有一辅导点，县工会干部定期到各辅导点巡回辅导。一般的来说是半个月上一堂辅导课，辅导课之后，由镇工会组织分小组进行讨论交流。一次集中辅导活动，不超过两天时间。县工会的辅导人员在每次辅导之前，把辅导材料发到基层工会干部手中，辅导之后，还要回答学员提出的问题。在培训中，我们坚持以短训为主，长短结合，长中有短。短训班的时间短，周期短，见效快，即使长班，我们也所它分解为若干个“短班”，长计划，短安排，尽量少占用基层工会干部的工作时间。在学习中采取了“分散到基层办班，送课上门”的培训方法和灵活多样的学习形式，基层工会干部不离开工作岗位，不离开所在地就能参加系统的培训，从而妥善解决了工学矛盾，受到基层工会的普遍欢迎。

实践使我们体会到，走出县总机关大门到基层去办班，送教上门，对于如东搞好工会干部岗位培训是行之有效的，至少有三个方面的好处：

（一）可以在不太长的时间内，做到大面积的培训工会干部。例如去年，如东全年培训工会干部600余人，县总在一个时期内，只有个别同志兼管任教工作。如果把这600多人分期分批集中到县城培训，需要两到三年的时间同，而且要把县总工作人员忙得团团转，基层干部往返奔波，学习也难以安心。

（二）有利于县工会工作的开展。到基层去，密切了县总和基层工会的关系。可以及时了解工会干部和企业职工对工会工作的意见、要求。及时掌握基层工会工作出现的新情况、新问题，帮助基层工会解决一些实际问题和困难。

（三）有利于“厉行节约”。如果600名工会干部都集中到县城培训，就是用10天时间，仅车费、食宿费、补贴费这三项就要开支4–5万元。而到基层去搞培训，既不影响工会干部正常的工作，又可以节省开支，效果更为明显。

三、严格把住培训工作的各个环节，不断提高培训质量

基层工会干部的培训工作面广量大。为了保证培训工作的顺利发展和不断提高培训质量，八七年着重抓了以下三个环节：

（一）抓组织领导。县工会建立了工会干部岗位培训领导组，设立了办公室，一名副主席具体分管。负责为县属镇工会培训业务辅导员，做好培训教材和有关辅导资料的选印分发，认真出好复习提纲和试卷。组织全县统考和发证工作，开展调查研究总结典型经验。各镇工会工作委员会设立了8个辅导点，落实了专人负责。在所在地搞好组织发动和报名登记工作，按县总工会规定的学习内容具体制定切实可行的辅导实施计划，认真组织系列化的专题辅导讲座和学习交流。做好学习期间的考勤、考核等具体工作。及时向县工会汇报培训中的有关情况。

（二）抓信息交流。如东工会干部岗位培训工作，规模较大，它包括八个集镇两个国营农场，仅第一期参加培训干部就有600余人，为了掌握培训工作的信息，指导全县培训工作的开展，我们建立健全了县、镇、基层三级信息网络。及时掌握基层工会和各辅导点对培训工作的信息反馈，指导全县培训工作的开展，同时又把各地好的经验及时向全县基层工会进行宣传，并组织有关镇工会和基层工会干部到先进辅导点参观学习、互相交流经验，取长补短，共同提高。

（三）抓考核评比。每一单元的学习任务结束后，县工会都要组织全县统考。考前出好复习提纲，向基层工会发出考试通知，组织有关人员出好试题、印好试卷。考试时，严肃考场纪律，县总全体工作人员分别到各辅导点担任巡监，职工学校教师分配到各地监考。对因事因病缺考的学员，重新组织补考。培训期间，县工会还组织开展了学习竞赛，向基层工会干部公布了评比优秀学员和先进集体的条件，规定了奖励方法。考试结束后，县工会立即进行表彰、总结。全县有3个镇工会被评为先进集体，56人被评为优秀学员，县工会分别给予了精神和物质的奖励，进一步调动了各基层工会和学员的积极性。

通过工会干部岗位培训，使基层工会干部的业务素质有了较大的提高。如潘荣富同志刚从部队转业在县酒厂担任工会主席，“走马上任”后，他感到工会工作很复杂，千头万绪，无从下手，于是就报名参加县工会举办的工会干部的岗位培训班。他学习很认真，每一堂辅导课都不缺席，认真听课，认真做笔记。经考试，取得良好成绩。经过培训，他觉得心中有了“谱儿”，回厂积极开展工会的各项工作，敢于为职工群众说话，积极为职工办实事，使厂工会的工作有了明显的起色，去年被评为县先进“职工之家”。又如栟茶染织厂工会副主席周秀同志，是从车间主任的岗位上被选为厂工会副主席的。开始她认为，工会就是搞搞职工福利的，没有多少工作做，比车间主任的工作轻松得多。参加岗位培训后，她感到肩上的担子不是轻了，而是重了。她深有体会地说：想不到工会工作这么重要，有这么多的工作要做，如果做不好工作，就对不起全厂职工。培训结束后，她放手开展工作，热情帮助职工克服各种困难，积极组织开展劳动竞赛、调动全厂职工生产积极性、既赢得了全厂职工的信任，也得到厂长的敬佩。有的厂干部说：周秀现在象换了个人。由于提高了基层工会干部的业务素质，加强了工会干部队伍的建设，从而促进了如东工会工作的开展。1986年，如东只有3个模范“职工之家”，87年就增加到13个。有3个基层工会受到省、市工会命名表彰。先进“职工之家”由25个增加到47个。全县工会各项工作都得到发展。为了适应形势，我们今年继续开展工会干部岗位培训，以更好成绩，为改革做出贡献。

发挥优势　增强活力　积极办好职工教育

——全国总工会职工教育座谈会交流材料

如东县职工学校

我校从1979年复校以来，已经整整10年了。10年前，我们在简陋的旧平房里复校，靠租用教室上课。10年过去了，在各级党委、政府和工会的关心和支持下，在全体教职员工的共同努力下，如东工会系统职工学校在办学、教学、管理等方面都取得了显著成效。

从办学实绩来说，10年来，一直坚持为企业生产服务，为职工需要服务，为工会建设服务的办学方向，实行多层次，多形式办学。把广大职工，尤其是青年职工吸引到职工学校学习政治、文化、技术，连续十年，各类班级的在校学员数每年（以全科计算）保持在1万人次左右。10年来，累计培训职工（干部）超过10万多人次，其中在技术业务教育方面累计培训6万多人次，占培训人数的60%。

从事业规模来说，10年来，县校和各镇分校都有了自己的教学阵地。并建有6幢教学楼。有办公室9间，教室20个，教师宿舍30间，共计总建筑面积达4000平方米。拥有固定资产和银行存款150万元，从而结束了过去那种租用外单位会议室、食堂上课。搞“游击办学”的状况，为如东工会职工教育工作的改革和发展，创造了良好的条件。

从教学层次上说，10年来，从扫盲到“双补”，到高中文化、中级技术和一些大专层次的班级，办学水平有了很大的提高。为提高广大职工的素质，造就“四有”职工队伍发挥了一定的作用。

10年办学，我们取得了丰硕的成果，受到了企业和职工的欢迎，在企业和社会上赢得了较高的声誉，多次受到省、市、县政府和工会的表彰。1989年被全总授予职工教育先进集体的光荣称号。

10年办学，10年甘苦。抚今追昔，我们深切体会到：工会职工学校要在新的形势下，巩固发展下去，只有坚持“三个服务”的办学方向，充分发挥工会办学的优势和特点，积极主动地加强同企业和经济部门的联系和合作，在“搞活”二字上想办法，下功夫，才能走活工会办学的路子，使工会职工学校立于不败之地，长办不衰，充满生机和活力。10年来，我们在办教学上，重点抓了以下几个方面的工作。

一、因时制宜,因势利导,抓准办学重点

工会办学要“活”。首先表现在要从实际情况出发,因时制宜、因势利导,以变应变,及时转移办学重点上。

1979年工会恢复并主管职工教育时,我们把重点放在指导、帮助基层办学上,办得很“红火”。1982年中央下达了关于加强职工教育工会的8号文件,职工教育由工会主管改为行政主管后,当时工会职工学校面临着严峻的考验,为此有的校缩小了阵地,有的校减少了教师,有的校甚至解散。我们没有被暂时的办学低潮所难倒,没有囿于“量力而行”,没有热衷于“拾遗补缺”,而采取积极主动办学的态度,立足于自身办学,大力开展“双补”教育,走出“低谷”。为了拓宽工会办学的路子,吸引更多的职工学习,在“双补”教育没有结束时,开始着手大规模开办高中文化班、成人高校、中专复习迎考班和工人技术等级培训班等班级,满足了广大青工的要求。

1987年,国家教委的《决定》下达后,要求成人教育把办学重点转到岗位培训上来,工会职工学校怎样顺应成人教育的大趋势。面对几年社会上出现了一股办学热,(我们县城,各部门、系统办的学校和培训中心就有十多所,办学的竞争对手越来越多),工会职校怎样在“夹缝”中求生存,求发展?面临新的挑战,我们审时度势、扬长避短,寻求新的机遇、新的出路。在办学的指导思想上,我们保持着清醒的头脑,坚持“两条腿”走路,不搞“单打一”,以文化教育为基础,以技术教育为重点,实行全方位、多层次、多规格办学。

(一)坚持把思想政治教育放在学校办教学工作的首位,利用工会的组织优势,通过长班系统学习,短班专题培训以及电视录相讲座、录音报告等多种形式,对8900名职工进行四项基本原则教育、理想道德教育和遵纪守法教育,并为企业培训专职政工干部1000多人。

(二)在文化教育上,坚持学历教育与非学历教育相结合,集中力量,正常开设职工业余初、高中文化班,其中主要是办好高中文化班。在县人大的提议下,连续四年开办了高考补习班,受县委、县政府及有关部门的委托开办了“双下”干部高中文化班和成人高考复习班,这些班级生员充足,班班“满负荷”,使每年的在学人次保持在2.50万名左右,稳住了工会职校办学的阵脚,成为职工学校的办学基础。1987年以来,先后有3600多名职工在我校学习考试合格后领取了高、初中毕(结)业证书,并为成人高校、中专和普通高校、中专输送学员500多名。

(三)在技术教育上,从10年前复校起到现在,我们一直坚持政治文化教育和技术业务教育同步进行。每年培训各行各业技术业务人员都在6000人次以上。近3年来,我校加快了技术教育的步伐,以岗位培训为突破口,多层次,全方位办学,在不长的时间里,基本实现了办学重点,由文化教育向技术教育的转移。3年来,先后开办40个种类200多个岗位培训,全县有1.85万多名班组长、企业中层干部、基层工会主席以及铸工、电工、驾驶员、会计员等经我校培训，参加市、县有关部门考核后，领取了岗位合格证书。从今年上半年起，分行业分工种开展了工人技术等级培训考核工作。在县劳动局考工办和县供电、机电等部门的大力支持、配合下，我校根据《工人考核条例》的精神，采用国家机械委的统编教材，已开办中级电工班9个，组织1014人入学，初、中级冷加工班59个，组织4566人入学。在工人技术等级培训方面，采取了不同的办学形式，中级电工班采用县校和分校联办的形式，由县校统一管理，全县八所集镇的分校设点办班，初、中级冷加班由我们统一管理，统一组织复习辅导，统一组织考核发证；由工厂自己办班，实行厂校联办。通过这种形式，使工人技术等级，普及到全县工厂各个企业。今年上半年，中级电工班已经完成第一课程《电工与电子基础》的教学，学员参加由市、县供电部门命题的统一考试，及格率达90%，下半年开设的第二门课程，已经开学上课，初、中级冷加工班上半年已完成两门课程的学习，并参加了全县统考，下半学年，第三课程的学习也已经开学上课。经过十年的努力，我们在技术教育方面从业务短训，到正规化的技术等级培训，到部分高等技术培训，基本具有了多层次、多门类、多形式的办学能力。

(四)从满足社会需求出发，见缝插针，开设为社会服务的服装剪裁班、中文打字班等等，既得到社会欢迎又提高了教室的使用率，成为工会职校办学方面的一个补充。

二、捕捉信息，抓住时机，实行按需办学

工会办学要“活”，要活在信息灵，积极主动办学上，实行开放式办学，一定要重视信息，及时而准确地捕捉各种办学信息，引导办学，实行按需施教，学用一致的办学方针。去年春节过后，我们从有关方面获悉，组织、人事部门准备对1940年以后出生、文化程度在高中以下的干部(即“双下”干部)进行高中文化教育。得到这个信息后，我们积极与组织部门联系，派专人协助他们分地区、分系统排出应培训干部名单，拿出一套办学计划和教学方案，当三家办学单位同时争着办的时候，我们争取了主动，最后由县有关部门拍板由我们工会职工学校负责干部高中班的办学。我们在全县分片设了8个教学点，很快就上马开学了。又如当我们在走访基层单位时得知如东某家机械厂，由于翻砂工的技术不过关，连续三炉报废，损失几万元，其它有些厂家也有类似的情况，立即开办了铸造技术培训班，培训了近百名铸造车间主任和班组长。办其它内容的岗位培训班，也都力求做到有针对性，多办那些能直接提高企业经济效益和职工技术的班级。

在重视捕捉信息方面，做到“多、新、快”。多，就是获得的办学信息数量多。我们十分注意通过各种渠道去捕捉来自上下左右各方面的办学信息，及时了解和掌握国家和上级工会关于岗位培训的指示和要求，以及各地的办学动态，了解和掌握有关部门和系统“条上”对岗位培训的部署和安排，了解和掌握企业和职工的需求和意见，捕捉到的信息越多，办学的思想就越宽，开办新的班级也越多。新，就是尽量去捕捉“最新消息”，把班办到“火候”

上,增强对企业和职工的吸引力。快,就是获取办班信息后,利用信息办班的速度快。办学人员头脑里要有时间观念和竞争意识。我们每当捕捉到信息后,凡有条件,就不失时间机去办班,决不迟疑。做到:人家想办,我们已经办好了,从而掌握了办学的主动权。

实行按需办学,还表现在教学形式的"三个结合"上,即从培训内容的需要,培训对象的层次,培训时间的可能出发,做到"理论学习和实践操作相结合,分散自学和集中辅导相结合,函授教学和面授教学相结合",很受企业和职工的欢迎,收到较好的效果。

三、加强联系、融洽关系,搞好服务指导

工会办学要搞活,还要在协调处理好上下左右的关系下,工会搞自身办学,不要搞关门办学,而是要搞开放式办学,实现转轨变型。因此,只有协调好上下左右各方面的关系,与企业和部门保持广泛而密切的联系,工会办学才能够如鱼得水左右逢源,稳定发展。我们做到:

(一)登门走访求教,沟通学校和有关部门的联系。定期组织教师走访学校所在地的经济领导部门和企业事业单位,和领导干部、管理人员、职教干部交朋友,虚心求教于他们,征求企业对办学的意见,从而使办班具有针对性。县校的教师注意加强班前联系,经常深入到主管部门和骨干企业征求意见,使开班设课做到有的放矢,同时还抓好班后回访工作,到学员单位收集企业和职工对办班的反映,为下一步制定办学计划和改进办学工作,提供第一手资料。

(二)在联合办班中,融洽关系。办班中,通过一次或几次合作,彼此有了较多的了解,逐步形成了互相尊重。互通有无,互惠互利的良好关系,进一步加深了相互之间的友谊。开办高补班时,我们和教育部门在师资、教学阵地方面,通力合作。开办干部高中班,我们密切了和县委组织部、县人事局、县教育局的关系,得到了他们的大力支持和配合,各镇分校也通过开办这个班赢得了乡镇党委和政府的信任和支持。我们和县劳动局,通过前几年联合开办安全技术、劳动保护、司炉技术等班级,在合作中相互取得信任,关系越来越密切。去年上半年,我们联合开办了劳动争议调解业务培训班,在全县产生了较大的影响。今年在全县大规模的职工技术等级培训考核中,又再度合作。

(三)提供服务指导,密切与基层联系,企业和部门办文化班有困难,我们在师资、教材、阵地等方面全力支持,县镇职校在开展文化教育教研活动时,邀请系统和企业职工教师一起参加,有些文化课还一起备课,帮助企业办好文化班。在技术培训方面,还做到送教上门,服务到厂,把班办到基层,为企业和职工解决工学矛盾,如班组长培训班、现代化管理十八法培训班、工会主席岗位培训班等班级,办到基层后很受企业的干部职工欢迎。县镇各校注意正常搞好职工教育咨询指导工作,县校和各镇分校实际上已成为所在地企业职工教育的服务中心,使"三服务"的办学方针真正落实到实处。

真诚为企业和职工服务，加强厂校联系协调各方关系，使工会办学形成上下左右通力协作的良好“气候”。不仅为办学提供充足有利的外部条件，也为今后发展打下坚实基础。事实证明，工会办学有传统，有阵地，有基础，有优势，在行政办学同时，工会办学完全可能“独树一帜”，形成自己的办学特色。行政办的班，我们可以办，行政不办的班，我们也可以办，是单独办，还是联合办，是多办，还是少办，是先办，还是后办，办学途径很多，回旋余地很大。因此，工会办学要有较大发展，关键在一个“活”字，要增强应变能力，适应改革形势的需要。多年来，我们正是靠灵活多变打开办学新局面，赢得在本县本地办学的主动权。

1990年9月16日

坚持创新开拓，激励和引导职工投身经济建设主战场

——全国第十三届劳动竞赛研讨会议交流材料

如东县在改革开放大潮中，经济不断发展，从一个传统的农业大县向工业强县阔步前进。1998年实现国内生产总值71亿元，比上年增长10.10%，实现工农业总产值115亿，比上年增长10.4%。特别是工业经济克服各种制约性因素，保持持续增长态势，全县全部工业完成现价总产值85.69亿元，实现工业增加值18.4亿元，比上年增长14.40%，1999年上半年，全县工业经济保持良好运行态势，产值同比增长5.49%，销售和创利取得较好成绩。

作为直接参与和推动如东经济发展的工会，多年来，围绕经济建设中心，依靠和动员广大职工，坚持创新开拓，广泛开展社会主义劳动竞赛、合理化建议、技术改进、练兵比武和技术协作等群众性经济技术活动，充分发挥工人阶级在改革、发展、稳定中的主力军作用。

一、紧扣经济建设中心不动摇，引导职工奉献立功

党的十一届三中全会，明确提出把全党工作重点转移到社会主义现代化建设上来。作为党领导下的工人阶级群众组织，我们十分清醒地认识到：工人阶级是先进生产力的代表，工人阶级劳动热情和创造力，是企业活力的源泉。因此，工会组织各类群众性经济技术活动，既是促进社会主义现代化建设的有效载体，又是尊重和发挥工人阶级主人翁作用、实行民主参与的重要形式，是工会维护职工利益的战略性举措。多年来，县总紧紧围绕经济建设中心，周密部署和组织劳动竞赛，环环扣紧不松套，努力把职工积极性引导到奉献立动轨

道上来。

“七五”期间,县总在全县组织大规模的“七五达标夺魁”立功竞赛,成立由县领导和有关部门组成的劳动竞赛委员会,竞赛发动面广,职工中开展“两个一”(人均提出一条合理化建议,增收节支一百元)活动搞得红红火火。在全市劳动竞赛总结表彰大会上,如东被评为南通市第一名,市领导授予优胜奖杯。1991年是衔接“七五”、实施“八五”计划承上启下的一年,是整顿、改革进入攻坚阶段关键一年,也是如东“工业结构调整年”。县总根据全县经济发展目标,发出《关于在八五期间开展以质量、品种、效益、科技为主要内容的“八五奉献立功竞赛”意见》,对全县“八五”期间劳动竞赛明确安排。如1991年组织一批上年销售收入3000万元以上大户、创汇400万元以上大户、亏损30万元以上大户、科技开发大户,分别开展“四大户”竞赛,组织职工“三个一”竞赛以及十大窗口行业优质服务竞赛等。这些竞赛丰富多彩,效果显著,有力促进全县经济发展,县总被评为“江苏八五奉献立功竞赛先进组织单位”。1996年初,县总根据如东“九五”计划和2010年远景目标、推进全县经济体制和经济增长方式根本性转变,努力实现科教兴县实际,制定《关于在全县开展“九五创业杯”立功竞赛活动的意见》,由县委办、县政府办转发。竞赛意见对九五期间竞赛明确内容、形式与评比标准,在全县工交建贸文教卫生等行业中,围绕创新开拓、调整结构、扩大销售、扭亏增盈、提高质量、改进服务、强化管理等目标,开展“创新杯”“扩销杯”“扭亏增盈杯”“群策杯”“优质服务杯”等五大类竞赛,在班组中开展争创“创业标兵班组”和“四优班组”竞赛,在全县职工中开展争当“创业功臣”“五个一”竞赛,在党政工管理人员中开展争当“优秀组织者”“四赛四比”竞赛等等。多年来,由于各级工会努力,竞赛根据企业实际不断改革创新,县劳动竞赛委员会每年都认真评审和隆重表彰,并同时制定新一轮竞赛方案,从而使竞赛始终充满活力,增强对企业和职工的吸引力。

二、找准工作切入点不放松,追求竞赛创新转型

县总把工会工作放到全县经济建设大局中去把握,由此找准工作切入点,创新思路,组织各级工会和职工群众,开展一系列富有特色和实效的群众性经济技术活动。

——创新路提速增效

各级工会不断创新新时期劳动竞赛运行模式,努力促进竞赛转轨变型,即由体力型转变为智力型,由速度型转变为效益型,由生产型转变为生产经营管理型。全县企业紧扣生产经营关键,开展各种灵活有效的竞赛。如江苏新象股份有限公司“银花杯”促销竞赛、江苏雄鹰股份有限公司“雄鹰杯”高产优质竞赛、江苏黄海汽配股份有限公司“创汇杯”争最佳竞赛、如东农药厂“银海杯”降本增效竞赛、如东啤酒厂“海花杯”上下工序挂钩竞赛、如东轻工机械厂“三小一攻”革新开发竞赛、南通丰纺有限责任公司争创“五手”竞赛等等,都有力促进企业发展。

在全县“九五创业杯”立功竞赛中，由20家企业参加的“创新杯”竞赛，对激活企业创新机制产生十分积极的作用，今年《工人日报》曾作报道。这一竞赛紧紧围绕全县企业重点工程、重大技改项目来展开，切中如东企业发展关键。竞赛内容不仅包括科技开发、产品设计和制造工艺创新，还包括决策创新、观念创新、体制创新、管理创新等等，使“创新杯”竞赛，成为全方位带动全县重点骨干企业科技进步的一根红线。如江苏黄海汽配股份有限公司一直积极参加“创新杯”厂际竞赛，抓住降本增效“牛鼻子”，对成本管理大胆创新，探索和总结出效益性、可行性都很强的目标成本倒逼管理法，被誉为盛开在江海平原上的一朵“管理之花”。由于成本管理创新，再加上科技开发创新，双管齐下，使汽配产品在国内外市场极具竞争力，1998年实现销售收入1.07亿元，年利税1250万元，创历史最好水平。

——献计策开拓经营

多年来，各级工会发动广大职工立足本职，开展群众性合理化建议、技术改进活动，为企业开拓经营、攻克难关、科学决策、提高效益发挥重要作用。如县通用机械有限公司工会大力发动广大职工，针对企业面临困难，在全厂掀起一个“人人献计策，处处挖潜力，企业增效益”合理化建议活动，收集职工建议547条，全厂人均0.9条，最多的职工提出5条，这批建议经归纳评审，实施207条，创经济效益60万元为开创企业新局面发挥重要作用。该公司1997年获县总颁发“群策杯”，1998年被评为“江苏省合理化建议、技术改进组织管理先进集体”。据不完全统计，全县职工1996-1998年共提出合理化建议3.54万件，其中采纳1.66万件，实施1.32万件，创效益2240万元。

——挖潜力开发新品

随着科学技术飞跃发展，不断更新工艺、设备和技术势在必行。各级工会发挥密切联系职工优势，大力发动技术革新、新品开发和攻关挖潜活动。如江苏新象股份有限公司工会组织机械加工、刀具革新10多项，其中CBN刀片技术在出口缸套应用、95缸套精绞刀盘定尺扯口铣刀盘、∮160万能转位镗孔刀盘、三面精密组合车刀等革新开发项目都获得成功并应用生产流水线，工效提高4倍以上。1998年，全县工业企业技术开发取得较大成绩，全县开发市级以上新品92个，其中列入省级以上新品开发计划23个，占全市20%；列入国家级新品试产计划7个，占全市26%；列入国家和省重点技改计划9个，占全市39%。

——讲奉献技术扶贫

各级工会引导广大职工，发扬共产主义大协作风格，为社会和困难企业无偿解决生产技术难题。县总先后成功开展几次富有成效的扶贫活动。一是在调查征集企业难题基础上，牵线搭桥，对口邀请市区纺工、轻工、化工、电子、机械、仪表等行业的42位专家和能工巧匠，组织科技大蓬车下乡下厂，对县内15家企业的27项难题，一一到现场进行技术咨询、难题攻关、专业讲座和设备维修，解决一批生产技术关键。二是与市总共同组织全国焊接能手来如东现场表演,并邀请高级工程师赴机械行业开展热处理技术咨询和培训攻关,满足企业需求。三是在广泛收集、查询信息基础上,及时无偿地向困难企业提供大量有价值的经济、科技信息,为企业开发新品调整结构排忧解难,努力促成科技成果转化。

——办实体安置职工

为发展社会生产力并妥善解决职工下岗分流,县总十多年来坚持不懈,以职工技协组织为依托,指导基层工会兴办一批集技工贸为一体的企业。为办好工会企事业,县总竭诚为基层服务,一是加强政策协调,与工商、税务、财政、审计等部门协商,先后联合颁发三个政策性文件,为基层工会兴办实体创造良好条件。二是为工会实体排忧解难,如指导和帮助基层搞论证、办执照、跑货款、申领票并理顺与各方面关系。三是加强管理,协助基层建章立制,使生产经营步入健康运行轨道。四是会同各实体,吸纳下岗富余职工。如县化肥厂工会创办南通东昌化工实业公司,坚持走科技兴业、滚动发展之路,企业越办越兴旺,吸纳消化母体厂120多名富余职工。近几年来我县一批工会实体在促进发展、安置人员方面作出成绩,先后获评1个"省工会明星企业"、1个"省先进科技经济实体"、2个"市工会明星企业"和13个"市技协先进集体"。

三、推行激励机制不停步,建设知识型职工队伍

现代企业竞争,实质是人才和技术的竞争。国企改革的不断深入,对工人阶级基本素质提出更新更高要求。因此,建设一支过得硬、跨世纪的"四有"职工队伍,激励工人阶级以崭新精神面貌,影响和带动全社会前进,不仅列上各级党政工作日程,更成为工会实施的一项战略性任务。

——树形象展示风采

为建设一支"有理想、有道德、有文化、有纪律"的工人阶级队伍,县总一直把提高职工思想政治素质作为工作切入点,以此带动职工整体素质提高。各级工会不断拓宽思想政治工作领域,在全县开展"创企业形象,树主人翁风采"主题教育、"四德"教育、创建"文明行业"、"文明窗口"及争当"文明职工"活动,大力宣传爱国主义、社会主义、集体主义和艰苦奋斗精神,倡导爱厂奉献、爱岗敬业新风尚。通过各种寓教于乐的活动,培养新时期工人阶级主人翁精神与风采。如县交通建设工程公司党政工齐心合力,抓职工队伍建设成效显著,该公司道路五队长年远离家乡从事高速公路施工,十分艰苦。通过争创"四优班组"活动,职工主人翁使命感不断增强,人人积极投身优质施工"三比三赛"和合理化建议活动,出色完成任务,连续被宿迁高指评为"目标考核三面红旗"先进单位。

——激活力学赶先进

在每年总结评比中,县总注重在一线工人、能工巧匠中评选先进典型,并择优推荐"劳动模范""五一奖章获得者""十佳职工""创业功臣"鼓励广大职工爱岗敬业、争先立功。对有突出贡献的合理化建议和技术创新项目，县总热心推荐各类科技成果和“优秀项目”，激发和保护职工创造热情。仅1998年，经县总推荐有15名职工被评为省、市最佳技术能手，16项技术创新被评为省、市优秀合理化建议、技术改进项目。同年市政府表彰的21名城市方面劳模中，一线职工和技术能手就达10人，占48%。如县农药厂工艺员徐跃，刻苦钻研创新，多次获省、市科技成果奖。1995年他针对产品敌草胺乳油技术上的薄弱环节，大胆提出用复合无极性溶剂结晶提纯的合理化建议。经采纳实施，这项国内首创技术，两年就为企业增利80万元，1997年该同志被评为省合理化建议、技术改进最佳能手，1998年被评为市劳模，成为一线工人榜样。全县各级工会还通过报纸、广播、电视、会议、演讲比赛、文艺演出等媒介，大力宣传一线职工事迹，形成人人争先进、个个讲奉献的良好氛围。

——练技能比武成才

县总把提高职工操作水平，激发职工苦练技能，培育一流员工列为重要工作。县总坚持每年都选择一至两个工种，把行业层层选拔的技术尖子组织起来，进行比武并授予“技术能手”称号。在此基础上，帮助能手总结出先进操作法，在全县巡回表演。10多年来这一做法从未间断，成为规范，形成“比武—选拔—总结—推广”的良性循环，从而使不少绝招绝活传授开来，为一线职工架起技术交流、学艺成才的“金桥”。这些年来，县总先后举办焊接、微机等5个项目专业比武，组织新型刀具、服装设计等8个项目巡回表演，在全县企业和职工中产生很大反响，受到普遍欢迎。特别是县总曾联合劳动局，自下而上，成功组织全县万名职工大比武，在县级比武基础上选拔114名技术尖子参加市级38个工种的角逐，取得优异成绩。其中获市级冠军两名，市级“女状元”两名，获奖选手达37名。1997年来，县总还在广大职工中积极开展了“四二一”活动，努力达到“精一招、会两招、学三招”的目标，鼓励更多的职工掌握多手转岗和再就业技能。

——架桥梁培训助力

县总十分重视各类专业理论和技术培训，鼓励广大职工创新开拓，通过加油助力，促进职工科技素质提高。多年来，采用县总办、送省市办、下厂办、联合其他部门办等多种形式，大力开展技术培训。如先后组织创造学、工业设计、合理化建议、技术协作、班组管理等专业培训，使一批又一批职工通过进修，掌握开发创新的知识与诀窍，成为企业中不可缺少的技术骨干。如江苏黄海汽配股份有限公司曾遇到汽车螺母内纹热处理变形难题，攻关小组运用创造学原理，先用ABC分类法找出3个关键因素，又用正交试验法调试确定出关键因素的最佳工艺参数，经投产验证螺纹通止合格率，由原来的30%—40%提高到97%以上，创效益110万元，1998年被评为省合理化建议和技术改进优秀项目。

——扬优势协作攻关

县总通过真抓实干，积极发挥职工技协这一科技社团的作用。1984年以来在全县建立职工技术协会，现已发展成为拥有45个基层技协、近2000名会员的组织网络，凝聚一大批能工巧匠和技术能手。自1992年来，县总在全县基层技协中围绕组织建设、技术扶贫、攻关革新、合理化建议、有偿服务、规范管理、创明星企业等内容，连续8年开展“技协杯”竞赛。由于将各类目标量化、分解，按标准考核评比，每年由县领导隆重颁发优胜奖杯并予奖励，使技协活动充满活力，成为促进全县经济发展和科技进步的重要载体。不少技协拓宽“四技”服务思路，活跃在各条战线上，成为企业中的难题攻关队、生产突击队和技术推广队。如南通东昌化工实业公司，坚持以技术创新为动力，成功开发以工业级甘氨酸为基础深加工两大系列产品，远销亚、欧、美、澳等地区，主产品甘氨酸乙脂盐酸盐被评为1998年国家级重点新产品、省高新技术产品，该公司1999年上半年实现销售收入2650万元，创利税118万元，按公司规划，2001年销售收入将达到1亿元。由于全县技协组织奋发努力，如东县职工技术协会被全总授予“全国职工技协先进集体”称号。

竞赛、创新，硕果累累的实践表明：全县工会发动的各类群众性经济技术活动，吸引广大企业和职工群众踊跃参加，成为工会工作变被动配合向主动开拓转变的突破口，成为工会发动工人团结奋斗、投身经济建设主战场的一道壮观的风景线，为全县经济建设注入勃勃生机。

我们通过工作实践，对发动广大职工建功立业有几点认识和体会，主要是：以富有特色与实效的竞赛凝聚职工，是优化群众性经济技术活动的“重头戏”；坚持创新开拓，以科技贯串并称雄赛场，是发动群众性经济技术活动的不尽动力；紧紧瞄准工业大户和重点工程，是推进群众性经济技术活动的着力点；大力推行争先创优机制，是激励群众性经济技术活动的有效手段。我们将坚定不移地团结和组织全县职工，扬长避短，创新奋进，努力绘就社会主义现代化建设的宏伟画卷，迎接光辉灿烂的二十一世纪。

（本文由县总工会冷强华撰写，在1999年9月全国第十三届劳动竞赛研讨会议上交流）

“全面提高”是开展争创“十强”活动的根本目的

——江苏省争创工会工作“十强”县(市)研讨会交流材料

如东县总工会

“十强”竞赛活动的开展无疑为全面提高基层工会建设水平,促进域经济和社会的发展提供了强大的动力和难得的契机。如东县于1999年开展争创活动,通过一年的打基础,2000年进入全面争创阶段,2001年5月被省总授予“十强”奖牌。争创“十强”大力促进了全县工会干部整体素质的进一步提高,锤炼了如东工会精神,即开拓进取的创新精神、坚忍不拔的敬业精神和艰苦奋斗的拼搏精神;大力促进了全县工会工作整体水平的进一步提高,工会组建、厂务公开、集体合同、送温暖工程等重点工作取得突破性进展,与人大、政府、政协等建立的联系制度、群众性的经济技术创新工程、“学劳模精神,为劳模服务”工程、与特困职工结对帮扶等特色工作在省内外产生了良好影响;大力推动了全县工会地位的提升,县总被县委评价为五个有,即:有位置、有地位、有作为、有威信、有希望,连续两年在机关整体目标考核中被评为先进集体。争创“十强”也给县总带来了“翻天覆地”的变化:1999年县总机关干部告别了近20年的办公危房,租进了较为宽敞的办公楼;2000年又告别了寄人篱下的办公场所,搬进了属于自己的近2000平方米的新办公楼。县总工会由原来的默默无闻,一跃成为全县学习的典型,这都是争创“十强”的结晶。

一、争创“十强”是一股强劲的源动力,它极大地触发了工会干部的工作激情

要使全县工会工作开创新的局面,充分调动和发挥全县各级工会干部的积极性和能动性是关键。如东县总首先是狠抓了全县各级工会干部的学习和对他们的教育工作,组织工会干部学习江总书记“三个代表”重要思想及中央领导同志关于工会和工人运动的重要论述,开展以“三心、三服务、三加强”为主线教育,即树立事业心、责任心、必胜心,做到服务中心、服务大局、服务职工,加强调研、加强指导、加强自身建设。通过学习和教育,全县各级工会干部统一了思想认识,争创“十强”活动深入了人心,从而激起了他们的高昂斗志,触发他们的工作激情。如洋口镇工会主席马月山等一大批优秀工会干部脱颖而出,他们的敬业精神、拼搏精神和创新精神在同行中产生了强烈反响。其次是结合争创“十强”在机制创新上下功夫。一是组织机制。县总在乡镇区划调整和党政机构改革中,提前谋划,主动介入,使工会专职干部与乡镇党政班子同步考虑，同步考察，同步到位，为加强乡镇工会建设，发挥工会作用提供了组织保证。二是工作机制。县总要求，各级工会建会与建制必须同步进行，各项工作做到“两到”“两有效”“四凡事”，即：该说的要说到，说到的要做到；努力使争创十强过程有效控制，努力使全县工会系统处于有效运作状态；凡事有章可循，凡事有人负责，凡事有人监督，凡事有据可查。三是激励机制。年初，县总与各乡镇工会主席签订目标责任状，明确工作任务、职责及奖惩办法，年终考核兑现。四是培训机制。采取以会代训、就地培训、集中培训三结合的培训方法，迅速提高各级工会干部的整体素质。五是监督机制。做到工作例会相互交流监督，联系工作就地指导监督，重点工作跟踪检查监督。六是联系机制。县总分别与县人大、政府、政协建立了联系（联席会议）制度，所有乡镇工会与同级人大、政府全面建立了联系（联席会议）制度，有力地促进了工会工作。通过机制创新，在全县工会系统中营造了奋发进取、你追我赶的喜人局面。

二、争创“十强”是一种强效凝合剂，它凝聚了党政和社会各界的力量

如东县从争创“十强”一开始，就得到了县委的高度重视和大力支持。县委书记严长俊到任不到一年，就先后四次到县总现场办公，勉励全县各级工会干部努力做好工作，打好基础，确保争创“十强”成功，并帮助理清思路，解决全县工会工作中的重大问题，这是对争创“十强”工作的极大鼓舞和支持。县委常委县长联席会议专题研究争创“十强”工作，并确定建立以分管书记为组长、5位县委常委及多个部门一把手参加的县争创“十强”领导组，把争创“十强”工作摆上重要议事日程。在县委召开的全县工会工作会议上，县委书记亲自到会讲话，进一步强调党的“依靠”方针，进一步要求加强工会的各项重点工作。县委又多次就新经济组织工会组建、厂务公开、职工董事监理制度、下岗职工再就业、生活保障、结对帮扶等工作发文、发传真、提出要求。县委还将工会重点工作列入乡镇整体目标考核，实行末位淘汰，使乡镇既有压力又有动力，有力地促进了工会各项重点工作的落实和争创“十强”活动的顺利开展。

争创“十强”还凝聚了社会各个方面的力量。2000年，县总先后与县委组织部、宣传部、县委办、人大办、政府办、政协办、劳动局、工商局、外经委、计经委、纪委、机关党工委、统计局、财政局、国税局、个私办等部门就工会干部协管、乡镇工会主席选配、工会组建、厂务公开、结对帮扶、宣传工作、维权工作、劳动竞赛、经费收缴等方面加强联系，联合发文，解决了工会工作的难点热点问题。可以说，如果没有县委组织部的支持，就不可能在乡镇区划调整的同时，立即在全县所有乡镇配齐配强配专工会主席；如果没有县委办的督查，没有县人大、政协的视察检查，没有县工商局、外经委、个私办及各乡镇党政的支持，就无法实现工会组建率和职工入会率均达90%以上的目标；如果没有县委办、政府办及相关部门的支持，厂务公开、结对帮扶、宣教及维权等工作也无法取得这么大的实效并形成机制；如果没有财政局、国税局等部门的大力支持,工会经费收缴任务也不可能完成得这么好;如果没有县财政的支持,县总机关及直属事业单位离退休人员的经费,更不可能顺利落实政策到位。

总之,争创“十强”使如东县总干了许多过去想干而干不了的事情,解了许多过去解决不了的难题,工会在全局工作中的地位不断提升,形成了党、政、工共创“十强”的良好局面。

三、争创“十强”是一部强力助推器,它迅速推进了工会各项工作的开展

如东县总自开展争创“十强”活动以来,紧紧围绕中心,寻找最佳结合点,各项工作出彩又出色,是争创“十强”这一强力助推器,将全县工会工作推上了一个新水平。至2000年12月底,全县新经济组织工会组建率和职工入会率已分别达到98.2%和94.3%,其中73%的乡镇工会组建率达100%,改制企业工会的确认和重建率达100%。2000年新建企业建会数了前五十年建会总和,县总被评为“江苏省新建企业工会组建工作先进集体”。努力在完善领导机制、监督机制、考核机制等方面不断创新,注重厂务公开的实效,全县国有、集体和公有资产占主体的公司制企业厂务公开推行率达100%,其中70%以上达到规范化标准。据不完全统计,仅采购供应公开制一项,2000年全县就产生8000多万元的经济效益,省、市厂务公开调研组先后三次来如东调研,均给予充分肯定,《南通日报》专题作了报道。教育、卫生、金融系统的公开机制也全面建立,县工商银行行务公开的经验被省厂务公开协调小组转发推广。如东豫铭制衣厂等非公企业将重大经营决策、原材料采购、职工工资福利待遇列为厂务公开的主要内容,极大地调动了企业职工生产积极性。深入开展的群众性经济技术创新活动,范围广、机制新、影响大、效果好。2000年全县职工提出合理化建议就达1.10万多项,实现效益达1015万元;开发新产品180个,其中24个产品通过省级鉴定,11个产品列入国家级重点新产品计划,推出的新产品的销售额,占全县工业企业销售总额的25%,获国家重点扶持扩批的贴息额占全省十分之一。2001年,全县又有2.22万名职工参加了创新工程活动,提出1.04万件合理化建议,完成技术革新项目464项,总结推广先进操作法316项,增创效益1341万元。为全县经济和科技的快速健康发展做出了重要贡献。全力实施结对帮扶送温暖工程,县总注重在源头上维护职工利益。1999年以来,为全县114户特困职工建立档案,建档率100%,为他们发放特困职工证及医疗优惠卡,发证率100%;全面开展结对帮扶活动,发动全县93个机关事业单位的2500多名党政领导干部与114户特困职工家庭结对帮扶,帮扶率达100%,近两年脱贫率保持在32%以上;先后为115户困难职工积极争取列入民政部门的“低保”范围,使他们的基本生活有了保障。广泛开展了“学劳模精神,为劳模服务”活动。2000年县总与县中医院协商率先开辟“劳模特约医疗处”,让劳模持保健医疗卡就诊、检查、化验、治疗、取药,并分别享受免缴挂号费、门诊减免20%医疗检查费、住院治疗减免30%费用的优惠;与县医务人员中心协调为参加医保的劳模开了在个人帐户每年增加200元的“绿灯”;与县电信局联手推出劳模安装电话优惠办法;与县汽车总站联合为劳模免费提供车辆外出参观学习。2001年又推出了四项举措,一是建立困难劳模互助基金,为困难劳模雪中送炭;二是为建国以来全县市级以上劳模结集出书,使他们的先进事迹记载史册;三是为劳模提供计算机等新技术培训服务,以适应我国加入WTO的需要;四是发展劳模协会会员。这些举措受到县、县政府的高度赞扬和肯定,深受全县劳模以及社会各界的一致好评。全县工会工作整体水平的进一步提高,使工会在职工群众中的威信得到进一步增强,领导有事想工会,职工有事找工会,工会作为党联系职工群众的纽带和桥梁作用得到进一步发挥。

四、几点启示

启示一:“十强”竞赛是手段,全面提高才是目的

内容决定形式,形式必须为内容服务。开展“十强”争创活动,是一种激励机制、考核机制、竞赛机制,以此来促进各项工作上水平上台阶,说到底,“十强”竞赛是手段,全面提高才是目的。如东县以争创“十强”为契机,通过扎实有效地开展工作,使全县工会工作整体水平得到迅速提升。首先通过加大学习和教育力度,不断完善各种机制,提高工会干部整体素质;其次,组织上给县总主席提供县委常委候选人资格,给乡镇工会提供专职干部的编制名额,同时,加强工会干部队伍建设,使工会地位得到进一步提升;再次,为全县各级工会开展工作提供良好的外部环境,有力地推进了全县工会工作的开展。

启示二:争创“十强”是过程,辛勤耕耘才有收获

一份耕耘一份收获,如东县争创“十强”的过程再次印证着这一至理名言。如东县总自从1999年提出:“一年打基础,两年抓争创,全面上水平,进入‘十强’县”的口号,县总机关人员1999年很少有假日,特别是2000年没有一人休过一天,不少同志中午盒饭打发,晚上干到深夜。在新建企业工会组建工作中,县总一班人密切分工协作,分片分组乘公交车,下基层,跑企业,有的同志为了方便进村工作干脆骑上自行车,有的同志路过老家几过家门而不入。各乡镇、基层工会也是如此,加班加点,全力以赴。洋口镇工会主席马月山因公受伤躺在病床上辗转反侧两个月后,去掉石膏,在儿子护送下,柱着拐杖就上了班;岔河镇工会主席於永建想起工作上要办的事,凌晨三点就起了床;掘港镇工会主席江有荣对一家外资企业上门宣传二十余次,终于使这家企业依法建了工会;如东县升辉化工有限公司工会主席陆书平跟企业老板协商三十多次,终于追缴了职工的43万元养老保险费……正是有这许许多工会人的开拓进取、坚忍不拔、艰苦奋斗,有他们的这种创新精神、敬业精神、拼搏精神,才有了今天丰硕的成果。“十强”奖牌饱含着全县上下工会人的辛勤汗水。

启示三:进入“十强”只是起点,不断创新才有希望

随着社会主义市场经济的建立,随着企业改革的深化和所有制结构的调整,私营企业有了迅猛发展,非公有制企业数量增多。由于非公企业的资本结构、领导体制、组织结构、

决策程序、管理形式与职工心态等，都有别于公有制企业，所以在非公企业工会开展工作，不能完全照搬公有制企业一套，这就给新形势下的工会工作提出了新的课题。如何解决好这一课题，关键在于创新。“十强”竞赛本身就是创新，“十强”活动的争创要求创新，只有不断创出工作的新特色，才能更好地发挥工会作用。如东县在全国率先建立的县、镇工会与同级人大联系制度就是争创“十强”活动带来的创新结果。实践证明，工会与人大联席会制度这一工作新机制对工会各项工作特别是工会组建、厂务公开、养老保险扩面增缴、非公企业建立职代会制度、平等签定集体合同（工资协议）等重点工作起到了很大的推动作用。2000年，县工会与人大联合对全县养老保险扩面工作进行视察检查，当年养老保险扩面新增1万多人，全县所有企业离退休职工养老金全部实行了社会化发放。2001年，县工会与人大联合对9个镇30多个非公企业工资集体协商和职代会制度推行情况进行了视察检查，全县非公企业建立职代会已达60家，签订工资协议120家。掘港镇5家日商独资企业全部交纳了“五险一金”（养老、失业、医疗、工伤、生育保险金及住房公积金）；南通燎原羊毛衫厂还设立了职工建议箱，并拿出5000元，作为职工建议奖励基金，对职工提出的切实可行且有成效的建议，给予奖励。如东工会与人大联系制度已受到如东县委、南通市委的重视和上级工会、人大的肯定，市委要求创响如东这一品牌。目前，这一制度已在省内外产生强烈反响，《全国人民代表报》《工人日报》均在头版头条专题作了报道。为了在企业改制过程中，充分发挥工会组织的作用，如东县又创造性地出台了《改制企业计提、剥离资金（资产）管理办法》，要求后的企业必须在上级工会指导下，依法建立健全工会组织，建立职工代表大会制度，通过职代会对计提、剥离资金（资产）的使用、管理实行监督，坚决维护职工的合法权益。如东县总清醒地认识到，创新是工会工作活力的源泉，进入“十强”只是起点，唯有不断创新，工会才有希望。围绕县委“突出发展主题、凸现工业主体、加快富民强县”的工作中心，如东县总又确立了“克服困难，解决问题，化解矛盾就是创新”的观点和“维、转、育、帮、为、强”6个字的工作思路，团结带领全县广大工会干部和全体职工沿着“十强”之路，不断开拓前进，迎接新的挑战，争取更大胜利！

县人大、工会联手 共促企业民主与监督

——2002—2003年度江苏省工会工作革新成果

2000年以来,如东县人大常委会与县工会,乡镇人大与乡镇工会共同构筑起联合工作新机制,共促企业民主和监督,人大做工会后盾,工会勇当维权代表,取得了明显成效。一是推进了基层民主建设,强化了基层民主监督。全县国有、国有控股企业、学校、医院都建立了职代会制度,民主评议干部、厂务、校务、院务公开的质量普遍提高。二是加大了维护职工权益的力度,加强了执法检查,推进了《工会法》《劳动法》《公司法》《环保法》《会计法》等法律、法规的落实,增强了职工的主人翁意识。三是理顺了政群关系,减少政府的行政事务,减少了以党代群、以政代群的现象,发挥了工会作用。

代表人民利益、代表国家政体的权力机关、立法机关、民意机关与代表职工利益的重要的群众组织——工会牵手,构筑新的机制,这是件政治体制改革的体现,是经济发展的产物,是人大完善联系制度的拓展,是发挥工会作用的突破。其理论价值多多:

一、人大与工会联手共促企业民主和监督是新形势下政权建设的新探索。在政权建设中怎样体现工人阶级为领导;怎样充分体现工会是无产阶级的政权的重要支柱;怎样在人大工作中体现全心全意依靠工人阶级,怎样体现人大完善联系人民的制度,是长期以来理论研究和具体实践都不充分、不完备的问题。如东县人大和工会联合工作机制是解决这个问题的有益探索。

二、人大、工会构筑新机制是经济发展的必然。随着改革开放的深入,农业结构显著变化,农村新建企业日益增多、工会组织更加庞大,田野里的会员越来越多,双重身份的农工型、农贸型的人数日逐扩大,维护权益的任务更加繁重。人大在乡间的工作内容发生了显著变化,工会在乡镇中的工作新课题也越来越多。

三、人大与工会联手有利于基层法制建设和社会主义市场经济建设。没有规范的法制护航,市场就难以健康运行。法律构筑市场框架,保护人民利益,推进农村新建企业的法制建设是保障农村稳定、农业发展、农民幸福的需要(中国式农民身份),人大与工会联手,相互配合,拓宽执法监督面,是非常有利于农村基层法制建设的。

四、人大、工会联手有利于基层民主建设。我国的社会主义民主政治建设,经过50年的努力,取得了很大进步,民主进程是可喜的。但是在民主选举、民主决策、民主管理、民主

监督等方面还有相当多的事要去做。诸如:决策幼稚病、从宏观到微观都屡见不鲜,决策失误损失大大、腐败现象的局面是缺乏多层面的民主监督机制,要使新建企业职工行使真正意义的民主权利,决非一日之功。就工作层面、操作性而言,没有人大与工会联手,工会的维护职能是很难落实的。

五、人大与工会联手也有利于推进工农联盟的发展。农民劳力向工人阶级转移这是历史必然,然而从思想观念、组织纪律、意识素质真正成为新一代工人阶级,还须做多方面工作,工会应是大学校。人大是政权机关,必须密切联系人民,怎样联系、联系什么、靠谁联系、工农间的矛盾如何调节,这也是人大制度建设的课题。人大与工会联手对农村各阶层人群的团结是非常有利的。

六、人大与工会联手是工会建设的迫切需要。农村多元经济结构产生的不同形态的工会基层组织,如何理顺与上级工会、与会员群众、与企业行政、与当地政府、与村民委员会诸多关系尚探索不多。至于新建企业中工会群众工作的原则、规程、方法创新的也少见。如东县人大与工会联手工作的新机制,是改进工会工作的新尝试。它已经取得了成绩,当然它还不够完善。但这是一种创新,只要把这种创新精神发扬下去,就必然会推进工会建设的发展。我们认为人大与工会构筑新机制,是政群工作新定位,是合作中的各司其职,有利于人民代表大会制度建设,有利于工会维权职能履行,是政权建设的新突破,是工人运动的新发展。

(本文由市总工会陆嘉玉、县总工会汤九海撰写,刊于《工运论坛》2001年第6期)

附:

如东县改制企业计提、剥离资金(资产)管理办法

第一章　总　则

第一条 为切实加强和规范改制企业计提、剥离资金(资产)的管理,维护职工的合法权益,根据《劳动法》《工会法》有关法律规定及省、市有关文件精神,制定本办法。

第二条 凡改制过程中,在人员处置按政策进行资产计提、剥离的企业,必须遵守本办法。

第三条 改制后的企业必须在上级工会指导下,依法建立健全工会组织,建立职工代表

大会制度。基层工会通过职代会对计提、剥离资金(资产)的使用、管理实行监督。

第二章 计提、剥离资金(资产)的处置

第四条 企业改制、明晰产权过程中,因人员处置而计提、剥离的资金(资产)所有权归核定计提的职工所有。

第五条 计提、录离的医药费、生活补助费,由改制后的企业建立专项帐户,按支付时国家规定标准和公司具体报支办法专款专用。

第六条 计提的原企业在职职工经济补偿金,由改制后的企业独立建帐,实行专款专用。

第七条 计提经济补偿金后留给改制后企业专项使用的应付工资、应付福利费,记入相关科目,专项用于改制遗留问题的处理及职工集体福利等项支出。

第八条 改制后的企业对按规定提取的各类人员的社会保险费用,原则上以货币形式专户存储到社会保障机构,由社会保障机构监督使用。

第九条 本办法第五条至第八条所计提、剥离的费用,若以实物形态留在企业的,由改制后的企业法人分别向县社保机构及相关对象出具欠条,分别实行资产抵押,并办理合法手续。已兑付的各项费用在抵押资产中及时核销。

第三章 计提、剥离资金(资产)的管理

第十条 改制后的企业负责计提、剥离资产的变现和保值。企业必须以现金或约定方式兑付处置人员发生的各项费用。

第十一条 改制后的企业行政与工会就改制方案所列的计提、剥离资金(资产)监管使用签订专项集体合同。对涉及到的职工进行造册登记,作为集体合同的附件。

第十二条 改制后的企业在与原企业职工签订劳动合同时,必须把改制时计提的经济补偿金作为其它约定条款写入合同书,或单独签订相关协议。

第十三条 改制后的企业要定期向职代会或工会报告计提、剥离资金(资产)的处置情况,接受监督。

第十四条 计经、财政(资产管理部门)、税务、劳动、工会等部门定期对改制时计提、剥离资金(资产)的使用处置情况进行检查。改制后的企业必须积极配合,接受检查,对违反本办法的企业责令限期整改,情节严重的,将严肃追究企业及法定代表人的法律、纪律责任。

第四章　附　则

第十五条 本办法与法律法规及上级文件不一致的,以法律法规及上级文件为准。

第十六条 本办法由县体制改革办公室负责解释,由县总工会牵头、督促实施。

第十七条 本办法自公布之日起执行。

(此《办法》由县总工会起草由县委办,县政府办2002年4月13日转发,为2002—2003年度江苏省工会工作革新成果)

精心实施富有创新特色劳模工程
与时俱进激发学赶先进时代潮流

——江苏省劳动模范管理工作会议交流材料

为了大力弘扬新时代劳模精神,在全县形成崇尚劳模、激励争先、奉献立功的良好风气,真正使劳模在社会上有地位、事业上有作为、生活上有照顾,从而进一步激发广大职工学赶先进、建功立业的创造精神和劳动热情,如东县总工会积极创新劳模管理机制,开拓工作新思路,自2000年以来,在全县精心实施"学劳模精神,为劳模服务,建劳模新功"工程(以下简称"劳模工程"),通过一系列富有成效的举措,在社会各界产生了强烈反响。这一工程的成功推行,不仅展示了劳模先进群体的光辉形象和奉献精神,而且进一步提升了工会组织的地位,凸现工会高扬主旋律、关心劳模群体、为现代化建设提供精神动力与智力支持。这一富有时代特色的举措,对激励广大群众,促进全县经济的新一轮崛起,产生十分重要的导向性效应。

一、学劳模精神——让跨越时空的劳模精神昭示社会发展方向

劳模精神是一面闪光的旗帜,为了使劳模精神永远成为激励广大干群奋发向上,不断进取的强大动力,县总在全县范围内大力弘扬劳模精神,展示劳动者风采。

(一)结集出书。为全面、系统地展现劳模风采,县总组织大量人力物力,调查核实,收集资料,编写出版《永驻辉煌——如东县先进模范人物风采录》,书中收集全县历届市以上劳模的"名录"和"业绩"共四十万字,让劳模风采载入史册。该书出版受到社会各界好评,称赞县总为劳模做了一件十分有意义有价值的实事,为弘扬先进做出积极贡献。

(二)媒体报道。县总与县电视台、广播电台、报社等新闻媒体,联手开展"红五月劳模宣传月"活动,会同电视台开辟"劳动者风采"、"劳模园地"等栏目,大力宣传劳模事迹。此外,还通过劳模座谈会、报告会、图片展、演讲竞赛等多种形式,大力弘扬劳模顽强拼搏、无私奉献、爱岗敬业、创新进取的精神。

(三)文艺搭台。县总与文艺团体联手,举办"五一劳动者之夜"大型激情互动文艺晚会,弘扬劳模风采;市县工会联合组织"民生阳光新城·关爱劳模"文艺演出,举行现场捐赠仪式;县总多次邀请一线劳模,披红戴花参加一些大型活动,提高劳模知名度和美誉度。

二、为劳模服务——让劳模真切感受全社会的尊重与关爱

随着企事业经营机制改革,劳模队伍状况发生很大变化,部分劳模在工作、生活、医疗等方面亟需得到社会关爱与帮助。针对这种情况,县总急劳模之所需,努力探索新的解决渠道。通过大量的调研与协调工作,取得社会多方面支持。在此基础上县总牵头,采取与有关单位签订协议或联合发文等形式,开辟一系列为劳模服务项目,受到社会各界热切关注和广大劳模欢迎。

(一)开设特约医疗。县总会同县中医院专门开设劳模特约医疗服务,这一服务体现三个特色:(1)优质。医院为劳模提供热情、周到、及时、优质的特约医疗服务。(2)优惠。劳模凭县总核发的《劳动模范特约医疗保健卡》,享受免收挂号费、各种检查费八折、治疗费床位费七折等一系列优惠。此外,为全县劳模建立健康档案,每两至三年为劳模组织一次公费体检,收费给予六至八折优惠。(3)优先。劳模凭卡就诊一律实行优先、快捷的"一单到底"方式,十分方便。该项目开设三年来,为全县400多名劳模办理特约医疗保健卡,医院共接受门诊、住院劳模2500多人次。

(二)增加医保基金。县职工医保基金管理中心每年为全县劳模个人帐户,无偿增拨基金200元,三年来累计增拨20多万元。此外,县总还牵头发动各主管部门和单位,先后为一大批市以上劳模办理劳模补充养老保险。

(三)建设"劳模之家"。县总充分发挥劳模协会效能,竭诚为劳模服务:一是通过座谈交流、上门了解、问卷调查等多种方式,掌握广大劳模的需求和愿望,加强党和政府与劳模的联系;二是为年老体弱的生病困难劳模,上门送医送药,并送给慰问费。三是切实维护下岗、失业劳模利益,为一批劳模协调落实工作岗位,帮助解决生活费、医药费以及子女上学就业等实质性问题。

(四)推进规范管理。县总定期或不定期对市以上劳模的政治、工作、生活、身体等状况进行调查,建立健全劳模档案。同时撰写劳模管理方面的调研报告与建议,报送党和政府及上级工会决策参考,此外,还在建立动态性劳模档案基础上,专门安装先进的管理软件,实行劳模工作规范化运行机制。

(五)组织结对帮扶。 县、镇两级工会组织一批企业家劳模与困难劳模,结成帮扶对子,有的放矢地解除困难劳模的燃眉之急和实际困难。此外,县总还在市总支持下,经过实地调查,协同南通民生房地产公司为如东8名困难劳模,提供子女上大学期间生活费和家庭补助费,真正起到"雪中送炭"效果。

(六)提供优惠条件。 劳模凭荣誉证和身份证,可至县电信局申装电话一部。县汽车总站为县总组织的劳模集体学习、参观疗休等活动,免费提供车辆。

三、建劳模新功——让劳模效应激发学赶先进热潮

劳模工程,贵在创新。在推行"学劳模精神、为劳模服务"工程实践中,为发挥劳模创造热情,使社会与劳模群体之间形成相互激励、优势互补的良好氛围,县总在这项工程中,增加"建劳模新功"内容,从而使"学""为""建"系列举措,形成相得益彰的良性循环,更好地凸现劳模在新时期与时俱进、建功立业的示范性效应。

(一)强化劳模素质支撑。 激励劳模在现代化建设大潮中奋发有为,勇立时代潮头,是摆在工会组织面前的一个重要课题。县总清醒地认识到,加强劳模素质建设应是重要之策。县总通过专门举办劳模计算机培训班,开展创新创造学、合理化建议及技术改进等培训,努力帮助劳模与时俱进,更新知识,提高业务科技素质。县总还会同县新华书店,为全县市级以上劳模,免费办理江苏新华书缘会员卡,在全省购书享受优惠及参加各类活动,为劳模学习深造提供良好条件。县总大力号召全县劳模开展"精一招、会二招、学三招"活动,迎接新技术革命挑战,得到广大劳模积极响应。如省劳模、江苏南黄海实业公司吴建华认真参加县总专门举办的劳模计算机培训班,他将计算机知识应用于实践,运用计算机运算在正交试验中方便快捷的优势和先进的测试手段,对国外新产品新材料准确剖析,加快新品开发过程。近几年来,他先后开发丙纶纤维、锦纶丝束、短纤等四种纺丝油剂并成功应用于生产,创造产值100多万元、利润30万元。

(二)激励劳模奋发创新。 县总充分发挥劳模思想素质高、感召力强、技艺精湛、作风过硬的优势,大力引导和鼓励劳模投身创新活动,为推进经济发展和科技进步做贡献。县总通过吸收劳模参加职工技协、总结劳模先进操作法并巡回推广、发动劳模参加科技大蓬车下乡下厂、推荐评选劳模科技成果、帮助劳模破格申报技术职称等一系列举措,使广大劳模深受鼓舞,自觉争当"学习型劳模"、"创新型劳模",在各自岗位奋发作为立新功。南通市劳模、江苏黄海汽配股份有限公司王军,多年来一直拼搏在技术研发领域,自参加南汽引进车型系列产品研制以来,他精心设计,大胆创新,成功主持IVECO感载阀、滞后阀、差动比例阀等20种引进车型国产化产品开发,其中5个产品通过鉴定引入国家火炬计划。2000年他主持研制的制动阀系列产品,无论是品种还是市场占有率均列全国第一,实现年销售收入

2000万元,利润854万元。

(三)兴起学赶先进热潮。几年来,县总推行的“学劳模精神、为劳模服务、建劳模新功”工程硕果累累,全县学赶先进、奉献立功热潮不断涌现,成为如东两个文明建设中一个响亮的品牌,为全县经济发展注入不尽活力。县总组织的富有特色的技术创新与劳动竞赛,得到企业大力支持和广大职工踊跃参与。据不完全统计,2002年全县有23100名职工投身经济技术创新活动;围绕生产经营目标提出11600条合理化建议,其中采纳3944条,实施3016条;完成技术创新和技术改进项目395项,总结推广先进操作法309项,挖掘职工绝技绝活152项;11200名职工参加岗位练兵和技术比赛,8200名职工参加计算机普及应用培训。由于群众性经济技术创新活动形成良好势头,促进全县新品开发工作。2002年全县工业投入项目506个,完成市下达指标的139.5%。新品开发力度不断加大,呈现数量多、规模大、科技含量高的喜人局面。全县共开发新产品212个,其中省级新产品鉴定16个,国家级重点新产品5个,全县新产品销售值率达27.5%,为实现全县经济新一轮崛起打下坚实基础。

由于劳模工程在广大职工群众中激发出强大的生命力和凝聚力,有力推进经济发展和社会进步。县总先后被授予“全国职工技协工作先进集体”“江苏省群众性经济技术创新工程先进单位”“江苏省职工计算机普及应用先进单位”“江苏省劳动模范管理工作先进单位”等称号。县总实施的劳模工程也于2003年7月被南通市总授予“优秀创新成果奖”,《工人日报》《工会信息》《江苏工人报》等多家报刊对此作了报道。在新的形势面前,县总将坚持与时俱进,对劳模工程进一步规范、创新,形成强有力的富有实效的运行机制,为全县跨越式发展做出新的贡献!

(本文由县总工会冷强华撰写,在2003年11月江苏省劳动模范管理工作会议上交流)

矢志跨越攀新高　放飞梦想铸辉煌

——如东县总工会创建江苏省工会工作模范县纪实

2007年6月20日，江苏省总工会常委会审议并确认了2006年度江苏省工会工作模范市、县(市)、区名单，如东县总工会榜上有名，这是如东县总继荣膺“江苏省工会工作十强县”称号之后取得的又一丰硕成果，如东人为之欢欣鼓舞，奔走相告。

梦想总是属于追求不止、奋斗不懈的如东工会人，属于敢为人先、勇争一流的如东工会人。近年来，在县委、县政府和上级总工会的正确领导下，如东县总创出了一个又一个第一：全国第一个建立县、镇工会与同级人大联系制度，全省第一个在非公企业中开展“三联”“四好”党、政、工共建活动；全省第一个在企业改制过程中出台“计提剥离资金(资产)管理办法”；全国新建企业工会组建工作先进单位、“全国职工技协工作先进集体”“全国职工安全生产知识培训优秀组织单位”“全国宣传通讯工作先进集体”……毋庸置疑，如东县总能声名鹊起，顺利通过创模验收，是如东工会人用浓墨重彩书写工会工作最精典华章的必然结果，使工会工作亮点迭出，捷报频传……

创模牵动县委、县政府领导的心，县委书记周铁根明确表示“县委高度重视、全力支持”，形成各级党政工共同创模的工作格局

自省总要求在全省开展创模活动后，如东县总审时度势，旨在全面提升全县工会工作整体水平和各级工会干部综合素质。全国“五一劳动奖章”获得者、全国优秀工会工作者、南通市劳模、县总主席、党组书记蔡瑞平如是说：“创模工作积极争取县委、县政府领导的心。县委书记周铁根主持召开县委常委会，在听取工会创模工作情况汇报后，明确表示‘县委高度重视、全力支持’，并成立了以县委分管领导为组长的如东县创模领导小组，使全县上下形成了浓烈的创模氛围，如东工会工作的环境进入了前所未有的最佳时期。

县总以学习省委30号文件精神为契机，主动向县委建议贯彻落实这一文件精神的措施，引起县委的高度重视。县委下发了《关于贯彻省委〈关于进一步加强新时期工会工作的意见〉精神的意见》，进一步坚持并完善了县委常委会定期听取工会工作汇报制度，《意见》还对工会干部高配问题、工会经费拨缴问题做出了明确的规定。县两办根据县委常委会决定，及时下发了《如东县争创省工会工作模范县目标考核办法》。在县创模动员大会上，县委分管领导要求与会的各镇、开发区及机关部门党委分管书记、工会主席，切实加强创模工作的领导，上下联动、形成合力、推进，使创模工作既轰轰烈烈又扎扎实实。省人大常委会副主任、省总张艳主席亲笔指示，对如东县委高度重视工会工作，选优配强工会干部给予充分肯定。

与此同时，县总不断完善与县政府联席会议制度。自与县政府建立联席会议制度以来，坚持每年召开一次以上联席会议，共同研究解决事关职工切身利益的热点、难点问题。2006年，县总与县政府召开了第五次联席会议，对县政府下发劳动报酬集体协商工作考核办法、机关事业单位工会独立建账及工会经费拨缴等四个问题，分别进行认真商讨研究。目前，这四个问题均已得到解决。

不仅如此，县总还着力拓展源头参与的领域，让职工利益诉求的渠道得以进一步建立和畅通，率先在全国建立了工会与人大联系制度。随后，全县所有镇工会均按要求与同级人大建立了联系制度。联系制度建立8年来，县总与县人大先后召开了8次联席会议，对会议议定事项分别进行了检查落实。2006年，县总与县人大组织县发改委、劳动、工商等部门，分别对全县贯彻《江苏省工资支付条例》《江苏省集体合同条例》情况进行联合执法检查。县人大每年都把联系制度列入县人代会工作报告的重要内容，向全县人民代表报告。通过县委发文，将视察《工会法》等法律法规执行情况作为县人大党委会的工作重点。省人大常委会副主任、省总张艳主席专门为此作了批示。这项制度分别荣获省总"革新成果奖"和市总"最佳创新成果奖"，并被南通市委作为南通的"全国第一"收入《第一南通》一书。

县总大胆探索工会组织建设的新途径、新方法，最大限度地把职工群众吸引到工会中来，让职工拥有属于自己的"娘家"

工会是党联系职工群众的桥梁和纽带，被职工群众亲切地喻为自己的"娘家"。县总围绕"组织起来，切实维权"的方针，在全县企业中深入开展"企业工会建设年"活动，大胆探索工会组织建设的新途径、新方法，与时俱进激发工会活力，最大限度地把职工群众吸引到工会中来。

深化党工共建，实现多赢。县总与县委组织部在全省率先开展非公企业党工共建工作，在全县非公企业中实施了"组织联建、工作联动、机制联创"为主要内容的党工建设"三联工程"，有效提高了党组织和工会组织组建率。2006年，县总继续在非公企业中开展了创建"诚信经营好、依法纳税好、组织建设好、保障权益好"的"四好"企业活动，并将外资企业组建工会和农民工入会列为"组织建设好"的考核重点内容，最终评选出第二批15家"四好"企业，享受工商免检、纳税A类信誉及优先评先表彰等待遇。这一活动在非公企业中产生强烈反响，形成了业主理解、职工欢迎、党员支持、组织满意的"多赢"局面，工会组织的影响力和辐射力得到明显增强，有效地推进了工会组建。截至2006年底，全县工会组建率达98.5%，建会企业职工入会率达98.20%。县委两次在全省党建带工建工作会议上经验交流。在非公企业中开展创建“四好”企业活动,荣获南通市总“创新成果奖”。

创新组建方式,推进农民工入会。县总组建了如东县劳务公司工会,制定下发了《关于做好劳务公司工会组建和吸收劳务工入会工作的意见》,全县劳务工入会率达90%以上。县总与民政部门共同制定落实了《关于社区工会工作的实施意见》,全县社区工会建会率达100%,社区农民工入会率达90%以上。县总还加强了建筑业进城务工人员入会工作,通过下发文件、签订责任书等措施,与建设部门联手推进,建筑业工会组建率已达98%,职工入会率达91%。去年新建工会420家,发展会员1.12万人,分别完成市总指标的240%和110%。

全面推进村工会联合会建设,健全四级工会组织网络。针对全县67%的企业分散在村域,职工多为“半工半农型”且流动性大的特点,县总探索建立村工会联合会。截至2004年底,全县近300个行政村都建立了工会联合会,实现了“村村建会”的目标,共覆盖工会小组1300个,覆盖工会会员2万多人,全县形成了县、镇(系统)、村(社区)、基层四级工会组织网络体系。为进一步规范全县村工会联合会工作,县总制定下发了《如东县村级工会工作暂行办法》,组织召开了村工会规范化建设现场观摩推进会,村工会做到有门牌、有公章、有报刊、有制度、有总结等,为“企业工会建设年”活动的开展奠定了基础。

县总所追求的是企业效益与职工权益的平衡,是老板与职工的双赢,促进社会的和谐与稳定

建设和谐社会,最重要的是要处理好利益关系,实现利益和谐。而维护职工合法权益是工会的基本职责,也是企业和谐发展的内部需要。因而,县总所追求的是企业效益与职工权益的平衡,是老板与职工的双赢。县总以发展和谐劳动关系为主线,以创建和谐劳动关系企业为载体,以制度创新带动实践创新,致力劳动关系和谐稳定,保障企业和谐,从而促进社会的和谐与稳定。

工资集体协商取得突破性进展。为加强组织领导,县政府建立了企业工资集体协商工作领导组,下发了《关于进一步推进企业劳动报酬集体协商工作的意见》,举办了全县工资集体协商指导员培训班,全面推行了由村工会联合会代表外出务工人员与劳务输出团体承包者就外出务工人员劳动报酬等相关问题进行充分协商并签订保障协议工作。截止2006年底,全县单独签订工资协议692家,百人以上企业开展工资协商面达100%;建会企业普遍签订集体合同,女职工委员参与平等协商率达100%。此项工作荣获市总“优秀创新成果奖”。

困难职工帮扶救助工程日臻完善。县总率先在全市建立了“领导干部与特困职工结对帮扶制度”,率先在全市制定出台了《特困职工帮扶求助机制暂行办法》。近3年来,共结对帮扶特困职工343户,脱贫183户,脱贫率达53%。县总继续扩大送温暖基金规模,设立了助学奖励基金、创业就业基金等,去年共筹集送温暖基金34.50万元,慰问困难职工800余人。县总还建立了创业就业服务中心,为下岗失业职工提供免费培训、创业指导等一条龙服务。去年先后为1876人免费培训并推荐就业,完成市总指标的120%,并与各镇、系统工会签订了2006—2008年帮扶下岗失业人员再就业工作责任书,明确了目标,落实了责任。

劳动关系协调工作彰显和谐。县总牵头有关部门下发了《关于开展创建如东县和谐劳动关系企业活动的通知》,各级党政高度重视,企业广泛参与,取得了明显成效。有2家企业被授予江苏省劳动关系和谐企业,10家企业被授予南通市劳动关系和谐企业,22家企业被授予如东县劳动关系和谐企业。牵头召开了县劳动关系三方协调会议,下发了《会议纪要》,着重对企业工资协商情况开展专项检查,维护职工的经济权益。县总被省劳动和社会保险局、省总工会和省企业家协会评为"劳动关系三方协调机制先进单位"。

县总充分发挥工会优势,正确把握工会工作与经济发展的最佳结合点,努力搭建提升职工综合素质的活动平台

发展始终是执政兴国的第一要务。县总充分发挥工会优势,正确把握工会工作与经济发展的最佳结合点,本着服务中心、服务基层、服务职工的理念,努力搭建提升职工综合素质的活动平台,把广大职工的聪明才智凝聚到县委提出的"更加突出发展主题,更加凸现工业主体"的战略目标上来,为促进如东县经济社会全面腾飞建功立业。

倾力推进经济技术创新工程。县总紧紧围绕全县经济工作的各项任务,组织开展了各种形式的职工经济技术创新活动。2006年,全县有466个单位4.35万名职工参加了创新工程活动,并提出1.17万条合理化建议,采纳6540条,创经济效益3400多万元。实现技术革新302项,总结推广先进操作法227项;组织职业技能培训6.31万人次,职工创新能力进一步提升。全县企业大力开展劳动竞赛和技能练兵活动,有2.54万名职工参赛;县总举办了车工大赛,35人晋升为高级工,其中,前8名选手被评为如东县技术能手,并被南通市评为技术能手,直接晋升为技师。县总连续4年被省总评为"经济技术创新工程先进集体"。

大力深化职工素质提高工程。县总以开展"两争一树"活动为抓手,努力为广大职工营造"人人终身学习,时时处处学习"的浓厚氛围,坚持把开展"文明职工"活动与创建省"文明城市"活动有机结合起来,全县开展文明职工活动的企业占应开展数的98.8%。县总全面落实"巾帼建小康,三创展风采"311行动计划,切实提高女职工素质,并成功举办了"如东县第三届企业文化节职工法律知识竞赛",全方位展现出全县职工锐意进取、蓬勃向上的精神风貌。

着力实施"学劳模精神,为劳模服务,建劳模新功"工程。劳模是职工中的佼佼者,是社会的财富。县总注重营造"人人学劳模,个个争先进"和"为奉献者奉献"的良好氛围,成立了如东县劳模协会,落实了企业市以上离退休劳模和农业劳模的荣誉津贴以及省以上劳模医务医保待遇,先后为劳模提供了增加医保劳模个人账户每年200元、建立困难劳模互助基金、市级以上劳模结集出书等10多项服务。此项工作荣获市总"优秀创新成果奖"。

……

创模是对工会工作的一次整体考核,同时也是对工会推动科学发展,促进社会和谐能力水平的全面检验,如东县总一班人为此付出了巨大努力,县总蔡瑞平主席更是把工会当成了自己的家,放弃了无数个节假休息日,全身心投入工作。梅花香自苦寒来,功夫不负有心人。2007年7月5日,省人大常委会副主任、省总张艳主席亲临如东颁授了"江苏省工会工作模范县"的奖牌。这一天是个喜庆的日子,也是个难忘的日子,由此掀开了如东工运事业发展史上崭新的一页。

矢志跨越攀新高,放飞梦想铸辉煌。蔡瑞平主席表示,如东县总将以"创模"为新起点,牢牢咬住更高的"标杆",始终高扬率先发展的旗帜,以创新理念不断拓展工会之路,实现工会工作持续跨越式发展,以更加辉煌的战绩向党的十七大献礼。

(本文由县总工会何志勇、从远华撰写,2007年7月25日刊登于《新华日报》)

创新的力量

——如东县职工服务中心建设纪实

在如东县城的繁华地段,一栋占地18亩、12层高、建筑总面积2.20万平方米的现代建筑——如东县职工服务中心,已经成为如东的地标建筑。

精品工程,书写如东工会阵地建设的崭新篇章

这是一栋挺拔的建筑,工会会徽高高悬挂,体现了工会人的气魄;这是一栋魅力的建筑,大树与喷泉融为一体,彰显了工运事业的地位;这是一栋开放的建筑,没有一寸围墙,凸现了工会人零距离服务职工。

这更是一栋属于20万如东职工的建筑,现代化服务设施和强大的服务功能,尽显"家"的温暖和力量。由广州金逸集团投资1500万、可同时容纳800人的影视中心,已正式营业;职工阅览中心荣获"全国职工书屋"荣誉称号;职工培训中心有大小教室4个;五一广场每天晚上有近千名群众健身休闲;今年首届职工文化艺术节的8台节目,观众达3万人;投资

1600万、重点打造的县职工体检中心,不要职工个人出一分钱,每年有5万职工可享受免费体检。

实力工程,彰显如东工会工作开拓创新的强大力量

如东职工服务中心工程建设资金投入达7000多万元,对于欠发达地区的如东工会来说,筹资工作有着难以想象的困难和挑战。为了让全县职工有一个温馨的"家",工会人不等不靠,开拓创新,多措并举:一方面,原值234万元的县总综合楼,争取到了1300多万元拆迁补偿款;原值236万元的工人文化宫,拍卖变现到1900万元;另一方面,一次性向建行融资2900万元抵算租金,填平了工程缺口。同时,大楼由政府代建,确保了整个工程的高效、优质、廉洁。

省、市工会对中心建设始终给予了极大的关怀,多次来如东视察指导。县委、县政府不仅拿出黄金地块,减免各项规费320万元,而且还投资400多万元,将五一广场作为市政工程建设项目。

历经3年建设,中心于今年6月正式交付使用,市场评估总值达1.55亿元,是原工会资产的33倍,实现了工会资产的保值增值。

民心工程,展现如东工会职工为本的坚定理念

现在,我们以职工服务中心为载体,形成了困难职工帮扶、职工培训服务、职工法律服务、职工文体服务、职工体检服务"五位一体"全新服务模式。中心自今年7月启用以来,为100多名下岗职工提供就职岗位,接待来信来访及法律咨询165人次,调处劳动争议21起,帮扶困难职工近300人,组织培训7期共1400人次,举办职工群众文艺演出14场,每天有200多名职工来中心体检。中心的服务功能和影响正迅速放大。

今年5月,省总张艳主席到中心实地视察,给予了充分肯定和高度评价;省总刘广忠书记、市总陆玉明主席、如东县委詹立风书记先后到中心视察指导,充分肯定了如东县总"以职工为本"的服务理念;《工人日报》《江苏工人报》分别发表长篇通讯,同时配发了评论员文章,肯定了中心建设在县级工会阵地的"标本意义";省总领导把中心建设作为"标本"在全省县级工会中重点推介,省内外20多家兄弟单位前来如东考察,在南通市工会工作创新成果评比中,此项成果获得一等奖。

如东县职工服务中心这座地标式建筑,已经成为如东20万职工的职工之家,为全省县级工会阵地建设起到了抛砖引玉的作用。

探索新机制 激发新活力
努力开创非公企业党建带工建新局面

如东县总工会

近年来，如东按照省、市委组织部和省、市总工会的部署要求，不断创新工作思路，探索工作机制，丰富工作内涵，扎实推进全县非公企业“党建带工建”工作，进一步激发了非公企业持续、健康、和谐发展。截至2006年底，全县单独建立党组织的非公企业767家，应建已建率达100%；建立工会的2015家，工会组建率达98.10%。

一、着眼长效，建立健全组织领导机制，不断加大非公企业党建带工建的力度

如东从创新组织领导机制入手，努力形成党工共建、各方配合的良好工作格局，从而将“党建带工建”工作纳入了制度化、经常化的轨道。

一是建立领导机制。县成立了由县委分管党务的副书记任组长、常委组织部长任副组长、17个相关职能部门的主要负责同志为成员的“非公有制企业党建带工建工作领导组”。领导组制定了议事规则，明确了相关部门的职责分工，对各部门实行了包干责任制。尤其是对工商、税务、劳动、人事等政府职能部门，进一步落实责任，明确要求，结合审查、登记、年检等工作，加大对非公企业党组织、工会组建工作的督查力度。

二是完善责任机制。把“党建带工建”工作纳入全县党建工作目标管理责任制、全县“强基工程”质量标准和考评体系中，进行统一部署，统一检查，统一考核。在此基础上，明确提出“三定四明确”，即：县级党员领导干部定镇，镇党委班子成员定片，县级机关各职能部门定点，明确目标、职责和措施。做到了每一位县级党员领导干部都有非公企业党建带工建工作联系点，每一个镇党委班子成员都有包干区，全县第一个县直单位都有定点企业，逐步形成了“由县、镇党委牵头、非公企业党组织广泛参与”的责任体制，有力地推动了非公企业党建带工建工作。

三是健全工作机制。根据县委要求，县委组织部与县总工会紧密协作，建立了定期联系和研究工作制度，相互通报工作情况，共同研究党工共建工作中的新情况、新问题。组织部还与总工会相互保持日常工作联系，组织部在进行党建工作调研时都邀请工会同志参加，充分听取关于维护职工合法权益和民主管理的意见要求。在此基础上，还联合实行对基层党委开展非公经济党工共建工作定期督查、通报制度，促进了全县党工共建工作的有效开展。

二、着眼规范,建立健全党工干部选培机制,不断挖掘非公企业党建带工建的深度

一是派强。在各镇向企业选派党建、工建工作指导员的基础上,2006年又从县级机关部门选派了63名改任非领导职务的科级领导干部和28名优秀年轻后备干部到91个企业挂职,担任企业党建、工建工作指导员,具体指导企业党建、工建工作。在此基础上,县财政设立专项经费,根据挂职干部的区域和绩效,每月发放一定的费用补贴,年终对挂职干部进行专项考核,评选"十佳"挂职干部,分别给予1000元的奖励,并将这项工作列入县级机关百分制综合考核。

二是选能。试行了党工组织负责人"公推直选",选出了党员职工信任的"主心骨",增强了企业党工组织的创造力、凝聚力和战斗力。推行了非公企业党工干部持证上岗制度。以镇为单位,组织全县758名非公企业党组织负责人和751名工会主席进行应知应会知识考查,结果在党组织和工会换届中予以体现。实行了非公企业党组织书记和工会主席交叉任职。在选派、推荐、协商工会主席人选时,坚持把党组织负责人或有望成为党组织负责人的人选,作为第一推荐人选。目前,全县非公企业党、工组织负责人相互兼职的达到377人。

三是培优。充分利用县、镇两级党校及成人教育培训基地,对非公企业党建工作指导员、党组织负责人以及工会主席开展形式多样的教育培训,进一步提升了他们开展党建、工建工作的能力和本领。2005年,对全县119名非公企业党务干部、党建工作指导员和工会主席进行了培训,2006年,又借助海尔大学举办了全县非公企业党建、工建工作培训班,全县50名非公企业党务工作者、工会主席,通过聆听专家讲课,参观考察海尔集团、青啤集团等大型企业,开阔了眼界,拓宽了思路,激发了工作热情。

三、着眼共建,建立健全工作联动机制,不断拓展非公企业党建带工建的广度

(一)组织共建。近年来,如东始终以改革的精神、创新的理念,扎实推进非公企业党、工组织的组建工作。一是强势组建。围绕"一个摸清、两个确保、三个落实"的目标,扎实开展"非公企业党工组织建设推进月活动",新建非公企业党组织43家、工会组织51家。二是结对共建。积极开展非公企业党、工组织结对共建活动,组织全县32家已建立党、工组织的企业与32家未单独建立党、工组织的企业结对共建,以强带弱,有效地提升了非公企业党、工组织的组建率。三是超前的构建。紧随全县项目建设的步步推进,及时成立洋口港开发区党工委和工会,专门负责进区企业党、工组织的组建工作,超前搭建了党、工组织框架。

(二)载体共创。如东通过打造各种载体,建立了行之有效的工作运行机制,实行了党建、工建工作的互动、互融。一是在全县非公企业中实施以"组织联建、活动联创、工作联动"为主要内容的"三联"工程。通过把"党员示范岗""党员先锋杯"活动与工会组织开展的

“献计献策”“劳动竞赛”“技术创新”等活动相结合，把“党员责任区”活动与工会会员身边“无事故、无次品、无违纪”活动相结合，较好地发挥了党工组织两方面的作用。二是在全县非公企业中开展以“诚信经营好、依法纳税好、保障权益好、组织建设好”为内容的“四好”企业创建活动，并协调工商、税务部门推出了一系列激励措施，坚持对党、工组织不健全、拖欠职工工资和养老保险金、发生安全事故的企业实行一票否决。从2004年开始，每年举办全县企业文化节，组织非公企业党工组织联合开展高层论坛、现场观摩、经验交流、文体竞赛等丰富多彩的活动，寓党建、工建工作于企业文化建设中，陶冶了非公企业党员、职工的情操，进一步增强了企业的向心力，凝聚力和竞争力。

(三)资源共享。一是阵地资源共享。制定下发了《如东县非公企业党、工组织阵地建设实施意见》，要求各镇在安排非公企业活动阵地建设时，坚持党员活动室和职工之家同步考虑。目前，如东已建立党组织的规模企业，都建立了较为规范、具有一定规模的党员活动室和职工之家；规模较小的非公企业也都建立了一室多用的学习活动场所。二是经费资源共享。明确要求非公企业按照职工年度工资总额的千分之五税前列支党组织活动经费，并与工会经费统筹使用。合理安排活动经费，为党工活动的顺利开展提供了经费保障。三是人力资源共享。通过分展企业的生产经营骨干、技术骨干入党，向企业工会推荐党员人才等办法，实现双方人员上的交流和培养，不断壮大了非公企业的党员队伍，为扩大党建覆盖面创造了条件。近两年来，由工会推荐入党的党员达156名，98%的党员成为企业的生产经营骨干。

(2013年8月县总工会获“全国新建企业工会组建工作先进单位”荣誉)

编纂参考书目资料

周行主编:《江苏省工会志》,江苏古籍出版社,1994年6月版。
羌步蟾主编:《南通市工会志》,江苏科学技术出版社,1997年4月版。
管云山、顾玉琴主编:《海门市工会志》,中国工人出版社,2012年8月版。
章乃康主编:《海安县工会志》,方志出版社,2009年11月版。
黄世雄主编:《如东县工会志》百花出版社,1999年4月版。
胡绳主编:《中国共产党的七十年》,中共党史出版社,1991年8月版。
陈述著:《中华人民共和国60年》,中共党史出版社,2009年8月版。
田明,徐建川主编:《工会大辞典》,经济管理出版社,1989年4月版。
中共如东县委党史办公室编写:《如东人民革命史》,上海人民出版社,1986年4月版。
中共如东县委党史资料征集办:《如东人民革命斗争史史料汇编》,1984年5月。
曹辉、沈春华主编:《中共如东组织史》(1),中共党史出版社,1994年12月版。
徐建林主编:《中共如东组织史》(2),江苏人民出版社,1997年4月版。
陈旭麓、方诗铭、魏建猷主编:《中国近代史词典》,上海辞书出版社,1982年10月版。
叶绪昌主编:《江苏革命史词典》,南京大学出版社,1993年5月版。
中共南通市委党史工作委员会编著:《江海风云录》,江苏人民出版社,1991年4月版。
乔显曾、邵建、何惠斌主编:《南通人物》,上海人民出版社,1990年12月版。
李实秋主编:《如皋县志》,香港新亚洲出版,1995年6月版。
如东县编史修志办公室编:《如东县志》,江苏人民出版社,1983年9月版。
如东县编史修志办公室编:《如东县志》(修订本),江苏古籍出版社,1985年8月版。
谢振东主编:《如东县人大志》,江苏人民出版社,1995年10月版。
周春煜主编:《如东县教育志》,1999年1月版。
葛家君主编:《如东县建筑业志》,方志出版社,1998年8月版。
周元吉、孙福民主编:《如东县卫生志》,1991年3月版。
苏欣主编:《如东战时党的交通史》,人民邮电出版社,1996年3月版。
周春霖《如东县劳动志》:1986年12月(内部版)
县交通局编:《如东交通史料》,1981年8月。

县商业局编:《如东商业史料》,1980年10月。
县供销合作社编:《如东县供销合作社发展史》,1980年10月。
钱湧主编:《如东县电力工业志》,上海人民出版社,1990年4月版。
陈祥志 镇余保编:《如东人口计划生育志》,南京大学出版社,1987年9月。
崔正平编:《如东县财税志》
杭继康编:《如东县掘港镇志》,1981年9月印刷。
汤夕华编:《如东县掘港镇志》,方志出版社,2007年11月。
陈政文责编《马塘镇志》:学林出版社,1986年12月版。
葛兵主编:《马塘镇志》,2012年4月版。(内部版)
丁德全主编:《双甸镇志》,中国文史出版社,2014年10月。
栟茶镇编史修志办主编:《栟茶镇志》,1984年4月版。(内部版)
陈思明主编:《丰利镇志》,1981年12月版。(内部版)
葛兵主编:《潮桥志》,1982年7月版。(内部版)
季浩主编:《如东盐场史》。(为资料)
县职工学校整理:《如东县职工学校档案资料》
县工人文化宫整理:《如东县工人文化宫档案资料》

编 后 记

《如东县工会志》编纂起始于20世纪90年代初。

1991年10月,《如东县工会志》编纂委员会成立,11月编纂组开始工作。1992年3月,《如东县工会大事记》编印成册;4月,根据初定的志书篇目开始查阅、征集、整理、编写史料。自11月起,按篇目分工编写。在志书编纂的过程中,编写人员通力合作,分篇修纂,逐章征求修志领导组成员及各有关部门负责人的意见,反复修改成文,于1993年底完成40万字的县工会志初稿。尔后,按照省、市对工会志稿审查、验收程序,进行自审、联审。编写人员又先后数次按审查意见,对志稿加以核实、调整和增补,于1994年6月完成修订稿。12月27日,由县总工会召开有市总工会、市总志编委会、中共如东县委党史工委办公室、县地方志办公室、县工会志编委会顾问、委员及各部门有关负责人参加的终审会议,对志稿进行评审、验收,作出终审结论,形成《如东县工会志》定稿本。1999年4月,由百家出版社正式出版。

2012年2月,县总召开党组会议,讨论《如东县总工会第二轮修志工作实施方案(讨论稿)》,确定:(1)续编《如东县工会志(1990—2010年)》,纸质版;(2)编制《如东县工会志(1949—2013年)》,电子版;(3)布置《如东县工会发展史》展览室,展板。

2012年6月,成立修志工作机构。在县总党组领导下,由汤九海牵头,王鹤声、冷强华主笔,于7月中旬正式开始搜集资料,撰写脚本,构思编排,制作版图,至2013年10月中旬《如东县工会发展历史回眸》展板如期展出。在此基础上,县总工会党组确定以展板内容为依据,寻迹工会发展历程,编写出工会一部发展简史《闪光的足迹》。2013年10月,由中国工人出版社出版。

与此同时,县总工会党组认为《如东县工会志》重修更有意义、更有价值。于是,2014年1月14日决定:《如东县工会志》续修改为重修。负责牵头的汤九海,因下派挂职和分工调整,改由葛亚华负责,同时邀请符平、冯万富参与编辑。2016年2月,县总党组决定,《如东县工会志(重修)》仍由汤九海牵头负责。《如东县工会志(重修)》从原稿到送审稿三易其稿,前两稿设篇、章、节、目,共4篇、17章、73节;后一稿以章、节、目划分，计13章、50节。其编务安排：

王鹤声 编撰：(1)图照、总述。(2)凡例、目录、大事记、附录、编后记。(3)第三章 工会组织(第一节产业工会，第二节如东县总工会，第三节镇、区工会)；第四章 组织建设(第一节发展工会会员，第二节基层工会建设，第三节工会干部工作)；第十三章 人物·荣誉〔第一节，人物(传略、简介)；第二节如东县当选全国、江苏省、南通市工会代表大会代表、委员；第三节荣誉〕。

冷强华 编撰：(1)目录、大事记、附录。(2)第六章 经济技术(第一节劳动竞赛，第二节合理化建议与技术改进，第三节技术协作，第四节班组建设，第五节劳模管理)；第七章 劳动保护(第一节劳动保护组织，第二节安全教育与培训，第三节劳动保护监督检查)；第十一章 女职工工作(第一节女职工组织，第二节女职工培训，第三节女职工活动，第四节女职工特殊权益保障)；第十三章 人物·荣誉〔第一节人物(名录)〕。

符 平 编撰：第五章 宣传教育(第一节工会宣传思想工作，第二节文化技术教育，第三节文明创建活动，第四节文艺体育活动)；第八章 民主管理(第一节民主管理，第二节职工代表大会制度，第三节工会组织参政议政，第四节推行“共保合同”制度，第五节推广集体合同制度，第六节推进厂务公开制度)；第十章 法律服务(第一节法律工作组织，第二节法律法规宣传教育，第三节法律援助，第四节调解处理劳动争议，第五节法律监督)。

冯万富 编撰：(1)总述。(2)正文。第一章 职工队伍(第一节队伍产生和发展，第二节队伍构成与分布)；第二章 工人运动(第一节工人自发斗争，第二节中共领导下的工人运动)；第九章 职工生活(第一节失业职工以及精简下放职工的安置与救济，第二节大力实施送温暖工程，第三节促进就业再就业，第四节维护农民工合法权益，第五节建立劳动关系协调机制，第六节职工互助互济)；第十二章 财务与经审(第一节经费收缴与使用，第二节经费管理与审查，第三节资产管理)。

2016年2月2日，《如东县工会志(重修)》形成初稿。2月12日，装订成册，分发分管领导、编纂人员及部分老领导，祈请一稿内容进行必要的删补、修改、校正，由分撰者拾遗补缺，以便形成送审稿。2016年11月25日，县总邀请县委党史办顾久芬、虞建宣审查送审稿，他们对本志的志体、章节、条目提出了诸多的指导意见，并亲自作了必要的调整和安排。通过初审，编纂人员根据专家们的指导意见，全面、系统地进行了认真的补充、完善、充实工作，以形成终审稿。在此基础上，按其编务安排，分头进行核校，最后确定《如东县工会志》交由方志出版社出版。

《如东县工会志》编纂的全过程，都是在县总工会党组领导下进行的。陈 斌、陶卫忠、汤九海、葛亚华、邓 华、尹德利、张芙蓉等领导对本志书的编撰工作非常重视、极为关心，先后多次召开过专业性会议，每次会议县总领导都到会指导和讲话，尤其是汤九海，既挂帅，又上阵，身体力行。此外，县总对修志工作的人力、物力和经费都给予安排、支持。

《如东县工会志》在编纂过程中，得到了江苏省总工会、南通市博物苑、南通市图书馆、南通市档案局、南通市总工会、中共如东县委组织部、县委老干部局、县人大办、县党史办、县方志办、县档案局、县图书馆的大力支持，他们提供了一些很有价值的史料；许多市、县领导王新、王亚雄、王坚、陆肖谷、徐琢、屈群、杨成泉等热情相助，一些关心工运事业的老同志、老朋友倪振华、夏玉明、郭祥贵、周汝梅、钱三柏、缪长龙、吴功伟为充实、完善本志的编写作出了不懈的努力。方志出版社的编审们为保质保量成书做了认真细致的工作。南通创艺图文为全志的图照、文本编排、修改、制作花费了不少心血。正是由于各方面的关心、支持，本志才得以与广大读者见面。在此，谨向所有对本书的撰写出版给予支持，帮助的领导、朋友表示衷心的感谢和诚挚的敬意。

搜集、整理、编纂《如东县工会志》，是全县工运事业一项重大的工程，鉴于档案缺失、时间仓促，人手不足、精力不济、水平有限，还有许多史料没有挖掘出来，包容进去，书中舛误疏漏之处，在所难免，敬祈广大读者和热心工运事业的专家、学者赐教、指正。